Ascensão e declínio da etnologia alemã
(1884-1950)

Universidade Estadual de Campinas

Reitor
Antonio José de Almeida Meirelles

Coordenadora Geral da Universidade
Maria Luiza Moretti

Conselho Editorial

Presidente
Edwiges Maria Morato

Alexandre da Silva Simões – Carlos Raul Etulain
Cicero Romão Resende de Araujo – Dirce Djanira Pacheco e Zan
Iara Beleli – Iara Lis Schiavinatto – Marco Aurélio Cremasco
Pedro Cunha de Holanda – Sávio Machado Cavalcante

Erik Petschelies

*Ascensão e declínio
da etnologia alemã*
(1884-1950)

FICHA CATALOGRÁFICA ELABORADA PELO
SISTEMA DE BIBLIOTECAS DA UNICAMP
DIVISÃO DE TRATAMENTO DA INFORMAÇÃO
Bibliotecária: Maria Lúcia Nery Dutra de Castro – CRB-8ª / 1724

P449a   Petschelies, Erik.
         Ascensão e declínio da etnologia alemã (1884-1950) / Erik Petschelies. – Campinas, SP : Editora da Unicamp, 2022.

         1. Índios da América do Sul. 2. Etnologia – Alemanha. 3. Expedições científicas. 4. Antropologia – História. I. Título.

                                  CDD – 980.41
                                       – 305.8943
                                       – 918.104
                                       – 306

ISBN 978-85-268-1592-6

Copyright © by Erik Petschelies
Copyright © 2022 by Editora da Unicamp

Opiniões, hipóteses e conclusões ou recomendações expressas
neste livro são de responsabilidade do autor e não
necessariamente refletem a visão da Editora da Unicamp.

Direitos reservados e protegidos pela lei 9.610 de 19.2.1998.
É proibida a reprodução total ou parcial sem autorização,
por escrito, dos detentores dos direitos.

Foi feito o depósito legal.

Direitos reservados a

Editora da Unicamp
Rua Sérgio Buarque de Holanda, 421 – 3º andar
Campus Unicamp
CEP 13083-859 – Campinas – SP – Brasil
Tel./Fax: (19) 3521-7718 / 7728
www.editoraunicamp.com.br – vendas@editora.unicamp.br

Meinem Vater
Para meu pai

Agradecimentos

Este livro resulta de uma pesquisa que se iniciou em 2013 e que, entre o ano seguinte e 2019, se configurou como um doutorado realizado no Programa de Pós-Graduação em Antropologia Social na Universidade Estadual de Campinas (Unicamp). À tese, intitulada *As redes da etnografia alemã no Brasil (1884-1929)* e defendida em setembro de 2019, foram acrescentados mais dados primários; debates foram aprofundados através de literatura secundária; e algumas análises, complementadas, somando, portanto, mais de uma década de pesquisa e escrita. Aos membros da banca, Lilia Schwarcz, Marta Amoroso, Peter Schröder e Christiano Tambascia, sou profundamente grato pela leitura cuidadosa, pelas sugestões instigantes, bem como pelas trocas intelectuais ainda em andamento. Ao meu orientador, Mauro de Almeida, agradeço não apenas pelo zeloso processo de orientação e pelo suporte moral, mas também pelas generosas palavras do Prefácio. Pelas bolsas de estudo que possibilitaram a pesquisa, mostro gratidão ao CNPq e à Fapesp, que me concedeu uma bolsa nacional no âmbito do Convênio Fapesp/Capes (processo: 2014/09332-9) e outra Bepe (processo: 2016/04482-8).

Sou grato aos professores do Instituto de Filosofia e Ciências Humanas (IFCH) da Unicamp pela minha formação intelectual, especialmente a Suely Kofes, Emilia Pietrafesa de Godoi, Bela Feldman-Bianco, Omar Ribeiro Thomaz, Ronaldo de Almeida, Guita Debert, Vanessa Lea, Rosana Baeninger, Nádia Farage, Amnéris Maroni, Rita de Cássia Lahoz Morelli, Maria Filomena Gregori, e ao primeiro incentivador da pesquisa que originou este livro, John Manuel Monteiro (*in memoriam*).

Reconheço o suporte de Ernst Halbmayer, meu supervisor durante minha estadia como pesquisador-visitante na Philipps-Universität Marburg, na Alemanha. Aos docentes e discentes das duas universidades que frequentei durante o doutorado, dedico meu sincero e saudoso obrigado. A colaboração dos funcionários de várias instituições foi fundamental para o desenvolvimento da pesquisa. Portanto, agradeço a Dagmar Schweitzer de Palacios do arquivo de Koch-Grünberg na Universidade de Marburg; Manuela Fischer e Anja Zenner do Museu de Etnologia de Berlim; Gregor Wolff do Instituto Íbero-Americano dessa cidade e Nils Seethaler do arquivo da BGAEU; Christiane Klaucke do Grassi-Museum de Leipzig; Nikole Jakobi do Arquivo Nacional da Alemanha; Raquel Zalazar e o pessoal do Museo Andrés Barbero em Assunção; Adriana Muñoz do Arquivo do Museu das Culturas Mundiais de Gotemburgo e Anders Larsson da biblioteca da universidade da capital sueca; Doris Kähli do Arquivo do Museu das Culturas da Basileia; Cláudia Lopez, Glenn Shepard, Leonardo Machado Lopes e Suzana Primo dos Santos do Museu Emílio Goeldi em Belém; Ricardo da Mata do Arquivo do Museu Paulista e Eliane Kano da Biblioteca Brasiliana Guita e José Mindlin da USP. Também sou grato à Editora da Unicamp pela acolhida deste projeto, em especial a Ricardo Lima, Marcelo Nascimento, Ednilson Tristão, Vinícius Russi e Laís Pereira pela paciência e pela cooperação.

Han Vermeulen, Frederico Delgado Rosa, Michael Kraus, Adam Kuper, Manuela Carneiro da Cunha, Diego Ballestero, Mariana Françozo, Nelson Sanjad, Luísa Valentini, Helena Schiel, Fernanda Peixoto, Claudio Pinheiro e José Cândido foram interlocutores fundamentais nos últimos anos, pelo que me sinto tão lisonjeado quanto agraciado. A Marta Amoroso, expresso meu obrigado pela supervisão no pós-doutorado, pelo cuidado e pelo texto de orelha. Meus amigos Felipe Durante, Ariel Rolim e Ricardo Bazilio Dalla Vecchia merecem gratidão pelo trânsito intelectual e pelo cuidado fraterno. Aos meus amigos Felipe e Najara Guaycuru, Kauê e Paula Cardinalli, Franklin e Margareth Suassuy, Rebeca Berg e Ana Paula Moreira, só tenho a agradecer pelo afeto.

Aos Petschelies – meus pais Siegfried e Rosalina, minhas irmãs Manuela e Claudia, meus cunhados Uiara e Pablo –, eu agradeço pelo suporte emocional. Aos Bezerra Antonio – Gildete, Helio, Denis – e a Isabelle Gonzales, sou grato pela parceria cotidiana e pelo carinho. Ao meu pai, que se foi tão cedo e tão tristemente, dedico o livro enfim.

Se eu elencasse tudo o que devo à minha esposa, Héllen Bezerra, eu escreveria um volume dedicado apenas aos agradecimentos a ela. Sinto uma enorme gratidão pelo amparo e pelo companheirismo, mas sobretudo porque pudemos entrelaçar as nossas vidas muito profundamente. Não bastasse isso, ainda tenho a preciosa oportunidade de acompanhar o desdobramento de sua persona em mais uma faceta, a de mãe do nosso João Dito.

*O resultado mais importante da pesquisa física racional
é, portanto, o seguinte: reconhecer na multiplicidade a unidade.*
Alexander von Humboldt (1835)

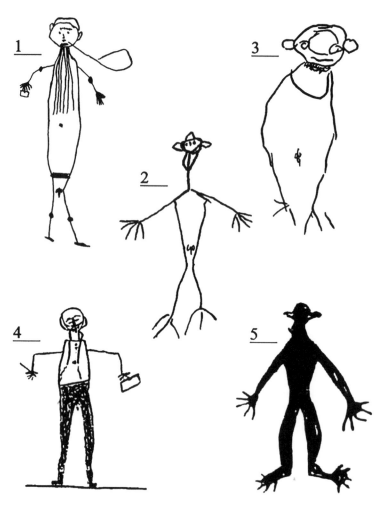

Retratos de (1) Karl von den Steinen, (2) Paul Ehrenreich, (3) Max Schmidt, (4) Theodor Koch-Grünberg e (5) Fritz Krause, feitos pelos desenhistas (1) Bororo, (2 e 3) Bakairi, (4) Kobéua e (5) Karajá.

Sumário

Lista de imagens	13
Lista de mapas	25
Prefácio, por Mauro de Almeida	27
Introdução: *Kura Karaíba*	41

PARTE 1 – Sobre ombros de gigantes: o estabelecimento da etnologia na Alemanha 55

1. O nascimento da etnologia 57
2. O jardim de Herder 69
3. Natureza e cultura: Alexander e Wilhelm von Humboldt ... 79
4. Adolf Bastian: as regras do método etnológico 89
5. Antropologia *fin-de-siècle* 97
6. Todos os caminhos levam a Berlim 105

PARTE 2 – De crânios e palavras: a primeira geração de americanistas (1884-1899) 125

1. Karl von den Steinen e a primeira expedição ao Xingu (1884) 127
2. A expedição de Paul Ehrenreich ao Rio Doce (1885) 173
3. Karl von den Steinen e Paul Ehrenreich: a segunda expedição ao Xingu (1887-1888) 195
4. A viagem de Paul Ehrenreich aos rios Araguaia e Purus (1888-1889) 277
5. "Paciência": Herrmann Meyer no Xingu (1896 e 1898-1899) 297

PARTE 3 – Mitologia e técnica, arte e política:
a segunda geração de americanistas (1900-1913) 315

1. A expedição de Max Schmidt ao Xingu (1900-1901)........... 317
2. Do Rio Negro ao Japurá: a primeira odisseia de
   Theodor Koch-Grünberg (1903-1905) 355
3. A morte do "filósofo meditativo" e
   o americanismo alemão 413
4. As expedições ao Rio Araguaia (1908-1910) 457
5. Max Schmidt no Mato Grosso (1910)..................................... 475
6. Do Roraima ao Orinoco: a segunda odisseia de
   Theodor Koch-Grünberg (1911-1913) 485

PARTE 4 – O crepúsculo dos americanistas (1914-1950) 505

1. Primeira guerra mundial (1914-1918)..................................... 507
2. A reconfiguração do americanismo internacional
   (1918-1924)... 525
3. A expedição derradeira: Max Schmidt no Mato Grosso
   (1926-1928)... 565
4. O fenecimento do projeto americanista.................................. 573

Conclusão... 589
Referências 599

Lista de imagens

1. Reunião da Berliner Gesellschaft für Anthropologie, Ethnologie und Urgeschichte.
   Fonte: BGAEU. Photographisches Archiv. P22023. Fotógrafo e dimensões desconhecidos. Ano: 1885.

2. Museu Real de Antropologia de Berlim (1900).
   Fonte: Walter Krickeberg a Theodor Koch-Grünberg, 16.10.1909, ES Mr A6.

3. Karl von den Steinen.
   Fonte: MIEßLER, Adolf. "Karl von den Steinen". *Deutsche Rundschau für Geographie und Statistik*. Wien/Leipzig, ano XI, 1889, p. 474.

4. Otto Clauss, Karl von den Steinen e Wilhelm von den Steinen.
   Fonte: VON DEN STEINEN, Karl. *Durch Central-Brasilien. Expedition zur Erforschung des Schingú im Jahre 1884*. Leipzig, F. A. Brockhaus, 1886, imagem da capa. Biblioteca Brasiliana Guita e José Mindlin – PRCEU/USP.

5. Antônio Bakairi.
   Fonte: VON DEN STEINEN, Karl. *Durch Central-Brasilien. Expedition zur Erforschung des Schingú im Jahre 1884*. Leipzig, F. A. Brockhaus, 1886, p. 121. Biblioteca Brasiliana Guita e José Mindlin – PRCEU/USP.

6. Dueto de flautas.
   Fonte: VON DEN STEINEN, Karl. *Durch Central-Brasilien. Expedition zur Erforschung des Schingú im Jahre 1884*. Leipzig, F. A. Brockhaus, 1886, p. 173. Biblioteca Brasiliana Guita e José Mindlin – PRCEU/USP.

7. Aldeia Kustenau.
   Fonte: VON DEN STEINEN, Karl. *Durch Central-Brasilien. Expedition zur Erforschung des Schingú im Jahre 1884.* Leipzig, F. A. Brockhaus, 1886, p. 181. Biblioteca Brasiliana Guita e José Mindlin – PRCEU/USP.

8. Localização dos grupos alto-xinguanos de acordo com informante Suyá.
   Fonte: VON DEN STEINEN, Karl. *Durch Central-Brasilien. Expedition zur Erforschung des Schingú im Jahre 1884.* Leipzig, F. A. Brockhaus, 1886, p. 214. Biblioteca Brasiliana Guita e José Mindlin – PRCEU/USP.

9. Encontro com os Suyá.
   Fonte: VON DEN STEINEN, Karl. *Durch Central-Brasilien. Expedition zur Erforschung des Schingú im Jahre 1884.* Leipzig, F. A. Brockhaus, 1886, p. 201. Biblioteca Brasiliana Guita e José Mindlin – PRCEU/USP.

10. Paul Ehrenreich.
    Fonte: EM Bln. Ano, fotógrafo e dimensões desconhecidos.

11. Retrato de grupo Botocudo.
    Fonte: VIII E Nls 165, Ethnologisches Museum. Staatliche Museen zu Berlin. Fotógrafo: Paul Ehrenreich. Ano: 1885. Dimensões: 12,1 x 13,4 cm.

12. Retrato de grupo Botocudo.
    Fonte: VIII E Nls 1396, Ethnologisches Museum. Staatliche Museen zu Berlin. Fotógrafo: Paul Ehrenreich. Ano: 1885. Dimensões: 11,9 x 16,5 cm.

13. Menino Botocudo (Rio Guandu).
    Fonte: VIII E Nls 1415, Ethnologisches Museum. Staatliche Museen zu Berlin. Fotógrafo: Paul Ehrenreich. Ano: 1885. Dimensões: 8,9 x 12,3 cm.

14. Menina Botocudo (Rio Pancas).
    Fonte: VIII E Nls 169 c, Ethnologisches Museum. Staatliche Museen zu Berlin. Fotógrafo: Paul Ehrenreich. Ano: 1885. Dimensões: 9,4 x 5,7 cm.

15. Homem Botocudo (Rio Doce).
    Fonte: VIII E Nls 1412, Ethnologisches Museum. Staatliche Museen zu Berlin. Fotógrafo: Paul Ehrenreich. Ano: 1885. Dimensões: 9 x 12,1 cm.

16. Mulher Botocudo com criança.
Fonte: VIII E Nls 1409, Ethnologisches Museum. Staatliche Museen zu Berlin. Fotógrafo: Paul Ehrenreich. Ano: 1885. Dimensões: 9,3 x 12,3 cm.

17. Homem Botocudo idoso (Rio Guandu).
Fonte: VIII E Nls 1403, Ethnologisches Museum. Staatliche Museen zu Berlin. Fotógrafo: Paul Ehrenreich. Ano: 1885. Dimensões: 9,3 x 12,1 cm.

18. Mulher Botocudo idosa (Rio Doce).
Fonte: VIII E Nls 319a-319b, Ethnologisches Museum. Staatliche Museen zu Berlin. Fotógrafo: Paul Ehrenreich. Ano: 1885. Dimensões: 9,3 x 5,7 cm.

19. Dança coletiva entre os Botocudo.
Fonte: VIII E Nls 1398, Ethnologisches Museum. Staatliche Museen zu Berlin. Fotógrafo: Paul Ehrenreich. Ano: 1885. Dimensões: 11,6 x 16,8 cm.

20. "Os senhores".
Fonte: VIII E Nls 779, Ethnologisches Museum. Staatliche Museen zu Berlin. Fotógrafo desconhecido. Ano: 1887. Dimensões: 11,2 x 19,2 cm.

21. Karl von den Steinen entre os Mehinako.
Fonte: VIII E Nls 1786, Ethnologisches Museum. Staatliche Museen zu Berlin. Fotógrafo: Paul Ehrenreich. Ano: 1887. Dimensões: 11,2 x 17,5 cm.

22. Cozinha do acampamento Independência.
Fonte: Sammlung Amerika, Ethnologisches Museum. Staatliche Museen zu Berlin. Ano: 1887/1888. Fotógrafo e dimensões desconhecidos.

23. Chefe Bororo.
Fonte: VIII E 1228, Ethnologisches Museum. Staatliche Museen zu Berlin. Fotógrafo: Paul Ehrenreich. Ano: 1888. Dimensões: 17,8 x 12,8 cm.

24. "Bororo com colagem plumária. Presente do dr. Ehrenreich".
Fonte: VIII E Nls 1229, Ethnologisches Museum. Staatliche Museen zu Berlin. Fotógrafo: Paul Ehrenreich. Ano: 1888. Dimensões: 12,8 x 17,8 cm.

LISTA DE IMAGENS

25. Antônio Bakairi.
Fonte: VIII E Nls 1698 b, Ethnologisches Museum. Staatliche Museen zu Berlin. Fotógrafo: Paul Ehrenreich. Ano: 1887. Dimensões: 11,7 x 9,1 cm.

26. Máscara-piranha de madeira com penas de arara.
Fonte: VON DEN STEINEN, Karl. *Unter den Naturvölkern Zentral-Brasiliens. Reiseschilderung und Ergebnisse der zweiten Schingú-Expedition, 1887-1888*. Berlin, Dietrich Reimer, 1894, p. 180. Biblioteca Brasiliana Guita e José Mindlin – PRCEU/USP.

27. Máscara-piranha no Museu de Antropologia de Berlim.
Fonte: V B 2220, Ethnologisches Museum. Staatliche Museen zu Berlin. Coletor: Karl von den Steinen. Dimensões do objeto: 86 x 76 x 15 cm. Foto: Ethnologisches Museum. Staatliche Museen zu Berlin.

28. Máscara Mehinako: desenho de Wilhelm von den Steinen e objeto parte da coleção em Berlim.
Fonte: VON DEN STEINEN, Karl. *Unter den Naturvölkern Zentral-Brasiliens. Reiseschilderung und Ergebnisse der zweiten Schingú-Expedition, 1887-1888*. Berlin, Dietrich Reimer, 1894, p. 309. V B 2591, Ethnologisches Museum. Staatliche Museen zu Berlin. Coletor: Karl von den Steinen. Dimensões do objeto: 64 x 24,5 x 20 cm. Foto: Ethnologisches Museum. Staatliche Museen zu Berlin.

29. Padrões merexu entre os Aweti.
Fonte: VON DEN STEINEN, Karl. *Unter den Naturvölkern Zentral-Brasiliens. Reiseschilderung und Ergebnisse der zweiten Schingú-Expedition, 1887-1888*. Berlin, Dietrich Reimer, 1894, p. 264. Biblioteca Brasiliana Guita e José Mindlin – PRCEU/USP.

30. Padrão uluri.
Fonte: VON DEN STEINEN, Karl. *Unter den Naturvölkern Zentral-Brasiliens. Reiseschilderung und Ergebnisse der zweiten Schingú-Expedition, 1887-1888*. Berlin, Dietrich Reimer, 1894, p. 264. Biblioteca Brasiliana Guita e José Mindlin – PRCEU/USP.

31. Retratos de Karl von den Steinen.
Fonte: VON DEN STEINEN, Karl. *Unter den Naturvölkern Zentral-Brasiliens. Reiseschilderung und Ergebnisse der zweiten Schingú-Ex-*

pedition, 1887-1888. Berlin, Dietrich Reimer, 1894, placa XVII. Biblioteca Brasiliana Guita e José Mindlin – PRCEU/USP.

32. "Capitão Reginaldo e esposa". Desenho de Wilhelm von den Steinen.
Fonte: VON DEN STEINEN, Karl. *Durch Central-Brasilien. Expedition zur Erforschung des Schingú im Jahre 1884.* Leipzig, F. A. Brockhaus, 1886, p. 102. Biblioteca Brasiliana Guita e José Mindlin – PRCEU/USP.

33. "Trumai" de Gehrts.
Fonte: VON DEN STEINEN, Karl. *Durch Central-Brasilien. Expedition zur Erforschung des Schingú im Jahre 1884.* Leipzig, F. A. Brockhaus, 1886, p. 195. Biblioteca Brasiliana Guita e José Mindlin – PRCEU/USP.

34. Carlos Dhein com os Xambioá.
Fonte: VIII E 1214, Ethnologisches Museum. Staatliche Museen zu Berlin. Fotógrafo: Paul Ehrenreich. Ano: 1888.

35. Roupa de máscara Xambioá.
Fonte: EHRENREICH, Paul. "Südamerikanische Stromfahrten". *Globus. Illustrierte Zeitschrift für Länder- und Völkerkunde.* Braunschweig, vol. 62, n. 3, 1892, p. 104.

36. Retrato de grupo Jamamadi.
Fonte: VIII E Nls 1822, Ethnologisches Museum. Staatliche Museen zu Berlin. Fotógrafo: Paul Ehrenreich. Ano: 1889. Dimensões: 11,6 x 17,6 cm.

37. Mapa etnográfico de Ehrenreich.
Fonte: EHRENREICH, Paul. "Die Einteilung und Verbreitung der Völkerstämme Brasiliens nach dem gegenwärtigen Stand unsrer Kenntnisse". *Petermann's Mittheilungen.* Gotha, vol. 37, 1891, pp. 81-89, 114-124, anexo. Biblioteca Digital Curt Nimuendajú. Disponível em <https://www.flickr.com/photos/nimuendaju/22584349659/>. Acesso em 28/1/2023.

38. "Mulheres Šambioa (mulher e filha)". Imagem original de P. Ehrenreich.
Fonte: VIII E 1212, Ethnologisches Museum. Staatliche Museen zu Berlin. Fotógrafo: Paul Ehrenreich. Ano: 1888. Dimensões: 16,4 x 11,8 cm.

39. José, chefe Karajá.

Fonte: VIII E Nls 122, Ethnologisches Museum. Staatliche Museen zu Berlin. Fotógrafo: Paul Ehrenreich. Ano: 1888. Dimensões: 15,9 x 11,1 cm.

40. Expedicionários. Meyer é a figura central.
Fonte: PhSAm 2733, GMV. Fotógrafo: Herrmann Meyer. Ano: 1896. Dimensão: 13 x 18 cm.

41. Aldeia Trumai.
Fonte: NegSAm 739, GMV. Fotógrafo: Herrmann Meyer. Ano: 1896. Dimensão: 13 x 18 cm.

42. Casa em Cuiabá.
Fonte: KG-H-I, 63. Fotógrafo: Theodor Koch-Grünberg. Ano: 1899. Dimensões desconhecidas.

43. Senhora em frente de sua casa.
Fonte: KG-H-I, 51a. Fotógrafo: Theodor Koch-Grünberg. Ano: 1899. Dimensões desconhecidas.

44. Expedição de tropas.
Fonte: KG-H-I, 67. Fotógrafo: Theodor Koch-Grünberg. Ano: 1899. Dimensões desconhecidas.

45. Cavaleiro chaquenho.
Fonte: KG-H-I, 46. Fotógrafo: Theodor Koch-Grünberg. Ano: 1899. Dimensões desconhecidas.

46. Coleção americanista no Museu Real de Etnologia de Berlim.
Fonte: Sammlung: Ethnologisches Museum. Staatliche Museen zu Berlin. Fotógrafo desconhecido. Ano: pós-1898. Dimensões desconhecidas.

47. O jovem Max Schmidt.
Fonte original, fotógrafo, ano e dimensões desconhecidos. Disponível em <http://www.portalguarani.com/965_branislava_susnik/14351_prof_dr_max_schmidt_su_contribucion_etnologica_y_su_personalidad_por_branislava_susnik_.html>. Acesso em 14/12/2018.

ASCENSÃO E DECLÍNIO DA ETNOLOGIA ALEMÃ (1884-1950)

48. André e Max Schmidt almoçando no sertão.
Fonte: SCHMIDT, Max. *Indianerstudien in Zentralbrasilien. Erlebnisse und ethnologische Ergebnisse einer Reise in den Jahren 1900 bis 1901.* Berlin, Dietrich Reimer (Ernst Vohsen), 1905, placa 1.

49. Meki.
Fonte: VIII E 1412, Ethnologisches Museum. Staatliche Museen zu Berlin. Fotógrafo: Max Schmidt. Ano: 1901. Dimensões: 15,9 x 10,3 cm.

50. Padrões de trança.
Fonte: SCHMIDT, Max. *Indianerstudien in Zentralbrasilien. Erlebnisse und ethnologische Ergebnisse einer Reise in den Jahren 1900 bis 1901.* Berlin, Dietrich Reimer (Ernst Vohsen), 1905, p. 335.

51. Esquema de trançamento de um cesto.
Fonte: SCHMIDT, Max. *Indianerstudien in Zentralbrasilien. Erlebnisse und ethnologische Ergebnisse einer Reise in den Jahren 1900 bis 1901.* Berlin, Dietrich Reimer (Ernst Vohsen), 1905, p. 358.

52. Otto Schmidt e Theodor Koch-Grünberg.
Fonte: ES Mr. KG-H-VIII, 50. Fotógrafo: Georg Huebner. Ano: 1903. Dimensões desconhecidas.

53. São Felipe.
Fonte: ES Mr. KG-H-II, 89. Fotógrafo: Theodor Koch-Grünberg. Ano: 1903. Dimensões desconhecidas.

54. Interior de maloca Siusí.
Fonte: ES Mr. KG-H-II, 57c. Fotógrafo: Theodor Koch-Grünberg. Ano: 1903. Dimensões desconhecidas.

55. "Kariuatinga com seus amigos na frente do nosso hotel em Cururú-cuára".
Fonte: abb_1. Bildarchiv Foto Marburg. Philipps Universität. Fotógrafo: Theodor Koch-Grünberg. Ano: 1903. Dimensões desconhecidas.

56. Carregando um batelão numa cachoeira.
Fonte: ES Mr. KG-H-II, 70d. Fotógrafo: Theodor Koch-Grünberg. Ano: 1903. Dimensões desconhecidas.

57. Desfile de máscaras dos Káua do Rio Aiary.
Fonte: ES Mr. KG-H-II, 120c. Fotógrafo: Theodor Koch-Grünberg.
Ano: 1903. Dimensões desconhecidas.

58. Konrad Theodor Preuss.
Fonte: EM Bln. Fotógrafo, ano e dimensões desconhecidos.

59. Tambor dos Tukano do Rio Tiquié.
Fonte: ES Mr. KG-H-II, 98. Fotógrafo: Theodor Koch-Grünberg.
Ano: 1904. Dimensões desconhecidas.

60. Homem Tuyúka em traje cerimonial.
Fonte: ES Mr. KG-H-II, 42. Fotógrafo: Theodor Koch-Grünberg.
Ano: 1904. Dimensões desconhecidas.

61. Petróglifo no território dos Uanana.
Fonte: ES Mr. KG-H-II, 148c. Fotógrafo: Theodor Koch-Grünberg.
Ano: 1904. Dimensões desconhecidas.

62. Produção de máscara entre os Kubeo.
Fonte: ES Mr. KG-H-II, 118d. Fotógrafo: Theodor Koch-Grünberg.
Ano: 1904. Dimensões desconhecidas.

63. Máscara jaguar dos Kubeo.
Fonte: ES Mr. KG-H-II, 140. Fotógrafo: Theodor Koch-Grünberg.
Ano: 1904. Dimensões desconhecidas.

64. Koch-Grünberg entre os Makuna, Yabahána e Yahúna no Baixo Apaporís.
Fonte: ES Mr. KG-H-II, 86. Fotógrafo: Otto Schmidt. Ano: 1905.
Dimensões desconhecidas.

65. Cartão-postal retratando caçadores de bugres.
Fonte: ES Mr, A2. Ano: 1907.

66. Fritz Krause (ano desconhecido).
Fonte: BALDUS, Herbert. *Bibliografia crítica da etnologia brasileira*,
vol. 2. Hannover, Kommissionsverlag Münstermann, 1968, p. 337.

ASCENSÃO E DECLÍNIO DA ETNOLOGIA ALEMÃ (1884-1950)

67. Rapaz Kayapó na frente da missão de Conceição do Araguaia.
Fonte: VIII E 3041, Ethnologisches Museum. Staatliche Museen zu Berlin.
Fotógrafo: Wilhelm Kissenberth. Ano: 1909. Dimensões: 12,8 x 17,9 cm.

68. Dança do fogo entre os Kayapó.
Fonte: VIII E 3017, Ethnologisches Museum. Staatliche Museen zu
Berlin. Fotógrafo: Wilhelm Kissenberth. Ano: 1909. Dimensões:
12,6 x 17,9 cm.

69. Construção de casa entre os Kayapó.
Fonte: VIII E 2978, Ethnologisches Museum. Staatliche Museen zu
Berlin. Fotógrafo: Wilhelm Kissenberth. Ano: 1909. Dimensões:
12,7 x 17,9 cm.

70. Homem Kayapó caçando tatu.
Fonte: VIII E 2980, Ethnologisches Museum. Staatliche Museen zu
Berlin. Fotógrafo: Wilhelm Kissenberth. Ano: 1909. Dimensões: 17,9
x 12,7 cm.

71. Homem Kayapó descansando após o almoço.
Fonte: VIII E 2984b, Ethnologisches Museum. Staatliche Museen zu Berlin.
Fotógrafo: Wilhelm Kissenberth. Ano: 1909. Dimensões: 8,8 x 13,8 cm.

72. Homens Karajá desenhando no caderninho de Kissenberth.
Fonte: VIII E 3096, Ethnologisches Museum. Staatliche Museen zu Berlin.
Fotógrafo: Wilhelm Kissenberth. Ano: 1909. Dimensões: 9,9 x 14,9 cm.

73. Almoço entre os Guató.
Fonte: VIII E 2684, Ethnologisches Museum. Staatliche Museen zu
Berlin. Fotógrafo desconhecido. Ano: 1910. Dimensões: 16,3 x 22 cm.

74. Aterrado no Rio Caracara.
Fonte: VIII E 2688, Ethnologisches Museum. Staatliche Museen zu
Berlin. Fotógrafo: Max Schmidt. Ano: 1910. Dimensões: 13,7 x 18,8 cm.

75. "Casa dos homens no Cabaçal".
Fonte: VIII E 2719, Ethnologisches Museum. Staatliche Museen zu
Berlin. Fotógrafo: Max Schmidt. Ano: 1910. Dimensões: 12,3 x 17 cm.

76. Crianças da aldeia Kalugare.
Fonte: VIII E 2740, Ethnologisches Museum. Staatliche Museen zu Berlin. Fotógrafo: Max Schmidt. Ano: 1910. Dimensões: 13 x 17,1 cm.

77. Missa entre os índios.
Fonte: ES Mr. KG-H-III, 41c. Fotógrafo: Theodor Koch-Grünberg. Ano: 1911. Dimensões desconhecidas.

78. Aldeia Taurepang chamada Denong e o Monte Roraima ao fundo.
Fonte: ES Mr. KG-H-III, 38c. Fotógrafo: Theodor Koch-Grünberg. Ano: 1911. Dimensões desconhecidas.

79. Marcha dos Taurepang pela savana.
Fonte: ES Mr. KG-H-III, 42c. Fotógrafo: Theodor Koch-Grünberg. Ano: 1911. Dimensões desconhecidas.

80. José-Mayuluaípu contando mitos a Koch-Grünberg.
Fonte: ES Mr. KG-H-III, 122. Ano: 1912. Fotógrafo e dimensões desconhecidos.

81. Hermann Schmidt, Koch-Grünberg e Roméu.
Fonte: ES Mr. KG-H-III, 168b. Fotógrafo: Georg Huebner. Ano: 1913. Dimensões desconhecidas.

82. (1 e 2) O elegante casal Koch-Grünberg, (9) Felix von Luschan, (13) Eduard Seler, (14) Eugen Fischer, (18) Caecilie Seler-Sachs.
Fonte: BGAEU. Photographisches Archiv. P12489. Ano: 1913. Fotógrafo e dimensão desconhecidos.

83. Curt Nimuendajú em 1934, na Suécia.
Fonte: Curt Unkel, Inventory n. 006843, Museu Nacional das Culturas Mundiais, Gotemburgo, Suécia. Disponível em <http://collections.smvk.se/carlotta-vkm/web/object/1223782>. Ano: 1934. Fotógrafo e dimensão desconhecidos.

84. Felix Speiser (ano desconhecido).
Fonte: SPEISER, Felix. *Südsee, Urwald, Kannibalen*. Leipzig, R. Voigtländer Verlag, 1913, imagem 54.

85. Cartão de congressista de Koch-Grünberg.
Fonte: ES Mr A 32, A. Ano: 1922.

86. Erland Nordenskiöld.
Fonte: Museu Nacional das Culturas Mundiais, Gotemburgo, Suécia. Hall do Arquivo. Pintor, ano e dimensão desconhecidos. Foto de Héllen Bezerra.

87. Jornal local retratando Martin Gusinde, Max Schmidt e Walter Lehmann.
Fonte: VFG, E 1:14. Ano: 1924.

88. Koch-Grünberg com pássaro na mão.
Fonte: ES Mr. KH-H-IV, 1b. Fotógrafo: Georg Huebner. Ano: 1924. Dimensões desconhecidas.

89. Antônio.
Fonte: VIII E 4861, Ethnologisches Museum. Staatliche Museen zu Berlin. Fotógrafo: Max Schmidt. Ano: 1927. Dimensões: 11,4 x 8,6 cm.

90. Cabana de Max Schmidt no território dos Umotina.
Fonte: VIII E 4948, Ethnologisches Museum. Staatliche Museen zu Berlin. Fotógrafo: Max Schmidt. Ano: 1928. Dimensões: 8,7 x 11,7 cm.

91. Plantação dos Umutina em Masepo.
Fonte: VIII E 4950, Ethnologisches Museum. Staatliche Museen zu Berlin. Fotógrafo: Max Schmidt. Ano: 1928. Dimensões: 8,7 x 11,3 cm.

92. Karl von den Steinen no final da vida.
Fonte: EM Bln. Ano, fotógrafo e dimensões desconhecidos.

93. Cartão de inscrição de Konrad Theodor Preuss no Partido Nacional--Socialista.
Fonte: BArch. Abteilung Reich. Ano: 1933.

94. Inscrição de Fritz Krause no Partido Nacional-Socialista.
Fonte: BArch. Abteilung Reich. Ano: 1937.

Lista de mapas

1. Trajetória da expedição de Karl von den Steinen pela região do Xingu.
   Fonte: VON DEN STEINEN, Karl. *Entre os aborígenes do Brasil Central*. Trad. Egon Schaden. São Paulo, Departamento de Cultura, 1940, p. 258.

2. Distribuição de povos nas regiões dos rios Batovy e Coliseu.
   Fonte: VON DEN STEINEN, Karl. *Entre os aborígenes do Brasil Central*. Trad. Egon Schaden. São Paulo, Departamento de Cultura, 1940, p. 259.

3. Região do Rio Araguaia.
   Fonte: EHRENREICH, Paul. "Beiträge zur Geographie Central-Brasiliens". *Zeitschrift der Gesellschaft für Erdkunde zu Berlin*. Berlin, vol. 27, 1892, p. 192. Biblioteca Digital Curt Nimuendajú. Disponível em <https://www.flickr.com/photos/nimuendaju/25115524759/sizes/o/>. Acesso em 27/1/2023.

4. Região dos rios Novo e Coliseu. Mapa do território dos Guató.
   Fonte: SCHMIDT, Max. *Indianerstudien in Zentralbrasilien. Erlebnisse und ethnologische Ergebnisse einer Reise in den Jahren 1900 bis 1901*. Berlin, Dietrich Reimer (Ernst Vohsen), 1905, p. XVII. Biblioteca Digital Curt Nimuendajú. Disponível em <https://www.flickr.com/photos/nimuendaju/11718293994/>. Acesso em 27/1/2023.

5. Região dos rios Negro e Japurá e o trajeto de Koch-Grünberg.
   Fonte: KOCH-GRÜNBERG, Theodor. *Zwei Jahre unter den Indianern: Reisen in Nordwest-Brasilien, 1903-1905*, vol. I. Stuttgart, Strecker & Schröder, 1909, pp. 6-7.

6. Rio Caracara e o território dos Guató.
Fonte: SCHMIDT, Max. "Reisen in Matto Grosso um Jahre 1910". *Zeitschrift für Ethnologie*. Berlin, vol. 44, 1912, p. 133. Biblioteca Digital Curt Nimuendajú. Disponível em <https://www.flickr.com/photos/nimuendaju/41560804292/in/photostream/>. Acesso em 27/1/2023.

7. Extremo norte amazônico e os caminhos de Koch-Grünberg.
Fonte: KOCH-GRÜNBERG, Theodor. *Vom Roraima zum Orinoco. Ergebnisse einer Reise in Nordbrasilien und Venezuela in den Jahren 1911-1913*, vol. I. Berlin, Dietrich Reimer (Ernst Vohsen), 1917, p. 407.

PREFÁCIO

Genealogias e filiações difusas

por Mauro de Almeida

Este livro tem o potencial de mudar a visão recebida sobre a história da antropologia em nosso país e na escala internacional. É desde já um clássico da disciplina, indispensável para o estudo da teoria antropológica e de sua história.

Um dos seus méritos é subverter a visão preconceituosa da etnologia alemã que vai da segunda metade do século XIX até o início da Segunda Guerra Mundial – cronologia essencial, porque com ela o autor explica o apagamento do legado cultural dos etnólogos alemães no ensino da antropologia no Brasil. Esse juízo pode parecer injusto levando em conta o reconhecimento de Curt Nimuendajú (1883-1945) e de Theodor Koch-Grünberg (1872-1924) no panorama etnográfico e cultural brasileiro.[1]

Quanto a Curt Nimuendajú, sua atividade etnográfica importantíssima costuma ser associada a seu contato com o antropólogo Robert Lowie (1883--1957), sem levar em conta a filiação deste à escola alemã através de seu mestre Franz Boas (1858-1942), e isolando-o de suas conexões com colegas alemães.

Quanto a Koch-Grünberg, o reconhecimento de seu papel essencial para a etnografia de povos indígenas é frequentemente relativizado por sua suposta adesão a uma teoria obsoleta de difusionismo e evolução cultural. E, de fato, não raramente as obras dos etnólogos alemães são incorretamente associadas ao difusionismo austríaco do padre Wilhelm Schmidt (1868--1954), o qual na verdade confrontavam. Nos dois casos perde-se de vista o fato de que os próprios Koch-Grünberg e Curt Nimuendajú são parte de uma tradição etnológica à qual pertenceram também Boas, Lowie, Edward Sapir (1884-1939), com Karl von den Steinen (1855-1929), Paul Ehrenreich (1855-1914) e Max Schmidt (1874-1950), cujas raízes intelectuais são o humanismo representado por Johann Gottfried von Herder (1744-1803) e pelos irmãos Alexander (1769-1859) e Wilhelm von Humboldt (1767-1835), por sua vez herdeiros do Iluminismo de Immanuel Kant (1724-1804). É o quadro revelado por Erik Petschelies.

O papel da etnologia alemã anterior à Segunda Guerra foi obscurecido pela influência dominante da antropologia cultural norte-americana e britânica, introduzida pioneiramente no Brasil na Escola de Sociologia e Política, na qual ensinaram Emílio Willems (1905-1997) e A. R. Radcliffe-Brown (1881-1955) – e também o lógico W. O. Quine (1908-2000) –, e pela sociologia francesa em sentido amplo, representada na fundação da Universidade de São Paulo por geógrafos, historiadores e, na sociologia, por Claude Lévi-Strauss (1908-2009), claro que com uma visão maussiano-durkheimiana da disciplina que englobava a etnologia.

A etnologia alemã esteve presente no Museu Paulista e na Fundação Escola de Sociologia e Política de São Paulo (Fespsp) com Herbert Baldus (1899-1970) e na Universidade de São Paulo com Emílio Willems, Egon Schaden (1913-1991) e Thekla Hartmann (1933-),que foi minha professora na transição da década de 1960 para a de 1970, anos marcados pela intervenção da ditadura na universidade. Apesar do peso de Egon Schaden na USP, onde fiz minha formação inicial na década de 1970, a antropologia etnológica alemã foi herdada por Thekla Hartmann e por Lux Vidal (1930-), ao passo que o ensino da antropologia funcionalista de Bronisław Malinowski (1884-1942) e da antropologia estruturalista francesa vinha através de Eunice Durham (1932-2022) e de Ruth Cardoso (1930-2008).

Resta a pergunta: no que consiste a atividade etnológica alemã no período de 1884 a 1950? E aqui cabe uma ressalva. Isso porque o intervalo que vai de 1884 a 1950, caracterizado como de "ascensão e declínio" por Petschelies, não é um período homogêneo, já que é marcado, como mostra o autor, por dois cortes históricos. Em primeiro lugar, a quebra do apoio à etnologia alemã no Brasil por dom Pedro II após a Proclamação da República; em segundo lugar, a derrota da Alemanha na Primeira Guerra Mundial (1914--1918), levando ao empobrecimento da classe média alemã na década de 1920, que afetou os etnólogos alemães antes mesmo da chegada de Hitler ao poder em 1933.

A história da etnologia americanista alemã poderia ter terminado aí. Mas o trabalho de Erik vai adiante, recuperando o que restou da tradição pré-nazista até o pós-guerra. No caso de Curt Nimuendajú, o reconhecido papel de correspondente de Lowie, papel também essencial para a etnografia de Claude Lévi-Strauss, omite sua filiação difusa à tradição etnológica alemã.

ASCENSÃO E DECLÍNIO DA ETNOLOGIA ALEMÃ (1884-1950)

Esse rastreamento intelectual é suficiente para reavaliar a atitude que reduz a etnologia alemã brasileira a um broto de uma suposta ideologia de "evolucionismo progressista" tipificada por Herbert Spencer (1820-1903). Nada mais falso, porque, como Petschelies prova, a etnografia indígena alemã está vinculada à antropologia cultural alemã, inaugurada por Herder, Wilhelm von Humboldt e Adolf Bastian (1826-1905), na esteira da atitude iluminista de Kant.

Um dos aspectos reveladores do seu livro é filiar o pensamento dos etnólogos alemães anteriores ao "crepúsculo" do pós-guerra a certos preceitos do Romantismo alemão e ao Iluminismo a ele associado, com destaque para algumas ideias de Herder (viagem como descoberta da diversidade humana) e dos irmãos Humboldt (geografia e linguística comparada). Penso que fazem parte dessa tradição Kant e, em sua esteira, Friedrich Schiller (1759-1805) e Johann Wolfgang von Goethe (1749-1832). Uma dificuldade para essa filiação é a atribuição a Kant de uma espúria filiação a uma classificação racialista da humanidade em seus cursos não publicados sobre geografia e antropologia "de um ponto de vista pragmático", em que o filósofo de Königsberg retransmite clichês correntes no século XVIII sobre o "caráter nacional" de ingleses, franceses, alemães e... africanos.[2]

Essas afirmações sem apoio em qualquer ciência estão, contudo, em contraste frontal com a antropologia filosófica de Kant, constituída por sua teoria das faculdades humanas sem qualquer qualificação étnico-geográfica: a faculdade perceptiva (*Sensibilität*), a faculdade intelectual (*Verstand*) e a faculdade da razão (*Vernunft*). Poderíamos supor que Kant admitiria aos povos africanos a primeira capacidade – a percepção –, mas não o raciocínio (*Verstand*) ou a razão (*Vernunft*); porém, ele introduziu uma outra faculdade humana universal, a saber, a faculdade do juízo (*Urteilskraft*) – sem a qual não funcionam nem o raciocínio nem a razão. Essa é a faculdade de associar um dado da experiência (sensibilidade) a uma regra ou lei geral. Kant afirmou que mulheres sem educação possuem essa faculdade – que podemos chamar de bom senso ou de senso comum – e que muitos eruditos não a possuem, apesar de toda a sua educação intelectual.

Com isso, Kant fazia tributo ao pensamento que Lévi-Strauss chamou de "ciência do concreto".[3] Goethe e Schiller recusaram a visão kantiana do conhecimento em suas duas primeiras obras, que abordam respectivamente o conhecimento científico (matemática e física na *Crítica da razão pura*) e a moralidade (*Crítica da razão prática*).[4] Mas Kant, em sua terceira obra sobre a faculdade do julgamento, generalizou essa faculdade de "donas de casa" como base para o julgamento estético e da ciência das formas da natureza – ideia que Goethe desenvolve em sua teoria das formas naturais e estéticas como transformações de formas.[5] Em todo caso, se Kant não colaborou efetivamente para o estabelecimento da etnografia como o fizeram Herder e Wilhelm von Humboldt, ele contribuiu para a criação de um aparato crítico, estético e racional que fundamentou e criou condições para a antropologia enquanto projeto intelectual.[6]

Etnografia como Literatura e a Experiência de Campo

Acompanhamos com Petschelies, em *Ascensão e declínio da etnologia alemã (1884-1950)*, a trajetória etnográfica da escola alemã desde uma primeira fase no último quartel do século XIX, com a primeira expedição de Karl von den Steinen de 1884 (ainda valiosa evidência de povoamento indígena), passando pelas viagens de Paul Ehrenreich (1885, 1888-1889), esse último pioneiro na etnografia do Purus (1888-1889) e de Hermann Meyer também no Xingu (1896 e 1898-1899). Seguimos com olhar maravilhado uma segunda fase que precede a Primeira Guerra Mundial (1900-1913), quando têm relevo as expedições de Max Schmidt ao Xingu e ao Mato Grosso (1900-1901, 1910, 1928) e de Theodor Koch-Grünberg ao Rio Negro e ao Orinoco (1903-1905, 1911-1913). Esse é o apogeu das realizações etnográficas da escola, que são acompanhadas como a narrativa de um *Bildungsroman*, gênero alemão por excelência: a narrativa da transformação e do amadurecimento do etnólogo ou da etnóloga no decurso de suas viagens por mundos estranhos.

A experiência etnográfica como narrativa da formação pessoal no decurso da viagem do protagonista como um romance de formação é aqui o nexo entre Herder, Goethe e a experiência etnográfica. A narrativa de Petschelies restitui os percalços, os fracassos, o cotidiano dessas viagens, antecipando assim o gênero de romance etnográfico, que é hoje associado a *Tristes Trópicos*, de Lévi-Strauss.[7]

Finalmente, o livro de Petschelies narra o "crepúsculo dos americanistas" – a saber, dos americanistas alemães, intimamente ligados a acontecimentos políticos, ou seja: a emergência da república, a tragédia econômica da Alemanha do pós-guerra e o desvio do eixo da atividade científica da Alemanha para os Estados Unidos como efeito colateral da derrota do nazismo, sem que a etnologia alemã tivesse tido qualquer compromisso com o programa nazista.

ASCENSÃO E DECLÍNIO DA ETNOLOGIA ALEMÃ (1884-1950)

Sobre esse efeito, convém lembrar que, até o final da Primeira Guerra, a Alemanha e a Áustria (Berlim e Viena) representavam a excelência em matemática, física, literatura, música e pintura, e o alemão era a língua da cultura ao lado do francês. Essa situação mudou drasticamente durante o período que vai da Primeira à Segunda Grande Guerra, quando ocorre o avanço do nazismo no poder de Estado e o seu efeito em todos os domínios da cultura. Petschelies documenta os efeitos desse processo sobre a etnologia alemã e em particular sobre sua atuação na Amazônia brasileira. Para o cenário mundial das humanidades (literatura, música, pintura) e das ciências matemáticas (física, matemática, química), o rescaldo dessas guerras foi o declínio irreversível da língua alemã como principal língua da cultura e da inovação artística e científica, em proveito da língua inglesa. Esse fato teve como consequência secundária o apagamento da vigorosa etnologia alemã no Brasil, reduzida a notas de rodapé para ilustrar doutrinas superadas de "evolucionismo" cultural.

Não obstante, havia fatos que impunham o reconhecimento da etnologia alemã no Brasil até a Segunda Grande Guerra. Em primeiro lugar, as etnografias de Karl von den Steinen e especialmente sua análise linguístico-etnográfica de língua "Bakaïri", que impactou a obra de historiadores e etnógrafos brasileiros, como Teodoro Sampaio (1855-1937) e Edgard Roquette-Pinto (1884-1854). Houve então o registro por Koch-Grünberg do núcleo duro de mitos do noroeste amazônico que serviu de matéria-prima para a obra modernista de Mário de Andrade (1893-1945) e suas repercussões culturais, que vão de Haroldo de Campos (1929-2003) na crítica literária a Celso Martinez (1937-) no teatro, e na temática da "antropofagia" em geral.[8] Outro efeito da etnologia alemã na teoria antropológica é a repercussão das versões de mitos guaranis transmitidas por Curt Nimuendajú, que levaram à reinterpretação da cosmologia guarani com implicações políticas – a antipolítica guarani por Pierre Clastres (1934-1977) e Hélène Clastres (1936-).[9] Outro exemplo das potências da etnografia alemã é o registro da matemática dos Palikur, feito por Curt Nimuendajú, que encontrei em um livro de Lux Vidal, mostrando que os Palikur dispunham de um método de contagem que permitia agendar visitas de vizinhos para suas festas, e que citei em um artigo sobre matemática concreta.[10] Vale trazer este exemplo do noroeste amazônico: os convites *lyen-ti* consistem em "um dispositivo para a contagem de dias dos antigos Palikur" composto de um conjunto de varinhas. Seu uso foi descrito por Nimuendajú em 1926: depois de receber o convite, o convidado "quebra diariamente as pontas de duas varinhas. Se sobrar uma varinha, a festa começará no meio-dia do mesmo dia; porém, se não sobrar nenhuma, a festa começará de noite".[11] Não apenas Nimuendajú promoveu a relação entre etnografia e matemática. Embora ele não tenha coletado formas indígenas de matemática, Max Schmidt compreendeu trançados de cestaria ameríndia a partir de operações matemáticas com crescentes graus de complexidade, como nos revela o presente livro.[12]

Por que então as atividades desses etnólogos alemães permaneceram invisibilizadas como parte de um amplo programa teórico, etnográfico (incluindo aí museologia e documentação)? O livro pioneiríssimo de Erik Petschelies responde a essas perguntas. E faz muito mais que isso. Primeiro, porque reconstitui a trajetória cultural que leva das expedições etnográficas à Sibéria até o Iluminismo de Kant e de Herder, sem esquecer Wilhelm von Humboldt (o fundador da linguística comparada) e os etnólogos alemães, que vão de Karl von den Steinen a Max Schmidt, passando por Paul Ehrenreich, Koch-Grünberg e Curt Nimuendajú; e, por fim, porque demonstra as repercussões das obras dos etnólogos alemães na antropologia brasileira e em diretrizes do Estado concernentes aos povos indígenas, como as do Serviço de Proteção ao Índio (SPI).

Há mais. No plano teórico, a etnologia alemã dos períodos anteriores à Segunda Guerra Mundial tem sido descartada como "evolucionista" ou "difusionista". Mas não há evidência em favor dessa acusação. Ao contrário, a abordagem empírica e teórica da etnologia alemã relevada por Petschelies é plenamente moderna e politicamente relevante. Para ver isso, lembremos, como foi afirmado anteriormente, que o conhecimento que temos de práticas registradas em filme por Koch-Grünberg, como os brinquedos de "cama-de-gato", de narrativas integrais do ciclo de Macunaíma e de atividades técnicas também filmadas da geração de produtos da mandioca, tudo isso resulta da prática etnográfica integral à etnologia alemã.

Quero aqui introduzir, como efeito da prática etnográfica integral à etnologia alemã, a obra de Capistrano de Abreu (1853-1927), linguista e historiador que, em contato com a cultura etnológica alemã – profundamente influenciado por Karl von den Steinen e em constante trânsito intelectual com Koch-Grünberg –, realizou o único registro da língua Kaxinauá (cashinhahua) com transcrição de textos com versão fonética, tradução interlinear, dicionários reversos e gramática.[13] Esse esforço não tem equivalente em nenhum trabalho antropológico desde 1912 até hoje. Isso significa que, para o século XX, os únicos registros de narrativas indígenas de primeira mão para povos amazônicos ameríndios vêm de Karl von den Steinen (para os Kurâ-Bakaïri), de Koch-Grünberg (para o Alto Rio Negro) e de Capistrano de Abreu (para os Kaxinauá do sudoeste amazônico); para as décadas seguintes, há os registros de Nimuendajú para os Guarani.

Qual é o efeito da etnologia alemã sobre esse fato? Na etnografia alemã registrada por Petschelies, havia três componentes: primeiro, o registro da atividade do etnógrafo na forma de diário em tempo real (que se iniciou com von den Steinen e atingiu seu ápice em Koch-Grünberg); em segundo lugar, o registro da cultura material em coleções de objetos, em filmes, fotografias e em dados linguísticos; finalmente, documentos integrais registrando textos na língua nativa ou em tradução.

Cabe ressaltar que a atitude metodológica alemã – que pode ser caracterizada como empirista ou pragmática – dispensa o enquadramento dos relatos e de registros em teorias, sejam elas evolucionistas, funcionalistas ou estruturalistas. Assim, a saga de Macunaíma registrada por Koch-Grünberg pode ser analisada por Haroldo de Campos sob o filtro teórico do estruturalismo morfológico do "formalista" russo... e incorporada como matriz inspiradora do Macunaíma de Mário de Andrade e da encenação teatral. Isso não teria sido possível com base em uma etnografia interpretativa ao estilo de E. E. Evans-Pritchard (1902-1973) e de Radcliffe-Brown, em que o enquadramento teórico avança sobre o testemunho das pessoas em questão. Em suma, o que é privilegiado pela etnologia "empirista" alemã é (a) a transmissão literal de textos, (b) a coleção de artefatos que são produtos culturais do momento, (c) o diário da interação do etnógrafo com o povo em questão. Esses três componentes da etnologia alemã – a transmissão factual de textos nativos, o transporte fiel de objetos e a narrativa real do encontro – são desdobramentos etnográficos de conceitos da filosofia de *Wirklichkeit*, a realidade ou as suas apreensões possíveis, e de *Ehrlichkeit*, sinceridade; ou seja, as qualidades imanentes daquilo que é – e que faltam na documentação da tradição etnográfica inglesa e estão apenas parcialmente presentes na etnografia francesa e na norte-americana – são agora reveladas no livro de Erik Petschelies, que, por isso, tem potencial de explodir a historiografia da antropologia americanista hegemônica.

São esses três traços que dão à etnografia etnológica alemã seu caráter atual: ela não presume ontologias funcionalistas/estruturalistas/evolucionistas, mas aproxima o objeto com suspensão de teorias e de conceitos. E isso é a atitude da redução fenomenológica conforme Edmund Husserl (1859-1938) – pôr entre parênteses teorias e preconceitos. E que melhor estratégia etnográfica do que: (a) registrar *ipsis verbis* textos (como de von den Steinen, Koch-Grünberg

PREFÁCIO

e Nimuendajú maravilhosamente); (b) coletar objetos (como fizeram os museólogos, permitindo que hoje em dia sobreviventes possam reencontrar esses objetos enquanto "estimuladores da memória", como nos episódios da obra *Em busca do tempo perdido,* de Marcel Proust (1871-1922), em que objetos deflagram a memória da totalidade em que estavam inscritos – pista que dei a Juliana Schiel em sua tese sobre a memória dos Apurinã estimulada pelos arquivos do Museu do Índio); (c) elaborar relatos autobiográficos do encontro do etnólogo com os povos em questão – em que revelam francamente a verdade do encontro.[14] Essa é a modernidade patente da etnografia etnológica dos alemães!

Etnografia e política

Essa atitude confere à etnologia alemã uma marcante atualidade política, porquanto pode ser vista como uma atitude fenomenológica que consiste em renunciar a modelos e teorias ante a tarefa de registrar a experiência do antropólogo ou da antropóloga, combinando o registro de textos e de objetos. Em suma: reprodução de textos originários integrais (como as traduções interlineares de Karl von den Steinen e os mitos de Koch-Grünberg), e não de citações selecionadas; a conservação de artefatos que servem como evocadores de memória para sobreviventes; e diários de viagem que registram a interação com os povos visitados. Esses traços evidenciam a atualidade da etnologia alemã, que se deve a seu substrato empirista e filológico. A recuperação dessa história confere à obra *Ascensão e declínio da etnologia alemã (1884-1950)* seu caráter político. O livro resgata o pioneirismo no registro dos povos indígenas do Xingu e do Rio Negro com seus dados etnográficos, imagens raríssimas e encontros interculturais, retoma a relação entre ameríndios e as forças políticas do Estado, discute a posição política dos povos do Rio Branco numa constelação de forças lideradas por extratores de borracha; em suma, fornece material vasto para leitores indígenas e indigenistas em suas lutas políticas. Além disso, a obra reconta a relação política entre etnólogos alemães e os povos indígenas, desde manifestações no Congresso de Americanistas, a defesa no espaço público alemão dos indígenas por Koch-Grünberg, até as consequências da adaptação pelo SPI de alguns conceitos da etnografia alemã e como isso afetou políticas públicas concernentes aos povos indígenas.

Assim, Malinowski registrou textos integrais de atos mágicos em Kiriwina, como *Corpus Inscriptionum Kiriwinensis,* imitando a erudição greco-latina de historiadores e filólogos alemães, prática inaugurada por Karl von den Steinen para o material etnográfico sul-americano em *Die Bakaïri-Sprache* e, por influência sua, por Capistrano de Abreu em *Rã-txa hu-ni-ku-ĩ: a lingua dos caxinauás do Rio Ibuaçu affluente do Muru (Prefeitura de Tarauacá)*. Registraram e transmitiram para os pósteros, em vez de filtrar dados brutos pela grade interpretativa, como em Marcel Mauss (1872-1950) e Radcliffe-Brown. O que não significa ignorar o papel da interpretação e das teorias – e sim reconhecer a importância fundamental dos relatos de primeira mão, como aqueles dos primeiros visitantes da ameríndia transmitidos na forma de diários. Que consequência isso tem para a ciência antropológica?

Nos ataques *post mortem* à etnologia alemã efetuados do ponto de vista das etnologias francesas e norte-americanas, havia uma questão implícita malresolvida: a relação entre teoria e método. Enquanto as antropologias inglesa e francesa (inspiradas desde Radcliffe-Brown por Émile Durkheim (1858-1917), Mauss e Arnold van Gennep (1873-1957)) impuseram um enquadramento teórico-ontológico aos dados – estes deveriam satisfazer funções na estrutura social, ou papéis em ciclos atravessados por atores na estrutura social –, a etnologia empirista alemã restituía narrativas integrais antes de sua interpretação, imagens fotográficas e cinematográficas antes de sua análise, diários de presença etnográfica antes de sua metanálise. Evans-Pritchard supostamente arremessava páginas de seu diário de campo ao mar durante sua viagem de volta à Inglaterra e à medida que escrevia seu clássico sobre os sistemas políticos dos Nuer.[15] Os etnólogos alemães relatavam cada detalhe de suas interações com os povos que encontravam e publicavam essas interações...

Petschelies documenta toda essa história teórica e pessoal da etnologia alemã no Brasil com base em uma gigantesca pesquisa de fontes originais. Combinando sua competência poliglota com a disposição de aprender *Kurrentschrift*, a letra de mão corrente na Alemanha desde a Idade Média até a metade do século XX, ele realizou o hercúleo esforço de investigação de arquivos em cidades europeias e brasileiras. Em especial, Petschelies realizou uma gigantesca operação de analisar e sumarizar o acervo de Koch-Grünberg nos arquivos da Universidade de Marburg na Alemanha, que conserva milhares de cartas, fotografias e diários do grande etnólogo, para o que precisou percorrer milhares de textos na caligrafia minúscula de Koch-Grünberg, indexando os documentos de modo a torná-los acessíveis para estudiosos do acervo do grande etnólogo, de quaisquer que sejam suas origens. O gigantesco resultado, do qual este livro é testemunho, é hoje patrimônio da etnografia brasileira e também da etnologia alemã – seu trabalho de pesquisa constitui hoje o inventário das mais de 8 mil cartas que fazem parte da correspondência científica do acervo de Koch-Grünberg na Universidade de Marburg. Por tudo isso, esta obra é um marco doravante indispensável para o estudo da etnografia brasileira e da teoria antropológica em geral.

Petschelies acompanhou o desenvolvimento do livro com traduções novas ou retraduções desse período indispensável da etnologia brasileira do Xingu e do Alto Rio Negro, documentada nos trabalhos de Koch-Grünberg e também do menos conhecido Max Schmidt, que terminou seus dias no Paraguai: etnólogos cuja etnografia testemunhava práticas e objetos, textos e experiências de primeira mão, permitindo reanálises e reutilizações livres de filtros teóricos da moda.

A etnologia alemã americanista revelada em sua gênese, sua história e seus efeitos na cena pública alemã do entreguerras não combina com a imagem a que foi relegada – a de variante do evolucionismo social com ressonâncias coloniais e racistas. Petschelies retraça as origens filosóficas dessa etnologia no humanismo viajante de Herder, continuado pelas trajetórias dos irmãos Alexander e Wilhelm von Humboldt, o primeiro celebrizado em sua época por suas viagens científicas na América Latina – das quais o Brasil foi excluído por suspeitas sobre suas motivações –, e o segundo reposto na cena cultural de ponta por Noam Chomsky (1928-), que credita ao grande linguista o papel de pioneiro de uma visão da linguística comparada subordinada ao projeto de uma gramática universal que seria a ponte entre todas elas, revelando a unidade da mente humana através das inumeráveis variedades cultural-metafísicas, visão retomada por Edward Sapir e por Mattoso Câmara (1904-1970), seu tradutor e prefaciador brasileiro, que bem compreendeu a afinidade dessa concepção com o estruturalismo linguístico de Roman Jakobson (1896-1982). Acontece que, por uma reviravolta perversa da história intelectual, essa herança filosófica do Iluminismo alemão para uma etnologia não colonizada foi alterada pela interferência de Adolf Bastian, que, embora tenha sido o principal incentivador de pesquisas etnográficas (e financiador por meio dos recursos de instituições berlinenses), além da principal influência teórica da antropologia alemã com sua teoria dos pensamentos elementares, foi também um representante do giro positivista que marcou a divergência entre ciências humanas e ciências "exatas" na segunda metade do século XIX, dado o caráter cientificista desse polímata. Esse giro, tipificado pela validação da

ASCENSÃO E DECLÍNIO DA ETNOLOGIA ALEMÃ (1884-1950)

craniologia de raízes lombrosianas como critério para classificar racialmente grupos humanos, não foi empregado na etnologia de Bastian, embora tenha se tornado fundamental nas pesquisas antropológicas de seu colega Rudolf Virchow (1821-1902), e tampouco fez parte do equipamento etnográfico dos etnólogos americanistas vinculados a Berlim, de von den Steinen a Max Schmidt, passando por Koch-Grünberg, sem esquecer a atividade paralela de Curt Nimuendajú, que se autodistinguiu da herança alemã ao adotar um nome de família indígena.

Ascensão e declínio da etnologia alemã (1884-1950) é um livro brilhante, apoiado na mais intensiva e profunda investigação de fontes de que tenho notícia, começando com um projeto sob a orientação de um dos pioneiros da história da etnografia brasileira, que foi John Monteiro, seu primeiro orientador, cujo papel assumi após seu infeliz e precoce falecimento. A origem do projeto tem talvez relação com um encontro na Universidade de Marburg, cuja equipe de americanistas mostrou a Manuela Carneiro da Cunha e a mim a riqueza inexplorada dos arquivos de Koch-Grünberg, sugerindo uma parceria com um estudante brasileiro capaz de adentrar esse universo riquíssimo. Esse estudante foi Erik Petschelies, a quem se deve agora o equivalente ao livro de tombo dos cadernos de campo e da correspondência de Koch-Grünberg, tarefa hercúlea aumentada por pesquisa em Berlim e outros repositórios da documentação etnológica sul-americana no Brasil. Agradeço a ele pela honra de fazer este prefácio.

Referências

ABREU, João Capistrano de. *Rã-txa hu-ni-ku-ĩ: a lingua dos caxinauás do Rio Ibuaçu affluente do Muru (Prefeitura de Tarauacá)*. Rio de Janeiro, Typographia Leuzinger, 1914 [*Rã-txa hu-ni ku- ĩ...: a língua dos caxinauás do rio Ibuaçu, afluente do Muru* (textos bilíngues caxinauá-português). Org. Eliane Camargo. Campinas, Editora da Unicamp, 2017].

ALMEIDA, Mauro de. "Matemática concreta". *Revista Sociologia & Antropologia*, vol. 5, n. 3, 2015, pp. 725-744.

ANDRADE, Mário de. *Macunaíma, o herói sem nenhum caráter.* São Paulo, O Estado de São Paulo/Klick, 1999 [1928].

CLASTRES, Hélène. *Terra sem Mal.* São Paulo, Brasiliense, 1978 [1975].

CLASTRES, Pierre. *A sociedade contra o Estado: pesquisas de antropologia política.* São Paulo, Cosac Naify, 2008 [1974].

KANT, Immanuel. *Kritik der reinen Vernunft*. Riga, Johann Friedrich Hartknoch, 1781.

____. *Kritik der praktischen Vernunft*. Riga, Johann Friedrich Hartknoch, 1788.

____. *Kritik der Urteilskraft*. Berlin, Lagarde und Friedrich, 1790.

____. *Anthropologie in pragmatischer Hinsicht*. Stuttgart, Reclams Universal-Bibliothek, 1983 [1798].

KOCH-GRÜNBERG. *Vom Roraima zum Orinoco. Ergebnisse einer Reise in Nordbrasilien und Venezuela in den Jahren 1911-1913*, vol. 2. Berlin, Dietrich Reimer (Ernst Vohsen), 1924.

KUPER, Adam. *Anthropology and Anthropologists*. London/Boston/Melbourne, Routledge/Kegan Paul, 1973.

LARRIMORE, Mark. "Race, Freedom and the Fall in Steffens and Kant". *In*: EIGEN, Sara & LARRIMORE, Mark (org.). *The German Invention of Race*. New York, New York State University Press, 2006.

LÉVI-STRAUSS, Claude. *Tristes Tropiques*. Paris, Plon, 1955.

____. "A ciência do concreto". *O pensamento selvagem*. 8. ed. Campinas, Papirus, 2008 [1962].

NIMUENDAJÚ, Curt. *Die Palikur-Indianer und ihre Nachbarn*. Goteborg, Kugl, Vetenskaps, 1926.

PETSCHELIES, Erik. "Theodor Koch-Grünberg (1872-1924): a 'Field Ethnologist' and his contacts with Brazilian intellectuals". *Revista de Antropologia*, vol. 62, n. 1, 2019, pp. 192-211.

ROQUETTE-PINTO, Edgard. *Rondonia: Anthropologia. Ethnographia*. Rio de Janeiro, Imprensa Nacional, 1917.

SCHIEL, Juliana. *Tronco velho: histórias Apurinã*. Campinas, Universidade Estadual de Campinas, 2004 (Tese de doutorado).

SCHMIDT, Max. *Indianerstudien in Zentralbrasilien. Erlebnisse und ethnologische Ergebnisse einer Reise in den Jahren 1900 bis 1901*. Berlin, Dietrich Reimer (Ernst Vohsen), 1905.

SHELL, Susan M. "Kant's Concept of a Human Race". *In*: EIGEN, Sara & LARRIMORE, Mark (org.). *The German Invention of Race*. New York, New York State University Press, 2006.

VERMEULEN, Han. *Before Boas: The Genesis of Ethnography and Ethnology in the German Enlightenment*. Lincoln/London, University of Nebraska Press, 2015.

VERMEULEN, Han; PINHEIRO, Cláudio & SCHRÖDER, Peter. "Introduction: The German Tradition in Latin American Anthropology". *Revista de Antropologia*, vol. 62, n. 1, 2019, pp. 64-96.

VIDAL, Lux B. *Povos indígenas do Baixo Oiapoque. O encontro das águas, o encruzo dos saberes e a arte de viver*. Rio de Janeiro, Museu do Índio/Iepé, 2007.

VON DEN STEINEN, Karl. *Die Bakaïri-Sprache*. Leipzig, K. F. Koehler's Antiquarium, 1892.

ZAMMITO, John H. "Policing Polygeneticism in Germany, 1775: (Kames,) Kant, and Blumenbach". *In*: EIGEN, Sara & LARRIMORE, Mark (org.). *The German Invention of Race*. New York, New York State University Press, 2006.

Notas

[1] Vermeulen; Pinheiro & Schröder, 2019.

[2] Kant, 1983. Interpretações em que a relação entre o pensamento crítico de Kant e a antropologia das raças é problematizada e avança para além da mera correspondência entre a obra kantiana e o racismo pseudocientífico são, por exemplo, Zammito, 2006; Shell, 2006; e Larrimore, 2006.

[3] Lévi-Strauss, 2008.

[4] Kant, 1781; 1788.

[5] *Idem*, 1790.

[6] Vermeulen, 2015.

[7] Lévi-Strauss, 1955.

[8] Von den Steinen, 1892; Andrade, 1999; Koch-Grünberg, 1924; Roquette-Pinto, 1917.

[9] P. Clastres, 2008; H. Clastres, 1978.

[10] Vidal, 2007; Almeida, 2015.

[11] Vidal, 2007, p. 23; Nimuendajú, 1926.

[12] M. Schmidt, 1905.

[13] Abreu, 1914; Petschelies, 2019.

[14] Schiel, 2004.

[15] Kuper, 1973.

INTRODUÇÃO

Kura Karaíba

A sociedade não é nada, além de vida comunitária:
uma pessoa sensível, pensante e indivisível.
Cada humano é uma pequena sociedade.
Novalis[1]

As origens, o desenvolvimento, o ápice e a lenta derrocada de uma disciplina científica praticada por intelectuais alemães nascidos ao longo do século XIX constituem o tema deste livro. Esse grupo de pesquisadores dedicou-se ao estudo dos povos indígenas das terras baixas sul-americanas, eram identificados, portanto, como americanistas, *Amerikanisten* em alemão – indicando assim a sua região de atuação e o círculo científico em que se inseriam –, ou como etnólogos, *Ethnologen* em sua língua materna, e exerciam a *Ethnologie.* Pela ênfase no trabalho de campo, na observação, coleta e descrição de dados sobretudo primários, os americanistas que são objeto de investigação deste livro, Karl von den Steinen (1855-1929), Paul Ehrenreich (1855-1914), Theodor Koch-Grünberg (1872-1924), Max Schmidt (1874-1950), Wilhelm Kissenberth (1878-1944) e Fritz Krause (1881-1963), consideravam-se *Ethnographen*, etnógrafos. Entre 1884 e 1928, esses seis etnólogos realizaram a impressionante soma de 15 expedições, geralmente individuais, pelo Brasil e por suas regiões fronteiriças, visitando povos falantes de línguas que pertencem aos troncos linguísticos Tupi e Macro-Jê, às famílias Aruaque, Iranxe, Karib, Maku, Pano, Trumai, Tikuna, Tukano e Yanomami. Esses povos viviam, e em muitos casos ainda vivem, em várias regiões da Amazônia, como as do Xingu, do Araguaia, do oeste, noroeste e extremo norte amazônicos, e ainda na bacia do Rio Doce e no Pantanal brasileiro. Além de discorrer sobre as bases filosóficas, sobre as quais a etnologia alemã sustentou-se, este livro propôs-se as tarefas de reconstruir historicamente as trajetórias pessoais e profissionais desses etnógrafos, avaliar suas produções etnológicas, inseridas nos seus contextos científicos e sociais, bem como analisar as conexões desses aspectos. O escopo principal da análise, no entanto, se concentra do período que se estende da viagem inaugural de Karl von den Steinen ao Xingu, em 1884, até o falecimento de Max Schmidt, em 1950, porque, precisamente nessa faixa temporal, ocorreram os estudos sistemáticos dos povos indígenas do território por um grupo coeso de pesquisadores, ligados de uma maneira ou de outra aos museus etnológicos alemães e ao seu programa antropológico. Por fim, avalia-se a reverberação de suas obras para a constituição da etnologia no Brasil.

Antes de situar os etnólogos alemães no seu campo de ação, é preciso fazer uma breve incursão na história do conceito de antropologia em alemão. Considerados de modo mais abrangente, não apenas os americanistas, mas todos os estudiosos alemães da virada do século XIX ao XX que inquiriam acerca da diversidade humana em matéria de cultura, religião, mitologia, organização social e linguagem, praticavam a *Völkerkunde*. *Völkerkunde* é uma composição que une dois substantivos: *Kunde*, um termo do alto-alemão medieval que significa *conhecimento* e *saber* e pode ser traduzido ao latim como *scientia* e *notitia*; e *Völker*, plural genitivo de *Volk*, povo.[2] Logo, *Völkerkunde* pode ser compreendida como a ciência dedicada ao estudo dos povos. Enquanto, durante o Iluminismo alemão (a *Aufklärung*), a *Völkerkunde* era sinônimo de *Ethnographie*, no final do século XIX, a *Ethnographie* foi reduzida apenas às suas características empírico-descritivas, opondo-se ao caráter analítico-teórico da *Ethnologie*, de modo que a *Völkerkunde* abarcou ambas as áreas.[3] Resguardadas as diferenças etimológicas, e respeitando-se os processos de constituição disciplinar, pode-se dizer que aquilo que o pesquisador brasileiro denomina atualmente de *antropologia* e o norte-americano de *ethnology* ou *cultural anthropology* o intelectual alemão do século passado designava *Völkerkunde*, e seus profissionais, *Völkerkundler*. No entanto, é preciso lembrar que, no contexto brasileiro contemporâneo, *etnologia* refere-se quase exclusivamente ao estudo dos povos ameríndios, portanto explica-se dessa maneira a referência do título do livro.

O historiador da filosofia norte-americano John H. Zammito defende que a *Anthropologie* nasceu da filosofia ao longo do século XVIII, quando filósofos como David Hume (1711-1776) e Denis Diderot (1713-1784) contribuíram para uma mudança de paradigma nas ciências naturais.[4] Foi ainda no século XVIII que certos pensadores das ciências da vida, como o conde de Buffon Georges Louis Leclerc (1707-1788) e Johann Friedrich Blumenbach (1752-1840), começavam a dissertar sobre as assim chamadas raças humanas e a especular sobre a quantidade de suas origens.[5] Ao articular um prisma de conhecimentos relativos à compreensão do humano – tais como a psicologia fisiológica e a psicologia racional, o modelo biológico aplicado ao estudo das almas animais, o modelo conjuntural da teoria histórico-cultural e a literatura, inclusive a literatura de viagem –, a filosofia produziu um discurso antropológico.[6] A gênese da *Anthropologie* resulta, destarte, da interconexão da filosofia com as ciências naturais e a literatura. Desde o século XIX, a *Anthropologie* é compreendida como um ramo das ciências naturais na Alemanha. Atualmente próxima à biologia humana e ocupada com assuntos relacionados a paleoantropologia, genética humana, primatologia e evolução humana, no século XIX a *Anthropologie* dedicava-se sobretudo à pesquisa acerca da diversidade biológica da humanidade, ao se situar no cruzamento interdisciplinar de métodos e temas oriundos da anatomia humana, craniologia, antropometria, paleontologia, arqueologia, linguística, etnologia e história, culminando na fomentação de teorias raciais.[7] Em suma, pesquisadores brasileiros chamam antropologia física ou biológica aquele campo de atuação denominado na Alemanha de *Anthropologie*.

O antropólogo neerlandês Han Vermeulen demonstrou contundentemente, em sua obra *Before Boas: The Genesis of Ethnography and Ethnology in the German Enlightenment*, a invenção, a transformação e a difusão do conceito e da prática da etnografia e, subsequentemente da etnologia, por intelectuais, historiadores e expedicionários de língua alemã. Ele afirma que o termo "antropologia" é mais geral e mais antigo do que "etnologia", e que "antropologia (física) e etnologia/etnografia se desenvolveram em domínios distintos da ciência durante o século XVIII, as ciências naturais e as ciências históricas ou humanidades, respectivamente".[8]

Vermeulen concluiu que, apesar das conexões, essas disciplinas científicas se desenvolveram paralelamente.

Esse prisma de conceitos é refletido na nomenclatura adotada no presente estudo: *Völkerkunde* será traduzido por antropologia (enquanto termo generalizado para a disciplina em sua totalidade epistêmica), *Ethnologie* por etnologia, *Ethnographie* por etnografia, e *Anthropologie* por antropologia (física), o mesmo ocorrendo com suas derivações adjetivais.[9] Em suma, americanistas e seus colegas de profissão são tratados por etnólogos, enquanto antropólogos são considerados os intelectuais dedicados ao estudo biológico dos humanos. Quando a serviço de uma melhor compreensão, esses termos são explicitados em alemão no presente texto. As diferentes nomenclaturas atribuídas às disciplinas manifestam, do ponto de vista da historiografia conceitual, processos internos de estabelecimento e transformações das práticas e dos métodos, diferenciações entre tradições nacionais, aspectos políticos e simbólicos, portanto, mais do que apenas o caráter profissional das atividades intelectuais.

Durante o período abordado neste livro, havia, portanto, na Alemanha, e especialmente em Berlim, duas ciências dedicadas ao estudo dos humanos:

a *Ethnologie* e a *Anthropologie*. O principal nome da *Ethnologie* no Museu Imperial de Etnologia em Berlim (Königliches Museum für Völkerkunde) era Adolf Bastian (1826-1905), fundador do museu e criador da etnologia moderna na Alemanha. O maior especialista da *Anthropologie* era Rudolf Virchow (1821-1902). Cada campo tinha seus respectivos grupos de especialistas, com métodos, problemas teóricos e epistemológicos próprios, técnicas distintas e *expertises* diferentes. Mesmo que os americanistas estudados aqui pertencessem à linhagem intelectual criada por Bastian, havia, a despeito do compartilhamento de preceitos epistemológicos, diferentes apreensões de certas diretrizes da etnologia. As posturas dos americanistas diante da antropologia também eram notadamente singulares.

Às vidas e obras dos americanistas alemães várias investigações foram consagradas. No Brasil os precursores desses estudos foram os antropólogos teuto-brasileiros Herbert Baldus (1899-1970) e Egon Schaden (1913-1991). O primeiro escreveu a nota de falecimento de Max Schmidt, a introdução à tradução brasileira de uma obra de Ehrenreich e às monografias *Durch Central-Brasilien* e *Unter den Naturvölkern Zentral-Brasiliens*, de von den Steinen.[10] Schaden escreveu notas biográficas sobre Karl von den Steinen, Paul Ehrenreich e Theodor Koch-Grünberg e nestas avalia suas contribuições científicas.[11] Além disso, ele ainda analisou as obras dos etnólogos em conjunto, bem como inseriu-as em uma história da antropologia brasileira (ou brasilianista) mais ampla.[12] Schaden traduziu ao português um artigo de Ehrenreich e as duas monografias de von den Steinen.[13] Ainda que algo datada, a leitura dos estudos de Schaden e Baldus continua sendo mandatória aos interessados na temática. Embora a obra de von den Steinen fosse objeto de investigação em artigos esparsos ao longo dos anos, em 1993 foi-lhe dedicado um livro fundamental. Em *Karl von den Steinen: um século de Antropologia no Xingu*, as mais diversas facetas de seu percurso profissional e pessoal são analisadas, tornando esse estudo bibliografia fundamental até os dias atuais, mesmo que ocasionalmente as avaliações das teorias de von den Steinen reproduzam pressupostos pouco precisos.[14] Desde o início do nosso século, há um reavivamento do interesse pela etnologia alemã e do americanismo em específico. Destaca-se a obra de Michael Kraus, que se dedica há duas décadas ao assunto e produziu um trabalho de valor incomensurável para a historiografia da etnologia indígena. Sua monografia *Bildungsbürger im Urwald. Die deutsche ethnologische Amazonienforschung (1884-1929)*, em que avalia de forma pormenorizada os condicionantes sociológicos e materiais das expedições americanistas, é pedra de toque para a retomada dos estudos sobre o americanismo alemão.[15] Diego Villar tem produzido importantes estudos sobre Max Schmidt, e o livro bilíngue editado com seu colega Federico Bossert, *Hijos de la selva. La fotografía etnográfica de Max Schmidt/Sons of the forest. The ethnographic photography of Max Schmidt*, contém uma importante avaliação crítica da obra desse etnólogo e, sobretudo, muitas de suas fotografias etnográficas.[16] Nesse contexto de recuperação, obras de Koch-Grünberg, Curt Nimuendajú e Max Schmidt foram traduzidas ao português.[17] O presente estudo, destarte, insere-se em um momento de crescente interesse pela etnologia alemã, e espera-se que possa atender ao clamor de Mariza Corrêa, de que um "capítulo importante de nossa história até agora, a etnologia está a pedir uma história própria".[18]

A diferença deste em relação aos demais não consiste apenas em ser o primeiro trabalho abrangente em português que tenha se baseado sobretudo em material primário em alemão, mas também porque considera os etnólogos como um grupo de intelectuais que compartilha ideais e estão conectados por meio de intensas relações sociais. Visa-se avaliar a totalidade das expedições etnológicas empreendidas pelos etnólogos em território brasileiro, bem como seus pressupostos analíticos, suas produções intelectuais e as consequências epistemológicas e sociológicas destas.

Os caminhos percorridos até seu estabelecimento no final do século XIX pelos conceitos e pelas nomenclaturas apenas brevemente esboçados anteriormente são investigados de forma mais pormenorizada na primeira das quatro partes que compõem o presente estudo. Denominada "Sobre ombros de gigantes", ela se debruça a delinear a trajetória dos conceitos constituintes do campo do saber, o que é de suma importância não apenas para a compreensão da situação em que se encontrava a teoria etnológica alemã no momento da gênese dos estudos americanistas daquele país, mas também porque diversos pressupostos teóricos de pensadores individuais podem ser encontrados isoladamente entre as disposições epistemológicas propostas pelos americanistas. Uma análise historiográfica das categorias e dos conceitos terá, portanto, dupla relevância: demonstrar paulatinamente a construção do *apparātus* teórico-conceitual em voga na época da formação dos etnólogos aqui apresentados, e demonstrar pontualmente referências e influências das quais os americanistas se valeram, conferindo-lhes ao mesmo tempo caráter de unidade e apontando para algumas individualidades. Cada capítulo avalia as contribuições para a etnologia de expedicionários e filósofos inseridos em determinados contextos sociais e culturais, durante 200 anos a partir do fim do século XVII. O capítulo final da primeira parte é dedicado ao Museu de Etnologia de Berlim e à forma como este estabeleceu uma rede intelectual e técnica, composta de seus funcionários e os de outras instituições, etnólogos das mais diversas especialidades, embaixadores alemães, autoridades governamentais sul-americanas, comerciantes e empresários alemães. Enfim, busca-se assim pormenorizar as condições institucionais em que os americanistas se encontravam e as maneiras através das quais diretrizes de Berlim tinham impacto direto nas pesquisas realizadas no Brasil, e como as condições do trabalho de campo ressoavam no museu. Os americanistas organizavam-se em uma comunidade científica, que, apesar de diferenças internas concernentes aos interesses acadêmicos e às regiões pesquisadas, tinha um objetivo de pesquisa claramente definido. Esse projeto americanista, bem como sua formação, sua fundamentação epistemológica e suas diretrizes principais, era proveniente de Berlim e instruído ao senso de comunidade, porém adequado aos ditames etnográficos individuais. Por projeto, entende-se não apenas a existência de um objetivo epistemológico, a ser alcançado a partir de esforço coletivo, baseado numa metodologia comum e ao redor do qual rodavam interesses particulares, mas também a existência daquilo que Ludwig Fleck chamou de "estilo de pensamento".[19] Isso significa que parte integrante ao projeto americanista e independentemente das personalidades, dos interesses e da maneira de escrever era um "pensamento coletivo", isto é, "uma comunidade de pessoas mutuamente trocando ideias ou mantendo interação intelectual" de maneira a propor um "desenvolvimento histórico" de um "campo do conhecimento".[20] Precisamente o poder de criação coletiva do qual os cientistas estão embebidos é o pensamento coletivo, do qual o indivíduo "nunca, ou quase nunca, tem consciência", mas que fornece uma força cognitiva e compulsiva ao seu próprio projeto intelectual.[21]

Da segunda parte, "De crânios e palavras", adiante, a cada expedição etnológica um capítulo é devotado, excetuando-se as viagens ao Araguaia de Krause e Kissenberth. Assim, é possível concatenar uma periodicidade historiográfica revelando as estruturas sociais da ciência, além de relacionar os eventos específicos aos contextos históricos e sociais, entrelaçando-os com as biografias dos etnólogos. A consequência, o desequilíbrio na extensão dos capítulos, é antes resultante do impacto e da importância das expedições em si, do que efeito de escolhas metodológicas. Assim, a parte 2 aborda as expedições etnológicas empreendidas pela primeira geração de americanistas entre 1884 e 1899: as duas viagens de Karl von den Steinen pelo Xingu, na segunda acompanhado por Paul Ehrenreich, que também percorreu as regiões dos rios Doce, Purus e Araguaia, e as duas lideradas por Herrmann Meyer. Além de recuperar as narrativas de suas viagens, seus resultados científicos são avaliados, e o processo de construção das primeiras redes de relações científicas e pessoais é recuperado.

O mesmo procedimento analítico é aplicado à parte subsequente, "Mitologia e técnica, arte e política", cujos capítulos analisam as pesquisas de campo e seus resultados produzidos pela segunda geração de americanistas, entre 1900 e 1913. Max Schmidt estudou povos indígenas da bacia do Rio Xingu e do Pantanal brasileiro; Theodor Koch-Grünberg, os do Rio Negro, do extremo norte e noroeste amazônicos e da Amazônia colombiana e venezuelana; e Fritz Krause e Wilhelm Kissenberth fizeram pesquisas entre os povos do Rio Araguaia.

Os capítulos que compõem a quarta e última parte, "O crepúsculo dos americanistas", abarcam o período de declínio do projeto etnológico alemão, os anos finais dos seus intelectuais durante a Primeira Guerra Mundial e a avassaladora crise financeira que a sucedeu. Busca-se demonstrar como os americanistas alemães tentaram valer-se de sua rede para reestruturar sua esfera profissional, de que maneira ocorreu uma reorganização institucional do campo de trabalho e quais foram as consequências para a etnologia das terras baixas. A conclusão versa sobre os efeitos do americanismo alemão para a etnologia brasileira, a antropologia aplicada e alguns dos povos indígenas estudados.

Almeja-se, assim, fazer uma historiografia da antropologia que opera nos dois níveis analíticos comumente associados à história da ciência. Há, por um lado, a história internalista, que enfatiza os desenvolvimentos internos da ciência.[22] Trata-se de uma espécie de *Begriffsgeschichte*, história dos conceitos da ciência, em que fatores sociais são majoritariamente desconsiderados. Assim, a historiografia internalista é a análise das produções científicas e dos metadiscursos científicos – uma história êmica, para usar vocabulário antropológico. Por isso, ela é muitas vezes praticada por cientistas discorrendo sobre suas próprias disciplinas. Essa metodologia é bastante apropriada para a compreensão de processos técnicos e da constituição do aparato conceitual, bem como de causas e consequências de teorias e leis científicas. À abordagem do desenvolvimento interno da ciência se assemelha o que foi denominado de "historicismo" por George Stocking Jr.[23] O historicismo é – em oposição ao "presentismo", que é um método que procura a raiz para questões contemporâneas no passado e traça caminhos progressivos até seu objeto – uma noção capaz de compreender o funcionamento da ciência *per se*, ao considerá-la um processo relacionado estritamente ao pensamento do cientista. Para Stocking Jr., mesmo "a estrutura das revoluções científicas" de Thomas Kuhn tendo oferecido uma interpretação brilhante do historicismo para a historiografia da ciência e com sua proposição de ferramentas analíticas fundamentais para a compreensão do desenvolvimento científico, notadamente exclui fatores externos de sua análise, de modo a criar generalizações demasiado abrangentes.

A contrapartida à abordagem internalista, a historiografia externalista, é empregada por historiadores que, ao versar sobre determinada ciência, enfatizam as pressões sociais, os contextos intelectuais e o ambiente cultural para explicar e compreender os processos da ciência. Essa abordagem teórico-crítica se abstém de pormenores técnicos específicos, com o intuito de situar seu objeto de estudo em um quadro analítico mais amplo. Dessa maneira, é possível ao historiador da ciência entender as relações entre os produtos da ciência e os processos extrapessoais, de modo a inseri-la em lógicas sociais mais amplas. As consequências imediatas são, no primeiro caso, uma concepção idealizada da ciência, livre de influências sociais e de subjetividade e, no segundo, escassez de explicações teóricas sobre conceitos e teorias produzidas pela ciência em análise.

O presente estudo, todavia, aspira por unir as abordagens, ao postular que as etnografias, tal como as demais criações estéticas e científicas, são resultados de uma confluência de fatores individuais e sociais. Através da subjetividade dos etnógrafos, suas relações sociais confluem para as etnografias, que assim são mediadoras dos autores com o mundo. A relação entre subjetividade, experiência, memória e escrita etnográfica difere no caso dos americanistas alemães de seus colegas de outras nacionalidades, notadamente dos etnólogos britânicos. Muitas das etnografias alemãs assumem a forma de um diário de campo, e a análise comparativa das obras publicadas com os diários efetivamente produzidos em campo demonstra que, com exceção de passagens pontualmente alteradas, ambos os registros são iguais. Isso significa que os etnólogos alemães intencionavam transmitir ao leitor a experiência vivida, e, nesse sentido, a distância entre a experiência, a reflexão mnemônica e a escrita etnográfica é quase inexistente. Os americanistas alemães não buscavam utilizar os dados de campo como suporte para hipóteses teóricas *a priori*, mas o compartilhamento imediato da experiência através da escrita era seu fundamento metodológico. A percepção de que, para os alemães, na composição das etnografias, a memória tem importância reduzida, em contrapartida ao papel central da experiência, permite desconstruir a ideia de que o distanciamento entre a experiência e a escrita, intermediadas pela memória com sua capacidade de atualizar o passado, é universal. As etnografias não são apenas documentos do passado, cristalizados através da escrita. Elas são processos de temporalidades. Sua escrita é um exercício mnemônico, e, portanto, o presente etnográfico é na verdade um passado que se estende até o momento da escrita – lembremos, como nos ensinou Proust, que o tempo pode ser recuperado porque o passado é fugaz. O presente da escrita é permeado pelo passado vivido.[24] Assim, as etnografias delineiam uma simultaneidade de temporalidades e de memórias, promovendo uma coexistência virtual de temporalidades. As etnografias são encadeamentos de reconstrução da memória e do tempo compartilhado da perspectiva de quem as produz. Isso significa não apenas que a subjetividade do etnógrafo é o *medium* entre escrita e memória, mas que, da perspectiva de uma antropologia da ciência, as etnografias é que são o *medium* entre a subjetividade do etnógrafo e aquilo que ela apreende como real. Esse entrelaçamento de temporalidades é exponencialmente elevado se considerar-se que a atividade etnográfica pode ser baseada na apreensão de memórias alheias, portanto, de mais uma camada temporal. Ao desprezo da existência do compartilhamento intersubjetivo de instantes temporais pelo etnógrafo, Johannes Fabian dá o nome de "negação da coetaneidade".[25] O presente argumento não se refere, entretanto, às políticas da etnografia discorridas por Fabian, mas à constatação de que, da mesma forma que as etnografias são tentativas empíricas de apreender o real, através da figura do etnógrafo, elas são perpassadas por um prisma de temporalidades e relações, de modo a possibilitar desdobramentos psicológicos e individuais, científicos e sociais. As etnografias são o ponto de transição e encontro de tempos e subjetividades, do individual e do social, e sua análise permite pensar, de uma só vez, a historiografia da disciplina e as histórias pessoais.

Bem, se estiver correta a afirmação do historiador norte-americano Joseph Levenson, de que a "história intelectual é a história dos homens *pensando*",[26] ainda assim é preciso acrescentar que a mente que pensa é social e que dos pensamentos se podem acessar apenas as suas expressões, e então a antropologia da ciência é o estudo do que os cientistas expõem fenomenologicamente a partir do que pensam socialmente. Portanto, as produções científicas, seus produtores e sua realidade dada e construída são inseparáveis, e uma análise, tal como a aqui proposta, capaz de contemplar esses três compostos, não uniria o externo ao interno, mas transpassaria o externo através do interno.

Nesse sentido, há tanto uma historiografia da produção e dos produtos da antropologia, como também uma antropologia da produção científica em geral, e da produção antropológica em especial. Subjacente à reconstrução histórica das vidas e dos trabalhos de campo dos etnólogos e à análise antropológica de sua produção intelectual jaz a percepção da criação de uma disciplina, julgada científica pelos seus praticantes. Isso implica uma análise do discurso que justifica e legitima a caracterização da etnologia enquanto disciplina científica, o que acarreta, consequentemente, a asseveração daquilo denominado por Mariza Peirano de antropologia da antropologia – ou uma meta-antropologia, pois o discurso sobre a disciplina é posto à prova das ferramentas que ela mesma criou.[27] Intenciona-se, dessa forma, contribuir para a historiografia da etnologia do e no Brasil, para a história dos povos indígenas e para a antropologia da ciência.

O material que sustenta este livro é fundamentalmente primário, até então inexplorado ou pouquíssimo estudado, e é constituído por correspondências, diários de campo e fotografias. A documentação localiza-se em arquivos e museus da Alemanha (Arquivo Federal da Alemanha; Arquivo da Sociedade Berlinense de Antropologia, Etnologia e Pré-História; Museu Etnológico de Berlim; Instituto Ibero-Americano de Berlim; e Universidade de Marburg), do Brasil (Arquivo do Museu Goeldi e Arquivo do Museu Paulista), dos Estados Unidos (American Philosophical Society Library), da França (Arquivo do Muséum National d'Histoire Naturelle), do Paraguai (Arquivo do Museu Andrés Barbero), da Suécia (Arquivo do Museu das Culturas Mundiais e Biblioteca Universitária, ambos em Gotemburgo) e da Suíça (Arquivo do Museu das Culturas de Basileia). Dessa maneira foram consultados 3 diários de campo e uma centena de fotografias, além de lidas mais de 8 mil correspondências, das quais um décimo é expressamente citado aqui. As citações diretas das fontes documentais foram traduzidas no corpo do texto, mas são acompanhadas por notas contendo a transcrição na língua em que foram produzidas. Essas traduções, bem como as das citações bibliográficas, são de minha autoria, e pelas possíveis imprecisões assumo a responsabilidade.

A análise desse material levou à constatação dedutiva da existência de redes transatlânticas, compostas de cientistas, colegas profissionais, editores, funcionários de museus, agentes governamentais, e assim por diante. O manejo da rede, bem como a influência de vários atores em direção aos americanistas, e em direção inversa, foi fundamental não apenas para a produção intelectual sobre os povos indígenas do Brasil, mas também porque revelam algumas das características da etnologia que seus representantes intencionavam praticar: internacional e cosmopolita, humanista e científica. O conceito de rede não é formalmente citado como tal no material primário, o que existe, todavia, é uma representação abstrata não nomeada praticada por seus participantes, de modo que aqui se apreendeu e conceitualizou a ideia. Assim, o conceito de rede, embora sua nomenclatura seja uma referência evidente ao trabalho de Bruno Latour, assemelha-se apenas parcialmente à elaboração do filósofo e sociólogo francês. Na teoria ator-rede de Latour, também conhecida por seu acrônimo *ANT* (*actor-network-theory*), a rede não é um objeto exterior composto da interconexão entre pontos, mas um transmissor de recursos, que objetivamente pode limitar a capacidade de os atores induzirem outros atores a realizações de tarefas inesperadas.[28] Ator, portanto, não é alguém ou algo que age, mas o alvo da ação de um conjunto de entidades impulsionando sua ação. E a rede é "uma expressão para avaliar quanta energia, movimento e especificidade nossos próprios relatos conseguem incluir. Rede é conceito, não coisa. É uma ferramenta que nos ajuda a descrever algo, não algo que esteja sendo descrito".[29] Isso significa que, para Latour, a rede, que é uma ferramenta sociológica para arbitrariamente circunscrever um conjunto de fluxos, possui agentes humanos e não humanos constantemente agindo uns contra os outros. Os fios que conectam os agentes são os traços deixados pelos atores em movimento.

De fato, o presente trabalho se fundamenta sobre um material primário, compreendido através de uma circunscrição proposital de um conjunto de pessoas e coisas relacionadas, que podem ser chamados de agentes e se influenciam reciprocamente. O problema é que, para Latour, os agentes não apenas estão inconscientes de sua inserção em uma rede, como também são incapazes de agir voluntariamente sobre ela e sobre outros agentes ou de manipular os movimentos e as relações. O presente material, contudo, oferece uma outra visão: a extensão e o formato da rede de fato são arbitrariamente escolhidos pelo analista; no entanto, sua formação é consequência da intencionalidade das pessoas. Portanto, a rede é uma ferramenta analítica, mas também algo como um fato social, por existir e poder ser empiricamente constatado. As instituições não agem sozinhas, mas através das pessoas. Os agentes têm consciência de que criam redes e que as relações e as redes podem ser manipuladas. Latour acertadamente afirma que atores agem uns contra os outros; contudo, eles o fazem para alterar a estrutura da rede, criar influências, obter vantagens ou simplesmente cultivar afetos – enfim, os agentes estão constantemente manipulando suas redes.

As diferenças em relação ao conceito de Latour não são, destarte, apenas de natureza teórica, mas sobretudo consequência da análise do material documental. Apesar disso, o conceito de rede continua sendo o preferencial. A teoria social desenvolvida por Tim Ingold, por exemplo, revela o crescimento irregular do conjunto de relações, os seus movimentos inerentes e as respostas simbólicas humanas para sua associação com as relações.[30] Ele propõe o conceito alternativo de *meshwork*. O problema é que a interconexão das linhas do *meshwork*, como proposto por Ingold, é tão densa que de certa maneira *meshwork* substitui conceitos como sociedade ou ambiente, e, ainda que seja uma representação acurada das relações sociais, essa noção é de pouca aplicabilidade empírica e não é capaz de apreender a agência humana. Uma ideia muito apropriada, no entanto, é a de teia de aranha: uma rede limitada leva a um centro, que é o do próprio sujeito, e é capaz de abarcar fenômenos e significantes externos que são criados por e para ele.[31]

INTRODUÇÃO

Assim sendo, o conceito de rede tal como ele surge no material primário é o mais adequado. As redes são criadas por atores conscientes, que atribuem significados às relações sociais e que buscam manipulá-las de acordo com suas vontades. Ao mesmo tempo que a rede (científica) é composta de seus membros, eles se constituem enquanto sujeitos (cientistas) através dela. O processo de constituição das redes é infinito, não apenas por causa da alteração da composição de seus sujeitos constituintes, mas também porque estes buscam impor à rede e às suas relações as suas influências. A rede tem uma relação dialética com as forças manipulativas e com a constituição de seus sujeitos e, assim, está envolta em um perpétuo processo de criação e recriação de si. A rede é um movimento e é capaz de guardar os efeitos de seus sujeitos pretéritos e os redistribuir aos presentes e futuros. O processo infindável de constituição da rede, a "redeação", é tanto mais intenso quanto mais intempestivas as forças e as relações que a compõem. A ação consciente de seus sujeitos pode, por fim, suscitar desde pequenas alterações em suas relações mais próximas, até abalos sísmicos estruturais ou a deterioração de frações inteiras da rede.

A constante redeação, e seus efeitos para a constituição da ciência e dos fatos científicos que a compõem – cujo indício de manifestação, muito embora ocupe o horizonte epistemológico deste trabalho, exprime tanto hipóteses metodológicas quanto conclusões teóricas do escopo de uma antropologia da ciência que se ocupa dos fatos objetivos que compõem seu objeto e das expressões subjetivas que o permeiam –, é especialmente denotada nas histórias biográficas dos sujeitos producentes de ciência. Por isso a ênfase nas biografias e nas relações pessoais e extra-acadêmicas dos etnólogos cujas obras são estudadas. As subjetividades criadoras são prismas pelos quais experiências e relações de toda ordem são projetadas para os produtos – isso sem considerar o embaçamento das essências das relações em si. Não existe projeto científico no exterior das redes, e estas são extrativistas, criadoras e degeneradoras de subjetividades e relações, porque, tal como no cosmos de Humboldt, todas as relações estão conectadas e em constante embate. Evidentemente dessa abordagem depreendem-se ramificações e uma complexa constelação de relações e eventos, mas isso, como se espera demonstrar, conflui para as etnografias. Os encontros entre as múltiplas relações têm potencial produtor e assim se pode considerar que as atividades científicas, que repousam sobre uma complexidade de relações de naturezas variadas, são como nós em redes gigantes. A etnologia, no caso presente, era para os americanistas alemães uma ciência internacional, suportada por relações e orientada por ideais humanistas.

O ideal humanista por excelência pode ser deduzido de uma expressão, que também se tornou o princípio do *modus operandi* do trabalho de campo: *kura karaíba*. Essa declaração, que literalmente pode ser traduzida por "o branco é bom", era enunciada aos gritos pelos americanistas quando grupos indígenas desconhecidos se aproximavam. Não se tratava, no entanto, de um axioma universalmente aplicável às pessoas não indígenas ou de uma glorificação racial, pois o enunciado emerge de um contexto social específico e historicamente construído e visava à constituição de uma relação dialógica. Ainda que o posicionamento ético e político dos americanistas alemães fosse heterogêneo, variando desde o paternalismo de Karl von den Steinen à admiração romântica de Max Schmidt ou à convicção da superioridade moral dos ameríndios como a declarava Theodor Koch-Grünberg, todos eles reconheciam a existências de relações de poder assimétricas entre nativos e estrangeiros e admitiam o histórico de violência extrema contra os índios, o que não era unanimidade entre os cientistas alemães. Assim, *kura karaíba* significa, na verdade, este branco aqui não é como os demais que vocês conheceram, ele quer ser bom assim como vocês o são para ele, quer construir uma relação com vocês. Desse modo, há uma inversão lógica: a premissa não é que os caraíbas são bons, mas que eles não o são; e, para poder se diferenciar deles, era preciso afirmar sua posição através do uso da linguagem. A vontade de estabelecer um relacionamento pacífico e a admissão de que, para que isso fosse factível, era necessário reconhecer a perspectiva indígena das relações com os brancos e se diferenciar do histórico estabelecido não são apenas ações metodológicas pretéritas, mas configuram desde então fundamentos éticos para qualquer pesquisa engajada com povos indígenas, e que hoje se reatualizaram em decorrência da emergência de um leviatã brasileiro, inimigo da natureza e dos seus habitantes humanos e não humanos.

Notas

[1]   Novalis, 1798.
[2]   Grimm & Grimm, 1854-1960.
[3]   Gingrich, 2005, p. 71.
[4]   Zammito, 2002, pp. 229-230.
[5]   *Idem*, pp. 222-253, *passim*.
[6]   *Idem*, p. 222.
[7]   Massin, 1996, pp. 81-82.
[8]   Vermeulen, 2015, p. xiv.

INTRODUÇÃO

[9] As reverberações políticas da nomenclatura disciplinar ecoam até hoje na academia alemã. Em 2017, a Sociedade Alemã de Antropologia, por meio de deliberação de seus membros, alterou o nome de Deutsche Gesellschaft für Völkerkunde para Deutsche Gesellschaft für Sozial- und Kulturanthropologie, alinhando-se a um posicionamento norte-americano quanto à nomenclatura adotada.

[10] Baldus, 1948; 1951; von den Steinen, 1894 (Edição brasileira: von den Steinen, 1940).

[11] Schaden, 1953; 1956; 1964.

[12] *Idem*, 1980; 1990.

[13] Ehrenreich, 1891a (Edição brasileira: Ehrenreich, 1948); von den Steinen, 1894.

[14] Coelho, 1993.

[15] Kraus, 2004a.

[16] Bossert & Villar, 2013.

[17] Koch-Grünberg, 1905a (Edição brasileira: 2009); 1907 (Edição brasileira: 2010); 1909; 1910 (Edição brasileira: 2005); 1917 (Edição brasileira: 2006); Schröder, 2019; M. Schmidt, 1917 (Edição brasileira: Petschelies & Schröder, 2021).

[18] Corrêa, 2013, p. 201.

[19] Fleck, 1979.

[20] *Idem*, p. 39.

[21] *Idem*, p. 41.

[22] Acerca da dicotomia entre historiografia internalista e externalista, cf. R. Cruz, 2006.

[23] Stocking Jr., 1965, pp. 211-218.

[24] R. Machado, 2009, p. 277.

[25] Fabian, 2013, p. 156.

[26] Stocking Jr., 1965, p. 213, grifo no original.

[27] Peirano, 1981.

[28] Latour, 2012, p. 188 e ss.

[29] *Idem*, p. 192.

[30] Ingold, 2011, p. 69 e ss.

[31] *Idem*, p. 80 e ss.

PARTE 1

Sobre ombros de gigantes: o estabelecimento da etnologia na Alemanha

O humano apenas é humano através da linguagem; mas, para inventar a linguagem, ele já precisaria ser humano.
Wilhelm von Humboldt (1820)

1.

O nascimento da etnologia

No caminho de von den Steinen

Após ter concluído, em 1888, uma expedição com dois anos de duração pelo Brasil, com especial atenção para a bacia do Rio Xingu, o pioneiro da etnologia indígena, o alemão Karl von den Steinen (1855-1929) retornava à sua pátria. O navio a vapor chamado "Rápido" partiu de Cuiabá, via Buenos Aires e Montevidéu, ao Rio Grande do Sul, onde o americanista pesquisou sambaquis – depósitos artificiais milenares formados por material orgânico e calcário.[1]

Von den Steinen já publicara os resultados de sua primeira expedição ao Xingu, realizada em 1884, em uma monografia impactante intitulada *Durch Central-Brasilien* (*Através do Brasil Central*).[2] Ele olhava, no entanto, para seu futuro na etnologia com "fundamentada preocupação".[3] Em carta expedida em 24 de maio de 1888, von den Steinen confessava suas incertezas a Adolf Bastian (1826-1905), diretor do Museu Real de Antropologia de Berlim:

> Eu gostaria de me devotar de corpo e alma à etnologia, mas eu não sei como isso seria possível – não sei, ao menos, como uma das partes, o corpo, pode subsistir. Uma vez que eu não posso continuar contando com apoio financeiro de casa, eu dependo absolutamente da busca por uma posição que esteja vinculada a um salário satisfatório. Por enquanto eu só sei realmente de uma solução feliz: se eu trabalhasse em seu museu como assistente diretorial. Existiria alguma perspectiva para isso? Ou o senhor poderia me aconselhar de outra maneira?[4]

Cinco anos mais tarde, Karl von den Steinen efetivamente obteve essa posição.[5] Mas, por ora, concentremo-nos na missiva. Trata-se de uma amostra exemplar da dinâmica que envolvia antropólogos alemães no final do século retrasado. Essas poucas linhas reúnem diversos índices semióticos, que, perseguidos, revelarão aspectos fundamentais do processo de formação da etnologia na Alemanha. Todavia esses índices estão ocultos sob conhecimentos basilares que são, eles mesmos, desconhecidos aos olhos de quem se defronta com essas linhas pela primeira vez. Não se sabe quem são os interlocutores, o relacionamento que existia entre eles e nem as posições institucionais que eles ocupavam em 1888 ou sua relação efetiva com o Museu Real de Antropologia de Berlim. Abaixo dessas questões cruciais residem indagações tão incisivas quanto fundamentais. Perduram incógnitas sobre a classe social à qual Karl von den Steinen pertencia, que lhe permitia receber auxílio financeiro doméstico até os 30 anos de idade, sobre as particularidades dessa classe social e sua posição perante as demais, bem como as características da sociedade alemã no final do século XIX. Karl von den Steinen afirmou que desejava se dedicar à etnologia. Mas o que se entendia por *etnólogo*? Quais eram os pormenores distintivos dessa disciplina no final do século XIX e como ela se elevou a um patamar de profissionalização? Por que, para von den Steinen, suas melhores oportunidades ocupacionais se encontram no museu? Existiam outros arranjos institucionais disponíveis aos etnólogos? Como a etnologia se relacionava com os museus na Alemanha? Que tipo de posição os museus ocupavam no cenário acadêmico novecentista alemão?

Cada um desses questionamentos pode ser desdobrado em diversos outros, de modo a alargar a amplitude investigativa. Seguiremos, pois, os índices revelados pela correspondência e deparar-nos-emos com os contextos históricos, os fenômenos sociais e as realizações intelectuais que moldaram a etnologia alemã do seu princípio até um derradeiro momento em 1879, quando Karl von den Steinen decidiu explorar as *terras incognitas* do Brasil Central.[6]

Da gênese dos conceitos

A fundação do pensamento etnológico moderno é atribuída por Han Vermeulen ao polímata Gottfried Wilhelm Leibniz (1646-1716), que, ao desenvolver uma metodologia para comparar línguas, visando ao conhecimento da história humana antiga, contribuiu decisivamente para a formação da linguística histórica.[7] Vermeulen tem demonstrado minuciosamente ao longo de sua carreira como a etnografia e a etnologia emergiram no século XVIII através das contribuições de historiadores e expedicionários de língua alemã – tais como Daniel Gottlieb Messerschmidt (1685-1735), Gerhard Friedrich Müller (1705-1783), August Ludwig Schlözer (1735-1809), Johann Christoph Gatterer (1727-1799), Johann Friedrich Schöpperlin (1732-1772), Albrecht Friedrich Thilo (1725-1772) e Adam František Kollár (1718-1783) – a partir de concepções teóricas elaboradas por Leibniz.

Ainda que Leibniz se opusesse à assertiva de John Locke (1632-1704) acerca da mente humana como *tabula rasa* – qual seja, desprovida de conteúdo intelectual inato – ao afirmar que o universo é imanente à mente nascitura, foi o filósofo inglês que lhe despertou o interesse pelo aspecto filosófico do estudo da linguagem. Na última década de sua vida, Leibniz intensificou suas pesquisas linguísticas, iniciadas em 1679. Para ele a coleta de espécimes linguísticos e a sua análise seriam aplicadas para decifrar a origem da humanidade e de uma protolinguagem europeia, bem como o movimento migratório de grupos populacionais. Ele então analisou os grupos linguísticos europeus comparativamente e expôs planos de pesquisa no Leste Europeu e na Ásia.[8]

O método de análise linguística desenvolvido por Leibniz fundamentava-se sobretudo em uma abordagem histórico-comparativa. A classificação das línguas era um pré-requisito para o agrupamento das populações humanas, e, assim, ele pontuava uma relação de determinação entre língua e povo.[9] Destarte, "nações eram grupos de pessoas conectadas por uma história em comum, que geralmente compartilhavam um território e eram definidos por suas línguas".[10] Como notado por Vermeulen, Leibniz não empregava o termo *nação* como unidade sociopolítica, mas como sinônimo de *povo*, cujo significado, a despeito de problematizações epistemológicas, permanece ainda bastante atual.[11] Como veremos posteriormente, algumas das suas proposições hipoteticamente postuladas reverberarão, quase dois séculos depois, na epistemologia etnológica americanista como pressuposições analíticas. Além disso, Leibniz iniciou um caminho metodológico que será trilhado pelos americanistas alemães no final do século XIX: a reconstrução das trajetórias migratórias a partir do estudo comparativo da linguagem.

Leibniz já era um intelectual reconhecido e com intenso interesse no estudo das línguas faladas no território russo, além de um conselheiro político muito ativo, quando em 1711 ocorreu seu primeiro encontro com o czar Pedro I da Rússia (1672-1725). Conhecido como Pedro, o Grande, o monarca russo viajava para a Europa Central em busca de conhecimentos técnicos e científicos para impor um plano de modernização e ocidentalização de seu país. Logo após o encontro inicial, Leibniz tornou-se um dos conselheiros estrangeiros de Pedro nas esferas da ciência e da arte. Ele lhe expôs diversas vezes a necessidade de aprofundamento de pesquisas linguísticas e geográficas, bem como a importância de investigar a origem dos povos, apontando inclusive para a possibilidade de sua realização em território russo. Muitas das suas propostas foram bem aceitas pelo czar, como o investimento em observações astronômicas e geográficas e a fundação de uma academia de ciências, o que ocorreu em 1724.[12]

Logo, foi no âmbito do estabelecimento das expedições científicas na Rússia que as proposições teóricas da linguística histórica de Leibniz foram empiricamente aplicadas: primeiramente por Daniel Gottlieb Messerschmidt e em seguida por Gerhard Friedrich Müller. Ambos participaram de expedições para a Rússia Oriental: Messerschmidt percorreu a Sibéria; e Müller, o território de Kamchatka.

Na Alemanha o impacto da sua filosofia foi relevante nos círculos acadêmicos de duas universidades diretamente ligadas ao Iluminismo alemão (*Aufklärung*): Halle e Göttingen, localizadas nas cidades respectivamente homônimas.[13] Em 1694 foi fundada a universidade na cidade de Halle, situada então no Ducado de Magdeburg, em Brandeburgo-Prússia, um Estado-membro do Sacro Império Romano-Germânico. O primeiro pró--reitor da Universidade de Halle foi o filósofo e jurista Christian Thomasius (1655-1728), o principal expoente da primeira fase do Iluminismo alemão (*Frühaufklärung*). Além de Thomasius, por meio da influência de Leibniz, Christian Wolff (1679-1754) também lecionou em Halle entre 1706 e 1723, quando foi banido da cidade pelo rei Frederico Guilherme I, acusado de ateísmo. Ele se mudou ao Condado de Hesse-Kassel e lecionou na Universidade de Marburg até 1740. No ano seguinte, Wolff foi chamado de volta a Halle. Sua obra é diretamente associada à segunda fase do Iluminismo (*mittlere Aufklärung*), geralmente relacionada ao período que se estende de 1740 a 1780. Ademais, Wolff foi conselheiro da Academia Russa de Ciências entre 1719 e 1753. Além de centro intelectual de um dos mais importantes movimentos protestantes europeus, o Pietismo, Halle também era um ponto de intercâmbio acadêmico entre russos e alemães, e muitos dos exploradores alemães que se dedicaram ao território russo estudaram ali.[14] Entre estes estava Daniel Messerschmidt. Ele era naturalista e tinha doutorado em medicina pela Universidade de Halle, onde foi orientado por Wolff, que lhe ensinou "os princípios da pesquisa empírica, tais como medições com o microscópio, observações de campo, anotações exatas de experiências e observações".[15]

ASCENSÃO E DECLÍNIO DA ETNOLOGIA ALEMÃ (1884-1950)

Para se opor ao governo de Brandeburgo-Prússia, o Eleitorado de Hâ-nover decidiu estabelecer uma universidade nos ramos da *Aufklärung* em Göttingen, porém secularizada e com menor influência da faculdade de teologia. A Universidade de Göttingen rejeitava o "racionalismo" da Universidade de Halle e apresentava um programa pedagógico humanístico, por meio do qual os indivíduos deveriam ser submetidos a uma educação universal e harmônica.[16]

A universidade foi inaugurada em 1737 e dispunha de docentes formados por Thomasius em Halle. Menos de 30 anos após sua fundação, a Universidade de Göttingen já havia se tornado um centro referencial de pensadores representativos da última fase do Iluminismo alemão (*Spätaufklärung*), que durou de 1763 a 1815. O prestígio de Leibniz a partir de 1760 na cidade de Göttingen entre um grupo de acadêmicos de formação heterogênea é especialmente notório. Estes são o filósofo e matemático Abraham Gotthelf Kästner (1719-1800), o orientalista Johann David Michaelis (1717-1791), o naturalista Christian Wilhelm Büttner (1716-1801) e os historiadores Johann Christoph Gatterer e August Ludwig Schlözer, pensadores fundamentais na constituição do conceito de etnologia.[17]

Durante sua segunda turnê europeia em 1716, Pedro, o Grande, ao requisitar um cientista interessado em realizar uma expedição pela Rússia Oriental, obteve a indicação de Daniel Messerschmidt.[18] Antes da conquista russa no século XVI, consolidada sobretudo por Ivan, o Terrível (1530-1584), a Sibéria, localizada na parte central e norte da Ásia, era parcialmente dominada por povos Mongóis e Tártaros. Apesar da dominação territorial, largas regiões continuavam a ser *terra incognita* por décadas. Durante o governo do czar Pedro, expedições científicas visando ao conhecimento geográfico da região e à exploração dos recursos naturais da Sibéria foram empreendidas.[19]

Entre 1719 e 1727, Messerschmidt fez sua longa e exaustiva expedição pela Sibéria. Ele fora instruído a realizar pesquisas em sete campos científicos diferentes (de astronomia a botânica), inclusive a estudar os povos e as línguas da Sibéria. Segundo Vermeulen, não há nos seus relatórios uma seção particularmente dedicada à "etnografia", mas as descrições que correspondem a essa disciplina estão contidas em outros domínios, como geografia e história.[20] Ainda que Messerschmidt não tenha desenvolvido um método etnográfico propriamente distinto, suas pesquisas têm três graves consequências. Por seu pioneirismo, Messerschmidt pode ser considerado o primeiro cientista a se dedicar à Sibéria.[21] Além disso, ele buscou ampliar empiricamente a metodologia linguístico-histórica desenvolvida por Leibniz, não apenas dando continuidade ao projeto linguístico-etnográfico de seu mestre, mas também testando sua aplicabilidade no trabalho de campo. Por fim, suas anotações e seus manuscritos foram essenciais para o historiador alemão que gerou o embrião da etnografia moderna: Gerhard Friedrich Müller.[22]

Seguindo o conselho de Leibniz, entre os de outras pessoas, Pedro, o Grande, implementou a primeira expedição a Kamchatka, no nordeste do território russo (1725-1730), para investigar se havia conexão territorial entre a Ásia e a América. Tanto a primeira quanto a segunda expedição (1733-1743) foram lideradas pelo navegador dinamarquês Vitus Bering (1681-1741), razão pela qual elas também são conhecidas por seu sobrenome. A segunda expedição objetivava aprofundar a exploração do território de Kamchatka, o litoral e as possíveis ilhas do nordeste russo, bem como preparar o terreno para a colonização e a exploração.[23] Gerhard Friedrich Müller, professor de latim e de história da Academia Russa de Ciências, que havia estudado exaustivamente as coleções de Messerschmidt e os seus manuscritos, desenvolveu o plano de pesquisa sobre as populações siberianas, com a finalidade de aplicar o método desenvolvido por Leibniz e Messerschmidt.[24] Em consequência da sua atividade durante a expedição, Vermeulen advoga para que Müller seja creditado como o fundador da etnografia por cinco razões: ele conduziu pesquisas etnográficas durante a expedição a Kamchatka; lançou um programa etnológico sistemático para os estudos da Sibéria; desenvolveu métodos e instruções; inspirou colegas a realizarem pesquisas; e, por fim, cunhou o conceito para esse tipo de estudo: *Völker-Beschreibung*, ou "descrição de povos".[25]

Evidentemente não se pode atribuir a Müller nem a invenção da descrição sistemática de povos estrangeiros, nem a invenção dos gêneros literários da descrição de viagem e menos ainda da etnografia moderna. O que Vermeulen acentua é que Müller testou e aprimorou um método de coleta e análise de dados de campo, circunscrevendo-o das demais atividades intelectuais humanistas, atribuindo-lhe uma nomenclatura científica e criando um programa passível de ser transmitido a outros acadêmicos e aplicado empiricamente por estes.[26]

A *Völker-Beschreibung* proposta por Müller, nas décadas de 1730 e 1740, é o embrião da etnologia, que criou os condicionantes paradigmáticos para sistematização e incremento ulteriores. Müller escreveu instruções de pesquisa descritiva a alguns de seus companheiros de expedição, entre os quais o botânico Georg Wilhelm Steller (1709-1746) e o historiador Johann

Eberhard Fischer (1697-1771), que o substituiu durante um período de enfermidade. Essas instruções apontam para os aspectos aos quais os observadores deveriam se atentar: ritos, costumes, vida doméstica, tradições de casamento, comércio, agricultura, caça, xamanismo, habilidades militares etc.[27] As *Völker-Beschreibungen* deveriam ser comparadas entre si, originando uma "descrição geral dos povos" (*allgemeine Völker-Beschreibung*). Portanto, o campo de estudo inaugurado por Müller era empírico, descritivo e comparativo.[28]

O projeto delineado por Leibniz, experimentado empiricamente por Messerschmidt e desenvolvido por Müller continuou a surtir efeitos epistemológicos. Alguns anos após o surgimento da *Völker-Beschreibung*, o historiador August Ludwig Schlözer contribuiu significativamente para seus desdobramentos. Ele estudou as listas de palavras de Müller e o método de Leibniz, era um historiador educado em Göttingen e tentou de forma malsucedida ingressar no corpo de exploradores que empreendeu a expedição dinamarquesa ao Egito, à Península Árabe e ao Iêmen (1761-1767).[29] Essa viagem foi proposta por Johann David Michaelis, formado na Universidade de Halle e professor de hebraico e árabe em Göttingen, e tinha como objetivo coletar manuscritos orientais que pudessem auxiliá-lo a elaborar uma edição crítica da Bíblia.[30] As pesquisas geográficas ficaram a cargo de Carsten Niebuhr (1733-1815), um matemático, geógrafo e cartógrafo educado em Göttingen sob orientação de Abraham Gotthelf Kästner. Niebuhr foi o único cientista a sobreviver à expedição; isso se deveu à sua capacidade de adaptação às culturas locais e ao meio ambiente, e à sua competência em estabelecer relações com as populações nativas.[31] Niebuhr também produziu relatos etnográficos, mas, segundo Vermeulen, não pode ser considerado o pioneiro da etnografia, porque Müller tinha estabelecido um programa sistemático e teoricamente fundado pelo menos duas décadas antes, a *Völker-Beschreibung*.[32]

Dentro de algumas décadas, o programa de Müller foi desenvolvido rapidamente por outros pesquisadores. Vermeulen aponta que "a *Völker-Beschreibung* de Müller era um claro protótipo de *ethnographia*, um termo que veio à tona uns 30 anos mais tarde em terras alemãs, primeiro em Nördlingen (Suábia) por Johann Friedrich Schöpperlin e Albrecht Friedrich Thilo em 1767, depois em Göttingen por August Ludwig Schlözer e Johann Christoph Gatterer em 1771-1775". Assim, "ao expandir a *Völker-Beschreibung* de Müller para a *Völkerkunde*, Schlözer inventou um 'método etnográfico' para a história e foi o primeiro historiador a usar o termo *Völkerkunde*".[33]

Johann Friedrich Schöpperlin cunhou o termo *ethnographia* em um artigo em latim sobre a história dos povos da Suábia, e seu conterrâneo Albrecht Friedrich Thilo usou o vocábulo *Ethnographie* em uma resenha sobre a obra do colega. Para esses filólogos, em uma obra historiográfica, a descrição das populações locais deveria preceder a descrição das paisagens geográficas. Schöpperlin fazia, destarte, um paralelismo entre etnografia (*Völkerbeschreibung*) e geografia (*Erdbeschreibung*). Em ambos os casos, o substantivo *Beschreibung*, que significa "descrição", é determinante. Schöpperlin traduziu literalmente o termo programático *Völker-Beschreibung* de Müller ao neogrego, *ethnographia*, estabelecendo a criação do conceito moderno. Thilo, por sua vez, germanizou o termo neogrego: *Ethnographie*.[34]

Além de forjar o conceito de *Völkerkunde*, Schlözer também usou conscientemente os termos *ethnographisch* (etnográfico) e *Ethnograph* (etnógrafo).[35] Ele propunha uma análise histórico-linguística dos povos estudados, em que o conceito de *Völkerkunde* era contrastado com *Weltkunde* ("conhecimento do mundo") e *Ethnographie*, com *Kosmographie* e *Geographie*. Portanto, para Schlözer, *Ethnographie* era equivalente a *Völkerkunde*, enquanto "estudo de povos". A etnografia era apresentada como "uma descrição empírica dos povos, que deveria ser detalhada e universal".[36] Ela era considerada por Schlözer como alternativa epistemológica à ordenação cronológica, tecnográfica e geográfica de eventos históricos. Em benefício da organização etnográfica de eventos, ele circunscreveu a unidade analítica de povo (*Volk*), inspirado na classificação taxonômica desenvolvida pelo botânico sueco Carolus Linnaeus (1707-1778). Schlözer ordenou o conceito de povo em três classes: em uma categoria geográfica, em uma categoria histórica (constituindo "tribos"), e em uma categoria político-estatística, enquanto membros de Estados. Ele propunha que todos os povos conhecidos da Terra, na época entre 150 e 200, deveriam ser estudados. Esse número correspondia à quantidade de línguas conhecidas, e essa correspondência sugere que Schlözer não apenas considerava a língua como marca fundamental de reconhecimento de um povo como unidade étnica, tal como Leibniz, mas também que a etnografia era amparada pela linguística. Assim, o conceito de povo era para Schlözer uma unidade étnica e uma ferramenta analítica.

O segundo historiador a empregar o termo *Völkerkunde* foi Johann Cristoph Gatterer, colega de Schlözer e professor de história em Göttingen desde 1759. Ele uniu a antropologia à etnologia (*Menschen- und Völkerkunde*) e contrastou ambas as disciplinas com cosmografia e geografia (*Welt-und Erdbeschreibung*). Em 1775, atribuiu uma tradução neogrega a *Menschen--und Völkerkunde*: *Anthropographia* e *Ethnographia*. Diferentemente de Schlözer, para quem a história incorporava a etnografia, Gatterer incluiu a etnografia entre os subcampos da geografia, ao lado de geografia física, geografia política e geografia regional. A relação entre geografia e etnografia proposta por Gatterer se tornaria dominante nas próximas décadas, de modo a influenciar alguns dos principais geógrafos alemães do século seguinte, como Carl Ritter (1779-1859) e Friedrich Ratzel (1844-1904), ressonando inclusive nas epistemologias americanistas alemãs da primeira geração.[37]

Alguns anos mais tarde, o historiador eslovaco Adam František Kollár, chefe da biblioteca real em Viena, capital do Sagrado Império Romano--Germânico, cunhou e definiu o termo *ethnologia* pela primeira vez. Em sua obra *Amenidades da história e lei constitucional do reino da Hungria* (*Historiae iurisque que publici Regni Ungariae amoenitates*), publicada em 1783, ele desenvolveu a noção de Schlözer, ao estender o domínio da etnologia a "povos" (*gens*) e "nações" (*populus*).[38] Quatro anos depois, Alexandre-César Chavannes (1731-1800), professor de teologia em Lausanne, definiu a *ethnologie* como a história do progresso para a civilização. Nesse mesmo ano, o historiador e geógrafo Johann Ernst Fabri (1755-1825) definiu *Ethnologie* como um campo amplo de estudo, abarcando *Völkerkunde*, "conhecimento de povos", ou seja, da diversidade humana, e *Volkskunde*, "conhecimento de um povo", o que posteriormente originou o "folk-lore".[39]

Os acadêmicos ligados à origem da etnografia e da etnologia, durante as primeiras duas fases do Iluminismo alemão, preocupavam-se com a origem dos povos, das línguas, dos Estados e dispunham de material etnográfico e linguístico para a reconstrução histórico-descritiva.[40] Eles empregavam terminologias classicamente oriundas de filosofia, história e geografia: as noções de povo (*Volk* e *gens*) e nação (*populus*). Além das duas versões contrastantes de etnografia, a de Schlözer e Kollár por um lado e a de Chavannes por outro, ao final do século XVIII, uma terceira conceptualização se compunha; esta, todavia, fundamentada em um aparato teórico completamente distinto.[41] É dessa terceira via, apresentada pelo filósofo Johann Gottfried Herder (1744-1803), que se originou o conceito moderno de cultura (*Kultur*), cuja compreensão ou explicação constituiu o cerne da antropologia – e talvez ainda o seja.[42]

Notas

[1] "Ich schaue ihr mit begründeter Besorgnis entgegen." Karl von den Steinen a Adolf Bastian, 24.05.1888, EM Bln, Acta Von den Steinen/Ehrenreich.

[2] Von den Steinen, 1886.

[3] Karl von den Steinen a Adolf Bastian, 24.05.1888, EM Bln, Acta Von den Steinen/Ehrenreich.

[4] "Mit Leib und Seele möchte ich mich der Ethnologie ergeben, aber ich weiss nicht, wie es möglich sein wird, – weiss wenigstens nicht, wie der eine Theil, der Leib, dabei bestehen soll. Da ich auf einen Zuschuss von Hause nicht weiter rechnen darf, bin ich absolut darauf angewiesen, mich nach einer Stellung umzusehen, die mit ausreichendem Einkommen verbunden ist. [...] Vorderhand weiss ich eigentlich nur eine glückliche Lösung, dass ich an Ihrem Museum Directorialassistent würde; wäre dafür irgendwelche Aussicht vorhanden? Oder könnten Sie mir in einer andern Weise rathen?" Karl von den Steinen a Adolf Bastian, 24.05.1888, EM Bln, Acta Von den Steinen/Ehrenreich.

[5] U. von den Steinen, 2010, p. 95.

[6] Penny, 2002, p. 20.

[7] Vermeulen, 2015, p. 39. Vermeulen traça o caminho da gênese da etnografia dos expedicionários alemães até Bastian, passando por Herder. As influências de Herder em Bastian também foram apontadas por Gingrich (2005) e Köpping (2005 [1983]). A sequência Herder-irmãos Humboldt-Bastian foi analisada por Bunzl (1996).

[8] *Idem*, pp. 63-66.

[9] *Idem*, 1992, p. 7; 2015, pp. 77-79.

[10] *Idem*, 2015, p. 29.

[11] *Idem*, p. 67; Barth, 1969, p. 9 e ss.

[12] *Idem*, 2008, p. 210.

[13] Para a fundação das universidades no Iluminismo e a constituição intelectual de seus círculos acadêmicos: Saada, 2010, pp. 249-252; Vermeulen, 2015.

[14] *Idem*, pp. 101-103. Fatores como o alto grau de instrução desses alemães e a repulsa por proselitismo católico pelos russos propiciaram a contratação de tantos expedicionários provenientes da ou que estudaram na Alemanha (*Idem*, 2008, p. 212).

[15] *Idem*, 2015, p. 115.

[16] Ringer, 1987, p. 27.

[17] Harbsmeier, 1995, p. 21; Saada, 2010, pp. 354-357; Vermeulen, 2015, pp. 80-81.

[18] *Idem*, pp. 115-116.

[19] *Idem*, pp. 87-92.

[20] *Idem*, pp. 117-119.

[21] *Idem*, p. 88.

[22] *Idem*, 2009, pp. 283-256; *Idem*, 2015, pp. 128-130.

[23] *Idem*, 2009, pp. 253-256; *Idem*, 2015, pp. 138-143. A primeira expedição, apesar de ter atingido o coração da Sibéria, não alcançou a região de Kamchatka, cf. *Idem*, 2006, p. 126.

[24] *Idem*, 2015, p. 147.

[25] *Idem*, p. 132.

[26] *Idem*, 2013, p. 48.

[27] *Idem*, 2015, pp. 165-170.

[28] *Idem*, 2013, pp. 48-50. Uma contribuição não desprezível foi fornecida pelo zoólogo e explorador Peter Simon Pallas (1741-1811), educado em Halle e Göttingen, que cunhou o conceito de Völkerbeschreibungen (sem hífen), cf. *Idem*, p. 57.
[29] Saada, 2010, p. 354.
[30] Vermeulen, 2015, p. 222 e ss.
[31] *Idem*, p. 243.
[32] Rössler, 2007, pp. 3-29; Vermeulen, 2015, pp. 258-259.
[33] *Idem*, p. 443.
[34] Rössler, 2007, p. 3; Vermeulen, 2015, pp. 277-278.
[35] *Idem*, 1994, p. 331; 2015, p. 269.
[36] Rössler, 2007, p. 4; Vermeulen, 2015, p. 279.
[37] *Idem*, pp. 302-305.
[38] Rössler, 2007, p. 4, afirma que Kollár cunhou o termo *Ethnologie*. Trata-se evidentemente de um equívoco, já que a referida obra de Kollár foi escrita em latim.
[39] Vermeulen, 2015, pp. 313-316.
[40] Harbsmeier, 1995, p. 22; Vermeulen, 2015, p. 320.
[41] *Idem*, p. 321.
[42] Kuper, 1999, p. 31.

2.

O jardim de Herder

Enquanto Schlözer considerava a etnografia como parte distintiva do método historiográfico, Gatterer conceituava-a como subcampo da geografia e Chavannes, como componente da antropologia, "o estudo geral do ser humano",[1] a aproximação de Herder da etnografia ocorreu a partir de um aparato conceitual completamente distinto. Suas contribuições para a etnologia, bem como as de intelectuais subsequentes influenciados por elas, como os irmãos Wilhelm (1767-1835) e Alexander von Humboldt (1769-1859), são cruciais para compreender as bases teóricas sobre as quais Adolf Bastian construiu a etnologia moderna na Alemanha.

Herder chegou em 1762 a Königsberg (no Reino da Prússia) para estudar filosofia e logo se tornou o aluno favorito e amigo de seu mestre Immanuel Kant.[2] Ele assistiu a cursos de astronomia, lógica, metafísica, filosofia moral, matemática e geografia física ministrados por Kant. Sob incentivos do filósofo, que através da sua pedagogia de *Selbstdenken* (pensar por si) provocava a reflexão autônoma, Herder leu as obras de Jean-Jacques Rousseau (1712--1778) e David Hume.

Em 1764 ele começou a ter aulas de inglês com Johann Georg Hamann (1730-1788), um dos precursores de um movimento literário-estético do Romantismo alemão conhecido por *Sturm und Drang* (Tempestade e Ímpeto). Com ele, Herder compartilhava o gosto por literatura britânica e, de acordo com John Zammito, Hamann exerceu tanta influência sobre seu aluno quanto Kant, ao apresentar, por exemplo, a obra do filósofo italiano Giambattista Vico (1668-1744), fundador da filosofia da história.[3] Ainda durante os anos em que foi estudante de Kant, Herder escreveu um ensaio em que buscava interpretar a crítica kantiana à metafísica de Alexander Gottlieb Baumgarten (1714-1762) e Christian Wolff. Em *Versuch über das Sein* (*Ensaio sobre o ser*), Herder discute a diferença entre a *Beweiskraft* (força da prova) e a *Überzeugungskraft* (força de convicção). Segundo Zammito, "enquanto ele acompanhou Kant em atribuir 'objetividade' à primeira e mera 'subjetividade' à segunda [...], Herder, todavia, afirmou a validade da certeza envolvida na segunda forma".[4] Mesmo não postulando uma ruptura violenta com o pensamento kantiano, aos 19 anos de idade, o jovem filósofo propôs um afastamento gradual de seu mestre ao afirmar que todos os conceitos se originam irredutivelmente da sensibilidade: "todos os conceitos são empíricos em sua origem".[5]

Em 1764, Herder mudou-se para Riga, então parte do Império Russo e atualmente capital da Letônia. O período de lento afastamento de Kant corresponde à sua aproximação da literatura como operador analítico e como objeto de investigação. Assim, três anos mais tarde, no seu ensaio *Fragmente über die neuere deutsche Literatur* (*Fragmentos sobre a literatura alemã recente*), ele afirma explicitamente que "a literatura é uma ferramenta da ciência".[6] Nessa obra, ele desenvolveu dois tópicos principais: "a investigação da linguagem como a base de toda a vida literária e cultural, e a relação entre a literatura alemã e outras literaturas nacionais".[7]

O período em que Herder afastou-se de Kant e aproximou-se da literatura foi, precisamente, aquele em que ele contribuiu decisivamente para a criação e o estabelecimento do *Sturm und Drang*. Essa reação romântica ao racionalismo inexorável, sobretudo a do Idealismo francês, foi liderada por ele mesmo, que conhecia bem as obras dos filósofos idealistas Denis Diderot e Jean le Rond d'Alembert (1717-1783), e também por uma geração de jovens literatos, da qual o escritor Johann Wolfgang von Goethe (1749-1832) e o poeta Friedrich Schiller (1759-1805) são os principais representantes.[8] Opondo-se a normas da composição poética e da constituição literária e às respectivas temáticas, os escritores rebeldes do *Sturm und Drang* advogavam por uma valorização de elementos oníricos, da natureza, das emoções, das forças vitais, dos ciclos de existência, da força, da beleza, da sabedoria, do irracionalismo. Em contraposição à formalidade e ao preciosismo da língua francesa, buscava-se o estabelecimento de uma literatura nacional marcada por um uso mais sóbrio da língua alemã.[9] Para Herder em especial a contribuição de William Shakespeare (1564-1616) para a língua inglesa deveria servir de exemplo para o desenvolvimento da língua alemã.

De acordo com o filósofo norte-americano Russell Arben Fox, a filosofia da linguagem de Herder seria marcada por uma observação hermenêutica, que envolvia a determinação de notar a atividade autocriadora da língua enquanto força operadora na natureza e na história de um povo.[10] Nos *Fragmente*, ele já postulou a correspondência direta entre a língua e a mentalidade de um povo,[11] que seriam características de sua obra nas duas décadas vindouras: "O *genius* de um povo é portanto também o *genius* da literatura de uma nação (*Nation*)".[12] Aproximando-se do seu objeto de investigação, a saber, a comparação das literaturas nacionais, ele afirma: "Então vós não podeis deixar de notar a literatura de um povo (*Volk*) sem a sua língua".[13] A relação entre caráteres nacionais, linguagem e produção intelectual fica explícita quando do questionamento: "Em que medida o modo de pensar natural (*natürliche Denkungsart*) dos alemães tem uma influência sobre a sua língua? E a língua sobre a sua literatura".[14]

É notável que, no mesmo ano em que os filólogos e historiadores Schöpperlin e Thilo delimitaram conceitualmente a *ethnographia* como uma descrição de populações em estudos geográficos no contexto das expedições russas, Herder propôs um estudo comparativo que considerava a influência de uma essência mental abstrata e coletiva (o *genius*) sobre fenômenos culturais europeus por meio da articulação da linguagem.

A visão contrastante entre Herder e os intelectuais da última fase do Iluminismo alemão a respeito das noções de etnografia e *Volk* levou a um embate com Schlözer em 1772. Este, que incluía a etnografia entre as metodologias historiográficas, buscava elevar a investigação histórica ao patamar de uma verdadeira história universal. Ele fazia uso da etnografia para a constituição de uma história pragmática, cuja "ideia-chave era que a dispersão *sincrônica* dos níveis culturais demonstrada pela literatura de viagem espelhava fielmente a evolução *diacrônica* dos níveis culturais humanos".[15] O filósofo criticou tanto o uso do conceito de *ethnographisch* (etnográfico) por Schlözer, chamando-o de demasiado duro (*hart*), quanto o método histórico de Schlözer, que lhe parecia muito mecanicista. Segundo Vermeulen, "Herder foi especialmente crítico quanto ao pressuposto de Schlözer de que a humanidade progredia através de estágios específicos de civilização em direção a um fim penúltimo".[16] Schlözer reagiu no ano seguinte reafirmando a sua posição perante a de seu opositor. O debate entre o filósofo Herder e o historiador Schlözer demonstra que, no fim do século XVIII, o conceito de etnografia já havia alcançado uma esfera mais ampla e que a disputa em torno de um aparato conceitual etnológico emergia na Alemanha.

O outro ponto de desentendimento entre Herder e Schlözer era quanto à delimitação teórica do conceito de povo. Vermeulen nos relembra que, até o século XIX, *Volk* (povo) e *Nation* (nação) eram sinônimos em alemão e, especialmente no século XVIII, *Volk* referia-se a um grupo que compartilhava história, território e linguagem, como já havia sido estabelecido, entre outros, por Leibniz.[17] Schlözer aplicava *Volk* em três sentidos, a saber, geográfico, histórico e político. Em sentido geográfico, *Volk* pertence a uma classe, no sentido de Linnaeus, ou seja, enquanto unidade inserida logicamente em uma classificação mais ampla, e, portanto, se aplicava sobretudo a unidades socioterritoriais. Em sentido histórico, as unidades são historicamente constituídas a partir de heranças socioculturais (*gens*), e no sentido político enquanto agrupamentos populacionais sujeitos a controle político, como o Estado.[18] As três conceptualizações sugeridas por Schlözer podem ser chamadas de "sociológicas", uma vez que uma fração do mundo social foi arbitrariamente circunscrita e utilizada como ferramenta analítica de uma concatenação de fenômenos com constituição semelhante.[19] Herder, em contrapartida, formulou uma acepção metafísica de *Volk*. De acordo com Fox, sua filosofia se centrava em forças afetivas, "as quais ele acreditava que os humanos experienciavam e manifestavam como *Volk*". Dessa maneira, "ele usou os conceitos de *Volk* e nação como parte de um esquema inter-relacionado (e por fim teórico), mostrando como o desenvolvimento de um envolve o outro".[20]

Fox afirma que *Völker* ("povos") devem ser entendidos como grupos de pessoas que possam ser identificados através de um contexto linguístico particular, a saber, o uso consciente de determinada linguagem. Por outro lado, o conceito de nação é produtor de um conteúdo linguístico, que é historicamente desenvolvido no interior de um grupo particular a partir da herança cultural da qual um *Volk* faz uso.[21] Assim, há uma relação entre duas comunidades: primeiro, "o espaço linguístico ou campo de autorrealização comunal, um contexto estético em que as identidades são reveladas e reconhecidas" e, segundo, "uma comunidade nacional historicamente cultivada, uma coletividade afetiva, cujas particularidades culturais são inseparáveis da experiência do mundo".[22] O conceito de *Volk* de Herder, portanto, prescinde de normas regulatórias de ordem política e oferece a possibilidade de abarcar uma miríade de constituições sociais. Se, para Leibniz, que foi o intelectual que concebeu os parâmetros metodológicos da linguística, os povos são determinados pelo compartilhamento de língua, história e território, para Herder, há uma clara prevalência do ato articulatório da linguagem, capaz de gerar as condições sociais da normatividade. As conceituações filosóficas de *Volk* terão impacto direto na criação da epistemologia da etnologia indígena.

ASCENSÃO E DECLÍNIO DA ETNOLOGIA ALEMÃ (1884-1950)

Além daquela contenda com Schlözer, o filósofo romântico assegurou uma posição teórica clara no debate europeu no âmbito da filosofia da história, em que não apenas os historiadores alemães estavam envolvidos, mas o Iluminismo escocês também foi decisivo no desenvolvimento de uma "ciência do homem" fundamentada em uma abordagem histórica acerca das constituições sociais humanas.[23] Assim, em *Auch eine Philosophie der Geschichte zur Bildung der Menschheit* (*Também uma filosofia da história para a formação da humanidade*), de 1774, ao criticar a filosofia da história de Voltaire (1694-1778), Herder rejeitava a ideia de razão humana universal para conceber uma multiplicidade racional. Ele realiza uma digressão histórica para demonstrar, a partir de referências aos fenícios, egípcios, gregos e romanos, que cada povo tem um lugar próprio na história da humanidade e que as invenções atribuídas a eles foram apropriadas por outros para seu próprio uso.[24] Ele acusa a filosofia moderna – entenda-se por isso Hume, d'Alembert e sobretudo Voltaire – de ser "mecânica", por apenas considerar "lógica, metafísica, moral e física".[25] Ele contempla as mais diversas técnicas humanas, desde a agricultura egípcia à construção de estradas romanas. Assim, a racionalidade é um atributo universal, mas singularmente desenvolvida entre a multiplicidade de povos, e tem papel fundamental na história da humanidade. As diferenças culturais refletem a multiplicidade da razão.

Na interpretação de Vermeulen, Herder matinha uma visão "quase pluralista" da história, em que a *Humanität* (humanidade) tem papel preponderante. A obra de Herder compõe uma "antropologia em sentido mais amplo".[26] Em *Auch eine Philosophie*, ele afirma que, "quanto mais se esclarecem [*aufklärt*], no exame da antiga história mundial, suas migrações populacionais, línguas, costumes, invenções e tradições, tanto mais evidente fica, a cada nova descoberta, a origem de todo o gênero humano a partir de um único homem".[27] O *Charakter aller Nationen* (caráter de todas as nações) pode ser apreendido pelo estudo das respectivas histórias que o determinam.[28] Portanto, para o filósofo, todas as nações – entidades historicamente constituídas por meio do uso consciente da língua formadora de um povo – apresentam um conjunto de características próprias, que as diferenciam das outras nações, o *Nationalcharakter* (caráter nacional). Como veremos posteriormente, a adjetivação de caracteres sociais como critério demarcador de diferenças culturais foi um recurso largamente utilizado pelos americanistas alemães. Mais do que isso: a apresentação de um conjunto de características sintetizadoras de um grupo populacional teve uma longa carreira, foi e continua sendo ferramenta descritiva bastante usual em relações políticas – *vide* o colonialismo, o neocolonialismo, o nazifascismo e as crises imigratórias, bem como as narrativas contrastantes sobre esses períodos, presentes também no senso comum.

Além do *Nationalcharakter* (caráter nacional), nessa obra Herder emprega o conceito de *Geist* (espírito). Ao comentar sobre as virtudes (*Tugenden*) dos romanos e espartanos, Herder alude ao seu *Weltgeist* e *Zeitgeist*.[29] *Geist* é comumente traduzido por "espírito", mas trata-se na verdade de uma essência (*Wesen*). *Weltgeist* significa literalmente "espírito do mundo", mas alude a uma configuração essencial presente naquele momento histórico, ou seja, o resultado de uma estrutura da consciência coletiva e do desenvolvimento histórico que transformaram o mundo naquilo que ele é. *Zeitgeist*, "espírito do tempo", é uma atitude mental coletiva e característica de determinado período. Nesse sentido, Herder insere os povos em períodos historicamente diversificados, propensos a construir diferentes visões de mundo. Outras alusões ao conceito de *Geist* são feitas nessa obra: o "espírito humano" (*menschlicher Geist*), no sentido de *espirit*; o "espírito do nosso século" (*Geist unsers Jahrhunderts*); e, os usos mais importantes, "espírito egípcio" (*ägyptischer Geist*) e "espírito europeu" (*europäischer Geist*).[30] A ideia de que cada povo (*Volk*) possui uma configuração mental própria (*Geist*) é fundamental na sua filosofia e complementa a relação entre linguagem e pensamento.

Nationalcharakter é uma união de características distintivas historicamente constituídas; já *Volksgeist* é uma essência mental abstrata que mantém uma relação dialética com um processo de pensamento específico (*Denkungsart*) e um certo uso da linguagem.[31] Herder propõe um entrelaçamento entre processos mentais característicos aos grupos sociais, linguagem e processos históricos. Assim, haveria, por exemplo, uma forma de raciocínio própria dos alemães, que é ao mesmo tempo modelada pela linguagem e condutora de uma forma específica de relação com ela. A consolidação de caracteres grupais alemães é consequência do andamento da história. Resultam da relação entre mentalidade e linguagem os produtos culturais nacionais, como a literatura alemã. Isso vale para a mentalidade dos franceses, dos índios Bakairi e assim por diante. A noção de *Volksgeist* foi muito profícua no estabelecimento da etnologia moderna e certamente foi o primeiro alicerce na constituição de um conceito moderno de cultura.

Sua obra *Ideen zur Philosophie der Geschichte der Menschheit* (*Ideias para a filosofia da história da humanidade*), de 1784, é um desenvolvimento da apreciação da diversidade cultural, esboçada em *Auch eine Philosophie*. Ele afirma categoricamente: "qual é o povo nessa terra que não tenha uma cultura própria?".[32] As *Ideen* constituem uma obra filosófico-etnográfica.

O sexto livro, por exemplo, é composto de capítulos descritivos acerca da "organização dos povos perto do polo norte", "das costas asiáticas da Terra", "dos povos africanos", "dos americanos" etc.[33] Nesses capítulos Herder procurou demonstrar como se formou o caráter dos povos. Os elementos constituintes são educação, usos, costumes, governo, gostos artísticos, entre outros aspectos.[34] O material etnográfico acessado por ele é constituído de narrativas missionárias, como a do padre Martin Dobrizhoffer (1717-1791) sobre os Abipones do Chaco, e relatos de viagem, como o de Georg Forster (1754--1794), que acompanhou James Cook (1728-1779) em sua volta ao mundo.

O ideal de humanidade (*Humanitätsideal*), a união comum das características humanas, se afirmava na diferença e não na semelhança das formas humanas. Por isso, ainda que exista um fundo comum a toda a humanidade, cada povo (*Volk*) precisa ser compreendido em sua individualidade: "A propósito eu sei, como tu, que toda *imagem universal*, todo *conceito* universal, apenas são abstrações – somente é criador quem *pensa a unidade* toda, de *uma, de todas as nações* em sua *diversidade*, sem que lhe escape através disso a *unidade*".[35] O filósofo alemão Rüdiger Safranski aponta que os povos eram considerados por Herder como grandes unidades, formadas a partir de centros concêntricos, que se estendiam do indivíduo à família, à tribo e, por fim, ao povo.[36] E os espíritos dos povos, tal como as comunidades formadas por uma aglomeração de indivíduos independentes, também constituíam em sua união uma unidade maior: a do espírito humano. Em outras palavras, a unidade é formada pela pluralidade.

Herder compreende haver uma relação entre a unidade (da humanidade) e a diversidade (das culturas), calcada em relações históricas de continuidade e descontinuidade. A origem da desigualdade entre os homens está precisamente na língua: "Portanto a partir da língua se iniciam a sua razão [*Vernunft*] e a sua cultura: pois é apenas através dela que ele também domina a si mesmo".[37] Mesmo com formação iluminista, a sua obra é uma poderosa crítica à *Aufklärung*.

Assim sendo, ele propõe haver uma unidade da espécie humana (*Gattung*), expressa nas diferenças culturais. O funcionamento da mente humana é único, e todos os seres são dotados de racionalidade, mas a razão é modelada pela língua em que é expressa. A unidade se expressa na multiplicidade. Para compreender o espírito humano, é preciso atentar aos mais diversos tipos de operação mental, para o que os produtos diretamente vinculados à linguagem, como a literatura, os contos de fada, os mitos, as poesias e as canções, são objeto privilegiado de análise.

A partir da década de 1770, Herder iniciou um projeto etnológico. Ele já tinha se afastado por completo de Kant, que, por sua vez, passava por uma virada crítica, iniciada em 1781 com a publicação da primeira edição da *Crítica da razão pura*. Após a publicação das três críticas, Kant ultimou um projeto de longa data: seus estudos antropológicos. É preciso notar, todavia, que a antropologia de Kant se situa em uma chave completamente distinta da dos estudos anteriormente relatados. As obras publicadas por historiadores do Iluminismo alemão são etnográficas e etnológicas e se concentram em compreender a diversidade humana.[38] Ainda que muito mais abstrata, Herder propôs uma antropologia em sentido mais amplo, enquanto Kant apresenta uma obra de antropologia física, que resulta de seus estudos de geografia humana e física, em que se preocupa com a variedade biológica da humanidade. Para Vermeulen, Kant não contribuiu efetivamente nem para a etnografia, nem para a etnologia, e a ele apenas deve ser creditada a invenção do conceito moderno de raça.[39]

Nas décadas de 1770 e 1780, os caminhos intelectuais trilhados pelo mestre e por seu antigo pupilo se distanciavam cada vez mais, de modo que a colaboração de Herder com o projeto anti-iluminista e a ênfase de Kant nos estudos raciais impuseram um abismo intelectual entre eles.[40] Quando o filósofo de Königsberg subordinou a antropologia (física) à metafísica em sua virada crítica, Herder rompeu ele.[41] Segundo Safranski, Herder refutou a circunscrição da razão por Kant ao optar por uma "razão viva", concreta, criadora, espontânea.[42]

Assim, colocando em prática o projeto do *Sturm und Drang* de estabelecer uma literatura genuinamente alemã, do final da década de 1770 até o fim de sua vida, Herder empenhou-se em coletar as expressões da relação entre *Volksgeist* e linguagem, sobretudo canções populares europeias.[43] A sabedoria contida nas canções populares, que expressavam determinado *Volksgeist*, era contrastada à racionalidade do Iluminismo (francês, sobretudo).[44] Safranski aponta que, para ele, a variedade de canções populares refletia a riqueza do espírito humano e, além disso, fomentava uma literatura alemã, mas sem a pretensão de alegar superioridades.[45] Na interpretação de Safranski, Herder cultivava um patriotismo democrático que se assentava na variedade de culturas, cujo caminho não leva "ao domínio de um povo sobre o outro, mas, de acordo com o ideal [*Wunschbild*] de Herder, a um *jardim* da diversidade, em que as culturas étnicas desenvolvem suas respectivas melhores possibilidades através de demarcações, troca e fertilização mútua".[46]

ASCENSÃO E DECLÍNIO DA ETNOLOGIA ALEMÃ (1884-1950)

Ao se dedicar à coleta e à análise de canções populares europeias, Herder pode ser considerado também um dos precursores dos estudos de folclore, disciplina antigamente denominada *Volkskunde* em alemão e que hoje tem o nome de *europäische Ethnologie* (etnologia europeia).[47] Köpping afirma que o programa de Herder foi empiricamente completado por Wilhelm von Humboldt, em seus estudos sobre a estrutura da linguagem, sobretudo de sociedades não europeias, e por Alexander von Humboldt, com sua obra a respeito da relação entre seres humanos e o meio ambiente que os circunda.[48]

Notas

[1] Vermeulen, 2006, p. 132.

[2] Zammito, 2002, pp. 138-145.

[3] *Idem*, p. 145.

[4] *Idem*, p. 153.

[5] *Idem*, p. 154.

[6] Herder, 1767, p. 19.

[7] Zammito, 2002, p. 154.

[8] Lemaire, 2001, pp. 237-238.

[9] Köpping, 2005, p. 80; Lemaire, 2001, pp. 237-238.

[10] Fox, 2003, p. 246.

[11] Zammito, 2002, pp. 155-156.

[12] Herder, 1767, p. 20.

[13] *Idem, ibidem*.

[14] *Idem, ibidem*.

[15] Zammito, 2002, p. 236.

[16] Vermeulen, 2015, p. 322.

[17] *Idem*, p. 326.

[18] *Idem, ibidem*.

[19] Ainda que a sociologia tenha se instituído apenas no século XIX, a suposição de que ela se alimentou de elementos de escolas de pensamento pretéritas não deve ser descartada. Para Hans Erich Bödeker, "um dos mais importantes pressupostos teóricos para a constituição da sociologia era a antropologia iluminista", cf. Bödeker, 2001, p. 261.

[20] Fox, 2003, p. 244.

[21] *Idem, ibidem*.

[22] *Idem, ibidem*.

[23] Zammito, 2002, p. 236.

[24] Herder, 1774, p. 19 e ss.

[25] *Idem*, pp. 101-102.

[26] Vermeulen, 2015, p. 323.

[27] Herder, 1774, p. 3, grifos no original.

[28] *Idem*, pp. 46-47.
[29] *Idem*, pp. 169-170.
[30] *Idem*, pp. 4, 15, 25, 27.
[31] Fox, 2003, p. 225.
[32] Herder, 1784, p. 3.
[33] *Idem*, pp. 4-52.
[34] *Idem*, pp. 55-57.
[35] Herder, 1774, p. 49, grifo no original.
[36] Safranski, 2007, pp. 25-26.
[37] Herder, 1784, p. 224.
[38] Vermeulen, 2015, p. 324.
[39] *Idem*, p. 30.
[40] Zammito, 2002, p. 3. Herder não via sentido algum em empregar o termo "raça" (Fox, 2003, p. 253).
[41] Zammito, 2002, p. 3.
[42] Safranski, 2007, pp. 18-19.
[43] Köpping, 2005, p. 80.
[44] *Idem*, p. 86.
[45] Safranski, 2007, pp. 27-28.
[46] *Idem*, p. 28, grifo no original.
[47] Vermeulen, 2015, p. 314.
[48] Köpping, 1983, p. 87.

3.

Natureza e cultura:
Alexander e Wilhelm von Humboldt

Os irmãos von Humboldt, o linguista Wilhelm e o naturalista Alexander, duas das mais importantes personalidades da história cultural alemã, também contribuíram decisivamente para o estabelecimento da etnologia. Além disso, Wilhelm von Humboldt exerceu uma influência mais ampla no campo da linguística, no estudo das línguas não europeias, na relação entre linguagem e estrutura mental e na elaboração do conceito de *Bildung* (educação, formação cultural). Alexander von Humboldt, por sua vez, foi o responsável pelo estabelecimento de um campo moderno de pesquisa em ciências naturais e colaborou para os estudos americanistas fornecendo descrições etnográficas e geográficas da América do Sul. Ambos foram relevantes para o projeto americanista alemão, que, entre outras características, concentrou seus esforços justamente no estudo comparado de línguas indígenas e no trabalho de campo.

Os irmãos estudaram em Göttingen, um dos centros do Iluminismo alemão. Wilhelm se dedicou ao direito, à filosofia e à filologia, com particular ênfase nas leituras de Kant e Herder, além do estudo de línguas antigas.[1] Alexander estudou ciências naturais e inclusive assistiu a cursos ministrados por Blumenbach.

Na década de 1790, Wilhelm von Humboldt, influenciado pela crítica romântica ao Iluminismo alemão, começou a investir em uma interpretação singular da noção de *Bildung*. De acordo com o teórico literário Antoine Berman, *Bildung* é um dos conceitos centrais da cultura alemã do século XVIII e pode ser encontrado na obra de diversos autores, como Herder, Goethe e Georg Wilhelm Friedrich Hegel (1770-1831).[2] *Bildung* refere-se a um processo de formação e desenvolvimento intelectual ao qual pessoas, obras de arte, literaturas, nações, culturas e línguas podem (e na verdade deveriam) estar submetidas. Então *Bildung* é tanto o meio através do qual o intelecto é moldado, ao se espelhar em uma dada imagem (*Bild*), quanto o resultado desse aperfeiçoamento, caracterizado pelo seu forte apelo pedagógico e educacional. Portanto, *Bildung* é um curso de autoformação, de interpretação da experiência e de transformação existencial. Além da leitura dos clássicos, da aprendizagem de grego e latim, outra maneira de concretizar essa formação humanista, filosófica e cultural ocorria por meio da viagem. O enredo do grande romance de formação (*Bildungsroman*) de Goethe, que estabelece a forma canônica da *Bildung*, a saber, *Wilhelm Meisters Lehrjahre* (*Os anos de aprendizagem de Wilhelm Meister*), de 1795, trata justamente da história da formação de seu protagonista através de deslocamentos e mediações, possibilitados pelo universo do teatro.

O historiador Fritz K. Ringer salienta que, no final do século XVIII, durante a renovação cultural que ocorria em território alemão, além do conceito de *Bildung*, *Kultur* (cultura) tornou-se um termo corrente.[3] *Kultur* fora emprestado pelo jusnaturalista Samuel Pufendorf (1632-1694), e posteriormente por Herder, da *cultura animi* de Cicero (106-43 a.C.). Durante o século das luzes, *Kultur* permaneceu próximo à *Bildung* e expressava o significado de "cultivação pessoal", a "cultivação do espírito e da alma".[4] Essa dicotomia, que remete à relação entre a *Kultur* alemã e a *civilisation* francesa, demasiado complexa para ser analisada aqui, foi minuciosamente explorada por Norbert Elias e retomada por Adam Kuper.[5] Para Elias, ambos os conceitos surgiram na segunda metade do século XVIII, e *civilisation* tem um significado muito próximo à ideia inicial de *Kultur*, a de cultivação pessoal do *homme civilisé*.[6] Em seguida, *Kultur* passou a ser utilizado com seu sentido social e não pessoal, evidenciando as realizações "civilizadas" dos homens em sociedade. Em 1784, Kant fez uma distinção clara entre civilização e cultura, ao associar o primeiro conceito a boas maneiras e comportamento social adequado, e cultura a arte e ciência, tradições e costumes. Nesse sentido, progressivamente a *Kultur* passou a abarcar a noção de civilização, uma vez que, segundo Ringer, a *Kultur* representava o "estado 'interno' e as realizações dos homens cultivados", e civilização cobria a existência mundana.[7] Ringer explica que o conceito de *civilisation* não deu esse segundo passo e que os alemães, incapazes de se definir como uma nação, adotaram a noção de *Kultur* como um adjetivo tipicamente germânico.[8]

A ação determinante em direção ao conceito moderno de cultura foi executada por Herder. Ele transformou a *Kultur* em uma característica constitutiva de todas as nações, rejeitando, ao mesmo tempo, a ideia de que cultura se relaciona unicamente à cultivação pessoal ou que seja exclusividade germânica. Como foi mencionado no capítulo anterior, Herder se vale, em suas obras filosóficas, de realizações culturais de diversas nações e garante que a cultura é um fenômeno universal. Além disso, ele afirma que "cada nação tem o centro da felicidade dentro de si, como toda esfera o centro de gravidade".[9] A ideia de que nações sejam esferas circunscritas e em movimento, autodeterminantes e independentes, evidentemente remete à noção de mônada de Leibniz. Mas, mais importante do que isso, revela uma sociologia das culturas: os sistemas homogêneos das culturas são capazes de se comunicar, mas também de entrar em conflitos. As culturas são dinâmicas, e o universo é plural, por ser composto de inúmeras esferas culturais.

Enfim, o próprio Goethe publicou suas memórias de viagem em *Italienische Reise* (*Viagem italiana*) entre 1813 e 1817, e em 1846 foram publicadas as memórias da viagem de Herder em *Journal meiner Reise im Jahr 1769* (*Diário da minha viagem no ano de 1769*).[10] Os irmãos Humboldt também empreenderam o que ficou conhecido por *Bildungsreisen* ("viagens de formação"). No final de 1788, Wilhelm von Humboldt partiu de Göttingen e percorreu diversas cidades alemãs, como Gießen, Marburg e Frankfurt am Main.[11] Durante sua viagem, ele estreitou os laços com Georg Forster, o naturalista que acompanhara Cook em sua viagem ao redor do mundo e que, após seu estabelecimento na Alemanha, consolidara sua influência no Idealismo alemão. No ano seguinte, ele viajou a Paris, onde acabara de eclodir a Revolução Francesa. Ali ele participou de assembleias populares e visitou a recém-tomada Bastilha. No retorno à Alemanha, ele discutiu longamente suas observações acerca da revolução com Forster, que era jacobino. Forster também participou da viagem de formação de Alexander von Humboldt, quando em 1790 eles viajaram aos Países Baixos, à Inglaterra e a Paris.[12]

A Revolução Francesa (1789-1799) impactou profundamente os intelectuais alemães. O historiador britânico Eric Hobsbawm demonstrou como a Revolução Francesa e suas consequências surtiram efeito nas criações artísticas e filosóficas europeias e como, de uma maneira ou de outra, os intelectuais alemães do Iluminismo e do Romantismo reagiram política e esteticamente a esse movimento.[13] O próprio Forster se tornou revolucionário, participando da ocupação de Mainz pelo exército francês em 1792.[14] Dois anos depois, durante o terror de Robespierre, Forster falecia doente e empobrecido em Paris.[15] Muitos dos poetas românticos alemães foram inicialmente contaminados pela euforia da revolução.[16] A Kant e Hegel os acontecimentos na vizinha França causaram primeiramente boa impressão, enquanto Goethe achava a revolução "horrível".[17]

Destarte, o contexto em que Wilhelm von Humboldt começou a investir em uma união da sua noção de *Bildung* com o conceito de *Humanitätsideal* (ideal de humanidade) de Herder é constituído pelo entrelaçamento da apreensão e interpretação alemã dos acontecimentos da Revolução Francesa e de suas consequências – como o afloramento político da sociedade burguesa, que também se valeu da Revolução Industrial – com a crítica romântica ao Idealismo alemão e a constituição de uma literatura genuinamente alemã.[18]

Safranski aponta que, para Herder, a história cultural da humanidade pertence à história da natureza, "mas a uma história da natureza em que a força da natureza, que até então agia inconscientemente no pensamento humano e na sua força de criação intencional, rompe à consciência".[19] À reformulação do humano através de si mesmo e à formação da cultura enquanto ambiente de vida, Herder chama de *Beförderung der Humanität* (promoção da humanidade).[20] O seu conceito de *Humanitätsideal* compreende, portanto, a ligação comum a todos os humanos, expressa na diversidade humana.[21]

Wilhelm von Humboldt propunha que a perfeição do espírito humano (*Geist*) só pode ser alcançada através da aquisição das maiores qualidades imanentes aos dois gêneros – ou seja, por meio da *Bildung*. Segundo Bunzl, Humboldt, em *Plan einer vergleichenden Anthropologie* (*Plano de uma Antropologia Comparada*), realça que a "natureza comum da humanidade, seu *Gattungs-Charakter* [caráter de espécie], se expressava através de 'caracteres individuais', os quais Humboldt concebia como entidades nacionais".[22] Cada povo (*Volk*) teria um *Nationalcharakter* (caráter nacional), que incorporaria o holismo da vida social: religião, arte, língua etc., cuja união revelaria o seu patamar cultural. Assim, "já que estas realizações estavam baseadas em capacidades intrínsecas a cada entidade nacional, elas não poderiam ser comparadas a um patamar externo, mas mereceriam um respeito incondicional".[23] Wilhelm von Humboldt transformou em conceptualização ancorada na existência de estruturas mentais inatas e expressões culturais empiricamente visíveis a abordagem metafísica de Herder do *Volksgeist*.

A relação epistemológica entre a abordagem empírica (baseada nas diferenças entre as diversas formas holísticas) e a sua compreensão metafísica possível através do método comparativo foi exposta por ele em seus estudos linguísticos. *Über die Kawi-Sprache auf der Insel Java* (*Sobre a língua Kawi da ilha de Java*) é um esforço de análise sincrônica de línguas do sudeste asiático, Indonésia e Polinésia.[24] Ali o linguista demonstra a relação entre a análise empírica das línguas e os processos mentais subjacentes a ela, apreensíveis por meio da compreensão (*Verstehen*), ao delinear as línguas e os seus

Nationalcharakter. O caráter nacional de um povo seria guiado pelo seu espírito (*Volksgeist*), que se manifesta na cultura. Portanto, "a língua é a representação externa do espírito do povo", e seu estudo daria acesso à sua visão de mundo (*Weltanschauung*).[25] Assim, seguindo Herder, ele rejeitava qualquer hierarquia possível entre as línguas (e seus conceitos correlacionados, *Volksgeist* e *Weltanschauung*), uma vez que cada língua deveria ser compreendida em suas especificidades, e todas as línguas detinham os requisitos necessários para o pleno desenvolvimento.[26]

Para ele, a língua estava imediatamente posta na mente humana, mas ao mesmo tempo era produto da mente. A língua é "produto da natureza, mas da natureza da razão humana".[27] Ela não é criação de um único indivíduo, mas obra coletiva, fruto de milhares de anos de desenvolvimento histórico. A língua é ponto de passagem da subjetividade humana para a objetividade da comunicação. Os elementos principais da linguagem, as palavras, podem ser transpostas "de nação para nação", pois "as formas gramaticais" de "fina natureza intelectual" estão arraigadas "na mente".[28] Na linguística comparada, a língua precisa ser considerada em conjunto, para que seja possível compreender sua origem e seu desenvolvimento. Nesse sentido, afirma Wilhelm von Humboldt, apenas assim as pesquisas nessa área "podem levar a considerar as línguas cada vez menos como símbolos arbitrários e a buscar uma maneira que interfira mais profundamente na vida intelectual [*geistiges Leben*], e que seja meio auxiliar, na propriedade de sua construção, para a pesquisa e o reconhecimento da verdade, e formação [*Bildung*] da mente [*Gesinnung*] e do caráter".[29]

Assim sendo, ao aplicar a noção metafísica herderiana de *Geist* ao mundo empírico e propor um método linguístico que não seja apenas histórico-comparativo como o de Leibniz, mas etnográfico-comparativo, Wilhelm von Humboldt estabeleceu um dos principais paradigmas a ser incorporado pela antropologia americanista: através do estudo da linguagem, é possível evidenciar o funcionamento da mente humana, e a comparação de vocabulários descortina o caminho até as estruturas gramaticais inatas. Ele mesmo analisou gramaticalmente línguas Karib e outras línguas "brasileiras".[30]

Seu irmão exerceu uma influência incisiva nas ciências da natureza, especialmente na geografia, botânica e química.[31] Sua constatação acerca das conexões entre todos os organismos revolucionou completamente as ciências naturais, pois ele uniu diversas ramificações sob uma mesma rubrica científica.[32] Além disso, suas descrições de viagem foram extremamente populares, tanto entre o público em geral quanto entre etnógrafos americanistas.[33] Ele tornou-se ainda em vida o patrono dos expedicionários e talvez o seja até os dias atuais. Alexander von Humboldt realizou uma grande expedição às Américas Central e do Sul, entre 1799 e 1804, publicando em 29 volumes resultados científicos (inclusive etnográficos e geográficos), que eram de grande valia para os americanistas no final do século. Ele não excursionou pelo Brasil, mas percorreu territórios próximos aos que Theodor Koch--Grünberg pesquisaria cem anos mais tarde: Rio Negro (Colômbia) e Rio Orinoco (Venezuela).

Alexander von Humboldt era um inflexível advogado de um método rigorosamente empírico e indutivo. Justamente a sua postura metodológica seria incorporada pela etnologia moderna alemã e transferida aos americanistas alemães, que se tornaram seus partidários radicais até depois da Segunda Guerra Mundial (1939-1945). Ele defendia uma descrição absoluta do mundo natural. Em *Kosmos*, sua obra de cinco volumes, ele buscou desenvolver uma descrição completa do mundo físico. O objetivo era revelar "as coisas físicas em conexões gerais, a natureza enquanto uma totalidade viva movida por forças internas".[34] Para ele, haveria uma conexão entre todas as entidades naturais e sociais, formando uma espécie de harmonia cósmica, um ordenamento do mundo. A natureza era uma "unidade na multiplicidade", "a união da diversidade em forma e mistura" e "um todo vivo". Seu método científico consistia na observação empírica e na descrição completa dos fenômenos naturais, sem especulação dedutiva e sem formação de uma teoria geral. A natureza era um organismo vivo, em transformação, cujas partes constituintes estavam interconectadas e apenas um conhecimento com fundamento empírico poderia possibilitar teorias gerais.[35]

Apesar de ser cientista natural, o Idealismo e o Romantismo também tiveram impacto sobre as suas concepções epistemológicas. Segundo a historiadora Andrea Wulf, ele conhecia bem as conferências de geografia (e antropologia) física que Kant oferecia em Königsberg (atual Kaliningrado) e adotou a visão sistêmica acerca do conhecimento desenvolvida pelo filósofo prussiano.[36] Ele também assumiu a importância da subjetividade humana na apreensão dos fenômenos objetivamente dados, tal como foi postulado na *Crítica da razão pura*. Ele fazia parte do círculo de amigos de seu irmão Wilhelm, composto sobretudo de Schiller e Goethe. Especialmente com o segundo, o cientista manteve intenso intercâmbio intelectual. Durante os períodos em que Alexander visitava seu irmão, ele se encontrava diariamente com Goethe. Eles discutiam botânica e zoologia, faziam experimentos nos campos de anatomia animal e eletricidade, deba-

ASCENSÃO E DECLÍNIO DA ETNOLOGIA ALEMÃ (1884-1950)

tiam as teses de Blumenbach e se dedicavam a interpretar obras filosóficas, tais como as de Kant. Alexander von Humboldt conhecia a *Naturphiloso-phie* (filosofia da natureza) produzida pelos românticos e se opunha à sua especulação dedutiva.[37] Para ele, a interconexão dos fenômenos físicos, a natureza, tinha influência sobre o desenvolvimento mental da humanidade, o que já fora pautado por Herder.

Se o programa linguístico-histórico que originou a etnografia na Rússia foi promulgado por Leibniz no final do século XVII, foi durante o século XVIII que a ciência do homem tomou corpo. Expedicionários alemães, educados no Iluminismo, desenvolveram sua nomenclatura: etnografia e etnologia. A etnografia se estabeleceu como uma ciência descritiva visando compreender a diversidade do gênero humano, apoiada em análises linguísticas e descrições empíricas, mas sujeita à história ou à geografia. A etnologia se constitui como o conhecimento geral dos homens e lentamente abarca a etnografia. Leibniz, Müller e Schlözer desenvolveram programas de pesquisa ligados ao interesse do Estado. Ao final do século XVIII, no entanto, Herder e os irmãos Humboldt transformaram o conhecimento acumulado ao longo dos séculos. O conhecimento da diversidade humana não estava mais atrelado a propostas governamentais, mas era de serventia para o conhecimento do homem enquanto entidade metafísica e abstrata.[38] A geração de Müller focou em povos e nações, ao buscar mapear as línguas, descrever usos e costumes, além de compreender as migrações. Já a geração de Herder quis compreender a essência do homem através das diferenças culturais. Para conhecer o homem abstrato, era preciso conhecer os homens reais. Tomadas em conjunto, as assertivas de Herder e dos irmãos Humboldt constituem um campo antropológico em sentido mais amplo.

No entanto, apesar do acúmulo de conhecimento, dos interesses individuais e de seus projetos intelectuais, a pressão social no desenvolvimento da etnologia moderna não pode ser negligenciada. A Revolução Francesa e a Revolução Industrial criaram as condições de possibilidade do estabelecimento da etnologia na Alemanha, ao gerar as circunstâncias para a emergência da sociedade burguesa.[39] À instauração da sociedade burguesa estão vinculados aspectos socioculturais fundamentais para a etnologia: a implantação de um público leitor amplo, a difusão do conhecimento etnográfico por outras esferas humanísticas e científicas (literatura, filosofia, geografia, antropologia física) e o fortalecimento de uma classe social dentro da burguesia, que via na *Bildung* a única possibilidade de ascensão social: a burguesia letrada, ou *Bildungsbürgertum*.[40] Na virada do século XVIII ao XIX, a burguesia constituía as classes médias europeias. Cidadãos não nobres que almejavam adquirir o máximo de conhecimento possível buscavam alocações nas camadas inferiores do serviço público, no clero ou tornavam-se profissionais liberais, como médicos ou advogados.[41] Eles incentivavam as gerações subsequentes a fazer o mesmo, lentamente forjando um grupo social cuja distinção era a educação.

No mesmo período, intelectuais ligados de alguma maneira ao Idealismo alemão e à oposição romântica contribuíram tanto para "o triunfo" da literatura nacional quanto para a estipulação, até certo ponto derivativa dela, de alguns dos fundamentos da pesquisa etnológica alemã moderna: abordagem empírica; método indutivo e comparativo; domínio de várias disciplinas científicas e *Bildung* como ideologia; juízo científico aliado à valorização de elementos subjetivos expressos em obras mitopoéticas; enaltecimento de conhecimentos locais; atenção à literatura etnográfica; busca por compreensão de traços culturais e intelectuais constituintes de grupos populacionais (os espíritos dos povos); ênfase no estudo das línguas e das migrações; e, por fim, a consideração quanto à unidade física e psíquica do gênero humano, expressa em diversidade cultural.[42]

Os irmãos Humboldt impactaram enormemente o estabelecimento da etnologia na Alemanha, e sua influência pode ser rastreada aos estudos americanistas. Wilhelm von Humboldt não foi influente apenas no estabelecimento da linguística, mas também em um ramo da psicologia conhecido por *Völkerpsychologie* (psicologia étnica), cujo maior representante na geração vindoura de intelectuais foi Theodor Waitz (1821-1864). Alexander assentou muitas das bases da *Anthropogeographie*, desenvolvida por seu discípulo Carl Ritter, mas sobretudo por Friedrich Ratzel. Estes três, juntamente com Adolf Bastian, estabeleceram os paradigmas da etnologia alemã moderna. No entanto, ninguém foi mais preciso em unir e canalizar os pressupostos da geração de Leibniz e da geração de Herder em um projeto intelectual do que Adolf Bastian.

Notas

[1] Bunzl, 1996, pp. 21-22.
[2] Berman, 1992, pp. 43-47.
[3] Ringer, 1987, p. 82.
[4] *Idem*, p. 83.
[5] Elias, 1994 [1939]; Kuper, 1999.

ASCENSÃO E DECLÍNIO DA ETNOLOGIA ALEMÃ (1884-1950)

[6] Elias, 1994 [1939], pp. 53-54.
[7] Ringer, 1987, pp. 85-86.
[8] *Idem*, pp. 84-85.
[9] Herder, 1774, p. 56.
[10] Safranski, 2007, p. 18.
[11] Scurla, 1970, pp. 32-44.
[12] Uhlig, 2004, pp. 252-260.
[13] Hobsbawm, 1996a [1962], p. 253 e ss.
[14] Uhlig, 2004, p. 299 e ss.
[15] *Idem*, p. 342.
[16] Safranski, 2007, p. 32.
[17] *Idem*, p. 36.
[18] Berman, 1992, p. 175; Hobsbawm, 1996a [1962], p. 255.
[19] Safranski, 2007, p. 23.
[20] *Idem, ibidem.*
[21] Bunzl, 1996, p. 20.
[22] *Idem*, p. 22.
[23] *Idem, ibidem.*
[24] W. Humboldt, 1836-1839.
[25] Bunzl, 1996, p. 32.
[26] W. Humboldt, 1843a, pp. 250-251.
[27] *Idem*, 1843b, pp. 252-253.
[28] *Idem*, p. 261.
[29] *Idem*, p. 267.
[30] *Idem*, 1843c, pp. 274-275.
[31] Bunzl, 1996, p. 32.
[32] Wulf, 2016, p. 24; Wuthenow, 2001, p. 153.
[33] Wulf, 2016, p. 21.
[34] A. Humboldt, 1835, p. VI.
[35] Köpping, 2005, pp. 77-80.
[36] Wulf, 2016, pp. 56-81.
[37] Bunzl, 1996, p. 38 e ss.
[38] Safranski, 2007, p. 25.
[39] Hobsbawm, 1996a [1962], p. 255.
[40] Schön, 2001, p. 77.
[41] Ringer, 1987, pp. 23-24.
[42] Hobsbawm, 1996a [1962], p. 255.

4.

Adolf Bastian: as regras do método etnológico

Quando Adolf Bastian nasceu, em 1826, em Bremen, o Sacro Império Romano Germânico já havia se dissolvido, em consequência das invasões napoleônicas. A Confederação Germânica (*Deutscher Bund*), que fora instituída a partir das decisões do Congresso de Viena de 1815, era composta de 41 estados, incluindo os reinos da Prússia e da Áustria, e tinha como sede parlamentar a cidade de Frankfurt am Main. Segundo Hobsbawm, a dissolução do Sacro Império Germânico marcou o fim da Idade Média na Europa Central e deu início a uma reorganização interna em termos de poder, infraestrutura, economia e organização social.[1] Durante sua vida, Bastian testemunhou diversas mudanças políticas e sociais, algumas das quais afetaram sua carreira diretamente.

Ele estudou ciências naturais e medicina em Berlim, Heidelberg, Praga, Jena e Würzburg, onde concluiu seu doutorado em medicina em 1850. No mesmo ano, ele embarcou como médico de navio em sua primeira grande expedição científica. Durante oito anos, Bastian percorreu a Oceania. Retornou à Confederação Germânica em 1858 e, em 1860, lançou sua obra em três volumes *Der Mensch in der Geschichte* (*O homem na história*).

Bastian foi decisivo para a difusão da etnologia alemã para além das fronteiras do país. *Der Mensch in der Geschichte* tornou-se uma publicação bastante conhecida. Edward Burnett Tylor (1832-1917) afirma, no prefácio à famosa obra *Primitive Culture*, "ter feito uso especial" dela durante a elaboração do seu livro.[2] Ao longo da produção acadêmica de Tylor, outras obras de Bastian também foram citadas. O antropólogo britânico tinha conhecimento dos desenvolvimentos da disciplina na Alemanha, e sua lista de leituras incluía desde Alexander von Humboldt até Waitz e Ratzel.[3] A obra de Bastian também foi citada por James Frazer (1854-1941) em seu *The Golden Bough* e era bem conhecida por Émile Durkheim (1858-1917) e Marcel Mauss (1872-1950), que liam, resenhavam e citavam publicações alemãs.

89

Bastian elaborou uma complexa arquitetura conceitual – baseada na filosofia grega, nas ciências naturais e também em Kant, Herder, Wilhelm e Alexander von Humboldt – para explicar "os processos de pensamento" do "espírito humano".[4] O fim último da sua obra era compreender a essência da racionalidade humana e como esta se expressava em contextos culturais diversos.

Sua abordagem se assenta no método científico das ciências naturais de sua época. De acordo com a epistemologia vigente, o conhecimento dos dados consistia na tríade observar-classificar-descrever. Assim sendo, sua metodologia era empírica, pois consistia na coleta de dados durante suas expedições e na leitura de material primário; e era indutiva, por privilegiar um enorme número de dados (as premissas) dos quais as conclusões gerais partiam. Como resultado, dados observados em campo eram classificados conforme um arranjo de categorias sociais, de cujas descrição etnográfica e análise etnológica as explicações partiam. Enquanto cientista natural, ele considerava a obtenção de dados de campo o fundamento para estipular leis gerais e universais. Em *Der Mensch in der Geschichte*, por exemplo, o autor realizou uma descrição abrangente de fenômenos "psicológicos", como pensamento lógico, matemática e linguagem, entre os mais diversos povos, separados no tempo e no espaço, desde os antigos egípcios aos povos budistas contemporâneos e aos assim chamados "povos da natureza" (*Naturvölker*), isto é, os povos "primitivos".

Não apenas seu método era uma aplicação dos preceitos de Alexander von Humboldt, a quem ele dedicou *Der Mensch in der Geschichte*, como também o era seu fundamento metafísico-científico: há uma conexão entre todos os fenômenos físicos. A essa interconexão Bastian chamou de "cosmos harmônico".[5] Por compartilhar o mesmo espaço, todas as coisas reagem umas às outras, causando transformações mútuas. Em passagem fundamentada na filosofia de Kant, ele afirma que, pela razão de os fenômenos serem apreendidos subjetivamente, postulou-se, desde os tempos antigos – provavelmente ele se refere a Platão –, haver uma contradição entre a consciência puramente psíquica e o corpo: "o mundo intelectual [*Geisteswelt*] e o mundo corporal unem-se equiparavelmente para formar a totalidade do humano".[6] Para ele, o *Geist* (espírito) é um produto da natureza e por isso precisa ser investigado pelas técnicas da ciência da natureza.[7] O termo *Geist*, amplamente empregado por Herder como essência metafísica da natureza humana, parece assumir em Bastian uma conotação mais próxima à noção de *Verstand* (intelecto, razão), como elaborada por Wilhelm von Humboldt. O que torna humanos

ASCENSÃO E DECLÍNIO DA ETNOLOGIA ALEMÃ (1884-1950)

os seres humanos não é a essência metafísica de sua natureza, mas o funcionamento da mente, que é regida pelas mesmas leis universais alhures e expressa em diferenças culturais.

Em um ensaio sobre a "pré-história" da etnologia, Bastian afirmou que a antropologia se originou no século XVI e atribuiu o nascimento da etnologia a Herder, no século XVIII. A história da etnologia propriamente dita se iniciaria com suas próprias pesquisas em 1859.[8] Bastian, portanto, elegeu o filósofo Herder como o fundador da etnologia e a si mesmo como seu sucessor legítimo. Assim, ele se posicionava como cientista; porém, herdeiro de um filósofo, estava preocupado em responder a questões metafísicas através de material etnográfico e, assim, desvendar as leis universais que regem o funcionamento da mente, tal como Claude Lévi-Strauss (1908-2009) o fez anos depois com Rousseau e sua abordagem estrutural da antropologia.[9]

Adolf Bastian transformou a ideia do *logos spermatikoi* (as sementes de pensamento) da filosofia grega em um dos seus conceitos mais importantes: *Elementargedanken* (pensamentos elementares).[10] Os pensamentos elementares são essências mentais abstratas, universais, atemporais e transculturais. São os pensamentos mais primários e simples, são imanentes à mente humana, e por isso presentes em todas as culturas e em todas as eras. Por sua presença universal nas estruturas mentais humanas, haveria uma "unidade psíquica da humanidade". A razão é um produto da criação da natureza e a essência da natureza humana é a razão. Nesse sentido, a unidade psíquica da humanidade – o mínimo de razão comum – não deixa de ser uma remodelagem teórica da harmonia cósmica de Alexander von Humboldt e do ideal de humanidade de Herder, que preconizava a ligação universal entre os humanos.[11]

Os pensamentos elementares se desenvolvem em pensamentos "étnicos", *Völkergedanken*. Essa evolução ocorre de duas maneiras: por causa interna (de forma limitada), ou por causa externa (pela história, isto é, por contatos culturais e migrações; ou pela geografia, ou seja, em decorrência de isolamento ou por condições naturais). Os *Elementargedanken* se transformariam necessariamente em *Völkergedanken* quando em "províncias geográficas" (*geographische Provinz*), áreas culturais em que o arranjo social propiciaria a transformação do pensamento.[12] As províncias geográficas são locais geográfica ou culturalmente isolados, em que haveria pouca ou nenhuma influência externa. O desenvolvimento relativamente apartado (seja por razões geográficas, seja por razões sociais) dos pensamentos elementares em pensamentos étnicos nas províncias geográficas explicaria por que razão há áreas culturalmente distintas umas das outras. Os *Elementargedanken* e os *Völkergedanken* unem os domínios psíquico e físico da humanidade. Portanto, a tarefa da etnologia, para Bastian, seria o estudo dos *Elementargedanken*. Para isso, ele estimulava a reunião da totalidade dos *Elementargedanken* – provenientes de todos os povos e de todas as épocas em uma *Gedankenstatistik* ("estatística dos pensamentos").[13]

A etnografia fornecia o material empírico (os pensamentos elementares) que seria concentrado na *Gedankenstatistik* e que então seria passível de análise. Por consistir em uma análise da mente humana, tal como impressa nas diferenças culturais, Bastian apregoou se tratar de ofício da psicologia. A psicologia científica era compreendida como um ramo das ciências naturais.[14] Lembremos que, para Herder, a história cultural da humanidade pertence à história da natureza, em que as forças do *Geist* irrompem à aquisição de consciência. A psicologia de Bastian promoveria "o casamento entre a antropologia e a filosofia".[15] Isso significa que a tarefa da etnologia consistiria em ser artífice para obter material empírico através da etnografia para análise psicológica que deveria solucionar problemas metafísicos: "onde se perdeu o apoio seguro, a filosofia precisa se transformar em psicologia".[16]

Evidentemente é preciso situar a sua proposta em um campo mais amplo de disputas semânticas e de autoconstituição da ciência. As ciências se compuseram não apenas porque profissionais envolvidos compartilhavam especificidades, paradigmas, métodos e objetivos, enfim uma *episteme*, mas também em oposição a outros campos do saber. Isso foi pontuado pela filósofa da ciência Isabelle Stengers, para quem a medicina, por exemplo, se desenvolveu por evolução científica própria e opondo-se a outras práticas de cura, então cunhadas sob a rubrica de charlatanismo.[17] Até o século XIX, a psicologia era um campo da filosofia. Christian Wolff, o filósofo iluminista de Göttingen, delimitou a psicologia como o estudo da mente,[18] dividindo-a em empírica (coleta de dados) e racional (análise dos dados através da razão). O próprio Kant negou à psicologia a possibilidade de se tornar uma ciência autônoma algum dia, porque os fenômenos observados não poderiam ser cientificamente mensurados. A única possibilidade da ascensão científica da psicologia seria adotar o método da antropologia (física kantiana). Ao longo do século XIX, a psicologia se constituiu como uma disciplina independente, a partir da psicologia sensorial de Johannes Müller (1801-1858) e da psicologia experimental de Wilhelm Wundt (1832-1920), que criou o primeiro laboratório de psicologia em Leipzig. Além de sua atuação nesse campo, Wundt foi uma figura central para a antropologia alemã no século XIX, com sua contribuição para a *Völkerpsychologie* (psicologia étnica), com sua teoria do desenvolvimento psicológico do *Geist*. Em todo caso, a assertiva de Bastian é notável por duas razões. Em primeiro lugar, por inverter a hierarquia com a filosofia, ao postular que, para determinadas questões metafísicas, a abordagem filosófica é insuficiente. Engana-se quem interpretar a sua determinação psicológica como mero estudo da mente humana nos moldes da filosofia, pois ele claramente sugere, em segundo lugar, que a psicologia é uma ciência, não oriunda da filosofia, mas das ciências da natureza. Então, ele propõe uma função para a etnologia: "O objetivo da etnologia moderna é encontrar uma metodologia adequada para a psicologia científica. A etnologia deve prover o material para uma tal psicologia através da coleção indutiva do caráter social do homem em todas as suas manifestações étnicas".[19] A etnologia percorreu um caminho sinuoso rumo ao seu estabelecimento. A etnografia nasceu da história com Müller, foi submetida à geografia por Gatterer e depois englobada pela etnologia por Kollár. No pensamento de Herder, a etnografia se dissolveu em projetos literários e filosóficos; com Alexander von Humboldt, ela se tornou subproduto das ciências da natureza; e, com Wilhelm von Humboldt, foi relegada ao papel de ciência auxiliar da linguística. Na obra de Bastian, ao contrário do que parece, a etnologia não foi subjugada à psicologia. Ele transformou a psicologia em etnologia.

Bastian conciliou o holismo de Alexander von Humboldt ao Romantismo alemão, por unir a "busca por regularidades ao longo dos métodos das ciências naturais" com a "busca pela essência interior do pensamento étnico [*Völkergedanken*]".[20] A sua concepção dos *Völkergedanken* é uma atualização do *Volksgeist* de Herder e do *Nationalcharakter* de Wilhelm von Humboldt. O estudo da relação entre *Völkergedanken* e *Elementargedanken* deveria ocorrer apenas através da razão indutiva, ao modo da cosmografia de Alexander von Humboldt. Em outras palavras, Bastian via, na documentação empírica das diferenças culturais, uma forma de construir indutivamente o ideal de humanidade, pois, através de certos aspectos culturais, os pensamentos elementares humanos poderiam ser acessados.

Portanto, na interpretação bastiniana de Wilhelm von Humboldt, a linguagem seria uma via de acesso privilegiada aos processos mentais subjacentes que a conduzem, e seu estudo levaria aos pensamentos elementares. Para o linguista, a capacidade para a linguagem é inata, e as línguas revelam as estruturas mentais subjacentes a ela e que possibilitam o seu uso. Assim ele favoreceu o estudo da relação entre mente e linguagem, e, em sentido mais amplo, entre a natureza humana e a multiplicidade cultural. De Wilhelm von Humboldt, Bastian acatou tanto a importância do estudo da língua para a etnologia quanto a do estudo da razão. Para ele, apenas a psicologia poderia desvendar o mistério de que "a reflexão sobre a natureza cresce primeiramente para fora da natureza".[21]

Ambas as asseverações de Humboldt se fundamentam em uma história conceitual de longa duração, que remete, por um lado, diretamente à razão kantiana e, de outro, ao programa histórico-linguístico de Leibniz. O estudo da língua, especialmente de línguas estrangeiras, teve no século XIX um desenvolvimento próprio e que, de certa maneira, endossou socialmente o projeto de Bastian. Wilhelm von Humboldt contribuiu enormemente para o campo da linguística comparada e da filologia. Além dele, três intelectuais advindos do Romantismo alemão, Friedrich Schleiermacher (1768-1834) e os irmãos Schlegel, August Wilhelm (1767-1845) e Friedrich (1772-1829), instituíram na Alemanha um campo fértil de estudos da linguagem, que incluía desde uma nova metodologia para traduzir Platão (a hermenêutica) até o estudo das línguas indo-germânicas e do sânscrito. O estudo do sânscrito em especial teve papel fundamental no estabelecimento da linguística comparada na Alemanha – uma abordagem central nos estudos americanistas, como veremos a partir dos capítulos da segunda parte.

Além disso, é em Leibniz que Köpping reconhece uma das principais influências de Bastian.[22] Segundo Köpping, o mundo é constituído, para Leibniz, por uma "pluralidade infinita de formas singulares", as mônadas. Elas são unidades simples e elementares, acessíveis por reconstrução mental, e têm o potencial de autodesenvolvimento, sobretudo através da interação com outras mônadas. O universo é, assim, marcado por uma "harmonia pré-estabilizada", e as mônadas são passíveis de sofrer a influência de estímulos externos.[23]

De forma semelhante, Bastian ponderava que o processo de transformação dos pensamentos elementares em pensamentos étnicos ocorria quando "uma tribo selvagem entrava em contato com estímulo externo", desenvolvendo "seu potencial interno através de um processo de crescimento em formas de desenvolvimento cultural".[24] Isso significa que "esses poucos pensamentos elementares existem em todas as condições selvagens naturais e também sob o véu artificial de toda civilização; estes são de fato pensamentos seminais dos quais as civilizações se desenvolveram".[25]

A escolha por povos não europeus ("selvagens") se deve, portanto, a uma consequência metodológica: entre eles o acesso aos pensamentos elementares é mais fácil. Além disso, ele considerava que a civilização europeia tinha um efeito nocivo nas sociedades estudadas, não apenas demograficamente, mas também em relação às transformações culturais às quais essas sociedades eram submetidas. Portanto, os etnólogos incumbidos de formar a *Gedankenstatistik* procuravam pelos povos mais isolados possível. Assim sendo, Bastian praticou e estimulou intensivamente a etnografia de salvação.[26] Ele mesmo realizou outras sete expedições, além daquela com oito anos de duração pela Oceania: entre 1861 e 1865, pela Ásia; em 1873, pela África Ocidental; entre 1873 e 1876, pelas Américas; entre 1878 e 1880, pela Índia, Oceania e América do Norte; entre 1889 e 1891, pela Ásia Central, Índia e África Oriental; entre 1896 e 1898, pelo sul e sudeste asiático; entre 1901 e 1903, pelo Ceilão; e, entre 1903 e 1905, pela Índia Ocidental. Durante seus mais de 25 anos de vida em campo, ele também acumulou coleções etnográficas, que levou para Berlim.

A linguagem não seria o único acesso aos *Elementargedanken*.[27] Bastian mesmo tinha interesse em mitologia e símbolos religiosos, e a interpretação deles também revelaria os pensamentos elementares subjacentes aos signos.[28] O mesmo ocorria com números, categorias do entendimento humano (tempo e espaço) e cultura material.[29] É notável que há um distanciamento de Kant. Para este, tempo e espaço se configuram *a priori*, ou seja, prescindem da experiência, são imanentes à mente humana e possibilitam que os fenômenos do mundo sensível sejam conhecidos pelo sujeito. Para Bastian, tempo e espaço têm dupla função mental: possibilitam a organização do sensível, mas são categorias *a posteriori*, e, por isso, permitem o acesso à razão.

Dessa forma delinearam-se os parâmetros para a pesquisa etnológica sul-americanista: busca por povos sem contato para o estudo das línguas, da mitologia e da cultura material, além de uma compreensão das relações entre os povos e destes com os condicionantes geográficos, com o intuito de verificar o acesso aos pensamentos elementares através da análise de seus desdobramentos éticos, evidenciados pelos fenômenos e pelas representações do social. Assim, a cultura material revelava-se importante para diversas facetas da atividade acadêmica. Ao lado dos vocabulários de línguas indígenas, a cultura material representava ao etnólogo o material empírico quando ele não estava em campo. Por fim, com o avanço destruidor da civilização europeia, futuramente o único meio de acesso aos pensamentos elementares seriam as coleções etnográficas. A cultura material terá papel preponderante na institucionalização da etnologia alemã.

Notas

[1] Hobsbawm, 1996a [1962], pp. 88-89.

[2] Tylor, 1871, p. VI.

[3] Vermeulen, 2015, pp. 429-430.

[4] Bastian, 1860, p. XI.

[5] *Idem*, p. 1.

[6] *Idem*, p. XI.

[7] *Idem*, p. IX.

[8] Vermeulen, 2015, p. 11.

[9] Lévi-Strauss, 2013b [1962].

[10] Bastian, 2005c [1893-1894], p. 171.

[11] A hipótese de que as estruturas mentais são universais é uma ideia poderosa por diversas razões. Pelo diálogo explícito que essa conceptualização cria com afirmações pretéritas (como o idealismo de Kant) ou futuras (como as estruturas mentais de Lévi-Strauss). Por seu potencial de criação de conceitos: o arquétipo de Carl Gustav Jung (1875-1961) é uma adaptação psicanalítica dos *Elementargedanken*. E, por fim, por sua capacidade de dialogar com outras disciplinas afins, como a etnologia e a antropologia cognitiva.

[12] Bastian, 2005b [1871], p. 165.

[13] Köpping, 2005 [1983], pp. 84-88.

[14] Bastian, 1860, p. IX.

[15] *Idem*, 2005a [1881], p. 163.

[16] *Idem*, 1860, p. X.

[17] Stengers, 2002, p. 33 e ss.

[18] Fuchs & Milar, 2003, p. 1 e ss.

[19] Bastian, 2005c [1893-1894], p. 170.

[20] Rössler, 2007, p. 6.

[21] Bastian, 1860, p. IX.

[22] Köpping, 2005 [1983], p. 83.

[23] *Idem, ibidem*.

[24] Bastian, 2005c [1893-1894], p. 172.

[25] *Idem*, p. 176.

[26] Bossert & Villar, 2013, p. 6.

[27] Bastian, 1860, pp. 1-2.

[28] *Idem*, pp. 213-216.

[29] *Idem*, pp. 348-361, 407-411.

5.

Antropologia fin-de-siècle

Além de Adolf Bastian, outros dois intelectuais foram fundamentais no estabelecimento da etnologia moderna: o geógrafo Friedrich Ratzel (1844-1904) e o antropólogo físico Rudolf Virchow (1821-1902). Ambos contribuíram substancialmente para suas respectivas disciplinas e formaram um aparato conceitual e metodológico do qual a etnologia alemã moderna também se aproveitou.

Ratzel estudou ciências naturais e filologia em Berlim, Jena e Heidelberg, onde se doutorou em zoologia em 1868. Ele realizou diversas expedições dentro e fora da Europa, tornou-se membro de associações científicas e em 1886 obteve a cadeira de geografia na Universidade de Leipzig, onde trabalhou até seu falecimento precoce, em 1904. A sua obra foi traduzida ao inglês por recomendação de Tylor, aumentando consideravelmente seu impacto sobre a antropologia.[1]

Antônio Carlos Robert Moraes aponta que o seu projeto intelectual está pautado pela relação entre as sociedades e as condições ambientais em que elas florescem.[2] Disso depreende-se um interesse pela difusão dos povos na Terra e pelas formas através das quais as populações se adaptam aos condicionantes ambientais e como manejam a natureza. Ele considerava que a história humana se integra à história da Terra e que o estudo de ambas não poderia ser separado, evidenciando a influência de Herder (para quem a história humana pertence à natureza) e da cosmografia de Alexander von Humboldt. Por isso, a geografia de Ratzel era ao mesmo tempo humana e física, estava ancorada em descrições e tinha o fim de prover uma explicação universal da humanidade.

A geografia era dividida em três grandes campos de pesquisa: geografia física, biogeografia e antropogeografia. Segundo Moraes, "estas três vertentes da ciência geográfica foram concebidas como estudos sintéticos (que buscam relações entre fenômenos diversificados) e explicativos (capazes de gerar leis)".[3] A antropogeografia de Ratzel tinha três objetivos extensíssimos: analisar a ação ambiental sobre as sociedades, compreender a distribuição dos povos pelo planeta, e estudar a formação dos territórios nacionais. Destas, a terceira temática, com enfoque no conceito de território, sua análise e aplicação, foi fundamental para a constituição da geografia política, da qual ele foi um dos fundadores.

Os dois primeiros temas da antropogeografia de Ratzel tiveram maior repercussão na etnologia. Diferentemente de Kant, que, em seus estudos de antropologia e geografia, associava a suposta multiplicidade racial às diferenças climáticas, para Ratzel, a diversidade de condições ambientais constituiria a explicação para a diversidade cultural, não racial. Ele aponta que a causa para o mau uso de material por Kant foi a influência que ele sofreu das conclusões apressadas de Buffon.[4] Apesar dessa crítica ao filósofo, seu conceito sobre a unidade indissolúvel do gênero humano, também disposto de forma bem mais eloquente em Herder e Ritter – duas de suas principais influências, ao lado de Alexander von Humboldt e Auguste Comte (1798--1857) –, foi fundamental para a constituição do seu pensamento. O diálogo de Ratzel com Comte ocorre quanto à apreensão de um modelo científico. Moraes demonstra que a filiação de Ratzel ao positivismo de Comte é evidenciada no fato de ele "professar o princípio da unidade do método científico, isto é, a ideia da existência de um único método comum a todas as ciências – as quais seriam, consequentemente, definidas por objetos próprios".[5]

As influências de Alexander von Humboldt, todavia, não se restringem apenas à consideração sobre a Terra enquanto unidade composta da interconexão de todos os seres vivos e minerais. A própria constituição da geografia como disciplina autônoma e descritiva remete a Humboldt (e Ritter). Além disso, Ratzel era crítico de abordagens dedutivas e tributário do modelo empírico-indutivo de Humboldt. Nesse sentido ele era "sem dúvida, materialista. Não transita em sua argumentação nenhum elemento de metafísica ou de subjetivismo".[6] Essa característica do seu pensamento o difere significativamente de Bastian. Este era um cientista natural, que via na etnologia um meio de fornecer material empírico para a psicologia, que se ocuparia em responder a questões metafísicas através de uma análise científica do material etnográfico; aquele era um geógrafo preocupado em compreender as múltiplas relações dos homens com o meio ambiente. A etnografia também desempenharia um papel auxiliar na abordagem de Ratzel, já que ela abastecia sua análise com dados empíricos que pontuariam o meio pelo qual os homens eram influenciados pelas pressões da natureza ao redor do mundo. Ele articulava diversas disciplinas, como a geografia, a etnologia e a história, mas o fim último de sua obra era postular uma teoria da história. Esta abarcava a geografia e a etnografia e, enquanto disciplina científica, tinha por objetivo fornecer explicações universais. Ele fazia, portanto, filosofia da história.

De acordo com o geógrafo, haveria quatro formas de influência da natureza sobre os homens. Em primeiro lugar, "uma influência que se exerce sobre os indivíduos e produz nestes uma modificação profunda e duradoura; primeiramente ela age sobre o corpo e sobre o espírito do indivíduo e é por sua natureza fisiológica e psicológica". Em segundo lugar, "uma influência que direciona, acelera ou obstaculiza a expansão das massas étnicas. Esta determina a direção da expansão, sua amplitude, a posição geográfica, os limites". Em terceiro lugar, "uma influência mediata sobre a essência íntima de cada povo, que se exerce impondo a ele condições geográficas que favorecem o seu isolamento e por isso a conservação e a reafirmação de determinadas características, ou facilitando a miscigenação com outros povos e, portanto, a perda das próprias características". E, por fim, "uma influência sobre a constituição social de cada povo, que se exerce ao oferecer-lhe maior ou menor riqueza de dotes naturais, ao facilitar-lhe ou tornar-lhe difícil primeiramente a obtenção dos meios necessários à vida, e depois dos meios necessários ao exercício da indústria e do comércio e, pois, a obtenção da riqueza por meio da troca".[7]

Dessa importante afirmação, diversas consequências podem ser depreendidas. Ele buscava compreender as inúmeras formas de relação entre humanos e o ambiente, a multiplicidade de tipos de pressão que a natureza pode exercer sobre as sociedades, bem como verificar se a diversidade cultural se origina das imposições dos ambientes. Enquanto explicação universalista, a sua teoria da história postula não haver povos sem história. O geógrafo via, na pressão da natureza sobre as condições físicas e intelectuais dos homens, um condicionamento e não um determinismo absoluto. A influência do ambiente sobre os homens é duradoura, e, assim, transposta a gerações subsequentes. Além disso, as pressões ambientais são fatores condicionantes para as migrações, que, aliadas às diversas respostas culturais ao manejo da natureza e à transferência das transformações culturais sofridas pelas populações, constituem motivos para a multiplicidade cultural. Na migração resultante das limitações sociais impostas pela natureza é que se encontra o embrião da teoria etnológica que marcaria o cenário intelectual alemão por, ao menos, meio século: o difusionismo. Bens culturais – mitos, rituais, técnicas, cultura material, nomes etc. – viajariam com as populações migrantes, o que explicaria a presença de certos bens semelhantes em povos completamente afastados uns dos outros. Assim ele buscava responder a uma questão fundamental de sua época, com a qual os americanistas também se preocupariam algumas décadas depois: qual é a origem das culturas e como se explica a diversidade cultural?

A posição de Ratzel nesse debate conflitava com a de Bastian. A partir de leituras dos mesmos autores, Herder, Alexander von Humboldt e Ritter – e observando o mesmo fenômeno cultural, de que bens culturais semelhantes surgiam entre povos separados no tempo e no espaço –, eles formularam hipóteses distintas. Na explicação difusionista de Ratzel – de que os bens culturais se difundem pelos territórios em consequência das migrações –, praticamente não há espaço para a invenção autônoma e nem para a criatividade. Arco e flecha são representações ideais da tentativa da antropologia alemã do século XIX de buscar explicações sobre a origem dos bens culturais e as coincidências materiais. Arco e flecha eram usados na China Antiga, entre mongóis, na Antiguidade Clássica, na Europa medieval, entre os ameríndios e entre outros vários povos, e, assim, ambos publicaram textos debatendo especificamente o surgimento desses instrumentos e discutindo um com o outro.

Bastian tendia a considerar a importância da "invenção independente", ou seja, que bens culturais são inventados em diferentes lugares independentemente da comunicação entre os povos. De acordo com Köpping, ele reconhecia seu próprio menosprezo pelas influências geográficas e pela migração e acatava a difusão de bens culturais por extensas áreas. A difusão e a invenção independente não seriam, para ele, fenômenos mutuamente exclusivos.[8] Na posição um tanto conciliadora de Bastian, para quem a geografia era causa suficiente (mas não final) para a criação de padrões mentais coletivos, o surgimento de bens culturais semelhantes em lugares distintos é fruto da transformação das disposições mentais inatas (os *Elementargedanken*) em pensamentos culturais coletivos (*Völkergedanken*). A essência mental comum a todos os humanos e a quantidade restrita (embora incalculável) de possibilidades de transformação explicariam os eventuais aparecimentos de bens culturais semelhantes ou mesmo iguais entre povos distintos.

Parte constituinte desse debate são duas linhas teóricas aparentemente semelhantes, mas de variado ordenamento interno: província geográfica para Bastian e território para Ratzel. Para Bastian, a apreensão da transformação

ASCENSÃO E DECLÍNIO DA ETNOLOGIA ALEMÃ (1884-1950)

dos pensamentos elementares em pensamentos étnicos é facilmente percebida na província geográfica (*geographische Provinz*). No entanto, a noção de província geográfica não se restringe a um território geograficamente singular. Ele sugeria haver uma espécie de fusão metafísica entre a província geográfica e as populações nativas. Em passagem obscura, mas elucidativa para um livro de linguagem confusa, lê-se que "o areal histórico da raça ariana representaria uma província etnográfica (ou histórico-etnográfica), a qual, subjacente a esse terreno da absorção das províncias geográficas (primariamente etnográficas), mal pode ser reconhecida nos apagamentos existentes aqui e ali".[9] Entre outras coisas,

> apenas (pois com o implemento de um processo de desenvolvimento historicamente movido, a província topo-geográfica desaparece) homogeneidades semelhantes são lidadas por semitas crescidos de raízes endêmicas de variadas ramificações, de zonas sinológica e indológica (indonesa, indochinesa) e outras mais (para, por sua vez, [criar] centros internos de rotação singulares).[10]

A sua proposta, portanto, considerava haver uma fusão entre povo e território, de modo a ter efeito para o desenvolvimento das culturas humanas e de sua multiplicidade. Ratzel, por sua vez, afirmava, entre as diversas caracterizações da noção de território, que este tinha efeitos políticos, sociais, culturais sobre as sociedades e, a longo prazo, evolucionistas, mas não metafísicos.

Os americanistas alemães também se ocuparam com a discussão que opunha a difusão de bens culturais à invenção independente deles. Esse debate foi transmitido aos americanistas através de Karl von den Steinen, que trabalhou sob direção de Bastian em Berlim e com quem ele discutia a relação entre os *Völkergedanken* (ou "visões de mundo") e geografia.[11] Os americanistas inclusive contribuíram com uma terceira hipótese para este problema teórico.

Outra herança que os americanistas obtiveram deles foi a terminologia. Bastian propôs uma divisão dualista da humanidade, acatada e empregada por Ratzel: os *Naturvölker*, "povos naturais", e os *Kulturvölker*, "povos culturais".[12] Ainda que frequentemente esses conceitos sejam traduzidos como oposições, respectivamente, por "aborígenes" e "civilizados", o termo *Naturvolk* foi cunhado por Herder em 1774 para ser uma alternativa ao termo *Wild* ("selvagem").[13] Eles não fundamentaram essa distinção em valores morais intrínsecos, mas na suposta capacidade de exercer domínio técnico sobre as intempéries da natureza. Para Ratzel, os *Naturvölker* vivem sob a ditadura da natureza, enquanto o progressivo domínio da natureza permitiu aos *Kulturvölker* gozar de maior liberdade.[14] Segundo Bastian, por outro lado, um maior controle sobre as forças da natureza implica maior capacidade de gerar transformações, e os ambientes alterados pela cultura exercem influência sobre as culturas, promovendo modificações. Esse dualismo foi largamente empregado na etnologia e na antropologia alemãs e assumiu características que variavam de acordo com os autores. Para o antropólogo físico Felix von Luschan (1854-1924), por exemplo, *Naturvölker* eram povos desprovidos de cultura.[15] Ao menos para a primeira geração de americanistas alemães, o termo *Naturvölker* também foi empregado para se referir aos povos indígenas do Brasil.

O terceiro intelectual em comando na etnologia alemã no final do século XIX foi Rudolf Virchow. Ele estudou medicina em Berlim, onde apresentou uma tese de doutorado sobre patologias humanas em 1843, e trabalhou em Würzburg até 1856, onde desenvolveu seus conhecidos estudos sobre patologia celular. Em seu retorno a Berlim, obteve a vaga de professor de anatomia patológica na universidade, além de trabalhar no hospital Charité na mesma cidade. Ele era particularmente ativo nos campos de higiene, cuidados médicos e medicina preventiva. Seu amplo leque de investigação o levou a pesquisar também nas áreas de arqueologia, etnologia, pré-história, mas sobretudo antropologia física.[16]

Além de atuar na área de ciências médicas (e como político, ocupando cargos na administração municipal de Berlim e no parlamento imperial, o *Reichstag*), Virchow foi o maior antropólogo físico alemão de sua época, "intelectualmente, ideologicamente e institucionalmente", nas palavras de Massin.[17] Suas pesquisas de antropologia física concentraram-se em craniologia, biometria, antropometria e estudo de padrões de cor de cabelo e de pele; além disso, como empirista convicto, chegou a qualificar a evolução das espécies proposta por Charles Darwin (1809-1882) como hipótese sem comprovação.[18] Segundo Benoit Massin, a antropologia física alemã exerceu considerável influência sobre a vida intelectual europeia, apesar da pequena quantidade de antropólogos dedicados exclusivamente ao estudo biológico da espécie humana e do baixo grau de institucionalização.[19]

Tal como Bastian e Ratzel, Virchow era partidário do monogenismo (a afirmação de que há origem única para a espécie humana) e combatia o antissemitismo e o racismo pseudocientífico, que lentamente, a partir das décadas de 1880 e 1890, começaram a ganhar respaldo acadêmico.[20] Massin aponta que Bastian e Virchow engajaram-se "em uma 'guerra de 30 anos' pela igualdade e dignidade de todas as culturas, mesmo pelos 'desprezados e negligenciados selvagens', sobre os quais se pensava que poderiam ser considerados meio-animais".[21] Isso, todavia, não impedia Virchow de empregar uma terminologia evolutiva.

Enfim, foi com Bastian e Virchow que se estabeleceu a antropologia moderna em Berlim. A *antropologia* como o estudo completo do homem estava baseada ali em quatro campos: antropologia física, etnologia, arqueologia e linguística. Esse modelo, unificado na figura de Franz Boas (1858-1942) nos Estados Unidos, que estudou e trabalhou com ambos em Berlim até 1886, se difundiu pela Alemanha por meio dos pupilos de Virchow e Bastian que passaram por Berlim – entre estes, todos os americanistas.[22] Em 1869, Bastian e Robert Hartmann (1832-1893) fundaram a revista de antropologia mais importante da Alemanha, *Zeitschrift für Ethnologie*. No mesmo ano, Virchow se uniu aos dois para fundar a Berliner Gesellschaft für Anthropologie, Ethnologie und Urgeschichte (Sociedade Berlinense de Antropologia, Etnologia e Pré-História) (Imagem 1). Virchow presidiu a Sociedade durante nove biênios, e Bastian durante três, por vezes alternando-se, o que revela a importância e a capacidade de mobilização intelectual dos dois. Em 1868, Bastian assentou os primeiros tijolos para a edificação do que será o principal centro de investigação etnológico da Alemanha pelo próximo meio século: o Königliches Museum für Völkerkunde (Museu Real de Antropologia).[23] Em 1873 o museu foi aberto ao público, inaugurando uma nova fase na história da antropologia alemã.

Imagem 1 – Reunião da Berliner Gesellschaft für Anthropologie, Ethnologie und Urgeschichte, em 28 de junho de 1885. (1) Rudolf Virchow; (2) seu filho Hans Virchow; (8) o jovem Eduard Seler.

Notas

[1] Köpping, 2005 [1983], p. 60.
[2] Moraes, 1990b, pp. 7-27.
[3] *Idem*, p. 9.
[4] Ratzel, 1990 [1882-1891], pp. 36-37.
[5] Moraes, 1990b, p. 12.
[6] *Idem*, p. 12.
[7] Ratzel, 1990 [1882-1891], p. 60.
[8] Köpping, 2005 [1983], p. 61.
[9] Neste sentido: populações de línguas semitas do Oriente Médio.
[10] Bastian, 1895, pp. 187-188. Bastian refere-se aqui ao grupo populacional falante de línguas indo-germânicas.
[11] Köpping, 2005 [1983], p. 61.
[12] *Idem*, p. 63.
[13] Herder, 1806 [1774], p. 83.
[14] Köpping, 2005 [1983], p. 63.
[15] Massin, 1996, p. 97.
[16] *Idem*, p. 82.
[17] *Idem*, p. 83.
[18] *Idem, ibidem*.
[19] *Idem*, p. 83 e ss.
[20] *Idem*, p. 89.
[21] *Idem*, p. 96.
[22] Vermeulen, 2015, p. 431.
[23] *Idem*, p. 426.

6.

Todos os caminhos levam a Berlim

A fundação do Königliches Museum für Völkerkunde (Museu Real de Antropologia) estava inserida em um contexto político, social e cultural muito específico: o da fundação do Império Alemão em 1871. Uma breve exposição desse período não contempla apenas as políticas, tensões e intencionalidades sobre as quais repousou a fundação do museu, mas também é fundamental para a contextualização da vida dos americanistas alemães, e consequentemente de suas obras, uma vez que foi nessa época que eles cresceram, estudaram e desenvolveram suas carreiras.

Do ponto de vista social e econômico, a década de 1840 foi particularmente conturbada na Alemanha. Desde os primeiros decênios do século XIX, a Confederação Germânica marchava os passos lentos da industrialização. No entanto, a população, majoritariamente composta de classes baixas, trabalhadores fabris e camponeses, lucrava pouco ou nada com o progresso industrial.[1] As classes médias e a burguesia, especialmente a burguesia letrada (*Bildungsbürgertum*), aumentavam consideravelmente, mas ainda eram desprovidas de poder político. Hobsbawm assegura que "era inevitável que a injeção de consciência política e atividade política permanente entre as massas, que foi o grande legado da Revolução Francesa, mais cedo ou mais tarde possibilitassem que essas massas desempenhassem um papel formal na política".[2] Ideais liberais, nacionalistas e democráticos e "o espectro do comunismo", como notaram Marx e Engels, acaloravam a Confederação Germânica, e a fome de 1847 a pôs em ebulição: nos dois anos seguintes revoltas, movimentos separatistas e conflitos armados se difundiram pelo país.[3] Para a antropologia alemã, o resultado imediato da "revolução de 1848" foi o estabelecimento do domínio do monogenismo, pois, em consequência de suas atuações revolucionárias, os poligenistas foram banidos da Confederação, depois que os governos europeus sufocaram a revolução. Seu representante mais ilustre, o cientista natural Carl Vogt (1817-1895), emigrou para a Suíça, onde prosseguiu com seus estudos racistas.[4]

Nas duas décadas seguintes, a Confederação Germânica tentava reconsolidar seu controle político, mas, entre reformas políticas e uma década de medidas reacionárias, seu domínio foi lentamente corroído. A partir de 1859, a Confederação foi novamente tomada por revoltas, desencadeadas pela Segunda Guerra de Independência Italiana (1859) contra os Habsburgo austríacos e ancoradas na insatisfação popular com o regime político.[5] Em razão de disputas territoriais e, sobretudo, da ambição do príncipe (e posteriormente rei) da Prússia Guilherme I (1797-1888), da casa Hohenzollern, em formar um território alemão unificado sob sua liderança, a Europa Central foi palco de diversas contendas bélicas.[6] Conduzida pela *Realpolitik* do primeiro ministro Otto von Bismarck (1815-1898), a Prússia liderou três campanhas rumo à unificação: em 1864, aliada à Áustria, declarou guerra à Dinamarca e dois anos depois entrou em conflito com o governo de Viena (e estados aliados da Confederação Germânica) para monopolizar a anexação dos territórios tomados dos dinamarqueses, os estados de Schleswig e Holstein.[7] Em consequência da vitória da Prússia nesses confrontos, a Confederação Germânica foi extinta em 1866, em favor da criação de um novo Estado, cujo governo central era prussiano e instituía Berlim como capital: a *Norddeutscher Bund* (Confederação da Alemanha do Norte). Os Estados do sul e a Áustria se tornaram reinos soberanos. Em decorrência do desgaste das relações entre Prússia e França, e porque Bismarck informou de forma provocativa a imprensa alemã sobre o fracasso da iniciativa da monarquia francesa diante da sucessão ao trono espanhol, o imperador francês Napoleão III declarou guerra à Confederação da Alemanha do Norte. Embriagada com as vitórias prussianas nos anos anteriores, a população alemã apoiou Guilherme I e Bismarck, que se aliaram aos reinos de Bayern, Württemberg, Baden e Hessen-Darmstadt. A guerra Franco-Prussiana durou de junho de 1870 a maio de 1871, mobilizou três milhões de homens e resultou na morte de mais de 160 mil pessoas.[8] A Prússia venceu o conflito, anexou os territórios de Alsácia e Lorena, e no palácio de Versalhes Guilherme I foi proclamado *Kaiser* (imperador). Bismarck reformulou o antigo *Zollverein*, a união aduaneira entre os Estados-membros das Confederações Germânicas, e em 1871 foi fundado o Império Alemão, o *deutsches Kaiserreich*. A teórica política Hannah Arendt considerava Bismarck, não sem seu olhar crítico, "o verdadeiro fundador do *Reich* alemão".[9]

ASCENSÃO E DECLÍNIO DA ETNOLOGIA ALEMÃ (1884-1950)

Emergia na Europa Central então uma nação com Estado centralizado, mais populosa do que qualquer outro país europeu, industrialmente desenvolvida e militarmente temida.[10] A unificação dos territórios germânicos criou os condicionantes sociais e econômicos que possibilitaram o desenvolvimento institucional da etnologia e, posteriormente, dos estudos americanistas na Alemanha.

O *Reich* perdurou da unificação político-territorial em 1871 até o final da Primeira Guerra Mundial (1914-1918). Em outubro de 1918, alterações constitucionais impuseram o parlamentarismo, e no mês seguinte a república foi proclamada durante a revolução.[11] Durante o período entre o fim da guerra Franco-Prussiana e a eclosão da Grande Guerra, a Europa experienciou uma época de relativa paz, cuja marca principal era a possibilidade de uma vida cosmopolita para certos segmentos sociais. Apesar da corrida armamentista entre as nações europeias, a chamada "paz armada" foi sentida por milhões de europeus como se fosse "o mundo da segurança", como testemunhou o escritor austríaco Stefan Zweig (1881-1942).[12]

A unificação da Alemanha impôs mudanças da estruturação política. O Império Alemão era uma monarquia constitucional, composta de 25 Estados--membros, entre eles 22 monarquias e 3 repúblicas.[13] Os Estados-membros tinham seus próprios regentes e parlamentos, mas eram submetidos ao poder centralizador do Império Alemão e ao parlamento imperial.[14] O rei da Prússia era ao mesmo tempo imperador da Alemanha, e o primeiro-ministro prussiano acumulava o cargo de premiê do *Reich*.[15]

O período imperial, também conhecido por "era Guilhermina", em referência aos governos dos imperadores Guilherme I, de 1871 a 1888, e seu neto Guilherme II (1859-1941), de 1888 a 1918, caracterizou-se por uma intensa modernização econômica e infraestrutural, acompanhada de mudanças sociais e culturais. O desenvolvimento capitalista provocava um êxodo rural, e as populações que migravam para as cidades encontravam ali uma crescente oferta de produtos industrializados e serviços, instituições sociais, culturais e educacionais, além do acesso a eletricidade, transporte público e instalações sanitárias.[16] Berlim tornava-se rapidamente uma cidade dinâmica, um centro intelectual, cultural e financeiro e em 1900 já tinha 1,8 milhão de habitantes.[17]

A Segunda Revolução Industrial fomentava o desenvolvimento de empresas de grande porte nas áreas de engenharia mecânica, eletrotécnica, química e farmacêutica. A maior empregabilidade nas indústrias, sobretudo no Vale do Reno, no oeste do Império, criava uma mobilidade social sem precedentes, ainda que estruturalmente limitada.[18] Em decorrência do aumento da classe trabalhadora urbana e do nível geral de alfabetismo, escolaridade e poder aquisitivo, o acesso a instalações culturais, como associações, bibliotecas e até mesmo cinemas, expandiu-se, e a circulação de jornais e revistas cresceu consideravelmente.[19]

Essa revolução industrial foi marcada por um crescimento da variedade de inovações tecnológicas, de modo a transformar o laboratório de pesquisa em um componente central do complexo industrial. Na Alemanha um dos exemplos mais bem-sucedidos da cooperação entre a pesquisa acadêmica e a indústria foi o estabelecimento da empresa de lentes microscópicas Carl Zeiss em Jena.[20] No âmbito da história da etnologia indígena, a Carl Zeiss é conhecida por ter sido a empresa em que Curt Nimuendajú (1883-1945) foi aprendiz antes de se mudar ao Brasil em 1903.[21] Em suma, na interpretação de Hobsbawm, "a Alemanha era inquestionavelmente um gigante na ciência e no conhecimento, na tecnologia e no desenvolvimento econômico, em civilidade, cultura e artes e, não menos importante, em poderio".[22]

A fundação do Império Alemão pode ser pensada ao mesmo tempo como o resultado de um complexo de fenômenos políticos e sociais e como um evento norteador de mudanças estruturais. Para o sociólogo Norbert Elias, o *habitus* alemão no fim do século retrasado – ou, para empregarmos uma terminologia humboldtiana, o *Nationalcharakter* dos alemães daquela época – é resultado do complexo processo de formação do Estado alemão e das mudanças estruturais que o envolviam.[23] O autor aponta quatro características idiossincráticas, que, entrelaçadas, definem o transcurso formador do *habitus*: a particularidade linguística dos povos germânicos e a relação com vizinhos de outras línguas, com consequências para a ascensão e o declínio de centros de poder na Europa (e da Europa em escala global), em que forças integradoras e desintegradoras criavam e transformavam relações de poder, comumente através de conflitos armados de diversas naturezas.[24] A terceira peculiaridade do processo de formação do Estado alemão e sua influência sobre o *habitus* remete imediatamente ao próprio desenvolvimento progressivo da unificação alemã, que, diferentemente de outras nações europeias, foi fundamentalmente pautada por rupturas e descontinuidades. Por fim, o resultado desse processo histórico foi uma luta de classes entre as classes médias emergentes e a nobreza militar. Aquelas ascendiam financeiramente desde o início do século, e o embate entre as classes transformou, de acordo com Arendt, "a estrutura semifeudal do despotismo esclarecido prussiano num Estado-nação mais ou menos moderno, cujo estágio final foi o *Reich* alemão de 1871".[25] Elias aponta que a vitória alemã na França em 1871 foi ao mesmo tempo uma vitória da nobreza sobre as classes médias, que, então, "conciliaram-se com o Estado militar e adotaram seus modelos e normas".[26]

Assim, a sociedade alemã imperial era marcada por uma organização social cujos graus de ordem e poder, decrescentemente sucessivos, transmitiam valores e signos militares, como hierarquia, organização, ordem e obediência. É notável que os princípios militares compartilhados pela nobreza eram adotados pela burguesia; no entanto, as classes burguesas repudiavam o estilo de vida nobre, ao menos na Prússia. Outros valores constituintes da socialidade alemã são apontados da seguinte maneira pelo historiador Frank-Lothar Kroll: era uma sociedade caracterizada por uma regência de normas, valores e princípios burgueses, como "sucesso e eficiência, disciplina de trabalho e esforço pessoal, modo de vida econômico-racional e anseio por formação cultural [*Bildung*], pontualidade, solidariedade e cumprimento do dever".[27]

Além do militarismo e dos princípios burgueses, na ostensiva modernidade da era Guilhermina, o protestantismo desempenhou um papel fundamental enquanto norteador de normas e valores e regulador de padrões de socialidade, conforme sustentado pelo sociólogo Max Weber (1864-1920), filho e testemunha do período imperial alemão.[28] A crescente centralidade do protestantismo no espaço público alemão remete às inúmeras alianças entre líderes religiosos e governantes das monarquias germânicas desde a Idade Média.[29] Na era Guilhermina o padrão confessional foi pouco alterado, e a população continuou majoritariamente protestante. Assim, o protestantismo foi uma fonte para o *habitus* alemão não apenas na época imperial.

Apesar da estratificação social, que grosseiramente dividia a sociedade em nobreza, classes burguesas, trabalhadores urbanos e camponeses, havia uma mobilidade social sem precedentes em territórios germânicos, que contribuía para a formação de camadas no interior dos estratos.[30] A própria burguesia era diversificada. A burguesia financeira (*Wirtschaftsbürgertum*) era composta das camadas economicamente mais poderosas, como empresários, banqueiros e industriais que, via de regra, possuíam acesso às monarquias regionais e às diversas categorias governamentais, além de contarem com representantes nas assembleias regionais e imperial. A elite intelectual e cultural da era Guilhermina era representada pela burguesia letrada (*Bildungsbürgertum*) – cujo desenvolvimento histórico já foi delineado anteriormente – que prosperava desde o início do século XIX e se encontrava, no *Reich*, em seu ápice. A esse círculo pertenciam "funcionários públicos de alto escalão, médicos, juízes, advogados, professores universitários e escolares, editores, jornalistas, escritores, artistas" e o clero evangélico.[31] O "capital de conhecimentos humanístico-clássico" apresentado pela burguesia letrada impunha respeito e notoriedade social, fundamentava a sua influência social, política e cultural e justificava sua presença nas diversas esferas do Estado.[32] Ringer argumenta, mais claramente, que a formação acadêmica era o único meio de compensar a ausência de um título nobiliárquico. Os espaços públicos culturais e educacionais eram significativamente ocupados pela burguesia letrada, seja como produtora ou consumidora de conhecimento.

Os americanistas alemães pertenciam justamente à burguesia letrada.[33] Karl von den Steinen (1855-1929) nasceu no seio de uma família protestante, em que a linhagem masculina era devotada à medicina. Seu bisavô e seu avô eram médicos, e seu pai, além de exercer a mesma profissão, ainda foi agraciado com um alto título honorário, o de *Geheimer Sanitätsrat,* algo como um conselheiro sanitarista privado.[34] O próprio Karl von den Steinen estudou medicina nas universidades de Zurique, Bonn e Estrasburgo, na qual ele doutorou-se em psiquiatria aos 20 anos de idade com uma tese sobre a influência da *psique* no quadro clínico da coreia, um distúrbio anormal de movimento involuntário.[35] Em 1878, ao obter o cargo de assistente do professor Carl Westphal no renomado hospital berlinense Charité e ter se licenciado em medicina, ele tornou-se o médico mais jovem de toda a Prússia.[36]

Paul Ehrenreich (1855-1914) era filho de um hoteleiro e também estudou medicina, doutorando-se nessa área.[37] O avô e o pai de Max Schmidt (1874--1950) foram advogados e membros do conselho jurídico da cidade de Altona (Hamburgo). Seu pai, Johann Georg Max Schmidt, ocupou vários cargos na administração municipal e foi membro do parlamento da província de Schleswig-Holstein. O próprio Max Schmidt estudou ciências jurídicas, doutorando-se em direito romano. Theodor Koch-Grünberg (1872-1924) era filho de pastor protestante e estudou filologia clássica. Wilhelm Kissenberth (1878-1944) provinha de uma família abastada do sul da Alemanha; seu pai era proprietário da fábrica de tabaco brasileiro Kissenberth und Straub na cidade de Landshut.[38] Kissenberth obteve o título de doutor em teoria literária com uma tese sobre o escritor irlandês Antoine (Anthony) Hamilton (1646-1720). Fritz Krause (1881-1963), que era filho de um diretor de escolas para pessoas com deficiência visual, estudou geografia e física.[39]

No interior dessa burguesia letrada, havia um certo segmento social que Ringer denominou de "mandarins". Os mandarins da burguesia letrada eram, sobretudo, professores universitários, cientistas sociais, filósofos, historiadores e até mesmo burocratas. A "inteligência acadêmica alemã", que, entre 1890 e 1933, viveu seu apogeu e declínio, via a si mesma como um grupo relativamente homogêneo.[40] Os mandarins constituíam uma "elite cultural e social", que devia "seu *status*, acima de tudo, às suas qualificações educacionais, e não à riqueza ou a direitos herdados".[41]

A terceira classe era a pequena burguesia (*Kleinbürgerschaft*), composta sobretudo de pequenos comerciantes, artesãos, funcionários públicos de baixo escalão, além de funcionários de empresas de diversos setores. Em uma via de duas mãos, dessa para a classe trabalhadora das fábricas, que em 1907 já constituía um terço das pessoas remuneradas no *Reich*, ocorria a maior mobilidade social.[42] Kroll revela que essas duas classes sociais também adotaram o estilo de vida dos burgueses mais bem estabelecidos, imitando vestuário, gostos, aparência pessoal e hábitos.[43]

Foi, em suma, nesse contexto socialmente complexo, culturalmente rico e economicamente estável que floresceram obras e teorias extremamente impactantes nos mais diversos domínios acadêmicos e artísticos, de modo a caracterizar a virada do século como *Belle Époque*.[44] Portanto, a ascensão da etnologia se insere em um campo intelectual muito mais amplo. Durante o período de estabelecimento dos museus de antropologia na Alemanha, Bastian, Ratzel, Virchow e Wundt dominavam a cena etnológica alemã. A psicologia étnica de Waitz e os estudos sobre o direito matriarcal realizados pelo jurista suíço Johann Jakob Bachofen (1815-1887) ganhavam notoriedade. Ainda ecoavam as repercussões da publicação do primeiro volume da obra *Das Kapital* (1867) de Karl Marx (1818-1883), e Ernst Haeckel (1834-1919) popularizava a teoria da evolução de Darwin. Wilhelm Dilthey (1833-1911) desenvolvia uma hermenêutica empiricamente sustentada, e Friedrich Nietzsche (1844-1900) martelava os pés de barro dos ídolos. Rudolf Clausius (1822-1888) cunhava a entropia, e Johannes Brahms (1833-1897) preenchia o espaço musical deixado por Ludwig van Beethoven (1770-1827).

A primeira geração de americanistas – Karl von den Steinen e Paul Ehrenreich – viveu na mesma época em que Ferdinand Tönnies (1855-1936), Georg Simmel (1858-1918) e Max Weber reestruturavam a sociologia e Edmund Husserl (1859-1938) estabelecia a fenomenologia. Sigmund Freud (1856-1939) fundava a psicanálise, e Max Planck (1858-1947), a física quântica.

A segunda geração de americanistas – Theodor Koch-Grünberg, Max Schmidt, Wilhelm Kissenberth, Felix Speiser (1880-1949) e Fritz Krause – cresceu, foi educada e iniciou suas atividades acadêmicas especificamente durante o período Guilhermino. Nessa época houve, nos países de língua alemã, um impressionante florescimento da filosofia, das artes e das ciências: Ernst

Cassirer (1874-1945), Karl Jaspers (1883-1966) e Ernst Bloch (1885-1977) contribuíram decisivamente para o neokantismo, a filosofia existencial e o marxismo. Rosa Luxemburgo (1871-1919) e Karl Liebknecht (1871-1919) revolucionavam a teoria e a prática políticas, e Carl Gustav Jung (1875-1961) fundava a psicologia analítica. Durante a *Belle Époque*, a literatura e a poesia de língua alemã se expandiram em várias correntes: o simbolismo de Hugo von Hofmannsthal (1874-1929) e Rainer Maria Rilke (1875-1926), o épico moderno de Thomas Mann (1875-1955) e Hermann Hesse (1877-1962), o expressionismo de Alfred Döblin (1878-1957) e o drama psicológico de Stefan Zweig.

Outras expressões artísticas estiveram em consonância com a literatura, como o expressionismo. Um dos representantes alemães mais relevantes desse movimento artístico foi Paul Klee (1879-1940), e o russo radicado na Alemanha Wassily Kandinsky (1866-1944) forneceu elementos fundamentais. Hofmannsthal foi um dos nomes do modernismo austríaco (*Wiener Moderne*), ao qual também pertenceram o pintor de *art nouveau* Gustav Klimt (1862-1918) e o compositor Arnold Schönberg (1874-1951) com suas experimentações atonais. Fritz Haber (1868-1934) postulou contribuições fundamentais na área da termoquímica, Albert Einstein (1879-1955) alterou os paradigmas científicos da física teórica, e Erwin Schrödinger (1887-1961) foi um dos fundadores da mecânica quântica. Desse período, no entanto, também provêm alguns pensadores que décadas mais tarde tiveram relações mais ou menos explícitas com a ideologia nazista. Por um lado, havia o compositor Richard Strauss (1864-1949), que tinha um relacionamento ambíguo com os dirigentes nazistas, sobretudo para proteger sua nora e seus netos, que eram judeus. Martin Heidegger (1889-1976) não só foi filiado ao partido nazista, como tirou vantagens pessoais da ascensão do partido. Por outro, havia um *dégradé* nefasto, que descreve a atuação dos pensadores, desde simpatizantes da causa até participantes perversos. Os laureados com o Nobel de Física Philipp Lenard (1862-1947), em 1905, e Johannes Stark (1874-1957), em 1919, foram as principais vozes da "física ariana". O filósofo Carl Schmitt (1888-1985), além de teórico do nazismo, foi um antissemita convicto; o antropólogo Eugen Fischer (1874-1967), que seguiu carreira na máquina estatal nazista, foi membro ativo das políticas de higiene racial e eugenia, e o historiador Erich Rothacker (1888-1965), mais conhecido pela sua fundamental contribuição para o desenvolvimento da *Begriffsgeschichte*, ou história dos conceitos, foi membro da Akademie für deutsches Recht, a Academia de leis alemãs do estado nazista, e um ativista teórico do governo. Grande parte dos apoiadores intelectuais do nazismo nascia, todavia, depois da virada do século.

Enfim, o historiador norte-americano H. Glenn Penny discute, em seu excelente livro *Objects of culture. Ethnology and Ethnographic Museums in Imperial Germany*, os fatores sociais que contribuíram para a fundação dos museus etnográficos na Alemanha imperial. Para além daqueles apontados no presente estudo (modernização da Alemanha, crescimento das cidades, oferecimento pelo Estado de diversas possibilidades de educação, estabelecimento de valores burgueses e protestantes como norteadores de estilo de vida, influência social da burguesia letrada etc.), Penny ressalta a importância de um grupo de acadêmicos alternativos à educação clássica das elites alemãs do final do século XIX, que dominavam as universidades centrais europeias: "O reconhecimento de acadêmicos na década de 1860 de que a cultura material os abastecia com outro tipo de 'texto' dava a um grupo de cientistas jovens e entusiasmados a oportunidade de desenvolver uma *expertise* que poderia mudar o conhecimento universitário baseado em filologia".

A etnologia, que se estabilizava como ciência, "provia-lhes os meios intelectuais, os museus etnográficos forneciam-lhes os novos espaços culturalmente respeitados – uma instituição alternativa que eles rapidamente aproveitaram para a produção de conhecimento". Assim, "uma nova geração de *outsiders* intelectuais começou a mudar o cânone acadêmico, a criar identidades profissionais respeitáveis para si mesmos e a desestabilizar a *Kultur* das elites educadas".[45]

Desde aproximadamente 1800, as universidades alemãs eram financiadas e administradas diretamente pelo Ministério de Educação e Cultura (*Kultusministerium*). As universidades relacionavam-se intimamente com a burocracia e desempenhavam um "papel tradicional de guardião da ciência pura".[46] A era Guilhermina, afirma Ringer, foi uma época de grande incremento material para as universidades alemãs, em que houve expansão nos corpos docente e discente.[47] A ampliação do corpo de discentes se deve, entre outros fatores sociais e políticos, ao enraizamento da ideologia da *Bildung* na sociedade alemã. Só que as universidades eram, como todo o sistema educacional, dominadas por um grupo restrito de acadêmicos, os mandarins, que acumulavam poder simbólico e financeiro, além do cabedal intelectual.[48] Isso significa que os acadêmicos alemães que se estabeleceram em museus eram "alternativos", mas não porque não tivessem uma formação clássica. Pelo contrário, como descrito anteriormente, tanto o fundador do Museu Real de Antropologia de Berlim, Adolf Bastian, quanto os americanistas empregados por ele posteriormente obtiveram uma formação em campos científicos considerados clássicos, como ciências jurídicas, medicina e filologia. Os intelectuais dos museus eram alternativos porque desempenhavam seu ofício profissional fora da universidade e assim ocupavam outros espaços institucionais, os quais rapidamente transformaram em referência para uma determinada área de estudo, a saber, a ciência do homem.

Desse modo, foram criados museus de antropologia nas principais e mais dinâmicas cidades da Alemanha: em 1868, em Munique (Königliche Ethnographische Sammlung); em 1869, em Leipzig (Museum für Völkerkunde); e, em 1879, em Hamburgo (Museum für Völkerkunde, antes Ethnographische Sammlung).[49] O principal museu etnográfico alemão, o Königliches Museum für Völkerkunde (Museu Real de Antropologia), foi fundado em 1868, abriu as portas ao público em 1873 e foi presidido por seu fundador, Bastian, até sua morte, em 1905 (Imagem 2).[50] A criação dos museus de antropologia na Alemanha se situava, portanto, na interconexão entre disputas intelectuais intracientíficas com interesses nacionais, regionais e municipais, em que elites regionais e associações desempenhavam um papel importante como financiadores.[51] Assim, a análise historiográfica, seja da atividade museal, do trabalho das ciências do campo ou de outros ofícios intelectuais, precisa considerar as políticas da ciência: a multiplicidade de atores relevantes em um campo de disputas semânticas, ideológicas, simbólicas e de poder. Os museus e seu aparato institucional (funcionários burocratas e diretores, desenhistas e curadores) se inserem em uma rede técnico-social gigante, em que eles, ao lado de outros agentes, como funcionários de várias instâncias governamentais, funcionários consulares, editores de revistas científicas e povos nativos, surtiam ações nos e sofriam reações dos etnólogos.

Os museus antropológicos apresentavam características de pesquisa singulares. Penny argumenta que os museus eram locais em que "os traços empíricos da história humana eram reunidos e onde poderiam ser produzidas e testadas as teorias sobre a humanidade".[52] A etnologia alemã, construída ao longo de mais de um século como uma disciplina empírica e indutiva, preocupada em analisar cientificamente a cultura e a história humanas, encontrava nos museus um lar, que também fornecia uma oficina para a investigação da natureza dos humanos.

Berlim tornou-se, a princípio, a propagadora da epistemologia que sistematicamente norteava o trabalho nos museus: motivações teóricas, técnicas de campo, coleta e organização do material e arranjo das exibições. Contudo, Penny demonstrou que, após a virada do século, as grandes modificações expositivas ocorreram primeiramente em museus municipais menores e somente mais tarde em Berlim, onde os etnólogos trabalhavam alheios às mudanças políticas e a problemas financeiros mais graves.[53] Mais distantes das demandas dos públicos visitantes e das exigências de elites locais, os etnólogos em Berlim continuaram exercendo o mesmo *modus operandi* até a mudança de geração de diretores perto da virada do século. Todavia, durante a institucionalização e profissionalização da etnologia na Alemanha, e o estabelecimento de um círculo americanista, Berlim era o centro de aglomeração de intelectuais e propagação de técnicas – todos os caminhos levam a Berlim.

Imagem 2 – Museu Real de Antropologia de Berlim (1900).

E Bastian era o intelectual em comando. A criação de um museu de antropologia estava diretamente vinculada ao seu próprio projeto etnológico. Como previamente observado, para Bastian a tarefa da etnologia era reunir os dados de campo primários em uma enorme estatística, para ser analisada posteriormente pelos métodos da psicologia científica. Os pensamentos elementares (*Elementargedanken*) estariam impressos nos mitos e na cultura material e poderiam ser deduzidos através do estudo comparativo das línguas. Por isso, Bastian clamava para que os museus antropológicos funcionassem como arquivos, bibliotecas e laboratórios, em que os etnólogos trabalhariam para traduzir ornamentos, símbolos, alegorias e hieróglifos em textos legíveis.[54] Ao analisar a cultura material, os museus ofereciam olhares microscópicos acerca da imensidão da diversidade humana, e, através do estudo comparativo, os etnólogos estariam aptos a testar teorias etnológicas. O valor empírico da cultura material, traduzido em texto pelo etnólogo, sustenta Penny, expunha "as limitações da historiografia universitária baseada na filologia".[55]

Angariar coleções etnográficas não foi uma criação de Bastian e do Museu de Berlim. Em museus alemães havia diversas coleções etnográficas. Em 1799, por exemplo, a Universidade de Göttingen adquiriu as coleções que Reinhold Forster formou nas expedições em que acompanhava James Cook.[56] E, ainda antes disso, coletar material etnográfico era parte das expedições. Na expedição pela Sibéria, empreendida entre 1719 e 1727, Messerschmidt formou uma coleção etnográfica, que posteriormente foi estudada por Müller para aperfeiçoar o método de Leibniz. A diferença reside no tratamento e na importância dedicados às coleções. Se antes os objetos etnográficos serviam para ilustrar os modos de vida de populações distantes, e assim demonstrar a diversidade de usos e costumes das nações, com o estabelecimento dos museus de antropologia no final do século XIX, a cultura material passou a ser investigada cientificamente com vistas a contribuir para o conhecimento da humanidade.

Além do histórico de coleta de material etnográfico por acadêmicos alemães, da proposta epistemológica de Bastian e do mecenato de elites locais, um outro fator foi determinante para o aumento do volume de objetos nos museus: a etnografia de salvação.[57] Considerando que a expansão europeia acarretava o desaparecimento de culturas locais, era preciso salvar tudo que fosse possível, com o objetivo de completar a estatística dos pensamentos elementares.

No final do século XIX, os museus antropológicos alemães competiam com outros museus europeus e norte-americanos pelas coleções que circulavam por um recém-criado mercado de bens etnográficos. Durante o imperialismo europeu, furto e roubo de peças cometidos por etnógrafos em campo não eram exceções, sobretudo nas colônias. Um dos casos mais notáveis foi o furto de máscaras *kono*, cometido pelos integrantes da Missão Etnográfica e Linguística Dacar-Djibuti e narrado pelo antropólogo francês Michel Leiris (1901-1990).[58] Certamente a notoriedade não se deve à quantidade de objetos furtados, ou ao *modus operandi*, mas à exposição fornecida por um dos agentes envolvidos. Em todo caso, os museus alemães estavam em desvantagem em obter material etnográfico diretamente das populações produtoras, já que a Alemanha não era uma potência colonial. Cinco anos após a unificação alemã, o *Reich* obteve a concessão administrativa de territórios no Pacífico Sul, mas o imperialismo alemão propriamente dito se iniciou apenas em 1884, com a fundação da colônia Deutsch-Westafrika (Sudoeste Africano-Alemão), território que atualmente compreende a Namíbia e parte de Botswana. Isso significa que o Império Alemão só pôde saquear populações africanas com décadas de atraso em relação à Grã-Bretanha e à França. Em decorrência das aspirações imperialistas da Alemanha e do consequente transporte de objetos etnográficos ao *Reich*, em 1888 foi promulgada uma lei imperial segundo a qual todos os materiais extraeuropeus deveriam ser enviados diretamente ao Museu Real de Berlim, que faria a triagem e enviaria as duplicatas para outros museus estatais alemães.[59] Na prática, o Museu de Berlim alcançou o monopólio de obtenção de coleções etnográficas, e poucos objetos eram efetivamente repassados a outros museus.

O mercado intraeuropeu e intragermânico gerou uma concorrência entre os museus, que estimulou fortemente a busca por coleções.[60] Se epistemologicamente as coleções etnográficas eram fundamentais para o projeto etnológico de Adolf Bastian, a concorrência entre os museus gerou uma necessidade ainda maior de obter coleções singulares, enormes e de povos os mais isolados possíveis. A concorrência entre os museus se estruturava em diversos níveis. No final do século XIX, as administrações municipais alemãs viam no fomento à cultura e à ciência uma maneira eficiente de aumentar o dinamismo socioeconômico das cidades, para se tornarem metrópoles de relevância e reconhecimento internacional.[61] Os museus, cada vez mais profissionalizados, e de temáticas heterogêneas, competiam entre si por visitantes, por coleções e por verbas públicas, doações financeiras e mecenato etnográfico.[62] A concorrência afetava sobretudo os museus de Hamburgo, Leipzig, Munique e pequenos museus municipais, já que Berlim ocupava um posto preferencial isolado, ancorado em uma ampla rede científica.[63] Assim, por conta da necessidade de obter coleções únicas e por pressões econômicas, os museus, ao lado das fontes de financiamento, dedicaram-se a custear expedições que visavam angariar coleções etnográficas mundo afora, uma vez que o investimento em expedições e o volume de material resultante delas era inferior ao montante gasto na aquisição de coleções montadas por museus concorrentes.[64] Informações sobre as peças, como a forma de produção, os usos sociais e os significados culturais, agregavam valor a elas, de modo que os museus cada vez mais agenciavam etnólogos especializados para formar coleções, em vez de colecionadores e mercadores de objetos etnográficos.[65]

No Museu de Antropologia de Berlim, as coleções eram divididas entre exibições destinadas ao público e coleções guardadas para os pesquisadores.[66] Isso revela o caráter científico dessa instituição. As exibições para o público foram radicalmente alteradas por Bastian. Nos museus (de arqueologia, por exemplo), os objetos eram expostos trilhando uma sequência evolutiva, mas ele reordenou as exposições para que as coleções fossem montadas de acordo com a sua procedência geográfica, de forma a definir a natureza científico-empírica das expedições pedagógicas, refutando as teorias especulativas em que as montagens contemporâneas se baseavam.[67]

O fundador do museu via nas Américas uma região especialmente importante para a elaboração da sua estatística dos pensamentos elementares. Em 1873, das 40 mil peças existentes no museu, 21 mil eram provenientes das Américas.[68] As coleções americanas eram especialmente importantes para a teoria das províncias geográficas de Bastian – regiões com particularidades sociais e geográficas que permitiriam uma transformação dos pensamentos elementares em pensamentos étnicos desprovidos de influência europeia. Segundo a antropóloga Manuela Fischer, "através da análise das causas imanentes nas diversas representações dos artefatos deveria ser possível entender os efeitos dos agentes em jogo e, por consequência, descobrir os pensamentos elementares comuns a todos os seres humanos".[69]

Apesar do vívido interesse nas Américas, o próprio Bastian pouco estudou as coleções americanistas.[70] Em consequência dessa contradição, ele precisou valer-se dos serviços de vários etnólogos. Antes da virada do século, Karl von den Steinen, Paul Ehrenreich e Max Schmidt iniciaram suas atividades no Museu; depois da virada do século, Theodor Koch-Grünberg e Wilhelm Kissenberth. Além deles, outros especialistas em América do Sul eram parte do *staff* científico do museu: Eduard Seler (1849-1922), fundador dos estudos mexicanistas modernos e estudioso de arqueologia e línguas antigas da Mesoamérica, tornou-se diretor assistente em 1892; Konrad Theodor Preuss (1869-1938), especializado em México e Colômbia, foi contratado em 1895; Walter Lehmann (1878-1939) tornou-se assistente de Eduard Seler em 1903, e três anos depois o mesoamericanista Walter Krickeberg (1885-1962) foi empregado como voluntário.[71] O museu também contratava profissionais para que formassem coleções americanas: Max Uhle (1856-1944) viajou pela Argentina e pela Bolívia entre 1892 e 1895, Alberto Vojtěch Frič (1882-1944) foi contratado em

1906 para uma expedição que deveria atingir os rios Araguaia e Tocantins, e, nas décadas de 1920 e 1930, Emil Heinrich Snethlage (1897-1939) viajou duas vezes ao Brasil.[72]

À margem dos homens, havia em Berlim uma americanista: Caecilie Seler-Sachs (1855-1935). Mesmo impedida de obter graduações acadêmicas e ocupar cargos universitários por ser mulher, ela participava das reuniões científicas, mantinha correspondências intelectuais e publicava seus escritos. Caecilie Seler-Sachs teve uma atuação fundamental para o estabelecimento dos estudos mesoamericanos na Alemanha. Casada com Eduard Seler desde 1884, ela participou de todas as seis expedições de campo do marido, porém desenvolvia suas próprias pesquisas. Enquanto Eduard investigava questões ligadas à arqueologia e à linguística, Caecilie dedicava-se à etnologia, à fotografia e ao desenho. Várias ilustrações das obras de Eduard foram criadas por ela. Em 1919, ela publicou sua principal obra, *Frauenleben im Reiche der Azteken. Ein Blatt aus der Kulturgeschichte Altmexikos* (*A vida das mulheres no Império Asteca. Uma página da história cultural do México Antigo*). Caecilie não foi apenas esposa e companheira de viagem, ela foi a principal interlocutora intelectual de Eduard e, depois da morte deste, organizou e publicou alguns de seus escritos.[73]

Dessa maneira, o museu de Berlim criava uma via de mão dupla: enviava etnólogos ao campo e através deles trazia o campo para a instituição. Durante a vida de Bastian, 88% das coleções americanistas que chegavam à Alemanha eram destinadas a Berlim.[74] Ao menos no caso dos americanistas, o Museu Real era um centro de mediação fundamental, que irradiava as técnicas de campo que se tornariam o *modus operandi* do trabalho de campo. Por causa do intenso trânsito de objetos e pessoas ligados à América do Sul mediado pelo museu, não é exagero dizer que, para os americanistas alemães no final do século XIX, todas as estradas levavam a Berlim.

Em todo caso, o próprio Bastian realizou uma expedição americanista. Entre outubro de 1875 e o fim de agosto de 1876, ele percorreu Chile, Peru, Equador, Colômbia e Guatemala para completar as coleções do Museu Real de Antropologia de Berlim.[75] Em 1878, Bastian partia novamente para uma expedição que o levaria pela América do Norte, Índia e Oceania. Em setembro do mesmo ano, o jovem doutor Karl von den Steinen, que se licenciara de seu cargo para empreender uma viagem ao redor do mundo, com o intuito de aprender em diferentes nações métodos de tratamento para doenças psiquiátricas, partia da cidade portuária alemã de Bremen para Nova York, onde visitou diversas instalações. De lá ele partiu via Havana, capital cubana, para o México e, então, para São Francisco. Da costa oeste dos Estados Unidos, ele prosseguiu para o Havaí. Na lista de hóspedes de um hotel em Honolulu, capital havaiana, ele leu o nome "dr. Adolf Bastian". Em conversa, Bastian convencia o jovem Karl von den Steinen, de apenas 25 anos, da importância de seu projeto antropológico e da necessidade de explorar as *terras incognitas* da América do Sul.[76] Em consequência imediata a esse encontro, paralelamente à investigação clínica, von den Steinen começou a coletar artefatos etnográficos nas Ilhas Samoa, que ele alcançou a partir da Nova Zelândia.[77] Navegando de ilha em ilha, von den Steinen ainda passou por Tonga e Fiji, e da Austrália seguiu para Java, Singapura, Vietnã e China, onde ele conheceu Hong Kong, Cantão e Xangai. De lá von den Steinen viajou a Nagasaki, Kioto e Tóquio. No Japão ele iniciou o retorno para casa e navegou até Sri Lanka, cruzou por via terrestre a Índia, viajou até o Iêmen, atravessou o canal de Suez, percorreu a costa do Egito, de onde alcançou a Itália e, logo mais, a Alemanha.

Ao retornar para Berlim em 1881, ele apresentou-se novamente à ala psiquiátrica no hospital Charité, mas estabeleceu também seus primeiros vínculos com o círculo etnológico alemão, ao filiar-se à Berliner Gesellschaft für Anthropologie, Ethnologie und Urgeschichte (Sociedade Berlinense de Antropologia, Etnologia e Pré-História). Ele não permaneceu, entretanto, muito tempo em solo germânico, pois já no ano seguinte aceitou um convite para participar, na condição de médico de bordo e cientista natural, do Primeiro Ano Polar Internacional, uma expedição científica rumo ao polo sul formada por membros de 12 nacionalidades. O grupo alemão alcançou a Ilha da Geórgia do Sul, no Atlântico Meridional.[78] Von den Steinen atuou como mero auxiliar nas atividades de medição meteorológica e eletromagnética, dedicou-se, porém, à zoologia, sobretudo ao estudo de aves e pinguins, o que ele materializou em uma coleção zoológica e em publicações no domínio das ciências da natureza.[79]

Em 1883, a companhia retornou para a Alemanha, deixando von den Steinen na Argentina, de onde ele partia ao Xingu no ano seguinte. Alguns anos mais tarde, von den Steinen questionava, em missiva a Bastian, as condições de uma carreira profissional como etnólogo. Mas por ora, cinco anos após o encontro com ele, cujas teorias se sustentavam em 200 anos de etno-

ASCENSÃO E DECLÍNIO DA ETNOLOGIA ALEMÃ (1884-1950)

grafia e filosofia, von den Steinen iniciava a trajetória dos etnólogos alemães no Brasil conforme o questionamento norteador de Herder: "O anão em cima do ombro de gigantes não é sempre maior do que o próprio gigante?".[80]

Notas

[1] Hobsbawm, 1996a [1962], p. 299 e ss.

[2] *Idem*, p. 303.

[3] Marx & Engels, 1968 [1848], p. 41. Causadas por motivações sociopolíticas singulares, revoluções se tornaram a marca distintiva do ano 1848 em vários países além da Alemanha, como França, Áustria, estados italianos e Brasil, o que ficou conhecido como "Primavera dos Povos", cf. Hobsbawm, 1996b [1975], pp. 15, 23-24.

[4] Massin, 1996, p. 87.

[5] Hobsbawm, 1996b [1975], p. 83.

[6] *Idem*, p. 84.

[7] *Idem*, pp. 86, 94.

[8] *Idem*, p. 86.

[9] Arendt, 2012 [1949], p. 67.

[10] Hobsbawm, 1996b [1975], p. 93.

[11] Kroll, 2013, p. 13; Hobsbawm, 1995, p. 67.

[12] Zweig, 1992 [1942], p. 14.

[13] Kroll, 2013, pp. 11, 99.

[14] *Idem*, p. 100.

[15] *Idem*, p. 22.

[16] Hobsbawm, 1989, p. 20 e ss.

[17] Kroll, 2013, p. 69.

[18] *Idem*, pp. 69-70.

[19] *Idem*, p. 91.

[20] Hobsbawm, 1996b, p. 55.

[21] Welper, 2002, p. 45.

[22] Hobsbawm, 1989, p. 188.

[23] Elias, 1997 [1989], p. 16 e ss.

[24] Os conceitos de *habitus* de Elias e *Nationalcharakter* de Wilhelm von Humboldt são, evidentemente, distintos. Por *habitus*, Elias compreende a incorporação de características sociais adquiridas. Incorporação, nesse sentido, pode ser entendida como *embodiment*, ou seja, expressões corporais de um conjunto de saberes sociais historicamente constituídos e geracionalmente transmitidos. Eric Dunning e Stephen Mennel apontam que o *habitus* é dinâmico e transformador e, por isso, suprime o conceito supostamente estático de caráter nacional. No entanto, quando temporalmente circunscrito, o conceito de Elias se assemelha muito ao de Wilhelm von Humboldt, uma vez que dessa maneira o conjunto de características sociais compartilhadas entre um registro temporal é revelado. Cf. Dunning & Mennel, 1997, p. 9.

[25] Arendt, 2012 [1949], p. 59.

[26] Elias, 1997 [1989], p. 26.

[27] Kroll, 2013, p. 79.

[28] Cf. Weber, 2016 [1904-1920].

[29] Kroll, 2013, pp. 61-62.

[30] *Idem*, pp. 70-79.

[31] *Idem*, p. 71.

[32] *Idem, ibidem.*

[33] Kraus, 2004a, pp. 450-452.

[34] Mießler, 1889, p. 473.

[35] Von den Steinen, 1875.

[36] U. von den Steinen, 2010, p. 5.

[37] Kraus, 2004a, pp. 30-33.

[38] Tausche & Ebermeier, 2013, p. 146.

[39] Kraus, 2004a, pp. 38-42.

[40] Ringer, 1969, p. 13.

[41] *Idem*, p. 15.

[42] *Idem*, pp. 72-73.

[43] *Idem*, p. 73.

[44] Evidentemente, o *Reich* alemão não era desprovido de problemas sociais. Hannah Arendt descreve minuciosamente o antissemitismo no *Reich* alemão. Ela considerava que o movimento antissemita prussiano teria se originado entre a nobreza. Bismarck protegia seus aliados judeus, mas Guilherme II tinha certa simpatia por agitadores antissemitas (Arendt, 2012, p. 644). O termo "*Belle Époque*" originalmente é aplicado ao caso francês, no mesmo período do *Reich*, mas por convenção pode ser aplicado a outros países que experimentaram essa época cosmopolita.

[45] Penny, 2002, p. 36.

[46] Ringer, 1969, p. 41.

[47] *Idem*, pp. 54-55.

[48] *Idem*, p. 21.

[49] Vermeulen, 2015, pp. 426-427.

[50] Penny, 2002, p. 2.

[51] *Idem*, p. 114.

[52] *Idem*, p. 2.

[53] *Idem*, p. 152.

[54] *Idem*, pp. 28-29.

[55] *Idem*, p. 25.

[56] Vermeulen, 2015, p. 381.

[57] Penny, 2002, p. 51.

[58] Leiris, 2007 [1934], pp. 142-144.

[59] Penny, 2002, p. 113.

[60] *Idem*, pp. 54-58.

[61] *Idem*, pp. 43-47.

[62] *Idem*, p. 8.

[63] *Idem*, p. 66.

[64] *Idem*, p. 79.

[65] *Idem*, pp. 84-86.

[66] *Idem*, p. 138.

[67] *Idem*, p. 35.

ASCENSÃO E DECLÍNIO DA ETNOLOGIA ALEMÃ (1884-1950)

[68] Fischer, 2010, p. 49.

[69] *Idem*, pp. 49-50.

[70] *Idem*, p. 50.

[71] Kraus, 2004a, p. 34.

[72] Fischer, 2010, p. 49; "Eventual-Vertrag für den Explorador Albert Frič", EM Bln, Acta Adalbert Frič; Kraus, 2004a, p. 45.

[73] Hanffstengel & Vasconcelos, 2003.

[74] Fischer, 2007, p. 205.

[75] *Idem*, p. 201.

[76] Penny, 2002, p. 20.

[77] Kraus, 2004a, p. 31; Mießler, 1889, p. 474.

[78] U. von den Steinen, 2010, p. 9.

[79] *Idem, ibidem*.

[80] Herder, 1772, p. 217.

PARTE 2

De crânios e palavras: a primeira geração de americanistas (1884-1899)

Há ainda outro mundo a descobrir – e mais de um!
Vamos, filósofos, para os navios!
Friedrich Nietzsche (1882)

1.

Karl von den Steinen
e a primeira expedição ao Xingu (1884)

Rio Xingu, "um belo sonho":
condicionantes sociopolíticos da expedição

Em setembro de 1883, o navio "Marie" zarpava de Montevidéu para a Alemanha com os membros da expedição que alcançou a Ilha da Geórgia do Sul, no Atlântico Meridional, exceto Karl von den Steinen (Imagem 3) e o físico e cartógrafo Otto Clauss (1858-1929).[1] Posteriormente Wilhelm von den Steinen (1859-1934), primo de Karl, que retornava de uma viagem ao Paraguai, unia-se ao grupo na condição de desenhista da expedição. Por correspondência, Karl von den Steinen discutia os planos da expedição com Bastian, que foram definidos ao longo de sua estadia na América do Sul.[2] Ele planejava atravessar o Chaco e alcançar os índios Avá-Guarani, então chamados de Chiriguano. Eles teriam relações pacíficas com seus vizinhos "brancos e vermelhos" e por isso viveriam autonomamente.[3] De lá ele queria viajar para Corumbá no Brasil ou Assunção no Paraguai. O velho mestre desejava que seu pupilo percorresse o caminho de Cuiabá até Santa Cruz de la Sierra na Bolívia. Essa opção foi inicialmente acatada, pois o expedicionário não possuía os meios financeiros para empreender a primeira rota.

Independentemente da região a ser explorada, os objetivos científicos permaneciam os mesmos: determinações geográficas, observações astronômicas, coleta de material etnográfico e medições antropológicas, usando o aparelho de craniometria inventado por Virchow. Em outras palavras: descobrir, medir e classificar os céus e a terra, além dos povos entre essas extremidades. A América do Sul não era apenas uma *terra incognita*, uma região que ainda não havia sido satisfatoriamente estudada, mas ela como um todo era uma terra-para-a-ciência, *a priori* marcada pelo desconhecido e desordenado, que precisava ser submetida em sua íntegra à investigação científica.

Imagem 3 – Karl von den Steinen (1889).

O princípio geral de que, para a execução de um projeto científico em região nunca antes estudada, era preciso investigar a sua geografia, astronomia e etnologia é revelador quanto às referências e ao método. Ecoa a ideia de conexão cósmica de Alexander von Humboldt. Para ele, os fenômenos físicos têm uma "influência geral sobre o avanço intelectual da humanidade, nós encontramos o resultado mais nobre e mais importante como sendo o conhecimento de uma cadeia de conexões, através das quais todas as forças naturais são ligadas umas às outras e se tornam mutuamente dependentes".[4]

Da ideia da interconexão entre todos os fenômenos naturais, incluindo a mente humana, foi possível depreender duas apreciações. Uma foi postulada por Ratzel: que as forças da natureza agem de forma decisiva sobre as sociedades. A outra é a de Bastian: se a mente está conectada ao ambiente, então, para compreender a mente, é preciso conhecer o ambiente que a circunda. Precisamente essa interpretação também foi adotada por von den Steinen, que tal como Bastian era médico e cientista natural treinado. A execução desse princípio científico também revela que *a priori* o método de pesquisa dos expedicionários também estaria ancorado na epistemologia das ciências naturais humboldtianas: coleta empírica de dados de campo, classificação, análise comparativo-indutiva.

ASCENSÃO E DECLÍNIO DA ETNOLOGIA ALEMÃ (1884-1950)

Ele ainda cogitou se dedicar mais intensamente à exploração do Rio Pilcomayo, que corta o Chaco. Todavia esse projeto foi abandonado em detrimento da bem-sucedida expedição de M. Thonar àquela região.[5] A opção por alterar a rota em decorrência de outra pesquisa se deve a dois motivos. Do ponto de vista da genealogia teórica, era preciso que a expedição ocorresse em lugares inóspitos, para coletar pensamentos elementares intactos e uma coleção etnográfica ímpar. Havia, entretanto, também uma motivação profissional e pessoal. Michael Kraus aponta que as alegações para o empreendimento de expedições são, ao lado do reconhecimento intelectual, "desejo de aventura, esperanças de prestígio e pretensões profissionais".[6]

De Montevidéu o grupo viajou a Buenos Aires. O embaixador alemão local, o barão von Holleben, auxiliou-os e, através do encarregado de negócios do corpo diplomático brasileiro, sr. Cavalcanti Lacerda, o contato com o Ministério do Império foi feito.[7] De lá eles seguiram a Assunção, de onde, em fevereiro de 1884, ele comunicou a um colega a escolha de seu trajeto de pesquisa: "No estudo das condições da Província de Mato Grosso, naturalmente se impôs a rota Cuiabá-Amazonas como projeto ideal, e acima de tudo, o Rio Xingu surge como um belo sonho, que talvez possa ser realizado".[8] Ao optar pelo Xingu entre as demais possibilidades, Karl von den Steinen explicitou suas próprias expectativas: "Por que o homem não pode admitir sua fraqueza? Eu admito que, quando considerei a possibilidade de explorar o Xingu, eu não estava livre de uma certa ambição alegre: você vai tentar, o que ninguém antes de você fez".[9] Ele esperava angariar um galardão intelectual e profissional ao se tornar o primeiro expedicionário a investigar uma terra desconhecida para a ciência. Tanto para Karl von den Steinen, como para os demais americanistas, a ambição profissional foi um *Leitmotiv* das expedições.

Assim, após sondar os condicionantes políticos na Província do Mato Grosso, ele se decidiu pelo Rio Xingu, "o maior rio ainda desconhecido do continente americano, que especialmente em relação à antropologia prometia informações interessantes".[10] As "informações interessantes" às quais o americanista se refere são tanto etnográficas e antropológicas quanto geográficas e constituem os objetivos específicos de sua empreitada. Os objetivos gerais já haviam sido postos: coleta de pensamentos elementares através da investigação das áreas privilegiadas por Bastian (mitologia, linguagem etc.) e formação de uma coleção etnográfica. A região do Rio Xingu era *terra incognita* para as ciências, mas fora navegada por europeus desde o século XVI.[11] Os relatos oriundos dos contatos dos europeus com o Rio Xingu continham informações muitas vezes contraditórias e, até a época da pesquisa de von den Steinen, apenas parte do rio era conhecida e mapeada.

Algumas informações concernentes ao Rio Xingu ou aos povos locais foram produzidas por alemães. Por volta de 1750, o padre Rochus Hundertpfund navegou um trecho do Xingu, e, no final da era jesuíta, o padre Laurentius Kaulen percorreu a região. Em 1843, o príncipe Adalberto da Prússia (1811-1873) navegou parte do Xingu e produziu, segundo von den Steinen, o primeiro mapa com informações ainda relevantes. Aliás, a chegada dos primeiros viajantes alemães ao Brasil ocorreu ainda no período colonial. No século XVI, Ulrich Schmidel (1510-1581) percorreu a fronteira brasileira e Hans Staden (1525-1576), a costa do Sul do país. Todavia a exploração com caráter científico realizada por alemães sobre o Brasil foi inaugurada com as observações do príncipe renano Maximilian zu Wied-Neuwied (1782-1867), que, após ter estudado na Universidade de Göttingen e ter sido inspirado pelas viagens de Alexander von Humboldt, empreendeu uma expedição científica ao Brasil entre 1815 e 1817. Seus resultados botânicos, zoológicos e etnográficos foram publicados em uma extensa obra, da qual *Reise nach Brasilien in den Jahren 1815 bis 1817* (*Viagem ao Brasil nos anos de 1815 a 1817*), de 1820-1821, é seu livro mais conhecido.[12]

Em todo caso, até a expedição de Karl von den Steinen, o Rio Xingu ainda não havia sido navegado da foz até a cabeceira – ao menos não por um europeu que tenha deixado um relato. O conhecimento sobre os povos que habitavam a região era tão esparso quanto aquele sobre o próprio rio. Além dos poucos relatos produzidos por missionários, presidentes da província e administradores de negócios indígenas, pouca informação estava disponível. Assim somava-se aos objetivos gerais da expedição a necessidade de cartografar o Xingu em sua extensão, além de seus afluentes, e compreender a ocupação humana contemporânea nessa região. Isso implicava averiguar a localização exata dos assentamentos indígenas, classificar as suas línguas, coletar bens materiais e submeter os índios à antropometria. Uma tarefa verdadeiramente hercúlea.

A classificação das línguas indígenas do Brasil Central relacionava-se com a obra de outro alemão: Carl Friedrich Philipp von Martius (1794-1868). Em decorrência do casamento de dom Pedro I (1798-1834) com Maria Leopoldina da Áustria (1797-1826), da casa Habsburgo, o Império Austríaco financiou uma expedição artístico-científica ao Brasil, que durou de 1817 a 1835 e contava com o cientista natural Johann Natterer (1787-1843) entre seus membros. O rei Maximilian I da Baviera (1756-1825), que já planejara financiar uma expedição ao Brasil, valeu-se da ocasião e encarregou Martius, um cientista natural, com doutorado em medicina, de realizar uma expedição científica pelo Brasil. Entre 1817 e 1820, acompanhado pelo amigo, o também cientista natural Johann Baptist von Spix (1781-1826), Martius dedicou-se à botânica, sobretudo às plantas amazônicas. Além disso, Martius também empreendeu investigações etnográficas, com especial ênfase para os povos Tupi da Amazônia. Martius publicou uma vasta obra a respeito do Brasil, tratando de temas como flora, historiografia, etnografia e linguística. Assim, os expedicionários tinham como referência a obra de Martius, que então foi criticamente revista por von den Steinen e pelos americanistas de sua geração.

A estadia em Assunção foi aproveitada para estabelecer vínculos. O americanista intencionava conhecer os Payaguá, um grupo indígena de língua Guaikuru, famoso por suas habilidades como canoeiros. Ele estudou português com um professor particular, contatou o governo imperial brasileiro, obteve tanto a permissão para realizar a pesquisa no Mato Grosso quanto cartas de indicação para as autoridades locais e uma escolta militar para acompanhá-lo durante a expedição.[13] Ele recebeu não apenas o auxílio do Ministério do Império e a promessa de assistência dos corpos diplomáticos no Amazonas e no Rio de Janeiro, mas também o apoio da Presidência da Província do Mato Grosso.[14]

Em 20 de março, os expedicionários deixaram Assunção, passaram por Corumbá e alcançaram Cuiabá por via fluvial após dez dias.[15] A vista do convés do navio causou uma impressão viva em von den Steinen: "estes são os trópicos com que nós, os filhos do norte, sonhamos".[16] Essa acepção primeira dos trópicos, embebida pelas noções entusiasmadas produzidas por viajantes e aventureiros, depois será criticamente delineada pelo etnólogo. A concepção de viagem delineada por Fernanda Peixoto vale tanto para von den Steinen como para os demais americanistas: uma "aventura do corpo e do espírito, peregrinação renovadora e busca de fontes para a criação culta".[17] O próprio americanista, em virtude da importância de seu trabalho, que apontou para a América do Sul como região privilegiada de pesquisa etnográfica, pode ser considerado como influenciador principal para a nova idealização dos trópicos como destino de viagem.

Em Cuiabá, nessa "cidadezinha residencial idílica no meio do sertão", os expedicionários cuidaram dos preparativos e da logística para a viagem, e Karl von den Steinen imergiu *in loco* nas relações sociais e nas condições políticas, as quais ele pesquisara anteriormente.[18] No entanto, a rede de relações em que os americanistas adentravam, e cujos contatos eles buscavam manipular de acordo com seus interesses, também era guiada por outros agentes visando ao benefício próprio. As intencionalidades políticas de agentes governamentais brasileiros eram heterogêneas e formadas por meio de processos históricos complexos, de modo a produzir um campo de disputas simbólicas e políticas.

Em 1808, o Brasil era uma colônia portuguesa, quando a família real chegou ao Brasil, para fugir das guerras napoleônicas, transferindo a capital metropolitana de Lisboa para o Rio de Janeiro. A transferência da família real e dos aparatos institucionais acarretou não apenas significativa alteração na relação colônia-metrópole, mas também modificações infraestruturais em terras brasileiras, como a criação do Banco do Brasil (1808), da Biblioteca Real (1810), do Museu Real (1818) e do Museu Nacional (1808). Em 1818, dom João VI (1767-1826), príncipe regente de Portugal e do Brasil, unificou as coroas, criando o Reino Unido de Portugal, Brasil e Algarves.

Três anos mais tarde, dom João VI retornou a Lisboa, em consequência das revoluções liberais que eclodiram em Portugal, deixando seu filho, dom Pedro de Alcântara de Bragança (1798-1834) como príncipe regente. Em 1822, dom Pedro proclamava a independência brasileira de Portugal, tornando-se o primeiro monarca do Império do Brasil. Em decorrência de crise política interna no Brasil e da morte de seu pai em Portugal, dom Pedro I do Brasil retornou a Lisboa, tornando-se dom Pedro IV de Portugal e falecendo no ano que estremeceu a Europa: 1834. Para assumir o trono de Portugal, dom Pedro I precisou renunciar ao Império do Brasil em favor de seu filho de cinco anos, Pedro (1825-1891). O reinado de dom Pedro II durou de 1840, quando ele tinha 14 anos, até 1889, quando a república foi proclamada no Brasil.

De acordo com Lilia Moritz Schwarcz, com o intuito de criar uma identidade nacional, uma memória real e uma alta cultura local, o imperador dom Pedro II passou a interferir diretamente na vida cultural do país, em estabelecimentos culturais e centros de pesquisa.[19] Destaca-se o Instituto Histórico e Geográfico Brasileiro (IHGB), que congregava a elite intelectual do país e determinava os rumos da literatura e das ciências humanas brasileiras. O próprio imperador foi frequentador assíduo das reuniões, além de incentivador da pesquisa nacional e mecenas das artes brasileiras. Assim, a partir do fim da década de 1840, dom Pedro II gerenciava um projeto de fortalecimento da monarquia nacional e do Estado, moldando uma identidade brasileira que estivesse diretamente vinculada ao seu projeto cultural e político, tal qual os monarcas europeus. Assim se forjou a imagem de um imperador intelectual: falava diversas línguas, era versado em muitas disciplinas científicas – de etnografia a botânica –, era apreciador da alta cultura e reconhecido internacionalmente como um monarca pacifista e símbolo de civilidade nos trópicos. Tornou-se membro do Institut Historique de Paris já em 1844 e, ao longo dos anos, integrou outras instituições importantes, como a Royal Society, a Academia de Ciências da Rússia e a Sociedade Geográfica Americana.

Não apenas Dom Pedro II era membro de instituições estrangeiras, mas seu governo fomentava pesquisas realizadas por cientistas estrangeiros no Brasil, como as do geólogo canadense Charles Frederick Hartt (1840-1878) e do médico francês Louis Couty (1854-1884). O imperador correspondia-se regularmente com alguns dos homens mais importantes de seu tempo, como Charles Darwin (1809-1882), Alexander Graham Bell (1847-1922) e Louis Pasteur (1822-1895); conheceu Victor Hugo (1802-1885) e Friedrich Nietzsche (1844-1900); e nesse contexto (de fomento às pesquisas no Brasil e reconhecimento internacional) se inscreve a relação de dom Pedro II com intelectuais de língua alemã. Ele era, por exemplo, amigo do compositor Richard Wagner, era membro honorário da Berliner Gesellschaft für Anthropologie, Ethnologie und Urgeschichte (Sociedade Berlinense de Antropologia, Etnologia e Pré-História) desde 1875 e auxiliou as pesquisas do geólogo racista suíço Louis Agassiz (1807-1873), era pessoalmente interessado no Museu Nacional, que contratou o naturalista alemão Hermann von Ihering (1850-1930) em 1883 e o naturalista suíço Emílio Goeldi (1859-1917) no ano seguinte.[20]

Na interpretação de Schwarcz, congregando intelectuais e escritores em torno de si e do IHGB, dom Pedro II visava criar um projeto romântico nacional através das artes e da literatura.[21] O Romantismo nacionalista pretendia criar uma associação do monarca brasileiro com outros grandes imperadores, ao mesmo tempo que conferia particularidades ao reinado de dom Pedro II. Na mesma proporção em que os reis europeus contavam com séculos de história e arquitetura, a monarquia deste país jovem apoiava-se na natureza para criar uma aura impactante para seu dominador. A literatura nacional visava romper com modelos anteriores e criar um gênero genuinamente brasileiro, para o que se apoiava em romances épicos, cujos protagonistas eram índios brasileiros em histórias de batalha e amores proibidos. Assim, sucessivamente o índio "bom selvagem" tornava-se símbolo nacional, ao associar sua bravura e lealdade aos feitos heroicos dos brasileiros perante os invasores portugueses. Dessa maneira criou-se uma história nacional longínqua, em que até mesmo os habitantes primordiais do território brasileiro se rendiam pacificamente ao monarca sábio, bem como uma estética nacional, em que a natureza e as culturas indígenas celebravam a diferença do monarca em relação aos reis europeus. O indianismo romântico não se concentrou apenas na literatura, mas também na pintura e na ópera. Esse projeto político e cultural atendeu às expectativas das classes médias urbanas e à sua necessidade de identidade nacional, de forma que o indianismo constituiu um dos períodos mais relevantes das artes românticas brasileiras, e de fato o fomento às letras e à ciência consolidou a imagem de dom Pedro II como o "magnânimo".

No entanto, ao mesmo tempo que a imagem dos índios servia de pretexto discursivo para a consolidação da monarquia brasileira, os povos indígenas que habitavam o Brasil no século XIX sofriam com políticas que visavam à expropriação de terras e à sua destruição cultural e física. Nas palavras da antropóloga Manuela Carneiro da Cunha, "o indianismo não fala de índios reais: é antes um mito de origem do Brasil independente", e o índio bom "é convenientemente o índio morto".[22]

A política indigenista imperial no século XIX distancia-se da política indigenista colonial por concentrar-se não apenas na aquisição de mão de obra indígena, mas também na apropriação das suas terras. No entanto, não houve de fato uma ação direta advinda do poder central que destituísse os índios de suas terras, mas houve, ao longo do século XIX, um movimento ideológico e jurídico descentralizado que paulatinamente se empenhou em defender os interesses das elites agrárias imperiais. Isso significa que durante o século XIX houve várias oscilações ideológicas no que diz respeito ao tratamento dos índios – desde a defesa da ofensiva bélica contra os índios por dom João VI no início do século, até o uso de meios "brandos e persuasivos", recomendado pelo ministro José Bonifácio (1763-1838) ainda na primeira metade do século –, e uma legislação específica foi publicada apenas em 1845, o chamado "Regulamento acerca das missões de catequese e civilização dos índios".[23] É o único documento indigenista imperial, que visava apontar diretrizes jurídicas para o tratamento dos povos indígenas e constituir uma maneira de assimilação dos índios através da catequese cristã.[24]

A separação das províncias em relação à capital imperial Rio de Janeiro – onde leis muitas vezes contraditórias eram criadas –, a liberdade dos presidentes das províncias em promulgar ordens e as ações práticas dos brancos isolados não criaram apenas um vazio jurídico, mas uma área de negociação em que os diversos setores da sociedade implementavam seus interesses diretos na aquisição das terras indígenas.[25] Isso significa que não apenas decisões legais eram tomadas para suprimir os índios do direito de suas terras – o que em si já é uma afronta legal aos direitos dos índios, pois eles eram considerados seus legítimos donos pelo próprio Estado brasileiro –, mas leis que defendiam os povos indígenas eram simplesmente ignoradas.[26]

Manuela Carneiro da Cunha resume magistralmente a política indígena imperial no século XIX: primeiramente as assim chamadas "hordas selvagens" eram concentradas em aldeamentos, "liberando-se vastas áreas, sobre as quais seus títulos eram incontestes, e trocando-as por limitada terra de aldeias" ao mesmo tempo que o estabelecimento de pessoas em áreas vizinhas era encorajado. Então "concedem-se terras inalienáveis às aldeias, mas aforam-se áreas dentro delas para o seu sustento; deportam-se aldeias e concentram-se grupos distintos; a seguir, extinguem-se aldeias a pretexto de que os índios se acham 'confundidos com a massa da população'". Dessa maneira, "ignora-se o dispositivo de lei que atribui aos índios a propriedade da terra das aldeias extintas e concedem-se-lhes apenas lotes dentro delas; revertem-se as áreas restantes ao Império e depois às províncias, que as repassam aos municípios para que as vendam aos foreiros ou as utilizem para a criação de novos centros de população". Isso significa que "cada passo é uma pequena burla, e o produto final, resultante desses passos mesquinhos, é uma expropriação total".[27]

Carneiro da Cunha prossegue a explanação: nas fronteiras ainda em expansão do Império Brasileiro, as áreas que pudessem ser apropriadas eram constantemente visadas. Por isso, "nas zonas de povoamento mais antigo, trata-se, a partir de meados do século, de restringir o acesso à propriedade fundiária e converter em assalariados uma população independente" – quais sejam, pessoas negras livres e ex-escravizadas libertas, indígenas e pessoas brancas pobres – "que teima em viver à margem da grande propriedade, cronicamente carente de mão de obra".[28]

Em suma: o interesse pelas terras não pode ser desvencilhado da necessidade de conhecer essas terras e os seus habitantes, sobretudo em áreas sobre as quais existia pouco ou nenhum conhecimento geográfico, nem etnográfico. Esse é precisamente o caso da bacia do Xingu, a *terra incognita* que Karl von den Steinen intencionava explorar.

Tanto no Brasil colonial quanto no Império, o território nacional era subdivido em províncias, cujos presidentes se relatavam aos membros da Assembleia Legislativa em forma de falas, mensagens, relatórios ou exposições. Apenas três anos antes da chegada de Karl von den Steinen ao Brasil, o presidente da Província de Mato Grosso, Gustavo Galvão, afirmou em seu relatório de 1881 que "os selvagens repetiram as suas costumadas correrias [assaltos] nos mezes de

Outubro e Novembro do anno passado, Fevereiro e Março do corrente anno".[29] Após o suposto assassinato de uma mulher e uma criança pelos índios Coroados, o presidente empregou uma "força de linha de 40 praças [soldados], sob o comando de um oficial idôneo, para perseguir os agressores".[30] O relatório prossegue citando outros casos de violência por parte dos índios e as consequentes retaliações militares e até mesmo uma "forte expedição às malocas dos ditos selvagens".[31] Para não haver dúvidas quanto à intencionalidade de suas ações, o presidente da província ainda afirmou o seguinte:

> Alguns entendem que se deve desesperar dos meios brandos, postos aqui em prática, por mim, pela primeira vez; eu porém, não encontro justificativa para semelhante opinião e pretendo continuar a empregal-os à par de medidas enérgicas, certo de que se conseguirá o desejado fim.
> Repugna-me e repugnará a qualquer outro o extermínio desses infelizes, quando fosse possível; penso no entanto que é preciso reprimil-os, empregando-se os meios suasórios para chamal-os á civilização, sempre que as circunstâncias o permitirem.[32]

Em outro trecho, acerca da "catequese", o presidente relata o avanço que a doutrinação cristã oferece e expõe o real motivo para a empresa missionária na província: "tentei por este modo chamar à civilização a numerosa e temida tribu dos Coroados, e tornar uteis à lavoura tantos braços que jazem desaproveitados e que só lhe têm sido nocivos, compensando assim a falta de emigração para esta província".[33] Imediatamente após o relato sobre a catequese (e a transformação dos índios em trabalhadores), o relatório traz um capítulo sobre "as concessões de terra", em que se destacam os progressos das colônias de terra doadas anteriormente.

O curso geral da política indigenista imperial destacado por Manuela Carneiro da Cunha também é válido para o caso específico da Província do Mato Grosso, que era uma das maiores províncias do Império Brasileiro, situada em região fronteiriça, com presença de "índios bravos" que deveriam ser civilizados (por bem ou por mal), uma geografia pouco explorada e carente de conhecimentos etnológicos e geográficos.[34]

O contexto em que as pioneiras pesquisas de Karl von den Steinen se inserem é uma área de negociação política e interesses estratégicos: a época final do Império do Brasil, com um imperador mais interessado em ciência, etnografia e arte do que em política – como atestam os seus desenhos dos índios Botocudo feitos durante uma viagem ao Nordeste brasileiro, sua visita às coleções etnográficas em Berlim em 1877, seu já delineado interesse por línguas indígenas e seu incentivo à produção indigenista romântica – e contrário à violência contra povos indígenas, reprovada em seus avisos de 1850 e 1863.[35] Além disso, as câmaras legislativas com forte poder regional e as elites locais experientes em se apropriar de terra indígenas são fatores fundamentais para a constituição desse contexto social.

Pois bem, os expedicionários permaneceram em Cuiabá em abril e maio de 1884 preparando-se para a expedição. A meta de percorrer o Rio Xingu em sua extensão e atravessar territórios desconhecidos durante meses teria enormes dificuldades, das quais, de antemão, von den Steinen já tinha consciência. Em carta enviada ao "sr. professor" Bastian, von den Steinen reconhece que "talvez sejamos apresentados a febre, fome e frecha".[36] Para amenizar o triplo f, se fez necessária a formação de um grupo grande de acompanhantes encarregados dos afazeres manuais (carregamentos, caça, pesca, levantamentos dos acampamentos etc.) e de animais de carga com as provisões. Como notado por Kraus, os recursos iniciais para a expedição vieram de meios privados, dificultando não apenas a aquisição de equipamentos e material, como também o emprego dos ajudantes, a compra de animais e, por fim, a aquisição da coleção etnográfica.[37] Ficou acordado com o Museu de Berlim, que, ao final da expedição, Karl von den Steinen receberia 1.500 marcos alemães, que lhe seriam transferidos do Ethnologisches Hilfskomitee (Comitê de auxílio etnológico) através do consulado alemão em Belém, na figura do cônsul Sesselberg.[38] Na referida carta, ele lamenta não possuir a verba em mãos, e afirma: "olho com tristeza para o nosso estoque de artigos de troca".[39]

Como previamente combinado, o Barão de Batovy, presidente da província do Mato Grosso, providenciou uma equipe militar para os expedicionários. Von den Steinen percebeu o risco de seu grupo ser então majoritariamente composto de militares, sem qualificação científica e ignorantes da missão etnológica, como revelou a seu professor: "eu bem sei que isso talvez possa se tornar um fator infeliz na conta, mas com nossos meios limitados não temos condição de contratar os acompanhantes necessários, aqui chamados de 'camaradas'".[40] Manuel de Almeida da Gama Lobo Coelho d'Eça (1828-1894), o Barão de Batovy,

> se prontificou a nos apoiar de todas as maneiras. Ele é um senhor bem mais velho e muito amável que (*entre nous*, talvez não entenda completamente por quê e para quê, mesmo assim) considera absolutamente ser seu dever auxiliar-nos na medida em que pode.[41]

Na sessão da Assembleia Provincial de primeiro de outubro de 1884, o presidente Barão de Batovy relatou a chegada do grupo de exploradores:

> Por aviso de 28 de janeiro d'este anno, recommendou-me o ministério do império a commissão exploradora do rio Xingú – composta dos Doutores K. von den Steinen e Otto Clauss e W. von den Steinen, que se achavam em viagem para esta província, determinando me que lhes prestasse todas as informações e o auxílio de que pudesse dispôr pelo mesmo ministério.
>
> Aqui chegaram em Abril os illustres exploradores, e, depois de uma permanencia de quasi dois mezes, partiram a 23 de maio em demanda do seu objetivo, levando uma guarda de 25 praças de linha, que lhes prestei de ordem do ministério da guerra, mantimentos, ferramentas, uma pequena ambulancia, tudo em summa que julgaram necessario para a viagem.[42]

Os recursos dos ministérios da guerra e do ministério do Império foram transferidos aos exploradores através do Barão de Batovy, sobre o que von den Steinen afirma que "através do seu auxílio nosso empreendimento se facilitou infinitamente, ou até mesmo foi possibilitado".[43] Os interesses do governo imperial eram bastante evidentes, como esclarecido pelo Barão na Assembleia:

> [Os exploradores] foram ainda acompanhados de 2 oficiaes, os capitães de infantaria Francisco de Paula Castro e Antonio Tupy Ferreira Caldas, este como commandante da força, e aquelle como substituto, e também no caracter de emissário do governo provincial, para colher informações sobre a natureza, propriedade & dos terrenos percorridos, com a obrigação de apresentar por escrito o resultado de suas observações.[44]

Assim, entre os oficiais que acompanharam o grupo, um deles tinha a específica função de observação geográfica. De fato, isso revela que o governo imperial brasileiro tinha o anseio, ao menos imediatamente, do conhecimento geográfico produzido pela expedição ao Xingu. Von den Steinen descobriu, através da população de Cuiabá, que o governo intencionava construir estradas na região, como revelou a Bastian: "Muitos não entendem direito o que nós queremos aqui e por que viemos especialmente da Alemanha para cá. A única coisa que se compreende é a importância de uma estrada ao Pará, e assim devemos ser os engenheiros que querem construí-la".[45] Barão de Batovy, por sua vez, justificou à Assembleia a presença dos expedicionários pontuando as vantagens da pesquisa.

Pela publicação que da respectiva exposição se fez na folha oficial, já deveis ter conhecimento dos intuitos dos referidos viajantes emprehendende a descoberta do mencionado rio, até hoje conhecido apenas em uma pequena extensão próxima à sua foz no Amazonas.

É um tentamen, que se for bem succedido, como permittem esperar as recentes notícias que d'elles tenho por carta, será de incalculável proveito para a província, como para o paiz em geral.

N'elle tem imediato e o mais súbito interesse a geografia, a anthropologia e a sciencia ethnologica.[46]

Assim ficou evidente ao americanista que a execução de sua pesquisa estava atrelada a um projeto político nacional e inserido em um campo de disputas, alimentado por múltiplos interesses. A província do Mato Grosso situava-se, segundo von den Steinen, em "um entreposto desfavorável" entre passado e presente.[47] A terra estava exausta da exploração de pedras preciosas, que outrora serviu para impulsionar a migração, e a população local vivia miseravelmente. Entre os muitos problemas da província, ele contabilizou a ausência de estradas, a ligação de seu interior com os grandes rios navegáveis e afirmou que o Xingu "é a única possibilidade ainda aberta" para solucionar o obstáculo do transporte.[48] Ele mesmo reconhece os motivos por que o projeto de seu empreendimento foi tão bem recebido em Mato Grosso: "apenas em segunda linha falava-se de um problema geográfico e de uma tarefa antropológico-etnológica interessante; em primeiro lugar, todavia, se deu ao nosso plano o título de: a estrada de Cuiabá ao Pará".[49] Somava-se assim às já esperadas dificuldades pelos expedicionários a necessidade de lidar com o grande grupo de soldados enviados pelo governo com os interesses estratégicos e as pressões do Império Brasileiro e de autoridades governamentais locais.

"Febre, fome e frecha": a expedição ao Xingu

Em 27 de maio de 1884, o grupo composto de Otto Clauss, responsável pelas medições geográficas e observações astronômicas, Karl von den Steinen, incumbido da coleta de material etnográfico e dos estudos antropológicos e etnológicos, e Wilhelm von den Steinen, a quem foi atribuída a tarefa de registrar artisticamente a expedição, partiu de Cuiabá. Eles foram acompanhados por 2 serviçais, alguns homens fortes, 30 soldados armados, 24 bois carregando farinha de mandioca, carne, sal, feijão e cachaça, algumas mulas e 6 cães (Imagem 4).[50]

Imagem 4 – Otto Clauss, Karl von den Steinen e Wilhelm von den Steinen.

A primeira meta era chegar à aldeia dos "Bakaïri mansos" no Rio Novo, uma das duas aldeias de índios "pacificados", composta de apenas quatro ocas.[51] A outra era a aldeia de Paranatinga.[52] Já nessa primeira etapa algumas dificuldades surgiram. Um soldado furtou miçangas destinadas aos índios, outros promoveram uma pancadaria quando embriagados, e o comandante Tupy deixou escapar o boi que carregava as ferramentas para a construção de canoas e foi enviado ao caminho de volta para procurá-lo. Consequentemente, em meio a muitas discussões acaloradas e reprimendas por von den Steinen, houve demissão e prisão de soldados. Além disso, bois adoeceram, alguns militares despreparados atrasaram a empreitada, outros tiveram seus pés inflamados. Mesmo assim, a aldeia foi alcançada em 14 de junho.

O primeiro contato com os Bakairi foi suficiente para refutar a classificação linguística proposta por Martius, que havia sugerido que esse grupo fosse parte dos Paresí, de língua Aruaque.[53] É notável que uma das primeiras preocupações metodológicas tenha sido a análise da língua Bakairi e a relação estabelecida entre língua e uma certa unidade sociopolítica. Essa investigação não concerne apenas a problemas empíricos próprios do campo americanista, mas remete à construção da etnologia enquanto ciência e postula uma relação fundamental para a etnologia indígena, a saber, entre língua e "povo". Toda descoberta científica é um evento social, já alertou Ludwig Fleck, pois até mesmo a observação de campo mais simples é condicionada pelo estilo de pensamento que o liga a uma comunidade de pensamento, no caso, a tradição linguística alemã em geral e o projeto americanista.[54]

Para os linguistas do século XVIII, a linguagem era um critério válido para a distinção entre povos (ou nações), e, portanto, o número de línguas deveria corresponder matematicamente ao número de povos.[55] Esse postulado tem diversas reverberações teóricas importantes, tanto em relação à sua trajetória conceitual quanto acerca do conteúdo teórico em si. A equivalência numérica entre línguas e povos se deve à alegação de que a existência de idioma independente é condição *sine qua non* para a determinação de um povo. Esse postulado foi apresentado por Leibniz como uma premissa hipoteticamente verdadeira baseada em pesquisas linguísticas de gabinete. Messerschmidt e Müller testaram essa proposição em campo e atribuíram-lhe valor de verdade empiricamente experimentada. A partir de Schlözer, a existência de língua como condicionante para a identificação de povo deixou de ser uma hipótese *a priori* para ser incorporada às pressuposições epistemológicas da etnografia, como categoria de análise dedutiva. O abarcamento de uma categoria analítica imanentemente dedutiva por um programa epistemológico indutivo, tal como o modelo de Bastian e talvez a etnologia hegemônica até muito recentemente, criou uma complexa antinomia. Entre os americanistas alemães, apenas Max Schmidt tentou desconstruir essa contradição em *Die Aruaken* (*Os Aruaques*), e os efeitos de sua postulação foram praticamente inexistentes.[56]

Não se procura aqui apontar para uma influência direta de Leibniz na obra de Karl von den Steinen, pois para isso seria necessário que o etnólogo tivesse explicitado sua referência ao filósofo iluminista. Todavia, é possível rastrear reverberações do projeto de Leibniz no projeto americanista, já que von den Steinen adotou diretrizes epistemológicas oriundas de um *corpus* teórico, para cuja composição progressiva Leibniz foi fundamental. Assim, no caminho de Leibniz até von den Steinen, a ideia de povo passou de inferência de um raciocínio filosófico para uma categoria analítica *a priori*, em pleno uso até recentemente, e talvez até hoje, possivelmente em determinadas esferas acadêmicas e certamente nas instâncias jurídicas e institucionais. Essa transformação conceitual é uma contradição epistemológica; porém, enquanto definidora de unidades sociais, a categoria de povo não se tornou apenas parte constitutiva da metodologia etnológica, mas a primeira e mais fundamental categoria da observação empírica. Em suma, com base nos postulados teóricos de Leibniz, os historiadores alemães que estudaram a Sibéria sustentaram empiricamente que um povo é uma unidade, cujos membros são falantes de uma língua particular, residem em uma determinada localização geográfica, têm uma história única e são caracterizados por seus costumes. As consequências sociais de tais afirmações são bastante claras para o território alemão, cujos habitantes viam na linguagem a única expressão de unidade social.[57] Uma vez incorporado à epistemologia etnológica, Karl von den Steinen, como tantos antropólogos ao longo de ao menos meio século a partir de então, sequer considerou racionalizar o conceito de povo. Em vez disso, esse conceito hermeticamente constituído possibilitou-lhe fundamentar gradações e classificações entre as populações indígenas visitadas, com base nas características constitutivas da ideia de povo.

Assim, os Bakairi, que na aldeia no Rio Novo viviam "uma existência idílica", eram "civilizados apesar dos lóbulos das orelhas furados e dos septos nasais furados".[58] O vocabulário empregado pelo etnólogo é semelhante ao do evolucionismo, embora a classificação dos povos nativos em "civilizados", "semicivilizados" e "puros" seja sustentada por uma fundação teórica de matriz distinta daquela que amparou a corrente antropológica chamada de evolucionismo social.

O termo "evolucionista" *per se*, ou, no caso britânico, "vitoriano", abrange sob uma mesma rubrica uma heterogeneidade intelectual. As diferenças entre autores como Lewis H. Morgan (1818-1881), Henry Maine (1822-1888), Herbert Spencer (1820-1903), John Ferguson McLennan (1827-1881), John Lubbock (1834-1913) e Edward Burnett Tylor (1832-1917), expressas em nacionalidades, abordagens teóricas, formações intelectuais e objetos de investigação, são reunidas sob a rubrica antropólogos evolucionistas, ou, no caso britânico, vitorianos.[59] Assim, o norte-americano Morgan tinha uma relação ambígua com Darwin e, na sua obra *System of Consanguinity and Affinity*, sequer utilizou o conceito de evolução, que aparece em *Ancient Society* como sinônimo de progresso, enquanto os britânicos Spencer, McLennan e Tylor foram fortemente influenciados pelo biólogo conterrâneo.[60] Lubbock, mais do que vizinho e amigo de Darwin, foi ferrenho defensor de suas teorias.[61]

Morgan fez trabalho de campo entre os Iroqueses em 1842, os Seneca em 1847, e entre os grupos do Kansas e Nebraska no período de 1859 e 1862; Tylor fez uma viagem ao México em 1856; Maine morou sete anos na Índia; Lubbock, McLennan e Spencer nunca fizeram trabalho de campo.[62] Morgan foi o criador da área de pesquisa da antropologia do parentesco, dos seus métodos investigativos, das hipóteses teóricas e de sua nomenclatura.[63] Ele também foi pioneiro nos estudos de comportamento animal, papel completamente ignorado atualmente.[64] Lubbock teve grande influência na arqueologia. Entre outras realizações, ele foi responsável por cunhar os termos neolítico e paleolítico e propor suas distinções. Ele também foi parte da geração pioneira de estudos de comportamento animal. McLennan e Maine se consagraram, sobretudo, em áreas jurídicas, Spencer foi um dos filósofos britânicos mais impactantes do século XX. Suas contribuições alcançaram um arranjo bastante amplo de áreas do conhecimento, como antropologia, ética, economia, sociologia, psicologia e literatura.[65] A Tylor geralmente é creditado o delineamento clássico do conceito de cultura, no "seu sentido etnográfico": "uma totalidade complexa, que inclui conhecimento, crenças, arte, morais, leis, costumes e outras capacidades e hábitos adquiridos pelo homem enquanto membro da sociedade".[66]

Nesse sentido, o termo evolucionismo social é algo vago e conota um traço de semelhança entre essa geração de pesquisadores e às vezes abrange apenas uma parte de suas obras. E, ainda assim, as noções de cada autor quanto ao significado desse conceito eram distintas. Em todo caso, a conexão entre os citados autores ocorre no seu interesse em determinar as condições sociais, jurídicas, culturais, econômicas, religiosas e mentais das "sociedades primitivas" e em demonstrar de quais formas a humanidade alcançou o estado ontológico atual.[67] Para isso, Morgan, por exemplo, enumerou indutivamente estágios, pelos quais a humanidade passava como um todo, mas em ritmos diferentes. Todos os povos da terra teriam sido selvagens em algum momento de sua história, mas no momento da publicação de *Ancient Society*, alguns ainda o eram. A história humana é universal, e as diferenças entre as "sociedades" não eram permanentes. Para Morgan, as provas para os estágios culturais das sociedades eram o grau de desenvolvimento de subsistência, governo, linguagem, família, religião, vida doméstica e arquitetura e propriedade.[68] O desenvolvimento de cada uma dessas instituições ocorreria pelo acúmulo de experiências. Tylor propunha a investigação dos princípios gerais que regiam as leis do pensamento humano, de modo a compreender a evolução humana, através de relações de causalidade. O primeiro passo para isso seria o estudo e a classificação dos detalhes humanos, tais como apreendidos por etnógrafos e historiadores. A aparição de fenômenos semelhantes seria prova da causalidade evolutiva.[69] Maine se concentrou na evolução dos sistemas jurídicos e na relação destes com as sociedades que os produzem.[70] Esse grupo de intelectuais não enfocava, destarte, os processos morfológicos, fisiológicos ou comportamentais da evolução da espécie humana, mas a apresentação social do progresso humano. O qual era medido em instituições sociais. No entanto, uma leitura contrária também é possível. As instituições sociais evoluem, e os grupos humanos pretéritos ou passados eram usados para exemplificar esses patamares. Portanto, a diferença para os alemães era significativa. Bastian advogava pelo progresso das formas de pensamento humano, e cada caso precisava ser compreendido em seus próprios termos. A comparação entre os grupos não destacava as instituições sociais, mas os pensamentos puros. As comparações não visavam demonstrar o processo linear do progresso humano, mas um quadro geral de todos os pensamentos pensados. Os americanistas faziam trabalho de campo para obter dados de um povo ou de uma região etnográfica e evitavam fazer comparações com povos cujo contato não havia sido empiricamente destacado.

Assim sendo, a comparação entre autores fora do eixo anglo-saxão com o evolucionismo social precisa ser feita de forma muito cautelosa, sobretudo quando os próprios autores em questão deliberadamente se afastaram dessa corrente de pensamento e buscaram formar abordagem teórica própria. Também é preciso considerar que o termo evolucionista frequentemente é usado como sinônimo de racialista, ou defensor de uma pseudociência racial. Ou que o termo evolução é confundido por críticos com progresso. Todos esses termos, todavia, têm significados diferentes na história da ciência. Ainda é preciso afirmar que, apesar do esquema progressivo da selvageria à civilização, Morgan tratava as condições mentais da humanidade como únicas.[71] Se aos leitores atuais parece ofensivo denominar um determinado povo de selvagem, aos leitores norte-americanos soberbos e cheios de si do século XIX, deveria parecer ofensivo ler que povos nômades nus e desprovidos de tecnologia tinham a mesma capacidade mental que eles.

As relações entre o evolucionismo e a etnologia moderna alemã são demasiado complexas para o presente trabalho, cujo foco, acima de tudo, é a etnologia americanista. Todavia, é possível perceber a influência direta de Bastian, Waitz e Ratzel entre os intelectuais britânicos, sobretudo na obra de Tylor. Este tinha uma noção orgânica de cultura e advogava pela unidade do gênero humano – uma associação notória na obra de Bastian, por exemplo. O autor britânico também foi leitor de Wilhelm von Humboldt.[72] Vários pressupostos metodológicos da filologia alemã foram incorporados pelos britânicos através do linguista humboldtiano Max Müller (1823-1900), alemão de origem, mas radicado no Reino Unido.[73] Ademais, os intelectuais ditos evolucionistas foram muito mais atentos aos desenvolvimentos das ciências biológicas, em especial a darwiniana, do que os alemães, de modo a progressivamente construir distâncias entre essas escolas de pensamento. Enfim, a conexão entre os americanistas e os evolucionistas se deve antes de tudo ao compartilhamento de determinados termos – cujo uso estava na ordem do dia no século XIX – do que ao rastreamento de influências teóricas, metodologia analítica ou implicações conceituais. Além disso, é necessário considerar que o emprego de determinadas categorias, que eram parte do vocabulário acadêmico corrente, não implicava necessariamente um julgamento moral, uma vez que significados distintos eram atribuídos aos mesmos significantes. Nesse caso, "civilizado" pode assumir outro significado que não o oposto de selvagem ou puro: detentor de princípios de civilidade, como cortesia e polidez. Esse será, aliás, um emprego bastante corrente pelos etnólogos americanistas. No entanto, ainda assim há um aspecto comparativo quando aos índios é dedicado um título historicamente construído para etiquetar as sociedades europeias. Se o vocabulário empregado por von den Steinen não é evolucionista *stricto sensu*, sem dúvida ele precisa ser considerado eurocêntrico, preconceituoso e arrogante e certamente forja assimetrias políticas, sociais e culturais.

Uma amostra exemplar que demonstra a matriz intelectual em que Karl von den Steinen estava inscrito e sua avaliação do comportamento do capitão Reginaldo, o chefe dos Bakairi do Rio Novo:

> Tinha-se a impressão de que ele, nos seus sentimentos íntimos, ainda se posicionava ao lado dos índios selvagens contra os brancos. Ele, como homem inteligente, usava as vantagens oferecidas pelos brasileiros e não estragava a situação com os bárbaros. Os Bakaïri mansos se submetem ao poder, mas no interior eles são as mesmas pessoas dos antigos.[74]

De uma só vez, o americanista enfrenta a caracterização do bom selvagem e demonstra seu próprio posicionamento político-intelectual. Os Bakairi mansos, na interpretação dele, não foram efetivamente sujeitos pela violência, eles deliberadamente optaram por seguir uma determinada conduta visando ao estabelecimento dos próprios interesses, na medida em que o contexto político permitia algum tipo de ação. Eles usufruem dos bens materiais fornecidos pelo governo brasileiro porque puderam delinear uma tática de relações sociais que os colocasse nessa posição. Nesse sentido, os Bakairi mansos são sujeitos políticos com pensamento estratégico. Aparentemente eles são civilizados, mas no seu interior eles permanecem os mesmos, ou seja, não houve alterações de seu *Volksgeist* ou espírito étnico.

Durante a permanência de uma semana entre os Bakairi do Rio Novo, os expedicionários foram muito bem recebidos. Essa reação dos índios, todavia, é mais significativa para a perspectiva de von den Steinen do que para exemplificar a relação entre etnólogo e índios. Afinal de contas, um grupo de 28 homens armados chegou subitamente a uma aldeia composta de 55 pessoas, das quais apenas 16 eram homens adultos. Não se poderia esperar outra reação, senão cordialidade. Diante do poder, os Bakairi foram civilizados outra vez. Nesse meio tempo, Wilhelm von den Steinen fazia os desenhos, e Otto Clauss, os mapas e itinerários. Karl von den Steinen realizava as medições corporais e compunha o glossário da língua Bakairi, com ajuda de um jovem chamado Antônio (Imagem 5).[75] Para que os Bakairi deixassem se desenhar por Wilhelm, Karl dizia que estavam a serviço do Imperador brasileiro e que lhe levariam as informações requisitadas.

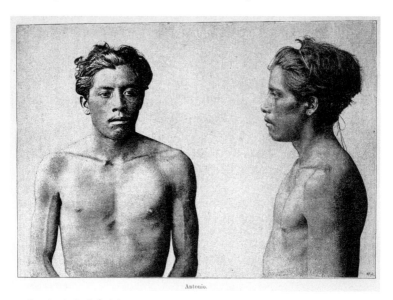

Imagem 5 – Antônio Bakairi.

Ao partir para a primeira aldeia dos Bakairi no Paranatinga, von den Steinen dispensou mais 12 soldados, formando um grupo de 20 pessoas. Não haveria provisões suficientes para todos, pois Tupy comprara menos alimentos do que requerido por von den Steinen. A descrição das marchas pelo território brasileiro, contidas na obra *Durch Central-Brasilien* (1886), que narra a expedição, propõe um distanciamento crítico com o ideal romantizado das aventuras em florestas virgens habitadas por índios de bom coração.

Em diversas passagens, as belezas naturais do interior do Brasil são ressaltadas; no entanto, as longas e cansativas caminhadas por paisagens infinitamente iguais, os mosquitos, o calor úmido, a alimentação pouco variada, os pés desnudos feridos e o tédio pintam um quadro muito mais realista das expedições. Ao enfatizar as dificuldades e as monotonias do cotidiano, von den Steinen visava, ao mesmo tempo, fornecer ao leitor uma experiência objetiva, com todas as suas complexidades e amenidades, e agregar valor simbólico ao seu feito. As dificuldades de todas as ordens – relacionamentos com os soldados e índios, fome, doenças e dores – possibilitam ao leitor acessar imaginativamente o mundo pelo qual von den Steinen passou e se identificar com seus sentimentos e suas reações, como alegria, cólera e espanto. Só não há medo. Assim, por exemplo, o quadro *Humboldt am Orinoko* (*Humboldt no Orinoco*), do pintor Ferdinand Keller (1842-1922), não representa fielmente a natureza, com a sua retratação ordenada da relação entre Humboldt e a natureza circundante.[76] Dessa forma, através do recurso literário de descrever minuciosamente os detalhes da expedição, o americanista pretendia situar o leitor no universo narrativo que ele criava. A imagem viva e real da natureza e dos índios tinha como meta estimular a imaginação visual e proporcionar uma experiência mais próxima da do etnólogo. Por exemplo, após lutar contra o calor e os pés pesados nas marchas exaustivas, à noite os expedicionários lutavam contra os mosquitos: "Quando Deus criou as estrelas, o diabo fez os mosquitos".[77]

No final de junho, o grupo chegou à aldeia no Rio Paranatinga, um afluente do Teles Pires, que é um dos formadores do Tapajós. A aldeia era ainda menor do que a de Paranatinga, era composta de apenas 20 pessoas, e outras 9 estavam ausentes. Antônio da aldeia no Rio Novo estava lá. Ele havia sido empregado por von den Steinen para acompanhar o grupo na qualidade de tradutor. De acordo com ele, Antônio tinha a fisionomia de Bakairi "puro". Nessa aldeia os trabalhos seguiram o mesmo roteiro: estudos linguísticos, medições antropológicas, investigação dos costumes e da cultura material, briga com os soldados. Dali os expedicionários seguiram até a próxima aldeia Bakairi, mas não sem antes tomar conhecimento da febre e da fome.[78]

Em 25 de julho, os expedicionários embarcaram nas canoas construídas de troncos de árvores para navegar o Rio Batovy, batizado por Karl von den Steinen em homenagem ao presidente da província.[79] Em 11 de agosto, eles finalmente encontraram os Bakairi "selvagens", os "primeiros índios".[80] Os Bakairi de Rio Novo e Paranatinga até então não tinham contato com os do Batovy. Assim, não foi apenas o primeiro encontro do etnólogo alemão com um grupo de índios isolados, mas o (re)encontro de um grupo indígena separado em tempos imemoriais. Os homens Bakairi que vieram ao encontro dos expedicionários e de Antônio "tremiam no corpo todo de medo e excitação".[81] Esse episódio no início da etnologia indígena ilumina exemplarmente um aspecto fundamental do trabalho de campo: a alteração das circunstâncias sociais em consequência da relação com os etnólogos. As transformações da estrutura social se deviam menos à concepção autobajuladora de que a presença do etnólogo *per se* seria suficiente do que em consequência efetiva da introdução de certos bens para o circuito de troca e da apreensão e manipulação indígena desse novo evento. Além disso, a percepção de que o etnólogo é capaz de alterar a estrutura social do grupo é exemplo analítico relevante para a indicação de que grupos sociais são antes constituídos por relações sociais do que hermeticamente fechados e impassíveis à transformação social.

O grupo permanecia apenas alguns dias em cada uma das quatro aldeias do Batovy, mas nesse tempo von den Steinen, ao lado das medições antropológicas, também recolheu mitos, como o mito de origem segundo o qual os Bakairi descendem da árvore Ubá, e atentou a padrões artísticos inscritos em utensílios e troncos de árvores e a representações visuais de peixes, à pintura corporal, à arquitetura, a artes plásticas, como os trançados de palmeira Buriti, e à cultura material. Entre as festividades presenciadas, destaca-se o cerimonial, chamado por ele de "dueto de flautas" (Imagem 6), em que homens tocavam flauta de "um metro de comprimento", acompanhados de canto e dança ritual "interminável".[82] Quando nas aldeias, o pesquisador entrava muito confortavelmente em todas as ocas e observava a organização interna, interessando-se sobretudo pela "grande oca" ou "oca de festas" em que uma quantia considerável de bens materiais era conservada. Ele referia-se, certamente, à casa dos homens, *kadoêti*, o local de armazenamento de bens rituais: "Dois pedaços quadrados de madeira, pintados de vermelho e branco, com nariz plástico e duas cavidades oculares chamavam atenção; elas são seguradas na frente do rosto e representam pombas, cuja voz o artista sabe fazer melhor do que a cabeça".[83]

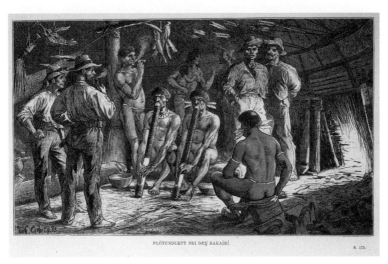

Imagem 6 – Dueto de flautas.

Entre os Bakairi, ele se informou sobre os outros povos que habitavam a região. Tal como ocorreu com os Bakairi do Batovy, alguns deles poderiam até ter tido contato com europeus ou brasileiros antes, mas não havia registros documentais desses encontros. Os Bakairi informaram que, prosseguindo no curso do rio, von den Steinen depararia com os "Kustenaú", os "Trumai", os "Kamayurá" e os "Schuyá".[84] Por causa da comunicação truncada, algumas dúvidas surgiam: "Waurá era um nome, sobre o qual não conseguíamos nos entender. Era uma tribo? Ou um riacho [...]?".[85]

Os expedicionários se despediram dos Bakairi e continuaram a viagem pelo Rio Batovy. No dia seguinte eles chegaram às primeiras casas dos Kustenau, habitadas por 17 pessoas, das quais 2 eram Bakairi (Imagem 7). Iniciou-se o ritual de trocas – objetos de metal e facas por peças etnográficas –, enquanto um índio Kustenau relatava sobre os "algo traiçoeiros Trumai" e os violentos Suyá. Ele também mencionou os Karajá, que viviam entre os rios Xingu e Araguaia, e os "Chavantes" que também habitavam a província de "Goyaz".[86] Do ponto de vista etnográfico, chamou atenção de von den Steinen o fato de que as redes de dormir dos Kustenau eram produzidas de buriti e não de algodão, e, assim, os Kustenau se opunham aos Bakairi, como os "Aruaque aos Karib nas Guianas".[87] Ele fez uma breve descrição do interior das ocas, de alguns objetos etnográficos, além de um esboço antropológico dos habitantes da aldeia e um vocabulário de sua língua. As informações apresentadas por ele são, provavelmente, as únicas existentes sobre esse grupo.

Imagem 7 – Aldeia Kustenau.

Mesmo avisados pelos Kustenau de que, navegando o Batovy, os expedicionários encontrariam os Waujá, após alguns dias de viagem, o Batovy desembocou no Xingu, que também recebia as águas do Rio Ronuro, chamado pelos Bakairi de "Kulisëhu" (Rio Coliseu). Logo eles depararam com um grupo de 43 homens Trumai, divididos em 14 canoas. Von den Steinen relata que os homens gritavam o nome do grupo e batiam com força no próprio peito, atos imitados pelos expedicionários. Em meio ao berreiro, o americanista incumbiu Antônio de proferir um discurso – uma ação representativa das chefias indígenas. Energicamente Antônio afirmava que "os Bakairi são bons, que os Trumai são bons também, que os Bakairi são bons para os Trumai e que os Trumai também querem ser bons para os Bakairi".[88] Os Trumai não compreendiam o discurso de Antônio e logo seus gritos superavam o discurso. Todos gritavam as palavras conhecidas em línguas indígenas, e lentamente os ânimos se acalmaram. Enquanto ocorriam as trocas entre os grupos, alguém sub-repticiamente disparou um tiro de pistola. Pânico generalizado, pessoas correndo para as canoas, os Trumai atirando flechas, os soldados "tomados pelo furor da batalha" continuavam atirando "avidamente".[89] O grupo de von den Steinen conseguiu salvar uma pequena coleção etnográfica, mas o estudo dos Trumai estava fora de cogitação: "A guerra estava declarada". Os expedicionários finalmente conheceram a frecha.

Seguindo o curso do rio, eles alcançaram, no início de setembro, os Suyá, "homens pré-históricos" (*Urmenschen*), "toscamente" (*kunstlos*) pintados de preto e vermelho.[90] A convivência com eles foi pacífica e uma pequena coleção etnográfica, composta de objetos enfeitados com grafismos, adornos corporais, instrumentos de caça e flautas, entre outras coisas, foi adquirida. A arte plumária dos Suyá era superior à dos outros grupos alto-xinguanos. Na aldeia Suyá havia dez cativos "Manitsauá", e von den Steinen recolheu material linguístico dos dois grupos.[91] À noite, quando os expedicionários contavam orgulhosos a batalha que venceram contra os Trumai, para júbilo dos Suyá, com quem eles estavam em guerra, von den Steinen obteve informações sobre a localização dos demais grupos do Alto Xingu. Em conversa, um índio idoso desenhou na areia a localização dos grupos indígenas ao longo do curso do Rio Xingu e de seus afluentes. Von den Steinen transcreveu o desenho ao papel e seguiu o curso apontado pelo "geógrafo", acompanhado pelos Suyá por um trecho (Imagem 8).[92] Trata-se de um movimento epistemológico fundamental, não apenas porque os conhecimentos nativos foram levados extremamente a sério – a rigor, a vida dos expedicionários estava em jogo –, mas também porque a geografia ameríndia foi elevada ao mesmo patamar da ocidental no que diz respeito à importância para a expedição e para a construção do conhecimento. No caminho o capitão Suyá convidou Karl von den Steinen a participar de uma expedição de guerra contra os Trumai – a hospitalidade dos índios parece ter sido uma estratégia para cativar os expedicionários com experiência em vencer os Trumai para a resolução dos seus próprios problemas.

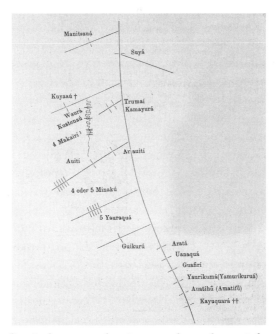

Imagem 8 – Localização dos grupos alto-xinguanos de acordo com informante Suyá.

Quando os expedicionários chegaram aos "Yuruna" na segunda metade de setembro, todos já haviam sofrido de febre intensa, calafrios, disenteria e estavam sendo medicados com quinina, um alcaloide com funções analgésicas, antitérmicas e antimaláricas.[93] A aldeia Juruna era composta de 30 pessoas, e as relações entre os expedicionários e os índios passaram de maneira ideal. Von den Steinen relatou a paz reinante na aldeia, em que índios e muitos animais de estimação conviviam tranquilamente. A relação com os animais é pontuada em diversas ocasiões, e os Juruna, outrora classificados como antropófagos, lhe pareceram "bondosos".

Na aldeia ele foi informado da presença não muito distante dos Karajá com quem eles viviam em inimizade. Ele ainda realizou medições antropológicas, observações etnográficas e adquiriu uma coleção. Von den Steinen também apontou para o caráter migratório da organização social Juruna. Para o etnólogo alemão, eles haviam alcançado aquele posto após séculos de migração, "para se manter em liberdade".[94] Outros aspectos sociais notados por ele são as pinturas corporais gráficas, o consumo de caxiri (uma bebida fermentada produzida a partir da mandioca) e o xamanismo. Na outra aldeia, habitada por aproximadamente 45 pessoas, ele assistiu com "grande interesse" a uma sessão de cura, em que o "médico" (*Medizinmann*) sugava a doença para fora do corpo da paciente. De acordo com ele, esse método poderia facilmente ser introduzido na Europa como um tipo de massagem.[95] Em 10 de outubro, os expedicionários alcançaram a quinta aldeia Juruna, onde ocorria a "festa do caxiri", em que a bebida era consumida em grande quantidade, com acompanhamento musical e de dança.[96] Em 12 de outubro, o grupo partiu definitivamente, carregando consigo uma coleção etnográfica e 33 animais vivos. Seguindo o curso do Xingu, que desemboca no Rio Amazonas, o grupo chegou em Belém em 30 de outubro. Lá ele recebeu os referidos 1.500 marcos do Ethnologisches Hilfskomitee (Comitê de auxílio etnológico).[97] Os primos Karl e Wilhelm sofriam de forte febre (malária, provavelmente) e estavam anêmicos. Em missiva a Adolf Bastian, von den Steinen avaliou os efeitos da expedição: apesar dos pequenos sofrimentos cotidianos, e do perigo constante de perder a vida, a sorte acenou ao grupo, que atingiu o destino sem grandes prejuízos. Todavia, "os resultados práticos da viagem me parecem bastante modestos".[98] Os resultados práticos aos quais ele se refere dizem respeito à averiguação das condições da construção de estradas que ligariam Cuiabá a Belém. De que adiantaria, ele questiona, existir uma riqueza de borracha natural, se a ligação de Cuiabá a ela é composta de um rio com cachoeiras perigosíssimas, terreno montanhoso e mata virgem intransponível? A coleção etnográfica, ele relata, era pequena e formada por peças representativas sobretudo dos Bakairi e dos Suyá, mas, como os objetos serão raros por um tempo, eles serão de grande serventia. Ele revelou ao professor que guardara a coleção dia e noite como a um tesouro.

Do Pará eles viajaram ao Rio de Janeiro, onde foram recebidos com um banquete pela sociedade geográfica, e o próprio imperador dom Pedro II deixou-se informar dos resultados da expedição. Nessa ocasião, dom Pedro II condecorou von den Steinen com o título de "Explorador".[99] Antônio Bakairi foi especialmente "mimado";[100] o retrato de Antônio, publicado no livro *Durch Central-Brasilien*, foi tirado no Rio de Janeiro, já que não foram feitas fotografias durante a expedição, pois von den Steinen desconfiava da capacidade de registro do real das máquinas.

Em 20 de janeiro de 1885, Otto Clauss, Wilhelm e Karl von den Steinen chegaram a Lisboa.[101] Clauss viajou de navio a Hamburgo, os primos preferiram a ferrovia. Na metade de fevereiro, von den Steinen estaria em Berlim, para dar uma palestra para a Sociedade de Geografia (Gesellschaft für Erdkunde zu Berlin).

Além dele, Otto Clauss também proferiu uma palestra na Sociedade de Geografia de Berlim. Ele descreveu a localização geográfica da bacia do Rio Xingu, fez apontamentos climáticos, topográficos e geológicos.[102] Além disso, fez apontamentos sobre o estado de "civilização" das populações urbanas de Cuiabá e do Rio de Janeiro e uma breve descrição sobre as populações indígenas da bacia do Rio Xingu. De acordo com ele, o platô em que a cidade de Cuiabá se situa é território dos Coroados "ladrões".[103] Os Bakairi ocupariam o mesmo patamar cultural da população rural da província de Mato Grosso, enquanto as "15 tribos" do Xingu, que somam aproximadamente "2 mil" pessoas, estão em um degrau cultural muito inferior, o da "idade da pedra".[104] Por conta de sua localização geográfica, esses povos permaneceram até aqueles dias sem contato com a "civilização". Por fim, ele revela que, através das próprias anotações e do estudo comparativo, von den Steinen já havia contabilizado mais de cem línguas indígenas sul-americanas. Ele teria conseguido perceber entre elas alguns "grupos característicos", de modo a estabelecer o "parentesco" (*Verwandtschaft*) entre as línguas.[105]

O breve resumo da expedição apresentado por Karl von den Steinen à sociedade geográfica não adentrou nem nas análises linguísticas, nem nos resultados etnológicos e descreveu apenas superficialmente os povos com os quais ele travou contato. Ele se absteve, no entanto, das toscas classificações culturais de seu companheiro de viagem Clauss. Por fim, ele fez uma autocrítica e entregou uma mensagem otimista.

> Mesmo que infelizmente o resultado comercial desejado tenha faltado, uma vez que o rio bravo está fora de questão para o trânsito a vapor e uma vez que por causa do terreno montanhoso não se pode pensar em uma estrada de ferro, ainda assim podemos nos alegrar que uma série de equívocos antropológicos e geográficos aderidos à região desconhecida foi eliminada, e que um número de novas tarefas foi formulado com precisão e será empreendido com perspectivas de sucesso.[106]

O Museu de Antropologia de Berlim tinha preferência jurídica na aquisição da coleção etnográfica brasileira. Em missiva endereçada ao prof. Eberth, encarregado da compra, o etnólogo insistiu no valor de 6 mil marcos. Ele afirmou não ser um "comerciante", mas que, em caso de recusa do Museu de Berlim, ele seria obrigado a buscar outros interessados, inclusive no exterior. As barreiras alhures seriam menores do que na Alemanha: "Acredite em mim, no Rio eu encontrarei menos dificuldades".[107] Por fim, a coleção foi vendida ao Museu de Berlim por 4.500 marcos, que, somados aos 1.500 marcos previamente recebidos, computavam o valor requerido.[108]

No ano seguinte Karl von den Steinen publicou sua primeira monografia: *Durch Central-Brasilien. Expedition zur Erforschung des Schingú im Jahre 1884* (*Através do Brasil Central. Expedição para exploração do Rio Xingu em 1884*).

Os resultados da expedição de 1884

Karl von den Steinen não queria se afirmar como aventureiro ou colecionador, mas como um cientista preocupado em documentar culturas em vias de extinção e coletar dados que permitissem propor uma reflexão teórica sobre a espécie humana, além de jogar a luz da ciência sobre uma área geográfica que remanescia completamente no escuro. Assim, em reconhecimento à expedição, ele obteve um doutorado *honoris causa* da tradicional faculdade de filosofia da prestigiada Universidade de Halle e a medalha Karl Ritter da Sociedade de Geografia de Berlim.[109]

ASCENSÃO E DECLÍNIO DA ETNOLOGIA ALEMÃ (1884-1950)

Seu livro visava assim expor os resultados de sua expedição para afirmá-lo como um representante reconhecido da nova ciência etnológica e provar a existência de povos antes desconhecidos. O estilo narrativo de sua obra está fundamentalmente ancorado na literatura de viagem. Tratava-se de gênero literário bastante antigo, que, de certa maneira, estava entrelaçado tanto com a produção de grandes intelectuais – Herder, Goethe, Alexander von Humboldt, Heinrich Heine e tantos grandes (e pequenos) viajantes publicaram suas memórias de viagem – quanto com a construção da *Völkerkunde* como ciência. Não apenas esses intelectuais transformaram suas memórias de viagem em obras literárias de impacto, mas os diários de James Cook e de Georg Forster foram amplamente aceitos pelo público. Assim, ao final do século XIX, a literatura de viagem – ou mesmo uma prosa mais sofisticada ainda assim fundamentada na temática das expedições, como a de Joseph Conrad em sua obra *Heart of Darkness* (*Coração das trevas*), publicada em 1899 – era um produto cultural bastante consumido pela burguesia letrada alemã.[110]

Ao longo do progressivo estabelecimento da etnologia na Alemanha, várias revistas foram criadas nos países de língua alemã. Elas cobriam um largo arranjo de direções editoriais e temas: revistas científicas de etnologia como a *Zeitschrift für Ethnologie* e *Baessler Archiv*; revistas de viagem semicientíficas que publicavam relatos de viagens e também artigos acadêmicos, como a *Globus* e a *Anthropos*, e objetivavam a popularização da etnologia, ou que promoviam, por exemplo, a associação entre etnologia e geografia, como a *Petermann's Mittheilungen*.[111] A relação entre ciência especializada e ciência popularizada é, segundo Fleck, característica das ciências modernas.[112] Todos os americanistas alemães publicaram com frequência nessas revistas, que contribuíram decisivamente para a etnologia de diversas maneiras. As revistas remuneravam seus autores, por lauda ou palavra, e pagavam pela publicação das imagens. Assim, os etnólogos, que em geral recebiam salários modestos dos museus ou universidades, encontravam nas publicações um meio para aumentar seus rendimentos. Como consequência, aumentavam o número de artigos das revistas e a circulação de publicações, e os nomes dos etnólogos, associados às expedições e às obras, se tornavam cada vez mais conhecidos. O crescimento do reconhecimento dos etnólogos ocorria, assim sendo, propulsionado por trabalhos de campo, palestras, atividades docentes e museais, publicações de livros e artigos. Formava-se um círculo de leitores de obras etnológicas, composto dos burgueses letrados, especializados ou apenas curiosos por etnologia. Os periódicos também contribuíram para o estabelecimento de uma rede de contatos entre os profissionais. Em virtude das revistas, seja para escrever resenhas, seja porque resenhas foram lidas, correspondências e material circulavam amplamente pela rede de etnólogos. Os americanistas resenhavam as obras uns dos outros; Max Schmidt avaliou livros de Krause e Nordenskiöld; Karl von den Steinen, os de Ehrenreich e Koch-Grünberg; e assim por diante, tanto para expressar gentileza, gratidão ou colaboração quanto como exercício intelectual ou como hábito de trabalho, ou ainda, como ocorria com Lehmann e Preuss, como meio de detração acadêmica, o que, em todo os casos, era parte inerente da dinâmica da rede científica.[113] Não apenas isso, oportunidades também se materializavam através dos periódicos. Theodor Koch-Grünberg, por exemplo, acompanhava as expedições alemãs para a América do Sul, África e Ásia no *Globus*, e foi através dessa revista que ele soube da vaga para participantes em uma viagem ao Xingu a ser realizada em 1899.[114]

Além das publicações dos relatos de viagem de expedicionários profissionais e amadores em vários tipos de revista e das *Bildungsreisen* (viagens de formação) de grandes intelectuais alemães, na segunda metade do século XIX a literatura de viagem se popularizou muito na Alemanha, notadamente livros aventurescos sobre índios norte-americanos. A partir de 1833, Karl Postl (1793-1864), sob o pseudônimo Charles Sealsfield, publicava romances sobre a América do Norte, inclusive acerca de seus nativos.[115] Influenciados por ele, vários autores alemães escreviam romances inspirados por suas viagens aos Estados Unidos. O maior nome, no entanto, no âmbito da literatura *western* foi Karl May (1842-1912). Segundo Elena Welper, May "concebeu seus personagens e histórias de faroeste sem nunca ter pisado em solo norte-americano".[116] Por meio de pesquisa documental e de leituras de relatos em primeira mão, May foi capaz de criar um panorama realista do Velho Oeste. Metade dos 70 livros que publicou em vida foi dedicada à fronteira americana, e os mais famosos são compostos da tetralogia que descreve a relação de amizade entre o bom e nobre chefe Apache Winnetou e o herói Old Shatterhand, um jovem professor alemão tomado por febre de aventuras. Welper ainda aponta para a possibilidade de Karl May ter se beneficiado "da grande atenção que se dava naquele momento ao encontro entre alemães e índios, através das turnês de *West Show Indians* (as de Buffalo Bill, por exemplo) e das expedições científicas, em especial a de Franz Boas aos Inuit, financiada e noticiada pelo jornal *Berliner Tageblatt*".[117] May ainda é considerado um dos autores de língua alemã com mais alto índice de vendas: estima-se algo como 200 milhões de cópias, metade apenas na Alemanha.

Ainda que os etnólogos não tenham sido diretamente influenciados pela literatura acerca do Velho Oeste, a expansão desse gênero literário revela um contexto cultural em que havia não apenas aceitação de obras com temáticas indígenas, mas uma verdadeira busca por esse tipo de narrativa. Portanto, aspectos constituintes do contexto de produção e recepção das obras americanistas são o estabelecimento da etnologia e dos museus em uma conjuntura em que era estrategicamente interessante e financeiramente viável custear produções etnológicas, e criar um público leitor especializado e uma esfera social apta a consumir literatura e relatos de viagem. Isso significa que as etnografias em geral, e americanistas no caso específico que esse estudo se propõe a investigar, estavam inseridas em um conjunto altamente complexo de relações sociais, marcadas por interesses específicos e expectativas políticas e subjetivas.

Então as etnografias necessitavam ter seu rigor acadêmico aceito pela comunidade científica e seu aprazimento literário pelos leitores leigos. Em suma, tão relevante quanto explorar era escrever. Tão notórias quanto as expedições eram as obras. Tão fundamental quanto pesquisar era publicar. A produção intelectual dos americanistas revela que a atividade etnológica também era uma atividade literária, que estava fundamentada não apenas na quantidade de publicações, mas no estilo da escrita. Em uma época em que as disciplinas das ciências humanas se constituíam, se atraíam e se repeliam mutuamente, e concorriam umas com as outras, era primordial que o método analítico fosse sistematicamente estabelecido, o objeto de pesquisa singularmente delimitado e a apresentação dos resultados construída por meio de um estilo literário único, capaz, ao mesmo tempo, de certificação científica e alcance popular. As obras dos americanistas, portanto, se inscreviam na intersecção entre ciência e literatura de um determinado gênero. Aí reside também a principal distinção em relação aos exploradores do século XIX, como Martius, Spix ou Wied-Neuwied, e aos relatos produzidos por viajantes não especializados. Nas obras desses exploradores, as referências aos povos indígenas existem apenas para ilustrar a natureza selvagem das áreas percorridas. A sua preocupação não é propriamente etnológica, mas linguística ou jurídica. O desafio de Karl von den Steinen foi produzir uma obra etnológica – que contivesse aspirações científicas, mas que pudesse ser lida por burgueses curiosos, porém leigos. Tanto ele como os demais americanistas revelam aspectos fundamentais da produção etnológica, mas que geralmente são ignorados pelas análises antropológicas, a saber, a preocupação em produzir obras cientificamente válidas e literariamente agradáveis. Para se afastarem dos relatos superficiais produzidos por comerciantes, agentes coloniais, missionários, colecionadores e outros tipos de etnógrafos amadores, os americanistas precisavam provar, por meio das etnografias e dos relatos etnográficos, o cunho científico de sua atividade intelectual.

A vontade de ser lido como cientista e como autor e o reconhecimento como patrono de uma nova ciência e como escritor relevante eram pautas que atravessaram as gerações de americanistas e que são talvez marcas distintivas de suas produções intelectuais. O livro *Durch Central-Brasilien* é narrado em primeira pessoa, abordando os eventos da expedição em ordem cronológica, ao modo de um diário de campo. Os capítulos finais abarcam os resultados etnológicos, linguísticos, geográficos e antropológicos da expedição. A primeira parte do livro não é responsável apenas por apresentar as condições sociais em que os dados de campo foram coletados, mas também visa prender a atenção do leitor por meio da narrativa ágil e aventuresca. As descrições de paisagens são intercaladas com detalhamentos do cotidiano monótono, episódios de aventuras heroicas em busca de índios isolados na natureza selvagem (Imagem 9) e reflexões de von den Steinen acerca da própria viagem e da existência. Von den Steinen principiava a criar não apenas um campo de estudo, o da etnologia indígena, mas também seu estudioso, o etnólogo. A primeira faceta do papel do etnólogo estava ainda bastante embebida de noções colonialistas, sobretudo a de conquistador. Não apenas a narrativa de von den Steinen impulsionava a sua imagem de cientista e explorador, mas as imagens contidas em sua obra criam a representação de um cientista destemido e pioneiro: em uma o americanista posa em meio aos seus companheiros, apoiado em uma arma como se fosse um cetro, fundindo simbolicamente uma autoridade legitimada pela herança da tradição com o poder viril da violência; em outra ele convive harmonicamente com os ameríndios, compartilhando o gosto pelo tabaco, mas está no interior de uma das malocas, portanto, conquistando o espaço e a convivialidade; e em uma terceira ele está corajosamente de pé em um momento de encontro com indígenas agressivos. É possível que nenhuma dessas situações descritas pelas imagens tenha ocorrido dessa maneira, ou de maneira alguma; no entanto, se as imagens moldam a percepção dos observadores, e por isso constituem uma forma de comunicação, então von den Steinen foi capaz de transmitir uma reputação duradoura.

Imagem 9 – Encontro com os Suyá.

Não apenas em suas atividades de campo, mas também nas narrativas, a figura do etnólogo poderia se confundir com a de outros profissionais. Enquanto no campo os etnólogos constantemente distanciavam-se dos colecionadores profissionais, nas narrativas eles precisavam apartar-se dos simples aventureiros em busca de fama instantânea. Após o tiroteio com os Trumai, por exemplo, que impediu os expedicionários de dedicarem-se mais intensivamente ao estudo desse povo, e antes de se encontrarem com os Suyá, o etnólogo confessou: "Será que desceremos o Xingu, não como uma expedição científica, mas como aventureiros ousados, que olham para trás para suas realizações, e ficam contentes porque chegaram sãos e salvos ao ponto de chegada, independentemente de suas realizações?".[118]

Assim, ainda que os americanistas não tivessem proposto abertamente reflexões sobre a atividade literária da etnologia, como Michel Leiris ou Lévi-Strauss, o cuidado quanto ao estilo e à forma de transmissão de suas experiências de campo é notório nas suas etnografias. Em *Durch Central--Brasilien*, há um notável compromisso com a realidade em si e na comunicação absolutamente fiel da aquisição dos dados de campo. Karl von den Steinen enumera para todos os dias as coordenadas geográficas em que os expedicionários se encontravam, as temperaturas do ar e da água, medidas duas vezes ao dia, a umidade do ar e os fenômenos meteorológicos relevantes. Outros aspectos, menosprezados nas etnografias a partir da hegemonia da antropologia anglo-saxã, mas de acordo com a ideia de elencar os acontecimentos da forma mais exata possível, são pormenorizados, tais como as virulentas discussões com auxiliares, os problemas de logística e os erros da expedição. A delimitação detalhada da natureza, das cidades, das pessoas e dos trajetos acarreta uma "descrição densa" muito própria, que, por fim, torna-se um artifício literário para inculcar na imaginação dos leitores a experiência do etnólogo. James Clifford apontou, acerca do modo de produção etnográfico do polaco Bronisław Malinowski (1884-1942), que "a etnografia é, do início ao fim, imbricada na escrita. Essa escrita inclui, minimamente, a tradução da experiência em uma forma textual".[119] Além das dificuldades impostas pelo ordenamento das experiências subjetivas e da análise de dados objetivos, pode-se acrescentar a inevitabilidade de conceber uma narrativa verossímil.

Nesse sentido, outra estratégia literária que confere singularidade à narrativa de von den Steinen é seu tom constantemente sarcástico, para o que nada nem assunto algum eram vetados. Ele chamou o comandante Tupy de "bebum", um outro soldado de "molenga" e revelou que "paciência" precisa ser a primeira regra no trato com os brasileiros. Von den Steinen também caçoava da aparência física das pessoas. Explicitamente racista, ele afirmou que o soldado Chico se assemelharia a um macaco, um rapaz Kustenau a um "assaltante berlinense de lojas", algumas índias idosas pareceriam bruxas e um índio Suyá idoso, um "abutre velhíssimo". No livro há diversos julgamentos feitos sem pudor algum: os Trumai são feios, um rapaz indígena tem "aparência semítica" por causa do formato do nariz.[120] Em uma passagem particularmente reveladora por seu tom grosseiro, pretensioso e eurocêntrico, von den Steinen denominou os índios Suyá que conversavam noite adentro de "homenzinhos da idade da pedra" que ousariam atrapalhar, com suas "lendas infantis", o merecido descanso dos cientistas.[121] Von den Steinen vocifera que, mesmo em fantasia, os cientistas europeus mal conseguem regressar ao estado cultural dos índios "e mesmo quando nós os observamos de forma tão benevolente, mal podemos imaginar de forma convincente que seus descendentes conseguiriam inventar a locomotiva e o microscópio, sem falar da filosofia de Hegel".[122] A tecnologia é tão cara ao europeu que ela é quase parte do seu corpo, e, mesmo na natureza selvagem, ele carrega consigo bússola, espingarda, faca e livros: "nós que somos alguns séculos mais inteligentes do que vocês".[123]

Se essas frases fossem escritas por um etnólogo ou uma etnóloga contemporânea em seu diário íntimo e, por alguma razão, viessem à tona, elas provavelmente seriam escandalosas o suficiente para estremecer sua reputação intelectual e enterrar seu compromisso moral com os povos estudados, caso tivessem algum. Isso ocorre, no entanto, porque os(as) profissionais dessa ciência têm, em geral, uma relação com os povos que estudam que ultrapassa as fronteiras da simples relação de sujeito e objeto de estudo. Há atualmente uma série de fatores envolvidos na atividade etnológica que, no final do século XIX, eram inexistentes, como afinidades, afetividades, engajamento político, comprometimento ético e moral, entre tantas coisas. Além disso, a publicação dos diários de campo de Malinowski em 1967 e o debate subsequente acerca do posicionamento dos etnólogos em campo e de suas relações com seus interlocutores de pesquisa contribuíram para uma reavaliação não apenas da atividade de campo desse antropólogo, mas das políticas éticas do trabalho de campo em geral.[124] Uma das consequências foi a revisão da ideia de uma neutralidade observadora do etnólogo em campo, que agora passou a ser pensada mais como um diálogo intersubjetivo em zonas perpassadas por relações de poder, uma miríada de interesses e afetividades.

O estranhamento que a fúria de von den Steinen causa nos seus leitores contemporâneos é alimentado sobretudo pelo papel que os etnólogos têm em relação aos seus interlocutores em campo nos dias atuais, ancorada em noções de companheirismo e aliança. O trabalho de campo de von den Steinen, contudo, ocorreu antes da etapa atual da atividade etnológica (marcada pelo comprometimento) e da pretérita (marcada pela objetividade). A cólera de Karl von den Steinen revela cruelmente que o comportamento dos etnólogos em campo não é dado nem emana naturalmente das relações com os povos que pesquisam, mas é construído, suportado por gerações de trabalhadores do campo, moldado por suas atividades e envolvido em contextos sociais diversos. Se o comportamento do etnólogo é historicamente variável, adaptado aos contextos sociais, construído e não dado, então é possível dizer que o trabalho de campo realizado pelos etnólogos deixa transparecer mais do que ele intenciona. O trabalho de campo revela informações sobre os povos estudados, mas também sobre aqueles que os estudam. A observação participante apresenta a visão de mundo dos nativos e a visão de mundo dos etnólogos que estão observando.

O ataque de raiva também apresenta uma outra perspectiva, presente em todas as variedades de trabalho: a dimensão humana do convívio social. Essa dimensão foi omitida por alguns etnólogos, apresentada por outros e motivo de reflexão por poucos. Mas, para ele, que queria assegurar a idoneidade da etnografia como diário, ela era *a priori*. É uma passagem muito interessante, para além dos insultos, do ponto de vista da construção literária. *Durch Central-Brasilien* tem forma de diário, o que significa que o autor relata os acontecimentos cotidianos da forma mais fiel possível. A fúria, todavia, não foi dirigida aos índios. Ela apenas é relatada no livro em forma de pensamentos, portanto, é omitido ao leitor o que ocorreu efetivamente naquela noite. Talvez von den Steinen tenha feito aquilo que todos os etnólogos fariam na situação dele: nada. No entanto, no momento da escrita do livro, em vez de narrar simplesmente os fatos, ele optou também por descrever seus sentimentos. Nesse processo de escrita, memórias são revisitadas, dados são reordenados, momentos são reconstruídos, pensamentos são repensados, coisas são suprimidas. A realidade não condiz com a expectativa que se construiu sobre ela; a frustração decorrente da percepção da incompatibilidade entre as expectativas pessoais e a situação real gerou uma frustração, que naquele momento foi suprimida, mas revelada na ocasião da escrita. A redação da etnografia não é apenas a oportunidade de revisitar os dados de campo, mas também de enfrentar as experiências pretéritas. O ordenamento das anotações também é um reordenamento das emoções. A etnografia de Karl von den Steinen também é uma autoetnografia, uma autor-etnografia. A etnografia é o produto de uma relação; seu objetivo é transmitir conhecimento sobre um grupo social a partir da percepção do etnógrafo. Mas, no caso dele, uma leitura atenta, e a contrapelo, revela os fundamentos de sua percepção.

Por fim, há uma última faceta a ser considerada. Trata-se então também de uma estratégia literária. O autor intenciona revelar ao leitor os sentimentos e as condições psicológicas da expedição. As ofensas aos índios e os elogios aos europeus foram escritos para serem lidos pelos burgueses letrados orgulhosos de seu império. A reconfortante afirmação da pretensa superioridade europeia, expressa no calor do momento, filia von den Steinen ao estrato social dos seus leitores ao mesmo tempo que possibilita que estes se coloquem em seu lugar, porque a ideologia é compartilhada por autor e leitor. É um recurso literário e mercadológico bastante arguto, pois é capaz de cativar o leitor médio, ao invocar orgulho europeu e acariciar sua vaidade. Uma vez que o compromisso moral com os povos estudados ainda não era parte integrante da atividade etnológica, e ele jamais considerou que algum dia suas obras seriam consultadas por leitores indígenas, por isso essa passagem eurocêntrica e racista não sofreria consequências negativas. Von den Steinen equivocou-se em relação a isso.

Do ponto de vista científico, os resultados da expedição são geográficos, etnológicos e linguísticos. Karl von den Steinen e Otto Clauss foram os primeiros cientistas a percorrer o Rio Xingu em sua extensão e alguns de seus afluentes. Eles produziram o primeiro mapa completo da bacia do Rio Xingu, o que por si só já é um enorme feito cartográfico. A von den Steinen também devem ser creditadas as primeiras descrições propriamente etnológicas de vários povos xinguanos e, em alguns casos, as únicas existentes, porque alguns grupos sociais desapareceram enquanto unidades autônomas. Já na sua primeira monografia, ele demonstrou que o Xingu era uma área dinâmica com relações interétnicas bem estabelecidas (várias vezes ele deparou com índios de diversas etnias na mesma aldeia), formada por povos falantes de línguas dos dois troncos linguísticos (Suyá-Kisêdjê do tronco Macro-Jê, e os Kamaiurá e os Juruna-Yudjá do tronco Tupi), além de falantes de línguas de outras famílias, como Aruaque (Kustenau e Waujá) e Karib (Bakairi) e de línguas isoladas (Trumai).[125] Com as expedições seguintes, o número de povos citados pelos americanistas aumentou consideravelmente. Muitos dos apontamentos certeiros de von den Steinen a respeito de alguns povos se tornaram referência no estudo de determinados povos indígenas, como grafismo e mitologia Bakairi (à qual há um capítulo todo dedicado em *Durch Central-Brasilien*), xamanismo e relações interespécie entre os Juruna e relações interétnicas. Assim, Karl von den Steinen pode ser considerado o pioneiro da etnologia indígena do Brasil.

No entanto, além das descrições de determinados povos e de aportes específicos ao estudo de alguns deles, as suas maiores contribuições ocorreram no âmbito da linguística. Como mencionado, do ponto de vista etnológico e linguístico, suas pesquisas tinham, basicamente, três objetivos específicos: estabelecer contato com povos em isolamento, classificar as línguas em grupos linguísticos e descobrir o "lar primordial" (*Urheimat*) dos povos de língua Karib. Antes dele, além de Martius apenas Francisco Adolfo de Varnhagen (1816-1878) se dedicara enfaticamente ao estudo das línguas indígenas. Von den Steinen levou para a Alemanha um vocabulário dos grupos pelos quais passou e a ele acrescentou dados provenientes da literatura primária e secundária. Esses dados se avolumaram a ponto de ele afirmar espirituosamente que, "se a localização da antiga Babilônia fosse desconhecida, ela deveria ser procurada às margens do Amazonas".[126]

A classificação das línguas ocorreu através do método comparativo. Os "conceitos centrais" para essa comparação foram as partes do corpo e os fenômenos da natureza, reunidos em grandes tabelas. Em seguida ele buscava semelhanças fonéticas entre as línguas e, a partir da correspondência de termos, estabelecia relações entre as línguas, enquadrando-as em grupos linguísticos. Dessa forma, comparou 18 palavras oriundas de 46 grupos indígenas. Ele considerou que a apreensão dos vocabulários indígenas poderia ser influenciada pela língua materna do pesquisador (ou pela língua da obra à qual ele teve acesso) e que por isso haveria uma espécie de erro tolerável na grafia das palavras em línguas indígenas.

Um exemplo extremamente simplificado de sua gigante tabela, que contém 828 termos, é o que segue:

Grupo	Região	Autor	Idioma da fonte	"língua"	"dente"	"olho"
Kustenau	Rio Xingu	K. v. d. Steinen	alemão	nunei	Nuté	Nutitai
Paresí	Mato Grosso	Bartolomé Bossi	espanhol	nunisu	Naiculi	nuduro
Kaixana	Rio Tonantins	Johann Spix	alemão	no-nené	no-é	nô-hlo
Baniwa	Rio Içana	Alfred Wallace	alemão	(nu)ni-ñe	(no)yei-hei	nu(iti)

Apesar da comparação detalhada, precisa e exaustiva, o método não estava prevenido de cometer equívocos, uma vez que se apoiava também no trabalho de terceiros. Spix, por exemplo, considerou que os Kanamari fossem de língua Aruaque, quando na verdade são Katukina. Apesar disso, o americanista foi capaz não apenas de atribuir corretamente a classificação dos Kustenau, mas também de propor a base de investigação sobre a qual se sustentaria durante meio século a pesquisa no Alto Xingu, a saber, a caracterização étnico-linguística dos povos xinguanos.

O trabalho de campo também serviu para solucionar várias questões etnográfico-linguísticas de sua época. Ao demonstrar que a língua Bakairi é puramente Karib, sem influência Tupi, ele refutou a tese de Martius de que, no desenvolvimento das línguas indígenas, o Karib teria se originado no tronco Tupi. Assim, ele também desmontou a existência de outro tronco linguístico, chamado por Martius de "Guck" ou "Coco". Von den Steinen percebeu que em várias línguas Aruaque, o prefixo "nu" acompanhava os substantivos. Aos grupos cuja língua apresentam essa particularidade ele chamou de tribos Nu (*Nu-Stämme*) ou Nu-Aruaque. Cruzando os dados linguísticos e a localização dos grupos indígenas, ele determinou que o centro das "tribos Nu" estava na região norte dos afluentes do Rio Amazonas. A ideia da existência de uma ramificação na família Aruaque – as "tribos Nu" – seria fonte de controvérsias entre os próprios americanistas alemães e não sobreviveu até os dias atuais.

O trabalho de campo de Karl von den Steinen ofereceu não apenas idiomas isolados nunca antes estudados, mas uma área de pesquisa extremamente fértil, propícia para a sistematização, porque através da etnografia era possível ter acesso às próprias fontes sem necessidade de investigação arqueológica e com carga consideravelmente menor de análise linguística. Então, ele observou no Brasil Central um problema empírico semelhante àquele ao qual linguistas europeus se dedicaram ao decorrer do século XIX. Em contrapartida, von den Steinen atestava a validade da metodologia da linguística comparada para determinar as transformações da linguagem e acompanhar os fluxos migratórios. Assim, ele colocava o Xingu na rota de análise da linguística. O rio fornecia problemas geográficos, etnológicos, antropológicos e linguísticos, reiterando a ideia de que a América do Sul não era apenas uma *terra incognita*, mas uma terra-para-a-ciência. Então, através da comparação de vocábulos e calculando a relação entre migração e transformação da linguagem, von den Steinen buscou o lar primordial dos Karibe na América do Sul, em que a protolíngua Karib (ou língua matriz, como quer o etnólogo teuto-brasileiro Egon Schaden) era falada.[127] O resultado foi a confecção de uma mapa étnico-linguístico.

Ainda que o método linguístico-histórico empregado por von den Steinen se sustentasse por uma precisão científica característica do século XIX, Schaden apontou que nos dias atuais a sua técnica de pesquisa é considerada incompleta e obsoleta.[128] Apesar disso, muitos de seus resultados etnológicos e linguísticos foram confirmados por pesquisas posteriores. Por meio dessa metodologia, o americanista conseguiu transformar os dados empíricos sobre as línguas indígenas em fatos científicos, no sentido empregado por Bruno Latour e Steve Woolgar, ou seja, como construção social resultante de processos empregados pelos cientistas para criar sentido para suas observações.[129]

Não obstante o pioneirismo de von den Steinen – tanto em cada esfera científica em particular quanto na sua articulação –, seu mapa se insere ainda em uma certa tradição historicamente datada ao reproduzir o binômio Tupi-Tapuia. De acordo com o grande historiador e antropólogo John Monteiro, a divisão entre Tupi e Tapuia foi promovida ainda no século XVI a partir dos relatos de Gabriel Soares de Sousa (décadas de 1540-1590). Os Tapuia foram descritos a partir de relatos de informantes Tupi e assim foram caracterizados de forma bastante imprecisa como a "antítese da sociedade Tupinambá", seus inimigos.[130] No século XIX, historiadores como Martius e Varnhagen retomaram a leitura de Gabriel Soares de Sousa. Martius tinha uma visão extremamente pessimista sobre as sociedades indígenas. Ele afirmava que as populações indígenas contemporâneas eram os resquícios tristes de uma civilização outrora gloriosa. Monteiro revela que Martius era simpático às interpretações setecentistas que postulavam a decadência dos índios, e ele mesmo os considerava povos que deixariam de existir em um futuro próximo.[131]

Varnhagen transformou a visão negativa sobre a situação contemporânea dos índios em aversão aos ameríndios. Em decorrência da releitura de Sousa e da avaliação dos grupos indígenas de sua época, as imagens dos Tapuia com outros grupos se mesclaram. Segundo Monteiro, "Varnhagen e outros historiadores traduziam as lições da história num discurso que condenava os grupos indígenas contemporâneos, sobretudo os Botocudo no leste, os Kaingang no sul e vários grupos Jê do Brasil Central".[132] O próprio von den Steinen confirmou que os conquistadores acreditavam na existência de duas "nacionalidades" no século XVI, os Tupi e os Tapuia, sendo que os índios dessa nacionalidade eram, na verdade, "os autóctones selvagens" culturalmente inferiores: os Goitacá e os Botocudo.[133] Na definição histórico-linguístico-etnográfica de von den Steinen, os Tapuia são "aborígenes do Brasil Central e Ocidental", aos quais pertencem os Goitacá, os Botocudo e os Jê. Assim, apesar das inúmeras críticas do americanista alemão aos intelectuais que o antecederam, sobretudo Martius, ele contribuiu para perpetuar a existência dessa nomenclatura genérica.

Em todo caso, sua abordagem linguística dialoga diretamente com os problemas da linguística do século XIX e com toda a tradição etnológica alemã, que aponta até Leibniz. Pois foi com o célebre polímata que se iniciou o interesse linguístico-etnológico por povos extraeuropeus e a metodologia que cruzava etnografia, história e linguística. Nesse sentido, já na primeira expedição ocorreu o importante movimento de deslocar para o Brasil a atenção da *Völkerkunde* alemã, que fora construída sobre dois séculos de conhecimentos.

Assim, por meio da determinação de que os Bakairi falam uma língua puramente Karib, ele constatou que não existe relação, ou "parentesco" (*Verwandtschaft*) entre Karib e Tupi. As Guianas teriam a maior aglomeração de falantes de Karib, e, por meio do reconhecimento de cognatos entre Bakairi e outras línguas Karib e da avaliação de relações de inimizade entre povos

Aruaque e povos Karib, ele defendeu que a *Urheimat* do Karib estava ao sul do Amazonas, provavelmente nos altos cursos dos rios Madeira e Tapajós.[134] Alguns grupos migraram ao norte, estabeleceram-se nas Guianas, onde se fragmentaram em menores grupos sociais. Outros permaneceram, dos quais os Bakairi são os representantes.

Outra consequência direta da primeira expedição é o tratamento da bacia do Rio Xingu como uma área cultural. Schaden assinala que von den Steinen encontrou na bacia do Xingu um "quadro étnico *sui generis*" e foi capaz de moldar uma abordagem através da qual foi possível analisar a região de forma panorâmica.[135] No final do século XIX, havia na Alemanha uma discussão acerca da relação entre etnologia e geografia, com fins de pontuar uma abordagem coerente a respeito da apreensão por parte das sociedades das forças da natureza. Bastian defendia que as províncias geográficas eram locais privilegiados de observação etnológica, pois ali a transformação dos pensamentos elementares em pensamentos étnicos entre as populações demograficamente menores e com repertório cultural mais simples seria mais factível. Além disso, a fusão entre as províncias geográficas e os pensamentos étnicos acarretaria a formação de províncias etnográficas. A existência dessas províncias não explica a diversidade cultural; ao contrário, expõe-na. Ratzel, por sua vez, defendia que as populações humanas criavam técnicas únicas para se adaptarem ao meio ambiente, que não determinava as culturas, mas influenciava-as. O americanista não teorizou, na obra *Durch Central-Brasilien*, a respeito da relação entre ambiente e sociedade ou natureza e cultura; no entanto, a sua abordagem é bastante reveladora quanto às suas bases teóricas. É evidente que o Xingu foi abordado como um sistema cultural, geograficamente isolado, livre de influências europeias, com desenvolvimentos linguísticos próprios, mediações culturais, migrações e contatos interétnicos. A documentação dos grupos indígenas, por meio de transcrição de mitos, recolhimento de vocabulário e formação de coleções etnográficas, constitui um material primário de análise ideal para estudar a transformação dos pensamentos elementares.

A contribuição de Karl von den Steinen à geografia, etnologia e linguística do Brasil (além de, assim, ter fundado os estudos americanistas modernos) foi amplamente reconhecida em uma resenha de sua obra *Durch Central-Brasilien* escrita por Virchow na *Zeitschrift für Ethnologie* (*Revista de Etnologia*). Além desses feitos, Virchow elogia a narrativa de von den Steinen: é possível "sentir a impressão imediata do observador, ver e ouvir, por assim dizer, com seus órgãos sensoriais".[136] A única ressalva de Virchow foi quanto à ausência de dados antropológicos. Na resenha ele ainda aponta que o desejo do etnólogo de retornar ao Brasil para estudar a região do Rio Coliseu, em que, de acordo com um homem Suyá, haveria mais 13 povos sem contato, era muito bem-visto. Aproximadamente na mesma época em que von den Steinen se encontrava em Cuiabá, de onde partiria para a sua expedição, outro americanista alemão já cruzava o Atlântico em direção ao Brasil: Paul Ehrenreich.

Notas

[1] Von den Steinen, 1886, p. VII.

[2] Karl von den Steinen a Adolf Bastian, 15.10.1883, EM Bln, Acta Von den Steinen/Ehrenreich.

[3] "[...] zu den Chiriguanos wendeten, welche mit weissen und rothen Nachbarn in friedlichem Verkehr stehen und dabei nach beiden Seiten hin unabhängig sein sollen." Karl von den Steinen a Adolf Bastian, 15.10.1883, EM Bln, Acta Von den Steinen/Ehrenreich.

[4] A. Humboldt, 1835, p. 1.

[5] Von den Steinen, 1886, p. VII.

[6] Kraus, 2004a, p. 87.

[7] Von den Steinen, 1886, p. VII.

[8] *Idem*, p. 21. "Beim Studium der Verhältnisse der Provinz Matto Grosso musste sich als ideales Project naturgemäss die Route Cuyabá-Amazonas aufrängen, nur sei in erster Linie der Fluss Xingú ein schöner, vielleicht zu verwirklichender Traum erscheinen." Karl von den Steinen a Theodor Bracht, 02.03.1884, EM Bln, Acta Von den Steinen/Ehrenreich.

[9] Von den Steinen, 1886, p. 8.

[10] *Idem*, p. VII.

[11] *Idem*, p. 2 e ss.

[12] Wied-Neuwied, 1820.

[13] Karl von den Steinen a Theodor Bracht, 02.03.1884, EM Bln, Acta Von den Steinen/Ehrenreich.

[14] Von den Steinen, 1886, p. VII.

[15] *Idem*, p. 23. Karl von den Steinen a Adolf Bastian, 02.05.1884, EM Bln, Acta Von den Steinen/Ehrenreich.

[16] Von den Steinen, 1886, p. 36.

[17] Peixoto, 2015, p. 12.

[18] *Idem*, p. 40.

[19] Schwarcz, 1998, p. 125 e ss.

[20] *Idem*, p. 155; Lopes, 2009, p. 165.

[21] Schwarcz, 1998, p. 125 e ss.

[22] Carneiro da Cunha, 1992a, p. 135.

[23] *Idem*, 1992b, p. 7.

[24] *Idem*, p. 11.

[25] *Idem*, p. 2.

[26] *Idem*, p. 15.

[27] *Idem*, p. 146.

[28] *Idem*, p. 15.

ASCENSÃO E DECLÍNIO DA ETNOLOGIA ALEMÃ (1884-1950)

[29] Galvão, 1881, p. 4.

[30] *Idem, ibidem.*

[31] *Idem*, p. 5.

[32] *Idem*, p. 7.

[33] *Idem*, p. 27.

[34] Carneiro da Cunha, 1992a; 1992b.

[35] *Idem*, 1992a, pp. 17, 140; Kraus, 2004a, p. 134.

[36] "[...] es mag sein, dass wir die Bekanntschaft von febre, fome und frecha [...] machen [...]." Karl von den Steinen a Adolf Bastian, 02.05.1884, EM Bln, Acta Von den Steinen/Ehrenreich.

[37] Kraus, 2004a, p. 116.

[38] *Idem, ibidem.*

[39] "[...] mit Schmerzen sehe ich auf unseren geringen Vorrath von Tauschartikeln." Karl von den Steinen a Adolf Bastian, 02.05.1884, EM Bln, Acta Von den Steinen/Ehrenreich.

[40] "Nun weiss ich wohl, dass dies leicht ein unglücklicher Factor in der Rechnung werden könnte, allein wir sind mit unseren beschränkten Mitteln nicht im Stande, die nöthingen Begleiter, "Kamaraden", wie sie hier heissen, zu engagieren." Karl von den Steinen a Adolf Bastian, 02.05.1884, EM Bln, Acta Von den Steinen/Ehrenreich.

[41] "Hat sich bereit erklärt uns in jeder Weise zu unterstützen, er ist ein sehr liebenswürdiger, älterer Herr, der (*entre nous*, vielleicht auch nicht so ganz versteht, warum und wozu, aber) es durchaus für seine Pflicht hält uns, soweit ihm möglich, zu helfen." Karl von den Steinen a Adolf Bastian, 02.05.1884, EM Bln, Acta Von den Steinen/Ehrenreich.

[42] Lobo d'Eça, 1884, pp. 32-33.

[43] Von den Steinen, 1886, p. 57.

[44] Lobo d'Eça, 1884, p. 33.

[45] "Viele verstehen nicht recht, was wir hier wollen, und warum wir extra von Deutschland herüberkommen; das Einzige, was man einsieht, ist die Wichtigkeit einer Strasse nach Pará und so müssen wir die Ingenieure sein, die sie bauen wollen." Karl von den Steinen a Adolf Bastian, 02.05.1884, EM Bln, Acta Von den Steinen/Ehrenreich.

[46] Lobo d'Eça, 1884, p. 33.

[47] Von den Steinen, 1886, p. 14.

[48] *Idem*, p. 20.

[49] *Idem, ibidem.*

[50] *Idem*, p. 13.

[51] Conhecido na literatura etnográfica por Bakairi, esse povo de língua Karib autodenomina-se Kurâ, cf. Barros, 1999. Neste livro será apresentado primeiramente o nome étnico cunhado pelos americanistas e, em seguida, quando possível, serão adotados os nomes pelos quais os povos ficaram conhecidos. Em citações diretas, serão expostos os nomes tais como empregados originalmente.

[52] Von den Steinen, 1886, p. 101.

[53] *Idem*, p. 100.

[54] Fleck, 1979, pp. 79, 98.

[55] Vermeulen, 2015, p. 32.

[56] M. Schmidt, 1917.

[57] Cf. Ringer, 1987; Vermeulen, 2015.

[58] Von den Steinen, 1886, p. 103.

[59] Almeida, 2010, p. 309.

[60] Morgan, 1877; Kuper, 2005, p. 61.

[61] Stocking Jr., 1987, p. 150.

[62] Almeida, 2010, pp. 309-310; Kuper, 2005, p. 49; Stocking Jr., 1987, pp. 150-169.

[63] Almeida, 2010, p. 310.

[64] Morgan, 1868.

[65] Kuper, 2005, p. 39 e ss; Stocking Jr., 1987, pp. 150-169.

[66] Tylor, 1871, p. 1.

[67] Kuper, 2005.

[68] Morgan, 1877, p. 4.

[69] Tylor, 1871, pp. 3-4.

[70] Maine, 1861.

[71] Morgan, 1877, p. 3.

[72] Tylor, 1871, cap. 1.

[73] Kuper, 2005, p. 4.

[74] Von den Steinen, 1886, p. 103.

[75] *Idem*, p. 104.

[76] *Idem*, p. 36.

[77] *Idem*, pp. 24-25.

[78] *Idem*, p. 145.

[79] Atualmente também chamado de Rio Tamitatoala.

[80] Von den Steinen, 1886, p. 157.

[81] *Idem*, p. 158.

[82] *Idem*, p. 173.

[83] *Idem*, p. 176.

[84] Os Kustenau, de língua Aruaque, não existem mais. Os Trumai pertencem a uma língua homônima isolada, e os Kamaiurá são de língua Tupi-Guarani. Os Suyá autodenominam-se Kisêdjê e são de língua Jê, cf. Guirardello, 2012; Junqueira, 2003; Seeger & Troncarelli, 2003.

[85] Von den Steinen, 1886, p. 177. Os Waurá, também de língua Aruaque, são conhecidos por Waujá, cf. Barcelos Neto, 2002.

[86] Von den Steinen, 1886, p. 180. Os Xavante, que se autodenominam por A'uwe, são falantes de uma língua Jê, cf. Graham, 2008.

[87] Von den Steinen, 1886, pp. 180-181.

[88] *Idem*, p. 192.

[89] *Idem*, p. 194.

[90] *Idem*, pp. 203-204.

[91] Os Manitsauá também são um grupo Jê extinto.

[92] Von den Steinen, 1886, pp. 213-214.

[93] Os Juruna, que se autodenominam Yudjá, são um povo de língua Tupi, cf. Lima & Macedo, 2011.

[94] Von den Steinen, 1886, p. 238.

[95] *Idem*, p. 260.

[96] *Idem*, p. 266.

[97] Kraus, 2004a, p. 116.

[98] "Das praktische Resultat der Reise erscheint mir recht bescheiden." Karl von den Steinen a Adolf Bastian, 14.11.1884, EM Bln, Acta Von den Steinen/Ehrenreich.

[99] U. von den Steinen, 2010, p. 28.

[100] Von den Steinen, 1886, p. 280.

[101] Karl von den Steinen a Adolf Bastian, 27.01.1885, EM Bln, Acta Von den Steinen/Ehrenreich.

[102] Clauss, 1885.

[103] "Coroados" é um nome genérico atribuído por colonizadores portugueses a grupos indígenas etnicamente diversos e de variadas origens geográficas, em decorrência de seus enfeites plumários. Aqui Clauss provavelmente se refere aos Mebêngôkre-Kayapó.

[104] Clauss, 1885, pp. 510-511.

[105] *Idem*, p. 511.

[106] Von den Steinen, 1885, p. 228.

[107] "Händler bin ich ja nicht [...]. Glauben Sie mir, dass ich in Rio geringere Schwierigkeiten begegnen werde." Karl von den Steinen a prof. Eberth 25.02.1885, EM Bln, Acta Von den Steinen/Ehrenreich.

[108] Karl von den Steinen a prof. Eberth 09.03.1885, EM Bln, Acta Von den Steinen/Ehrenreich.

[109] Mießler, 1889, p. 476.

[110] Conrad, 2009 [1899].

[111] Welper, 2018, p. 200.

[112] Fleck, 1979, p. 123.

[113] M. Schmidt, 1913a; 1913b.

[114] Frank, 2005, p. 564.

[115] Welper, 2013, p. 110.

[116] *Idem*, p. 111.

[117] *Idem, ibidem*.

[118] Von den Steinen, 1886, p. 200.

[119] Clifford, 1988, p. 25

[120] Von den Steinen, 1886, pp. 84, 96, 71, 159, 181, 179, 182, 206-207, 195, 211.

[121] *Idem*, pp. 203-204.

[122] *Idem*, p. 203.

[123] *Idem, ibidem*.

[124] Malinowski, 1989 [1967].

[125] Apenas na década de 1920 os Bakairi emigraram do Xingu.

[126] Von den Steinen, 1886, p. 286.

[127] Schaden, 1993, p. 114.

[128] *Idem, ibidem*.

[129] Latour & Woolgar, 1979, p. 32 e ss.

[130] Monteiro, 2001, p. 19.

[131] *Idem*, p. 27.

[132] *Idem*, p. 30.

[133] Von den Steinen, 1886, p. 322.

[134] *Idem*, p. 308.

[135] Schaden, 1993, p. 112.

[136] Virchow, 1886, pp. 233-234.

2.

A expedição de Paul Ehrenreich ao Rio Doce (1885)

Tal como Karl von den Steinen, Paul Ehrenreich (Imagem 10) também era doutor em medicina quando iniciou sua primeira expedição ao Brasil.[1] Na primavera de 1884, ele partiu da Alemanha para estudar a população indígena do Rio Doce e em seguida alguns povos da bacia do Amazonas.[2] A expedição de Ehrenreich, entretanto, não obteve a mesma visibilidade da expedição de seu colega ao Xingu. Ele não logrou o apoio de dom Pedro II, nem o da elite política provincial. Sua chegada ao Império do Brasil e sua pesquisa sequer foram relatadas às assembleias pelos presidentes das províncias de Espírito Santo e Minas Gerais. A desatenção geral se deveu a vários fatores.

Imagem 10 – Paul Ehrenreich (ano desconhecido).

Ehrenreich provavelmente não estava inserido em uma rede de contatos tão extensa quanto von den Steinen que lhe possibilitasse instrumentalizar relações sociais na Europa e na América Latina a favor de seu projeto. Isso se deveu tanto à sua personalidade notoriamente tímida e introvertida – e, em comparação com a de von den Steinen, menos impactante –[3] quanto à região de pesquisa escolhida por ele. Von den Steinen elegera uma área estratégica por múltiplas razões. Sua pesquisa alimentava a curiosidade científica do imperador brasileiro, além de exportar para a Alemanha o seu renome de soberano magnânimo. *Durch Central-Brasilien* foi inclusive dedicado a dom Pedro II. A constante preocupação dos políticos da Província de Mato Grosso com os índios, sobretudo os "selvagens", além da necessidade de conhecer o território visando ao escoamento da produção local fomentaram o interesse regional na pesquisa do Xingu. Essa área era um Eldorado científico, fornecendo inéditos dados geográficos, linguísticos, etnológicos e antropológicos aos seus desbravadores. A *terra incognita* do Xingu, destarte, confluía interesses motivados por agendas políticas e intelectuais diversas.

A área do Rio Doce, todavia, não apresentava essas características. As mais antigas notícias sobre a ocupação indígena do Rio Doce datam das primeiras décadas da época colonial.[4] Ao longo dos séculos XVI, XVII e XVIII, os Aimoré (ou Tapuia) e outros povos da região estiveram envolvidos em conflitos com colonizadores, foram aldeados por missionários jesuítas, submetidos a doenças e massacrados em "guerra justa".[5] Em suma, os índios do Rio Doce conheceram o colérico, ganancioso e ordinário tratamento das elites luso-brasileiras para com os povos indígenas em especial e às minorias em geral: fome, doença, roubo, violência e carnificinas. Quando o americanista chegou ao Rio Doce, a região já estava tão despovoada que seus habitantes indígenas não representavam uma preocupação para as autoridades locais. Ele mesmo afirmou que foi estudar "os restos da população nativa [*Urbevölkerung*] dos territórios da costa leste".[6] Para o Império Brasileiro, a pesquisa sobre os Botocudo não era nem de interesse científico, nem estratégico.

Os Botocudo já eram bem conhecidos pelo Estado brasileiro – dom Pedro II inclusive já os visitara.[7] Os etnólogos alemães também já tinham acesso a várias fontes de dados europeias sobre os Botocudo, sem contar com as brasileiras.[8] O príncipe Maximilian zu Wied-Neuwied percorreu diversas regiões do Brasil Colônia estudando flora e fauna e visitando seis povos indígenas. Ele se estabeleceu por aproximadamente três meses na região do Rio Doce e do Rio Pardo, empenhando um estudo etnográfico dos Botocudo. Na Alemanha os resultados de sua pesquisa, publicados em *Reise nach Brasilien in den Jahren 1815 bis 1817* (*Viagem ao Brasil nos anos de 1815 a 1817*), só não foram mais notados do que a presença de Joachim Quäck (por volta de 1800-1834), o acompanhante Botocudo que Maximilian zu Wied-Neuwied levou com ele para a Alemanha para ser seu mordomo pessoal.[9] O naturalista francês Auguste de Saint-Hilaire (1779--1853), que, entre 1816 e 1822, realizou uma expedição pelo Brasil, também deixou informações etnográficas sobre esse povo. Saint-Hilaire era membro da Academia Alemã Leopoldina dos cientistas naturais (Deutsche Akademie der Naturforscher Leopoldina) e sócio-correspondente da Academia de Ciências da Prússia (Preußische Akademie der Wissenschaften) e da Academia Bávara de Ciências (Bayerischen Akademie der Wissenschaften). Além disso, os próprios Spix e Martius pesquisaram os Botocudo. Ehrenreich afirma, referindo-se a Wied-Neuwied, Saint-Hilaire e Hartt, que sobre os Botocudo "apenas há notícias detalhadas a partir dos primeiros decênios deste século".[10]

Assim, o interesse de Ehrenreich pelos Botocudo precisa ser compreendido em uma chave conceitual e epistemológica diferente. Ele não intencionava apreender os pensamentos elementares dos povos indígenas para completar a estatística dos pensamentos primitivos de Bastian. Ele vinha estudar os povos indígenas "de acordo com os pontos de vista e do método da pesquisa antropológica e etnológica mais recente".[11] O interesse da etnologia pelos Botocudo ocorreria, de acordo com ele, porque eles, apesar do longo contato envolvente com a sociedade, teriam se mantido em seu nível cultural original.[12] Eles se opuseram à influência europeia e se mantiveram "nas camadas inferiores da civilização [*Gesittung*]".[13] Além disso, a pesquisa de Ehrenreich estava mais alinhada com a ciência de Virchow do que com a de Bastian, e o antropólogo físico desejara que von den Steinen tivesse adquirido comprovação empírica acerca da diferença entre os crânios dolicocéfalos (alongados) dos Tupi e dos Jê e os crânios braquicéfalos (ovoides) dos Aruaque.[14] Em outras palavras, Ehrenreich não queria coletar mitos, mas crânios. Ele não buscava comparar línguas, mas medidas. Von den Steinen estava interessado sobretudo em linguística, cultura material e mitologia, e ocasionalmente em antropologia física; Ehrenreich, em antropologia física e linguística, e ocasionalmente em cultura material.

A expedição, que se concentrou no Rio Doce e em alguns de seus afluentes, foi financiada com recursos próprios, e, do ponto de vista operacional e logístico, difere absolutamente da expedição de von den Steinen. Este percorrera o Xingu acompanhado de um desenhista, outro cientista, um bando de homens armados e guias indígenas.[15] Ehrenreich cursou o Rio Doce e seus afluentes a bordo de barcos acompanhado pelos diretores dos aldeamentos e alguns homens indígenas, parando nas localizações estratégicas para realizar seus estudos.[16]

Ele partiu da Alemanha na "primavera" de 1884 e chegou em 1º de outubro na cidade de Linhares.[17] Fez pequenas excursões na região, inclusive com interesse zoológico. Em 5 de novembro, ele partiu para o aldeamento de Mutum, na companhia do seu diretor; permaneceu por aproximadamente três semanas no aldeamento; e de lá partiu para o Rio Guandu (no Espírito Santo) para fazer uma visita aos Botocudo não aldeados. Ehrenreich voltou ao aldeamento de Mutum e lá fez uma excursão ao Rio Pancas para visitar outras "tribos". Então retornou ao Rio Doce, depois a Linhares e a Vitória. Em 1º de fevereiro de 1885, ele deixou Vitória mais uma vez, com cinco semanas de atraso por conta das condições climáticas.[18] Até o meio de fevereiro, ele permaneceu em Cachoeira de Itapemirim, aguardando a melhora do clima, partindo em direção ao "interior" em 19 de fevereiro, onde visitou os índios Puri.[19] Ele formou uma pequena coleção etnográfica, voltou ao Rio Doce e então ao aldeamento de Mutum, para se recuperar por uns dias. O americanista planejava retornar ao Rio Pancas, porque os resultados de sua pesquisa ali em dezembro do ano anterior não haviam sido satisfatórios. No entanto, foi impedido por causa da alta do rio. Então ele decidiu realizar uma expedição com fins mineralógicos e, no início de abril, retornou mais uma vez ao aldeamento de Mutum, onde permaneceu até dia 18, quando fez uma excursão de três dias ao Rio Pancas. No seu retorno a Mutum, uma carta o aguardava. Ela relatava que a casa em que ele se hospedara em Vitória, e na qual armazenava algumas coisas, pegou fogo. Os donos da pensão conseguiram salvar nada mais que as próprias vidas. O prejuízo do etnólogo não foi desprezível: roupas, mapas, anotações, uma pequena coleção zoológica e a metade dos seus estudos de língua Botocudo foram consumidos pelo fogo. Por isso ele pediu ao subdelegado de Guandu que completasse suas notas. No fim de maio, Ehrenreich se despediu de Mutum e viajou ao Rio de Janeiro, onde embarcaria para a Amazônia. No início de julho, ele fez uma pequena viagem a Santos e a São Paulo, onde conheceu Couto de Magalhães (1837-1898) e visitou a coleção etnográfica do coronel Joaquim Sertório (1824-1910), que posteriormente se tornaria o primeiro núcleo do Museu Paulista.[20] No seu retorno ao Rio de Janeiro, ele recebeu o vocabulário Botocudo; no entanto, acometido por malária, precisou permanecer um tempo em repouso, até abandonar a expedição à Amazônia e retornar para a Alemanha.

Seus resultados nunca foram publicados em uma "monografia etnográfica" que tivesse feito uso de todos os "materiais" à disposição.[21] Em vez disso, o etnólogo publicou vários artigos de tamanhos variados, separando a descrição da viagem dos resultados científicos. O artigo mais relevante, *Ueber die Botocudos der brasilianischen Provinzen Espiritu santo und Minas Geraes* (*Sobre os Botocudos das províncias brasileiras Espírito Santo e Minas Gerais*), não narra a sua expedição, como a monografia de von den Steinen. Trata-se de um texto sóbrio e impessoal, em que o cruzamento de fontes históricas e notas etnológicas e antropológicas visava apresentar uma contribuição aos "especialistas", apesar das lacunas de seu texto, oriundas da curta permanência em campo. Von den Steinen escreveu um livro destinado a um público mais amplo; Ehrenreich, artigos para especialistas. O primeiro fez uso de recursos literários então em voga, mas que, do ponto de vista da ciência, eram desatualizados. O segundo expôs uma apresentação objetiva dos fatos científicos, ancorada na mais moderna narrativa científica, mas que na época atingiu apenas um ciclo restrito de especialistas e atualmente sequer isso. Os fatos científicos são produtos e produtores das narrativas da ciência.

A partir de uma crítica das fontes europeias e brasileiras, o americanista afirmou que o nome *Engrekmung*, que Wied-Neuwied atribuiu à autodenominação dos Botocudo, seria uma corruptela de *Krakmun* ou *Kekmun*, termos que lembram o nome *Krenak*, pelo qual os Borum se tornaram conhecidos a partir do século XX.[22] O uso das fontes permitiu-lhe reconstruir as divisões populacionais dos Botocudo e as respectivas localizações de cada grupo, o fluxo migratório e a diminuição do território tradicional, suas organizações sociais e aspectos culturais. Entretanto, "uma descrição etnológica dos Aimoré precisa se sustentar em primeira linha evidentemente sobre a consideração das tribos nômades selvagens".[23] Para isso, ele se valeu de uma visita "curta, porém interessantíssima" aos Ñep-ñep no Rio Pancas, que lhe permitiu observar os costumes desses povos da natureza (*Naturmenschen*), isto é, primitivos.

Os dados antropológicos e linguísticos provêm dos Nãk-nenuk do aldeamento Mutum e dos Nak-erehä do Rio Guandu. Acerca dos Botocudo, ele afirmou que "a aparência física desses selvagens [...] absolutamente não é tão assustadora como se tende a aceitar frequentemente conforme as descrições e ilustrações dos antigos viajantes".[24] Ele está de acordo com a exposição de Maximilian zu Wied-Neuwied, para quem os Botocudo tinham uma boa estrutura corporal e uma constituição mais bela que a das demais etnias, eram fortes e musculosos.

Ele apresentou uma descrição antropológica bastante minuciosa, comparando as medidas de nove homens e cinco mulheres de faixas etárias variadas. Assim, ele nomeou as 14 pessoas medidas e apresentou os dados acerca da altura total; largura e altura dos ombros; altura dos cotovelos, punhos, dedo do meio, osso esterno, umbigo, pelve, fêmur, joelho e tornozelo; largura e comprimentos de mãos e pés; e circunferência do peito. Ehrenreich também mediu especificamente as cabeças das pessoas: largura e altura; altura das orelhas; largura da testa; distância entre o início do cabelo e o queixo e entre o nariz e o queixo; distância entre os ossos zigomáticos (da bochecha), os ângulos da mandíbula, os cantos internos e externos dos olhos; altura, comprimento e largura do nariz; e comprimento da boca. Além disso, ele também registrou a cor do rosto, do corpo e da íris das pessoas. Não há registros sobre a aquisição desses dados; todavia, há descrição e análise das medições, ainda que estas sejam historicamente datadas para o cenário acadêmico. Analisando as medições e comparando-as com dados de outras áreas do mundo, ele sustentou que os Botocudo têm fisionomia do tipo proveniente do noroeste asiático e concluiu que "especialmente entre os jovens a expressão facial é aberta, livre e de bom caráter", enquanto entre "indivíduos mais velhos não faltam fisionomias selvagens e sombrias". Mas os Botocudo, "apesar de sua vida nas florestas sinistras", são "decididamente alegres e conversadores, e amam de paixão a dança, o canto e a música europeia".[25] Tratando ainda de antropologia física, Ehrenreich mencionou as modificações corporais, como o uso de botoque e das pinturas tradicionais.

Em suma, o etnólogo não apenas repetiu um padrão bastante antigo quanto à aparência física dos ameríndios (fortes e belos) e ao seu caráter (bondosos e alegres), mas forneceu legitimidade científica para os relatos pretéritos. Além disso, ele reiterou a noção, em voga em sua época e também referida por von den Steinen, de que haveria camadas culturais e que os Botocudo ocupariam um dos estágios culturais "mais inferiores que podem ser encontrados em qualquer povo na Terra".[26]

Ehrenreich comparou os dados craniométricos obtidos entre os Botocudo com aqueles recolhidos pelos pesquisadores brasileiros Ladislau de Souza Mello Netto (1838-1894), João Batista de Lacerda (1846-1915) e João Rodrigues Peixoto. Além disso, ele levou para a Europa o crânio de Potetú, o grande atirador de flechas, que falecera havia poucos meses, além de outros quatro, e conferiu todas as medidas.[27] Dois crânios eram da região do Rio Pancas, de pessoas que haviam morrido havia aproximadamente dez anos. O estudo de crânios Botocudo não era exatamente inovador na antropologia alemã, mas era objeto de muito interesse. O primeiro crânio Botocudo fora levado para a Alemanha pelo príncipe Maximilian zu Wied-Neuwied, com que ele presenteou Blumenbach, o cientista natural e antropólogo, cujas teses eram debatidas por intelectuais como Goethe e Alexander von Humboldt. Hartt e Saint-Hilaire também adquiriram crânios Botocudo – apesar de Ehrenreich afirmar que o espécimen que Saint-Hilaire doou ao Museu de Paris era, na verdade, Tupi.

Virchow analisou a maioria dos crânios Botocudo, além de quatro doados por dom Pedro II para a Sociedade de Antropologia de Berlim em 1875. A investigação desses três crânios adultos e um infantil foi publicada por Virchow na *Revista de Etnologia* (*Zeitschrift für Ethnologie*).[28] Isso explica a relevância da pesquisa de Ehrenreich: ele foi o primeiro cientista a obter dados antropológicos *in loco*, levar crânios para a Alemanha e compará-los com os dados pretéritos. Na reunião da Sociedade de Antropologia, realizada em 21 de fevereiro de 1885, Virchow apresentou uma palestra sobre os crânios e esqueletos enviados por ele. A partir desses dados, afirmou haver diferenças fisiológicas entre os moradores de Mutum e os do Rio Pancas, mas ainda assim defendeu "a origem comum" desses povos.[29] Para Virchow, apesar dessas distinções, tratava-se de uma "raça relativamente pura".[30]

Uma das conclusões da análise comparativa de Ehrenreich está de acordo com a hipótese de Virchow, de que as diferenças entre os crânios "são de importância para a separação das tribos" do Brasil Central e Meridional.[31] Com base na análise antropológica e linguística, Ehrenreich também concluiu que os Botocudo e os Puri são dois grupos diferentes, contrariando a tese de Martius.[32]

Existia, portanto, trânsito de material humano oriundo do Brasil pela rede de cientistas alemães. Por ela não circulavam apenas correspondências, livros e objetos, mas também crânios. Mais do que objetos destituídos de caracteres humanizados, os crânios tinham historicidades próprias, e estas eram retomadas pelos cientistas quando de suas análises. Os crânios transmitiam a destinatários futuros ações recebidas por emitentes pretéritos, e, além de intermediários de relações sociais, eles eram partes integrantes das redes sociocientíficas, pois eram causadores de reações de outros agentes – como de indígenas ou cientistas –, distintas em sua essência, perante sua presença. Uma vez em circulação na rede e com potencial para causar efeitos, os crânios eram tanto agentes inter-relacionais, como também signos na fronteira entre humanidade e objetividade e, assim, potencialmente embaçadores dos limites nas relações entre pessoas e coisas. Se é aceito que, nas redes cosmológicas indígenas, seres humanos e não humanos relacionem-se profundamente, o mesmo vale para as redes científicas.

O número de esqueletos inteiros disponíveis era bem menor do que o de crânios, mas Ehrenreich estudou um que dom Pedro doara ao Museu de Paris. Ele levou dois para a Alemanha, tendo exumado ele mesmo um deles no aldeamento de Mutum.[33] Esse esqueleto supostamente era de um homem que falecera com cerca de cem anos de idade.[34] O outro era proveniente do Rio Pancas. O desfecho de sua análise de antropologia comparada é de que não era possível ainda, mediante a falta de dados, afirmar conclusivamente a posição dos Botocudo no quadro geral de povos, no que tange à sua anatomia. Eles difeririam da população que construiu os sambaquis e se assemelhariam aos Tupi, dos quais eles diferem do ponto de vista etnológico. Ainda não havia para os povos Jê material tão consistente quanto os recolhidos pelo cientista natural dinamarquês Peter Wilhelm Lund (1801-1880) nas cavernas de Lagoa Santa. Outro fator que impelia a pesquisa de campo era que a questão Jê havia sido completamente reformulada por von den Steinen, que contatou um povo Jê isolado na bacia do Rio Xingu (os Suyá). As conexões linguísticas, arqueológicas, etnológicas, histórico-culturais e antropológicas entre as regiões do Xingu e do Rio Doce somente poderiam ser descobertas através do trabalho de campo.[35]

Além das medições corporais e dos dados craniométricos, Ehrenreich também se dedicou à fotografia. Ele não foi o primeiro cientista europeu a tirar fotografias antropológicas de populações não europeias no Brasil; entre 1865 e 1866, Louis Agassiz compusera um álbum reunindo 200 imagens de escravos africanos no Brasil.[36] Ehrenreich não foi também a primeira pessoa a fotografar ameríndios; há imagens de índios Kaixana, Miranha e Ticuna que datam de 1868 e foram feitas por seu conterrâneo Albert Frisch (1840-1918).[37] Ao americanista também não se devem as primeiras imagens dos Botocudo; muito antes dele, retratos desse povo foram feitos, e, particularmente na Alemanha, as ilustrações no livro do príncipe Wied-Neuwied se tornaram bastante conhecidas.[38] Dele também não são provenientes as primeiras fotografias dos Botocudo; o pioneiro desse registro fotográfico foi Marc Ferrez (1843-1923), que em 1875 fez retratos de algumas pessoas provenientes de grupos da Bahia.[39] Ele não foi nem o primeiro a fotografar os Botocudo do Espírito Santo; alguns anos antes dele, o fotógrafo alemão Albert Richard Dietze (1838-1906) fotografara um grupo aldeado.[40]

No entanto, a Paul Ehrenreich deve se dar o crédito de um feito notável: ele foi o primeiro etnólogo a tirar fotos de povos indígenas das terras baixas sul-americanas sem contato.[41] Alegando dificuldades logísticas, von den Steinen preferiu os desenhos de seu primo Wilhelm ao uso da câmera.[42] Duas fotos de grupos Botocudo do Rio Pancas inauguraram assim a fotografia etnológica no Brasil (imagens 11 e 12). Ehrenreich tinha consciência da importância das fotografias dos Botocudo; logo que as enviou para serem exibidas em reunião da Sociedade de Antropologia quando ele ainda se encontrava no Brasil, frisou ter sido ele o primeiro a registrar fotograficamente índios Botocudo "selvagens e completamente nus" e desqualificou as fotografias de Dietze por mostrarem índios com roupas europeias.[43] Ele produzia assim uma competência de autoridade científica. Ela se distingue, todavia, daquela que James Clifford imputou a Malinowski. Clifford discute as transformações dos parâmetros metodológicos da etnologia, atribuindo a Malinowski a criação de um novo modelo de etnografia, "um novo e poderoso gênero literário e científico", que sintetiza descrições culturais baseadas em trabalho de campo.[44] A autoridade etnográfica incutida pelo etnólogo polonês para si baseava-se na validação dos seus pares e da opinião pública da metodologia de apreensão dos dados de campo e de sua análise. Aceitava-se tacitamente a ênfase no poder de observação e também a compreensão instrumental de línguas nativas, as abstrações teóricas dedutivas, o foco especial em determinados aspectos do mundo social e o recorte sincrônico de pesquisa.[45] O alicerce da nova etnografia concebida por Malinowski foi a sistematização analítica do trabalho de campo, denominada de observação participante, e sua capacidade de traduzir a experiência subjetiva em um exame minucioso das culturas nativas.[46] Assim, as fotografias tiradas por Malinowski não funcionariam apenas como ilustrações das instituições sociais estudadas, mas também como prova concreta da presença do etnógrafo em campo, bem como materialização de sua metodologia, reforçando sua autoridade etnográfica.[47]

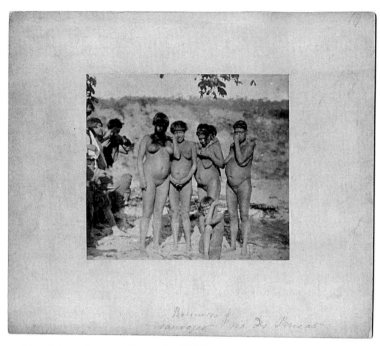

Imagem 11 – Retrato de grupo Botocudo (1885).

As fotografias produzidas por Ehrenreich não apenas validavam suas argumentações científicas e legitimavam sua postura de cientista especializado, mas tinham importância *per se*. A primeira geração de americanistas buscava o pioneirismo em diversas áreas, seja na descoberta e nomeação de afluentes dos rios principais, seja no contato com povos isolados. As suas fotos ratificavam mais do que apenas sua presença de campo; também lhe conferiam autoridade num ramo que essas próprias imagens criaram – no caso americanista, o das fotografias etnográficas. Se para Malinowski as fotografias eram aportes materiais para ratificar sua experiência no campo, para Ehrenreich as imagens dos Botocudo "selvagens" eram conquistas intelectuais perpendiculares às demais atividades de campo. Elas tinham, portanto, duplo efeito, pois faziam de Ehrenreich um etnólogo com experiência de campo e o maior fotógrafo de sua geração.

Imagem 12 – Retrato de grupo Botocudo (1885)

Dessa maneira, ele foi responsável por um passo fundamental no desenvolvimento da pesquisa etnológica alemã. A partir de sua expedição, a máquina fotográfica se tornava um instrumento indispensável para a etnologia realizada no Brasil. O tipo de fotografia e o *modus operandi* da aquisição de imagens foram introduzidos por ele. Já nessa expedição, ele tirava e revelava as fotografias em campo. O ofício fotográfico impunha dificuldades adicionais às expedições. Era preciso carregar uma aparelhagem volumosa e frágil, dedicar-se aos deslocamentos e ao trabalho de campo durante o dia (medições, etnografia, vocabulário) e às revelações à noite. Elementos da natureza substituíam os estúdios: água, calor, escuridão eram necessários para a revelação das placas fotográficas. No entanto, a natureza também era um obstáculo. A aparelhagem e as próprias fotos poderiam ser danificadas em contato com a água. Além disso, ele relatou, "as fotografias têm um inimigo perigoso nas formigas", que várias vezes devoraram as camadas das placas de vidro, quando secavam ao ar livre.[48]

O principal gênero de fotografia ao qual Ehrenreich se dedicou na expedição de 1884 eram as "fotos de tipos" físicos (*Typenbilder*). O foco dessas fotografias eram os corpos de modelos indígenas, que eram dispostos em várias posições diante das lentes. Em algumas fotografias de tipos físicos, é possível perceber a presença de um pano branco atrás do modelo, para que não houvesse distração e o olhar do analista se concentrasse exclusivamente nos corpos. A exclusão do ambiente, a centralidade do corpo e a resultante objetividade científica contrastam com a produção pictórica acerca de povos indígenas até então produzida. Von den Steinen já criticara as pinturas representando Alexander von Humboldt e os povos indígenas nos trópicos, envoltos por uma natureza homogênea e irreal. Kümin demonstrou as diferenças entre as aquarelas originalmente produzidas por Wied-Neuwied e as publicadas em sua obra.[49] Em algumas das imagens no livro do príncipe, ao pano de fundo, originalmente em branco, foi acrescentada uma natureza exótica, com o intuito de realçar a relação profunda dos índios com suas terras – afinal de contas, eles eram "povos da natureza" (*Naturvölker*) –, de promover para o leitor um distanciamento imaginário (atendendo às suas expectativas) e também de enfatizar o caráter aventuresco das expedições. As ilustrações no livro de von den Steinen atendem também a esses requisitos (índios exóticos e natureza distante e implacável em expedições que uniam aventura e ciência), além de fortalecerem o caráter heroico dos desbravadores-cientistas. As imagens de uma terra inexplorada passavam necessariamente pela apreensão subjetiva da realidade e sua remodelação artística, vinculando-se esteticamente às expedições naturalistas-artísticas do começo do século, como as de Wied-Neuwied ou Langsdorff. As fotografias antropológicas de Paul Ehrenreich rompem absolutamente com esse padrão, ao excluir a natureza circundante e se concentrar exclusivamente no objeto de estudo, as características físicas dos ameríndios. A fotografia, além disso, representava uma inovação tecnológica na atividade etnológica, e a partir dela seria possível captar a realidade em si. Ela fornecia maior objetividade a uma esfera do saber que se constituía como ciência. As imagens eram capazes de contribuir objetivamente para a ciência em áreas em que as descrições e os dados antropológicos eram insuficientes. Assim, o primeiro uso da fotografia na etnologia sul-americanista estava restrito às imagens antropológicas.

A sua atividade fotográfica deve ser considerada não como um ofício secundário no seu campo de interesses de investigação, mas como parte integrante de sua epistemologia. Sua atividade etnológica se separa em dois eixos principais: história-linguística-etnografia e antropologia-fotografia, dedicados, respectivamente, à mente – ao *Geist* – e ao corpo dos índios. No entanto, em vez de um dualismo algo cartesiano, esses eixos são complementares, uma vez que as imagens, os dados antropológicos, as descrições etnográficas, as informações históricas e as análises linguísticas compreendem uma abordagem holística para o conhecimento dos humanos e de suas culturas.

Ao longo da expedição, ele tirou ao menos duas centenas de fotografias de tipos físicos, de ambos os gêneros e variadas classes de idade. A faixa estatisticamente mais bem representada é a de homens adultos, e a com menor número de fotos é a de mulheres idosas (imagens 13 a 18). Ehrenreich não descreveu como ocorreram as sessões fotográficas; no entanto, os olhares dos modelos indígenas revelam incompreensão e temor. É certo que as fotografias são testemunhos de uma relação assimétrica de poder e daquilo que John Monteiro chamou de um processo de "negociação do consentimento".⁵⁰

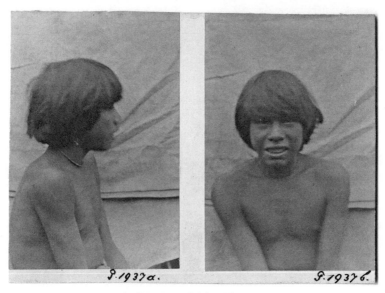

Imagem 13 – Menino Botocudo (Rio Guandu) (1885).

Imagem 14 – Menina Botocudo (Rio Pancas) (1885).

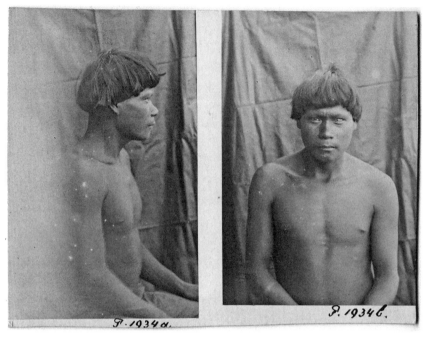

Imagem 15 – Homem Botocudo (Rio Doce) (1885).

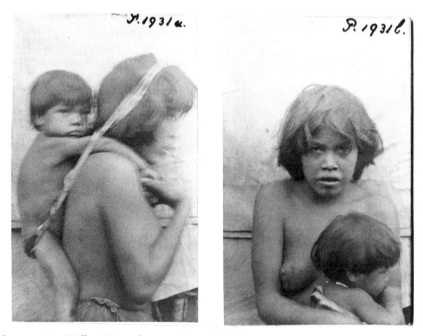

Imagem 16 – Mulher Botocudo com criança (1885).

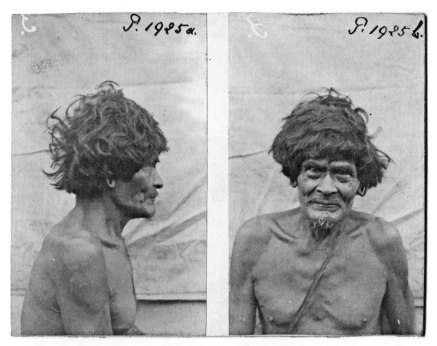

Imagem 17 – Homem Botocudo idoso (Rio Guandu) (1885).

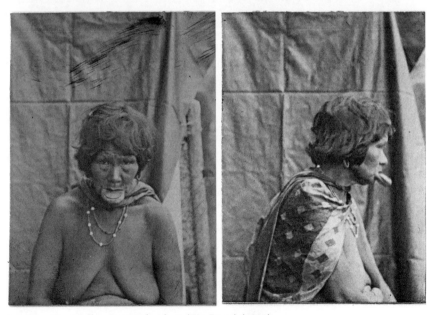

Imagem 18 – Mulher Botocudo idosa (Rio Doce) (1885).

Além das duas fotografias de grupo e dos retratos antropológicos, há ainda cinco outras fotografias: do aldeamento de Mutum visto de longe; do acampamento no Rio Pancas; de um casebre dos Nãk-erehä, um subgrupo dos Botocudo no Rio Guandu; de dois índios de outro subgrupo, os Ñep-ñep, atirando flechas; e, por fim, de uma dança coletiva que ocorreu entre esse povo (Imagem 19).

Imagem 19 – Dança coletiva entre os Botocudo (1885).

John Monteiro afirma, ao comentar as sessões de Louis Agassiz, que fotografias antropológicas no século XIX eram destinadas a compilações científicas que visavam "documentar tipos étnicos nus para fins de comparação somática".[51] No entanto, Ehrenreich nunca realizou ele mesmo essa comparação. Apesar disso, as imagens que ele produziu sobre os Botocudo permanecem simultaneamente como valiosas fontes para a compreensão do processo de desenvolvimento da etnologia indígena no Brasil e como repositório de memória para a história dos povos indígenas, uma vez que, ao menos para o caso americanista, a história da antropologia e a história das populações nativas estão imbricadas. Por conta da ausência de dados quanto às situações em que as fotografias eram tiradas, é possível apenas deduzir que elas ocorreram em um ambiente de relações de poder assimétricas e que o etnólogo privilegiou a realização de objetivos científicos em detrimento de evitar constrangimentos individuais.

Os registros etnográficos acerca dos Botocudo versam sobre canibalismo, vida familiar e social, cerimônias funerárias, ideias religiosas e xamanismo, aspectos morais e relações interespécie. Ele afirma que quase todos os índios são "amigos dos animais".[52] Também recolheu um vocabulário da língua Botocudo e apresentou um pequeno dicionário latim-Botocudo. Como no que concerne aos aspectos antropológicos dos Botocudo e à sua posição em um quadro geral de povos sul-americanos, para o americanista a posição da língua Botocudo não poderia ser determinada com exatidão naquele momento. Quase uma década mais tarde, em um artigo escrito em comemoração ao septuagésimo aniversário de Adolf Bastian, Ehrenreich ainda manteve a afirmação de que a posição da língua Botocudo – ou seja, os padrões de transformação, relação cognática e gramática – ainda não poderia ser precisada, devido à falta de dados.[53]

Ele refutou a hipótese da indolência natural dos povos indígenas e constatou que, pelo contrário, o esforço na obtenção de alimentos é tamanho, que os ameríndios exauridos de suas forças não conseguem se concentrar em atividades intelectuais. Em todo caso, ele afirmou uma primazia do apaziguamento das necessidades vitais e biológicas em detrimento de aspectos culturais. A referência a Ratzel aqui é clara: a natureza impõe obstáculos aos homens, que desenvolvem meios para dominá-los, o que, todavia, tem consequências. A natureza não determina as ações humanas, mas as sociedades são moldadas pela necessidade de adaptação ao ambiente que as circunda.[54]

Para ele era absolutamente claro que os Botocudo apresentavam um grau baixíssimo de desenvolvimento intelectual, sobretudo quando se considera a pobreza de sua língua e a simplicidade da cultura material. No entanto, um olhar mais atento para esse povo revela que eles "são muito mais inteligentes" do que demonstram suas "condições culturais". Há casos em que índios Botocudo, recebendo uma educação europeia, alcançaram um grau de instrução (*Bildung*) "não desprezível".[55] Em outras palavras: os índios Botocudo têm as mesmas capacidades intelectuais dos europeus, as quais, dadas as suas condições culturais, não são estimuladas, impedindo o seu progresso cultural; "a vida nômade inquieta nas florestas não permite ao Botocudo o desenvolvimento de atividades intelectuais mais elevadas".[56]

Nesse sentido, Ehrenreich advoga pela unidade intelectual humana como formulada por Bastian e vê na própria natureza e nas soluções culturais para dominá-la um impeditivo para o desenvolvimento da cultura. A natureza delimita a ação humana, e a cultura aprisiona a mente. As culturas estáticas em decorrência da ação da natureza refletem nas mentes dos indivíduos a sua inexorabilidade. Apenas uma ação estrangeira seria capaz de alterar a imobilidade das culturas, como a educação europeia. Ehrenreich traduziu dessa maneira, para o ambiente do Rio Doce, o dispositivo de Bastian segundo o qual a transformação dos pensamentos elementares em pensamentos étnicos ocorreria também por estímulo externo.

Em suma, o vocabulário empregado por Ehrenreich ("selvagens", por exemplo) o aproxima dos evolucionistas. Mas, tal como no caso de von den Steinen, essa aproximação se restringe ao compartilhamento de termos, porque a pesquisa sobre os Botocudo de Ehrenreich, mais do que seu colega alemão, alinha-o à tradição etnológica e antropológica alemã do século XIX, formada por Ratzel, Bastian e Virchow. Ademais, ambos os americanistas se preocupavam, no máximo, com o desenvolvimento do pensamento humano suportado sobre a unidade da mente humana e não com a evolução das instituições sociais, como ocorria com os evolucionistas britânicos. Os alemães falavam em *Entwicklung*, isto é, desenvolvimento ou aperfeiçoamento, e não em *Evolution*.[57] Assim, o modelo alemão até então pode ser considerado progressista ou desenvolvimentista – o que não exclui a ideia de superação de etapas menos desenvolvidas, nem o uso de termos atualmente considerados pejorativos –, mas não evolucionista *stricto sensu*, uma vez também que esse conceito é carregado de significados particulares e se suporta sobre uma história conceitual própria.

Ademais, é bastante claro que a primeira geração de americanistas alemães acreditava que os povos indígenas da América do Sul apresentavam patamares inferiores de desenvolvimento cultural e técnico.[58] Esse entendimento também reflete seu pessimismo em relação ao futuro dos povos nativos. Martius já afirmara que os índios brasileiros deixariam de existir no futuro.[59] Bastian estimulava a etnografia de salvação, porque a civilização europeia era danosa em todos os lugares. O próprio Ehrenreich constatou que é "muito difícil de aceitar" que os Botocudo alcancem "a verdadeira civilização", porque o sistema educacional dos aldeamentos é falho, e o patamar cultural da população não indígena é tão baixo quanto o dos índios.[60]

Von den Steinen e Ehrenreich compartilhavam entre si a ideia de que os ameríndios eram adversos à temporalidade. Para von den Steinen, os índios viviam apenas no presente e, segundo Ehrenreich, "o selvagem não pensa no futuro e muito menos lhe importa o passado".[61] Essa ideia relacionava-se a uma questão temporal muito mais ampla, de que os índios estariam na infância da humanidade: "o selvagem, completamente sobre o domínio das paixões, é inquieto, inconstante e caprichoso como uma criança".[62] É sintomático que, dessa forma, os etnólogos não reconheciam a situação de contemporaneidade com os ameríndios e ainda postulavam, nas palavras do antropólogo neerlandês Johannes Fabian, uma "abordagem taxonômica da cultura", em que há uma dicotomia ontológica entre aqueles que estudam e aqueles que são estudados: "meu tempo" e "seu tempo".[63]

Os etnólogos, ao não compartilhar a mesma temporalidade que os índios, poderiam se atribuir o papel do observador paternal, com olhares ora benevolentes, ora repreensivos. Assim, as primeiras descrições dos dois americanistas assumem uma feição de autoridade moral em relação aos índios, construída sobre o distanciamento temporal e a superioridade intelectual, de modo a legitimar suas expressões de julgamentos paternais.

A ideia de que os índios fossem reféns de suas paixões também é um aspecto revelador do papel patriarcal dos etnólogos. Uma vez que o domínio das paixões é resultado de uma educação burguesa, e os Botocudo já haviam sido submetidos à educação europeia e elogiados por Ehrenreich por seu desempenho, faltavam aos índios os indícios intelectuais que só poderiam ser apreendidos através de uma educação assim. Os dois etnólogos eram burgueses letrados (*Bildungsbürger*), e, como revelado anteriormente pelo ataque de fúria de von den Steinen, defendiam orgulhosamente as conquistas civilizatórias europeias.

Em carta enviada à sua família, quando se encontrava no Rio Batovy, von den Steinen lamentava que, por causa da necessidade de economizar óleo e velas, após o pôr do sol, ele não podia continuar suas leituras. Durante a expedição ao Xingu, os expedicionários carregavam consigo "uma boa biblioteca", formada "pelos poemas de Schiller, os poemas de Goethe e o *Fausto*".[64] Michael Kraus notou brilhantemente que as virtudes sustentadas pela burguesia letrada – eficiência, disciplina, esforço pessoal, respeito e admiração por ciência, conhecimento, música e literatura etc. – eram categorias constantemente usadas para aperceber e julgar as culturas indígenas.[65] Assim, em certa medida as culturas indígenas eram avaliadas pelos parâmetros da cultura burguesa alemã e julgadas conforme concordância com esses parâmetros. Kraus afirma que "não era o 'europeu', mas o burguês letrado europeu com suas apresentações morais e comportamentais que estava posicionado na ponta, teoricamente postulada, do desenvolvimento humano".[66] Portanto, a dicotomia principal para a compreensão das culturas indígenas não era nós e eles, ou europeus e não europeus, mas entre cultivado e não cultivado (*gebildet* e *ungebildet*).[67]

Nos comentários de Ehrenreich acerca da capacidade dos Botocudo em adquirir *Bildung* (autoformação e cultivação) quando submetidos à educação europeia, ficou evidente como ele articulou a referida dicotomia à concepção herderiana acerca da unidade do espírito humano. De acordo com a premissa sustentada por Bastian, os humanos compartilham o funcionamento psíquico e fisiológico da mente; as desigualdades entre os povos são meramente culturais e não têm fundamento biológico. A unidade da mente humana se expressa em diferenças culturais. Ehrenreich impunha uma diferença hierárquica entre as culturas. Haveria culturas mais e menos ricas; no entanto, até as pessoas provenientes das culturas mais inferiores – como ele acreditava que fosse a Botocudo – poderiam adquirir as qualidades intelectuais representativas das culturas superiores. Contudo, as culturas inferiores estavam estagnadas. Os poucos recursos diante das dificuldades impostas pela natureza acarretavam grande dispêndio de tempo e energia, de modo a impossibilitá-las de implementar inovações intelectuais e progredir. Assim, as diferenças culturais tenderiam a aumentar gradativamente, uma vez que o domínio da natureza das culturas mais evoluídas permitia que os "portadores da cultura" (*Kulturträger*) se dedicassem a afazeres mais sofisticados mentalmente.

Em suma, a expedição de Ehrenreich ao Rio Doce, hoje em dia praticamente ignorada pela história da etnologia indígena brasileira, constituiu um passo fundamental no desenvolvimento da epistemologia da disciplina, ao introduzir a fotografia como recurso necessário para a pesquisa de campo, ao postular uma orientação estritamente científica na apresentação e análise dos dados de campo e ao articular informações coletadas no trabalho de campo a debates amplos de antropologia física.

Notas

[1] Kraus, 2004a, p. 33.

[2] Ehrenreich, 1887, p. 1.

[3] Hempel, 2015, p. 232.

[4] Paraíso, 1992, p. 413.

[5] *Idem*, p. 413 e ss.

[6] Ehrenreich, 1887, p. 1.

[7] Carneiro da Cunha, 1992a, p. 140.

[8] Paraíso, 1992, p. 429.

[9] Quinze anos após sua chegada à Alemanha, Quäck faleceu em decorrência de uma inflamação no fígado.

ASCENSÃO E DECLÍNIO DA ETNOLOGIA ALEMÃ (1884-1950)

[10] Ehrenreich, 1887, p. 1.

[11] *Idem, ibidem.*

[12] As percepções de cientistas brasileiros e estrangeiros sobre a suposta inferioridade intelectual dos Botocudo, bem como a articulação entre políticas da representação e domínio político, foram bastante discutidas pela historiografia brasileira. Veja-se, por exemplo, Monteiro (2010) e Vieira (2019).

[13] *Idem,* p. 2.

[14] Virchow, 1886, p. 234.

[15] Hempel, 2015, p. 209.

[16] Ehrenreich, 1885a.

[17] *Idem,* 1887, p. 1; 1885a, p. 62.

[18] *Idem,* 1885b, p. 309.

[19] *Idem,* p. 310. Os Puri são falantes de língua pertencente ao tronco Macro-Jê.

[20] *Idem,* 1885c, p. 375.

[21] *Idem,* 1887, p. 1.

[22] *Idem,* p. 6; Paraíso, 1998. Os Borun são um povo de língua Jê.

[23] Ehrenreich, 1887, p. 14, grifos no original.

[24] *Idem, ibidem.*

[25] *Idem,* p. 19.

[26] *Idem,* p. 22.

[27] *Idem,* 1885a, p. 64; 1887, pp. 26, 64.

[28] Virchow, 1885, p. 249.

[29] *Idem,* p. 248.

[30] *Idem, ibidem.*

[31] Ehrenreich, 1887, p. 72.

[32] *Idem,* 1885b, p. 310.

[33] *Idem,* 1887, pp. 75-76.

[34] *Idem,* 1885a, p. 64.

[35] *Idem,* 1887, pp. 80-81.

[36] M. Machado, 2010, p. 30.

[37] Kohl, 2015, p. 30.

[38] Kümin, 2007, p. 66. Nessa bela obra, Kümin aponta que as imagens dos Botocudo na obra de Wied-Neuwied correspondem exatamente àquilo esperado pelo leitor: índios selvagens, exóticos e canibais. No entanto, há uma outra série de aquarelas, não publicadas, em que os Botocudo foram retratados por Wied-Neuwied em atividades cotidianas (2007, p. 130).

[39] Kümin, 2007, p. 131.

[40] *Idem,* p. 132.

[41] Ehrenreich, 1885c, p. 376.

[42] Hempel, 2015, p. 208.

[43] Ehrenreich, 1885c, p. 376.

[44] Clifford, 1988, p. 30.

[45] *Idem,* pp. 30-32.

[46] Há muito, o mito elaborado por Malinowski de que ele inventou o trabalho de campo sistemático vem sendo desconstruído pela historiografia da antropologia, cf., por exemplo, Clifford, 1988; Kuklick, 2008; Stocking Jr., 1983; 1991. Este próprio livro atesta que o trabalho de campo sistemático e uma reflexão sobre ele antecedem Malinowski em décadas. Recentemen-

te uma obra de impacto vasculha os diferentes métodos, interpretações e nuances sobre etnografias antes do famoso antropólogo polaco, Rosa & Vermeulen, 2022.

[47] *Idem*, p. 22.

[48] Ehrenreich, 1885a, p. 64.

[49] Kümin, 2007, pp. 66-70.

[50] Monteiro, 2010, p. 74.

[51] *Idem, ibidem*.

[52] Ehrenreich, 1887, p. 27.

[53] *Idem*, 1896, p. 630.

[54] *Idem*, 1887, p. 27.

[55] *Idem*, p. 36.

[56] *Idem*, p. 37.

[57] *Idem, ibidem*; von den Steinen, 1886, p. 203.

[58] Kraus, 2004a, p. 421.

[59] Monteiro, 2001, p. 27.

[60] Ehrenreich, 1887, p. 82.

[61] Von den Steinen, 1886, p. 187; Ehrenreich, 1887, p. 37.

[62] *Idem, ibidem*.

[63] Fabian, 2013, p. 150.

[64] Kraus, 2004a, p. 451. O poema trágico *Fausto* (1808) é uma das principais obras de Goethe.

[65] *Idem*, pp. 452-455.

[66] *Idem*, p. 468.

[67] *Idem*, p. 469.

3.

Karl von den Steinen e Paul Ehrenreich:
a segunda expedição ao Xingu (1887-1888)

A viagem a Cuiabá

Diante dos resultados proveitosos da primeira expedição ao Xingu e das expectativas de realizações ainda mais promissoras nos campos de antropologia física, etnografia e linguística e, sobretudo, perante a possibilidade de contatar ainda mais povos isolados, como prenunciado pelo informante Suyá, Karl von den Steinen se preparava desde 1886 para uma segunda expedição para a mesma área de pesquisa. Dessa vez von den Steinen não tinha à sua disposição recursos familiares e estava à mercê da obtenção de financiamento.[1] Nesse ano ele se candidatou para um emprego como secretário-geral da Sociedade de Geografia de Berlim (Gesellschaft für Erdkunde zu Berlin), mas não conseguiu o cargo, piorando sua situação financeira. Ele temeu precisar retomar a sua antiga ocupação de psiquiatra, apesar do êxito da sua expedição pioneira.[2] Em carta melancólica a Wilhelm Reiß, presidente da Sociedade de Geografia, von den Steinen delineou sua situação e, por fim, obteve financiamento. Ele recebeu verbas da Fundação Carl Ritter da Sociedade Geográfica de Berlim (Carl-Ritter-Stiftung der Gesellschaft für Erdkunde zu Berlin) e 7 mil marcos da Fundação Alexander von Humboldt (Alexander-von-Humboldt-Stiftung), através de Virchow e do apoio do famoso cientista Emil du Bois-Reymond (1818-1896), fundador da eletrofisiologia experimental. Assim, o orçamento inicial para a segunda expedição já era muito superior ao gasto total da primeira.

A segunda expedição à bacia do Rio Xingu visava prosseguir de onde a primeira tinha se encerrado, sobretudo para investigar povos e regiões acerca dos quais von den Steinen havia obtido informações de indígenas, como aquele homem Suyá.[3] Kraus aponta que os etnólogos visavam estabelecer continuidades entre as pesquisas etnológicas e conexões entre as regiões exploradas, de modo a construir um conhecimento geográfico-etnológico sistemático. Assim, no início de 1887, von den Steinen partiu da Alemanha, novamente acompanhado por seu primo Wilhelm. Juntaram-se à equipe o matemático Peter Vogel (1856-1915), que von den Steinen já conhecia da expedição à Geórgia do Sul e que seria responsável por observações astronômicas e cartográficas, e Paul Ehrenreich, encarregado das medições antropológicas e dos registros fotográficos.[4] Ele fora indicado por Virchow, crítico dos resultados antropológicos da primeira expedição ao Xingu e um entusiasta das conclusões antropológicas e fotográficas da expedição do Rio Doce, além de mediador para o financiamento dessa nova viagem ao Brasil. Os crânios não circularam apenas pela rede de cientistas, e não foram meros intermediários de relações sociais; eles foram causadores de efeitos sociais. Vogel também recebeu apoio financeiro da Fundação Carl Ritter da Sociedade Geográfica de Berlim (Carl-Ritter-Stiftung der Gesellschaft für Erdkunde zu Berlin), e Ehrenreich financiou sua participação com recursos próprios. A chegada dele ao grupo de pesquisa revela que von den Steinen compreendia a exigência de se ater ao desenvolvimento tecnológico intrínseco à transformação da etnologia e a necessidade de apresentar dados antropológicos mais consistentes. Contudo, é notável que etnologia e geografia continuavam operando conjuntamente. Mesmo que na equipe científica houvesse uma rígida separação entre as atividades, na esfera acadêmica as duas disciplinas ainda estavam fortemente entrelaçadas. Tanto é que em 1889 a revista *Deutsche Rundschau für Geographie und Statistik* (*Informativo alemão de geografia e estatística*) publicou uma pequena biografia de von den Steinen, contendo inclusive um retrato gravado em madeira (Imagem 3).

Em fevereiro de 1887, o grupo chegou à capital do Brasil. Nos primeiros dias de viagem, eles se reuniram com autoridades imperiais e intelectuais brasileiros no Rio de Janeiro. Em Petrópolis, Karl von den Steinen foi recebido pelo próprio imperador em seu palácio:

> Na ponte de chegada esperava o trem. Ali estavam também o Imperador com o Marquês de Paranaguá, o presidente da Sociedade Geográfica, e acenava para nós, quando passamos cavalgando por ele. Ele nos ordenou ao palácio ao meio-dia. Pontualmente nós chegamos e pontualmente apareceu o melhor de todos os brasileiros. Com palavras amigáveis ele me agradeceu pela dedicatória do livro sobre a primeira expedição do Xingu, se informou com seu jeito animado e provocativo sobre os novos planos e nos recomendou seus melhores desejos de que as autoridades sejam instruídas a apoiar a sua realização.[5]

De fato, ele ainda se encontrou com o ministro da Agricultura, com o senador Alfredo d'Escragnolle Taunay (1843-1899) e com o embaixador da Alemanha, conde Dönhoff. Por fim, dom Pedro II e diversas "empresas comerciais" acompanharam "o propósito da expedição com grande benevolência" e doaram "provisões em abundância".[6] As empreitadas de von den Steinen continuaram sendo acompanhadas com interesse pelo governo imperial brasileiro, de sorte que ele foi convidado a ministrar uma palestra na sede da Sociedade de Geografia, em que ele apresentou para a audiência os resultados geográficos, etnológicos e linguísticos da primeira expedição ao Xingu.[7]

Von den Steinen novamente manejou sua rede de relações de forma muito perspicaz, com o intuito de tornar as condições sociais as mais favoráveis possíveis à pesquisa. No entanto, havia eventos extraordinários além do alcance da sua rede. A Província de Mato Grosso fora tomada por uma epidemia de cólera, o que impedia o deslocamento imediato dos expedicionários até a capital Cuiabá. Assim, eles optaram por realizar uma viagem até o Sul do país.

O interesse científico em fazer uma excursão a Santa Catarina repousava no estudo dos sambaquis, que revelava indícios da ocupação humana; um estudo de grande importância para a Sociedade de Antropologia de Berlim. O grupo permaneceu por dois meses e meio na capital Desterro, como era chamada a cidade antes de ser rebatizada de Florianópolis. Lá, von den Steinen conseguiu compor uma coleção constituída por quatro caixas: três continham "ferramentas de pedra, amostras de cacos, crânios"; e a última, "arcos e flechas" dos índios "Bugres".[8] Von den Steinen, que, em correspondência com Adolf Bastian, frisou ser "agente voluntário do Museu", refutou que a venda da coleção caracterizasse uma negociação comercial e pediu mil marcos pelas quatro caixas, para cobrir as despesas de sua aquisição no Brasil.[9] O americanista conheceu Fritz Müller (1822-1897), um dos biólogos darwinianos mais influentes do mundo acadêmico, que morava em Desterro, mas era contratado com o cargo de naturalista-viajante pelo Museu Nacional do Rio de Janeiro.[10]

Para o governo brasileiro, a presença do americanista no Sul do país não era destituída de interesse. Por causa da crise do mercado escravagista internacional, o Império Brasileiro buscava mão de obra alternativa. A imigração de trabalhadores europeus visava não apenas repor o *déficit* de mão de obra escrava, mas também servir ideologicamente ao branqueamento da população brasileira.[11] O etnólogo, que já fora bastante elogioso às instituições brasileiras na sua obra *Durch Central-Brasilien*, dedicou uma página do livro *Unter den Naturvölkern Zentral-Brasiliens* (*Entre os aborígenes do Brasil Central*), que versa sobre a segunda expedição ao Xingu, à descrição das colônias alemãs no Sul do Brasil. Nos dias "alegres" e "instrutivos" que os expedicionários passaram na "formosa região de Blumenau", os expedicionários comeram a tradicional panqueca de batata, mas feita de mandioca, tomaram a cerveja *Nationalbier* e se sentiram "entre os rostos confiáveis e honoráveis tão em casa, que mal poderiam acreditar no pensamento de estar no Império do Brasil".[12] Ele chegou a publicar um pequeno artigo no jornal local *Immigrant* e, em correspondência a Adolf Bastian, pediu que a Sociedade de Antropologia agradecesse formalmente a algumas pessoas pela ajuda.[13] A sua descrição do Sul do país efetivamente terá eficiência propagandística para o projeto de colonização europeia do Brasil.

Do ponto de vista econômico, a relação entre Brasil e Alemanha se estreitou a partir da segunda metade do século XIX. O Sul do Brasil era, ao lado da Argentina, o principal destino de emigrantes alemães entre o fim do século XIX e o início do século XX na América do Sul.[14] Ali inicialmente os imigrantes exerciam trabalhos manuais em colônias germânicas;[15] em seguida imigraram às colônias profissionais liberais, burgueses, membros dos substratos sociais economicamente mais privilegiados, e então banqueiros e industriais. A Alemanha se tornou fornecedora de produtos industrializados ao Brasil e consumidora de matéria-prima, muitas vezes produzida por empresas alemãs, como no caso das exportadoras de borracha do Norte do país. O Império Alemão investiu em um amplo leque de negócios no Brasil, desde bancos até linhas de telégrafos. Do ponto de vista de uma demografia histórica, a imigração ao Brasil no século XIX foi fundamental para compreender a reconfiguração da sociedade brasileira. Se um lado da moeda demográfico-social é a Lei de Terras de 1850, o outro lado é a imigração. A Lei de Terras permitiu a cristalização do poder regional e o rearranjo fundiário – o roubo desavergonhado de terras indígenas –; a imigração solidificou o deslocamento de trabalhadores agrários para áreas estratégicas. Em certas regiões do Brasil novecentista, e o Sul é certamente uma delas, o binômio do poder Lei de Terras/imigração europeia foi especialmente impactante para as sociedades indígenas.

De uma perspectiva sociopolítica, os emigrantes alemães, denominados na Alemanha de *Auslandsdeutsche* ("alemães estrangeiros") eram "recursos a serem explorados" pelo *Reich*, o Império Alemão.[16] Rinke assinala que, através da formulação de *ius sanguinis*, os alemães em terras estrangeiras eram incorporados à população germânica, e sua existência produtiva era valiosa para as ambições imperiais alemãs, pois tratava-se tanto de parceiros comerciais quanto de representantes da cultura alemã e de agentes interculturais. Assim, a descrição das colônias alemãs por von den Steinen tinha efeitos para ambos os lados da relação entre Brasil e Alemanha, já que o Império Brasileiro almejava a imigração de trabalhadores alemães; e o Império Alemão, que os emigrantes e seus descendentes mantivessem sua identidade alemã.

Assim, a estadia dos expedicionários em Santa Catarina também revela um aspecto fundamental da dinâmica de sua rede de relações sociais em apoio ao trabalho etnológico. Rinke e Penny destacam que os *Auslandsdeutsche* estavam inseridos cultural e politicamente na esfera social da Alemanha, por serem membros de uma comunidade cultural alemã (*Kulturgemeinschaft*) mais ampla e juridicamente considerados cidadãos alemães (*Reichsdeutsche*).[17] Todavia, eles viviam "vidas híbridas" em que sua "germanidade coexistia com outras formas de afiliação".[18] No caso específico dos imigrantes alemães no Brasil, o historiador Frederik Schulze revela que a germanidade não era uma categoria autocompreensiva e estava em permanente construção e disputa com a identidade brasileira.[19] No entanto, muitos imigrantes alemães entendiam-se culturalmente como alemães, mantendo hábitos e costumes de sua terra natal e comunicando-se em dialetos germânicos. Assim, a visita de Karl von den Steinen às colônias alemãs de Santa Catarina se insere em um contexto de relações internacionais mais amplo, em que seus intuitos científicos eram apenas um aspecto de uma conjuntura multifacetada, que compreendia interesses estratégicos de diversos atores sociais.

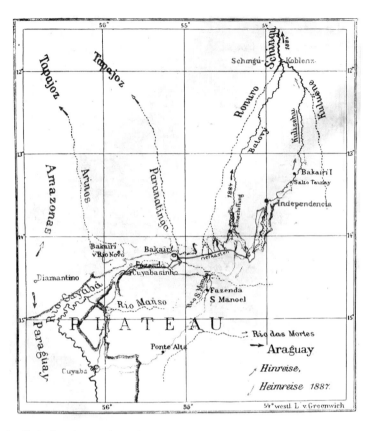

Mapa 1 – Trajetória da expedição de Karl von den Steinen pela região do Xingu.

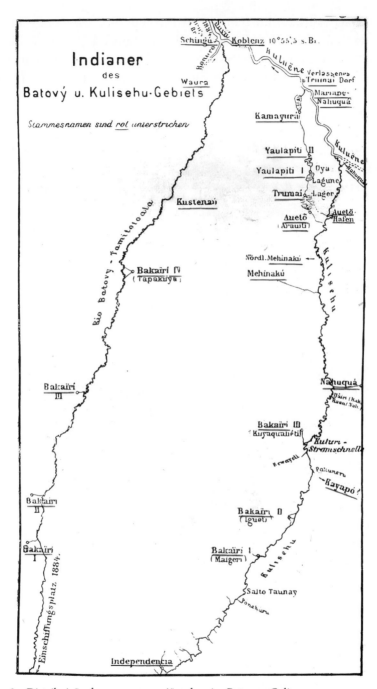

Mapa 2 – Distribuição de povos nas regiões dos rios Batovy e Coliseu.

Os americanistas formaram uma rede composta de *Auslandsdeutsche* e instrumentalizaram-na com o intuito de obter auxílios para a viabilização do trabalho de campo no Brasil. Até a excursão de Karl von den Steinen a Santa Catarina, americanistas haviam sido suportados apenas pelos embaixadores alemães em Montevidéu, Buenos Aires e Rio de Janeiro. A partir da viagem catarinense, essa rede aumentou exponencialmente, e isso implicou causalidades para a etnologia indígena. A coleção de artefatos indígenas e ossadas humanas foi adquirida de moradores locais, por exemplo.[20] Os americanistas seguintes se valeram da rede em expansão, que passou a comportar *Auslandsdeutsche* de diversas atividades profissionais: embaixadores, comerciantes e empresários, cientistas, funcionários e diretores de museus, além dos acompanhantes de viagem. Assim, os americanistas foram suportados pelos *Auslandsdeutsche* em atividades adjacentes ao trabalho de campo durante todo o período de permanência no Brasil, seja no suporte na chegada ao país com questões alfandegárias, na hospitalidade e apresentação a cientistas e intelectuais locais, no recebimento e envio de correspondências, no acompanhamento durante as expedições e até no envio de caixas contendo material etnográfico aos museus. A viagem de von den Steinen teve, portanto, consequências efetivas e duradouras para a etnologia indígena alemã, pois inseriu, no círculo mais amplo de colaboradores, os imigrantes alemães, e através destes aumentou a circulação de pessoas, coisas e informações pela rede sociocientífica. Ainda que a chegada dos americanistas no Brasil implicasse uma reconfiguração das relações sociais, porque era preciso aprimorar o domínio do português e da língua geral e estabelecer os contatos necessários para a organização das expedições, as relações com os *Auslandsdeutsche* tinham caráter afetivo e nostálgico e também por isso eram cultivadas. Isso significa que, quando analisadas as circunstâncias sócio-históricas do trabalho de campo etnológico, é possível averiguar de modo mais abrangente os efeitos da multiplicidade de atores e de relações para a constituição das etnografias.

Entre os aborígenes do Brasil Central

Do Sul do país, von den Steinen prosseguiu a Montevidéu, aonde chegou em 4 de junho, e de lá a Buenos Aires. Nas duas semanas em que eles permaneceram na capital argentina, ele se encontrou com Hermann Burmeister

(1807-1892), famoso cientista natural, amigo de Alexander von Humboldt e diretor no museu de ciências. Através da influência do embaixador alemão na Argentina, ele realizou medições corporais em três soldados, dois deles índios Matako e um Toba, tirou fotos deles e recolheu vocábulos.[21] Em 28 de junho, o grupo chegou a Assunção e, em 11 de julho, a Cuiabá, com 4 meses de atraso. Em 17 dias os expedicionários preparam-se para a viagem: contratação de pessoal, aquisição de mulas, bois, alimentos e 75 kg de objetos para troca com os índios (como miçangas, machados, facas, roupas, panos, gaitas, espelhos). A rapidez no preparo se deve, nas palavras de von den Steinen, ao domínio do português e às "muitas conexões pessoais".[22] Ao contrário da primeira expedição, dessa vez o americanista não recebeu escolta militar fornecida pelo governo provincial, porque sua presença no Mato Grosso foi inserida em uma disputa político-partidária. O governo que o apoiara em 1884 perdeu as eleições, e agora a antiga oposição se recusava a dar suporte a um suposto antigo aliado de seus adversários políticos. Além disso, o soldado Tupy, que fora demitido pelo americanista sob gritos, divulgou em Cuiabá que os expedicionários alemães seriam, na verdade, aventureiros em busca de ouro:

Ainda hoje deve haver poucas pessoas no Mato Grosso que acreditam que fizemos a longa viagem da Alemanha e que empreenderíamos a difícil expedição a partir de Cuiabá com a meta escandalosa de conhecer os infelizes índios; nós éramos os engenheiros e procurávamos Martyrios, o Eldorado da Província, cujo nome faz disparar o coração de todo mato-grossense, e por cuja busca todo cidadão faria grandes sacrifícios.[23]

Três anos antes, ele e seu grupo haviam sido associados (veridicamente) pela população local à construção da estrada ao Pará e também foram considerados (erroneamente) engenheiros. Em ambas as expedições, von den Steinen foi inserido no contexto político do Mato Grosso pela elite política regional. Na primeira vez, o governo interessava-se pelos resultados de sua expedição para verificar a possibilidade de melhorias infraestruturais; na segunda vez, o governo não se interessava pelos resultados de sua pesquisa, pois os políticos sabiam *a priori* que estes não atenderiam às suas expectativas e porque instrumentalizar a presença do americanista para alimentar disputas partidárias seria mais eficaz. Isso revela que, no caso da etnologia indígena no Brasil, não existe, desde a sua gênese, trabalho de campo livre de interferência política. A presença do etnólogo não se dá em um vácuo de ordenamentos políticos e sempre acarreta a reconfiguração de interesses estratégicos. Os americanistas da primeira geração tinham consciência disso, mas prefeririam não assumir certos posicionamentos políticos em favor da crença na necessária neutralidade da ciência.

Dadas as experiências negativas com os soldados durante a primeira expedição, e consciente de que a chegada de um grande grupo de homens armados em pequenas comunidades indígenas não propiciaria um ambiente de pesquisa idôneo, von den Steinen decidiu admitir apenas civis para a expedição. No entanto, por causa da dificuldade para encontrar ajudantes, ele precisou recorrer ao governo provincial para contratar militares. O governo concedeu-lhe um tenente e quatro soldados. O comandante Januário, que participara da primeira expedição, também foi contratado. Além deles, ele ainda pôde contar com dois camaradas gaúchos de origem alemã: os irmãos Pedro e Carlos Dhein. Os *Auslandsdeutsche* entraram na equipe formada pelo etnólogo, e, assim, a política global adentrava no mundo da criação da ciência. Von den Steinen tinha então 12 pessoas para auxiliá-lo. Era um número menor do que o da primeira expedição, porém tratava-se de um *staff* mais bem treinado. O etnólogo ainda contava com Antônio, o tradutor Bakairi que o acompanhara em 1884.[24]

Assim, em 28 de julho de 1887 os expedicionários deixaram a cidade de Cuiabá, carregando consigo, além dos objetos para troca, 24 bruacas, com a metade delas contendo alimentos para 6 meses: feijão, farinha, carne seca, *bacon*, arroz, rapadura, pimenta, chás, cachaça, comida enlatada e tempero industrializado. A proteína precisava ser obtida no meio do caminho. Além disso, eles levaram utensílios para preparo e consumo dos alimentos, roupas, mosquiteiros, redes e sacos de dormir, cobertores, machetes, revólveres e armas simples de antecarga. Aparelhos para análises astronômica, climática, magnética e cartográfica, instrumentos de medição antropológica, máquina fotográfica, vidros e éter para coleções zoológicas, cadernos de campo, lápis e livros compuseram o restante da carga.[25]

A princípio o itinerário da expedição seria o mesmo de três anos antes: sair de Cuiabá, passar pela aldeia Bakairi no Paranatinga e de lá seguir ao Xingu. O etnólogo percebeu que em 1884 cometera o erro de confundir o nome de dois rios. O rio que desemboca no Ronuro foi chamado pelos índios de "Kulisëhu" (Coliseu), mas trata-se, na realidade, do Kuluene. Von den Steinen obtivera em 1884 a informação de que, na região do Coliseu, seria possível encontrar vários povos sem contato, de maneira que, para alcançá-los, era necessário mudar a rota a partir do Rio Batovy. Portanto, apesar de a

ASCENSÃO E DECLÍNIO DA ETNOLOGIA ALEMÃ (1884-1950)

segunda expedição também visar alcançar o Rio Xingu, havia uma diferença em relação à primeira: em 1884 a meta era percorrer o Xingu em sua extensão, mapeando-o e pesquisando os povos adjacentes; agora o objetivo era a exploração sistemática da região do Coliseu, um tributário do Kuluene, um afluente oriental do Xingu.

A caminho da aldeia Bakairi do Paranatinga, os expedicionários depararam com um "casal singular" de negros. O rapaz, "esfarrapado e horrivelmente estrábico", era livre; a moça, uma escrava que fugira para se casar com ele. O americanista descreveu o episódio da fuga do casal, que estava sendo perseguido pelo fazendeiro, como um "caso de amor".[26] Von den Steinen tinha consciência do sistema escravocrata, tanto que, na obra *Durch Central-Brasilien*, faz rápidas referências a pessoas em situação de escravidão e, em *Unter den Naturvölkern Zentral-Brasiliens*, ele afirma torcer para que o casal tenha conseguido se esconder até maio de 1888, quando da proibição da escravidão no Brasil.[27] Entretanto, diferentemente de outros viajantes estrangeiros que se aproveitaram do sistema escravocrata para realizações pessoais (como Louis Agassiz), ou que descreveram a escravidão como um mal necessário (como o príncipe Maximilian zu Wied-Neuwied), ou que condenaram a política brasileira (como Charles Darwin), von den Steinen e Paul Ehrenreich se mantiveram neutros.[28] Num sistema opressor, o silêncio é político. Esse silêncio contrasta também com as críticas, ainda que brandas, acerca dos projetos civilizatórios dos aldeamentos indígenas, proferidas pelos etnólogos.

Na aldeia Bakairi do Paranatinga, Antônio imediatamente se dispôs a acompanhar novamente os etnólogos, para servir de guia e tradutor, sem mesmo questionar as condições ou os detalhes da expedição. O etnólogo soube, por meio do chefe Felipe, que no ano anterior ele e Antônio visitaram os Bakairi do Rio Batovy, com quem os primeiros contatos foram travados durante a primeira expedição, e estabeleceram relações duradouras com eles. Alguns Bakairi do Batovy foram convencidos a visitar a aldeia do Paranatinga, "viram os milagres da cultura europeia e voltaram ao Batovy e presentearam os pobres diabos com tudo que eles poderiam presentear".[29] Dos companheiros do Batovy, Felipe e Antônio ouviram que havia outros grupos dessa etnia a leste desse rio. Para o americanista essa era uma notícia muito relevante, pois é certo que teria o apoio dos Bakairi sem contato, e com eles poderia obter informações mais precisas sobre a localização dos grupos na região do Coliseu. O estabelecimento da relação entre os Bakairi de Paranatinga e os do Batovy demonstra o poderio da alteração nos sistemas sociais desencadeada pela presença dos etnólogos. Além disso, revela o efeito pessoal da expedição. Após apenas três anos, Antônio adquiria um papel de liderança alternativa. Felipe era o capitão, mas Antônio fora o responsável por empreender a expedição Bakairi e, lentamente, tornava-se influente.

Tal como na primeira viagem, von den Steinen impunha uma hierarquia no grupo: de um lado estavam "os senhores", os cientistas europeus. Do outro, "os camaradas", o pessoal contratado como força de operação na viagem. Essa é a divisão usada como legenda nas duas fotos que registram o pessoal da expedição, publicadas em *Unter den Naturvölkern Zentral-Brasiliens*. Notadamente Antônio está do lado dos "senhores", aqueles que realizam o trabalho intelectual, e os irmãos Dhein se situam no lado reservado aos "camaradas", os homens encarregados do trabalho braçal (Imagem 20).

Imagem 20 – "Os senhores" (*die Herren*). De pé, da esquerda para a direita: comandante Januário, Peter Vogel, Karl von den Steinen (no centro), Tenente Perrot e Antônio. Sentados, da esquerda para a direita: Wilhelm von den Steinen e Paul Ehrenreich (1887).

Após passar pela aldeia Bakairi no Paranatinga, pelos rios Batovy e Ronuro e marchando cerca de seis horas diárias, os expedicionários alcançaram o verdadeiro Rio Coliseu em 6 de setembro. No dia seguinte eles montaram o acampamento "Independência". Alguns dias depois, enquanto os expedicionários estavam sentados em um banco de areia às margens do Coliseu, que navegavam em uma canoa feita de Jatobá por Antônio, von den Steinen notou a chegada de um grupo de índios pelo rio. Ele cumprimentou-os aos gritos de "*kúra Bakaïri, áma Bakaïri, úra Bakaïri*, nós somos Bakaïri, você é um Bakaïri, eu sou um Bakaïri, os Bakaïri são bons".[30] Tratava-se de fato de um grupo

Bakairi. A entusiasmada conversa de seu chefe, chamado Tumayaua, com Antônio o fez questionar preceitos correntes de sua época. Era lugar-comum na literatura etnológica do século XIX a afirmação de que os índios fossem mal-humorados e severos por causa da monotonia da natureza e da vida difícil na selva. No entanto, Tumayaua e Antônio "batiam papo e riam", como se eles tivessem "crescido em um país de clima temperado".[31] A premissa, desprovida de qualquer fundamentação empírica, mas ancorada na hipótese ratzeliana acerca da influência ambiental sobre as sociedades humanas, foi refutada por von den Steinen com base em observação de campo. O riso dos índios se tornaria assunto frequentemente citado entre os americanistas alemães e além.

Já na primeira noite na aldeia Bakairi, von den Steinen obteve informações preciosas sobre a localização de grupos indígenas da região, através de "muita mímica" e muitos desenhos na areia.[32] Seguindo o curso do Coliseu, existiriam três aldeias Bakairi, uma aldeia dos "Nahuquá", duas aldeias dos "Minaku", uma dos "Auiti", uma dos "Yaulapihü" e, no Kuluene, uma aldeia dos "Trumai". Entre o Coliseu e o Batovy, ainda haveria aldeias dos "Kamayula" e dos "Waurá".[33] Von den Steinen também soube que, naquele episódio de troca de tiros com os Trumai, um índio perdeu a vida. Portanto lá eles não podiam esperar por "boas-vindas". Os expedicionários passaram alguns dias na aldeia, que von den Steinen julgou "idílicos". Ela era composta de apenas duas malocas e a casa das flautas, e era habitada por 21 pessoas. O etnólogo avaliou muito positivamente a vida familiar e doméstica da comunidade, que, apesar de pequena, era muito viva, alegre e constantemente ocupada com seus afazeres. Lá Ehrenreich tirou fotos antropológicas e, além das usuais atividades etnográficas (coleta de vocábulos e material etnográfico), von den Steinen participou ao máximo da vida social, cantando, dançando, fumando, pescando, plantando tabaco, participando de banhos coletivos e trocando alimentos.[34] Ele relatou os nomes masculinos, mas não os femininos, que não lhe foram revelados, e afirmou que os Bakairi são matriarcais. Os encontros noturnos para fumar tabaco eram especialmente relevantes, porque neles von den Steinen aprendeu a respeito de uma localização mais exata das aldeias indígenas e do relacionamento dos Bakairi com seus vizinhos – o que indicava como ele deveria se comportar nas apresentações aos demais grupos.

A sua recusa inicial em contratar militares e o propósito de formar a menor equipe possível demonstram que ele tinha consciência de que a presença de um grande grupo armado teria impacto de modo a afetar as relações e instituições sociais e a impedir que ele observasse o comportamento e os modos de vida livres de interferência externa. Entretanto ele não calculou a assimetria de poder que um encontro desses suscitava, não se manifestou quanto à violência iminente que as armas propiciam, e nem imaginou que apenas a sua presença em campo seria suficiente para desestabilizar o que ele acreditava ser uma espécie de equilíbrio social. Em todo caso, o etnólogo permaneceu por mais de uma semana na aldeia dos "bons Bakairi" sem nenhum de seus acompanhantes. Ele revela ter percebido que eles começavam a "ficar algo impacientes. Eles me perguntavam com demasiada frequência quando os 'irmãos mais jovens' viriam" para apanhá-lo.[35]

Em 19 de setembro, o restante do grupo foi ao seu encontro, e alguns dias depois eles retornaram para Independência, onde a coleção etnográfica foi contabilizada e etiquetada. Em 2 de outubro, os expedicionários chegaram à aldeia Bakairi chamada Maigéri, composta de 31 pessoas. Em troca de miçangas, Ehrenreich tirou fotos antropológicas. Dois dias depois eles partiram para a aldeia seguinte, Iguéti, em que também permaneceram por apenas dois dias. Lá viviam aproximadamente 40 pessoas, entre elas 3 chefes. Von den Steinen relatou a existência de uma casa das flautas, cuja entrada era proibida às mulheres. A terceira aldeia Bakairi, Kuyaqualiéti, também possuía uma casa das flautas e era habitada por ao menos cem pessoas. Nessa aldeia as negociações e trocas se iniciaram rapidamente. Ele percebeu que o contato com as demais etnias do Coliseu era intenso, porque parte dos objetos etnográficos era proveniente de outros grupos. Medições e fotografias antropológicas em troca de miçangas ocorreram mais uma vez, apesar da resistência das mulheres.[36] Os Nahukwá tinham relações estreitas com os Bakairi, tanto que um índio dessa etnia que morava com os Bakairi acompanhou os expedicionários até a aldeia de seus conterrâneos.

A aldeia Nahukwá era composta de 12 ocas e 1 casa das flautas. O americanista queria obter máscaras e tentou se expressar através de mímica. Ele acreditou que os índios tivessem compreendido que ele encomendou uma dança em troca de facas. Logo, no entanto, iniciou-se um ritual com dançarinos usando roupas e máscaras feitas de Buriti. O etnólogo adquiriu todas as roupas, a indumentária e os instrumentos usados na apresentação, mas a coleção ainda era muito inferior ao esperado. Na chegada dos expedicionários, as mulheres, assustadas, haviam fugido para as matas. O clima de desconfiança impediu os negócios. Para evitar o temor era preciso visitar as aldeias com uma equipe reduzida e "surpreendê-los [os índios] despreparados com nossa chegada".[37] Por isso, ele decidiu que no dia seguinte, 12 de outubro, visitaria os Mehinako sozinho, acompanhado por apenas dois índios Bakairi.

ASCENSÃO E DECLÍNIO DA ETNOLOGIA ALEMÃ (1884-1950)

Logo que von den Steinen chegou à aldeia Mehinako, acompanhado pelo chefe Bakairi Tumayaua, ocorreram as trocas. Ele obteve algumas máscaras de madeira e outros objetos etnográficos. As relações com esse grupo permaneceram pacíficas até o dia seguinte, quando o etnólogo notou que o conteúdo de uma bolsinha fora furtado. Von den Steinen dirigiu-se até a oca do chefe para reclamar seus pertences e dizer-lhe que os Mehinako são *kurápa*, isto é, ruins. Como ele reouve todos os objetos, exceto a bússola, enfurecido, foi ter novamente com o chefe e assegurou-lhe que, se os Mehinako são ruins, então o Karaíba também é, e deu um tiro de revolver ao alto. Desespero geral: em meio a gritos e pessoas correndo pela aldeia, o chefe idoso, trêmulo, prometeu a devolução do precioso instrumento. Durante o resto do dia, ninguém mais se aproximou de von den Steinen, exceto dois Nahukwá que visitavam a aldeia. Na manhã seguinte, von den Steinen foi acordado pelo aroma de um beiju fresquinho e lentamente se acalmou, até notar que nunca receberia a bússola de volta, porque não a havia levado. As relações voltaram ao caráter pacífico. Os expedicionários conseguiram montar uma bela coleção etnográfica e, em 14 de outubro, despediram-se dos Mehinako.[38]

Dois dias depois, von den Steinen foi recebido aos gritos de "katú Auetö, katú katú", isto é, "os Auetös são bons". Por motivos de saúde, Perrot, Vogel e Ehrenreich se uniram a ele apenas no dia seguinte. Entre os Aweti (Auetö), ele foi recebido mais formalmente, em contraste com suas prévias visitas a outros grupos. Mesmo assim, conseguiram se entender. Eles caçoaram da fuga das mulheres Nahukwá e relataram uma batalha recente entre Suyá e Trumai. Ele visitou as ocas, sofisticadamente ornamentadas com padrões gráficos, desenhos geométricos e representações de animais entalhados em madeira, e adquiriu máscaras de dança. A aldeia Aweti era populada por índios de várias etnias: Waujá, Yawalapiti, Kamaiurá, Mehinako, Bakairi e Trumai.[39]

Entre os Mehinako e os Aweti, von den Steinen já conhecera índios Yawalapiti e assim afirmou que esse grupo falava uma língua Aruaque, mas com diferenças dialetais em relação aos Mehinako. Em 18 de outubro, von den Steinen, acompanhado de Antônio e Tumayaua, se dirigiu até os Yawalapiti. No encontro com o chefe Yawalapiti, o etnólogo não apenas repetiu ser *kura*, bom, como nas demais apresentações, mas também revelou ser um feiticeiro. Assim, von den Steinen testava várias estratégias de aproximação: repetir frases em línguas indígenas e usar a habilidade de Antônio como tradutor, se apresentar como representante do governo imperial brasileiro, ou como médico ou *Zauberarzt* (médico-feiticeiro). Em todo caso, *kura* tornava-se um cartão de visita oficial. Entre os Yawalapiti, von den Steinen

209

conseguiu obter vocabulário, mas não uma coleção etnográfica, porque eles dispunham de uma quantidade muito reduzida de bens. Depois de dois dias, ele retornou aos Aweti e, depois de três, já se encontrava a caminho para visitar os Kamaiurá.[40] Na trajetória eles passaram pela segunda aldeia Yawalapiti, composta de 9 ocas e aproximadamente 40 pessoas.

Em 21 de outubro, von den Steinen chegou à aldeia Kamaiurá. Pela primeira vez, uma das ocas da aldeia foi esvaziada e oferecida aos expedicionários, pois anteriormente eles haviam se instalado na casa das flautas, inexistente na aldeia Kamaiurá. A menos de um quilômetro de distância havia outro aglomerado de ocas, sete, quatro a mais do que o primeiro, e uma casa de festa em construção. Ali ele obteve assentos de madeira, máscaras e "lindos ornamentos de dança".[41] Entre os Kamaiurá a inimizade entre Suyá e Trumai era assunto das conversas habituais. Em uma delas soube que os Kamaiurá dessa aldeia haviam participado daquela fatídica troca de tiros em 1884 e que o homem assassinado por soldados brasileiros era um deles e não um Trumai, como fora afirmado outrora. Apesar de terem sido vítimas de alguns pequenos furtos, supostamente cometidos por um rapaz Trumai, a estadia entre os Kamaiurá foi positivamente descrita. Além da experiência agradável do ponto de vista das relações interpessoais, von den Steinen e Ehrenreich realizaram estudos antropológicos, linguísticos e geográficos durante sua estadia. No dia 25 de outubro, os expedicionários iniciavam a rota de volta, em direção aos Yawalapiti e deixando os "queridos Kamaiurá".[42] No caminho eles depararam com os temidos Trumai. Von den Steinen conseguiu estabelecer um contato amigável, obter uma pequena coleção etnográfica, realizar medições corporais, recolher vocabulário e tirar uma foto. No caminho de volta ao posto Independência, os expedicionários pararam novamente nas aldeias anteriormente visitadas, ou nas proximidades. Eles montaram um acampamento no porto dos Aweti, onde havia grande fluxo de índios de diversas etnias alto-xinguanas e, nos cinco dias em que permaneceram ali, puderam coletar, medir e fotografar.

A segunda estadia entre os Mehinako foi particularmente proveitosa para os etnólogos. Karl e Wilhelm puderam "reatar a amizade" com os índios, como registrado em uma fotografia icônica – um dos primeiros registros fotográficos de um etnólogo em meio a um povo xinguano (Imagem 21). A imagem do etnólogo – intencionalmente construída por ele – apresentando um objeto ocidental (um cachimbo europeu) para um grupo de nativos curiosos está em completa concordância com as descrições oferecidas por etnólogos vindouros, de que em campo o pobre pesquisador não consegue descanso e tranquilidade, tamanho é o interesse dos indígenas a seu respeito.

Imagem 21 – Karl von den Steinen entre os Mehinako (1887).

Além da fotografia dos primos von den Steinen entre uma pequena multidão de índios, Ehrenreich também tirou as fotos antropológicas. Por estar doente durante a primeira estadia entre os Mehinako, as medições foram realizadas durante o retorno. Von den Steinen relatou que "as mulheres tremiam no corpo todo durante as medições".[43] As sessões de fotografia antropológica e medição corporal foram detalhadas também por Paul Ehrenreich:

> Não era difícil tirar fotos, com exceção das pessoas que com frequência tremiam intensamente de medo, e assim perdiam a expressão facial natural [...]. Em geral as medidas precisavam ser tomadas primeiro dos anciãos, os quais consideravam-nas um meio contra suas muitas pequenas doenças, catarro crônico etc. Pouco a pouco então os outros se arriscavam a vir, e por fim eles também se interessavam pela coisa. Assim, por exemplo, após o término das medições um velho Nahuquá trouxe-me, com sorriso irônico, as medidas de seu pênis, que ele mesmo tirou com uma palhinha. Os Kamayurá comparavam seus próprios dedos notavelmente curtos com os nossos.[44]

No final do século XIX, a máquina fotográfica era uma novidade tecnológica misteriosa tanto para "europeus não educados" quanto para índios.[45] Os etnólogos viam que seus usos e efeitos eram interpretados a partir de matizes culturais próprias. Um dia, por exemplo, quando Ehrenreich estava trocando as placas fotográficas à noite e pediu que as fogueiras fossem apagadas, os Kamaiurá temeram que ele chamasse os Suyá usando a lanterna de luz vermelha.[46] Mesmo conscientes do pavor que muitos índios tinham dos instrumentos de medição corporal e da máquina fotográfica, os etnólogos insistiam para empreender seus meios de obtenção de dados de campo.

Ao delinear as práticas de coleta de material etnográfico no final do século XIX, Penny argumenta que estas eram sustentadas por uma noção de ciência que combinava etnografia de salvação e necessidade de acúmulo.[47] O consenso acerca do comportamento em campo e das práticas de aquisição foi moldado por um sistema de regras e regulações baseado em fatores sociais e culturais, como o cosmopolitismo da *Belle Époque*, e pessoais e profissionais, como a pressão decorrente da concorrência. De acordo com ele, "os etnólogos da geração de Bastian deviam muito de sua legitimidade, e de sua autoridade científica, a uma crença em uma comunidade internacional de ciência".[48] Havia um "imperativo moral" sob suas atuações científicas, que defendia uma ciência apolítica e progressista. As identidades profissionais dos etnólogos, afirma Penny, eram moldadas pela legitimidade da ciência, cujo fim último era proporcionar ao mundo um bem extrapessoal, supraindividual e transcendente. Em consonância com esses preceitos, percebe-se que von den Steinen e Ehrenreich também acreditavam que suas investigações de campo eram parte de um projeto científico mais amplo, que buscava descortinar a natureza humana, e, para tanto, alguns sacrifícios eram necessários. O desrespeito ao medo dos índios deve ser compreendido precisamente nesta chave: para a produção de um saber legítimo e fundamental, é escusado ultrapassar algumas fronteiras éticas. O enfrentamento do temor pelos índios seria um esforço pequeno comparado com a imensa dedicação dos etnólogos em campo, já que o bem maior seria alcançado.

As fotografias e medições antropológicas aparentemente ocorreriam a partir de uma constelação de relações de poder assimétricas, em que os etnólogos imporiam suas vontades. Entretanto, como revelado pelas narrativas dos etnólogos, eles eram incapazes de impor sua vontade à força, já que os índios simplesmente se recusavam ou fugiam, como as mulheres Bakairi impossíveis de serem convencidas a se deixar fotografar dentro da casa das flautas ou as mulheres Nahukwá que correram para as matas. Mesmo armados, os americanistas foram incapazes de fazer valer sua vontade de poder e precisavam negociar os termos com seus modelos indígenas. Assim, as fotografias e as medições revelam antes um processo de negociação, em que os modelos indígenas não foram apenas parte interessada, mas parte ativa, do que foi uma relação de poder que tendia a beneficiar os americanistas exclusivamente. Essa negociação é evidenciada pelos pagamentos em miçangas recebidos pelos modelos indígenas e por sua participação ativa nesse processo. Entre os Nahukwá, a princípio, as sessões causaram "grande alarme", mas acabaram correndo bem com o tempo. "Os Nahukuá", narrou von den Steinen, "que se alegravam com seus lucros de miçangas, buscavam eles mesmos suas esposas nas matas, para que elas também ganhassem os adereços".[49]

As miçangas e os outros objetos eram incorporados aos sistemas nativos de gerenciamento de bens, obtendo estatutos com base em experiências anteriores. Von den Steinen relatou que era "altamente curiosa a velocidade com que eles classificam as coisas desconhecidas entre as coisas conhecidas". A atribuição de nomes era estratégica para sua inserção em modos classificatórios. "As coisas", ele prossegue, então eram nomeadas e "imediata e irrestritamente chamadas pelo seu nome corrente". A tesoura se tornou homônima de dente de piranha, espelho de água, bússola de sol e relógio de lua. Botões, que também eram usados por von den Steinen como moeda de pagamento, "pareciam ser considerados um tipo de miçangas".[50]

Dessa maneira, esses adornos eram incorporados a um circuito nativo de trocas e distribuições. Seguindo o fluxo de miçangas, era possível vislumbrar a circulação de poder e prestígio no Xingu. Eva, a filha do chefe Bakairi Tumayaua, foi encontrada por von den Steinen usando "muitas miçangas com as quais eu presenteei outras pessoas". O Bakairi Kulekule recebeu um punhado dessas em troca de um vaso, "mas precisou desfazer-se delas". Frequentemente o americanista observou que as miçangas entregues a algumas pessoas eram repassadas aos chefes. Portanto, a centralidade delas nas negociações com os índios foi logo destacada por ele. Assim, por exemplo, a despeito da quantidade reduzida de bens domésticos, os Yawalapiti prefeririam as miçangas às facas.[51]

O etnólogo percebeu que o anseio por esses enfeites se repetia pelo Alto Xingu todo e que a distribuição de miçangas europeias não se atinha às aldeias. Essas eram usadas nas trocas de forma semelhante às conchas e adentravam em um modo de circulação regional pelo Alto Xingu: "as miçangas têm, todavia, todas as características para migrar de tribo a tribo onde há tráfego, e oferecem as melhores oportunidades para conhecer a abrangência do tráfego, que muitos consideram ilimitado". Os Bakairi do Batovy eram os "senhores" das miçangas em toda a região.[52]

Para os ameríndios, as visitas dos expedicionários eram maneiras privilegiadas de obter bens raros de forma rápida, fácil e abundante. Assim, eles desenvolviam suas próprias estratégias para obtê-los. Von den Steinen relatou que os povos visitados "exigiam" miçangas para enfeitar seus filhos.

Todos os tipos de material etnográfico eram vendidos aos americanistas em troca desses adornos, e, na segunda aldeia Yawalapiti, von den Steinen constatou que a canoa encomendada por ele não chegava porque os indígenas se empenhavam para que ele permanecesse ali por mais tempo, pois assim eles obteriam mais facas e miçangas. Frequentemente ele recebia visitas em que lhe eram oferecidos alimentos em troca das preciosas perolazinhas. Por fim, uma multidão de Aweti de todas as faixas etárias foi encontrar von den Steinen em seu porto, munida de beijus, mel, mangas e pequi, para obter "o que ainda fosse possível. Miçangas! Miçangas! Miçangas!".[53]

Uma das maneiras de obter miçangas era como recompensa pela participação nas sessões de fotografia antropológica e medição corporal, e, portanto, a presença dos índios nessas atividades também pode ser compreendida como ação estratégica para alcançar os próprios objetivos. Para conseguir um volume maior de miçangas, então, era preciso confrontar o temor que as máquinas causavam, e esse enfrentamento foi conscientemente arquitetado. Von den Steinen narrou que, em uma das aldeias Bakairi, "a cada registro fotográfico, os modelos eram remunerados com algumas miçangas. Eles tinham um pouco de medo, mas as miçangas venciam seu medo do perigo".[54]

Assim, antes do que apenas resultados de relações assimétricas de poder, as fotografias e as medições antropológicas eram vértices para os quais convergiam interesses específicos em negociação. A esses vértices também confluíam índices semióticos oriundos de uma intencionalidade mais ampla. Os americanistas criam que os fins transcendentes da ciência compensariam seus esforços em enfrentar os perigos da selva; os ameríndios criam que os fins transcendentes da socialidade compensariam os esforços em enfrentar os perigos das máquinas.

Enfim, em 13 de novembro, os expedicionários chegaram de volta ao posto Independência, onde permaneceram por seis dias (Imagem 22). Nesse período, eles trataram das feridas, cuidaram da coleção etnográfica, que parcialmente havia estragado, e fotografaram e mediram os Bakairi que faziam visitas ocasionais – como é possível observar na fotografia do acampamento Independência. Ainda que a imagem tenha por objetivo demonstrar as condições árduas em que a pesquisa de campo é realizada, uma de suas consequências esperadas é a comunicação de um intenso convívio com os povos indígenas. De lá eles seguiram a pé até Cuiabá, aonde chegaram no último dia do ano de 1887.[55]

Imagem 22 – Cozinha do acampamento Independência. Karl von den Steinen está sentado à esquerda, entre dois rapazes Bakairi (1887/1888).

Von den Steinen ainda intencionava estudar os Bororo e os Paresí.[56] Como esses povos localizavam-se demasiado distantes um do outro, ele protocolou um requerimento ao presidente da Província pedindo que alguns Paresí fossem enviados a Cuiabá. Em 19 de fevereiro, os índios chegaram à cidade de Diamantino, para onde os expedicionários se deslocaram. Das 12 pessoas visitadas, apenas 4 se consideravam Paresí. Outras 4 Waimaré, e as demais "Kaschinití". Os poucos dias de contato seguiram o roteiro metodológico ordinário: fotografias, medições, tomada de vocabulário, observação intensa de vestuário e costumes.[57] Os dados obtidos através da pesquisa empírica foram complementados com os das fontes históricas, e assim von den Steinen tentou pintar um retrato etnográfico dos Paresí. A língua pertenceria ao tronco "Nu-Aruak", abarcando as diferenças dialetais.

Durante o período de descanso, von den Steinen enviou uma carta a Virchow relatando com entusiasmo as possibilidades de pesquisa no Brasil. Na carta, ele afirma agradecer "a todos os deuses" por ter se tornado um pesquisador especializado em América do Sul, porque o Mato Grosso era uma "verdadeira mina de ouro etnológica".[58] Ele clamou pela pesquisa: "há infinitas coisas para fazer, e está mais do que na hora de fazê-las, mas o país está fora de moda". Referia-se indiretamente ao crescente interesse europeu pela África e reafirmava sua posição de cientista aventureiro, por explorar sozinho um campo repleto de tesouros.

Em março de 1888, os cientistas europeus, acompanhados por Pedro e Carlos Dhein e Antônio, fizeram uma viagem aos Bororo. Von den Steinen já tivera contatado com alguns índios Bororo, que haviam sido levados a Cuiabá em julho do ano anterior para que fossem estudados. Acerca dos Bororo enquanto unidade sociocultural, von den Steinen acatou a distinção entre os "Bororo da Campanha", que viviam na margem oriental dos rios Paraguai e Jauru até a fronteira boliviana, e os "Bororo Cabaçaes", residentes no Rio do Cabaçal. O grupo como um todo era originário da região do Rio São Lourenço, mas tinha se separado durante movimentos migratórios e de ocupação territorial. Os Bororo remanescentes nessa região eram conhecidos por Coroados. As sangrentas guerras entre os Bororo e os governos imperial e provincial, conhecidas pelo eufemismo "pacificação", ocorreram durante cinco décadas e culminaram na rendição dos índios e no estabelecimento de duas colônias militares para catequese dos Bororo, "Thereza Christina" e "Isabel".[59]

Na época da visita de von den Steinen, os Bororo da Campanha teriam se transformado em uma "sociedade miserável e decadente" que não teria suportado a "civilização com sífilis e cachaça".[60] Os expedicionários se dirigiram apenas à colônia Thereza Christina, distante da capital em oito dias montados em jumentos. Thereza Christina teria aproximadamente 50 funcionários (soldados, guardas etc.) e 200 índios, incluídas as crianças. Seus habitantes indígenas estavam parcialmente vestidos ao caráter europeu, mas com reminiscências dos seus trajes tradicionais, sobretudo os cordões genitais. As roupas doadas pela direção da colônia eram geralmente desfeitas, para que seus tecidos fossem usados como cobertores ou mantas. Isso se devia, na visão de von den Steinen, ao desdém com que os Bororo tratam os presentes europeus. Eles teriam sido de tal modo "mimados" pela abundância de bens materiais providenciada pela direção, que os expedicionários penaram "com suas simples mercadorias de troca".[61] Os Bororo foram seletivos em relação aos machados, mas as miçangas, como sempre, tiveram grande apelo. A famosa imagem do chefe Bororo, que abre a obra de von den Steinen, foi tirada por Ehrenreich na colônia Thereza Christina (Imagem 23). Além das fotografias antropológicas, a arte plumária também foi registrada, como revela o famoso retrato do chefe Bororo ornamentado (Imagem 24) e dos índios Bororo com roupas de penas. Os retratos dos Bororo ornamentados, aliás, configuram uma oposição estrutural às imagens antropológicas de Ehrenreich: nestas, o foco é o corpo ornamentado, naquelas é o corpo nu; nestas os modelos indígenas precisaram se vestir a despeito da ausência de marcação ritual, naquelas os modelos indígenas precisavam se despir apesar da carência de indispensabilidade de nudez.

ASCENSÃO E DECLÍNIO DA ETNOLOGIA ALEMÃ (1884-1950)

Imagem 23 – Chefe Bororo (1887/1888).

Von den Steinen permaneceu na colônia Thereza Christina até dia 18 de abril, portanto, por quase um mês. Sua etnografia tem, assim, caráter *sui generis*. Ela não foi realizada em território tradicional, mas numa colônia, quando os próprios Bororo, recém-chegados, ainda tentavam assimilar a nova situação de vida e atribuir significados à alteração social, depopulação e violência pela qual tinham passado. Os residentes da colônia eram aqueles que sobreviveram às guerras em que os Bororo foram derrotados pelas forças governamentais e assim se encontravam em situação de submissão. Eles tinham certa independência das estruturas políticas que regiam a colônia e buscaram impor suas práticas culturais. Entretanto, eles eram submetidos à catequese e a subornos em forma de bens e cachaça, para que continuassem a manter a paz, em um ambiente de corrupção generalizada. Assim sendo, o campo para a pesquisa de von den Steinen era carregado de tensões sociais, culturais e políticas, muito diferente do complexo alto-xinguano.

Imagem 24 – "Bororo com colagem plumária. Presente do dr. Ehrenreich" (1888).

Esse caráter singular confere ao relato etnográfico de von den Steinen a possibilidade de múltiplas leituras: de um lado, como fonte etnológica, por ter sido a primeira observação dos Bororo feita por um etnólogo profissional; e, de outro, como fonte historiográfica, revelando o cotidiano dos Bororo na colônia, os processos de aldeamento e catequese aos quais muitos povos indígenas foram submetidos e ainda os gerenciamentos provinciais buscando impor as diretrizes da Lei de Terras de 1850. O trabalho de campo de von den Steinen se insere em um contexto em que as consequências da Lei de Terras e da imigração eram notórias e sólidas, surtindo, destarte, efeitos para a etnografia.

O relato etnográfico de von den Steinen abrange uma diversidade de aspectos sociais e culturais, como agricultura, caça e alimentação; lutas corporais; música, cantos, danças e brincadeiras; vestuário e ornamentação; cultura material; organização social, parentesco e xamanismo. Entre os Bororo também foram desenvolvidos estudos de linguagem e de antropologia física. Ele afirmou não ter encontrado relação da língua Bororo com nenhuma outra.

Sua narrativa é quase exclusivamente descritiva, sem proposições teóricas e com restritas afirmações analíticas. A compreensão das culturas nativas deveria ocorrer, outrossim, através do detalhamento das observações empiricamente obtidas, sem necessidade de aportes teóricos abrangentes.

ASCENSÃO E DECLÍNIO DA ETNOLOGIA ALEMÃ (1884-1950)

Considerando a preferência metodológica de von den Steinen pela etnografia descritiva e o curto trabalho de campo, a vida social Bororo, tal como observada e relatada pelo pesquisador, não sofreu senão análises pontuais. Algumas das mais relevantes dizem respeito a aspectos culturais posteriormente aprofundados pela etnologia, como a arte plumária, a uxorilocalidade (os novos casais residem na casa dos pais da mulher após a contração do matrimônio), a divisão sexual do trabalho, a disposição espacial das casas e a importância da casa dos homens (*baitó*), que seria "o centro da existência dos Bororo".[62] A antropóloga Renate Viertler afirma que, além disso, são relevantes para a etnologia algumas correlações propostas por von den Steinen, tais como entre medicina e arte plumária e entre cobertura plumária do corpo e ornamentação produzida com material orgânico animal. Destacam-se ainda suas contribuições para a economia e a concepção de mundo Bororo.[63]

Viertler destaca várias interpretações errôneas de von den Steinen. Algumas são diretamente refletidas pelas condições de pesquisa. São exemplos a incompreensão quanto ao papel da agricultura e da caça. A autora destaca que von den Steinen interpretou a "cultura" Bororo no sentido que Tylor lhe confere, ou seja, com ênfase na aquisição de técnicas mentais e materiais adquiridas pelo homem como membro da sociedade. Consequentemente o etnólogo não teria se atentado à morfologia social e, por isso, ignorado a divisão da sociedade em clãs opostos e complementares, interpretando incorretamente diversos aspectos culturais Bororo, como a vida sexual e o parentesco.[64] Efetivamente um erro investigativo não apenas de von den Steinen, mas de todos os americanistas alemães, inclusive Max Schmidt e Koch-Grünberg, foi ignorar completamente o parentesco e, consequentemente, a relação dessa instituição com outras, como a cosmologia e as relações interespecíficas. Todavia, é mais provável que a noção de cultura de Tylor revele a influência de Bastian (da noção de *Volksgeist* de Herder) do que a análise de von den Steinen supor *a priori* o holismo de Tylor, uma vez que o americanista alemão também foi bastante influenciado por seu mestre em Berlim. Além disso, von den Steinen atentava para outras questões – linguagem, cultura material, mitologia e arte –, e a preocupação com morfologia social e parentesco entre os ameríndios só veio a ser postulada algumas décadas mais tarde, através da obra de Robert Lowie (1883-1957).

No relato de von den Steinen, ainda é relevante a minuciosa narrativa de um ritual funerário. Trata-se da primeira descrição dessa instituição e a única durante mais de meio século. Portanto, é documento imprescindível para a compreensão histórica das transformações rituais. Viertler, que, ao lado de Sylvia Caiuby Novaes, é uma das especialistas nesse rito, aponta que, no que tange às cerimônias funerárias, von den Steinen registrou "magistralmente danças funerárias do representante da finada com denso material etnográfico, em especial sobre a cerimônia dos zunidores, por ocasião da destruição dos bens da morta".[65] Ela afirma que os dados do etnólogo foram confirmados por pesquisas ulteriores. Há uma fotografia do ritual funerário Bororo, mas infelizmente de baixa qualidade.

No dia 18 de abril, os expedicionários deixaram a colônia Thereza Christina e marcharam até a aldeia Bakairi no Paranatinga. Antônio levou consigo uma viúva Bororo e seu filho de cinco ou seis anos para morar com ele ali. Von den Steinen revela que "ela se chamava Rosa e era a índia que falava o melhor português macarrônico; ela pertencia às prisioneiras de Duarte", o diretor da colônia. Através de sua "mediação foi alcançada a submissão da tribo e o início da catequese".[66] Para o americanista a expedição não poderia ter um final mais celebratório do que a união dos dois grupos aos quais eles se dedicaram mais: Bakairi e Bororo. Em carta a Bastian, ele teceu comentários sobre sua estadia entre os Bororo. Ele afirmou que o tempo entre os Bororo permitiu-lhe ter uma "imagem bastante clara sobre o estado cultural desse poderoso povo de caçadores". Além disso, "talvez eles representem uma forma muito mais elevada dos Jê. São pessoas fisicamente magníficas". Por parte dos brasileiros, os Bororo recebiam na colônia um "tratamento inacreditavelmente falho", sobretudo no que tangia à transferência de bens materiais em troca da manutenção artificial da paz.[67]

Em 24 de abril, a companhia chegou a Cuiabá. Com o fim da expedição, von den Steinen começou a tratar de assuntos administrativos concernentes aos resultados da pesquisa. Em carta a Bastian, von den Steinen pormenorizou sua enorme coleção etnográfica, que era formada por 1.235 objetos provenientes dos Bakairi, Nahuquá, Mehinako, Aweti, Yawalapiti, Waujá, Trumai, Paresí e Bororo. Em suma, "a coleção procede de tribos desconhecidas até então, as quais ainda vivem na idade da pedra pré-colombiana".[68] Ele calculou que a expedição lhe custou 36 mil marcos e ofereceu a coleção por 15 mil marcos ao Museu de Antropologia de Berlim. Por fim, ela foi vendida por 13 mil marcos para a Humboldt-Stiftung (Fundação Humboldt).[69] Os cientistas ainda formaram uma coleção zoológica, que também foi enviada a Berlim.[70] Precisamente durante o período de avaliação dos resultados de pesquisa e da projeção intelectual resultante das expedições é que von den Steinen manifestou o desejo de dedicar sua vida à etnologia, mas questionou as possibilidades factíveis de isso ocorrer.

Durante a trajetória até Cuiabá, a companhia se dissolveu definitivamente. Vogel permanecera em São Lourenço para empreender uma viagem a Santana de Parnaíba, para melhorar a comunicação entre essa cidade e Cuiabá e buscar um caminho fluvial.[71] Antônio ficara na sua aldeia no Paranatinga, Wilhelm e Karl von den Steinen seguiram de navio ao Rio Grande do Sul para estudar sambaquis, e Ehrenreich, acompanhado pelos *Auslandsdeutsche*, os irmãos Dhein, iniciava a marcha até Goiás para a exploração da região do Rio Araguaia.[72] Os primos ficaram durante um mês entre os *Auslandsdeutsche*, os alemães estrangeiros, no Rio Grande do Sul, pesquisando, visitando pessoas e descansando. Von den Steinen ainda adquiriu uma pequena coleção etnográfica oriunda da missão jesuítica de São Leopoldo.

De lá, eles seguiram ao Rio de Janeiro, onde von den Steinen apresentou novamente os resultados de sua expedição à Sociedade de Geografia. Ausente, dom Pedro II foi representado pela princesa Isabel. Quando a relação do Estado imperial brasileiro com os povos indígenas é observada, há aparentemente duas vertentes. A primeira é representada pelo poder central, na figura de dom Pedro II, com seu desinteresse pela política imperial, seu interesse por questões científicas e etnográficas e o fomento a uma determinada representação dos índios na literatura brasileira. A outra vertente é representada pela micropolítica desempenhada pelos interessados em se apropriar das terras indígenas: políticos locais e elites regionais.

A contradição é apenas aparente, pois a micropolítica fundiária criava as condições reais de existência do índio metafórico, silenciando as vozes dissonantes e tentando monopolizar as imagens sobre os índios. Isso significa que o trabalho de campo de Karl von den Steinen precisa ser compreendido em um contexto de negociação política com múltiplos interesses, em que a representação dos índios migra da ordem simbólica para uma clivagem política.

Periga-se imaginar que o etnólogo tenha servido aos interesses políticos do Império em prol dos seus interesses profissionais, sacrificando para isso as condições de vida dos povos indígenas que estudou, ou que ele deixou-se ludibriar facilmente por um suposto interesse científico por parte do Estado imperial brasileiro. Não há dúvidas de que suas pesquisas tenham exercido impacto nas políticas públicas brasileiras no que diz respeito aos povos indígenas; no entanto, ao menos na documentação imperial, não há relação direta de causa e efeito. Além disso, ele estava consciente do seu papel nesse campo de disputas políticas e negociações simbólicas, de maneira que o seu segundo discurso na Sociedade Geográfica do Rio de Janeiro não foi apenas a apresentação de resultados geográficos, mas uma verdadeira defesa do modo de vida dos povos indígenas: ele relatou que os índios Juruna salvaram sua vida, classificou sua estadia entre os Bakairi como "um paraíso" e elogiou sua hospitalidade, afirmou que "o índio não tem somente uma índole *boa* como também humor bem *alegre*", que "a quem elle se entrega é companheiro fiel e franco", e aceitou de bom grado o apelido de "amigo dos selvagens", que lhe fora dado de modo zombeteiro em Cuiabá.[73]

Ele criticou veementemente a catequese dos Bororo, acusando que o alcoolismo do qual muitos índios padeciam era culpa do sistema catequético. Ele estava convencido de que os Bororo jamais teriam cometido tantos assassinatos se não fossem "caçados como feras". A ocasião foi aproveitada para denunciar os desentendimentos com os soldados na expedição de 1884. O confronto com os Trumai em que um rapaz Kamaiurá foi morto por um soldado foi minimizado de tal sorte, que von den Steinen refere-se ao assassinato como um "tiro casual".[74]

Sua apresentação, em que um esboço de traços culturais dos povos visitados foi delineado, é concluída com uma colocação que deve ter acertado a audiência como uma flecha:

> Qual será o futuro dos nossos amigos do Xingu?
> São três mil aborígenes que apresentamos, primitivos como sahiram das mãos da natureza; portanto, capazes de desenvolvimento intellectual e moral se forem guiados propriamente, ou brutaes se forem *maltratados*.
> Um sem número dos seus irmãos ficou anniquilado por duas espécies de barbarismos criados aliás por nossa raça de mais nobre categoria: uma a guerra feroz, a outra a especulação sordida.
> Não será fácil escolher o caminho mais recto. Mas é de esperar que a mão benigna que libertou da escravidão os descendentes da Africa, tenha também o poder suficiente de proteger os naturaes deste continente e bem assim bastante clemencia para educar estes brasileiros que são mais senhores da sua sorte e isto mesmo ignoram.[75]

A palestra é carregada de ambiguidades. Ao mesmo tempo que o americanista intencionava defender os modos de vida e a existência dos povos indígenas, era-lhe interdito enquanto cientista adentrar no domínio da política. Uma vez que a ciência burguesa imaculada de inferências políticas não deveria ser praticada nas sociedades científicas europeias ou em suas respectivas publicações, uma palestra, ainda que na Sociedade de Geografia, mas organizada de acordo com interesses políticos, apareceu como lugar privilegiado para as incursões aos direitos dos povos nativos. Ele denunciou a incompetência dos soldados brasileiros, mas não a ponto de sua missão ser atingida por ela. Elogiou e intercedeu em favor dos povos indígenas, mas a necessidade de divulgar o pioneirismo do contato com povos em isolamento também revelou a existência exata desses povos a um Estado pouco amigável aos índios e interessado em submetê-los a força e tomar suas terras – isso sem considerar as consequências do contato em si para os ameríndios.

Peter Vogel se uniu aos primos von den Steinen no Rio de Janeiro, e juntos eles embarcaram de volta para a Alemanha. A segunda expedição ao Xingu foi a última aventura científica deles na América do Sul, e tanto a viagem em si quanto seus resultados se tornaram marcos fundamentais na etnologia indígena alemã.

Por matos e mitos: resultados da expedição ao Xingu

Olhar, escutar, escrever

Os dados e as experiências de campo geraram material para que von den Steinen publicasse duas monografias: *Die Bakaïri-Sprache* (*A língua Bakairi*) em 1892 e, dois anos mais tarde, *Unter den Naturvölkern Zentral-Brasiliens* (*Entre os aborígenes do Brasil Central*).[76] O primeiro livro consiste em um estudo completo da língua Bakairi. Ele é composto de um dicionário alemão-Bakairi e Bakairi-alemão, de análise gramatical e morfológica da língua Bakairi e de sua pronúncia, além de trazer uma comparação com outras línguas Karib e um conjunto de frases em Bakairi com tradução interlinear em alemão. Entre essas frases, os mitos assumem um papel central: lendas de criação, mitos sobre animais e sobre os gêmeos demiurgos Kemi e Keri foram transcritos em Bakairi.

Com suas mais de 400 páginas, *Die Bakaïri-Sprache* é a primeira obra dedicada inteiramente a uma língua indígena do território brasileiro e a textos míticos transcritos *ipsis verbis*. Esse estudo remete à tradição filológica alemã, mas sobretudo à obra *Über die Kawi-Sprache auf der Insel Java* (*Sobre a língua Kawi da ilha de Java*), em que Wilhelm von Humboldt não investigou apenas o alfabeto javanês, a língua e a gramática, mas a relação entre as formas culturalmente distintas de construção linguística e suas influências para o desenvolvimento da mente humana.[77] O objetivo de von den Steinen era, em primeiro lugar, revelar um material linguístico inteiramente novo e, em segundo lugar, investigar as migrações dos povos Karib por meio da análise comparativa vocabularial.[78]

Nesse âmbito, *Die Bakaïri-Sprache* é um desenvolvimento de problemas empíricos e de sua respectiva abordagem metodológica praticada em *Durch Central-Brasilien*, a saber, a busca pela *Urheimat* Karib, seguindo os rastros das transformações linguísticas, que refletiriam os processos migratórios aos quais seus falantes tivessem sido submetidos. A comparação de vocabulários e de cognatos demonstraria as transformações linguísticas e as migrações populacionais. Além disso, o americanista visava fazer uma contribuição para a "doutrina fonética" da língua Karib "fundamental" (*Lautlehre der karaïbischen Grundsprache*), ou seja, o Karib puro, sem influências de outras línguas e sem afluências dialetais. Assim, ele afirmava seu pioneirismo no estudo não somente de uma única língua com tal profundidade, mas também de uma família linguística como um todo, além de estabelecer em definitivo a posição de uma língua indígena entre as competências de análise da linguística germânica.

Uma vez que von den Steinen não viveu tempo suficiente entre os Bakairi para se tornar fluente, ele optou por se dedicar exaustivamente ao estudo da língua através de Antônio, o informante poliglota. O método empregado por ele consistia em traduzir os vocábulos e frases em Bakairi de Antônio ao português (língua que ambos dominavam) e em seguida ao alemão. O papel desempenhado por Antônio na produção intelectual de von den Steinen durante esse período foi central. Tanto que a imagem de abertura do livro é um retrato enorme do tradutor (Imagem 25). Von den Steinen confessou, acerca da produção do livro, o auxílio oferecido por Antônio:

> Meu principal informante para o presente trabalho é o destemido índio da aldeia Paranatinga, que a imagem do título com traço civilizado e um bigode longo e cultivado, segundo fotografia do dr. Ehrenreich, representa lealmente, e que, como todas aquelas pessoas, obviamente se chama Antônio. Ele foi para nós um companheiro e escoteiro inestimável na segunda, bem como na primeira viagem.[79]

Imagem 25 – Antônio Bakairi (1887).

A escolha de alguns termos em alemão é reveladora. Von den Steinen usou, em vez de *Informant*, a palavra *Gewährsmann*, que também significa "porta-voz" e "testemunha". *Begleiter*, traduzida por "companheiro", também significa "acompanhante" ou "guia". Para o etnólogo, Antônio não era apenas tradutor, mas um porta-voz da cultura Bakairi; era seu guia, direcionando-o por matos e mitos. As dificuldades de uma comunicação bilíngue (somadas à mímica como ferramenta auxiliadora) foram relatadas pelo autor. Assim, por exemplo, ele relatou que o "português fragmentado de Antônio se completou de tal maneira durante a nossa longa convivência, que todo o essencial eu, que progredia no Bakairi, pude aprender dele".[80] Por essencial entenda-se o essencial da língua e cultura Bakairi.

A relação entre antropólogo e informante é, no caso do americanista e de Antônio, bastante singular e difere muito do lugar-comum na produção etnográfica segundo o qual os informantes estiveram constantemente sujeitos à vontade dos antropólogos, e cuja relação era baseada em um desequilíbrio absoluto de poder. Enquanto índio Bakairi, Antônio seria visto por von den Steinen, de acordo com a terminologia corrente da época, como um representante de um povo "primitivo" (*Naturvolk*); entretanto, ele fora incluído ao grupo de "senhores", os responsáveis pelo trabalho intelectual da equipe. Além disso, em várias partes do livro *Unter den Naturvölkern Zentral-Brasiliens*, von den Steinen pontuou a contribuição de Antônio como tradutor e como informante.[81] A relação entre os colaboradores de pesquisa, sejam eles informantes, tradutores ou coautores, e os etnólogos é muito mais complexa do que a tradicional e historicamente datada dicotomia assimétrica entre sujeito e objeto, mas também mais abstrusa do que a aparente equidade entre "interlocutores de pesquisa" faz supor. Interlocutores são pessoas envolvidas em um ato linguístico, o diálogo; "interlocutor de pesquisa" supõe que o conhecimento que um etnólogo obtém acerca de determinado grupo social é oriundo do diálogo entre partes. Por extensão, o diálogo ocorre entre iguais – já que todas as partes da relação são designadas sob o mesmo substantivo. No entanto, a consequência é a horizontalização das relações entre etnólogos e colaboradores, que produz uma homogeneização das categorias, ignora que cada um ofereceu contribuições muito distintas para o conhecimento e despolitiza as intencionalidades das partes colaborativas. A interlocução entre iguais focaliza o diálogo enquanto fundamento do conhecimento, mas despreza as forças que o compõem. Para resolver o problema da relação de poder assimétrica e da má-consciência causada pelas críticas pós-modernas, etnólogos aplanaram a multiplicidade de formas de colaboração, sustentadas por inúmeras intencionalidades e objetividades, negociações, camaradagens e afinidades, em uma relação pretensamente isonômica, porém efetivamente achatada e estática.

A despolitização das intencionalidades dos outrora chamados informantes, mediante a benévola relação de "interlocutores de pesquisa", menospreza que as relações sociais são compostas por micropartículas de poder e afinidade e que etiquetar partes politicamente distintas com uma única classificação não resolve a questão da assimetria de poder, apenas retira a agência de uma das partes. Von den Steinen impôs uma clara categorização das relações sociais: havia outros cientistas, camaradas, acompanhantes e informantes, todos hierarquicamente inferiores a ele. No entanto, a enunciação dessa hierarquia também mostrou a existência real de relações que já eram assimétricas, por serem condicionadas por uma história social determinada. Isso possibilitou que ele suportasse relações não idealizadas, compostas não apenas de brigas e discussões, mas também de colaborações e afetos. Considerar Antônio ao mesmo tempo selvagem e cientista era ambivalente, mas essas não eram facetas excludentes dentro das relações. Pelo contrário, ambivalências e negociações eram partes intrínsecas das relações entre von den Steinen e seus múltiplos colaboradores.

É evidente que, apesar do relacionamento colaborativo entre o americanista e Antônio, havia interesses mútuos. Von den Steinen dependia de Antônio como informante, guia e tradutor, e este dependia de von den Steinen como empregador e protetor, já que ele detinha o capital e estava inserido em uma rede de contatos larga e relevante. Ambos desejavam o sucesso da expedição para além da sobrevivência. Von den Steinen visava à obtenção de dados para suas pesquisas, que lhe renderiam, ao menos em suas expectativas, reconhecimento científico e melhores posições acadêmicas. Além da obtenção de recursos financeiros, que certamente foram distribuídos entre os seus, Antônio esperava alargar seu círculo de influência e fortalecer o seu papel de liderança intercomunitária, como vinha acontecendo desde 1884. Os interesses de ambas as partes estavam impregnados nessa relação, em que o poder flutuava de acordo com as capacidades de contribuição de cada um. Assim, enquanto líder da expedição e homem de notórias influências no Estado brasileiro, o etnólogo foi capaz de impor suas vontades em grande parte do tempo, mas foi preciso estabelecer relações de negociação com os índios, Antônio inclusive, o tempo todo.

Inicialmente o trabalho de tradução era considerado por Antônio um esforço sem sentido, e as dificuldades em convencê-lo a traduzir constantemente frases ao Bakairi não eram pequenas.[82] No entanto, as barreiras foram vencidas. Para tal, o americanista se ateve ao diálogo e à rememoração da experiência compartilhada: "Nós passamos por nossa experiência de viagem em comum e escrevemos juntos um relato acotovelado em Bakairi sobre a trajetória no Coliseu".[83] As frases em Bakairi foram traduzidas palavra por palavra ao alemão e em seguida reordenadas para que seu sentido fosse evidenciado. Von den Steinen acrescentou complementos por meio de parênteses no ordenamento das palavras e através de notas de rodapé explicativas. O capítulo que contém a narrativa chama-se "Frases do Antônio".

A narrativa de Antônio se inicia com sua partida da aldeia no Paranatinga e a chegada ao Rio Coliseu:[84]

1. *šina itá-le kχenáka*[1] *kχulisehú-ína*
wir gingen   Kulisehu-zum
2. *t-utú-he* lö[2] *áni hína*
wusste !   es gibt   unsere
3. *šina itåké-le kχenáka ătó-pa tseka-pŭri*[3] *šina in-yo-díle*
wir hinabstiegen   Hütte-nicht Bratrost-rest wir   fanden
4. *hína n-utú-pa lö kχenáka bakáiri anáγi ewí-le*
wir wussten nicht !   Bakaïri irgendwer kommen

---

1) Wir gingen nach dem Kulisehu-Fluss. 2) Wir wussten, dass es dort Bakaïri (von den Unsern) gab. 3) Als wir zum Fluss hinabstiegen, fanden wir eine verlassene Schutzhütte und einen Bratständer (beide in sehr baufälligem Zustand). 4) Wir wussten nicht, ob sie von Bakaïri oder andern Leuten herrührten.

[1] Vgl. 3, 4, 8, 11, 13, 15, 16, 29, 30, 31, 69, 196.

[2] Hervorhebend: wir wussten! Gegensatz: *n-utu-pá-le* vgl. 4.

[3] Es ist interessant, die beiden Wörter mit *–pa* und *pŭri* zu vergleichen; ein elendes Schutzdach, um das es sich hier handelt, ist "kein Haus"; die Reste des Bratrostes sind dagegen "kein Bratrost mehr".

Ao inserir a tradução interlinear do português, destacada em negrito, há o seguinte esquema:

1. *šina itá-le   kχenáka[1] kχulisehú-ína*
wir gingen   Kulisehu-zum
nós fomos   Coliseu-ao

2. *t-utú-he lö[2] áni   hína*
wusste ! es gibt unsere
sabia ! há nossos

3. *šina   itåké-le   kχenáka   ătó-pa   tseka-pŭri[3] šina in-yo-díle*
wir hinabstiegen   Hütte-nicht Bratrost-rest wir   fanden
nós   descemos   cabana-não assado-resto nós   encontramos

4. *hína   n-utú-pa   lö kχenáka bakáiri anáyi   ewí-le*
wir   wussten nicht !   Bakaïri irgendwer kommen
nós   sabíamos não !   Bakairi alguém   vir

---

1. Wir gingen nach dem Kulisehu-Fluss.
Nós fomos ao Rio Coliseu.

2. Wir wussten, dass es dort Bakaïri (von den Unsern) gab.
Nós sabíamos que ali havia Bakairi (dos nossos).

3. Als wir zum Fluss hinabstiegen, fanden wir eine verlassene Schutzhütte und einen Bratständer (beide in sehr baufälligem Zustand).
Quando nós descemos ao rio, encontramos ali duas cabanas para proteção abandonadas e um tripé para assados (ambos em estado muito deteriorado).

4. Wir wussten nicht, ob sie von Bakaïri oder andern Leuten herrührten.
Não sabíamos se eles provinham dos Bakairi ou de outras pessoas.

---

[1] Vgl. 3, 4, 8, 11, 13, 15, 16, 29, 30, 31, 69, 196.
Compare com 3, 4, 8, 11, 13, 15, 16, 29, 30, 31, 69, 196.

[2] Hervorhebend: wir wussten! Gegensatz: *n-utu-pá-le* vgl. 4

Destacado: nós sabíamos! Contrário: *n-utu-pá-le*, compare com 4.

[3] Es ist interessant, die beiden Wörter mit –*pa* und *pŭri* zu vergleichen; ein elendes Schutzdach, um das es sich hier handelt, ist "kein Haus"; die Reste des Bratrostes sind dagegen "kein Bratrost mehr".

É interessante comparar as duas palavras com –*pa* e *pŭri*; um toldo miserável, que é o caso aqui, não é uma casa; em contrapartida, os restos de um assado não são mais um assado.

Assim, o conjunto de frases em Bakairi foi composto através do diálogo entre Antônio e von den Steinen, que transcreveu as falas de seu companheiro.[85]

407) Você quer aprender a entender a língua Bakairi?

408) Vamos estudar!

409) Será difícil aprendê-la?

410) Não é muito difícil.

411) É difícil ensiná-la?

412) Nós conversamos o dia todo para aprendê-la.

413) Você brinca em vez de estudar.

O diálogo entre eles se baseava na rememoração dos eventos da expedição. Através das sentenças, é possível perceber, de maneira mais detalhada, o papel de Antônio na expedição. Coube a ele convencer os Bakairi de outra aldeia a acompanhá-los por um trecho:[86]

53) Vocês conseguem trabalhar sem machado?

57) Quem vem comigo?

60) Se muitos vierem, o brasileiro dá machados.

Como relatado por von den Steinen, Antônio era mediador no primeiro contato com índios de outras etnias. O encontro com os Nahukwá, quando as mulheres fugiram para dentro do mato, ocorreu assim na visão de Antônio:[87]

126) As mulheres fugiram para a floresta.

127) Ali elas permaneceram escondidas.

128) Não havia nada nas casas.

131) É possível que tantos tenham tamanho medo de poucos?

Depois de estabelecidas as relações pacíficas com os Nahukwá, para o que o índio Bakairi também foi fundamental, Antônio também se dedicou à aquisição de material etnográfico.[88]

142) Eu pedi aos Nahukuá que eles dançassem.

143) Eu pedi máscaras com pinturas para mim, mas eles não tinham nenhuma.

A chegada aos Mehinako, o contato e a instituição de relações sociais foram narrados por Antônio da seguinte maneira:[89]

164) No caminho todo não encontramos um único Mehinaku.

165) Bem quando chegamos, encontramos um homem.

166) Ele correu de volta, e então, imediatamente, todos vieram de assalto para cá.

167) De todos os lugares vieram muitos, correndo e gritando.

168) Eles me agarraram e então levaram para a casa das flautas.

169) Aparentemente tinha três chefes; um deles era velho e tinha cabelo grisalho.

170) Tumayaua não entendia nada da língua Mehinaku.

171) Eu e Pakurali também não.

172) Os Mehinaku não estavam de acordo com isso; eles queriam conversar.

173) Eu dei uma faca ao chefe.

174) Eu entrei em todas as casas para fazer visitas; as mulheres estendiam as mãos para ganhar miçangas para os colares de seus filhos.

175) O chefe da família me mostrava seu pai ou me apresentava seu irmão; as mulheres velhas apresentavam seus filhos e netos.

176) Os jovens também me apresentavam seus tios ou avôs.

177) Eu perguntava para eles: como você chama na sua língua o "irmão mais velho" ou o "irmão mais novo"?

178) Como você se chama? Como se fala "calabaço"? Como se fala "água"?

Além disso, algumas frases ditas por Antônio revelam sua disposição durante a expedição:[90]

67) (Chega de traduzir!) Agora está na hora de procurar a rede de dormir.

477) Eu tenho vontade de trabalhar, mas estou cansado.

505) Você tem medo? Agora eu não tenho.

506) Mas ontem eu tive muito medo.

E também a interpretação de Antônio sobre alguns eventos sociais do Alto Xingu:[91]

75) Os Juruna fizeram guerra com os Karajá; os Karajá mataram muitos.

76) Por medo, eles vivem nas corredeiras.

77) Se eles tivessem construído uma aldeia grande, os Karajá não teriam os matado.

Também revelam a curiosidade de Antônio em relação aos hábitos dos brasileiros e à vida de von den Steinen:[92]

33) As mulheres (dos Bakairi) não fumam. As mulheres do brasileiro fumam? Sim? Elas fumam só um pouco.

111) Você prefere comer bagadú ou piranha?

434) O que você conta do seu irmão?

457) Quantos companheiros você tem?

Em suma, o conjunto de frases é multivocal: a voz de Antônio pode ser lida diretamente do Bakairi e a de von den Steinen através dos ajustes. A intenção deste era de fato demonstrar as falas de Antônio da maneira mais precisa possível, para então propor uma análise da língua Bakairi, o que acabaria por enaltecer suas próprias qualidades como tradutor e linguista. Essa espécie de etnografia reversa, em que Antônio reflete sobre a análise antropológica da qual participou ativamente, é uma consequência inesperada do texto de von den Steinen, já que o foco era o conteúdo vocabularial das sentenças, não suas reverberações epistemológicas. Nesse sentido, von den Steinen não propôs uma etnografia experimental com multivocalidade ao adicionar seu informante à condição de coautor. A multiplicidade de vozes no texto é consequência das escolhas epistemológicas, não sua premissa. Não obstante a inversão de causalidade, o reconhecimento da importância de Antônio para a produção etnográfica e a presença do informante no corpo do texto fazem de *Die Bakaïri-Sprache* uma obra única.

As frases ditas por Antônio em alguma medida eram atendimentos a solicitações pontuais feitas por von den Steinen. Assim, o americanista dizia em português a frase que gostaria de anotar em Bakairi. Antônio fazia a tradução; von den Steinen, a transcrição e em seguida a tradução ao alemão. No prefácio a *Die Bakaïri-Sprache*, o etnólogo revela a necessidade de superação das barreiras linguísticas, mas, em uma sequência específica a respeito dos conceitos de vida e morte, as dificuldades operacionais dessa metodologia podem ser vislumbradas:[93]

238. *tokále   iyé-he-uéle   kχúra*
einer   sterben nur   wir alle
alguém   morrer apenas   nós todos

239. *úra   šikŭ-he   itanári*
ich schlafe   alle
eu   durmo   todos

240. *úra   iyé-he-aéle   kχúra*
ich   sterben-nur   wir alle
eu   morrer-apenas   nós todos

241. *áuná-ri   åtúrá   neğehóba*
dein?   Leben wie viel   ?
tua?   vida   quanto   ?

---

238. Jedermann muss sterben.
Todo mundo precisa morrer.

239. Jedermann muss schlafen.
Todo mundo precisa dormir.

240. Jedermann muss sterben.
Todo mundo precisa morrer.

241. Das Leben ist kurz.
A vida é curta.

Von den Steinen desejava obter a tradução da sentença "*Jedermann muss sterben*" ("todo mundo precisa morrer"). Tanto é que ele anotou essa tradução em duas tentativas, enumeradas por 238 e 240. Em Bakairi, todavia, as frases são distintas: *"tokále iyé-he-uéle kχúra"* e *"úra iyé-he-aéle kχúra"*. Na primeira oração consta a palavra "alguém" (*tokále*); na segunda, a palavra "eu" (*úra*); e em nenhum dos casos há traduções literais para "todo mundo". No oitavo capítulo de *Unter den Naturvölkern Zentral-Brasiliens*, denominado "Wissenschaft und Sage der Bakaïri" ("Ciência e lenda dos Bakairi"), von den Steinen narra brevemente o contexto da tradução dessa frase em específico.[94] Quando o americanista pediu que Antônio traduzisse "todo mundo precisa morrer", este ficou atônito. Von den Steinen depreendeu do silêncio de seu companheiro que em Bakairi não haveria correspondente para o verbo "precisar" e que Antônio não compreendia por que todos precisavam morrer. Note-se que "precisa" está ausente de ambas as frases, 238 e 240. Após algumas horas, Antônio traduziu a solicitação de von den Steinen por "Apenas eu morro (e) nós (morremos)" e, após a negação do etnólogo, por "todo mundo precisa ser assassinado".

Em sua obra anterior, von den Steinen afirmou que os índios teriam dificuldade em acompanhar abstrações, e, quando Antônio silenciou-se diante da solicitação, o etnólogo repetiu o mesmo julgamento.[95] Todavia, a incapacidade de Antônio de traduzir corretamente as frases pedidas por von den Steinen não era reflexo de sua incompetência mental, nem das limitações do vocabulário de sua língua, mas da falta de sentido que o conjunto de frases teria em Bakairi. Ao perceber isso, o autor, em um movimento epistemológico claramente inspirado na obra de Bastian, notou que a ausência de certos termos se inseria em um aspecto cultural mais amplo, em que as concepções nativas de vida ou morte desempenhavam um papel fundamental. Assim, não apenas o estudo das palavras direcionava diretamente à mentalidade de um povo, mas o estudo da ausência delas também indicaria o caminho ao *Volksgeist*. Assim, as sessões de tradução serviram de gatilho para uma descrição mais abrangente da cosmologia Bakairi.

Na interpretação do americanista, o fato de Antônio não compreender que invariavelmente todas as pessoas estão sujeitas à morte significa que, para os Bakairi, a morte não é natural, ela necessariamente é resultado de ações humanas, como ataques de xamãs – o que depois viria a ser largamente explorado pela etnologia sul-americana –, que causariam doenças ou enfeitiçariam as pessoas. Von den Steinen afirma que aí reside uma das grandes diferenças da cosmologia Bakairi em relação à europeia. Para os europeus, a morte implica a separação entre corpo e alma, o que para os Bakairi seria um evento cotidiano. Quando à noite o Bakairi sonha que a sombra se desprende do corpo, a alma está partindo do corpo humano. O americanista pontua que a doença é o afastamento excessivo da alma, que só pode ser curada pelo médico (*Medizinmann*). A morte ocorre quando a alma, em decorrência de ação xamanística, não retorna ao corpo.[96] A interpretação dele resulta de informações fornecidas por Antônio. Em suas palavras:

277) A alma do pai migra para o filho.

278) Quando eu durmo, minha alma deixa o corpo.

279) Quando a alma retorna, eu acordo.

280) Em pouco tempo a alma pode percorrer grandes distâncias.

281) Por isso nunca chame uma pessoa que dorme.

282) Isso pode fazer mal a ela.

A coleção de frases e as informações sobre as concepções religiosas dos Bakairi deixam claro o que von den Steinen queria dizer quando afirmou que Antônio era "tradutor" e "porta-voz". As informações, linguísticas e culturais, providas por Antônio foram acatadas por von den Steinen e serviram de estímulo para que ele buscasse noções culturais mais abstratas. Ao estudar minuciosamente a língua e as expressões religiosas Bakairi e a partir disso propor generalizações culturais, o americanista aplicou com exatidão o método que Bastian desenvolveu para a complementação do seu repertório estatístico de pensamentos elementares. Signos linguísticos e religiosos, enquanto pensamentos étnicos (*Völkergedanken*), eram matérias privilegiadas de análise, a partir do que seria possível deduzir os pensamentos elementares (*Elementargedanken*) e assim compreender a mentalidade coletiva, o espírito de um povo (*Volksgeist*). No caso específico, esse movimento é bastante claro. Na língua Bakairi não haveria termos que expressam obrigatoriedade nem em geral, nem para a morte em específico. Ele deduziu que os Bakairi não consideram a morte natural e, por fim, subsumiu dali a existência de um outro regime cosmológico em que o controle da vida e da morte é atribuído a seres com agência. Do ponto de vista epistemológico, a inferência do modelo bastiniano criou uma relação singular entre indução e dedução, uma vez que o ponto de partida para a reflexão foi a indução, através da obtenção empírica de dados de campo, e, ao longo do movimento analítico, a conclusão foi alcançada por meio da dedução.

Mas há, além disso, outra questão metodológica. O autor transmitiu para a esfera do pensamento coletivo e das representações sociais afirmações obtidas de um único informante. A discussão sobre até que medida é epistemologicamente possível generalizar com precisão informações provenientes de fontes singulares não foi explicitada pelo etnólogo; no entanto, ele notou a tensão existente na relação causal entre pensamento singular e pensamento coletivo. Em algumas ocasiões, von den Steinen comparou as informações dadas por Antônio com aquelas obtidas em outros lugares, como nas próprias aldeias Bakairi. De acordo com o etnólogo os eclipses eram explicados pelos Bakairi em conformidade com princípios astronômicos indígenas acerca das fases da Lua. Ela é uma bola enorme formada pelas penas amarelas da cauda do pássaro japu. O ciclo da Lua se inicia com a lua cheia, quando toda a bola de penas pode ser vista. Em seguida uma lagartixa encobre parte da bola, depois um tatu acoberta uma parte maior, e por fim um tatu gigante esconde a Lua toda. Os eclipses nada mais seriam do que o desaparecimento da bola de penas sob o corpulento tatu. Entretanto, "Antônio não considerava a interpretação desse fenômeno absolutamente legítima, e explicou-o caso a caso".[97]

Uma qualidade distintiva nas informações fornecidas por Antônio consiste em sua capacidade comunicativa e na forma de transmitir conhecimento de uma maneira que fizesse sentido ao ouvinte. Von den Steinen mesmo revela que, no conjunto de frases em Bakairi, há adaptações: "treino e ajuste ao pensamento estrangeiro" está presente "nas frases de Antônio".[98] Isso significa que Antônio precisava compreender o raciocínio europeu (ocidental, alemão ou não Bakairi) para oferecer uma tradução razoável. Um estudo preciso da obra *Die Bakaïri-Sprache* talvez consiga acompanhar o movimento intelectual de Antônio para ajustar as frases em Bakairi à racionalidade europeia. Nesse sentido, von den Steinen não fez apenas uma aplicação da metodologia bastiniana, mas também implementou algo como uma abordagem arqueológica da linguística, ao escavar pensamentos escondidos embaixo da superfície das traduções. Os ajustes podem ser esclarecidos "na comparação com a linguagem das lendas, em que apenas o Bakairi natural é transmitido".[99] Por "natural" entenda-se *sem mediação*, pois as lendas foram ditadas por Antônio sem que von den Steinen interferisse. Em outras palavras, há nas falas de Antônio expressões imediatas e mediatas do pensamento coletivo Bakairi. As sentenças são mediatas por causa da interferência de von den Steinen e dos ajustes ao processo de pensamento europeu e são imediatas na medida em que eram pura expressão do pensamento coletivo. Isso poderia ser acessado através de uma etnografia que explorasse justamente a relação entre pensamento e linguagem e que fosse capaz de entender quanto do pensamento individual corresponde aos *Völkergedanken*, aos pensamentos coletivos, e de visualizar quando há interferência externa no caminho imediato entre fala e pensamento, entre pensamento étnico e pensamento elementar. Ao afirmar que é possível derivar os *Elementargedanken* dos *Völkergedanken*, von den Steinen estava provendo as hipóteses de Bastian de material etnográfico; contudo, o americanista foi além ao frisar não apenas a diferença entre os processos de pensamento, mas também a possibilidade de aprender e compreender outras visões de mundo (*Weltanschauung*) através de relações culturais.

Haveria, entretanto, um limite para essa compreensão: "Não, Antônio e seus compatriotas não teriam compreendido os nossos tipos de símbolos, sem falar de eles inventarem alguns".[100] Apesar do pressuposto da existência de uma essência mental universal, algumas representações são tão profundamente inerentes às culturas, que os estrangeiros não conseguem compreendê-las – muitas vezes porque tais signos estão fundamentados em experiências pessoais que se alimentam de contextos socioculturais específicos. Essa, precisamente, é a expansão da teoria de Bastian realizada por von den Steinen: a humanidade compartilha o funcionamento psíquico e físico da mente, há essências mentais universais (*Elementargedanken*) e pensamentos coletivos culturais (*Völkergedanken*), mas o desenvolvimento do primeiro tipo de pensamento no segundo ocorre não apenas em decorrência de isolamento geográfico ou interferência externa, mas ilimitadamente também através das lógicas intraculturais. Enquanto, para os historiadores e linguistas do século XVIII, haveria tantas línguas quanto povos; para von den Steinen, havia tantas racionalidades quanto culturas. Se ele foi capaz de descrever as culturas do Alto Xingu em seus próprios termos é outra questão, mas ele estava consciente de que era ofício do etnólogo agir assim e que havia sérios limites para a comunicação intercultural.

O etnólogo efetivamente explicitou a necessidade de analisar as culturas indígenas em seus próprios termos. Como previamente mencionado, o método de coleta de vocabulário iniciava-se com questões sobre as partes do corpo, para então progredir para nomes de animais, fenômenos naturais, relações de parentesco e assim por diante. Quando trabalhava entre os Bakairi, ele notou que eles achavam as perguntas sobre os nomes das partes do corpo cômicas e orgulhavam-se da extensão do seu vocabulário.

Eles se divertiam muito com minhas perguntas e não deixam faltar em informações velozes ali onde segundo nossos entendimentos eles deveriam se envergonhar ou responder em linguagem infantil ou em latim. Eu esperei cuidadosamente o momento em que as mulheres saíram da cabana – pois eu olhei através dos meus óculos culturais e vi que eles estavam nus – quando de repente eu fui surpreendido com a resposta pedida vindo lá de fora em uma voz de menina brincalhona. Meu cuidado não fez sentido.[101]

Para ele, o risinho nas sessões de estudo vocabularial não era nem malcriado, nem embaraçoso, mas levemente erótico, típico de brincadeiras entre os sexos, como também acontecia entre alemães. O fato de a aura erótica ocorrer entre pessoas nuas era mero detalhe, porque o sentimento de vergonha ou malícia atribuído à nudez, típico do mundo ocidental, era inexistente entre os índios. Como o etnólogo resumiu outrora: os índios andam "completamente despidos, isso é verdade, mas 'pelados' eles não são; nesse 'pelado' há um julgamento conveniente, há a desconfiança de que eles sejam indisciplinados e obscenos".[102] A vergonha não é, afirma o americanista, uma condição psicológica primária; ela é reflexo de condições sociais e culturais. Portanto, esse sentimento não é inerente ao dispositivo mental universal. Abaixo das roupas, todos nós estamos nus, por isso "podemos conceder apenas uma autoridade relativa à vergonha".[103] O sentimento de vergonha perante a nudez é uma construção cultural, e, como resposta automática à nudez, ele se ancora em camadas de experiências e direcionamentos psicologicamente incorporados. O sentimento de vergonha é relativo, porque as relações com o corpo e a nudez o são. Os Bakairi não estavam nus; quem os viu assim foi von den Steinen. Eles usavam adornos, estojos penianos, cordas genitais ou pinturas corporais. E foi ele que supôs que a discussão acerca do corpo em um ambiente com pessoas nuas poderia gerar constrangimentos, porque ele considerou suposições europeias.

A metáfora dos óculos é extraordinária. Os óculos são eles mesmos objetos culturais, que corrigem as imprecisões da visão. O amétrope apreende o mundo por meio dessa ferramenta corretora, sem a qual as imagens seriam distorcidas e muitas vezes irreconhecíveis. O que as pessoas efetivamente veem não são as coisas em si, mas as coisas tais como aparentam ser através das lentes. Sem elas talvez o amétrope consiga, em alguma medida, enxergar o mundo, mas não sem consideráveis desvios do ideal da apreensão das coisas. Mesmo sem as lentes, os objetos continuam não sendo as coisas em si, mas as coisas tais como a visão com erro refratário e o cérebro no ímpeto de atenuar as deformidades conseguem compreender. As lentes dos óculos variam de acordo com as necessidades de seus portadores, as armações caminham com as tendências da moda e se alteram rapidamente, e ambas as partes são influenciadas pelos avanços da tecnologia. Assim os óculos são tão singulares como seus usuários. Os óculos culturais, ou seja, as culturas, se transformam e variam historicamente, a forma por meio da qual as pessoas se relacionam com o contexto cultural em que estão envolvidas é de origem múltipla, e questões neurobiológicas, psicológicas, histórico-culturais e sociais são fatores de influência. O mundo objetivo é apreendido subjetivamente através de categorias culturais, que são formadas e formadoras do modo de apreensão. Para que uma realidade seja apreendida de forma absolutamente neutra, seria preciso que o observador não usasse óculos culturais, quer dizer, que seu olhar não fosse previamente determinado por categorias culturais e sociais. No entanto, a ação de observar, anotar e analisar o mundo objetivo, que constitui o cerne da etnografia, só existe no interior de um certo contexto, que é ele mesmo formador das categorias de apreensão do mundo. A apreensão puramente objetiva e absolutamente livre de julgamentos culturalmente provenientes e psicologicamente enraizados inexiste. Mas o etnógrafo – é essa a lição que von den Steinen ensina – deve ser capaz de distinguir se determinado fenômeno existe antes ou depois das lentes de seus óculos.

A noção de que a tentativa de apreensão das culturas nativas ocorre, literal e metaforicamente, através do olhar do etnógrafo não é de exclusividade de von den Steinen, já que ela evidentemente reverbera a teoria do conhecimento desenvolvida por Kant na *Crítica da razão pura*, que teve impacto profundo nas ciências alemãs no século XIX.[104] No tempo imediatamente anterior à sua revolucionária expedição ao Ártico, Boas estava particularmente interessado na filosofia kantiana, pois se preocupava em compreender a relação entre o mundo objetivo e o mundo subjetivo.[105] Durante as longas noites árticas, Boas lia Kant, de modo a se concentrar na relação entre "o externo e o interno, o físico e psíquico, o inorgânico e o orgânico".[106] O trabalho de campo entre os Inuit, aliado ao interesse na filosofia kantiana, e os pressupostos científicos da física aplicada teriam feito com que, na avaliação de Ruth Benedict, citada por Stocking Jr., Boas compreendesse de uma vez que o "olho não é um mero órgão físico, mas um meio de percepção condicionado pela tradição em que seu possuidor foi cultivado".[107] Todavia, é o próprio Stocking Jr. que levanta dúvidas acerca da veracidade dessa iluminação em campo. Na troca de correspondências com a futura esposa, Marie Krackowizer, Boas pontuou seu estudo sobre a cor da água marinha e o problema mais geral da percepção dela. Em vez de haver ali "uma indicação real da nova apreciação do olho que vê como o órgão da tradição", a estadia no Ártico, tal como delineada nas missivas, levou lentamente a uma "rejeição abrupta do determinismo geográfico".[108] Mas a monografia sobre Baffinland ainda foi escrita sob os efeitos da geografia de Ritter e da antropogeografia de Ratzel. No entanto, a ideia de que para Boas a percepção do mundo ocorre *a posteriori*, após a experiência, e que é ela que determina as categorias mentais que regem a percepção foi aceita de tal maneira que Marshall Sahlins afirma que Stocking Jr. descreveu a passagem boasiana "do materialismo monista para a descoberta de que o 'olho que vê é o órgão da tradição'".[109] Atribuir essa sentença a Boas tornou-se bastante corrente na antropologia. Mas, como se viu, trata-se da interpretação de Benedict, citada por Stocking, passada adiante por Sahlins e então universalmente reproduzida – o próprio Boas aparentemente jamais a disse. Entretanto, a relação entre fenômeno, percepção e espírito, tal como imputada a Boas, evidencia um prisma de interpretações e relações. Em primeiro lugar, ela parece ser logicamente plausível e característica para o tipo de investigação encabeçada por Boas. Em segundo lugar, ela demonstra a leitura que as pessoas gostariam de fazer de Boas e o que elas gostariam que ele tivesse dito. Por fim, ainda que não imediatamente após a expedição a Baffinland, Boas efetivamente tratou da relação entre o mundo interior e o mundo exterior, e essa discussão pode ser vista como desdobramento de problemas teóricos correntes na Alemanha na segunda metade do Oitocentos. Durante a década de 1880, como resultado do estímulo da prática etnográfica, da moderna etnologia alemã e da leitura de Kant, jovens etnólogos alemães, que estabeleceram seus campos em vários lugares do mundo, visavam postular evidências práticas da observação empírica dos fenômenos naturais (Boas) e culturais (von den Steinen) para a teoria do conhecimento.

No caso de von den Steinen, essa atitude representa um enorme diferencial em relação à publicação dos resultados de sua expedição de 1884. Naquela altura, ele se ateve ao relato objetivo de sua trajetória e à descrição factual da situação observada entre os povos indígenas. As análises foram reservadas exclusivamente para os resultados geográficos e para a resolução de problemas linguísticos. Nas duas obras sobre a segunda expedição ao Xingu, *Die Bakaïri-Sprache* e *Unter den Naturvölkern Zentral-Brasiliens*, a natureza da descrição proposta por von den Steinen e a análise dos resultados são radicalmente distintas. Como evidenciado com o exemplo acerca das noções Bakairi sobre a morte, von den Steinen tendia a ampliar o escopo dos entendimentos para além da descrição do observável e a propor interpretações sobre os modos de vida dos povos indígenas dentro das limitações metodológicas *a priori*. Isso significa que não há a postulação de quaisquer teorias gerais ou tentativas de estabelecimento de uma escola de pensamento antropológico. Contudo, a descrição minuciosa dos fenômenos empiricamente observáveis, aliada à sua interpretação amplificadora, criou uma obra etnográfica extremamente densa e detalhista.

Ainda no âmbito dos estudos linguísticos, von den Steinen retomou a tarefa iniciada em 1884 de determinar, por meio da análise comparativa de vocábulos, a região originária a partir da qual as línguas Karib teriam se difundido pelo continente sul-americano, a *Urheimat* dos Karib. Na primeira monografia, ele concluiu que o Bakairi era a língua Karib mais pura e antiga. Na segunda monografia, acrescentou dados historiográficos e fontes orais dos Bakairi e chegou à conclusão de que sua localização original se situava na região da foz do Rio Tapajós. Ali os Bakairi se separaram: uma parte migrou em direção ao Coliseu, e outra ao Xingu; e permaneceram separados por ao menos 400 anos, até que Antônio e ele promovessem o reencontro entre os grupos.[110]

A vida das máscaras

Em *Unter den Naturvölkern Zentral-Brasiliens*, há uma divisão entre a narrativa de viagem e a apresentação dos resultados. O subtítulo da obra já revela a categorização analítica proposta por von den Steinen: *Reiseschilderung und Ergebnisse der zweiten Schingú-Expedition 1887-1888*, quer dizer, "descrição da viagem e resultados da segunda expedição ao Xingu, 1887-1888". Os primeiros sete capítulos contêm a narrativa sobre a expedição ao Xingu até o retorno a Cuiabá. O oitavo capítulo trata da classificação das línguas do Alto Xingu e dos dados antropológicos obtidos na região. Os próximos cinco capítulos são interpretativo-etnográficos e versam sobre aparência física, corpo e sexualidade; caça, pesca e agricultura; divisão sexual do trabalho; armas e indústria; desenhos e desenhos corporais, representações plásticas, cerâmica e cultura material; máscaras e ornamentação de dança; direitos, costumes e magia; ciência e lendas. O décimo quinto capítulo abrange a prática de contar números entre os Bakairi, como a origem dos algarismos e das cores. Os dois capítulos seguintes são relatos etnográficos dos Paresí e dos Bororo. O décimo oitavo capítulo narra o retorno dos expedicionários para Cuiabá e de volta para casa. Os anexos abrangem vocabulários dos Nahukwá, Mehinako, Kustenau, Waujá, Yawalapiti, Aweti, Kamaiurá, Trumai, Paresí e Bororo, além de um relatório acerca dos grupos do Mato Grosso, tal como referenciado nos arquivos do estado.

ASCENSÃO E DECLÍNIO DA ETNOLOGIA ALEMÃ (1884-1950)

Os tópicos relacionados por von den Steinen entregam muito de seu método analítico e da conceptualização empregada para tal. Ao separar a descrição da expedição da análise de seus resultados, o que ele já fizera em sua obra anterior, ele consolidou definitivamente o modelo etnográfico americanista alemão, em que o detalhamento de apreensão dos dados de campo precede sua investigação minuciosa. Os capítulos refletem tanto questões demandadas pela academia alemã quanto seus interesses pessoais.

As duas expedições ao Xingu eram sustentadas por diversos objetivos científicos, sobretudo quanto aos estudos de antropologia, etnografia, linguística e geografia. O interesse pelas instituições estatais em financiar não se concentrava apenas no suporte à ciência, mas também em seu benefício de obter as coleções etnográficas. Estas eram relevantes não apenas para os museus antropológicos, mas também para o projeto intelectual de Bastian, uma vez que ele afirmava que, a partir do estudo detalhado dos objetos etnográficos, é possível deduzir os pensamentos dos artesãos. Os objetos eram não apenas signos representativos das culturas em que foram criados, mas índices semióticos que levavam até a mente de seus criadores. Então o estudo da cultura material, presente na obra de von den Steinen, tinha múltiplas funções: colaborar com o projeto intelectual de Adolf Bastian e fornecer conhecimento acerca das coleções que eram vendidas ao Museu de Berlim, bem como suporte para a descrição etnográfica das culturas ameríndias. Assim, a cultura material era um alvo privilegiado de análise descritiva, sobretudo em se tratando de peças que evocavam outras possibilidades analíticas ou outros interesses científicos, como era o caso das máscaras xinguanas e da ornamentação de dança.

Na intersecção entre o projeto antropológico de Bastian, a preocupação dos museus com a cultura material e os interesses científicos pessoais de Karl von den Steinen, situavam-se as máscaras do Alto Xingu. Elas eram de grande interesse por questões estéticas – por seu tamanho avantajado, sua beleza e boa manufatura, bem como por sua singularidade no mundo etnográfico –, mas também por elas mesmas estarem no cruzamento entre mito, ritual, artes cênicas e artes plásticas.

De acordo com a descrição do americanista, as máscaras estavam presentes em todos os grupos caçadores alto-xinguanos.[111] Elas eram usadas nas danças, em que através da pantomima animais eram representados; a imitação da voz e dos movimentos dos animais por parte dos dançarinos conferia as respectivas caracterizações. Cada aldeia do Alto Xingu possuía repertórios próprios de dança e canto, e era comum que amigos, aliados e parentes de outras aldeias e até mesmo de outras etnias fossem convidados para as festas.

Assim ocorriam as trocas de costumes, objetos de dança e informações sobre os rituais. Ele relatou que os membros de um grupo eram capazes de cantar as músicas de outros, mesmo que não compreendessem seu significado inteiramente, por não dominarem a língua. Um grupo aprendia com o outro sobre técnicas de manufatura das máscaras, sobre materiais, padrões e tipos de máscaras.

Havia uma fusão tão profunda das atividades cênicas, que em Bakairi a mesma palavra designava canto e dança. De acordo com o etnólogo, portanto, a união da máscara com o corpo é uma representação semiótica dos animais, não uma transformação ou incorporação espiritual. O uso das máscaras foi compreendido por ele na chave da performatividade e da teatralidade, da arte e do ritual. No entanto, a origem das festas com as *performances* com máscaras foi encontrada por ele na ancestralidade mítica. Entre os Bakairi, a fundamentação decorria das ações dos gêmeos demiurgos Keri e Kame, associados ao Sol e à Lua. Cada um construiu uma casa das flautas e convidou parentes para a inauguração delas. Por isso as festas existem, e a casa das flautas é o local central delas. Entretanto, as máscaras não seriam "sagradas", porque eram descartadas logo depois de usadas.[112]

Ele descreveu muito detalhadamente tanto as máscaras quanto as festas em que eram usadas e enumerou três específicas que haviam ocorrido entre os Bakairi. Na dança *Yakuta* máscaras de madeira em formato de peixe eram usadas. A dança *Makanari* seria uma espécie de dança étnica. Segundo von den Steinen, "Makanari é um conceito amplo".[113] Pessoas vestindo ornamentação de dança eram designadas por esse termo, da mesma forma que as danças em si. A dança *Imeo* seria um tipo de dança *Makanari*, em que máscaras de palha de buriti eram usadas. Os animais representados na dança *Imeo* vista por ele eram vermes, mas também havia a ocorrência de representações de morcegos ou peixes.

Ele obteve oito máscaras de madeira: dois peixes e seis aves. Elas eram grandes, pesadas e retangulares. Ainda que representem animais, as feições são antropomorfas. Dois furos fazem a vez dos olhos, o nariz também se assemelha ao órgão humano, e a boca é feita por meio da dentição da piranha colada. "As duas máscaras mais bonitas", descreve o americanista, "eram chamadas de *yakuá-ikúto*, isto é, imagens-piranha. Elas traziam desenhos vermelhos nas bochechas, e em um exemplar vemos dois grandes triângulos que colidiam com a ponta entre nariz e boca, e os triângulos são tão grandes, que cada um ocupa um quarto da placa".[114] Os olhos eram formados por duas conchas furadas. Mas a característica mais bela dessa máscara específica eram as grandes penas de arara, que atravessavam o septo nasal da máscara, à moda dos próprios Bakairi (Imagem 26).

Imagem 26 – Máscara-piranha de madeira com penas de arara (1894).

Essa máscara, descrita e representada pictoricamente por Wilhelm von den Steinen, foi levada para a Alemanha e vendida ao Museu de Antropologia de Berlim (Imagem 27). A abordagem acerca da máscara-piranha dos Bakairi revela um ponto metodológico bastante interessante da obra de von den Steinen e a forma através da qual ele uniu duas das dimensões do trabalho etnológico, a saber, a coleta de material etnográfico e a produção acadêmica, que se tornariam *modus operandi* até o final da era americanista alemã no Brasil. A descrição, a representação e as indicações detalhadas acerca das condições de coleta de informações e materiais precediam sua análise. Essas duas facetas complementares agregavam valor científico e econômico à coleção etnológica, desde os processos de negociação até as exposições. Mas também ajudavam a criar a persona do cientista especializado em determinadas macrorregiões do globo, em certas áreas culturais e em assuntos teóricos específicos.

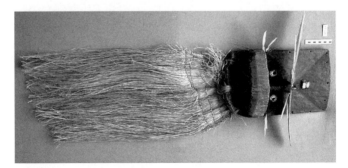

Imagem 27 – Máscara-piranha no Museu de Antropologia de Berlim.

Von den Steinen também descreveu as danças e o uso de máscaras entre os Nahukwá e os Mehinako. As máscaras obtidas por ele desses povos eram mais simples do que as dos Bakairi, e as máscaras de madeira dos Nahukwá já teriam sofrido fortes influências estéticas das máscaras produzidas por outros povos xinguanos. Diferentemente do que aconteceu entre os Nahukwá, onde também existiam exemplares feitos de palha, entre os Mehinako, os expedicionários recolheram apenas máscaras de madeira (Imagem 28). Entre os Aweti, von den Steinen também distinguiu dois tipos de máscaras, as de palha trançada (*koahálu*) e as de madeira (*yakúktú*). A técnica de trançado empregada nas confecções das máscaras seria a mesma usada entre os Bakairi e Nahukwá para produzir esteiras. As danças dos Aweti foram atribuídas pelos Bakairi, em conversa com von den Steinen, a representações de peixes. Entre os Kamaiurá, as danças mais recorrentes eram danças de guerra, que prescindiam do uso de máscaras. Por isso nas aldeias haveria menor número desse tipo de ornamentação. No entanto, eles também cultivavam máscaras produzidas com os dois tipos de material. O etnólogo apontou vários paralelos vistos nas aldeias do Alto Xingu: "O hüvat era a dança do peixe dos Kamaiurá, tal como o koahalu era a dança dos peixes dos Aweti, enquanto ambos possuíam a dança yakui do pássaro. Entre os Kamayurá não obtivemos máscaras yakui de verdade, eles comparavam essa dança do pássaro com a dança tüwetüwe dos Bakaïri".[115] Alguns exemplares das máscaras *hüvat* eram produzidos com a mesma técnica de tecelagem que von den Steinen também observou entre os Bakairi. Entre os Trumai, ele observou apenas máscaras de algodão tecido; no entanto, os tipos eram os mesmos encontrados entre as máscaras de palha dos Aweti e Kamaiurá.

Imagem 28 – Máscara Mehinako: desenho de Wilhelm von den Steinen e objeto parte da coleção em Berlim (1894).

Enfim, as muitas conexões, trocas e semelhanças permitiram que von den Steinen, após a listagem das máscaras presentes em cada grupo étnico, empreendesse uma abordagem mais generalizada para compreender a origem e o significado das danças e das máscaras entre os povos do Alto Xingu. A tentativa de análise das máscaras xinguanas foi a primeira postulada por um americanista profissional e causou a implementação de uma agenda de pesquisa entre os especialistas da área. Alguns dos pesquisadores alemães da mesma geração de von den Steinen, e também da geração seguinte, se dedicaram ao estudo de máscaras indígenas, especialmente as do Alto Xingu e do Alto Rio Negro. As análises das máscaras xinguanas pelos etnólogos alemães também foram as únicas por quase um século de pesquisa etnológica, como apontado por Aristóteles Barcelos Neto.[116] Isso faz delas documentos tanto da história da antropologia quanto da história dos povos indígenas.

As máscaras em si, aponta o americanista alemão, não seriam "sagradas", uma vez que os povos que as produziam não tinham com elas uma relação de veneração ou respeito religioso. E evidência disso é que as máscaras eram descartadas após seu uso.[117] Ele se baseou em uma noção de sacralidade europeia para postular essa afirmação e, por causa disso, não compreendeu que o descarte das máscaras não se opunha a uma centralidade delas no corpo ritual ameríndio, nem que elas estavam associadas a uma ampla e complexa constelação cosmológica.

De acordo com ele, as máscaras representavam animais. No entanto, muitas máscaras prescindiam das características dos animais que elas representavam – ao menos para o olhar europeu. Assim, o americanista queixou-se, por exemplo, da falta dos atributos distintivos do animal representado na máscara de jacaré dos Mehinako.[118] As qualidades das características das propriedades individualizadoras dos animais não poderiam ser consideradas sinais diacríticos; portanto, a representação – isto é, a relação entre o signo, o objeto e o observador – não era de símbolo. Barcelos Neto relatou que, ao questionar os interlocutores Waujá sobre os nomes dos animais que as máscaras representavam, eles frequentemente os desconheciam, pois "pouquíssimos entre eles sabiam precisar, a partir da composição gráfica, a identidade da máscara".[119]

Von den Steinen afirmou reiteradas vezes que as representações dos animais se fundamentavam no uso da máscara e na pantomima deles. A representação se completava através da relação entre uso da máscara e *performance*, que incluía imitação das vozes dos animais e de seus movimentos corporais.[120] Mais de um século mais tarde, essa relação foi notada entre os Waujá por Barcelos Neto: "o regime de atribuição de identidades das máscaras não pode ser questionado fora de sua performance e do conjunto ritual completo em que elas estão inseridas".[121]

Dessa maneira, é possível afirmar que, na obra de von den Steinen, a relação semiótica entre máscara e animal é mais complexa do que a simples pantomima que ele mesmo pressupunha. A falta de sinais diacríticos, a necessidade de incorporação de signos audíveis e performáticos aos visuais e a dificuldade de estipulação das identidades das máscaras fazem supor que a representação era metonímica e não metafórica.[122] Portanto, a relação entre os elementos da representação se suporta por outro universo que não o do símbolo, mas o da alegoria. A transferência da imagem do mundo real para o performático transmite significados não literais, mas compostos de uma miríade de significantes, cujos significados só podem ser compreendidos quando o observador detém um conhecimento profundo da complexidade ritual e cosmológica, além de conseguir contabilizar a arbitrariedade artística.

Von den Steinen frisou duas características das máscaras, que posteriormente foram analisadas e explanadas de forma sofisticada por Barcelos Neto. A primeira diz respeito à própria constituição. Segundo o etnólogo alemão, "ao indígena parece ser [...] evidente que o animal representado se apresente e aja na posse de todas as qualidades humanas" e que ele dê "características humanas às máscaras faciais dos seus animais".[123] O antropomorfismo das máscaras foi notado pelo americanista; entretanto, não foi cuidadosamente analisado. Para ele, o antropomorfismo resulta da tentativa de imitação das peles ou penugens dos animais, ou ainda da relação dos índios com nudez e corporalidade. As penas passadas pelo septo nasal das máscaras de piranha dos Bakairi ou a existência de pênis e testículos nas roupas de palha trançada seriam brincadeiras satíricas. No entanto, Barcelos Neto revelou que de fato as máscaras xinguanas têm características híbridas e que, no caso específico dos Waujá, "a ideia de antropomorfismo tem um sentido sobretudo visual" e se relaciona a um regime simbólico e cosmológico.[124]

A outra acepção delineada por von den Steinen é que os usos das máscaras têm sentidos para além da cobertura do rosto: "em todas as tribos o corpo é coberto parcial ou inteiramente através de saias ou capas para as danças de máscaras",[125] e todas as formas de cobertura corporal relacionam-se, de uma maneira ou de outra, com o corpo dos animais. Ele afirmou ainda categoricamente: "Sim, as máscaras não são em hipótese alguma apenas máscaras faciais".[126] Barcelos Neto constata que as máscaras têm concepções mais amplas e que elas são, "acima de tudo, uma 'roupa'".[127]

Há, no entanto, enormes diferenças entre as concepções de roupa na interpretação dos dois etnólogos. Von den Steinen apresentou uma acepção literal baseada na ideia das máscaras e outras peças de ornamentação para dança como trajes ou fantasias necessárias para a interpretação cênica do animal nos rituais. Assim, todos os trajes foram considerados como conjuntos inseparáveis, de modo a exercer funções para além das coberturas faciais. A concepção de roupa, tal como aplicada por Barcelos Neto, tem duplo significado. Um dos sentidos parece ser semelhante ao de von den Steinen: "as máscaras Waujá são muito mais do que um tipo de objeto que visa a cobrir o rosto".[128] O outro sentido é metafísico e relaciona-se à troca de perspectivas decorrente da comunicação transespecífica. Segundo Barcelos Neto, os termos "máscara" e "roupa" se localizam no mesmo campo semântico, e elas têm como função superar as patologias causadas pelos *apapaatai*, "os seres prototípicos da alteridade". Estes são compreendidos por uma escala de transformação da natureza dos seres e se ligam ao seu modo de apresentação visível.[129]

Essa diferença de concepção quanto ao conceito de roupa está instaurada em um aparato conceitual mais amplo que reflete o lapso temporal que separa os dois autores, bem como a contribuição das obras de Lévi-Strauss e Eduardo Viveiros de Castro ao estudo das cosmologias indígenas. Além do método estruturalista de análise das "mentalidades" ameríndias, às Mitológicas de Lévi-Strauss deve-se a certeza quanto à centralidade das operações transformativas nas cosmologias dos povos das terras baixas.[130] Viveiros de Castro e Tânia Stolze Lima propuseram o entendimento das formulações cosmológicas do perspectivismo ameríndio.[131] O próprio Viveiros de Castro associou a transformação de perspectivas às roupas enquanto forma manifesta de corporalidade. Em seu genial ensaio "Perspectivismo e multinaturalismo na América indígena", ele explana que, para muitas das cosmologias dos povos indígenas amazônicos, "animais são gente, ou se veem como pessoas. Tal concepção está quase sempre associada à ideia de que a forma manifesta de cada espécie é um envoltório (uma 'roupa') a esconder uma forma interna humana".[132]

As preocupações teóricas de von den Steinen, entretanto, estavam inseridas em um contexto intelectual completamente diverso. Ele visava delimitar as características culturais e conseguir relacionar os fatos sociais uns aos outros. Von den Steinen foi capaz de observar que as máscaras estavam intimamente relacionadas aos grafismos e deduziu daí um princípio norteador, o da arte. Assim, as máscaras, as danças e os grafismos foram interpretados como manifestações do universo artístico, no qual ele ainda incluiu os desenhos produzidos por índios. O movimento metodológico novamente é bastiniano, pois o americanista intencionava compreender os pensamentos étnicos subjacentes à criação artística, tentando depreender as manifestações culturais particulares da natureza humana universal. A arte é um universal humano; as máscaras de madeira, expressões artísticas locais. A arte é imanente ao espírito humano; as máscaras, ao espírito xinguano. Por conseguinte, o método e os resultados da análise das máscaras e dos grafismos indígenas por von den Steinen não são fundamentados no evolucionismo social, como afirmado por Egon Schaden, Berta Ribeiro e Inge Thieme.[133]

Com base na observação da pluralidade de superfícies que continham grafismos indígenas – do corpo aos potes, das máscaras aos vasos –, von den Steinen tentou deduzir ainda mais a forma mais elementar de exposição artística. As máscaras são formas altamente complexas de manifestações artísticas do espírito étnico, que podem e devem ser reduzidas a pensamentos mais elementares. Para isso, o americanista analisou os padrões gráficos encontrados na totalidade da área percorrida por ele no Xingu.

Como demonstrado por Pierre Déléage, a análise dos padrões gráficos se inseriu em um debate intelectual mais amplo acerca da origem da arte.[134] No final do século XIX, havia duas correntes interpretativas opostas. A primeira, personalizada pelo arquiteto alemão Gottfried Semper (1803-1879), defendia que os primeiros meios ornamentais eram têxteis e que os elementos formais eram consequências das restrições gráficas impostas pelas técnicas de tecelagem e pelo uso do material. Os padrões gráficos têxteis teriam sido transferidos, em um segundo momento, para outras superfícies, como máscaras, potes, ossos e assim por diante. A segunda teoria desprezava essa ênfase técnica e formalista e enfatizava o aspecto semiótico dos motivos gráficos. O etnógrafo e arqueólogo sueco Hjalmar Stolpe (1841-1905) afirmava que os grafismos funcionavam como elementos criptográficos, cujos significados antropomórficos e zoomórficos poderiam ser desvendados por especialistas.

A inserção de von den Steinen no debate quanto à origem e aos elementos constitutivos da arte iniciou-se quando os desenhos feitos por um homem Suyá na areia, copiados por Wilhelm von den Steinen e publicados em *Durch Central-Brasilien*, foram comparados pelo geógrafo alemão Richard Andree com aqueles recolhidos por Jules Crevaux na região do Orinoco em 1878.[135] A publicação desse artigo frisou a importância de um estudo etnográfico aprofundado dos grafismos e padrões de desenhos indígenas, o que então foi desempenhado por von den Steinen na segunda expedição brasileira.

Entre os povos xinguanos, von den Steinen observou "uma verdadeira paixão" em aplicar padrões gráficos nas mais diversas superfícies, dos corpos aos objetos.[136] Cada grafismo recebia um determinado nome, que era revelado pelos próprios desenhistas, e sem o qual seria impossível compreender o significado de cada padrão.[137] O americanista postulou então que cada padrão gráfico recebia o nome de um animal. Déléage afirma que, ao buscar os significados semióticos dos grafismos, a interpretação de von den Steinen aproximou-se da de Stolpe.[138] No entanto, havia uma fundamental diferença metodológica, como o próprio Déléage reconhece. Stolpe baseava-se na indução; von den Steinen, na dedução. Os significados dos padrões analisados por Stolpe eram atribuídos por ele mesmo; os significados dos padrões analisados por von den Steinen eram revelados pelos próprios desenhistas. Além disso, a partir da associação das formas geométricas com o nome dos desenhos dos animais, o americanista presumiu haver uma relação entre representações artísticas. Para ele, os índios descrevem "figuras geométricas" por meio de "modelos concretos", transformando as "coisas concretas" em abstrações.[139] Ou seja, os padrões geométricos são desenvolvimentos dos padrões figurativos, o que significa que, do ponto de vista da história cultural, as representações figurativas realistas precedem, nas artes dos povos nativos, a arte abstrata. Com essa conclusão, além de promover uma interpretação generalista para o desenvolvimento cultural das artes plásticas, von den Steinen discordava, ao mesmo tempo, da busca arbitrária de Stolpe por significados simbólicos nos desenhos ornamentais individuais e também da hipótese de limitação técnico-material de Semper.[140] Mas, ainda assim, o americanista continuou investigando o mínimo múltiplo comum aos padrões gráficos xinguanos.

Comparando materiais e formas das máscaras, desenhos e grafismos, von den Steinen concluiu que o protótipo dos desenhos – algo como a *tabula rasa* dos grafismos, aquele ao qual conceitos, estilos e pensamentos nativos são somados para se desenvolverem tipologias novas – era um grafismo losangular, ocasionalmente com cantos preenchidos, denominado padrão do peixe *Mereschu* ou merexu (Imagem 29).[141] O padrão merexu era aplicado às mais variadas superfícies, estava presente nas artes de todos os povos xinguanos e, por sua composição estética, era passível de sofrer alterações e desenvolvimentos, de modo a formar uma constelação de novos grafismos.[142] Ao lado do merexu, o grafismo mais difundido no Alto Xingu era o triângulo equilátero, que também era representado pela tanga uluri (Imagem 30).[143] A associação do triângulo ao "modelo anatômico" das mulheres não acontecia entre os xinguanos, segundo von den Steinen, e ocorria apenas entre os observadores europeus.

Imagem 29 – Padrões merexu entre os Aweti (1894).

No entanto, a analogia do merexu e do seu respectivo grafismo não ocorria em consequência à anatomia do peixe, mas em referência à rede de pescá-lo, cujo trançado também criava padrões losangulares.[144] O grafismo não imitava os contornos corporais do peixe e nem os desenhos formados pela rede, mas era uma analogia à sensação de alegria coletiva quando havia peixes em abundância.[145] O baixo grau de dificuldade de reproduzir os losangos usando técnicas diversas (pintura, arranhadura etc.), associado ao caráter outrora festivo do grafismo, tornou o merexu o primeiro padrão com o qual as máscaras, usadas nas festas, foram decoradas. Esse protopadrão teria sido inventado pelos Aweti, aos quais von den Steinen também atribui a invenção das máscaras de tecido, e se difundido pelo Alto Xingu. Com o tempo o grafismo merexu se tornou meramente ornamental.

Imagem 30 – Padrão uluri (1894).

ASCENSÃO E DECLÍNIO DA ETNOLOGIA ALEMÃ (1884-1950)

Assim, von den Steinen novamente se distancia das duas correntes interpretativas de sua época. O merexu não era um símbolo, pois não operava por relação metafórica, e sim metonímica, e não representava um outro objeto, mas era a representação gráfica de uma analogia com um fenômeno. Assim sendo, o grafismo merexu estava sujeito à historicidade, e o uso cotidiano alterou seu sentido de modo a se tornar parte constituinte de uma apresentação puramente ornamental. O método steineano de abstrair traços estruturantes de manifestações mais complexas pode ser traduzido em termos bastinianos: os padrões *Mereschu* são manifestações do pensamento étnico xinguano, mas de uma espécie estritamente elementar, uma vez que os demais padrões decorrem diretamente desse grafismo, transformando-se por meio das influências culturais ameríndias e criando um repertório gráfico enorme. Se a produção de desenhos é inerente ao espírito humano, a criação de certos grafismos é xinguana.

Ele demonstrou, por meio de coleta empírica de dados e análise dedutiva deles, que a arte é parte constitutiva da mente humana e que ela é expressa culturalmente de formas distintas; que os grafismos são ideias étnicas da cultura xinguana; que o motivo do merexu originou outros grafismos, tendo ele mesmo se transformado em uma forma puramente ornamental; e que, entre os povos ditos primitivos, a arte figurativa precede a arte gráfica. O último movimento metodológico steineano na busca de abstrações do pensamento foi procurar pela origem da própria figuração.

Déléage aponta que, em consonância com o pedido de Richard Andree, von den Steinen reproduziu todos os desenhos feitos por índios, desde mapas, até desenhos figurados de animais, humanos e dos próprios etnógrafos.[146] A imagem de abertura do presente livro, em que os cinco principais etnólogos aqui estudados, entre eles von den Steinen e Ehrenreich, são representados do ponto de vista de desenhistas indígenas, insere-se precisamente nesse contexto. Em *Unter den Naturvölkern Zentral-Brasiliens*, há desenhos feitos por índios Bororo, Bakairi, Nahukwá e Apiaká (Imagem 31). Von den Steinen iniciou uma discussão acerca da origem da figuração ao comparar duas "práticas amadoras" de desenhos, os produzidos por índios e por crianças.[147] Em 1878, o historiador da arte e arqueólogo italiano Conrado Ricci publicou um estudo contendo desenhos feitos por crianças de cinco a oito anos de idade. Para ele, as crianças fazem descrições com as imagens da mesma forma como fazem com as palavras. Em suma, Ricci postulava uma "teoria dos desenhos comunicativos".[148] Na comparação entre os desenhos de crianças e de índios, o americanista não estabele-

251

ceu uma equiparação intelectual entre os desenhistas, nem advogou que eles estivessem em um mesmo grau de desenvolvimento psicológico. O que interessou ao americanista alemão foi o "caráter experimental" da experiência etnográfica e a possibilidade de comparar criações de pessoas que ainda não tivessem obtido a transmissão cultural em que os desenhos a lápis estão envolvidos.[149] Afinal, desenhos e pinturas são marcos da cultura europeia, cujas técnicas precisam ser aprendidas e são social e culturalmente transmitidas. Se as motivações artísticas são imanentes ao espírito humano e um certo padrão gráfico – aquele que se desenvolve a partir dos motivos uluri e merexu – é um aspecto essencial do espírito xinguano, então desenhos e pinturas figurativos e paisagísticos são inerentes ao espírito europeu, culturalmente distantes dos índios e temporalmente das crianças. Não há dúvidas de que von den Steinen reconhecia as qualidades técnicas das manifestações artística indígenas, como as máscaras e os grafismos xinguanos, os bancos de madeira Mehinako e a plumária Bororo, já que seu julgamento foi explicitamente manifestado em diversas passagens de sua obra.

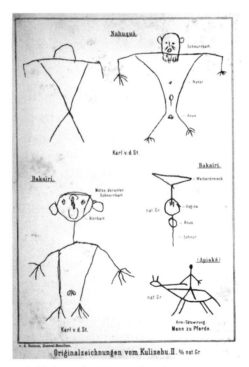

Imagem 31 – Retratos de Karl von den Steinen (1894).

O americanista notou que, ao fornecer lápis e papel aos índios, os desenhistas reproduziam os motivos tradicionais, e, ao analisar as figuras animais e humanas, von den Steinen concluiu que as semelhanças entre os desenhos infantis e indígenas não se devem à forma ou ao conteúdo, mas a um traço psicológico subjacente à atividade artística.[150] Nos desenhos de crianças, proporções e beleza estética são irrelevantes, pois elas intencionam comunicar, da maneira que conseguem, o que elas veem. Para que, ao observador do desenho, seja possível compreender a imagem, as crianças frisam alguns atributos distintivos, como partes do corpo, roupas ou acessórios. Os desenhistas indígenas fazem a mesma coisa, pois, antes de aprender valores estéticos, a ideia é transmitir uma mensagem, e, tal como ocorre em outras formas de comunicação, o objetivo é a capacidade de transferência de elementos comunicativos inteligíveis através dos recursos semióticos à disposição do mensageiro. Mas o princípio elementar de comunicação subjacente à arte figurativa não é monopólio de crianças ou indígenas. Von den Steinen revela que pode se colocar no lugar deles, quando se apresenta "a tarefa de desenhar um mapa da África de cabeça e sem reflexão especial".[151] Ele colocaria no papel "um negócio em forma de pera", desenharia os principais rios e a passagem terrestre para o Oriente Médio, mas "esqueceria completamente Madagascar".[152] Um colega reconheceria o mapa do continente africano no desenho, que seria seriamente questionado por um africanista. Para o americanista, "neste exemplo, certamente de fácil compreensão para nós, se encontra toda a psicologia dos desenhos a lápis dos índios".[153] Ele mostra que a perfectibilidade de determinada criação artística repousa sobre valores culturais que são socialmente transmitidos, e, em sua ausência, a função principal da arte é a comunicação. Atestando essa característica em crianças e adultos de diferentes culturas, von den Steinen abstraiu dela um traço universal: a função primária da arte é a comunicação. Uma vez que os desenhos indígenas são livres de qualquer influência europeia e são manifestações artísticas simples, ele concluiu que

> [...] entre os povos primitivos, o desenho, como os gestos, serve para transmitir uma mensagem [*Mittheilung*] e não para reproduzir formas elegantes, e eu acredito, com base na experiência pessoal que eu obtive pela imediaticidade [*Unmittelbarkeit*] do desenho explicativo, que ele é mais antigo que o ornamental-artístico.[154]

Déléage argumenta que a fragilidade da argumentação de von den Steinen reside numa hipótese errônea de que os desenhos feitos por índios fossem livres de quaisquer influências artísticas.[155] Isso o teria impedido de constatar, por exemplo, que, quando pediam aos desenhistas indígenas que fizessem desenhos de animais ou humanos, eles eram influenciados pelos grafismos. A presença dos uluri triangulares ou merexu losangulares nos contornos dos corpos humanos é notória. No entanto, mesmo o etnólogo aponta que, entre os povos indígenas, "triângulos e quadrados" foram estilizados, tornando-se "tipos", através das técnicas empregadas, vencendo a disputa pela existência com "estruturas" mais complexas.[156] Ele também relacionou o tronco de seu retrato feito por um desenhista Nahukwá ao triângulo uluri.[157] Portanto, não pressupunha que, ao fazerem retratos pela primeira vez, os índios estivessem livres de qualquer influência cultural, mas que ignorassem a tradição europeia desse tipo de manifestação artística. Sua própria teoria quanto aos elementos comunicativos da arte figurativa supõe que a arte é uma construção histórico-cultural com expressões localmente distintas. Isso não significa que seu método e suas conclusões não sejam passíveis de críticas. Ele não explicitou as distinções entre os diversos tipos de desenhos e comparou, por exemplo, mapas com retratos. Além disso, para um empirista convicto, ele usou uma amostra demasiado restrita para tirar dela conclusões generalizantes.

Ele formulou, apesar disso, teorias gerais para a compreensão da atividade psicológica subjacente ao desenvolvimento das expressões artísticas e expôs o modelo de análise da arte indígena e dos focos de investigação que se tornariam parâmetro para etnólogos por quase meio século. Suas teorias quanto à origem da figuração foram largamente aceitas pela comunidade científica, revela Déléage, e os estudiosos que se ocupavam com criações artísticas infantis aplicavam constantemente sua distinção entre desenho comunicativo e figuração naturalista.[158]

Von den Steinen também empregou de maneira exemplar o método de Bastian sobre a transformação dos pensamentos elementares em pensamentos étnicos. Por fim, ao conectar desenhos figurativo e ornamental, artes plásticas e máscaras, relacionando cada um desses tipos com diversos outros domínios da vida social, como economia, ritos, relações de gênero e interétnicas, mitologia e relações interespecíficas, ele contribuiu para o estabelecimento de uma noção orgânica de cultura, que se fundamentasse exclusivamente na análise de dados empíricos e não na atribuição dedutiva de categorias significativas, como ocorria com seus colegas contemporâneos britânicos, sobretudo Tylor.

Ciência e magia: como pensam os nativos

Enquanto, em sua primeira monografia, von den Steinen se concentrou sobretudo na análise de dados geográficos, linguísticos e etnográficos, na segunda, privilegiou outros aspectos culturais, principalmente arte e mitologia. Tanto em *Unter den Naturvölkern Zentral-Brasiliens* quanto em *Die Bakaïri-Sprache*, há seções inteiras de textos míticos, traduzidos na primeira, *ipsis verbis* na segunda, que ainda podem ser importantes para etnólogos indígenas e não indígenas, sobretudo com interesse sobre os Bakairi e Bororo. Os textos míticos tanto são documentos sobre a história da antropologia no Brasil quanto fornecem um retrato da mitologia dos povos ameríndios no final do século XIX, e seu estudo pode contribuir para a análise das transformações cosmológicas.

Merece especial atenção o capítulo 13 da monografia sobre a expedição xinguana, denominado "Wissenschaft und Sage der Bakaïri" ("Ciência e lenda dos Bakairi"). Ele contém as concepções Bakairi sobre morte, relações com animais, origem da cultura e dos objetos, origem das estrelas e do cosmos, a noção de transformação e os mitos sobre os gêmeos demiurgos Keri e Kame.

Um recurso literário bastante interessante para transmitir as concepções mitológicas empregado por von den Steinen foi a comparação com as crenças no cristianismo. Por meio desse recurso, o autor apagou o caráter exótico e irracional das crenças, ao expor as arbitrariedades de todas elas.

> De longe o caso mais importante de falta de divisão conceitual, que é, ao mesmo tempo, de mais difícil acesso para a nossa sensibilidade e o nosso pensamento, concerne à relação dos humanos com os animais e das diferentes espécies animais entre si. Nós dizemos que o nativo antropomorfiza nos seus contos, ele permite que os animais falem e ajam como humanos. Do nosso ponto de vista, isso está correto, mas, se quisermos acreditar que ele dote os animais com características humanas apenas para contar uma bela história, então isso seria um equívoco violento, significaria nem mais nem menos do que lhe impugnar toda a sua crença e o seu conhecimento. Sua crença: pois nessas histórias maravilhosas, que ele relata dos animais, ele assenta a mesma confiança do que qualquer cristão convencido dos milagres da Bíblia. Seu conhecimento: pois sem os seus contos de animais ele não poderia compreender o mundo que o cerca, assim como o físico não compreenderia os centros de força sem as moléculas – *si parva licet componere magnis*.[159]

É notável que, mesmo com curta estadia em cada aldeia, von den Steinen tenha sido capaz de compreender aspectos distintivos das cosmologias indígenas, como as relações interespécies e a ideia de que, nas cosmologias indígenas, os seres humanos atribuem consciência aos animais, não vendo a si mesmos como tais:

> [...] os animais são unidos em famílias e tribos como os humanos. Eles têm línguas diferentes como as tribos humanas, humano, jaguar, cervo, pássaro, peixe, sozinhos, são todos apenas pessoas de aparências diferentes e qualidades diferentes. Precisa-se ser apenas um médico que pode ser tudo, assim é possível se transformar de uma pessoa em outra e compreender todas as línguas que são faladas na floresta, no ar ou na água. A razão mais profunda para essa visão consiste em que ainda não exista uma humanidade ética [...].[160]

Evidentemente a percepção dessas comunidades e da capacidade da comunicação transespecífica pelo "médico", ou seja, xamã, por von den Steinen dista enormemente da sofisticada interpretação multinaturalista de Viveiros de Castro.[161] No entanto, ao inserir a obra steineana no horizonte intelectual de sua publicação, além da sua sensibilidade etnográfica ímpar, seu posicionamento perante as mitologias ameríndias é louvável, uma vez que, diferentemente de viajantes pretéritos ou antropólogos de gabinete, ou mesmo de sua obra anterior, ele não descreveu as mitologias ameríndias em tom de chacota, nem estava convencido da inferioridade intelectual dos índios por dotar os animais de capacidade de atuar de forma semelhante aos humanos. Von den Steinen negava o conceito de antropomorfização, que no século XIX estava atrelado à noção de animismo, segundo a qual povos nativos atribuíam almas humanas a objetos e animais, em sua suposta incapacidade de perceber as diferenças entre as entidades. Ao contrário, a sua descrição sóbria demonstra não apenas que ele considerava os mitos ameríndios com seriedade, mas também que os mitos e a análise etnográfica das cosmologias possibilitariam aos etnólogos fazerem considerações teóricas de âmbito mais geral. O viajante de 1884 cedia lugar ao etnólogo em 1894.

No capítulo sobre a ciência (o xamanismo) e as lendas (a mitologia) Bakairi, o etnólogo relata a transformação de humanos em animais e vice-versa, a relação dos humanos para com os animais (xamanismo, caça etc.), dos animais entre si e algo como um sistema de distinção intergrupal baseado na correspondência com certos animais. Em um subcapítulo denominado "Verwandlung" ("transformação"), o americanista descreve a centralidade do conceito de transformação, que é usado por ele de forma intencional e bem-pensada: "uma grande parte da explicação da natureza dos Bakairi se sustenta nas pressuposições da bruxaria. Elas não têm desenvolvimento, apenas transformação".[162] Na intersecção entre distinção social e transformações corporais, situa-se a famosa frase: "os Bororo gabam-se de que são Araras vermelhas" – porque seus mortos se transformam em Araras –, enquanto os Trumai são animais aquáticos.[163] A noção de transformação é subjacente aos modos de existência: os Bororo afirmam ser araras, da mesma forma como se "uma lagarta dissesse que ela é uma borboleta".[164] Os Bororo são vir-a-ser-araras, tal como as lagartas são vir-a--ser-borboletas.[165] No que diz respeito às relações transespecíficas, von den Steinen concluiu que é preciso "repensar completamente a fronteira entre ser humano e animal".[166] As nossas fronteiras entre as espécies, afirma o etnólogo, faltam aos índios.

A transformação dos Bororo em araras vermelhas foi bastante citada e reanalisada em anos subsequentes à publicação da obra steineana.[167] No início de "Algumas formas primitivas de classificação", quando Durkheim e Mauss discutem as transmutações das coisas heterogêneas umas nas outras, eles afirmam que, entre as sociedades primitivas, haveria uma confusão mental quanto ao delineamento classificatório dos entes. Eles propõem que "não somente entre o signo e o objeto, o nome e a pessoa, os lugares e os habitantes, há uma indiferenciação completa", mas que, entre os Bakairi e os Bororo, "de acordo com uma observação muito justa que o Sr. von den Steinen fez", haveria o "princípio da *generatio aequivoca*", da geração equivocada.[168] Durkheim e Mauss reproduzem a passagem de von den Steinen, de que os Bororo se transformam em araras após a morte e que até então estão para essas aves como as lagartas para as borboletas. Sete anos mais tarde, Frazer incorre a uma interpretação peculiar do texto steineano. Ele acrescenta que os Bororo "realmente são idênticos com elas em suas vidas, e tratam essas aves de acordo com isso, como se elas fossem seus compatriotas, deixando-as em cativeiro, recusando-se a comer sua carne e ficando de luto quando elas morrem".[169] Frazer concluiu que "essa curiosa identificação deles mesmos com as aves não constitui em si totemismo, mas pode ser dito totêmico em princípio".[170] No mesmo ano de Frazer, Lucien Lévy-Bruhl (1857-1939) também analisou o caso Bororo. Em *Les fonctions mentales dans les sociétés inférieures*, no capítulo "A mentalidade pré-lógica", o filósofo francês apresentou sua lei da participação. Esta consiste em que, "nas representações coletivas da mentalidade primitiva, os objetos, os seres, os fenômenos, podem ser, de uma maneira incompreensível para nós, ao mesmo tempo eles mesmos e outra coisa que não eles mesmos".[171] O primeiro exemplo fornecido por Lévy-Bruhl do fenômeno que é uma coisa e outra ao mesmo tempo é justamente o dos Bororo: que estes virarão araras vermelhas "não significa apenas que após sua morte eles se tornarão araras, nem que as araras são Bororo metamorfizados, e que precisam ser tratadas como tal"; significa que os Bororo, no que o "sr. von den Steinen não gostaria de crer, são *atualmente* araras, exatamente como se uma lagarta dissesse que é uma borboleta".[172] Para Lévy-Bruhl, "esse não é um nome que eles se dão, não é um parentesco que eles proclamam existir. O que eles querem fazer entender é que é a sua identidade essencial".[173] Os Bororo são ao mesmo tempo humanos e aves, "o que Sr. von den Steinen julga inconcebível. Mas, para uma mentalidade regida pela lei da participação, não há dificuldade alguma".[174] Smith aponta que, ao final de *Les fonctions mentales*, Lévy-Bruhl afirma que, quando a mentalidade coletiva transitar em direção a tipos mentais mais elevados, os Bororo deixarão de dizer que são araras, para afirmar que descendem delas.[175] O etnólogo sueco Rafael Karsten, em obra publicada em 1926, insere a relação entre Bororo e arara em um princípio de metempsicose, e esta como ponto central na religião primitiva.[176] Por fim, de acordo com Lévi-Strauss, as araras têm um papel preponderante "no pensamento indígena", pois suas penas são usadas na confecção de diademas, cocares e outros objetos e porque "os Bororo acreditam num ciclo complicado de transmigração das almas, creem que elas se encarnam durante algum tempo nas araras".[177]

Em nenhuma das obras anteriormente listadas, o evento originalmente narrado foi tema central da análise. O trecho era citado como suporte para o embasamento de determinado argumento teórico ou apenas como ilustração etnográfica. Isso significa que o mesmo fenômeno foi observado e descrito pelo americanista alemão, inserido em enquadramentos teóricos diversos e compreendido à luz de interpretações fundamentadas em diferentes suportes epistemológicos: o arranjo classificatório de Durkheim e Mauss, as relações totêmicas de Frazer, a mentalidade primitiva de Lévy-Bruhl, a sociologia da religião de Karsten, e as estruturas mentais de Lévi-Strauss. Esse pequeno evento é notável não apenas por ter suscitado tanto interesse antropológico e ultrapassado as delimitações disciplinares do campo americanista e da própria etnologia, mas porque revela a multiplicidade de abordagens teóricas às quais um mesmo fenômeno social estava sujeito na antropologia durante décadas. Com a crescente profissionalização e departamentalização da antropologia, certas regiões etnográficas se atrelaram cada vez mais a determinadas interpelações teóricas e metodológicas, a discussões mais circunscritas e a interpretações mais localizadas. No final do século XIX, todavia, a etnologia ainda mantinha relações teóricas de aproximação e distanciamento com outras disciplinas humanísticas, sobretudo linguística, geografia e sociologia, e alguns autores, sobretudo os de origem alemã, tais como Franz Boas e Karl von den Steinen, se esforçavam para, por meio (e apesar) de contribuições generalistas sobre a condição humana e subsídios para a resolução de questões específicas, delimitar a área de atuação de sua disciplina, com o intuito de criar uma ciência que tivesse legitimidade de ao mesmo tempo propor explicações para problemas peculiares e compreender a natureza humana em geral.

A explicação de von den Steinen para a relação dos ameríndios com os animais, portanto, também é singular. Para os Bakairi, os humanos obtiveram tudo "o possível de bom" dos animais, pois as mais diversas espécies são "senhores ou proprietários" dos bens culturais, e, portanto, se tornaram "heróis culturais" nos mitos.[178] Ele não apenas rejeitou as possíveis interpretações, como ainda postula uma espécie de explicação pragmática: "como uma bobagem dessa pode ser possível? Isso tudo naturalmente é simbólico, diz o portador dos óculos culturais e acredita que a questão está resolvida".[179] As relações humano-animais não podem ser simbólicas, porque a relação entre significante e significado que o "portador dos óculos culturais" prevê *a priori* como condicionante é culturalmente limitada: "Antônio e seus compatriotas não teriam compreendido os nossos tipos de símbolos".[180] Destarte, essa relação precisa ser compreendida nos termos Bakairi. O americanista se convenceu de tal maneira da "veracidade" dessa relação como narrada na mitologia que se sente "obrigado a rejeitar completamente qualquer explicação que não reconheça" sua "autoctonia" (*Urwüchsigkeit*). Assim, "o índio obteve, na verdade, as partes mais importantes de sua cultura das pessoas, às quais nós chamamos de animais".[181] Dos animais procedem os instrumentos cotidianos: a dentição das piranhas, ossos e garras das onças e assim por diante. Portanto, é "natural" que os índios, devendo tanto aos animais, considerem que estes também tenham conhecimentos sobre o mundo natural.[182] A relação é de causalidade: os animais já não possuem instrumentos e objetos culturais, porque todos foram roubados pelos humanos.

Da sua explicação, duas consequências podem ser abordadas. A primeira é que a análise do etnólogo não se sustenta na compreensão de uma ontologia ameríndia, em que humanos e animais tenham papéis cosmológicos e em que uma outra relação entre natureza e cultura é resultante. Em vez disso, ele interpretou a mitologia Bakairi como uma teoria do conhecimento nativa, que explica a origem da cultura e o estado atual das condições culturais. A segunda consequência é que o americanista não avaliou os mitos a nível discursivo. Ele não considerou que os mitos ameríndios são puramente retóricos, mas que eles expressam uma visão de mundo, *Weltanschauung*, através da qual os índios compreendem e explicam a realidade em si.

Por meio de uma descrição minuciosa da arte, uma análise comparativa das línguas e uma investigação sistemática da constelação de relações sociais interétnicas, von den Steinen esclareceu que, em sua interpretação, o Alto Xingu constituía uma província geográfica no sentido de Adolf Bastian, em que as condições ambientais teriam gerado o relativo isolamento dos povos locais a ponto de criar não uma cultura homogênea, mas uma arquitetura mental própria. Uma vez que a finalidade última da obra de Bastian era compreender a estrutura da racionalidade humana e como esta se expressava nos mais diversos contextos culturais, von den Steinen fornecia ao seu mestre uma imagem viva da racionalidade étnica de um grupo de povos isolados no Brasil Central. Como previamente mencionado, a noção de *Geist* ("espírito") de Bastian se aproxima bastante daquela de *Verstand* de Wilhelm von Humboldt, ou seja, "razão" ou "intelecto". Na terminologia corrente na época, entretanto, *Geist* era termo preferencial, pois era possível denotar o conjunto de práticas sociais e as especificidades culturais como reflexo de uma expressão local do pensamento humano, o *Volksgeist*. Por isso von den Steinen levou os mitos indígenas e a relação com os animais tão a sério e dedicou uma parte considerável de sua obra aos mitos e à linguagem. Por meio da análise dos mitos, e da compreensão do conceito êmico de transformação, seria possível alcançar o conhecimento do *Volksgeist* xinguano. Ele de fato deixou claro que a análise da mitologia tinha o fim de compreender o modo como os índios pensam: "A ciência Bakairi atual está enraizada na concepção de que o Sol e a Lua são bolas de penas e nos fornece, seja lá quando e como ela surgiu, um bom exemplo para compreender o pensamento dos índios".[183]

Assim, ele não apenas viabilizou um estudo sólido sobre as ramificações locais do funcionamento universal da mente humana, como também se tornou um dos precursores nos estudos de racionalidade de povos não europeus, para além do ramo da *Völkerpsychologie* ("psicologia étnica").[184] As discussões e hipóteses jazem, contudo, abaixo de uma descrição densa das populações indígenas e de uma narrativa detalhista da viagem, o que cria uma primeira impressão de superficialidade teórica, e apenas uma leitura muito cuidadosa permite acessá-las.

A discussão sobre se a unidade intelectual humana se reflete em apenas um modo de operação lógica ou se há uma relação dialética entre as manifestações culturais humanas e as diferentes formas de pensar, e se há um embate entre mente e cultura e qual dessas partes sobressai, alongou-se intermitentemente por quase um século na antropologia.[185] A posição de von den Steinen reproduz o parâmetro de Bastian. Há tantas lógicas quantas culturas: o modo de funcionamento da mente é universal, mas os padrões de racionalidade são moldados por condicionantes culturais. O etnólogo é capaz, no entanto, de compreender a essência mental subjacente à diversidade de manifestações culturais. A mente humana possibilita apenas a produção de um número finito, ainda que extenso, de lógicas e, uma vez que o etnólogo compreende as manifestações culturais, ele consegue entender o processo racional de criação destas e fazer a conexão com a essência mental universal. As lógicas possíveis (os *Volksgeister*) se fundamentam em uma estrutura mental universal (o *Geist* humano). A unidade do espírito se manifesta na diversidade de culturas.

Por fim, ainda no âmbito da relação entre humanos e animais, ele notou relações de identificação coletiva e diferenciação de grupos sociais. Von den Steinen relatou que os Bororo não apenas afirmavam se transformar em araras, mas buscavam explicar os hábitos supostamente antropófagos de grupos vizinhos ao atribuir-lhes a descendência do jaguar, "cuja característica é que ele devora humanos".[186] O autor absteve-se, todavia, de adentrar em discussões sobre o totemismo, em voga na antropologia de McLennan até Lévi-Strauss, justamente porque essa discussão generalista se abstém de fundamentação empírica e transcende a análise localizada.

Cores, números e fotos

Diversos temas tratados na segunda obra xinguana de von den Steinen refletem a influência de Bastian e Virchow. Dois desses assuntos pesquisados por von den Steinen eram os números e as cores, bem como suas respectivas origens. A investigação dos princípios matemáticos dos Bakairi tinha como objetivo entender "como a abstração dos números surgiu no espírito humano".[187] Os números e suas origens foram estudados por ele por meio da análise da somatória de unidades e da forma como o corpo humano era instrumentalizado para a contabilização, reiterando os dados com narrativas mitológicas. Ele afirma que os nomes das cores provinham da existência das cores no ambiente. Os Bakairi tinham o mesmo nome para as cores vermelho e laranja, porque a segunda cor inexistiria nas florestas circundantes. Eles também tinham apenas uma palavra para preto azulado, marrom escuro e verde. Os nomes propriamente ditos foram apreendidos da própria natureza. Entre os Kamaiurá, verde e azul seriam traduzidos por "cor do periquito" e assim por diante. O método é claramente bastiniano: por meio do estudo de expressões culturais locais, é possível alcançar os princípios mentais subjacentes. No entanto, o resultado é ratzeliano: o meio ambiente age sobre as culturas e os processos psíquicos.

As demandas de Virchow se traduziram na presença de Ehrenreich na segunda expedição ao Xingu e, em um maior foco, na de von den Steinen quanto à descrição física dos povos xinguanos. Então, tal como na primeira monografia xinguana, em *Unter den Naturvölkern Zentral-Brasiliens*, há dados e tabelas acerca da medição corporal dos povos visitados (altura total, altura até o nariz, largura dos ombros, circunferência da cabeça e do peito, medidas de mãos, pés e assim por diante), bem como uma descrição das cores da pele e dos cabelos, além de algumas fotos antropológicas. A descrição física é entrelaçada com apontamentos culturais sobre cortes de cabelo, remoção de pelos corporais e higiene, por exemplo. As passagens propriamente dedicadas à antropologia física ocupam apenas 13 páginas, aproximadamente 2% da obra total. O conteúdo desse trecho é puramente descritivo e não tem conclusão alguma. É possível deduzir, portanto, que von den Steinen, que já não tinha muito interesse em antropologia física e, em sua segunda passagem pelo Xingu, se dedicou a temas que lhe eram muito mais caros (como mitologia e arte), introduziu essas páginas em sua obra unicamente para cumprir os requisitos formais inerentes ao saber antropológico. Ehrenreich, em contrapartida, usou os dados recolhidos no Xingu em uma publicação inteiramente dedicada à antropologia física.[188] Em suma, quando o livro *Die Bakaïri-Sprache* é adicionado à conta, nota-se que von den Steinen explorou três dos quatro domínios constituintes da abordagem dos quatro campos que viriam a caracterizar a antropologia norte-americana com Boas: antropologia física, antropologia cultural e linguística.

Além dos estudos de antropologia física, Ehrenreich foi responsável pelos registros fotográficos durante a segunda expedição ao Xingu. Wilhelm von den Steinen foi encarregado novamente de fazer os desenhos. Na primeira obra sobre o Xingu, *Durch Central-Brasilien*, há desenhos feitos por Wilhelm von den Steinen e xilogravuras trabalhadas sobre seus esboços. A imagem que abre o livro, aquela em que os três expedicionários estão representados, é uma xilogravura, baseada em um desenho a lápis de Wilhelm von den Steinen, que, por sua vez, reproduz uma fotografia tirada em estúdio. É possível notar que os exploradores estão de pé em um cenário cuidadosamente montado, com pedras e troncos de árvores em perfeita disposição para favorecer a pose dos modelos. A natureza ao fundo não é real, era um pano contendo uma pintura. Na fotografia esses elementos transmitem uma imagem bastante falsificada das condições da expedição, mas, depois dos procedimentos técnicos, tem-se a impressão de que, de alguma maneira, a imagem foi captada durante a viagem. As fotografias se tornaram essenciais na etnologia por sua capacidade de transmitir mais objetividade e supostamente a realidade *per se*. No caso da xilogravura dos expedicionários, a fotografia comunicava realidade em excesso, e uma imagem tecnicamente alterada representou melhor a impressão que Karl von den Steinen queria transferir. Além dos desenhos e das xilogravuras, *Durch Central-Brasilien* ainda contém as ilustrações do artista alemão Johannes Gehrts (1855-1921). Gehrts era um pintor de gênero histórico, dedicado, sobretudo, à representação de mitologia nórdica e sagas heroicas, romances de aventura e contos de fada.[189] Isso explica o caráter heroico das ilustrações e reforça que von den Steinen queria forjar uma persona através de sua obra: um cientista sério e comprometido que, para conseguir desbravar a mente humana, enfrentava heroicamente os perigos e os tédios das selvas virgens em busca de seus habitantes primeiros. Não que isso fosse privado de veracidade, como os relatos e a correspondência da época revelam. No entanto, o método fundamentado na apreensão empírica de dados e na descrição abrangente do etnógrafo em campo foi captado pelas ilustrações de Gehrts, que auxiliou a criar a imagem do americanista. Von den Steinen queria ser, era e considerava necessário se mostrar como um cientista heroico, e foi com base nessa imagem que ele moldou sua persona pública e autoridade etnográfica. Os desenhos representando o etnólogo e seu grupo encontrando os Suyá e eles dentro de uma maloca apreciando um dueto de flautas, por exemplo, foram criados por Gehrts.[190] É notável que este não acompanhara a expedição de von den Steinen, de maneira que suas criações artísticas se basearam inteiramente nas descrições e nos pedidos do americanista, em seu conhecimento em história da arte e em sua capacidade artística. Isso é notado, sobretudo, quando seus desenhos de figuras indígenas são comparados com os de Wilhelm von den Steinen. O primo do etnólogo fazia os rascunhos a lápis ou penas em campo, então ele representou pessoas existentes que eram indígenas e com quem ele conviveu (Imagem 32). Algumas das fotografias de von den Steinen também eram responsáveis por criar a aura de cientista heroico: o destemido etnógrafo como figura central de um grupo de exploradores, ele armado e poderoso ou às margens da humanidade conhecida.

Kapitän Reginaldo und Frau.

Imagem 32 – "Capitão Reginaldo e esposa". Desenho de Wilhelm von den Steinen (1886).

Gehrts, em contrapartida, desenhou algo como tipos indígenas, não indivíduos reais. Seus desenhos remetem à tradição de representação genérica de povos indígenas: homens seminus e musculosos, com a cabeça levemente virada e portando objetos de guerra nas mãos (Imagem 33).

Imagem 33 – "Trumai" de Gehrts (1886).

Dessa maneira, ficaram a cargo de Gehrts duas ilustrações de figuras indígenas (Trumai e Suyá), de encontros de expedicionários com índios, festividades em aldeias e duas imagens de cachoeiras, totalizando 12 pranchas. As mais de cem ilustrações restantes em *Durch Central-Brasilien* foram produzidas por Wilhelm von den Steinen. Como Karl von den Steinen não usara máquina fotográfica na expedição de 1884, com exceção do retrato de Antônio, que foi tirado no Rio de Janeiro, todas as imagens de índios são produtos de desenhos, ou de Wilhelm von den Steinen ou de Gehrts. Do ponto de vista estético, isso aproxima a primeira obra steineana antes das obras naturalistas do século XIX do que da etnologia moderna.

Na segunda obra xinguana, *Unter den Naturvölkern Zentral-Brasiliens*, em contrapartida, os recursos para apreender os fenômenos sociais, a natureza e os corpos humanos foram exponencialmente aumentados. Wilhelm von den Steinen e Gehrts novamente fizeram as ilustrações. Dessa vez, no entanto, Gehrts não foi incumbido de visibilizar uma narrativa épica e se ateve a estampar umas poucas cenas do cotidiano da expedição. O papel de fabricar a imagem do etnógrafo ficou a cargo dos desenhistas indígenas: von den Steinen foi sempre representado por seus retratistas como um homem alto e forte, com barba longa, cheia e viril, fumando seu cachimbo e com caderninho de anotações à mão.[191] Em algumas ocasiões, o retrato do americanista era proporcionalmente maior do que os de seus colegas expedicionários, o que o etnólogo atribui à interpretação indígena que eles traduziam graficamente a notada superioridade hierárquica de von den Steinen entre o grupo de exploradores.[192] Na primeira obra, ele forjou a imagem de cientista heroico; na segunda, ele forjou a imagem de magnânimo segundo os índios.

Os desenhos dos objetos etnográficos são obra de Wilhelm von den Steinen. Além disso, o livro ainda possui quase 200 fotos, divididas em 5 tipos de representação imagética suportada pela tecnologia fotográfica: 160 fotografias comuns; 30 pranchas que ocupam a página toda, das quais 1 heliogravura (gravura que resulta do processo de cobertura de tecido gelatinoso fotossensível sobre placas de cobre); 11 fototipias (impressão fotomecânica em que a matriz é revestida com uma placa de vidro para aumentar a quantidade de reproduções possíveis); 5 fotos de meio-tom (impressão em minúsculos pontinhos) e 7 gravuras litográficas (gravuras com lápis gorduroso sobre matriz de pedra ou metal).[193] Esses recursos imagéticos refletem não apenas o amplo processo de desenvolvimento tecnológico pelo qual as fotografias passavam no final do século XIX, mas também a preocupação de von den Steinen em buscar meios que apresentassem da melhor maneira possível a experiência que ele queria transmitir e a sua capacidade de acompanhar e incluir na sua produção acadêmica as inovações técnicas disponíveis. As fotos de meio-tom, por exemplo, só foram patenteadas em 1882 na Alemanha e apareceram no ano seguinte em um jornal de Leipzig.

As fotos em *Unter den Naturvölkern Zentral-Brasiliens* abrangem tipos antropológicos, retratos em grupo e individuais, tal como Ehrenreich já fizera em seu trabalho anterior. Mas há, além disso, paisagens, cenas da convivência dos expedicionários com seus anfitriões indígenas, ou da observação etnográfica do cotidiano, e cenas da expedição, e são precisamente estas as imagens tecnicamente modificadas para alguma forma de gravura. As exceções a essa classificação são duas imagens de um índio Bororo atirando uma flecha, pois trata-se dos únicos registros de um índio desempenhando uma atividade ordinária.

Esse uso amplo de fotografias e imagens forjadas com tecnologia fotográfica, na segunda obra xinguana, produz um abismo estético em relação à primeira, compatível com o amadurecimento metodológico e narrativo do autor. Se a primeira monografia ainda apresenta alguns resquícios das viagens oitocentistas, com *Unter den Naturvölkern Zentral-Brasiliens* von den Steinen criou não apenas a etnologia indígena moderna, mas uma autoridade científica particular que fundamenta a nova disciplina.

Lá e de volta outra vez

Em 1889, Karl von den Steinen casou-se com Rosa Eleonora Herzfeld (1867-1944) e habilitou-se para a livre-docência (*Habilitation*) na faculdade de filosofia da Universidade de Berlim. Em sua tese de livre-docência, *Erfahrungen zur Entwicklung des Völkergedankens* (*Experiências para o desenvolvimento do pensamento étnico*), von den Steinen buscou fundamentar as hipóteses de Adolf Bastian sobre material etnográfico xinguano.[194] Trata-se, provavelmente, de uma ampliação de sua quase homônima palestra de 1889, "Erfahrungen zur Entwicklung der Völkergedanken" ("Experiências para o desenvolvimento dos pensamentos étnicos"). Apesar das críticas à metodologia comparativa de von den Steinen e às especificidades da etnologia perante as demais disciplinas das ciências humanas de um dos avaliadores da tese, o filósofo hermeneuta Wilhelm Dilthey, o americanista consolidou a relação entre material etnográfico e reflexão antropológico-filosófica. Nesses trabalhos, ele partiu do pressuposto de compreensão geral da "unidade da descendência única da nossa espécie".[195] A humanidade toda está conectada não apenas pelo modo de pensar, mas pelos resultados das suas capacidades mentais, e é tarefa do etnólogo descobrir, coletar e investigar os "pensamentos fundamentais".[196] Von den Steinen avalia dessa maneira o surgimento da linguagem, do pensamento mítico e da alma, as concepções ameríndias da natureza e as transformações interespécie descobertas por ele. Embora o americanista ainda classifique os povos indígenas como sendo da Idade da Pedra, categorização posteriormente abandonada, ele vê poder poético em sua mitologia. Assim, amplia a hipótese de Bastian ao postular que a humanidade compartilha de alguns princípios mentais básicos, os pensamentos elementares, que originam pensamentos étnicos, os quais, por sua vez, se desenvolvem em pensamentos culturais: "O simples pensamento étnico, que por toda parte é igual, dá lugar ao infinitamente variável pensamento cultural".[197] O etnólogo seria responsável, portanto, não apenas por investigar as questões etnográficas locais, mas também por compreender as conexões entre os homens e seus pensamentos.

No ano seguinte, von den Steinen alterou seu processo de habilitação para a Philipps-Universität de Marburg, onde o concluiu e assumiu a cadeira de *Völkerkunde* ("etnologia"). Nessa pacata cidade, ele poderia "avaliar os resultados de viagem com calma" e redigir suas duas obras baseadas no material xinguano, *Die Bakaïri-Sprache* e *Unter den Naturvölkern Zentral-Brasiliens*.[198] Em Marburg, von den Steinen lecionou disciplinas relativas à origem da arte e sobre ornamentação geométrica entre os povos xinguanos – tópicos estritamente relacionados ao seu trabalho de campo no Brasil. Em 1890, nasceu nessa cidade o primeiro filho do casal, Helmut von den Steinen (1890-1956).

Dois anos mais tarde, no entanto, o americanista pediu demissão da universidade, alegando que a existência de um museu de antropologia seria fator determinante para a atividade científica de sua área. Em seu pedido de demissão, escreveu ao conselho universitário: "como eu aprendi gradativamente, trabalho etnológico frutífero não é possível [...] sem o material de um museu".[199] Ele retornou a Berlim, onde nasceram seu segundo filho, Wolfram von den Steinen (1892-1967), e sua primeira filha, Herlinde von den Steinen (1893-1967).

Em 1893, von den Steinen tornou-se diretor-assistente da seção americanista do Museu Real de Antropologia de Berlim e, motivado pelos seus interesses por índios norte-americanos e pela feira mundial de Chicago, fez uma viagem aos Estados Unidos.[200] Ele também exerceu diversas atividades no âmbito da geografia: foi editor da revista *Das Ausland*, em 1894 entrou para o conselho da Gesellschaft für Erdkunde (Sociedade de Geografia) e no ano seguinte representou a Sociedade Alemã de Geografia no congresso internacional em Londres.[201] Em 1896, nasceu seu filho Rainar von den Steinen (1896-1914) e, logo em seguida, sua filha Runhilt von den Steinen (1897-1976).

Em 1897, von den Steinen partiu novamente da Alemanha para uma expedição, a cargo do Museu de Antropologia de Berlim: ao Arquipélago das Marquesas, na Polinésia Francesa. O desejo de realizar uma viagem ao Pacífico Sul era antigo. Em 1885, antes mesmo de publicar os resultados de sua primeira expedição ao Xingu, Karl von den Steinen já cogitara realizar uma viagem às ilhas de Nova Guiné ou Nova Irlanda, caso ele recebesse uma tarefa do Museu de Antropologia de Berlim, como revelado em carta: "Pois a paixão pelas ilhas do Pacífico Sul eu compartilho com os capitães das velas, que também não se sentem melhor em lugar algum do que entre os Kanaka".[202] A paixão pelo Pacífico desabrochou naquela sua primeira viagem ao redor do mundo, entre 1879 e 1881. Em 27 de maio, ele partiu de Liverpool, na Inglaterra, para Quebec, no Canadá.[203] De lá viajou para Vancouver e São Francisco, aonde chegou no dia 1º de agosto e de onde partiu um navio que o levou a Nuku Hiva, a maior das três ilhas Marquesas.[204] A pesquisa empírica empreendida por von den Steinen no Pacífico Sul fez com que ele percorresse ilha após ilha e aldeia após aldeia durante seis meses. Assim, embora em outra região geográfica, o que implica distintas discussões etnográficas, von den Steinen privilegiava, tal como ocorrera no Xingu, uma etnografia do fluxo – que, por um lado, evitava períodos estacionários e, por outro, propiciava compreender as conexões entre grupos sociais e indivíduos, evidenciando trocas, transformações e apropriações de bens materiais, cultura imaterial, linguagens e mitos. O retorno para seu país levou-o novamente aos Estados Unidos, onde visitou museus etnográficos, alguns dos quais recomendados pelo seu amigo Franz Boas.[205]

Apesar de progressivamente se especializar em outra região etnográfica, von den Steinen não apenas prosseguiu interessado nos debates americanistas, mas efetivamente se ocupava com a etnologia das terras baixas, seja comparecendo a eventos especializados, seja atuando no Museu de Berlim. Décadas após suas expedições ao Xingu, ele ainda era figura central na etnologia americanista. Destarte, participou do Con-

ASCENSÃO E DECLÍNIO DA ETNOLOGIA ALEMÃ (1884-1950)

gresso dos Americanistas de Paris de 1900, foi presidente de honra da edição de 1902 em Nova York e presidente do congresso de 1904, realizado em Stuttgart.[206] O Congresso de Americanistas de 1904 coroou sua atuação nesse campo de estudos. Apesar de ele já ter sido presidente de honra de encontro anterior (e presença ilustre em qualquer evento de antropologia ou geografia) e de sua primeira expedição ao Xingu já datar de duas décadas antes (embora ainda constituísse um marco na exploração das Terras Baixas Sul-Americanas, e além de sua produção intelectual ainda ser fundamental no estudos americanistas e na teoria da arte), o fato de ter sido o presidente do comitê organizador ao lado de Seler e do conde von Linden foi o que consolidou sua reputação como o maior especialista vivo no campo da etnologia indígena. Buscando internacionalizar o congresso, von den Steinen pediu a colaboração de Boas, que, de fato, foi relevante para a organização: ele indicou ao colega instituições nos Estados Unidos, no Canadá e na Rússia que poderiam enviar delegados ao congresso, citou nominalmente pesquisadores inclinados a viajar para Stuttgart e distribuiu panfletos e programas entre seus pares da América do Norte, onde também articulou apoios diplomáticos.[207] Com von den Steinen e Seler, Boas ainda discutiu os planos para a realização dos eventos seguintes, um deles, dois anos depois, em Quebec; e outro, em 1910, em Buenos Aires. Além de nobres, como o próprio Karl von Linden e a princesa Therese da Baviera, importantes nomes da antropologia mundial além de Boas e von den Steinen compareceram ao congresso, como Theodor Koch-Grünberg e Alfred Kroeber (1876-1960).[208] Von den Steinen exerceu o papel de anfitrião do evento: onipresente, seja em pessoa, seja como menção.

Como chefe da seção americanista do Museu de Berlim, von den Steinen era responsável pela ampliação do acervo – através de compra, permuta ou financiamento de expedições – e pela sua comunicação. Assim, ele, por um lado, se empenhava em preencher as lacunas regionais ou étnicas, e, por outro, demonstrava a complementação do acervo museológico através de publicações em revistas de antropologia.[209] Na transição entre aquisição de objetos e comunicação ao público, situa-se a exposição museológica – também de responsabilidade e interesse do etnólogo, que para tal dialogava continuamente com Boas, que fornecia relações de museus norte-americanos dignos de visita, ideias museológicas e também peças etnográficas – e a administração de expedições etnográficas à América do Sul, como a de Koch-Grünberg aos rios Negro e Japurá entre 1903 e 1905, e a participação em comitês para angariar fundos para expedições. Além disso, von den Steinen era um dos responsáveis por comunicar ao público o estado da arte dos empreendimentos etnográficos e arqueológicos apoiados pelo museu.[210] Paralelamente ao trabalho na seção americanista do museu, publicava artigos e resenhas dos livros de colegas, sobretudo na *Globus* e na *Zeitschrift für Ethnologie*.[211]

Assim, enquanto Karl von den Steinen, pioneiro das expedições etnológicas ao Xingu, ampliava suas áreas de atuação, ao incluir outras regiões etnográficas e outras atividades profissionais além do empirismo etnográfico, as expedições alemãs a povos indígenas em território brasileiro foram imediatamente ampliadas pelo seu companheiro de viagem: Paul Ehrenreich.

Notas

[1] U. von den Steinen, 2010, p. 30.
[2] Kraus, 2004a, p. 57.
[3] *Idem*, p. 101.
[4] Von den Steinen, 1894, p. VI.
[5] *Idem*, p. 2.
[6] U. von den Steinen, 2010, p. 32.
[7] Von den Steinen, 1887.
[8] "Bugre" era uma denominação genérica para povos indígenas do Sul do Brasil. Em contextos específicos, pode se referir aos Kaingang, grupo de língua Jê distribuído entre os estados meridionais brasileiros.
[9] "In dreien befinden sich die Steinwerkzeuge, Schichtproben und Schädel, in der vierten Bogen und Pfeile [...] Es liegt uns natürlich absolut fern, ein Geschäft machen zu wollen, wir sind nur freiwillige Agenten des Museums, die aber wenigstens einen Theil ihrer directen Ausgaben sich ersetzen lassen müssen. Wir überlassen die Sammlung dem Museum für tausend Mark [...]." Karl von den Steinen a Adolf Bastian, 28.05.1885, EM Bln, Acta Von den Steinen/Ehrenreich, grifos no original.
[10] Von den Steinen, 1894, pp. 4-5.
[11] Cf. Prado Junior, 1981; Schwarcz, 1993.
[12] Von den Steinen, 1894, p. 4.
[13] Karl von den Steinen a Adolf Bastian, 28.05.1885, EM Bln, Acta Von den Steinen/Ehrenreich.
[14] Schulze, 2015, p. 197.
[15] Rinke, 2013, pp. 4-5.
[16] *Idem*, p. 5.
[17] Penny & Rinke, 2015, pp. 174-175.
[18] *Idem*, p. 175.
[19] Schulze, 2015, p. 227.
[20] Karl von den Steinen a Adolf Bastian, 28.05.1885, EM Bln, Acta Von den Steinen/Ehrenreich.

ASCENSÃO E DECLÍNIO DA ETNOLOGIA ALEMÃ (1884-1950)

[21] Povos chaquenhos de língua Guaikuru.

[22] Von den Steinen, 1894, p. 8.

[23] *Idem*, p. 10.

[24] *Idem*, pp. 11-12.

[25] *Idem*, pp. 13-15.

[26] *Idem*, p. 23.

[27] *Idem*, 1886, pp. 26-32.

[28] Fernandes & Moraes, 2008, p. 80; Wied-Neuwied, 1820, pp. 27-29, 78-79, 180-181, 289-290.

[29] Von den Steinen, 1894, p. 25.

[30] *Idem*, p. 52.

[31] *Idem*, pp. 52-53.

[32] *Idem*, p. 55.

[33] Os Nahukwá são um povo de língua Karib; os Mehinako e os Yawalapíti, de língua Aruak; os Aweti, de língua Tupi, cf. Picchi, 2003; Gregor, 2002; Troncarelli, 2003.

[34] Von den Steinen, 1894, pp. 56-81.

[35] *Idem*, p. 74.

[36] *Idem*, pp. 82-94.

[37] *Idem*, p. 100.

[38] *Idem*, pp. 100-106.

[39] *Idem*, pp. 106-111.

[40] *Idem*, pp. 112-115.

[41] *Idem*, pp. 112-116.

[42] *Idem*, p. 122.

[43] *Idem*, p. 129.

[44] Ehrenreich, 1890a, p. 97.

[45] *Idem, ibidem*.

[46] Von den Steinen, 1894, p. 118.

[47] Penny, 2002, pp. 95-96.

[48] *Idem*, p. 96.

[49] Von den Steinen, 1894, pp. 100, 75.

[50] *Idem*, p. 75.

[51] *Idem*, pp. 58, 77, 330, 113.

[52] *Idem*, pp. 182-183.

[53] *Idem*, pp. 182, 121, 126.

[54] *Idem*, p. 86.

[55] *Idem*, p. 138.

[56] Os Paresí falam uma língua Aruaque; e os Bororo, que se autodenominam Boe, são falantes de uma língua pertencente ao tronco Macro-Jê.

[57] Von den Steinen, 1894, pp. 424-440.

[58] Hermannstädter, 2002a, p. 76.

[59] Von den Steinen, 1894, pp. 441-446.

[60] *Idem*, p. 442.

[61] *Idem*, p. 452.

[62] *Idem*, pp. 480, 501; Viertler, 1993, pp. 192, 198.

[63] Viertler, 1993, p. 187.

[64] *Idem*, p. 199.

[65] Caiuby, 2006; Viertler, 1993, p. 211. Para uma análise mais profunda da descrição do ritual com uso de dados de pesquisa mais recentes, remeto a esse artigo.

[66] Von den Steinen, 1894, p. 519.

[67] "Wir sind drei Wochen bei den Bororó-Coroados gewesen, haben das Glück gehabt, einigen sehr merkwürdigen Todtenfesten beizuwohnen und ein ziemlich klares Bild über den Culturzustand dieses mächtigen Jägerstammes gewinnen können. Wahrscheinlich stellen sie eine sehr hörere Form der Gês dar. Es sind körperlich prachtvoll ausgestaltete [...] Menschen, die unter der unglaublich fehlerhaften Behandlung seitens der Brasilianer leider [...] elend zu Grunde [...] gehen." Karl von den Steinen a Adolf Bastian, 24.05.1888, EM Bln, Acta Von den Steinen/Ehrenreich, grifos no original.

[68] "Die Sammlung rührt von bisher unbekannten Stämmen her, welche noch in präcolombianischer Steinzeit leben [...]." Karl von den Steinen a Adolf Bastian, 22.05.1888, EM Bln, Acta Von den Steinen/Ehrenreich.

[69] Hermannstädter, 2002a, p. 77.

[70] Karl von den Steinen a Adolf Bastian, 24.05.1888, EM Bln, Acta Von den Steinen/Ehrenreich.

[71] Von den Steinen, 1888a, p. 192.

[72] Karl von den Steinen a Adolf Bastian, 24.05.1888, EM Bln, Acta Von den Steinen/Ehrenreich.

[73] Von den Steinen, 1888a, pp. 191, 197-198, 209, grifo no original.

[74] *Idem*, pp. 193, 201.

[75] *Idem*, pp. 211-212.

[76] Von den Steinen, 1892; 1894.

[77] W. Humboldt, 1836-1839.

[78] Von den Steinen, 1892, pp. III-XI.

[79] *Idem*, p. V.

[80] *Idem, ibidem.*

[81] *Idem*, pp. 346, 348, 372, 436, por exemplo.

[82] *Idem*, pp. V-VI.

[83] *Idem*, p. VI.

[84] *Idem*, p. 161.

[85] *Idem*, p. 199.

[86] *Idem*, pp. 166-167.

[87] *Idem*, p. 174.

[88] *Idem*, p. 175.

[89] *Idem*, pp. 178-180.

[90] *Idem*, pp. 168, 204, 206.

[91] *Idem*, p. 169.

[92] *Idem*, pp. 164, 172, 201-202.

[93] *Idem*, p. 185.

[94] *Idem*, 1894, p. 348.

[95] *Idem*, 1886, pp. 203-204; 1894, p. 348.

[96] *Idem*, 1894, pp. 348-349.

[97] *Idem*, pp. 357-358.

[98] *Idem*, 1892, p. VII.

[99] *Idem, ibidem.*

[100] *Idem*, 1894, p. 354.

ASCENSÃO E DECLÍNIO DA ETNOLOGIA ALEMÃ (1884-1950)

[101] *Idem*, p. 65.
[102] *Idem*, 1888b *apud* U. von den Steinen, 2010, pp. 66-67.
[103] Von den Steinen, 1894, p. 67.
[104] Kant, 2015b [1781-1787]; Ringer, 1987, p. 86.
[105] Stocking Jr., 1968, p. 142.
[106] *Idem, ibidem.*
[107] *Idem*, p. 143.
[108] *Idem*, p. 146.
[109] Sahlins, 1976, p. 65.
[110] Von den Steinen, 1894, p. 394.
[111] *Idem*, p. 296 e ss.
[112] *Idem*, p. 296.
[113] *Idem*, p. 300.
[114] *Idem*, p. 305.
[115] *Idem*, pp. 315-316.
[116] Barcelos Neto, 2004, p. 51.
[117] Von den Steinen, 1894, pp. 296-297.
[118] *Idem*, p. 307.
[119] Barcelos Neto, 2004, p. 61.
[120] Cf. por exemplo von den Steinen, 1894, pp. 298, 306, 317.
[121] Barcelos Neto, 2004, p. 61.
[122] *Idem*, p. 69.
[123] Von den Steinen, 1894, p. 302.
[124] Barcelos Neto, 2004, p. 60.
[125] Von den Steinen, 1894, p. 299.
[126] *Idem*, p. 320.
[127] Barcelos Neto, 2004, p. 52.
[128] *Idem, ibidem.*
[129] *Idem, ibidem.*
[130] Lévi-Strauss, 2004 [1964]; 2005 [1966]; 2006 [1968]; 2011 [1971].
[131] Lima, 1996.
[132] Viveiros de Castro, 2002, p. 351.
[133] Schaden, 1993, p. 115; Ribeiro, 1993, p. 567; Thieme, 1993, p. 46; Barcelos Neto, 2004, p. 49.
[134] Déléage, 2015, pp. 1-6.
[135] *Idem*, pp. 2-3.
[136] Von den Steinen, 1894, p. 295.
[137] *Idem*, p. 268.
[138] Déléage, 2015, p. 7.
[139] Von den Steinen, 1894, p. 268.
[140] O etnólogo atribui a Andree a oposição às recentes "bobagens" afirmadas acerca do significado dos desenhos. *Idem*, pp. 244-245.
[141] Segundo Ribeiro (1993, p. 568), na literatura sobre o Alto Xingu, o merexu tornou-se sinônimo de pacu, embora, conforme von den Steinen (1894, p. 101), esse peixe se assemelhasse à piranha.

[142] A respeito de uma difusão desse padrão entre os povos xinguanos, consulte Ribeiro, 1993. É notável que esse padrão seja o mais importante dos Waujá, entre os quais é conhecido por kulupienê (Barcelos Neto, 2004, p. 54).

[143] Von den Steinen, 1894, p. 264.

[144] *Idem*, p. 268.

[145] *Idem*, p. 322.

[146] Déléage, 2015, pp. 11-12.

[147] *Idem*, p. 14.

[148] *Idem*, p. 12.

[149] *Idem*, pp. 13-14.

[150] Von den Steinen, 1894, p. 250 e ss.

[151] *Idem*, p. 250.

[152] *Idem, ibidem*.

[153] *Idem, ibidem*.

[154] *Idem*, pp. 244-245.

[155] Déléage, 2015, pp. 17-18.

[156] Von den Steinen, 1894, p. 245.

[157] *Idem*, p. 254.

[158] Déléage, 2015, p. 19.

[159] Von den Steinen, 1894, p. 351. A citação latina é de Virgílio e significa "se é lícito comparar as coisas pequenas às grandes".

[160] *Idem*, p. 351.

[161] Viveiros de Castro, 2002.

[162] Von den Steinen, 1894, p. 362.

[163] *Idem*, p. 352.

[164] *Idem*, p. 353.

[165] Assim sendo, é completamente equivocada a interpretação do historiador das religiões Jonathan Z. Smith de que von den Steinen acreditava que os índios não conseguissem distinguir humanos de animais e de que o próprio americanista não percebeu que a formulação Bororo original é "eu me tornarei uma arara" e não "eu sou uma arara", cf. J. Smith, 1978, p. 272.

[166] Von den Steinen, 1894, p. 351.

[167] Cf. J. Smith, 1978, p. 265 e ss. Ali há uma boa referência às sucessivas interpretações da relação dos Bororo com as araras, que se sustenta, entretanto, em uma visão deturpada da análise steineana.

[168] Durkheim & Mauss, 2005 [1903].

[169] Frazer, 1910, p. 119. É desnecessário mencionar que, em parte alguma, von den Steinen afirma que os Bororo tratam as araras como compatriotas.

[170] *Apud* J. Smith, 1978, p. 273.

[171] Lévy-Bruhl, 1910, p. 77.

[172] *Idem, ibidem*, grifo no original.

[173] *Idem*, pp. 77-78.

[174] *Idem*, p. 78.

[175] J. Smith, 1978, p. 276.

[176] Karsten, 1926, p. 277.

[177] Lévi-Strauss, 2004 [1964], p. 70.

[178] Von den Steinen, 1894, p. 354.

ASCENSÃO E DECLÍNIO DA ETNOLOGIA ALEMÃ (1884-1950)

[179] *Idem, ibidem.*

[180] *Idem, ibidem.*

[181] *Idem, ibidem.*

[182] *Idem*, pp. 354-355.

[183] *Idem*, p. 359.

[184] Os dois principais acadêmicos dessa disciplina eram Waitz e Wundt, com suas duas obras monumentais, cf. Waitz, 1859; Wundt, 1900-1920.

[185] A bibliografia acerca da relação entre racionalidade e cultura (e seus desdobramentos) é extensa, e, apenas entre as obras consagradas, pode-se citar, pelo menos, além da mencionada obra de Lévy-Bruhl (1910): Freud, 1913; Kroeber, 1917; Rivers, 1918; Lévy-Bruhl, 1922; Malinowski, 1924; Mauss, 2005b [1921]; 2005d [1923]; 2005a [1929]; 2003 [1924]; Mead, 1928; Benedict, 1934; Sapir, 1999b [1938]; Lévi-Strauss, 1989 [1962]; Obeyesekere, 1992; Sahlins, 1995.

[186] Von den Steinen, 1894, p. 353.

[187] *Idem*, p. 410.

[188] Ehrenreich, 1897a.

[189] Löschner, 1993, p. 146.

[190] Veja as imagens 13 e 16 deste livro.

[191] Déléage, 2015, p. 33.

[192] Von den Steinen, 1894, p. 250.

[193] Kümin, 2007, p. 52.

[194] Von den Steinen, 1889, pp. 11-15.

[195] *Idem*, p. 11.

[196] *Idem, ibidem.*

[197] *Idem*, p. 14.

[198] Kraus, 2001, p. 37.

[199] U. von den Steinen, 2010, p. 94.

[200] Karl von den Steinen a Franz Boas, 27.11.1893, APSL, Mss. B.B61.

[201] "Sitzung vom 2. Dezember 1893" em *Verhandlungen der Gesellschaft für Erdkunde*, 1893, p. 508.

[202] "Denn die Passion für die Südseeinseln theile ich mit den Segelcapitänen, die sich ja auch nirgendwo wohler fühlen also unter den Kanakers." Karl von den Steinen a Herr Professor, 02.07.1885, EM Bln, Acta Von den Steinen/Ehrenreich. Kanaka eram nativos das ilhas do Pacífico Sul, empregados para trabalhar nas colônias britânicas.

[203] Von den Steinen, 1897b, p. 364.

[204] *Idem*, 1925, vol. I.

[205] Karl von den Steinen a Franz Boas, 01.08.1897, APSL, Mss. B.B61.

[206] Internationaler Amerikanisten-Kongress, 1904; von den Steinen, 1903c, p. 130.

[207] Franz Boas a Karl von den Steinen, 24.07.1903, APSL, Mss. B.B61; Karl von den Steinen a Franz Boas, 12.10.1903, APSL, Mss. B.B61; Karl von den Steinen a Franz Boas, 19.10.1903, APSL, Mss. B.B61; Karl von den Steinen a Franz Boas, 23.10.1903, APSL, Mss. B.B61; Franz Boas a Karl von den Steinen, 26.10.1903, APSL, Mss. B.B61; Franz Boas a Karl von den Steinen, 14.12.1903, APSL, Mss. B.B61; Karl von den Steinen a Franz Boas, 23.12.1903, APSL, Mss. B.B61; Karl von den Steinen a Franz Boas, 11.01.1904, APSL, Mss. B.B61; Franz Boas a Karl von den Steinen, 05.02.1904, APSL, Mss. B.B61; Franz Boas a Karl von den Steinen, 23.02.1904, APSL, Mss. B.B61; Karl von den Steinen a Franz Boas, 10.03.1904, APSL, Mss. B.B61; Franz Boas a Karl von den Steinen, 14.03.1904, APSL, Mss. B.B61; Karl

von den Steinen a Franz Boas, 14.03.1904, APSL, Mss. B.B61; Karl von den Steinen a Franz Boas, 15.03.1904, APSL, Mss. B.B61; Karl von den Steinen a Franz Boas, 15.03.1904, APSL, Mss. B.B61; Franz Boas a Karl von den Steinen, 25.03.1904, APSL, Mss. B.B61; Franz Boas a Karl von den Steinen, 01.04.1904, APSL, Mss. B.B61; Karl von den Steinen a Franz Boas, 02.04.1904, APSL, Mss. B.B61; Karl von den Steinen a Franz Boas, 20.04.1904, APSL, Mss. B.B61; Franz Boas a Karl von den Steinen, 30.04.1904, APSL, Mss. B.B61; Franz Boas a Karl von den Steinen, 11.05.1904, APSL, Mss. B.B61.

[208] Internationaler Amerikanisten-Kongress, 1904.

[209] Von den Steinen, 1901a; 1901b, pp. 387-390; 1902a; 1902b.

[210] *Idem*, 1904a; Globus, 1906; von den Steinen, 1904b.

[211] Von den Steinen, 1899; 1900b; 1901c; 1903a; 1897a; 1902a; 1907; 1908; 1909; 1910a; 1910b.

4.

A viagem de Paul Ehrenreich aos rios Araguaia e Purus (1888-1889)

Paul Ehrenreich permaneceu no Brasil para empreender a sua terceira e última grande expedição etnográfica, dividida em duas partes: Araguaia e Purus. Uma vez que a segunda expedição ao Xingu determinara que o berço originário das línguas Karib se situava no Brasil Central, de onde essas línguas migraram para as demais regiões da América do Sul, o objetivo de Ehrenreich em explorar a região do Rio Araguaia era coletar material empírico para compreender a migração dos povos dessa família linguística.[1] Ehrenreich supôs que os Karajá formariam um elo entre o Xingu e o Médio Araguaia, por isso empreendeu a expedição para examinar mais cuidadosamente as condições linguísticas e culturais da região.[2]

Assim, os territórios escolhidos por Ehrenreich não eram inexplorados, como o era o Xingu. A região do Araguaia era relativamente bem conhecida; o célebre explorador francês Francis de Castelnau (1810-1880) inclusive já passara por lá na década de 1840. Castelnau também viajara pela região do Purus, mas à época de Ehrenreich seus habitantes indígenas eram menos conhecidos do que os do Araguaia. Destarte, Ehrenreich intencionava revisitar, à luz dos resultados das expedições ao Xingu, regiões etnográficas previamente conhecidas, com o intuito de construir um conhecimento etnológico que abrangeria o território das terras baixas em sua totalidade, ao conectar uma região à outra.

Em maio de 1888, Ehrenreich, acompanhado pelos irmãos Dhein, partiu de Cuiabá em uma viagem terrestre até Goiás, aonde chegou em julho.[3] Ao longo do caminho, Ehrenreich já conheceu alguns índios Kayapó, dos quais tirou medidas e fotos e com os quais empreendeu estudos linguísticos.[4] No dia 21 de agosto, ele embarcou em direção a Leopoldina no Araguaia. Do ponto de vista da estrutura organizacional e logística, a expedição à bacia Araguaia-Tocantins diferiu completamente da exploração ao Xingu. Nas viagens de von den Steinen, mesclou-se transporte fluvial com terrestre (a depender das condições geográficas), com marcante presença de animais de carga e embarcações indígenas, para carregar mantimentos e coleções etnográficas. A exploração ao Araguaia, tal como a expedição ao Rio Doce, foi realizada quase completamente por vias fluviais. No caso do Araguaia, Ehrenreich alugou uma embarcação privada e contratou um capitão. Ora utilizando embarcações menores, os batelões, ora com o barco a vapor, o etnólogo deslocava-se para as subsequentes aldeias indígenas, que se situavam praticamente na beira dos rios. Um chefe Karajá, Pedro Manco, "um dos poucos Karayá que dominava em alguma medida o português", ocupou o posto de tradutor.[5]

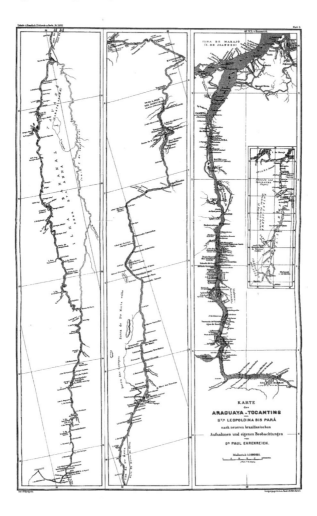

Mapa 3 – Região do Rio Araguaia.

Nos poucos dias em que Ehrenreich permaneceu em cada posto, ele se ocupou sobretudo com antropologia física, fotografias antropológicas, estudos linguísticos e observações etnográficas. Sua expedição diferiu da de von den Steinen por apresentar um caráter predatório, cujo interesse era obter material cultural e humano, informações linguísticas e etnográficas para ser analisado posteriormente.

As medições não ocorriam sem o mesmo medo já experienciado anteriormente. Em uma aldeia Tapirapé, uma menina, tomada pelo medo, pulou no rio, ao que várias de suas colegas seguiram-na.[6] Em duas ocasiões Ehrenreich novamente furtou ossadas e crânios. Em um cemitério Karajá, ele abriu uma cova "bastante fresca" e se apossou de seu conteúdo; seu guia e tradutor, confessou Ehrenreich, "pareceu não ter percebido nada, ou ele pelo menos agiu assim".[7] Em uma aldeia Kayapó, ele também exumou covas e furtou crânios.[8] Do ponto de vista da etnografia, dos resultados mais relevantes se contabiliza a cultura material, sobretudo as figuras de argila e as máscaras dos Karajá, algumas das quais Ehrenreich obteve. Após passar por alguns acampamentos Karajá e Kayapó, ele alcançou os temidos Šambioa, um subgrupo Karajá então em guerra com os Kayapó, dos quais ele também adquiriu uma coleção etnográfica (Imagem 34).[9] A foto de Dhein com os Xambioá é notável por duas razões: em primeiro lugar, porque já na época era capaz de problematizar a ideia de que esse grupo indígena seria irascível e contrário a qualquer contato. A imagem cristalizou o trabalho de campo entre os ameríndios, demonstrou a capacidade de Ehrenreich de realizar contatos interétnicos em ambientes sociais hostis e, portanto, funcionou como uma propaganda de seu fotógrafo. Em segundo lugar, porque, diferentemente das imagens de von den Steinen e posteriormente de Koch-Grünberg, quem posa não é o etnólogo, mas o acompanhante. É possível interpretar que Ehrenreich privilegiou frisar sua fama de pioneiro da fotografia antropológica, uma vez que a mera aproximação com esse grupo já era suficiente para validar sua experiência de campo. Há um distanciamento do corpo de Dhein daqueles dos indígenas, e ele não está em meio a eles, mas ao seu lado. A impressão é a de que a situação era segura *ma non molto*.

Imagem 34 – Carlos Dhein com os Xambioá (1888).

Entre os Xambioá, o americanista também obteve máscaras (Imagem 35), algumas das quais encontradas descartadas perto de uma roça. Ele também observou procedimentos médicos e fez medições corporais. O "pânico" entre as mulheres, causado por uma sessão, provocou um mal-estar entre o etnólogo e a população indígena, o que forçou os expedicionários a partir. Durante esse percurso todo, além daquela dos Karajá, ele ainda conseguiu obter uma pequena coleção etnográfica dos Kayapó, "a tribo Jê mais significativa", e dos Anambé,[10] "um povo Tupi puro do Baixo Tocantins".[11] Conseguiu também um vocabulário Xavante.[12] Dos vizinhos dos Anambé, os Apiaká do Tocantins, ele conseguiu encontrar apenas "indivíduos civilizados", isto é, índios que já viviam em intenso contato com a sociedade brasileira.[13] Em 2 de novembro do mesmo ano, Ehrenreich já se encontrava em Belém do Pará, para no meio de dezembro partir para uma expedição com três meses de duração na região do Médio Purus, onde ele conheceu "três das mais importantes tribos" da região: Jamamadi, Ipurina e Paumari.[14] Os Jamamadi ainda não teriam sofrido a influência "desmoralizante" da civilização europeia e por isso seriam de sumo interesse investigativo, como atestaria uma imagem dos índios puros e imaculados (Imagem 36).[15] A investigação seguiu o roteiro usual: estudos linguísticos, fotos antropológicas e montagem de coleção etnográfica. Um acontecimento de provável impacto para a análise antropológica de Ehrenreich foi o adoecimento de Pedro Dhein. Tomado por fortíssimas dores de cabeça, Dhein foi submetido a um procedimento de cura empreendido pelo "pajé".¹⁶ Embora os expedicionários muitas vezes tivessem sucumbido a doenças durante as viagens, foi o primeiro episódio em que um participante do grupo deixou-se ser submetido a uma sessão de cura xamanística. Entre os Apurinã, ele também observou danças rituais "mágicas" que associou à pajelança.¹⁷ Para suas coleções, o americanista adquiriu dos Apurinã "trombetas mágicas" e furtou dos Jamamadi um esqueleto e um crânio.¹⁸

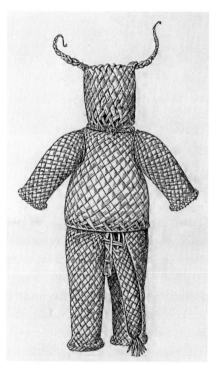

Imagem 35 – Roupa de máscara Xambioá (1892).

O etnólogo planejara percorrer o Rio Purus até suas partes mais altas. No entanto, a exaustão e a falta de recursos obrigaram-no a abandonar o empreendimento em fevereiro de 1889, antes de concluir a tarefa. Em 9 de março, ele embarcou em um navio a vapor no Rio Purus, e, em 11 de março, o navio alcançou o Rio Negro. Ehrenreich precisou se recuperar da exaustão e disenteria por algumas semanas, hospedado na casa de amigos conterrâneos, antes de conseguir seguir viagem até o Rio de Janeiro. Em março, já na capital, ele despediu-se de seus companheiros gaúchos, com quem explorou o interior do Brasil durante dois anos, e seguiu viagem para Petrópolis, São Paulo e Santos, de onde, em 20 de junho de 1889, embarcou rumo a Hamburgo.

Imagem 36 – Retrato de grupo Jamamadi (1889).

Após a investigação etnográfica, o americanista atribuiu aos Apiaká, e não aos Karajá, o posicionamento geográfico-linguístico de ser o elo entre as línguas Karib do Alto Xingu e as da região do Araguaia. Os Apiaká, informa o americanista, são "uma tribo Karib genuína, aparentada somática e linguisticamente aos Bakairi".[19] A sua conclusão, contudo, é equivocada: os Apiaká são falantes de língua Tupi. Além disso, Ehrenreich acreditou ter conseguido esclarecer outro ponto de investigação etnográfico-linguístico. Segundo o americanista, quase todos os grupos da região do Purus pertenceriam "ao grande grupo Maipure ou Nu-Aruaque" e formariam o elo entre "as tribos Nu das Guianas e da Colômbia e entre as da Bolívia e do Mato Grosso".[20] Ele ainda frisou explicitamente a proximidade entre as línguas Jamamadi e Paumari. Essas assertivas precisam ser enfrentadas com cautela. A existência do conceito de classificação linguística "Nu-Aruaque" deixou de ser aceita pela comunidade etnológica ainda no período de atividade de von den Steinen. A língua Apurinã efetivamente pertence à família Maipure-Aruaque, mas os Jamamadi e Paumari são Arawá.

Apesar dessas imprecisões, o material linguístico, etnográfico e antropológico coletado por ele nessas três expedições (Xingu, Araguaia e Purus) serviu de base para a publicação de artigos e livros, muitos dos quais permaneceram relevantes durante todo o período americanista da etnologia alemã, seja como suporte etnográfico, seja como alicerce teórico. Assim, ele dividiu os resultados de sua expedição em publicações de natureza distinta: narrativa de viagem, estudos linguísticos, estudos geográficos, antropologia física e análise etnográfica.[21] Em suma, três dos quatro campos constituintes da antropologia teuto-norte-americana.

Ehrenreich promoveu, ademais, avanços pontuais em temas específicos entre os estudos americanistas: sobre a percepção etnológica a respeito dos povos indígenas em geral, sobre o xamanismo e as relações entre as línguas indígenas, bem como sobre a mitologia, o estado geral do conhecimento acerca dos povos indígenas em sua época e o uso de fotografias. Assim, os vocabulários recolhidos durante as expedições foram analisados e publicados separadamente, com o intuito de determinar classificações linguísticas e as relações entre as respectivas línguas – um campo de estudo iniciado pela primeira monografia de von den Steinen. Ele definiu, por exemplo, que os Karajá falam uma língua própria, próxima ao tronco Jê, e que os Xavante e Xerente falam uma língua extremamente próxima, e descreveu quais povos do Purus falam línguas Mura, Aruaque, Pano ou Karib.[22] Segundo o etnólogo francês Paul Rivet (1876-1958), os estudos linguísticos de Ehrenreich eram de suma importância, pois consistiam nas primeiras análises sistemáticas de povos muito pouco conhecidos pela ciência.[23]

A região entre Mato Grosso e Goiás, bem como o curso do Araguaia, não haviam sido explorados desde Castelnau e jamais por um profissional com treinamento em técnicas geográficas. A contribuição de Ehrenreich para a geografia do Brasil foi, portanto, a produção do mapa mais completo da região do Araguaia até então.[24]

Uma breve observação sua sobre o xamanismo tornou-se um pressuposto analítico dos estudos americanistas. A relação entre humanos, animais e espíritos foi descrita pelo etnólogo alemão com pouca precisão epistemológica, principalmente no que concerne às associações superficiais com modos de relação interespécie e organização social. Assim, por exemplo, ele observou entre os Karajá a existência de estacas de madeira, decoradas com grafismos, à frente dos túmulos. Estes ele associou a "ornamentos animais", o que "indica a presença de totemismo ou formação de clãs". A ruptura entre corpo e espírito, as visões e a separação entre o mundo material e "o mundo dos espíritos, em que cada indivíduo, tanto humano quanto animal, distingue-se um do outro, segundo a concepção indígena, apenas em sua forma corporal", foram compreendidas por ele como parte do universo religioso, caracterizado pela visão de mundo do "animismo".[25] De acordo com o americanista, o animismo prescinde de todas as fundamentações éticas que sustentam as religiões das altas culturas, como deuses, punições e recompensas, orações, ídolos e cultos, suportando-se apenas pelo seu caráter de "mistério".[26] Assim,

Ehrenreich afasta-se da interpretação de von den Steinen, que, ao tratar das cosmovisões indígenas, ignorou completamente o animismo.

No entanto, ao descrever a presença dos animais domésticos nas aldeias dos Xambioá, ele enfatiza que os índios veem os animais como "seus pares" e que "o sentimento de união, o parentesco com o mundo animal, que se expressa nas lendas tribais e no rico tesouro de fábulas animais, é uma das características principais do *Volksgeist* indígena".[27] Além disso, ele descreveu a medicina entre os Karajá, com ênfase no uso da *Hedwigia balsamifera* como planta medicinal e na atuação dos *Zauberärzte*, os "médicos-feiticeiros". Os procedimentos de cura e as suas relações com os fenômenos da natureza correspondem, de acordo com ele, às atividades observadas por "Boas entre os Esquimó Centrais".

A pioneira delimitação sociológica de determinado fenômeno social e sua designação por xamanismo deve-se ao político e geógrafo neerlandês Nicolaes Witsen (1641-1717), que, em sua obra *Noord en Oost Tartarye*, de 1692, sobre a região siberiana da Tartária Setentrional e Oriental, utilizou o termo êmico tungístico para descrever as particularidades dos especialistas rituais.[28] Witsen também publicou o primeiro desenho de um xamã siberiano. Em seguida o xamanismo foi observado pelos exploradores que se dedicaram ao estudo da Sibéria, como Daniel Messerschmidt na década de 1720.[29] O estudo etnográfico do xamanismo era parte, inclusive, do programa de pesquisa proposto por Gerhard Friedrich Müller 20 anos mais tarde.[30] Ao longo das décadas seguintes, estudiosos associaram ao xamanismo práticas rituais encontradas em outras partes da Eurásia, no norte da Europa (entre os Saami, por exemplo) e nas regiões árticas.[31]

Quando Boas, portanto, fez pesquisa de campo em Baffinland, os relatos sobre especialistas rituais xamânicos já existiam, mas suas publicações, ainda no século XIX, atraíram a atenção dos etnólogos alemães.[32] Um artigo específico, hoje completamente esquecido, "Die religiösen Vorstellungen und einige Gebräuche der zentralen Eskimos" ("As ideias religiosas e alguns costumes dos Esquimó Centrais"), em que Boas compara a mitologia dos Inuit com a dos nativos da Groenlândia, serviu de fonte não apenas para a comparação de Ehrenreich, mas para a apropriação conceitual.[33] Até a publicação do livro de Ehrenreich, os americanistas se referiam aos especialistas rituais ameríndios como *Zauberer* ("feiticeiro"), *Arzt* ("médico") ou, preferencialmente, *Zauberarzt* ("médico-feiticeiro"), já que o xamã tinha uma determinada posição social suportada pelo ofício de promover curas físicas através de meios tidos como mágicos. Nessa obra ele não substituiu os conceitos correntes pela nova terminologia, mas adicionou o termo "xamã" para caracterizar os especialistas.

Desse modo, Ehrenreich não apenas incluiu os ameríndios na enciclopédia dos povos nativos cujas configurações cosmológicas poderiam ser compreendidas através da linguagem do xamanismo, como também importou para a etnologia do Brasil o termo por meio do qual os especialistas rituais indígenas são categorizados. Ele foi o único etnólogo da primeira geração de americanistas a se defrontar explicitamente com conceitualizações e teoria antropológica e, após a virada do século, ainda contribuirá substancialmente para a disciplina.

Da perspectiva da história conceitual, a adoção do termo "xamã" é das mais interessantes. Para descrever um fenômeno social empiricamente observado na Sibéria, um termo nativo foi empregado. O termo "xamã" foi então teoreticamente abstraído até se tornar um conceito epistemológico. A consequência desse movimento espelhar é seu uso indutivo para descrições empíricas e a categorização *a priori* de práticas rituais. Assim, o termo "xamã" não nasceu da epistemologia das ciências sociais; é um conceito êmico apropriado e transformado pela ciência, processado de maneira a abarcar uma miríade de relações de humanos com o mundo extra-humano. Diante da lapidação das inúmeras configurações ontológicas, empreendidas pela etnografia durante três séculos, para que se encaixassem de alguma maneira nessa noção, há de se questionar se o conceito de xamanismo é êmico em todas as situações etnográficas, é uma ferramenta analítica apriorística, porém válida, ou se o xamanismo não é uma invenção europeia diante da necessidade de categorizar as múltiplas experiências humanas.

Em todo caso, no âmbito da etnologia, o americanista dedicou-se, antes da virada do século, sobretudo ao estudo das migrações e da distribuição dos povos ameríndios pelo Brasil.[34] Para tanto, ele muniu-se de aparato conceitual suportado, especialmente, pelas abordagens de Bastian, Ratzel e Virchow. Para Ehrenreich, o desaparecimento dos povos primitivos (*Naturvölker*) decorrente do contato com os europeus ou por causa interna seria um impeditivo para o estudo completo das condições sociais e culturais em províncias geográficas (*geographische Provinzen*) mais amplas.[35] Isso já estaria acontecendo com os povos nativos dos Estados Unidos e do sul da Argentina, por exemplo. No Brasil, no entanto, ainda havia várias áreas "não cultivadas" (*unkultiviert*), livres de qualquer influência europeia, oferecendo "valioso material" para que o etnólogo pudesse analisar a relação entre a vida étnica (*Völkerleben*) e as condições geográficas.[36] Havia, na sua interpretação, um conhecimento tão limitado sobre as populações indígenas, porque, por um lado, a carência de estudos geográficos teria permitido que metade do território brasileiro ainda fosse *terra incognita* e, por outro, porque os próprios pesquisadores brasileiros se dedicariam demasiado ao estudo do Tupi, ignorando as demais possibilidades investigativas e produzindo uma "Tupimania".[37] Mesmo Martius, que tanto Ehrenreich quanto von den Steinen consideravam o fundador da etnografia moderna, e que seria o último dos autores antigos ainda a ter importância, esteve sob demasiada influência da Tupimania, ao ponto de sobrevalorizar as migrações dos povos Tupi, de considerar erroneamente o parentesco entre os troncos Tupi e Jê e de formalizar uma categoria linguística ("Guck") sem fundamentação empírica. Foi então apenas através das expedições de von den Steinen (e das suas próprias) que a distribuição étnico-linguística dos povos indígenas em território brasileiro pôde começar a ser compreendida.

A metodologia empregada por von den Steinen e Ehrenreich para compreender o estado geográfico atual das línguas indígenas brasileiras assemelha-se a um diagrama de Venn, em que os conjuntos disciplinares da linguística comparada, história indígena e antropologia se interconectam de modo a destacar uma área transdisciplinar com competência epistemológica apta a compreender as especificidades brasileiras. O método von den Steinen-Ehrenreich consistia, portanto, de duas etapas: a primeira em campo, a segunda no gabinete. Em campo, os etnólogos buscavam recolher vocabulário de certo povo e obter informações com informantes indígenas sobre migrações, a localização de aldeias antigas, a posição de aldeias próximas. No gabinete, por meio da análise comparativa, eles determinavam a qual família ou tronco linguístico aquele povo pertencia e quais foram as transformações vocabulariais dentro de uma província etnográfica. Então eles comparavam a análise de seu material empírico com fontes historiográficas, sobretudo de missionários e relatórios provinciais. Por fim, munidos de dados geográficos, etnográficos e historiográficos, eles precisavam a localização dos povos e suas migrações.

É notável que o papel dos ameríndios nesse processo não era apenas o de fornecer vocábulos, mas o de participar ativamente na primeira etapa da construção do saber, ao desempenhar os papéis de informantes, tradutores e guias, indicando caminhos, enumerando os povos da região, seus nomes e suas localizações. Nesse processo, os etnólogos davam crédito às informações reveladas tanto pelos índios quanto pelas fontes históricas. Trata-se, assim, não apenas de uma aplicação de métodos do estudo da linguagem – que remetem tanto à linguística comparativa do século XIX quanto ao programa de linguística histórica do século XVI – ou de uma transformação de informações de fontes históricas em mapas geográficos, mas de um método etnológico inovador, empiricamente fundamentado e teoricamente bem construído.

Dos resultados das expedições e das consequentes análises deles, Ehrenreich destacou dois corolários fundamentais para algo como um estudo sociológico dos ameríndios: que, em primeiro lugar, as "tribos individuais" não se situam em um quadro de "confusão caótica", mas sim em determinadas regiões de acordo com os "grandes grupos linguísticos" aos quais pertencem.[38] Dessa forma, é possível separar o território brasileiro de acordo com a ocupação regional de cada grupo linguístico. Haveria assim, ao menos, de seis a oito províncias geográficas.[39] Se von den Steinen foi o etnólogo que caracterizou o Alto Xingu como uma área cultural, é a Ehrenreich que se deve a ideia inicial de compreender a ocupação territorial indígena a partir da delimitação específica de grupos linguística e culturalmente conectados. A outra conclusão é que as migrações ocorriam de forma regular, para regiões específicas, e que afetavam grupos determinados até muito recentemente; portanto, não sucediam de forma desordeira e aleatória. O resultado dessas conexões foi a produção do mapa étnico-linguístico mais completo até então confeccionado (Imagem 37) – que lembra bastante o famoso mapa desenvolvido por Curt Nimuendajú décadas depois – e de uma descrição dos seus componentes étnicos.

Imagem 37 – Mapa etnográfico de Ehrenreich. As cores representam, respectivamente: Tupi, Jê, Karib, Maipure ou Nu-Aruaque, "restos do grupo Goytaca (Puri)", Pano, Miranha, Guaykuru, Karajá, negros livres (1891).

A importância da antropologia física assume, nessa fase da produção americanística de Ehrenreich, um posicionamento ambíguo. Para Herbert Baldus, o americanista demonstrou as possibilidades e as dificuldades da antropologia física para o estudo do homem em geral, e do americano em particular.[40] Por um lado, a distribuição étnica dos povos indígenas no Brasil só pode ser compreendida com suporte linguístico e geográfico, porque os povos só podem ser diferenciados por suas línguas e não por suas características corporais. Ehrenreich sustenta que "suas características corporais, em contrapartida, só podem ser utilizadas com a maior cautela para classificações".[41] O americanista prossegue afirmando que "a utilização ametódica de conclusões anatômico-raciais" para "questões puramente etnográficas" só geraria "confusão".[42] A antropologia física não deve ser aplicada aos povos, mas aos americanos em geral, "enquanto raça", para a descrição de suas proporções anatômicas e do tipo de formação corporal do homem americano.[43] Os métodos da antropologia física só devem prevalecer quando não é possível empreender estudos etnográfico-linguísticos, como no caso do achado de restos humanos. A craniologia pode, nesses casos específicos, auxiliar a determinar a origem étnica dos restos encontrados. Para a classificação dos humanos em raças, no entanto, a craniologia "tem pouco valor", avalia Baldus.[44]

Por outro lado, suportado pelo material humano furtado ("coletado") durante suas expedições, pelas medições e pelas fotografias antropológicas, Ehrenreich publicou um livro complexo inteiramente devotado à antropologia física.[45] O objetivo da obra é descrever as condições corporais das populações indígenas, e trata-se da primeira publicação nesse ramo.[46] O livro caracteriza-se por uma tentativa de seu autor de solucionar questões teóricas esparsas em publicações de autores diversos e buscar sintetizar o conhecimento antropológico disponível, com um distanciamento crítico que difere muito de suas publicações sobre os Botocudo. Para tanto, ele debateu questões relativas à antropologia física com autores desde Blumenbach, Kant, Buffon e Darwin até seus contemporâneos Luschan, Boas e Tylor. Ele apropriou-se criticamente do aparato conceitual de Ratzel, submetendo-o a uma diretriz antropológica universal postulada por Bastian. Ratzel e Virchow apontam "com toda razão" para o fato de a América fornecer a solução para os maiores problemas antropológicos.[47] Estes, no entanto, não tocam a origem do homem americano, da sua cultura, e "sua derivação do Velho Mundo como comprovação da unidade da espécie humana", como indicava Ratzel, mas antes a "explicação das especificidades corporais e mentais da raça americana enquanto produto da sua província geográfica".[48] Em suma, trata-se de um problema desenvolvido pelo "velho mestre Bastian": o que há de persistente na "raça humana" e em que medida se estendem suas variabilidades.[49]

Isto posto, Ehrenreich defronta-se com a necessidade de precisar conceitos correntes da antropologia física. Não apenas por abordar o tema da antropologia biológica, mas também por explicitamente discutir teorias, métodos e conceitos, essa obra é absolutamente singular em toda a produção americanista alemã. Os conceitos cuja elucidação é mais relevante são tribo (*Stamm*), tipo (*Typus*), raça (*Rasse*) e povo (*Volk*). Tribo e povo são, na prática, grupos de indivíduos unidos por uma mesma língua, afirma o autor, e tipos são grupos de indivíduos que compartilham elementos étnicos fundamentais.[50] Com postura cética diante das medições corporais apresentadas por viajantes sem formação em ciências da natureza, da metodologia craniológica empregada de forma imprecisa e da proliferação conceitual, Ehrenreich sustenta que o conceito de raça era muito pouco claro.[51] De acordo com o americanista, para determinar a existência da raça, é necessária a existência de dois elementos: o "tipo" e a "comprovação da continuação temporal", isto é, "do parentesco sanguíneo", ou seja, uniformidade fenotípica e hereditariedade das características genotípicas.[52] Porquanto o que distingue os povos são as línguas e o que une as raças é o sangue, ele declarou que não existem raças puras.[53] Assim, a determinação das raças humanas está ancorada em uma noção de variação genética *avant la lettre* da heterogeneidade dos tipos físicos e não em uma construção política com fins morais, suportada por uma pseudociência.

O posicionamento intelectual e político de Ehrenreich foi elogiado por Boas, que publicou na revista *Science* uma resenha sobre o livro *Anthropologische Studien über die Urbewohner Brasiliens* (*Estudos antropológicos sobre os povos nativos do Brasil*), posteriormente republicada em *Race, Language and Culture*.[54] Segundo Boas, Ehrenreich possui um igual conhecimento em campos como linguística, somatologia e etnologia, permitindo que faça uma crítica a correntes da antropologia física, especialmente à ênfase de dados antropológicos que, em vez de complementar descrições etnográficas, substituem-nas. Boas discordou de pontos focais do livro de Ehrenreich – o americanista, por exemplo, usa o termo "raça" para as grandes divisões da humanidade e "tipo" para as distinções no interior das divisões, e, para a constituição da raça, Ehrenreich articulava três características: similaridade de traços anatômicos, ocupação territorial em continuidade geográfica e similaridade das estruturas linguísticas. Boas aceitava os dois primeiros termos para a formação do conceito de raça, mas, de acordo com sua famosa disso-ciação entre língua e raça, negava o terceiro elemento. Outra discordância em relação a Ehrenreich concerne justamente aos tipos. Para o etnólogo alemão, a influência ambiental poderia causar transformações nos tipos físi-cos, determinismo que Boas combatia. Apesar disso, este considerou que a obra "é de grande importância, não apenas por causa das informações deta-lhadas fornecidas numa parte especial do trabalho, mas também pelo exame crítico dos métodos da somatologia".[55]

Ehrenreich foi o único dos americanistas alemães a debater a velha disputa entre monogenismo e poligenismo. Como pupilo de Bastian e Virchow, e árduo defensor da ciência empírica, ele tornou-se partidário da concepção de uma origem única para a espécie humana e, por conseguinte, defensor da tese da autoctonia dos homens americanos. Para ele os huma-nos teriam imigrado da Ásia para a América via estreito de Bering.[56] A espécie humana, mesmo com as miscigenações, seria repartida em gran-des grupos, as raças; e estas, em grupos menores, os povos, que se dividiriam em tribos, famílias e indivíduos: "as raças verdadeiras são formas perma-nentes, puramente determinadas pela antropologia, independentes de qualquer divisão etnográfica e da influência externa, todos os indivíduos compartilham suas características e as características da raça principal, isto é, do seu tipo, que são dominantes nos indivíduos".[57] Ele não elenca supe-rioridades raciais, nem julgamentos morais sobre comportamentos sociais associados a determinadas raças ou à própria mestiçagem. Sua meta é rea-lizar uma crítica imparcial do conhecimento antropológico contemporâneo e livrar a antropologia dos preconceitos correntes para, refundadas as suas bases, elaborar uma ciência normativa e circunscrita, dedicada à compreensão da heterogeneidade fenotípica humana. Dito isso, ele analisou o material humano da "raça americana", com ênfase nas medições, nos tipos físicos e nos crânios.[58]

Os esclarecimentos conceituais propostos por Ehrenreich revelam a sua filiação teórica à linhagem que se estende de Leibniz a Bastian. A concep-ção de que um povo (*Volk*) é determinado pelo uso comum e distintivo de uma língua é uma construção histórico-social a partir de uma premissa de Leibniz, que foi empiricamente investigada e atestada por Messerschmidt e Müller e que, com Schlözer, tornou-se pressuposto epistemológico. A linguística de Wilhelm von Humboldt tornou-se um marco para a com-preensão da relação entre língua e cultura e, mais especificamente, da im-portância da linguagem para o estudo da mentalidade de um povo.

A noção epistemológica de *Volk* é implícita na obra de von den Steinen, mas Ehrenreich categoricamente afirmou a união de pessoas em tribos, povos e nacionalidades "e enquanto tais se nos apresentam factualmente para observação".[59] Isso significa que a epistemologia etnológica prescinde de dados empíricos acerca das associações humanas, pois os agrupamentos humanos estão dados e *a priori* são vislumbrados pela categoria de povo. Entre todos os tipos de arranjos sociais possíveis, aquele específico observado na Sibéria por historiadores e geógrafos europeus munidos de categorias leibnizianas se tornava, enfim, padrão de reconhecimento de uniões humanas entre os ameríndios. Mais do que uma ferramenta analítica, a ideia de povo se tornou uma espécie de paradigma na etnologia, ou seja, um modelo de apreensão do real para os profissionais da ciência.[60]

A aplicação para a etnologia indígena do conceito de *Volk*, a cuja determinação rigorosamente pertencia uma língua singular, pode ser vislumbrada no método von den Steinen-Ehrenreich: o primeiro objetivo era a descoberta de povos sem contato, e a primeira medida para categorizar os povos recém-contatados era desvendar sua língua. Os povos ameríndios que não se enquadravam perfeitamente nessa conceptualização criavam certas dificuldades para Ehrenreich. Ele afirmou que os Karajá se dividiam em três "hordas", os Yavahē, os Karayahi e os Šambioa.[61] Assim, ele uniu esses três grupos sob o mesmo heterônimo "Karayá" para tecer generalizações, mas também fez descrições etnográficas mais detalhadas sobre os Xambioá.[62] Eram, então, um ou três povos? O complexo caso dos Xavante e Xerente também é relevante. Mesmo tratando-se de dois povos distintos, eles formam um conjunto etnolinguístico chamado *Acuen*. Ehrenreich parece ter se aproximado bastante dessa configuração ao abordá-los como "um grupo especial dentro da família Jê", chamado de *Akuä*.[63] Mas isso deve-se à percepção de que eles falam a mesma língua, não porque se consideram a si mesmos em união. Soma-se a isso a própria confecção dos mapas étnicos do Brasil, em que os povos estão separados de acordo com suas filiações linguísticas, e estas são o aspecto central de suas existências. Se os alemães inventaram a raça e a etnologia, então certamente inventaram o povo também.[64]

Por fim, o uso da fotografia passou por notáveis avanços desde as publicações sobre os Botocudo. Naquela expedição, todas as fotos tiradas pelo americanista resumiam-se a dois tipos: retratos de grupo e fotos antropológicas. As publicações decorrentes de sua viagem aos rios Araguaia e Purus, no entanto, são estampadas por uma variedade maior de tipos imagéticos.

Além dos tipos físicos e dos retratos de grupo, Ehrenreich também registrou algumas paisagens naturais, os acampamentos durante a expedição e as aldeias. São, basicamente, imagens em que o máximo de paisagem, natural ou artificial, poderia ser observado, e o fotógrafo se abstém completamente da relação. Isto é, não é possível notar que há alguém efetivamente olhando para a câmera, criando a ideia de que a fotografia congela um olhar. Isso revela não apenas um avanço próprio inerente à sua atuação fotográfica, mas também a noção de que os cenários vistos pelo etnólogo são partes constituintes da experiência etnográfica que deveriam ser compartilhados.[65]

Além disso, o americanista alterou significativamente algumas imagens feitas em campo, de modo a criar um realismo ilusório. Enquanto, na primeira expedição de von den Steinen, o desenho era uma apreensão e transformação da experiência coletiva unicamente por meios subjetivos individuais, na expedição aos Bororo e na segunda ao Xingu, ele foi complementado pela fotografia, cujo intuito inicial era mostrar a realidade em si através das lentes supostamente puramente objetivas da câmera. Porém, tanto os retratos dos exploradores em um cenário em que se inseria a natureza ordenada quanto os retratos dos índios à frente de pano que eliminava a natureza selvagem demonstram que, desde o início do uso da fotografia na antropologia, a sua objetividade é guiada pela intencionalidade do fotógrafo.

As tentativas de recorte da natureza malsucedidas muitas vezes revelam as condições de produção da imagem, como no caso de uma fotografia antropológica de uma mãe Xambioá e sua filha, em que uma pessoa indígena aparece segurando um pano (Imagem 38). Ehrenreich, portanto, requeria o auxílio dos índios para a produção fotográfica. A foto certamente não correspondeu às expectativas de seu autor, mas provavelmente se tratava da melhor ou única disponível. Como a imagem em si não separou os planos corretamente, Ehrenreich simplesmente excluiu seu ajudante ao legendar a foto como "Mulheres Šambioa (mãe e filha)". Outra imagem notável é a do chefe Karajá José, que também foi retratado antropologicamente. No entanto, o que se vê como meio de separar os planos não é tecido branco, como de costume, mas palha belamente trançada. Se o objetivo era retratar apenas o corpo do modelo, então o fotógrafo fracassou completamente, porque o resultado é uma composição estética interessante em que o chefe ornamentado se funde a um produto cultural indígena (Imagem 39).

Imagem 38 – "Mulheres Šambioa (mulher e filha)" (1888).

Imagem 39 – José, chefe Karajá (1888).

As fotos, tanto quanto os desenhos, revelavam ou escondiam de acordo com as escolhas científico-estéticas dos fotógrafos; e as lentes das câmeras, em vez de apresentarem um puro objetivismo, se tornaram mais um meio para criar a ilusão de realidade. Para as fotografias vale o mesmo que para as etnografias: elas retratam os povos estudados, bem como aqueles que os estudam.

Ciente da capacidade de criar modificações estéticas a par de suas intencionalidades científico-estéticas, Ehrenreich uniu às fotografias alterações gráficas importantes, muito bem demonstradas por Kümin.[66] Entre elas, duas são particularmente significativas, por sua capacidade de criação de realismo ilusório. A filha do chefe Bakairi Tumayaua foi apelidada por von den Steinen de Eva.[67] Seus olhos eram os mais belos que o americanista já vira no Brasil e transformavam a vida terrestre em um paraíso. Eva foi retratada na obra *Unter den Naturvölkern Zentral-Brasiliens*, de von den Steinen, e depois novamente em *Anthropologische Studien*, de Ehrenreich. No primeiro livro, trata-se de uma fotografia; no segundo, de um desenho a lápis feito por W. Kuhnert.[68] A imagem passou por transformações estéticas, se adequando a um ideal de beleza feminina romantizado, para que o visual da moça doce e selvagem recebesse mais confortavelmente o título de beldade.

A VIAGEM DE PAUL EHRENREICH AOS RIOS ARAGUAIA E PURUS (1888-1889)

O outro caso emblemático é o da transformação da fotografia do ritual Bororo em uma aquarela. A fotografia em si fora muito danificada na viagem, a ponto de não poder ser utilizada em uma publicação. Sua transformação constituiu uma alteração não apenas material, mas também quanto ao conteúdo, uma vez que os elementos europeizados foram eliminados e uma figura feminina foi inserida no quadro, contrariando, segundo Kümin, os preceitos de que mulheres não deveriam participar daquele ritual.[69] Assim, efetivamente um realismo ilusório foi criado, pois a captação da realidade em si pela foto legitimaria a pintura, e o selo científico fornecido pelo autor atestaria sua veracidade. De fato, do ponto de vista da comunicação da experiência, tanto o fazer etnográfico quanto os registros imagéticos demonstram que, ao menos para a produção americanista, a etnologia não consistia apenas em fazer escolhas científicas nos processos de observação etnográfica, análise, redação e publicação do material, mas também se deparava com um problema epistemológico muito profundo: o que é a realidade e como transmiti-la? Fazer etnografia é comunicar uma interpretação do real.

Ehrenreich financiara sua expedição sozinho. No entanto, em março de 1889, quando ainda se encontrava em Manaus, ele enviou uma carta a Bastian, afirmando a impossibilidade de continuar com essa prática: "Com custos próprios não é possível continuar diante da abundância imensurável de tesouros etnológicos que o Brasil ainda oferece".[70] A coleção etnológica montada durante dois anos de pesquisa foi doada ao Museu de Antropologia de Berlim. Apenas sua coleção Karajá, avaliada em 10 mil marcos, foi vendida por 30% desse valor. Em agradecimento aos serviços, Bastian sugeriu à administração geral do museu que pleiteasse uma medalha de honra ao mérito em conjunto com o Ministério de Educação e Cultura (*Kultusministerium*).[71] Ao chegar do Brasil, Paul Ehrenreich, nas palavras de seu colega e companheiro de viagem Karl von den Steinen, deve ter "visto mais do interior do poderoso Império do que qualquer outro viajante alemão".[72] Entre 1892 e 1893, ele empreendeu uma viagem ao Egito, à Índia e ao leste asiático.[73] Obteve outro doutorado em 1895, dessa vez em filosofia na Universidade de Leipzig.[74] Três anos mais tarde, Ehrenreich fez uma viagem aos Estados Unidos para conhecer diversos museus de antropologia. Em 1900, alcançou sua livre-docência na área de etnologia (*Völkerkunde*), com tese sobre a etnologia sul-americana, na Universidade de Berlim, onde principiou a exercer a atividade docente.[75]

Notas

[1] Ehrenreich, 1891a, p. 3.

[2] Os Karajá autodenominam-se Iny e falam uma língua do tronco Macro-Jê.

[3] Ehrenreich, 1892a.

[4] Os Kayapó são um grupo de língua Jê, que se autodenomina Mebêngokre.

[5] Ehrenreich, 1892b, p. 34.

[6] *Idem*, p. 39. Falantes de uma língua Tupi, os Tapirapé autodenominam-se Apyãwa.

[7] Ehrenreich, 1892b, p. 35.

[8] *Idem*, p. 7.

[9] Atualmente conhecidos por Xambioá, esse grupo é de língua Karajá, cf. Lima Filho, 1999.

[10] Os Anambé são de fato falantes de uma língua Tupi-Guarani, cf. *Enciclopédia povos indígenas no Brasil*, 1999.

[11] Ehrenreich, 1891a, p. 3.

[12] *Idem*, 1892b, p. 35.

[13] *Idem*, 1891a, p. 4.

[14] *Idem, ibidem*. Os Jamamadi são de língua Arawá; os Apurinã, que se autodenominam Popukare, falam uma língua Aruaque-maipure; e os Paumari, que chamam a si mesmos de Pamoari, também são falantes de Arawá, cf. Schröder, 2002; Schiel, 2005; Bonilla & Schröder, 2005.

[15] Ehrenreich, 1892b, p. 219.

[16] *Idem*, p. 262.

[17] *Idem*, p. 323.

[18] *Idem*, pp. 330-331.

[19] *Idem*, 1891a, p. 4.

[20] *Idem, ibidem*.

[21] A descrição da viagem encontra-se em Ehrenreich, 1892a.

[22] Ehrenreich, 1894a; 1894b; 1895a; 1895b; 1897b.

[23] Rivet, 1919, p. 245.

[24] Ehrenreich, 1892c.

[25] *Idem*, 1891a, p. 33.

[26] *Idem, ibidem*.

[27] *Idem*, p. 13.

[28] Alberts, 2015, p. 73 e ss.

[29] Vermeulen, 2015, p. 128.

[30] *Idem*, p. 169.

[31] Alberts, 2015, p. 73 e ss.

[32] Boas, 1887a.

[33] *Idem*, 1887b.

[34] Ehrenreich, 1891a; 1891b.

[35] *Idem*, 1891b, p. 81.

[36] *Idem, ibidem*.

[37] *Idem*, p. 82.

[38] *Idem*, p. 84.

[39] *Idem, ibidem*.

[40] Baldus, 1948, p. 14.

[41] Ehrenreich, 1891b, p. 85.

[42] *Idem, ibidem.*

[43] *Idem, ibidem.*

[44] Baldus, 1948, p. 13.

[45] Ehrenreich, 1897a.

[46] *Idem*, p. 1.

[47] *Idem*, p. 2.

[48] *Idem*, 1897b, p. 2.

[49] *Idem, ibidem.*

[50] *Idem*, pp. 8-9.

[51] *Idem*, p. 13.

[52] *Idem*, p. 14.

[53] *Idem*, p. 26.

[54] *Idem*, 1897a; Boas, 1940.

[55] Boas, 1940, p. 149.

[56] Baldus, 1948, p. 13.

[57] Ehrenreich, 1897b, p. 39.

[58] Por conseguinte, a afirmação de Massin (1996, p. 111) segundo a qual Ehrenreich achava que a craniologia era um "fiasco" é altamente questionável.

[59] Ehrenreich, 1897b, p. 8

[60] Kuhn, 2006 [1962], p. 13.

[61] Os Javaé autodenominam-se Itya Mahãdu e são falantes de uma língua Karajá, cf. Rodrigues, 2010.

[62] Ehrenreich, 1891a, p. 7. Trata-se dos grupos Karajá, Javaé e Xambioá.

[63] *Idem*, 1895a. O nome Akuä mencionado por Ehrenreich parece mais próximo à autonomeação dos Xerente, Akwe, uma vez que em alemão ä é pronunciado ɛ: ou ɛ, tal como o e em português. Os Xerente também são de língua Jê.

[64] Sobre a invenção da raça, cf. Eigen & Larrimore (ed.), 2006; e, sobre a invenção da etnologia, cf. Vermeulen, 2006.

[65] É possível que, no enorme acervo fotográfico de Ehrenreich no Instituto Ibero-Americano, em Berlim, existam fotografias de paisagens ou momentos tiradas em sua expedição aos Bororo. A evolução gradual dos motivos fotográficos refere-se, portanto, àquelas publicadas, o que sugere que Ehrenreich tenha repensado o uso de imagens em publicações etnológicas.

[66] Kümin, 2007, pp. 82-84, 119-121.

[67] Von den Steinen, 1894, pp. 57-58.

[68] Ehrenreich, 1897b, pp. 84-85.

[69] Kümin, 2007, p. 121.

[70] Kraus, 2004a, p. 114.

[71] *Idem, ibidem.*

[72] Von den Steinen, 1894, p. I.

[73] Kraus, 2004a, p. 33.

[74] Hempel, 2014, p. 68.

[75] Kraus, 2004a, p. 33.

5.

"Paciência": Herrmann Meyer no Xingu (1896 e 1898-1899)

As duas expedições seguintes ao Xingu foram lideradas por Herrmann Meyer (1871-1932). Ele era filho de Herrmann Julius Meyer, proprietário de uma poderosa editora de Leipzig, a Bibliographisches Institut.[1] Meyer estudou etnologia e geografia em Berlim e, em 1893, realizou uma viagem com quatro meses de duração pelos Estados Unidos e, no ano seguinte, pela Europa, em que visitou coleções etnográficas.[2] Em 1895, Meyer concluiu seu doutorado com uma tese de gabinete sobre arcos e flechas do Brasil Central, publicada no mesmo ano pela editora de sua família. O estudo buscava entender a distribuição desses instrumentos a partir das teorias difusionistas de Ratzel. Anita Hermannstädter aponta, em seu excelente ensaio sobre o americanista, que a família Meyer já possuía conexões com a etnologia: seu pai era membro do conselho e mecenas do museu de etnologia de Leipzig; seu irmão mais velho Hans Meyer (1858-1929) realizara uma viagem ao redor do mundo, sendo que a coleção etnográfica adquirida foi doada ao museu antropológico de Leipzig, e era responsável pela seção etnológica da editora familiar, participando ele próprio do processo editorial da obra *Völkerkunde* de Ratzel. Hans Meyer era um entusiasta do colonialismo, e tornou-se um reconhecido explorador do leste africano. A glória pública veio, contudo, com a escalada ao topo do monte Kilimanjaro na Tanzânia em 1889, feito do qual ele carrega o título de pioneiro.

Assim, Herrmann Meyer, acreditando ter as conexões e o *know-how* necessários para liderar uma expedição aos 25 anos de idade, selecionou o Brasil Central como local de exploração. O país, como uma terra-para-a-ciência, foi escolhido, provavelmente, devido ao reconhecimento público alcançado por von den Steinen após suas duas expedições ao Xingu e também pelas inúmeras possibilidades de pesquisa que as vastas *terras incognitas* do Brasil ainda ofereciam, como frisado diversas vezes pelos americanistas alemães. O perfil traçado por Hermannstädter é pouco lisonjeiro: Herrmann Meyer era um burguês mimado, elitista e arrogante, competitivo e invejoso, que via nas expedições uma maneira de ascender socialmente, obter vantagens financeiras e reconhecimento acadêmico, mesmo desprovido do cabedal intelectual dos seus antecessores, os polímatas von den Steinen e Ehrenreich.[3]

Acompanhado pelo médico Karl Ranke (1870-1926) e pelo fotógrafo Heinrich Dahlen, responsáveis pelas coleções zoológicas e pelos registros fotográficos, Herrmann Meyer partiu, em outubro de 1885, ao Brasil, com o objetivo explícito de navegar o ainda pouco conhecido Rio Ronuro, um afluente do Xingu.[4] Os expedicionários chegaram ao Rio de Janeiro em outubro e seguiram para Petrópolis para os preparativos de viagem. Nessa cidade tiveram a primeira baixa: "nosso pobre companheiro de viagem Dahlen" faleceu de febre amarela.[5] Para substituí-lo na função de fotógrafo, Meyer empregou o sr. Zist, um professor e colecionador austríaco, cujo contato foi obtido através da comunidade alemã de Petrópolis. Os atrasos com os preparativos para a expedição, além do falecimento do companheiro, instruíram Meyer na prática de um ensinamento repetido à exaustão por seus antecessores: para fazer pesquisa no Brasil, é preciso ter "paciência".[6] Do Rio de Janeiro, uma cidade "repugnante", segundo a avaliação "completamente objetiva" de Meyer, os expedicionários viajaram na metade de dezembro para Desterro, para estudar as "intocadas" tribos Bugre.[7] Como no Rio e em Petrópolis, no Sul do país Meyer travou contato com a comunidade alemã, inclusive o cônsul alemão e o naturalista darwiniano Fritz Müller, que já encontrara von den Steinen. Tal como ocorreu nas expedições anteriores, Meyer nutriu as relações com os alemães e os *Auslandsdeutsche* no Brasil.

Apesar de Meyer ter conseguido concluir muito rapidamente os preparativos para prosseguir viagem ao Mato Grosso, ele permaneceu por quase três meses no Sul do Brasil, visitando colônias em Blumenau, Itajaí e Brusque, conhecendo seus administradores, além de médicos, padres, comerciantes e profissionais liberais – todos ele imigrantes alemães. As colônias foram retratadas de forma muito elogiosa em seu diário de viagem, diferentemente das cidades brasileiras e de seus habitantes. Ele, no entanto, frisa a dinâmica industrial e comercial brasileira, as possibilidades econômicas disponíveis e os deleites que europeus endinheirados poderiam conseguir.

Meyer aparentemente não tecia seus comentários pejorativos apenas em seu diário, mas expunha-os pomposamente. Na manhã seguinte ao jantar de Natal, que Meyer e seus companheiros festejaram junto dos compatriotas no Sul do país, um médico, dr. Bleier, interpelou-o, queixando-se das maledicências ouvidas na noite anterior. Dr. Bleier acalmou-se apenas, relatou Meyer, "depois que eu lhe ofereci alguns sopapos".[8] Os estudos etnológicos resumiram-se a um único encontro com um menino Bugre, que foi medido e fotografado, e ao estudo de um rancho supostamente abandonado pelos Bugres durante uma expedição de busca por índios. No município de Laguna, ele ainda fez algumas escavações arqueológicas para estudar sambaquis. Zist foi demitido de seu posto porque "ele absolutamente não conseguia se manter no seu lugar".[9] Em Santa Catarina, Meyer foi ao encontro de Carlos Dhein, o experiente companheiro de viagem de von den Steinen e Ehrenreich. Após convencer sua reticente esposa, Meyer ainda contratou dois de seus irmãos e um sobrinho.[10] Novamente os *Auslandsdeutsche* do Sul do país eram integrados ao *staff* de pesquisa de uma expedição etnológica alemã.

Em 12 de março de 1896, os expedicionários chegaram a Buenos Aires e, em 4 de abril, a Cuiabá, contabilizando cinco meses de viagem.[11] Em Cuiabá, Meyer tratou de contratar camaradas, comprar mantimentos e animais de carga, formando uma enorme equipe (Imagem 40). Em 21 de maio, o grupo iniciou o trajeto terrestre, munido de provisões para oito meses, distribuídas em 36 mulas de carga. Como apontado por Hermannstädter, a quantidade e a qualidade dos equipamentos da expedição de Meyer eram incomparáveis com as expedições pretéritas, pois a quantia investida nessa viagem particular jamais poderia ser gasta pelo Estado.[12]

Imagem 40 – Expedicionários. Meyer é a figura central (1896).

A expedição terrestre foi penosa: animais sobrecarregados e constantemente violentados, perda de mulas e morte de 13 delas. O progresso da marcha é medido de acordo com a capacidade de locomoção dos animais de carga: "as mulas são os verdadeiros senhores das expedições".[13] No início de junho, os expedicionários finalmente alcançaram o Rio Manso, por onde seguiram viagem fluvial. Quase três semanas depois eles finalmente chegaram à primeira aldeia indígena: a dos Bakairi "mansos" no Rio Paranatinga.[14] Para acompanhá-lo, Meyer contratou o mais experiente guia e tradutor: Antônio. Quatro outros índios Bakairi foram empregados como acompanhantes. Até o Rio Ronuro, os expedicionários decidiram refazer o caminho de von den Steinen. A determinada altura, Meyer e Antônio desentenderam-se. O etnógrafo acreditava que a trilha de von den Steinen situava-se ao norte do ponto em que se encontravam, Antônio afirmava que ela se localizava ao sul. A alguns poucos metros em direção meridional, Meyer encontrou riscos de faca feitos por von den Steinen em uma árvore como indicador do caminho: "Eu nunca vou me esquecer do olhar de superioridade" de Antônio.[15] Seguindo a trilha e utilizando os mesmos pousos da expedição do famoso americanista, os expedicionários alcançaram o Rio Jatobá.

Em 28 de julho, finalmente chegaram à *terra incognita*: a região do Rio Ronuro se aproximava. Mesmo com o forte revés de ter perdido no Jatobá dez barcos que carregavam aproximadamente metade dos mantimentos, os expedicionários conseguiram chegar até um acampamento temporário dos Bakairi do Batovy em 8 de agosto. Em 23 de agosto, Meyer e sua equipe encontraram os Kamaiurá. Estes informam-no que era possível alcançar rapidamente uma aldeia Trumai localizada no Kuluene. Os expedicionários seguiram até os Trumai. A atitude de adentrar nas ocas, "examinar cuidadosamente cada cesto", e levar embora tudo que é "significativo", pagando em miçangas, sem qualquer tipo de negociação, Meyer eufemisticamente denominou de montar uma coleção etnográfica.[16] Ele ainda tirou algumas fotos da aldeia Trumai, possivelmente algumas das primeiras existentes (Imagem 41).

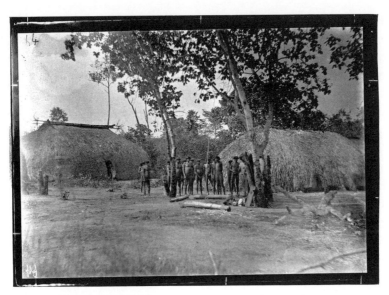
Imagem 41 – Aldeia Trumai (1896).

Meyer contratou dois remadores Kamaiurá e tinha a intenção de navegar o Kuluene até os Nahukwá, mas foi aconselhado pelos seus acompanhantes Bakairi a fazer uma viagem terrestre do porto dos Aweti até outras aldeias Nahukwá, por causa da força da correnteza do Kuluene. Entre os Aweti e Nahukwá, ele empreendeu estudos antropológicos e aumentou a coleção etnográfica. Em fim de setembro, acometidos por febre, os expedicionários iniciaram o trajeto de volta, primeiro ao Rio Kuluene e em seguida à aldeia Bakairi. Ali Ranke sofreu um terrível acidente com a arma, que lhe estraçalhou um dos olhos. No caminho até o pouso Independência, montado por von den Steinen, mesmo com o médico ensanguentado e com os cacos da lente dos óculos enfincados no olho e no rosto, Meyer preferiu tirar fotos dos Mehinako em vez de prosseguir viajando. O relacionamento de Ranke e Meyer, que via o médico como subalterno, tornou-se insuportável. Ao chegar na primeira aldeia Bakairi, ele teve uma briga colérica com Antônio, que deveria ter esperado por ele no porto Aweti, mas seguiu viagem sozinho. Em 2 de dezembro, os expedicionários chegaram a Cuiabá, dez dias depois a Buenos Aires e, no final de janeiro, se encontravam em Gênova, na Itália. Como meta para a próxima expedição, Meyer escolheu o Rio Paranayuba, um rio que, segundo informantes Nahukwá, desembocaria no Xingu ao norte do Kuluene e cuja região formaria uma "província etnográfica desenvolvida de maneira independente" contendo 18 povos.[17]

Hermannstädter evidencia que, apesar da morte de um integrante da expedição, do ferimento irrecuperável de outro e do malogro em atingir o verdadeiro objetivo, o de navegar o Ronuro, a viagem de pesquisa de Meyer foi considerada um sucesso na Alemanha. Além do contato com povos pouco estudados e da descoberta de um rio, o Paranayuba (atualmente conhecido por Rio Suyá-Missú), ele formou uma impressionante coleção composta de quatro mil objetos – três vezes maior que a de von den Steinen. Suas habilidades como fotógrafo também não são desprezíveis; ele registrou imagens da natureza, de tipos indígenas, e da expedição em si. Porém, apesar da beleza das fotografias, elas revelam mais a sua visão de mundo e da etnologia – os expedicionários como protagonistas da expedição, a natureza combatida e os indígenas como objetos – do que a das culturas ameríndias.

A maior parte da coleção etnográfica foi doada ao Museu de Leipzig. Em agradecimento ele tornou-se membro honorário do museu. Pela doação de 300 objetos etnográficos ao Museu de Antropologia de Berlim, Meyer recebeu uma medalha de honra ao mérito do Império Alemão. Em 1898 foi oferecido o cargo de diretor-assistente do Museu de Antropologia de Leipzig, posição que ele não assumiu, porque já estava se preparando para sua próxima expedição ao Xingu.

Meyer, no entanto, não publicou uma monografia científica a respeito dos resultados proporcionados pela expedição. O diário de campo foi impresso pela editora da família em quantidade limitada, como "manuscrito" e em alemão gótico, e distribuído em círculo restrito de leitores.

Para acompanhá-lo em sua segunda expedição, ele contratou o botânico Robert Pilger (1876-1953) e o médico Alfred Mansfeld (1870-1932). Theodor Koch, como ainda era conhecido – apenas após 1905 ele acrescentaria o nome de sua cidade natal ao sobrenome –, uniu-se ao grupo na função de fotógrafo, arcando com os próprios custos de viagem.[18] Além dessa função, o jovem expedicionário ainda documentou a viagem por meio de um detalhado diário, publicado por Michael Kraus em 2004 em uma bela edição.[19] Koch-Grünberg se formara em filologia clássica em 1896 na Universidade de Gießen e era professor estadual.[20] Ele, que era leitor entusiasmado da revista semicientífica *Globus* e das obras de Martius, provavelmente foi indicado a Meyer por Wilhelm Sievers (1860-1921), geógrafo e docente na Universidade de Gießen.[21]

O grupo se encontrou em dezembro de 1898 em Buenos Aires. Meyer veio antes dos companheiros ao Brasil para passar duas semanas no Sul do país a negócios e para estudar coleções etnográficas no Museu Paulista.[22] Em conversa com Carlos Dhein, em 1896, Meyer obteve as informações necessárias sobre as terras férteis do Rio Grande do Sul, que ele então foi conferir.[23] O objetivo dessa expedição ao Xingu era, novamente, além de explorar o Paranayuba, navegar o Rio Ronuro, bem como alguns de seus afluentes ocidentais, sobretudo um rio batizado por ele de Rio Steinen e atualmente conhecido por Atelchú.[24] O empreendimento era ousado. O próprio Karl von den Steinen confessou, em sua segunda obra xinguana, desconhecer os habitantes do Ronuro.[25]

A segunda expedição de Meyer se caracterizou, do ponto de vista técnico, pela transferência ao Brasil dos padrões das expedições alemãs à África, segundo interpretação de Kraus: expedições com fins primeiros de angariar recursos financeiros e prestígio pessoal para seus empreendedores, com poucas metas científicas e fundamentadas na ideia de descobrir e conquistar regiões.[26] Isso refletiu em uma logística ainda mais pomposa e menos adequada às condições locais do que a primeira. Enquanto von den Steinen carregou produtos locais para dentro do mato, como carne seca, farinha, feijão e cachaça, Meyer também trouxe da Alemanha carregamentos de produtos de luxo, como *champagne*, aspargos em conserva, compotas e geleias de frutas silvestres para serem apreciados confortavelmente sentados a mesinhas dobráveis.[27] Para servir as iguarias, Meyer levou consigo seu mordomo particular Walter, e, para amenizar o clima de tensão típico das expedições, seu cão de estimação, da raça Dachshund, chamado Reinhardt, também cruzou o oceano.[28] Evidentemente isso acarretou um aumento significativo dos custos e do número de animais de transporte, contribuindo para a vagarosidade característica das expedições tropeiras. Além dos habituais camaradas, Meyer contratou mais um serviçal particular. Para Hermannstädter, os hábitos de Meyer, impregnados por noções de privilégio social, superioridade de classe, distanciamentos e hierarquias, não "eram apenas expressão de sua personalidade específica, mas correspondiam quase idealmente à mentalidade coletiva do seu meio de origem".[29]

Em 12 de janeiro de 1899, o grupo se reuniu em Buenos Aires.[30] Meyer alegou ter feito estudos linguísticos dos Kamé no Sul do Brasil.[31] No início de fevereiro, os expedicionários chegaram a Cuiabá, onde se dedicaram aos preparativos de viagem e à contratação de camaradas (Imagem 42). Em Cuiabá eles se reuniram com Castro, que participara das expedições de von den Steinen. Koch-Grünberg revela que Castro "simplesmente ficou atônito com a nossa bagagem".[32] Na cidade eles ainda receberam a visita de alguns índios Bororo, que foram medidos e fotografados. Em 17 de março, a tropa finalmente iniciou a expedição, acompanhada pelo gigantesco contingente de 58 mulas.³³ O grupo avançava muito lentamente, sobretudo porque era preciso reunir constantemente mulas dissidentes e por causa da demora em montar e desmontar os acampamentos diários. Após um mês de marchas, e tendo encontrado até ali apenas sinais da presença indígena, os animais estavam feridos e exaustos, e alguns já haviam morrido. O pobre Reinhardt teve ataques de tremor, provavelmente por causa do calor. As relações entre Meyer e os demais membros da equipe, que já eram tensas por sua estrutura de poder assimétrica, se degradaram rapidamente, resultando em intrigas, acusações e frequentes discussões acaloradas. Majoritariamente Koch-Grünberg era alvo das acusações e ofensas, já que ele representava o elo mais fraco de toda a cadeia de relações. Ainda que Koch-Grünberg reconhecesse o papel de liderança de Meyer, a personalidade combativa do jovem filólogo impedia que ele absorvesse passivamente a fúria de Meyer, retribuindo com a mesma intensidade os desaforos.

Imagem 42 – Casa em Cuiabá. Koch-Grünberg é o segundo da esquerda para a direita (1899).

No final de abril, os expedicionários contrataram um índio Bakairi para servir de guia, e até mesmo Antônio acompanhou-os por um trecho. Os expedicionários finalmente perceberam, em 28 de abril, que se aproximavam de uma aldeia indígena quando ouviram o cumprimento padrão: "Bakairi kura, Karaiba kura", algo traduzido como "o Bakairi é bom, o branco é bom".[34] Nem mesmo os dias de recuperação passados na aldeia Bakairi do Paranatinga amenizaram o nervosismo do grupo. Koch-Grünberg relatou discussões violentas de Meyer com Mansfeld e depois com Walter. No início de maio, os expedicionários partiram da aldeia, em expedição fluvial. O grupo alcançou o Rio Formoso, fez uma pausa de duas semanas para construir canoas e prosseguiu viagem. A expedição fluvial durou mais aproximadamente um mês, período em que não houve contato com povos indígenas. Nesse meio tempo, cada um dos expedicionários adoeceu de disenteria e malária.

Durante toda a expedição fluvial, equipamentos, material geográfico e etnográfico, diários e cartas, coleções e alimentos eram perdidos ou danificados, pois as canoas sobrecarregadas tombavam com frequência. Em seu diário de viagem, Koch-Grünberg anotou 35 naufrágios.[35] Pouco a pouco todo o material foi arruinado, inclusive as fotografias e as gravações de canto Bakairi. Das perdas materiais, do isolamento e da irritação pela fome, fraqueza e monotonia, além das incontáveis discussões, da perda de autoridade e autocontrole de Meyer, cresceu no ânimo do grupo uma sensação de aceitação da iminência do fracasso: "Agora tudo, tudo acabou! O Brasil ganhou mais uma expedição malsucedida!".[36]

Koch-Grünberg conseguia se defender da frustração de Meyer, mas o pobre Reinhardt não tinha a mesma sorte e se tornou a vítima principal dos diários descontroles emocionais de seu mestre. Diante do fracasso da expedição, o filólogo questionou o empreendimento em si: "Por que Meyer não seguiu o conselho de von den Steinen, que lhe disse que ele deveria navegar o seguro Coliseu em vez de descer o inseguro Formoso-Pombas-Atelchú e então explorar o Paranayuba?".[37] De fato, em 19 de junho, o líder da expedição desistiu da exploração desse rio e decidiu visitar os Kabischi no Atelchú.

O que não era perdido no rio apodrecia por causa da umidade. Meyer perdeu completamente a autoridade, e três dos camaradas assumiram o controle da expedição. Ele intencionava despedi-los quando alcançassem o Coliseu e mandar prendê-los em Cuiabá. Nem mesmo Reinhardt obedecia mais. A viagem fluvial prosseguiu normalmente: fome, doenças, fraqueza, naufrágios. Em um mês, Koch-Grünberg emagreceu dez quilos: "Por fim morreremos todos de febre e exaustão".[38]

Finalmente, em 9 de julho de 1899, os expedicionários alcançaram "os primeiros índios selvagens".[39] Os habitantes da aldeia, que Meyer tomou por Kabischi, fugiram para as matas. O grupo furtou alguns objetos e alimentos, desceu o rio mais um pouco e na próxima aldeia também não teve sorte.

Os índios, temerosos, abandonaram as habitações. Os etnólogos "pegaram tudo que é de valor" e seguiram viagem.[40] Após errar o caminho e voltar ao curso do rio e retornar ao Ronuro, conseguiram alcançar o Atelchú e navegá-lo até o Rio Xingu. Ali Meyer resolver desistir completamente da expedição e retornar: "uma triste necessidade, proporcionada pelo poder dos condicionantes! Um suplício de Tântalo para aquele, que tem o destino, que deveria trazer-lhe glória e para o qual ele apostou toda a sua esperança e uma gr. parte de suas economias, bem diante dos seus olhos e não pode alcançá-lo!".[41]

No retorno, ainda depararam com um grupo de Trumai, alguns Yawalapiti, Waujá, Mehinako, Nahukwá, Bakairi e Aweti e conseguiram alcançar uma aldeia Kamaiurá. Eles passaram dois dias na aldeia, se alimentando, descansando e montando uma coleção etnográfica. No início de agosto, visitaram uma aldeia Trumai composta de 99 pessoas. Em 24 de agosto, um grupo de resgate Bakairi foi ao encontro dos expedicionários, e todos seguiram até uma aldeia. Tamayaua, o chefe Bakairi que teve relações amistosas com von den Steinen em sua primeira expedição, relatou a Meyer que todos os conhecidos do americanista pioneiro já haviam falecido.

Depois de alguns dias de repouso na aldeia, em que uma coleção etnográfica foi formada, os expedicionários alcançaram o "pouso Independência", "após viagem fluvial de 101 dias [...] com as esperanças destruídas".[42] Eles permaneceram alguns dias no pouso, empacotando coisas, recebendo visitas dos Bakairi, descansando e lendo Goethe e Schopenhauer. Durante a viagem fluvial, Koch-Grünberg lera, não sem ironia, *A divina comédia*, de Dante Alighieri (1265-1321). O jovem filólogo alternava, mesmo em meio à expedição, a leitura dos clássicos da literatura com bibliografia específica sobre a América do Sul, como a de Martius, e obras científicas relevantes, como as de Tylor, Waitz e Ratzel, por exemplo.

Dali em diante, a expedição terrestre contabilizava as conhecidas dificuldades com animais, além da fome, da exaustão e das intermináveis brigas. Em novo encontro com Antônio, os expedicionários conheceram o "palácio" construído por ele, nos arredores da aldeia. Ele se tornara o "governador (*Beherrscher*) do Xingu".[43] Na permanência de três dias em seu "quarto de hóspedes", o grupo pôde recuperar forças e, em fim de setembro, prosseguiu viagem até chegar em 26 de outubro a Cuiabá, aos farrapos – literalmente aos farrapos, pois, se as roupas fossem lavadas, elas se dissolveriam na água.

O "azar de Meyer" continuou: o navio do Rio Grande do Sul que carregava suas coisas – fotografias, estudos, anotações, coleções – afundou, e tudo foi perdido.[44] Um mês depois, os alemães chegavam a Corumbá, onde ainda tiveram algum contato com índios Guató (de língua isolada) e Kadiwéu (de língua Guaikuru). Dos Kadiwéu, Koch-Grünberg recolheu um vocabulário. Em 6 de dezembro, eles alcançaram Buenos Aires, onde Koch-Grünberg se encontrou com Robert Lehmann-Nitsche (1872-1938), um etnólogo alemão radicado na Argentina. No Paraguai os etnólogos ainda se encontraram com índios chaquenhos, como os Toba, também de língua Guaikuru. Em janeiro eles se encontravam novamente na Europa.

A quarta expedição ao Xingu foi o maior fracasso da primeira geração de americanistas. Meyer, o líder da comitiva, apresentou resultados científicos pífios, considerando-se o capital financeiro e humano investido. Ele mesmo, no entanto, narrou em seu diário inédito os eventos da expedição em um quadro mítico-histórico, em que forjou a autorrepresentação de um guerreiro derrotado no "campo de batalhas" que era o Xingu, na interpretação de Hermannstädter.[45] Como, entretanto, seu objetivo principal era a busca por glória, e os resultados práticos eram insuficientes para isso, ele nunca publicou uma monografia ou artigos científicos de peso sobre a expedição. O fiasco significou para ele a aposentadoria precoce do mundo acadêmico-científico, limitando-se, no máximo, ao papel de mecenas.[46]

Em 1900, ele ficou noivo de Else Gareis, filha de um bancário de Munique, e, nesse mesmo ano, voltou mais uma vez ao Brasil. Seu intuito agora era puramente financeiro. O diário da primeira expedição de Meyer deixa claro o potencial econômico da imigração alemã, a qualidade de vida possível nas colônias, os avanços físicos e intelectuais proporcionados pelo clima ameno e a incapacidade dos brasileiros em administrar a vida pública e os negócios privados. Diferentemente da apreciação moral sutil de von den Steinen, o diário de viagem de Meyer tem caráter escandalosamente publicitário. Este, entretanto, não foi o único viajante alemão a publicar pareceres favoráveis à imigração alemã para o Sul do país. Na mesma edição de *Petermann's Mittheilungen* em que Boas publicou dois artigos sobre suas pesquisas entre os "Esquimó", há um relato de viagem de Hermann von Ihering sobre as colônias alemãs do Rio Grande do Sul, antes de ele se tornar diretor do Museu Paulista.[47]

Meyer assumiu um posicionamento mais radical na articulação entre os *Auslandsdeutsche* residentes no Brasil e o Império Germânico, sobretudo porque, a partir da década de 1890, na Alemanha foi implementada uma forma mais agressiva e expansionista de política estrangeira: a *Weltpolitik*, ou "política mundial", que consistia no estabelecimento de políticas mais incisivas nas regiões habitadas por emigrantes alemães, como o Sul do Brasil, por exemplo.[48] Primeiramente, porque, a nível discursivo, seus enunciados deslocaram-se das críticas morais ou histórico-culturais para uma esfera racial. O fim da escravidão teria tido um impacto muito negativo na agricultura brasileira, por exemplo, e os escravos não teriam sido tão maltratados como se supõe, porque, como "bens valiosos", eles precisavam ser submetidos a tratamento adequado. As únicas pessoas confiáveis no Brasil seriam os "negros puros".[49] Isso indica que ele tinha uma concepção racialista acerca de temas com origem multifacetada e que advogava contra a miscigenação racial, uma vez que esta diluiria o sangue alemão e, com isso, as competências morais. Em segundo lugar, ele se empenhou pessoalmente pela imigração alemã ao fundar ele mesmo em 1900 uma colônia no Rio Grande do Sul: Neu-Württemberg.[50] Para ser administrador da colônia, foi contratado o próprio Carlos Dhein, o antigo companheiro de viagem de von den Steinen e Ehrenreich e que acompanhou o próprio Meyer. A *Weltpolitik* não repercutiu de maneira adjacente para a pesquisa de Meyer; ele próprio foi absorvido no projeto germânico de estabelecimento de imigrantes no Sul do Brasil.

Pilger retornou a Berlim, onde se dedicou à botânica, especialmente ao estudo de coníferas, capins e ciprestes. Mansfeld adentrou no serviço colonial logo após a virada do século e foi transferido para Camarões, na época uma colônia alemã. Koch-Grünberg e Meyer não trocaram correspondências por uma década, ainda que, apesar das abundantes e virulentas desavenças, o jovem americanista se compadecesse da situação miserável de seu chefe.[51] Nesse meio tempo, Koch-Grünberg foi testemunha em um processo movido pelo mordomo Walter contra seu antigo empregador.[52]

Koch-Grünberg, como muito bem apontado por Kraus, utilizou a experiência da expedição fracassada para aprender com os erros de Meyer.[53] O conhecimento, que sem dúvida contemplava tanto questões logísticas e organizacionais quanto o tratamento dado a camaradas, a brasileiros e a indígenas, foi fundamental para a sua próxima viagem de pesquisa. A ciência, aponta o autor, é constituída por um processo de aprendizagem, em que reflexões e autocríticas constituem um elemento fundamental para a apreensão de técnicas de pesquisa e para o desenvolvimento de relações intersubjetivas.[54]

Apesar de não ter se encontrado com índios isolados, nem ter feito trabalho de campo etnológico, Koch-Grünberg desenvolveu suas habilidades como fotógrafo de campo nessa expedição, já que foi contratado para executar essa função. Ao contrário do que afirmavam as recorrentes críticas de Meyer, as imagens de Koch-Grünberg revelam exímio domínio tecnológico e um apurado senso de observação. O uso de fotografias se tornaria um dos marcos da produção intelectual de Koch-Grünberg e desempenharia papel fundamental em vários registros de sua atividade profissional. Das fotos da expedição de 1899, revelam-se alguns dos aspectos do olhar fotográfico que se tornaria notável nos 25 anos seguintes, como o entrelaçamento entre técnicas, pessoas e natureza, demonstrado na foto de uma senhorinha em frente à sua casa, que quase é absorvida pela mata que se situa no pano de fundo (Imagem 43), na de uma expedição de tropas (Imagem 44) e no relacionamento entre humanos e ambiente circundante (Imagem 45), como se vê na fotografia de um orgulhoso cavaleiro chaquenho.

Imagem 43 – Senhora em frente de sua casa (1899).

Imagem 44 – Expedição de tropas (1899).

Imagem 45 – Cavaleiro chaquenho (1899).

A virada do século e a nova geração de americanistas

Os resultados das pesquisas de campo empreendidas por apenas três et-nólogos, no período que se estende de 1884 a 1900, foram enormes e são compostos de mapeamentos geográficos, cartografias e classificações linguísticas, análises antropológicas e descrições etnográficas. Karl von den Steinen, Paul Ehrenreich e Herrmann Meyer descortinaram uma parte considerável do território brasileiro em suas expedições: a bacia do Rio Xingu, com muitos de seus afluentes, além dos rios Doce, Araguaia e Purus, contatando grupos indígenas de línguas Jê, Tupi, Aruaque, Karib e de línguas isoladas muitas vezes em situação de apartamento da sociedade nacional.

Assim, eles estabeleceram os parâmetros geográficos e temáticos para as pesquisas da próxima geração de americanistas: linguagem, arte, mitologia e cultura material. O trabalho de campo americanista foi uma aplicação, *mutatis mutandis*, das expedições de recolhimento de cultura material por Bastian. Uma crítica comum ao trabalho de campo dos americanistas é que eles passavam pouco tempo em cada aldeia. Isso não apenas legitima o método de Malinowski, como faz dele a única forma possível de apreender empiricamente dados de campo, como se fosse possível reduzir a multiplicidade de formas sociais a uma exclusiva metodologia.[55] No entanto, o objetivo da primeira geração não era realizar um estudo aprofundado de determinado grupo, mas obter uma visão panorâmica das províncias etnográficas do Brasil. Além do mais, von den Steinen notara que, nas aldeias em que percorria, havia, com muita frequência, pessoas de outras aldeias e até mesmo de outras etnias e regiões distantes. O método de campo dele, então, se adaptou à dinâmica interaldeia característica do Alto Xingu. Von den Steinen pode não ter realizado uma pesquisa aprofundada, mas estabeleceu uma etnografia do fluxo e do movimento que se tornou padrão por meio século de etnologia indígena, até ser ofuscada pela observação participante de Malinowski e pela coroação de seu método e de sua autopropaganda.

Assim, na época da virada do século, a etnologia americanista estava bem estabelecida na Alemanha: havia profissionais especializados e literatura científica sendo produzida, suportados por uma imensa rede de contatos que incluía embaixadores, comerciantes, autoridades locais, camaradas, colegas e informantes indígenas. As coleções etnográficas eram enviadas para Berlim, para que fossem expostas e estudadas por etnólogos. O Museu de Berlim, no entanto, demonstrava os efeitos da falta de organização, que afetava tanto coleções disponíveis ao público, como revela a imagem do armário contendo coleções americanistas (Imagem 46), quanto peças resguardadas aos estudiosos.

A segunda geração de americanistas – Max Schmidt, Theodor Koch--Grünberg, Fritz Krause e Wilhelm Kissenberth – ampliará enormemente o escopo teórico e a área geográfica coberta pelas expedições. *Alea jacta est.*

Imagem 46 – Coleção americanista no Museu Real de Etnologia de Berlim, após 1898.

Notas

[1] Brogiato, 2009.
[2] Hermannstädter, 2004, p. 407.
[3] *Idem*, pp. 403-406.
[4] *Idem*, p. 408.
[5] Meyer, 1896, p. 9.
[6] *Idem*, p. 15.
[7] É desnecessário frisar a falta de conhecimentos histórico-etnológicos de Meyer.

ASCENSÃO E DECLÍNIO DA ETNOLOGIA ALEMÃ (1884-1950)

[8] Meyer, 1896, pp. 25-26.

[9] *Idem*, p. 60.

[10] *Idem*, p. 67.

[11] *Idem*, 1897, p. 29.

[12] Hermannstädter, 2004, p. 410.

[13] Meyer, 1897, p. 40.

[14] *Idem*, p. 51.

[15] *Idem*, p. 53.

[16] *Idem, ibidem*.

[17] *Idem*, p. 72.

[18] Segundo contrato entre Meyer e Koch-Grünberg, cf. Vertrag zwischen Herrmann Meyer und Theodor Koch. ES Mr A.1, pasta K6-01K2.

[19] Kraus (ed.), 2004.

[20] *Idem*, 2004a, p. 35.

[21] *Idem*, 2004c, p. 455.

[22] Ihering, 1900, p. 5.

[23] Hermannstädter, 2004, p. 427.

[24] Kraus, 2004c, p. 460.

[25] Von den Steinen, 1894, p. 153; Kraus, 2004c, p. 458.

[26] Kraus, 2004c, pp. 474-475.

[27] Hermannstädter, 2004, p. 411.

[28] *Idem*, p. 412.

[29] *Idem*, p. 419.

[30] Koch-Grünberg, 2004, p. 43.

[31] Koch-Grünberg provavelmente refere-se aos Kaingang, já que "Kamé" é o nome de uma das metades exogâmicas que compõem o grupo.

[32] Koch-Grünberg, 2004, p. 64.

[33] *Idem*, p. 92.

[34] *Idem*, p. 148.

[35] Kraus, 2004c, p. 461.

[36] Koch-Grünberg, 2004, p. 189.

[37] *Idem*, p. 193.

[38] *Idem*, p. 207.

[39] *Idem*, p. 225.

[40] *Idem*, p. 229.

[41] *Idem*, p. 243.

[42] *Idem*, p. 282.

[43] *Idem*, p. 321.

[44] *Idem*, p. 349.

[45] Hermannstädter, 2004, p. 422.

[46] *Idem*, p. 430.

[47] Ihering & Langhans, 1887, pp. 328-343.

[48] Rinke, 2013, p. 4.

[49] Meyer, 1897, pp. 47, 29.

[50] Em 1944 a cidade de Neu-Württemberg adotou o nome atual, Panambi, e, segundo o Censo de 2016, contava com quase 42 mil habitantes.

[51] Herrmann Meyer a Theodor Koch-Grünberg, 03.04.1909, ES Mr A.6.
[52] ES Mr A.1, pasta K6-01K2.
[53] Kraus, 2004c, p. 483.
[54] *Idem*, p. 486.
[55] Ver Rosa & Vermeulen (ed.), 2022.

PARTE 3

Mitologia e técnica, arte e política: a segunda geração de americanistas (1900-1913)

Assim é a vida e assim é preciso tomá-la: com coragem, destemidamente e sorrindo – apesar de tudo.
Rosa Luxemburgo (1917)

1.

A expedição de Max Schmidt ao Xingu (1900-1901)

As viagens de Max Schmidt

A virada ao século XX trouxe consigo não apenas uma mudança geracional, mas também uma lenta alteração nas estruturas sociais e políticas, em cujo interior a pesquisa de campo era realizada. A transformação política mais relevante ainda aconteceu no século anterior, com o fim da escravidão e a Proclamação da República no Brasil. Em 1888, o Império do Brasil finalmente deixava de ser uma nação escravagista e, na busca de mão de obra agrária, investiu mais incisivamente no incentivo à imigração europeia. A formação de colônias alemãs no Brasil, que remete à metade do século e se insere em um complexo de relações internacionais mais amplo, em que interesses privados e estatais alemães também eram relevantes, é fruto de um processo de transição no Brasil. O papel de Herrmann Meyer como articulador entre imigração alemã e administração colonial no Brasil é exemplar para demonstrar o modo pelo qual relações sociais podem ser apreendidas por dinâmicas extraindividuais mais amplas, ao mesmo tempo que indivíduos podem se valer de macronarrativas contextuais e transformá-las em realidade cognoscível. Contextos estruturais são formados por redes e apreendidos pelos indivíduos em alguma extensão delas.

Durante o período imperial, os incentivos materiais, logísticos e fiscais foram abundantes para as expedições de Karl von den Steinen, ainda que os auspícios tenham estado atrelados a interesses políticos estratégicos. Tanto na entrada no país quanto no trânsito entre as províncias, as bagagens de von den Steinen estiveram livres de tributação. Além disso, durante a era imperial, etnólogos tiveram auxílios com transportes e cartas de recomendação.[1] Não se pode resumir, contudo, a liberação da aplicação de tributação às bagagens e os diversos tipos de incentivo apenas ao regime político brasileiro. A personalidade de Karl von den Steinen, sua enorme rede de contatos e a astúcia em usá-la a seu favor foram fatores fundamentais, bem como a boa vontade de autoridades locais independentemente do regime. Herrmann Meyer não teve dificuldades alfandegárias com as enormes bagagens em nenhuma das suas duas viagens e nem com a saída de material etnográfico do país. Por outro lado, ele não obteve apoio governamental. Portanto, enquanto na Alemanha as condições de trabalho estavam diretamente atreladas aos postos e às agências financiadoras, e assim aos contextos políticos nacionais, os condicionantes de realização de pesquisa de campo no Brasil eram mais suscetíveis às políticas regionais e às estruturas socioeconômicas locais.

A expedição de Max Schmidt (Imagem 47) compõe a primeira da segunda geração de etnólogos, tanto por um fator temporal – Schmidt era 17 anos mais jovem que von den Steinen – quanto por um fator sociocientífico. Em 1899, aos 25 anos de idade, Max Schmidt, após terminar seu doutorado em direito na Friedrich-Alexander-Universität em Erlangen e abandonar o emprego no tribunal de justiça de Blankenese (Hamburgo), mudou-se para Berlim com o intuito de estudar antropologia e etnologia.[2] No mesmo ano, ele tornou-se voluntário no Museu Real de Antropologia de Berlim.[3] No ano seguinte, von den Steinen, que já regressara de sua expedição para a Polinésia Francesa, assumiu o cargo de diretor-assistente do museu.[4] Após suas pesquisas extensivas, von den Steinen estimulou as pesquisas intensivas em grupos indígenas individuais, visando a uma análise comparativa ulterior.[5] Schmidt teria sido incumbido, assim, de realizar uma pesquisa de campo prolongada entre os Kamaiurá, povo que o próprio von den Steinen visitara. Trata-se, portanto, de uma diferença fundamental na metodologia do trabalho de campo entre os povos indígenas, justificando a sua eleição como marco inaugurador da segunda fase da etnologia americanista. Outra diferença decisiva quanto à execução do trabalho de campo foi a escolha de Max Schmidt em se privar da contratação de camaradas e acompanhantes. Diferentemente de von den Steinen, que viajou assistido por uma equipe de pesquisa, assistentes e uma escolta militar, ou de Herrmann Meyer, que, além dos serviçais, levou seu mordomo pessoal para o Xingu, Max Schmidt decidiu contratar apenas uma pessoa, que seria encontrada e admitida no Brasil, para acompanhá-lo durante a expedição toda. As demais funções – remadores, caçadores etc. – seriam desempenhadas por indígenas contratados nas aldeias para guiá-lo por trechos determinados, e, por isso, alterados a cada novo destino (aldeia, grupo ou algo do gênero), como von den Steinen fizera. A razão seria, evidentemente, buscar uma experiência de campo menos mediada por influências externas, europeias sobretudo, e, nesse sentido, mais autêntica e próxima da realidade ameríndia.

Imagem 47 – O jovem Max Schmidt (ano desconhecido).

A união dessas duas características – estadia prolongada e ausência de acompanhantes – permitiria a Max Schmidt, de acordo com von den Steinen, "penetrar mais profundamente no mundo mental dos índios".[6] Na interpretação de Federico Bossert e Diego Villar, que consta no texto introdutório de sua belíssima obra *Hijos de la selva/Sons of the forest*, tratava-se de um avanço "extraordinário para uma época em que os etnólogos não costumavam demorar-se em pesquisas intensivas", porque havia demanda por outros tipos de resultados científicos "que pareciam mais urgentes do que qualquer estudo intensivo de um só grupo".[7] O trabalho intensivo de Malinowski, por exemplo, ocorreria apenas 14 anos mais tarde.

Assim, von den Steinen não foi apenas o superior de Schmidt no Museu de Berlim, mas também incentivador das pesquisas e de sua carreira. Como ocorreu com Meyer, para Max Schmidt, as obras de von den Steinen também serviram de bibliografia obrigatória para o estudo dos povos indígenas do Brasil, bem como de guias de locomoção ou formas de iniciar conversas em aldeias. O mesmo livro tinha então múltiplas funções a depender da teia de relações em que estava inserido, quando carregado pelos etnólogos Brasil adentro.

A escolha de estudar especificamente os Kamaiurá não era arbitrária. Tal como ocorrera nas expedições de Paul Ehrenreich e Herrmann Meyer, a região escolhida não era *terra incognita*, mas estava diretamente conectada com territórios pesquisados anteriormente.[8] Uma vez que o plano científico americanista visava à cobertura progressiva e sistemática das províncias geográficas brasileiras, eram escolhidas regiões de interesse etnológico por conterem populações em isolamento, sejam elas *terra incognita* ou anexadas aos limites dos territórios anteriormente explorados. Os Kamaiurá localizavam-se próximos ao território atual, na região entre os rios Coliseu e Kuluene, no Alto Xingu. Von den Steinen recomendara a Meyer que navegasse o Coliseu, porque os conhecimentos acerca daquela região eram tão esparsos quanto as coleções etnográficas. Meyer, entretanto, escolheu o Ronuro como destino. Então von den Steinen e Max Schmidt pensaram que seria uma boa ideia enviar o jovem jurista totalmente sozinho, sem nenhuma experiência de campo e com apenas um ano de estudos etnológicos ao Brasil, cuja língua ele não falava, para estudar povos indígenas em uma região em que, na década anterior, um companheiro de profissão falecera e outro tivera um olho estraçalhado. Os recursos que Schmidt tinha à disposição eram muito menores do que os de von den Steinen (que recebeu auxílios particulares e dos governos brasileiro e alemão) e os de Ehrenreich e Meyer (que empregaram capital familiar para financiar as expedições). Schmidt também custeou a própria viagem.[9] Assim, de uma perspectiva contemporânea, pode-se avaliar que o planejamento de Schmidt e von den Steinen tinha todos os elementos para que a expedição em si fosse um fracasso. E foi mesmo.

Max Schmidt deixou Hamburgo em setembro de 1900, passou por Buenos Aires, Assunção e Corumbá até chegar em novembro a Cuiabá. Nessa cidade, ele travou importantes relações, como com o presidente da província e políticos locais, que seriam de "grande importância" para seus planos de pesquisa.[10] Entre os dias 10 de dezembro de 1900 e 1º de janeiro de 1901, acompanhado por dois camaradas, ele fez uma pequena viagem aos Bakairi do Rio Novo, ao norte da cidade de Rosário, para conseguir acompanhantes para sua expedição ao Xingu, cuja saída estava prevista para março. No dia 19 desse mês, ele partiu novamente de Cuiabá, acompanhado por Manuel e Antônio, um rapaz indicado pelo seu locador, João.

Em Cuiabá, Schmidt encontrou as dificuldades costumeiras para os preparativos de viagem: temporais, atrasos e dificuldade em comprar bons animais. Havia, no entanto, um fator socioeconômico. Como Mato

Grosso passava por um período de crescimento econômico, aumentou a demanda por trabalhadores braçais, diminuindo as possibilidades de encontrar camaradas, em tempo hábil, que se arriscassem a acompanhá-lo durante a expedição terrestre. A dificuldade em contratar pessoas tornou o processo seletivo menos criterioso, o que acarretou problemas com os camaradas durante a expedição de tropas. Ou ainda antes de ela começar. Um camarada simplesmente desapareceu de Cuiabá. Outro apresentou-se no dia da saída embriagado a ponto de perder a luta contra a força da gravidade.

Schmidt e Antônio seguiram então com dez animais de carga e três cães até o vilarejo de Boa Vista, onde Schmidt contratou o garoto André (Imagem 48), o único a acompanhá-lo a viagem toda e que se mostrou "uma pessoa confiável e eficiente".[11] De lá, o grupo partiu até os Bakairi de Paranatinga. O vislumbre da natureza no caminho até Paranatinga, com suas paisagens "maravilhosas" que proporcionavam "uma atmosfera agradável", deixou fortes impressões no etnólogo.[12] Sobre as árvores, embaixo das quais descansavam, ele disse:

> Os estalos e ruídos polifônicos nas suas copas, para cuja iluminação estranha milhares de grandes vaga-lumes competiam com o luar fraco, me davam a partir daqui, quando eu já estava deitado quieto na minha rede e tudo mais ao meu redor estava em silêncio, uma previsão daquela sensação única, que a floresta selvagem pode nos transmitir.[13]

Imagem 48 – André e Max Schmidt almoçando no sertão (1905).

Em 11 de abril, o grupo chegou na aldeia Bakairi de Paranatinga. O chefe da aldeia era o famoso Antônio, o tradutor e guia de von den Steinen e Herrmann Meyer. Na interpretação de Schmidt, Antônio, que, à época da primeira expedição de von den Steinen, era apenas um jovem rapaz às margens do círculo das pessoas influentes, conseguiu se tornar chefe dos Bakairi, e de todo o Alto Xingu, por meio de uma gradual concentração de poder.[14] Sua participação nas duas expedições xinguanas – e por, dessa maneira, ter explorado parte do Brasil Central e conhecido o Rio de Janeiro imperial – e os muitos bens materiais recebidos como pagamento e então distribuídos criaram um renome em todo o Xingu. Antônio promoveu um forte entrelaçamento interétnico e interaldeia. Ele ainda era casado com Dona Rosa, a mulher Bororo que trouxe consigo da colônia Thereza Christina, e, após ter iniciado o contato permanente com os Bakairi do Batovy, ele foi escolhido pelo presidente da província do Mato Grosso como representante oficial dos povos xinguanos. Os Bakairi viveriam em "dependência econômica" dele, ou seja, como em uma relação de trabalho. José, o filho de Dona Rosa que acompanhou a mãe em sua saída de Thereza Christina, agora um homem casado, com experiência de viagem e bom domínio do português, ainda estava economicamente dependente de Antônio, mas buscava se soltar dos grilhões político-econômicos de seu padrasto, fazendo concorrência com ele pela apropriação do poder local. Essa análise biográfica feita por Max Schmidt é caracterizada pelos seus estudos de economia político-jurídica, pois ele associa poder político com posse, e preferencialmente monopólio, de recursos econômicos, além de dividir o grupo social entre detentores do capital e fornecedores de mão de obra. Justamente por (e apesar de) transpor para a floresta relações econômicas típicas das cidades industriais europeias, Max Schmidt foi o primeiro etnólogo alemão a se arriscar em uma interpretação da organização social dos povos indígenas.

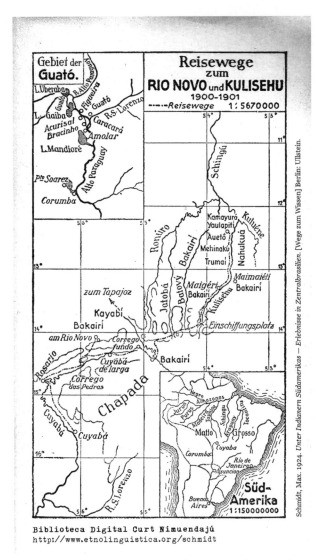

Mapa 4 – Região dos rios Novo e Coliseu. Mapa do território dos Guató.

Em todo caso, Schmidt acreditava que, justamente por causa da competição pelo poder entre Antônio e José, o primeiro recusou a acompanhá-lo na expedição, e o segundo aceitou o convite – porque seria uma maneira, tal como fizera seu padrasto 16 anos antes, de angariar capital político, simbólico e financeiro e romper o laço de dependência. Em menos de duas décadas, o contato com os americanistas provocou alterações profundas na organização social

Bakairi – o que é irônico, porque o temor das transformações culturais ameríndias estabelecia as urgências das pesquisas, mas quem introduzia a cultura
europeia nas florestas eram, muitas vezes, os próprios etnólogos. O contexto
de transformação social dos povos indígenas foi notado por Schmidt, para
quem algumas casas dos Bakairi do Rio Novo eram "metade América moderna, metade verdadeiro Bakairi".[15] Mesmo que houvesse "relações comerciais do
Xingu até o Rio Novo" e que os Bakairi "mansos" usassem muitos utensílios
"verdadeiramente" autênticos, estes tinham se "transformado completamente
em colonos brasileiros" por causa de sua criação de gado.[16] A reação de Max
Schmidt perante as transformações culturais parece ambígua; no entanto,
exprime um modelo generalizado de percepção das mudanças sociais. O fato
de certos grupos indígenas apresentarem indícios de apropriação de elementos
culturais europeus, sejam eles materiais ou mentais, implica que houve transformações quanto ao modo de pensamento daquele determinado grupo social.
Uma vez que os etnólogos recrutados por Bastian visavam conhecer os pensamentos mais elementares – e, portanto, autênticos – das populações que estudavam, para assim, num futuro distante, por meio da análise comparativa,
compreender a maneira através da qual a mente humana, psíquica e fisiologi-
camente única, poderia se expressar em infinitas diferenças culturais, expressões
mentais claramente contaminadas com influências culturais alienígenas, sobretudo as tão nocivas quanto as europeias – o alcoolismo, por exemplo, é
sempre associado ao contato com a cultura europeia –, não seriam aptas a
compor as estatísticas dos pensamentos étnicos por autenticidade deficitária,
o que é expresso, via de regra, em alegações depreciativas dos modos de vida
das populações indígenas afetadas. A princípio, a desqualificação desses grupos
não tem fundamento moral e não é uma expressão das teorias de degeneração
intelectual e moral do século XVIII e nem um juízo sobre a miscigenação, mas
uma constatação empírica dos efeitos mentais das transformações culturais
e uma rejeição da validade dos dados de campo. No entanto, a ambiguidade se
encontra precisamente na incapacidade de descartar os dados de campo diante das concepções *a priori* de contaminação intelectual. Mitos e vocabulários
fornecidos por povos em explícitas relações sociais com brasileiros eram usados
por etnólogos, tal como objetos etnográficos eram coletados. Isso significa que,
embora seguindo preceitos epistemológicos bastinianos, os americanistas eram
menos rígidos do que a cartilha prescrevia.

Os efeitos da presença dos etnólogos em campo e as consequentes transformações sociais não ocorriam porque os índios descartavam pacificamente
seus bens e suas crenças para aderir aos benefícios europeus. A presença em si

ASCENSÃO E DECLÍNIO DA ETNOLOGIA ALEMÃ (1884-1950)

dos etnólogos em campo e as consequências simbólicas, sociais e cosmológicas são resultados do encontro de multifacetadas visões de mundo e formas de simbolização do real. Além disso, os povos indígenas, a cada expedição mais experientes com as demandas e os interesses dos etnólogos, usavam suas ofertas a seu favor. Assim, os ameríndios, percebendo as alterações contextuais, manipulavam as novas constelações de relações sociais, com todas as suas adjacências, em prol dos seus próprios interesses. Na aldeia Bakairi do Paranatinga, Max Schmidt teve dificuldades em contratar acompanhantes até o Rio Coliseu porque os índios exigiam um pagamento muito alto: "Depois do empreendimento de Meyer tinha-se expectativas completamente diferentes da minha viagem, e era difícil superar a primeira impressão de decepção dos índios".[17]

Em Paranatinga, Max Schmidt também instaurou sua própria técnica de contato. Von den Steinen viajava acompanhado por uma escolta armada, montava acampamentos a distâncias razoáveis das aldeias, para então seguir sozinho ou em companhia limitada, mas sempre na presença de tradutor e mediador, até a aldeia desejada. Meyer invadia as aldeias como se fossem a Polônia, marchava de oca em oca, tomando os bens que lhe interessavam, e então despejava quantidades volumosas de miçangas, machados e facões. Schmidt fazia o primeiro contato com os índios tocando violino e cantando. Logo mais, ele mostrava a segunda obra steineana. Os Bakairi reconheciam nas fotos seus parentes e amigos, e a demonstração do livro criava um clima descontraído, em que as gargalhadas dos índios sobressaíam.

Um elemento em comum aos três etnólogos era a formulação "kura karaiba", isto é, "o branco é bom", anunciada energicamente antes do contato. Essa expressão, muito além de ser apenas uma autorrepresentação dos etnólogos, encapsulou um histórico de relações sociais, que os americanistas compreenderam. Os índios tinham, e ainda têm, motivos para suspeitar da intencionalidade e do caráter dos não índios; e a tentativa, por parte dos etnólogos, de se apresentar em língua indígena, por meio de uma formulação simples e direta, revela não apenas que tinham consciência do histórico de atrocidades do qual os povos indígenas foram vítimas e que buscavam se contrapor aos executores da violência e se aliar aos índios, como também que estavam cientes de que adentravam em território autônomo e de legítimo domínio dos ameríndios.

Max Schmidt não dormiu na aldeia Paranatinga, mas montou um acampamento em suas proximidades. Já na manhã seguinte à sua chegada, seu acampamento foi visitado pelos Bakairi, com quem ele iniciou as relações comerciais. No dia da partida, o comércio fugiu um pouco de seu controle, pois já ao amanhecer ele recebeu as visitas de um grande grupo de índios, que abriu as bruacas e distribuiu entre si muitos objetos destinados à troca. Mesmo assim, André e Schmidt contornaram a situação. Em todo caso, ele saiu de Paranatinga acompanhado por André, seu companheiro de viagem, José, o enteado de Antônio, Chico, um rapaz da segunda aldeia Bakairi no Rio Coliseu, e dois "xinguanos", Benedito e Augustino, que levariam os animais do Coliseu de volta para Paranatinga. Durante a difícil expedição terrestre, que incluía a complexa e cansativa tarefa de atravessar por córregos os bois carregados, Max Schmidt afirma ter sido tomado por profunda inveja dos índios: "quando eu via o quanto eles eram superiores a nós europeus em matéria de habilidade corporal".[18] Não se trata apenas da costumeira admiração pelo corpo dos índios, mas do reconhecimento, até então inédito na etnologia indígena acadêmica alemã, de que eles possuíam largas vantagens em relação aos europeus. Apesar das dificuldades da viagem, a natureza em si, mais uma vez, impressionou o etnólogo: "apenas gradativamente a neblina passou e uma paisagem maravilhosa se abriu à vista".[19] Em 29 de abril, após 44 dias de expedição terrestre, eles alcançaram o Rio Coliseu, a partir de onde a viagem foi fluvial. Um dia de comemoração, porque uma das etapas foi vencida sem grandes perdas. Schmidt e seus companheiros banharam-se, descansaram e tomaram o resto de cachaça misturada com açúcar.

Nos primeiros dias de maio, os índios construíram as canoas; no dia 9 desse mês, eles alcançaram os Bakairi do Rio Coliseu. Para isso, os expedicionários residiam tanto em acampamentos montados por Meyer quanto no simbólico "Independência", construído por von den Steinen durante sua primeira expedição. Ao primeiro contato, os Bakairi olhavam desconfiados, "até o cumprimento recíproco: 'kura Karaiba, kura Bakairi', isto é, 'o estrangeiro é bom, bom é o Bakairi', e finalmente a canção 'Margarete, Mädchen ohne gleichen' ["Margarete, uma moça sem igual"], tocada no violino, que ganhou o coração dos que se aproximavam".[20] Ele mostrou seus livros, entre eles, a obra xinguana de von den Steinen. Os Bakairi identificaram o chefe Tumayaua, que encontrara von den Steinen e Meyer, mas ele havia falecido, e sua imagem criou um mal-estar. Schmidt permaneceu alguns dias na aldeia, onde, apesar das relações amistosas, encontrou relutâncias para tirar fotografias.

Acompanhado de mais três Bakairi de Coliseu, Max Schmidt partiu, em "sua flotilha", composta de três embarcações, em direção aos índios Aweti, no Alto Xingu.[21] Foi feita uma parada na segunda aldeia Bakairi, chamada Maimaieti. Para estreitar as relações e obter beijus e carne assada, o mesmo *modus operandi*: "Margarete" no violino e o livro de von den Steinen. Lá

ASCENSÃO E DECLÍNIO DA ETNOLOGIA ALEMÃ (1884-1950)

Schmidt buscou três homens que pudessem acompanhá-lo ao seu destino, os Kamaiurá. Ele foi fortemente desaconselhado pelas lideranças indígenas a seguir até esse grupo, com as alegações de que os Kamaiurá não eram confiáveis. Então recrutou três Bakairi até a aldeia Aweti e, na manhã seguinte, Schmidt e André seguiram com os três rapazes. Quando almoçavam em um banco de areia, o etnólogo notou que "agora que de nós cinco companheiros de viagem os índios nus formavam a maioria, todo o nosso modo de vida obtinha progressivamente um caráter indígena correspondente".[22]

A logística para a expedição, tal como planejada e executada por Max Schmidt, então era radicalmente diferente das viagens de von den Steinen, Ehrenreich e Meyer. Além disso, a afirmação dele não apenas visa contribuir para a construção do etnólogo em contato profundo com os povos indígenas – ou seja, como ferramenta literária e retórica –, mas também revela como Schmidt entende o ofício do etnólogo: "a nada o homem se acostuma mais rapidamente do que aos costumes do seu meio".[23] Portanto, ele não deveria viver com os índios, mas como os índios. A caminho dos Aweti, os cinco companheiros de viagem encontraram canoas com índios Bakairi. A desconfiança deles só foi vencida quando Max Schmidt tirou, "na presença da sociedade toda, armas e roupas" e deu "um pulo de cabeça na água". Ele constatou: "agora o caraíba era uma pessoa como ele, e a minha nudez lhes pareceu tão natural quanto a deles". Suas tatuagens com os motivos uluri e merexu tornaram-no ainda mais "semelhante" aos índios.[24]

Eles seguiram então até os Nahukwá. Na noite de 15 de maio, ancoraram no porto deles e receberam algumas visitas, inclusive do chefe. Na manhã seguinte, um grupo grande de índios foi visitá-los em seu acampamento. Os Bakairi já haviam partido, e André e Max Schmidt tiveram muita dificuldade em conseguir atentar a todos os visitantes. Em meio a uma confusão, marcada por muito falatório e gesticulações, os índios levaram muitos dos pertences do etnólogo, não apenas os objetos destinados à troca, mas também roupas e até mesmo medicamentos. Para Schmidt, a visita tinha natureza "de um assalto premeditado".[25] Mesmo contabilizando os prejuízos materiais, eles resolveram seguir viagem, acompanhados por cinco Nahukwá. Na próxima noite, Schmidt foi novamente furtado por eles, e, de manhã, ele e André possuíam tão poucas coisas, que o sucesso da viagem estava seriamente em risco, e os Nahukwá haviam se tornado seus "inimigos".[26]

Atravessando uma zona de guerra entre os Trumai e os Suyá, os expedicionários conseguiram chegar a um porto dos Mehinako em 18 de maio, e, no dia seguinte, Schmidt, André e dois guias chegaram ao porto dos

327

Aweti. Os guias queriam deixar Schmidt e André esperando no acampamento e anunciar sua chegada à aldeia, mas Schmidt insistiu em acompanhá-los. Os guias desapareceram na aldeia e, enquanto isso, alguns Aweti se dirigiram ao acampamento e furtaram mais alguns objetos. No dia seguinte, eles se mudaram para a aldeia, onde os índios tomaram absolutamente todas as suas coisas, a ponto de eles salvaguardarem apenas a roupa de corpo, um pouco de arroz e feijão, uma panela sem tampa e fósforos.

A viagem até os Kamaiurá teve que ser imediatamente abandonada. Max Schmidt e André precisavam retornar aos Bakairi, sem ter objetos com os quais eles pudessem financiar a companhia de guias. O retorno aos Bakairi foi dramático: com as roupas esfarrapadas, a calça de Schmidt só tinha uma perna, que ele costurou em improviso com um saco. Remando sozinhos, famintos e cansados, os dois foram encontrados por homens Aweti, que devolveram um barco e algumas coisas (inclusive a coleção etnográfica e fotos), provavelmente com medo de vingança. Os Aweti seguiram com o etnólogo e seu acompanhante até os Mehinako, onde Schmidt se sentiu coagido a se retirar. No dia seguinte à chegada, alguns Mehinako fizeram uma visita ao acampamento. O violino de Schmidt era uma metáfora para seu dono: sofrera durante a viagem, só possuía mais duas cordas, que estavam desafinadas, mas continuava resiliente. No dia seguinte, os expedicionários depararam com uma embarcação dos Trumai. Schmidt trocou seus últimos pertences pessoais, os botões da camisa e da calça, por alguns objetos etnográficos. Ele e André montaram um acampamento, e, na manhã seguinte, alguns Mehinako e Trumai chegaram querendo presentes. Em meio às negociações, Schmidt deitou seu velho companheiro musical na rede, mas, num triste momento de descuido, sentou-se nele. A expedição estava mesmo no fim para os dois. No próximo acampamento, em uma noite livre das visitas, Schmidt abriu uma conserva ainda guardada: salsichões à moda de Frankfurt, um presente de Wilhelm von den Steinen em sua despedida na estação de trem de Berlim.

Na passagem pelo território Nahukwá, Schmidt encontrou um barco desse grupo carregando um homem orgulhosamente vestindo uma de suas camisolas, que fora furtada. Como, em outros momentos, Schmidt já observara que objetos distribuídos ou furtados em um lugar apareciam em outro, ele concluiu que "a troca de objetos entre índios de diferentes tribos, quando estão viagem, parece ser uma regra fixa aqui no Coliseu".[27] Durante o retorno aos Bakairi, a farinha azedou, acabou o fumo e a fome batia à porta com maior intensidade. Em 31 de maio, eles chegaram a um acampamento antigo, em que encontraram beijus apodrecidos. Para acompanhar as comidas estragadas, Schmidt conseguiu pescar uma tartaruga, que lhe mordeu a ponta do dedo até azular a unha quando ele foi fazer carinho na cabeça dela, a despeito das advertências de André.

Max Schmidt aceitou que sua empreitada fracassou. Sua situação, no entanto, piorou ainda mais, porque ele adoeceu em decorrência do consumo de farinha estragada. Em 1º de junho, André e ele conseguem alcançar a aldeia Bakairi do Coliseu. Ele foi recebido na condição de velho doente e, incapacitado de retornar, teve que permanecer na aldeia (onde tinha deixado algumas coisas como reserva). Por causa do cansaço físico acumulado, aceitou ficar entre os Bakairi, que ele via como pessoas pacíficas. Cada vez mais doente, e com seu organismo rejeitando a dieta de beijus imposta pelos enfermeiros indígenas, Max Schmidt foi submetido a um tratamento xamanístico.

Em 10 de junho, André também sentiu os sintomas, que o etnólogo descobriu serem de malária. Schmidt se sentiu abandonado, pois nem Antônio, nem José assistiram-no, e, cedendo à pressão de André, mesmo fraco, febril e com fortes dores no corpo, decidiu retornar para Cuiabá, lamentando muito a decisão: "Vieram as últimas horas em que eu poderia estar em companhia dos meus amigos marrons, e eu preciso dizer que, por mais que a minha estadia tenha me custado pesados sacrifícios, com as lembranças das horas alegres que eu passei entre eles, a despedida foi muito difícil para mim".[28] Em 19 de junho, os dois expedicionários chegaram ao primeiro porto usado por eles. Ambos estavam gravemente adoecidos e precisaram abandonar a coleção etnográfica, os livros e as anotações num acampamento montado por Meyer, porque eles necessitavam economizar suas energias para movimentar o corpo com muito sacrifício. Os dias que se seguiram foram de "intensa luta pela vida".[29]

Em 24 de junho, incapaz até mesmo de carregar seu diário de campo, Max Schmidt abandonou-o na floresta. No entanto, ele foi recolhido pelo fiel André, que o carregou consigo até Cuiabá. Após mais alguns dias de caminhada, os dois expedicionários alcançaram, à beira da morte por exaustão e fome, a aldeia Bakairi do Paranatinga. Eles estavam entre amigos novamente e permaneceram por cinco dias na aldeia, alimentando-se e descansando, até seguirem a Córrego Fundo e de lá a Cuiabá, aonde chegaram em 19 de julho.

Max Schmidt e André hospedaram-se no Hotel Americano; o etnólogo pediu dois almoços e uma garrafa de vinho tinto e despediu-se de maneira comovente de seu companheiro, que, além do pagamento, herdou o cavalo de seu patrão.

Mesmo que na sua vida inteira nunca tivesse bebido vinho tinto, ele certamente estava bem consciente da importância do momento, quando brindamos por termos chegado intactos novamente a Cuiabá. Apenas nós dois sabemos o que passamos juntos, e quantas vezes nós perdemos a esperança em silêncio de algum dia ver Cuiabá mais uma vez. Se ele também tinha consciência de que eu devia a minha vida apenas a ele, eu não sei. Quando se despediu de mim para sempre, na manhã seguinte, ele disse apenas timidamente: "Senhor, esculpa algumas causas" [...]. Das suas feições era possível notar que essa não era apenas uma frase de despedida, mas que ele tinha alguns momentos específicos da nossa viagem em mente. O agradecimento que eu lhe expressei por fim pelos seus serviços fiéis era mais sincero do que as poucas palavras conseguiam expressar.[30]

Max Schmidt precisou se recuperar durante dois meses em Cuiabá. Acometido por fortes ataques de malária, ele ficou preso à cama durante 15 dias. Nesse meio tempo, recebeu uma solicitação de Karl von den Steinen para estudar os Guató, acompanhada por 2 mil marcos de verba.[31] Logo mais, ele fez uma pequena visita a um acampamento dos índios Guaná, nas proximidades de Cuiabá.[32]

Em setembro, ele saiu de Cuiabá em direção a Corumbá e de lá a Amolar. Em Amolar, ele conseguiu a companhia de uma família: um rapaz negro chamado Reginaldo, casado com uma índia Guató, que tinha uma filha com um índio Chiquito, além de outro filho, e que queria fazer uma visita familiar. O objetivo de Schmidt era formar uma coleção e empreender estudos linguísticos. Para essa expedição, Schmidt resolveu diminuir sua carga drasticamente: apenas três armas, poucos instrumentos científicos, uma máquina fotográfica, mantimentos e alguns utensílios de cozinha. Mesmo antes do início da expedição, suas roupas já estavam em um estado "triste".[33] Os ternos, que ele mandou fazer em Cuiabá de suas roupas de cama velhas, estavam rasgando, e as camisas eram todas muito pequenas.

Em Amolar ele se preparou para a expedição e alcançou a primeira aldeia Guató em 18 de outubro de 1901. A expedição constituiu, tal como ocorreram nas pesquisas no Xingu, em visitar todas as aldeias possíveis. A pesquisa, entretanto, não ocorreu mediante condicionantes ideais, sobretudo em decorrência do violento consumo de álcool entre os Guató. O americanista se deparou inúmeras vezes com situações em que a cachaça foi elemento principal: guias demasiado embriagados para viajar (ou ficar em pé), brigas com facões, bebedeira generalizada e assim por diante. Como consequência, a expedição foi caracterizada por atrasos e irritação, o que não impediu o americanista de ter uma impressão simpática dos índios.

A viagem aos Guató foi importante para averiguar o sucesso da metodologia de contato de Max Schmidt. O jeito calmo de se aproximar dos índios, tocando violino e cantando no Xingu e em seguida mostrando livros, foi aplicado entre os Guató com a alteração de travar o primeiro contato com crianças e em seguida com as mães, oferecendo miçangas ou outras quinquilharias. Schmidt buscou estabelecer relações pacíficas primeiramente com os miúdos e as mulheres, porque percebeu que as ligações entre mães e filhos eram muito harmoniosas, diferentemente da rígida educação prussiana.

O consumo excessivo de cachaça entre os Guató provocou uma alteração inesperada no contexto no qual a pesquisa de Schmidt foi realizada. O etnólogo, no entanto, tirou vantagem da forma pela qual as alterações estruturais foram refletidas na rede de relações em que se inseria. A coleção etnográfica foi adquirida através de uma abordagem, no mínimo, eticamente duvidosa:

> Para um pesquisador-viajante e colecionador eficiente agora seria o momento ideal para "comprar" tudo de útil das pessoas por um pagamento modesto. Pois, quando eu me negava a afundá-los ainda mais na sensação agradável da embriaguez, eles estavam dispostos a fazer os maiores sacrifícios por um copinho de aguardente. Timóteo, que recebera de mim quatro notas de mil réis por alguns objetos etnográficos, queria, por fim, quando todas as súplicas foram em vão, dar todo o seu dinheiro por um gole de aguardente.[34]

Além da coleção etnográfica, ele também observou alguns petróglifos, como são chamadas as inscrições em pedras, que foram reproduzidas na sua obra *Indianerstudien in Zentralbrasilien. Erlebnisse und ethnologische Ergebnisse einer Reise in den Jahren 1900 bis 1901* (*Estudos indígenas no Brasil Central. Vivências e resultados etnológicos de uma viagem nos anos de 1900 a 1901*), que descrevem a sua expedição. No entanto, ele não proporcionou explicações acerca da natureza ou da origem dos desenhos, porque acreditava que os conhecimentos etnológicos eram insuficientes para compreender o fenômeno.

O principal guia de Max Schmidt entre os Guató foi Meki, um rapazinho de no máximo 12 anos. Crianças preenchendo funções de guias, informantes ou tradutores foram um fenômeno incomum na etnologia indígena alemã.[35] As crianças eram, principalmente, um meio de aproximação com o mundo adulto. Não apenas ele, mas Koch-Grünberg também usava o recurso da conquista da amizade das crianças para cativar seus pais através dos agrados dados aos filhos. Em todo caso, a relação com Meki e com os Guató foi bastante valorizada pelo etnólogo, que sentiu desejo de permanecer por meses entre "essas pessoas alegres e inofensivas".[36]

Em 24 de outubro, no entanto, o etnólogo partiu de Amolar, onde havia agitações sociais, de volta a Cuiabá. Lá ele teve dificuldades para despachar o que restou de sua coleção etnográfica – a maior parte fora abandonada no mato para salvar a vida. Uma "revolução" criava um clima de instabilidade social, e Schmidt, doente e empobrecido, ficou preso durante um mês na cidade, porque o trânsito fluvial foi interrompido. A revolução descrita por ele ocorreu em decorrência de disputas entre partidos políticos, que se debatiam pelo poder havia ao menos uma década. As condições político-sociais locais não interferiram diretamente na sua pesquisa, mas criaram contratempos financeiros. Apesar disso, em 20 de dezembro, ele estava a bordo do navio que o levaria para a Alemanha, aonde chegou em 14 de janeiro de 1902.

Sua coleção etnográfica guardou uma história aventuresca própria. Cuidadosamente montada, porém abandonada em momento de apreensão, ela foi encontrada pelos Bakairi de Paranatinga, que a levaram em carreta de bois até Cuiabá. Lá a coleção foi despachada, mas o navio afundou e ficou à mercê da sorte em um banco de areia. Alguns meses depois, um navio a vapor recolheu as caixas e malas e as deixou no porto de Corumbá, onde foram avistadas pelo cônsul Hesslein; ele enviou a carga para Hamburgo, que então seguiu ao museu em Berlim. Lá, Max Schmidt pôde se dedicar ao estudo de sua coleção, a qual já acreditava que nunca mais veria.

Os anos de aprendizagem de Max Schmidt

O cientista romântico

Apesar de a expedição prevalecente de Max Schmidt ter sido um fracasso, já que o principal objetivo, de permanecer por meses entre os Kamaiurá, não foi alcançado, o etnólogo foi capaz de abordar um vasto leque de temas etnográficos, ao produzir vários artigos, além de uma monografia de considerável repercussão no campo americanista, *Indianerstudien in Zentralbrasilien. Erlebnisse und ethnologische Ergebnisse einer Reise in den Jahren 1900 bis 1901* (*Estudos indígenas no Brasil Central. Vivências e resultados etnológicos de uma viagem nos anos de 1900 a 1901*).

ASCENSÃO E DECLÍNIO DA ETNOLOGIA ALEMÃ (1884-1950)

É particularmente notório que o próprio título da sua obra contenha um conceito filosoficamente relevante no que diz respeito à apreensão do real: *Erlebnis*, "vivência". Segundo o filósofo Jorge Luiz Viesenteiner, o uso geral de *Erlebnis* possui três características: tem caráter imediato com a vida; intensidade tal que transforma a existência de quem o viveu; e seu conteúdo é impossível de ser reduzido à racionalidade.[37] O terceiro significado de *Erlebnis* originou-se no vocabulário típico do Iluminismo alemão (*Aufklärung*) e do Romantismo para endossar o contraponto ao Racionalismo francês. Os poetas-filósofos buscavam termos que pudessem expressar sua ligação imediata com o mundo sensível e que fossem capazes de expressar essa imediaticidade de forma sentimental. Enquanto conceito, *Erlebnis* foi introduzido na filosofia por Dilthey em seu estudo sobre Schleiermacher, o intelectual romântico com produção fértil no campo da linguística. Assim, Viesenteiner defende que, a partir do século XIX, o tríplice conceito de *Erlebnis*, empregado na linguagem corrente e na filosofia, expressa uma vivência individual e sensível, sem mediação lógica ou instrumental, com potência transformadora. O conceito de *Erlebnis* não é apenas parte do título da obra de Max Schmidt, como representa também sua metade epistemológica. A monografia *Indianerstudien in Zentralbrasilien* é dividida em duas partes complementares. A primeira parte, denominada "Erlebnisse auf meinen Reisen zum Rio Novo, zum Schingú-Quellgebiet und zu den Guató-Indianern" ("Vivências nas minhas viagens ao Rio Novo, à região da foz do Xingu e aos índios Guató"), é composta de 16 capítulos e contempla desde a saída de Altona (Hamburgo) a Cuiabá até o retorno à Europa, escrita em forma de diário de viagem. A segunda metade, "Ethnologische Ergebnisse meiner Reisen in Zentral-Südamerika" ("Resultados etnológicos das minhas viagens à América do Sul Central"), é composta de 12 capítulos, contendo temas históricos, etnográficos (moradia, cultura material, técnicas, alimentação), linguísticos, antropológicos, psicológicos e sociológicos (relações sociais, direito, economia). A distinção entre relato de viagem e análise etnológica é parte estrutural das obras xinguanas de Karl von den Steinen, e, particularmente em *Unter den Naturvölkern Zentral-Brasiliens*, é notória a alternância de capítulos caracterizada pela distinção entre a narrativa da expedição, que abrange a descrição das condições sociais de apreensão dos dados empíricos, e a análise dos dados. Max Schmidt, contudo, categorizou esse modelo em uma separação em metades complementares. De uma maneira ou de outra, todos os americanistas lidarão com a sistematização de uma epistemologia da ciência preocupada com a apresentação e a análise dos dados de campo.

O que Schmidt descreve é, na verdade, uma narrativa do malogro. Enquanto os diários de campo anteriores ofereciam os sucessos da exploração (no caso de von den Steinen e Ehrenreich) ou remodelavam os acontecimentos para se adequar a uma narrativa de heroísmo (como o fez Meyer), Max Schmidt narrou corajosamente seu fracasso, sem economia de detalhes, culpabilização de terceiros ou dos contextos sociais.[38] Sua narrativa não aborda apenas sentimentos como alegria, raiva e frustração, como já acontecia na de von den Steinen, mas também tristeza e decepção, maravilhamento e entusiasmo, saudades e desesperança. O seu diário abarca os eventos que constituem sua tentativa de alcançar os Kamaiurá, as impressões suscitadas pelo mundo natural e os povos indígenas, em outras palavras: "vivências", enquanto apreensões sensoriais e mentais dos objetos tais como se fazem aparecer na realidade.

Assim, considerando que a narrativa de suas expedições foi escrita sob a rubrica de "vivências", com todas as suas implicações filosóficas – como a capacidade de se relacionar imediatamente com o mundo sensível, com fins de transformação sentimental do indivíduo –, e que nela a subjetividade e os afetos têm um papel mais preponderante do que nas monografias das décadas anteriores, é possível afirmar que *Indianerstudien* ocupa um lugar de destaque na história da etnologia indígena alemã. A amplitude das sensações cria, a despeito de certas discussões teóricas historicamente datadas e de escrita algo arcaica, uma ideia muito atual, de que a etnografia é guiada por sensações, pelo compartilhamento de afetos e pela constante elaboração da vivência em experiências. A etnografia é um regime de afetos. Da mesma forma que o *modus operandi* logístico de suas expedições eliminou os resquícios das grandes viagens naturalistas, sua monografia promulga o padrão etnográfico americanista do século vindouro. Além do rompimento epistemológico-narrativo, a monografia de Schmidt se opõe às de von den Steinen no que tange à produção de uma persona etnográfica. Esta, o eu lírico narrativo da etnografia e a autoimagem criada pelo escritor, é aquela através da qual as vivências são apresentadas ao leitor, que pode optar por atentar ao seu conteúdo (que é o conhecimento etnológico) ou à sua forma (as escolhas literárias do etnólogo).

Von den Steinen se apresentou como um cientista rigoroso e como um explorador destemido, que mantinha as situações e as pessoas virilmente sob seu comando. Ele demitiu os soldados que o acompanhavam a cargo do governo imperial e discutia com frequência com seus guias; além disso, como mencionado em capítulos anteriores, num determinado episódio, entre os

Mehinako, quando notou a ausência de uma bússola, foi se queixar ao chefe e, como ela não foi devolvida, se dirigiu ao centro da aldeia, deu um tiro de espingarda em direção ao céu e mobilizou todas as pessoas para procurar o instrumento que ele sequer levara, fato que ele esqueceu.

Max Schmidt, por outro lado, quis viajar sozinho, levou uma coleção de armas que só usou para caçar, tentou acalmar os índios tocando violino para eles (o que virou acompanhamento musical para um assalto orquestrado) e ainda se encantou com a natureza e, sobretudo, com os povos indígenas, pelos quais ele se apaixonou. Von den Steinen acreditava que o ofício do etnólogo era intelectualmente penetrar na mente dos índios. Para Max Schmidt, era viver com e como os índios. Se von den Steinen era o cientista heroico, Max Schmidt era o cientista romântico. Essa distinção guiava, evidentemente, as suas respectivas condutas de campo, mas também é fundamental nas escolhas literárias da escrita etnográfica. Além disso, demonstra que descrever um povo é se inscrever na descrição, o que faz com que as etnografias sejam também metanarrativas autodescritivas. Que *Indianerstudien* não é apenas uma monografia americanista, mas também a narrativa dos anos de aprendizagem para Max Schmidt para se tornar um etnólogo, fica claro em uma determinada passagem acerca dos dias de sofrimento, anotada em seu diário de campo, um manuscrito inédito que embasou a sua monografia: "Esses dias são uma escola boa, porém dura, para mim".[39] Quando as "vivências" publicadas pelo americanista são complementadas com as de seu diário, a jornada transformadora do cientista romântico é ainda mais evidente.

Um episódio narrado apenas no diário confere uma atitude humanista *avant la lettre* a Max Schmidt. Ainda no início da jornada, quando estava na cidade, ele relata no diário: "briguei ali com um antigo acompanhante, Stanley, sobre o tratamento dos selvagens, pois este afirmava que o melhor sempre seria que a metade [deles] fosse abatida".[40] Essa passagem, bem como a existência de Stanley, foi eliminada da monografia. Parece ordinário que episódios tenham sido alterados na passagem do diário de campo, ou que pessoas tenham sido eliminadas, considerando a atividade etnográfica contemporânea e a percepção de que uma natureza literária é imanente à etnografia. No caso das monografias produzidas durante o Império Alemão, essa atitude demonstra que a função primária do caderno de campo era transcrever as sensações imediatas às vivências, no calor do momento, de forma espontânea e sem abstrações racionais. No entanto, as alterações revelam não apenas que, de fato, a escrita do caderno de campo constitui uma atividade epistemológica, mas que a transposição narrativa é submetida a condicionantes psicológicos e literários, e que a transmissão imediata da vivência do etnógrafo foi filtrada, ainda que em pequena proporção, pela racionalização da experiência.

Os sonhos narrados por Max Schmidt no diário correspondem às suas anotações de campo, com poucas diferenças. Em todos os seus sonhos, ele estava em Altona, o que é descrito de forma bastante melancólica. Em um dos únicos sonhos não citados no livro, a canoa de Schmidt afundou, mas logo em seguida ele estava em sua cidade.[41] O sonho de estar novamente na Alemanha se repete nos dois registros inúmeras vezes. Depois de sonhar estar em seu jardim em Altona, o que, após todo seu esforço de viagem, seria um presente, Schmidt exclama em seu diário: "Grilhões da pátria em país distante!".[42] A saudade de seu país natal e a sensação de solidão foram muitas vezes manifestadas. No mesmo dia em que Schmidt narra um sonho sobre Altona, ele escreveu no diário:

> O que falta na viagem é o entretenimento habitual, sobre temas e tópicos que possam interessar, em casa, após o jantar, com Philipp May, às margens do rio Elbe com Lorenz Butt [...], com dr. Vierkandt no jardim zoológico, ou também no Museu com von den Steinen e conversar confortavelmente na seção africana.[43]

A falta do cotidiano na Alemanha, com referências pessoais, é suprimida do livro, mas aparece em diversas passagens no diário. O mesmo ocorre com dúvidas e questionamentos a respeito do sucesso da empreitada, e no diário uma coisa está ligada à outra: o possível fracasso leva a um sentimento melancólico, e ele sente falta dos dias menos turbulentos de Altona. Há uma passagem que também é esclarecedora no que diz respeito à intenção de um trabalho de campo intensivo:

> Às vezes aproximavam-se horas em que as dificuldades da empreitada eminente se faziam sentir bastante. Era a grande questão: você fica um ano todo lá, também durante a estação de chuva ou apenas durante a estação de seca, e já retornará no fim do ano? O primeiro oferece infinitamente mais perigos, mas infinitamente mais perspectivas de sucesso. E, no momento da reflexão sobre essa pergunta, meu pensamento vagueava tão frequentemente para a distante Altona, e talvez os pensamentos se encontrassem no caminho com outros vindo em direção contrária.[44]

As datas festivas do Natal e do ano-novo também eram geradoras de pensamentos de saudade e reflexões sobre a empreitada. No Natal de 1900, Max Schmidt estava no acampamento, a partir do qual ele faria sua primeira visita aos Bakairi do Rio Novo no dia seguinte. Enquanto ele tocava canções natalinas na gaita, pensava na sua distante Altona. As pessoas mal sabiam que era um dia de festa, e ninguém conhecia as árvores-de-natal. Era a primeira vez que ele não passava esse dia embaixo de uma árvore enfeitada.[45] No diário esse sentimento é ainda mais descrito:

> Eu pensava nos meus e eu estava convencido de que eles também pensavam em mim, ao abrir a porta para a sala enfeitada para o Natal e para a árvore-de-natal ou ao apreciar os *Krapfen*.[46] Eles ainda não sabem que cheguei afortunado no destino da minha primeira pequena viagem, saudável e revigorado, enérgico e alegre.[47]

No ano-novo, Schmidt já deixara os Bakairi e encontrava-se em Rosário, em seu caminho de volta a Cuiabá: "Desta vez também em outras condições e em outro ambiente. O que o novo ano pode me trazer? Vida ou morte? Sucesso ou retorno para o tribunal local? Será que tudo que está arranjado agora vai ser realizado com êxito em março? O Bakairi virá [me apanhar]?".[48] Apesar de muitas passagens da monografia serem idênticas às do diário, em diversos momentos há descrições que se complementam. Outras vezes há descrições tão diferentes sobre o mesmo evento, que parecem acontecimentos distintos. Um exemplo disso é a menção a doenças. Enquanto na monografia há apenas a enumeração das atividades cotidianas, as entradas no diário dedicadas aos mesmos dias se resumem a reclamações de dores (pés e pernas inflamados, dor nas costas, febre etc.). Apesar disso, as doenças são citadas algumas vezes na monografia, conferindo certa carga dramática à narração.[49]

Conforme o aumento da dramaticidade da expedição, as dúvidas sobre o sucesso da empreitada são substituídas por arrependimentos e certezas de fracasso. Que o sofrimento da expedição altera os registros do diário já fora notado por Theodor Koch-Grünberg. Ele revela que o autor das passagens pessimistas sobre a fracassada expedição de 1898-1900 ao Xingu não é a mesma pessoa que as leria anos depois, porque aquele estava fora de si.[50] O leitor das memórias não é o mesmo que as escreveu, porque aquele estava embriagado pelo sofrimento e era incapaz de anotar objetivamente a experiência imediata.

Max Schmidt chegou aos Bakairi (do Paranatinga) – grupo com o qual ele teve as melhores relações – no dia 11 de abril e empregou o ritual de apresentação: tocar violino e cantar "Margarete", entregar presentes e receber comida, mostrar o livro de Karl von den Steinen.[51] No dia seguinte, registrou no seu diário: "para mim algo completamente novo é a região em que eu devo viver agora por bastante tempo".[52] Ele não viveu muito tempo ali, de forma que essa passagem foi suprimida do livro. Menos de uma semana depois, ele partia em direção ao Rio Coliseu e se queixou, tanto no diário quanto na monografia, da preguiça e da fome interminável dos seus acompanhantes indígenas.[53]

Opiniões pessoais sobre os acompanhantes e os índios, além de outros sentimentos, como desconfiança, raiva e irritação, existem nos dois registros, mas são muito mais comuns no diário. Assim, após uma visita bem-sucedida aos Bakairi de Maimaieti, em que empreendeu a tática de ganhar primeiro a confiança dos jovens, Schmidt anotou no diário: "não gostei do chefe, apesar de fazer de tudo para me agradar", "alguns meninos e algumas meninas são muito bonitinhos", "alguns homens e algumas mulheres são tímidos e simpáticos", mas também "algumas mulheres são gananciosas e petulantes".[54]

Passagens em que ele repreende os índios por sua ganância são comuns em suas anotações. Essa reação do etnógrafo é compreensível, uma vez que ele teve que abortar a viagem até os Kamaiurá, pois, além de doente, perdera todos os seus objetos pessoais, até mesmo os botões da camisa. Por outro lado, o interesse dos índios por objetos que extrapolassem o ingênuo contentamento com algumas pérolas ou espelhos deve ter frustrado as expectativas dele. Quando chegara aos Bakairi, ele anotou: "foi a primeira vez na minha vida que eu vivi entre índios de verdade, mas estes também usavam camisa e calças".[55] De fato, ele parecia esperar bons selvagens, mas a convivência com os índios alterou essa imagem. Ao abordar criticamente o caso de cinco norte-americanos que teriam sido assassinados quando estavam sem acompanhantes indígenas na floresta, ele afirma: "Estou convencido de que essas descrições de sua forma ingênua e verdadeiramente indígena correspondem em geral à verdade, mas esse acontecimento não pode ser explicado de maneira alguma através disso".[56]

Apesar da decepção em relação ao vestuário indígena, e por extensão à sua pureza cultural, o que já foi discutido anteriormente, o americanista manteve certa perspectiva quanto a uma bondade inata. Ele não acreditou no boato do assassinato dos norte-americanos, uma vez que uma expedição sem os necessários conhecimentos geográficos (que apenas os índios detêm) seria impossível. Ele não chegou à conclusão alguma sobre o caso, mas questionou-se em que medida é seguro ficar sozinho com os índios.[57] Nesse sentido, parece haver uma dupla consideração: por um lado os índios têm uma inocência infantil; por outro, são capazes de arquitetar planos complexos, como o do saque ante-

ASCENSÃO E DECLÍNIO DA ETNOLOGIA ALEMÃ (1884-1950)

riormente descrito. Outro aspecto que tange a uma mentalidade infantilizada dos índios seria um suposto raciocínio lento. Ele advertiu que, quando os índios se mostram hostis, a melhor arma do etnólogo seria agir e pensar mais rápido que eles.[58] Schmidt, no entanto, não considerou que a suposta lentidão diante de determinadas ações pode ser reflexo de cálculos quanto às suas consequências. Apesar desse pensamento refletir um estereótipo, o dos índios mentalmente menos desenvolvidos e ávidos por mercadorias com pouco valor, essa imagem parece muito contraditória, porque, ao mesmo tempo que eles são apresentados como tolos, também são espertos e maquiavélicos. Isso revela uma imagem mais humana dos índios, pois nos seus escritos estes não são meros recebedores pacíficos de prendas, mas sujeitos complexos, que defendem seus próprios interesses.

Assim, conforme a expedição se torna mais complicada, as impressões pessoais concentram-se cada vez mais no diário. Quando, em 12 de maio, encontrava-se entre os Bakairi, ele sentiu: "agora estava, por fim, limitadamente aconchegado entre os meus 'selvagens'", enquanto dez dias depois, após fugir dos Aweti, "se foi o sucesso da minha viagem".[59] Em uma entrada escrita durante o árduo caminho de volta para os Bakairi, Schmidt exclama: "Ó esforço, ó luta pela vida, ó mentira dos índios!".[60] Na monografia, a culpa dos índios foi retirada, ao alterar a frase para "Ó esforçada luta pela vida!".[61]

Quando chegou de volta aos Bakairi, Schmidt e André já estavam seriamente adoecidos. Com o passar dos dias, a condição de saúde de Schmidt se deteriorava. Na monografia ele relata as visitas que recebia das crianças (que pediam pela "Margarete"), a pouca preocupação dos índios em relação ao seu estado em um primeiro momento, e em seguida o cuidado das mulheres e a proposta do chefe para que se realizasse uma sessão xamanística, a qual Max Schmidt recusou, mas na verdade ele mesmo não sabia o que tinha: "Primeiramente não sei direito o que eu tenho, envenenamento, malária, fraqueza? Quero ir embora daqui".[62] No dia seguinte, a derradeira decisão, incentivada por André: "[...] e eu quero ir embora daqui, pois todo o sucesso está perdido, apenas embora, embora! O próximo cavalo, a próxima embarcação".[63] Três dias depois, acompanhado por André, ele deixava os Bakairi da aldeia Maimaieti para retornar aos do Rio Novo (e depois a Cuiabá), cansado, doente e deprimido. O diário revela um sentimento profundo de decepção e vergonha:

> [...] a Lua e o Sol se cumprimentam longe, na mesma altura no horizonte. Aquela no Leste, este no Oeste. Logo eles me olharão, como se me fizessem uma acusação por causa do meu retorno fugitivo, logo, como se me dessem parabéns de ambos

os lados pela minha escapatória perigosa, parabéns vindos de terras distantes, dos amados, aos quais eu prometi essa noite em sonho não retornar mais uma vez sozinho. Mas essa promessa foi apenas um sonho e não realidade.[64]

Essa passagem foi suprimida da sua monografia, o que demonstra que Schmidt precisou de tempo para compreender que sua retirada do campo não fora vergonhosa e que é preciso ter coragem para escancarar as falhas de uma missão. Apesar dos insucessos e das decepções, a jornada para o "tornar--se etnólogo" foi caracterizada pela postura romântica de Schmidt perante as vivências transformadoras. Na passagem em que notou que os hábitos do grupo se tornavam indígenas em decorrência da presença de seus guias e que eles se tornavam uma pequena comunidade, ele complementou:

Justamente essa vida indígena nestes dias na natureza livre, sem as preocupações e privações que enfrentaríamos no futuro, forma as mais belas lembranças da minha viagem toda e quiçá da minha vida. Finalmente depois de muito esforço eu alcançava aquilo que havia muitos anos eu imaginava como um sonho. Como é supérfluo aquilo que a cultura europeia nos oferece em troca da renúncia à natureza, quão patético isso tudo nos parece na memória, quando isso se apresenta desta outra perspectiva em uma luz totalmente diferente.[65]

Max Schmidt expressou várias vezes que conviver com índios era um desejo da vida toda e um sonho. A idealização da convivência com os índios é diametralmente oposta à postura de Herrmann Meyer, para quem os índios eram nada mais que objetos de pesquisa; e esta, uma escada para a glória acadêmica. Nas narrativas de Schmidt não constam os desejos de pioneirismo acadêmico ou de reconhecimento intelectual, mas a sedução por uma vida pura e simples na natureza e com seus filhos. Assim, o fracasso da expedição significou não apenas um insucesso acadêmico, mas o desapontamento enorme e profundo diante da desintegração de um sonho, como lemos na sua monografia:

Mas com a brisa fresca da noite também vinham os pensamentos sobre aquilo que eu perdera. Aquilo que eu procurei, uma vida tranquila entre os filhos da natureza, o que há muitos anos é meu desejo mais profundo, eu não consegui encontrar. Esforço físico excessivo e problemas permanentes me permitiram apenas alguns poucos momentos agradáveis e agora eu já estava no caminho de volta.[66]

Apenas entre os Bakairi e os Guató, a estadia de Schmidt teve os ditos momentos agradáveis. E, apesar de quase ter falecido, a dor da partida foi sentida. Ao deixar os Bakairi, ele anotou: "pela lembrança das horas alegres que eu vivenciei entre eles [os Bakairi], a despedida foi muito difícil para mim".[67] Na despedida final dos Guató: "Logo me entristecerei, assim que eu precisar me separar da sublime magia dessas regiões, logo ansiarei, na sensação das minhas forças esgotadas, pela região a que me acostume anteriormente".[68] Mas não apenas a relação dos índios com a natureza é admirada por ele; há incontáveis passagens em que sua beleza ou sua força são elogiadas, assim como suas relações com as crianças ou o companheirismo entre adultos.

A relação do etnólogo com os acompanhantes já foi delineada; todavia, os casos de André e de Meki merecem consideração especial. André foi seu acompanhante durante toda a primeira etapa de sua expedição (de Boa Vista até os Aweti, no retorno até Cuiabá). A monografia indica que a relação dos dois parece ter se fortalecido bastante durante os 16 meses em que conviveram, especialmente por conta das dificuldades da empreitada. André ajudava com a carga e os afazeres em geral (caça, pesca etc.), mas em muitos trechos a relação de Schmidt e André foi de verdadeiro companheirismo. Na descrição da relação dos dois, constam episódios de discussões, apaziguamento, ajuda e troca mútua de favores.

Esse sentimento se fortaleceu em razão da gratidão do etnógrafo para com seu ajudante. Indícios disso são a tentativa de batizar um riacho, encontrado por André em momento muito oportuno de intensa sede e que não constava no mapa, de "Andrésquelle" ("Fonte de André"), ou as inúmeras passagens em que Schmidt se refere ao companheirismo de André, como uma frase anotada em 23 de julho de 1901: "Graças a Deus André não me abandonou e ficou comigo".[69] O etnógrafo deixou bastante claro que os auxílios de seu ajudante foram essenciais para a sua sobrevivência.

Na parte de sua viagem quando ele foi aos Guató após se recuperar de malária em Cuiabá, um índio Guató chamado Timotheo ofereceu ao americanista os serviços de seu filho, Meki, que o acompanhou durante os 15 dias em que passou entre os índios. Há algumas referências a Meki no livro, sobretudo acerca de sua inteligência e alegria. No final da viagem, quando Schmidt descansava e pensava sobre sua trajetória entre os Guató, o cansaço físico e mental e as dificuldades de uma tal empreitada, "o único que me trazia distração e alívio era o pequeno Meki, com sua natureza ingênua e alegre".[70] Na sua despedida de Meki, ele lhe deu alguns presentes (como seu facão) e tirou uma foto dele (Imagem 49).

Imagem 49 – Meki (1901).

No diário, no entanto, há uma distinção em relação a Meki. As frases anteriores correspondem ao diário; contudo, na sequência o etnólogo apontou: "Mas agora uma figura infantil e ativa de menino, de espírito astuto, me cativou, ele se acostumou muito ao seu patrão nos últimos dias, e a mim também será difícil deixá-lo em seu ambiente".[71] E revela um pensamento íntimo:

> Meu desejo fervoroso, o de retirar meu pequeno companheiro da sua companhia estúpida e levá-lo comigo, educá-lo de acordo com meus ideais, tem poucas possibilidades de sucesso, ele esbarrará no egoísmo do pai, que precisa do seu filho como trabalhador. Todavia, tentá-lo-ei ainda.[72]

E de fato tentou. Nas anotações do dia seguinte consta que ele encontrou o pai de Meki e disse-lhe: "Meki [...] tem uma cabeça boa para aprender" e gostaria de "levá-lo comigo como se fosse meu filho e mandaria dar-lhe, ao pai, como recompensa, 20 mil réis".[73] A descrição da chocante tentativa de levar Meki para a Alemanha mediante pagamento destoa do diário todo, bem como da monografia, em que um Max Schmidt comedido, discreto e às vezes divertido se apresenta. Ela imediatamente lembra Joaquim Quäck, o índio Botocudo que acompanhara o príncipe Maximilian zu Wied-Neuwied e foi levado embora por este após sua expedição de 1815-1817, para ser seu serviçal pessoal. A tentativa de levar Meki para a Alemanha fracassou, pois no dia seguinte o pai levou o garoto para se despedir do etnólogo.[74] O fim dessa expedição exaustiva foi anunciado diretamente por Schmidt em seu diário: "estou cheio das viagens e quero retornar", voltando para a América do Sul apenas em 1910 para mais uma expedição, novamente aos Guató.[75]

O laboratório etnográfico

Além da monografia, Schmidt também publicou dois artigos na revista semicientífica *Globus*. São eles: "Reiseskizzen aus Matto Grosso (Brasilien)" ("Esboços de viagem do Matto Grosso (Brasil)") e "Reiseskizzen aus Zentralbrasilien" ("Esboços de viagem do Brasil Central").[76] Ambos são relatos de viagem, escritos em primeira pessoa e que exprimem a visão do etnólogo a respeito de determinado acontecimento. O primeiro artigo trata do período de recuperação da malária em uma fazenda brasileira, após o encontro com os Aweti. Há uma descrição dos costumes, da alimentação e das relações matrimoniais dos brasileiros, mas o que mais chama a atenção é a denúncia das relações de exploração na sociedade brasileira, cristalizadas na escravidão por dívida. O segundo artigo é uma versão bastante resumida de sua viagem, e, apesar de ter sido publicado nessa revista de circulação popular, algumas análises muito interessantes são desenvolvidas sobre as relações de amizade e inimizade dos povos do Xingu, sobre direitos populares etc.

Nos outros textos – publicados em sua maioria na *Zeitschrift für Ethnologie* (*Revista de Etnologia*), voltada para um público acadêmico –, há uma breve contextualização da coleta dos dados empíricos, mas eles estão voltados sobretudo para a descrição e análise de determinados temas caros à etnologia alemã da virada do século, e particularmente para Max Schmidt: cultura material, práticas culturais e linguagem.[77] "Das Feuerbohren nach indianischer Weise" ("Acender fogo segundo método indígena") trata das maneiras de acender fogo entre diversos grupos nativos, dos instrumentos propícios para isso e do tipo de madeira usado.[78] Ele fez várias experiências práticas e descreveu seus resultados (tempo até acender o fogo, natureza da fumaça produzida etc.), transportando, assim, a experiência de campo e as habilidades indígenas para serem testadas na Alemanha. A experiência, em seu duplo sentido, é, dessa forma, um ponto central da etnologia de Schmidt: a atribuição de significado às vivências com o conhecimento adquirido através do contato sensorial e perceptivo, portanto empírico, com as fontes das quais irradiam conteúdos significantes, bem como as tentativas de reprodução dos dados empíricos em um ambiente controlado pelo investigador.

Tanto "Ableitung südamerikanischer Geflechtsmuster aus der Technik des Flechtens" ("Derivação dos padrões de trançado a partir da técnica de trançar") quanto "Aus den Ergebnissen meiner Expedition in das Xingú--Quellgebiet" ("Dos resultados da minha expedição à região da foz do Xingu") tratam das maneiras de trançar dos povos indígenas que ele visitou (das técnicas, dos padrões, dos materiais).[79] O americanista tinha interesse não apenas pelos objetos materiais, mas também pelas técnicas e habilidades manuais com as quais eram produzidos – um objeto de investigação que remete a uma longa tradição, que chega a Blumenbach.[80]

Em *Indianerstudien in Zentralbrasilien*, esse tema é abordado de maneira mais pormenorizada, e ali ele ressalta "as características matemáticas" dos padrões de trança.[81] Há aproximadamente 40 páginas dedicadas à descrição e compreensão dos trançamentos indígenas através de esquemas matemáticos.[82] Em outras palavras, para compreender a construção de determinado padrão de tranças e o desenho consequente, o etnólogo transformou a sequência do trançamento em fórmulas matemáticas. Da mesma forma que o etnólogo reproduziu as técnicas de acender fogo, observou e anotou os resultados, para entender as sequências matemáticas dos trancamentos, era preciso desconstruir os objetos, como cestarias, abstrair as formulações matemáticas e refazer as tranças segundo as fórmulas. Ao seguir um modelo analítico baseado nas ciências da natureza – observar, descrever e categorizar os fenômenos empiricamente observáveis e então reproduzir os fenômenos em condições controláveis, com a finalidade de confirmar ou rejeitar hipóteses –, Max Schmidt criou uma espécie de laboratório etnográfico. A análise dos padrões mais simples refere-se a desenhos invertidos (Imagem 50). Ele fez uma minuciosa descrição das técnicas empreendidas para a obtenção desses padrões e discorreu acerca da frequência com que eles foram observados no Alto Xingu. Se no campo ele advogava pela necessidade de viver como os índios, no laboratório etnográfico, ele racionalizava as vivências em experiências.

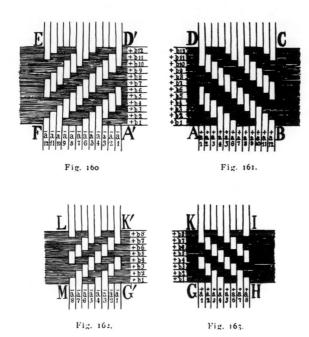

Imagem 50 – Padrões de trança (1905).

As fórmulas matemáticas que determinam os primeiros quatro padrões são as que seguem:[83]

O quadrado de tranças A B C D então é determinado através de:
AB = +a1 + a2 ... + a12
AD = +b1 + b2 ... + b12
+b1 (+a1 + a2 + a3) é preto

O quadrado de tranças A'D'EF é determinado através de:
A'F = – a1 – a2 ... – a12
A'D' = + b1 + b2 ... + b12
+ b1 (– a1 – a2 – a3) é preto

O quadrado de tranças G H J K é determinado através de:
GH = + a1 + a2 ... + a8
GK = + b1 + b2 ... + b8
+ b1 (+ a1 + a2) é preto, + b1 (+ a3 + a4) é branco
(+ b1) (+a5) é preto

O sinal positivo significa que a faixa é tecida de cima para baixo, o sinal negativo representa a direção contrária. Essas fórmulas são as mais elementares e, para cada desenho maior e mais complexo, há sua tradução em linguagem matemática. Schmidt analisou dezenas de padrões e de objetos, como esteiras, abanos, cestos e bolsas feitas de material trançado (Imagem 51). Os padrões mais elaborados, aqueles com desenhos simétricos, foram associados por ele ao sistema de coordenadas cartesiano por conta da localização de pontos específicos. Esse tipo de investigação com consequências teóricas tão abrangentes é único na etnologia alemã e compõe um tipo de análise sensorial-empírica abandonada atualmente.

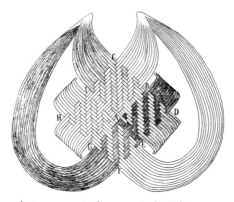

Imagem 51 – Esquema de trançamento de um cesto (1905).

A conclusão dele é que os modelos de trança são inspirados na natureza e formam um padrão comum na América do Sul, a partir do qual outras formas de arte derivam.[84] Essa é, na verdade, uma afirmação de grande impacto para o estudo da arte indígena na virada do século. Trata-se de uma interpretação teórica alternativa às postulações de Karl von den Steinen. Para este, como anteriormente discutido, a arte gráfica era derivada da arte representativa, e seu objetivo é comunicativo. Schmidt se aproximou da tese da limitação técnico-material de Semper, adicionando, no entanto, fundamentação empírica. Para Schmidt, portanto, a arte primitiva não se desenvolveu das representações realistas em direção ao grafismo, mas surgiu em forma de apreensão e apresentação gráfica da natureza, primeiramente nas artes plásticas, como o trançado, em seguida nos desenhos, em forma de grafismos.

A abordagem matemática dos padrões de trança indígenas revela a influência intelectual de Adolf Bastian. Schmidt afirmou a necessidade de converter os padrões de trançamento em fórmulas matemáticas para que ficassem inteligíveis, ou seja, implicitamente Schmidt postulou que os processos mentais que levam a essas duas formulações são semelhantes e que o diálogo intercultural se dá num nível mais abstrato. Isso reitera a ideia dos *Elementargedanken* ("pensamentos elementares") de Bastian, os substratos mentais universais, que se transformam em pensamentos socialmente específicos, os *Völkergedanken*. Para o próprio Bastian, aliás, os números seriam uma via de acesso aos pensamentos humanos mais elementares.[85] Por isso, von den Steinen estudou a origem cosmológica entre os povos indígenas, associando dois temas de investigação caros a Bastian: números e mitos.[86] Max Schmidt, todavia, compreendeu que os números não são *Elementargedanken*, pensamentos elementares, mas *Völkergedanken*, pensamentos étnicos. Os números são desenvolvimentos culturais do pensamento elementar: as operações matemáticas. Para alguns povos essas operações são expressas em números (como os europeus e tantos outros, em que há contagem numérica, o que fez Bastian crer em sua universalidade, e von den Steinen buscar a origem mítica deles), mas em outras culturas eles são expressos de outras maneiras, como na arte de trançamento.

Para Schmidt, então, as operações matemáticas operam num nível muito elementar e profundo na mente humana, desenvolvendo-se em várias expressões sociais: por um lado, a matemática; por outro, os padrões de trançamento. Não há, efetivamente, na obra de Max Schmidt, uma afirmação clara disso – como não há em von den Steinen nem em outros etnólogos, uma vez que suas teorias são sempre implícitas e profundas, já que, enquanto empiristas convencidos, eles advogavam a favor da coleta máxima de dados empíricos antes das postulações teóricas –; no entanto, a tradução da cestaria em fórmulas e as incontáveis caracterizações desses produtos com "qualidades matemáticas" revelam a intenção epistemológica de Schmidt. Precisamente por seu caráter empirista, ele se empenhou apenas em propor uma alternativa à teoria da arte de von den Steinen, ainda que a de seu mestre tenha tido muito mais impacto nas ciências humanas, na teoria da arte e na psicologia.[87] Schmidt não assegurou as cestarias efetivamente como matemática, mas como objetos culturais suportados por operações matemáticas universais. Por isso, os grafismos não foram inseridos por ele, tal como o fez von den Steinen, no universo da arte, mas em esquemas gráficos matemáticos. Como expressões matemáticas inspiradas na natureza e limitadas pelas possibilidades exequíveis de trançamento, os grafismos não possuem significado em si. Precisamente o ponto de concordância entre mestre e discípulo era quanto à ausência de significado semiótico dos grafismos. Interpretação semelhante é aplicada aos petróglifos. Ainda que não tenha feito um estudo aprofundado dessas inscrições, ele duvida que os grafismos sejam desenhos figurativos representando conceitos.[88]

O debate, iniciado por von den Steinen e desenvolvido e redirecionado por Schmidt, sobre a relação entre padrões gráficos nas artes plásticas e desenhados em superfícies como papel e pele continua contemporâneo na etnologia indígena brasileira e foi abordado por profissionais que se dedicam a estudar corpo, agência, materialidade, arte, estética e cosmologia, entre outras coisas. Recentemente, no entanto, o tema de universalidade do pensamento matemático expresso em diferenças culturais, no que tange à sua representação, foi retomado no Brasil por Mauro de Almeida, ainda que por outras vias intelectuais que não a etnologia alemã. O autor, ao comentar um artigo de Stephen Hugh-Jones, que reuniu, em um mesmo campo, formas gráficas (como petróglifos e padrões de cestaria) e marcas semióticas (como grafismos corporais), ao defender uma continuidade entre essas formas de escrita, propõe que "a expressão de uma capacidade matemática" se manifesta, "assim como a capacidade de linguagem, em todos os povos e culturas, sob modos diferentes, mas que preservam algo que não varia – relações e não conteúdo".[89] Ao equivaler a universalidade do pensamento matemático, que se baseia em relações entre entidades, à universalidade da capacidade de linguagem, o autor parece reavaliar a gramática universal de Wilhelm von Humboldt, o qual foi fonte primordial para Bastian e von den Steinen. Assim, mais de um século após as suas publicações, no que tange à compreensão dos grafismos, a etnologia alemã continua provocando reverberações teórico-empíricas criativas e relevantes e pode contribuir como fonte para essa argumentação contemporânea.

Por fim, há ainda duas grandes distinções dessa monografia de Schmidt em relação às antecessoras, que a tornam um marco na etnologia indígena. Primeiramente, ele ignorou completamente a antropologia física durante a expedição; sequer levou instrumentos de medição aos Guató. Não houve medições corporais ou craniológicas, não houve exumações ou furtos de ossadas, nem fotografias antropológicas. No entanto, há um capítulo em *Indianerstudien* dedicado à antropologia física. Nas modestas cinco páginas que compõem o capítulo, o autor limita-se a descrever a aparência corporal dos índios. A produção desse capítulo, portanto, parece ser apenas uma tentativa de se adequar às normas acadêmicas alemãs, que exigiam o tratamento de uma série de temas, incluindo antropologia física. Ele, contudo, foi o primeiro americanista a nomear e se aprofundar em temas relacionados à organização social: "socialismo", "individualismo" e "condições jurídicas", certamente um reflexo de sua formação primeira no campo do direito.

ASCENSÃO E DECLÍNIO DA ETNOLOGIA ALEMÃ (1884-1950)

A outra mudança significativa proposta por ele é quanto ao uso de fotografias. Ehrenreich lentamente foi alterando a natureza de sua atividade fotográfica, ampliando a cada expedição o tipo de fotografia. No entanto, as fotografias de grupo e as fotografias antropológicas constituíam a maior parte de seu acervo imagético. Schmidt alterou a captação imagética da realidade ao excluir, por completo, de seu domínio as fotografias antropológicas. Além das típicas fotografias de grupo – que já não eram fáceis de serem feitas, pelo fato de os índios tremerem de medo – e daquelas dos objetos materiais, a sua inovação foi apreender, em fotos, as paisagens e a população brasileira em Cuiabá, Desterro e Rosário. Assim, ele conseguiu criar um distanciamento e mostrar um quadro mais amplo das populações sul-americanas.[90] Os índios não viviam em vitrines, como nos museus, separados das demais populações, mas integrados em uma complexa constelação populacional, que mantinha entre si contatos heterogêneos. Isso explica seu interesse por organização social, com ênfase nos contatos interétnicos, com a população brasileira inclusive.

Ainda que Schmidt não tenha conseguido alcançar os Kamaiurá, sua expedição, bem como a monografia resultante, foi de suma importância para o desenvolvimento da etnologia americanista. O etnólogo ampliou o campo de investigação no Brasil ao inserir o Pantanal, no sul do então estado de Mato Grosso, no mapa etnológico, que então contabilizava as regiões dos rios Xingu, Doce, Araguaia e Purus. Ele merece o crédito por ser o primeiro etnólogo a estudar os povos do Pantanal, como os Guató. Ao dispensar as grandes comitivas, rompendo definitivamente com as expedições do século XIX, privilegiar contatos imediatos com populações indígenas e percorrer os territórios com o mínimo de carga e acompanhantes, Max Schmidt produziu o *modus operandi* em vigência por quase três décadas. Sua monografia não abarcou significativamente a antropologia física e ignorou a mitologia; no entanto, propôs uma nova teoria dos padrões gráficos e fez as primeiras, ainda que tímidas, contribuições para o estudo da organização social dos povos indígenas do Brasil. Três contribuições fundamentais, entretanto, foram criadas por Schmidt no contexto da produção etnográfica: o cientista romântico, seu laboratório etnográfico e a narrativa do malogro.

A sua etnografia revela um modelo de etnólogo alternativo à persona do cientista heroico de von den Steinen. O cientista romântico não viu na tarefa da etnologia pensar como o fazem os nativos, mas viver com eles, e, através das sensações corporais, compreender suas experiências se fundou também como opção. Os apontamentos de James Clifford sobre a autoridade etnográfica, tal como construída por Malinowski, revelaram que a relação entre trabalho de campo e etnografia valida ao etnógrafo, sobretudo por meio da escrita, uma aura científica, cujo discurso sobre as culturas é legitimado através da sua própria experiência.[91] Uma determinada postura autentica o discurso acadêmico e científico, e esta deve ser cravada na monografia. Embora baseada na experiência, a monografia etnográfica – ao menos na época de Malinowski – não comporta a carga emocional da subjetividade de seu autor, que permanecerá um observador astuto pairando sobre a sociedade estudada, participando dela apenas em momentos desejados. Isso implica a ausência na monografia tanto dos traços mais pessoais, como sonhos, desejos, opiniões, quanto das características que maculam a imagem que o etnógrafo busca construir de si e de sua relação com os nativos, como discussões, brigas e fracassos. Precisamente a situação ambígua da experiência – cuja presença no texto etnográfico é necessária para a legitimação da autoridade etnográfica, mas inconveniente para a objetividade científica – é marca distintiva das construções etnográficas malinowskianas.[92]

A etnografia de Max Schmidt, por outro lado, revela, muitas vezes, mais dele do que dos nativos, mas, ao contrário do que ocorreu após Malinowski, a colocação da subjetividade era parte fundamental da estratégia literária de criação de um discurso científico. Assim, nos escritos do etnólogo alemão, o relato é construído reproduzindo a vida como ela é, com seus aspectos positivos e negativos. Não se pode negar que ele, bem como os outros americanistas alemães de sua época, tornou-se uma autoridade acadêmica por motivos semelhantes aos de Malinowski (experiência empírica, discurso científico, aval dos colegas etc.); todavia, a construção da imagem de si através da inserção da figura do etnógrafo nas monografias difere muito da imagem que Malinowski criou de si em seus escritos. Certamente o tom soberano do antropólogo polaco contribuiu para a construção da autoridade etnográfica. A narrativa do malogro de Schmidt é, no entanto, um compromisso com a verdade e com as apurações históricas, e a relação entre etnólogo, histórias biográficas e narrativa deve se fundamentar num elencar corajoso – ainda que relatado de uma perspectiva específica – das realizações, mas também das frustrações, desesperanças e angústias, pois estas são parte integrante da experiência humana, e, portanto, das relações intersubjetivas. A autoridade etnográfica de Schmidt não se fundava no modelo do cientista heroico e do desbravador destemido e controlador, mas na intencionalidade de compartilhamento de tempo, espaço, relações e experiências; em suma, na troca intersubjetiva com os povos indígenas. Assim, ao criar uma nova persona etnográfica, Max Schmidt questionou, ainda que involuntariamente, a existência de um modelo padrão para a emissão de poder científico, fundamentado na autoridade competente.

ASCENSÃO E DECLÍNIO DA ETNOLOGIA ALEMÃ (1884-1950)

A análise de Marilyn Strathern sobre a reformulação modernizante da relação entre trabalho de campo e escrita etnográfica desempenhada por Malinowski mostrou que o que viria a ser o padrão de escrita etnográfica também é uma formulação literária e que esse padrão não deve ser pensado como um absoluto *a priori*.[93] Nesse sentido, o processo de criação da monografia de Max Schmidt, elucidado através do apontamento da constituição de uma persona etnográfica presente em dois tipos de registro – o diário de campo e o livro publicado –, é exemplar para demonstrar o que Strathern denominou de ficção persuasiva, uma estratégia literária que promove a reconstituição criativa da experiência do trabalho de campo no momento analítico da escrita monográfica.

Ao separar a monografia em duas metades complementares – que se comunicam através da elaboração da vivência em experiências, pautada inclusive em prévia reprodução científica, em seu laboratório etnográfico, dos fenômenos observados –, Max Schmidt sistematizou tendências epistemológicas das décadas anteriores, criando o modelo de monografia típico da etnologia americanista alemã.

Bem, no fim de 1901, ele retornou para Berlim. Lá voltou a trabalhar no Museu Real de Antropologia de Berlim, concentrando-se na redação de sua monografia e no tratamento da sua coleção, depois que esta chegou até ele.[94] Em 1903, ele tornou-se assistente de direção da seção americanista do museu e, no ano seguinte, assistente de direção-geral.[95] Ele permaneceu em Berlim até sua próxima viagem, em 1910. A expedição americanista seguinte foi realizada por Theodor Koch-Grünberg e marcou o primeiro grande deslocamento geográfico-etnográfico do Xingu.

Notas

[1] Kraus, 2004a, p. 129.

[2] *Idem*, pp. 36-37.

[3] Karl von den Steinen a Theodor Koch-Grünberg, 29.10.1900, ES Mr, A1, K6-01K2.

[4] Kraus, 2004a, p. 32.

[5] Schaden, 1993, p. 124.

[6] *Apud* Bossert & Villar, 2013, p. 16.

[7] *Idem, ibidem*.

[8] Kraus, 2004a, p. 102.

[9] Karl von den Steinen a Theodor Koch-Grünberg, 29.10.1900, ES Mr, A1, K6-01K2.

[10] M. Schmidt, 1905, p. 8.

[11] *Idem*, p. 28.

[12] *Idem, ibidem*.

[13] *Idem*, p. 32.

[14] *Idem*, pp. 37-40.

[15] *Idem*, p. 12.

[16] *Idem*, pp. 12-13.

[17] *Idem*, p. 42.

[18] *Idem*, p. 46.

[19] *Idem, ibidem.*

[20] *Idem*, p. 59.

[21] *Idem*, p. 62.

[22] *Idem*, p. 70.

[23] *Idem*, p. 53.

[24] *Idem*, p. 71.

[25] *Idem*, p. 74.

[26] *Idem*, p. 77.

[27] *Idem*, p. 95.

[28] *Idem*, p. 112.

[29] *Idem*, p. 121.

[30] *Idem* p. 123. A frase proferida por André está em português no texto original.

[31] Povo canoeiro, que habita um território atualmente parte do Mato Grosso do Sul. Falam uma língua de família Guató, cf. Eremites de Oliveira *et al.*, 2008.

[32] Grupo de língua Aruaque, do qual os Kinikinau e os Terena do Mato Grosso do Sul são os representantes atuais, cf. Ladeira & Azanha, 2004.

[33] M. Schmidt, 1905, p. 133.

[34] *Idem*, pp. 141-142.

[35] Em expedições em outras regiões do mundo, a relação entre exploradores e crianças talvez tenha sido mais ordinária. Leiris (2007 [1934]), ao menos, enumera diversas ocasiões em que os franceses obtiveram auxílio dos ajudantezinhos.

[36] M. Schmidt, 1905, p. 153.

[37] Viesenteiner, 2013, pp. 142-143.

[38] Kraus, 2019.

[39] "Diese Tage sind eine gute Schule für mich, aber eine harte." Schmidt, Tagebuch... Apesar do título, segundo o qual as entradas ocorreriam apenas até a chegada a Cuiabá, Schmidt manteve o diário por sua expedição toda, até o retorno à Alemanha em 1902.

[40] "[...] zankte mich dort mit einem früheren Begleiter Stanley über die Behandlung der Wilden, weil dieser behauptete, es wäre das beste immer die Hälfte niederzuschießen u.s.w." Schmidt, Tagebuch... 01.01.1901, pp. 63-64.

[41] Schmidt, Tagebuch..., 07.05.1901, p. 140.

[42] M. Schmidt, 1905, p. 89; "Fessel der Heimat im fernen Lande!" Schmidt, Tagebuch..., 25.05.1901, p. 183.

[43] "Was fehlt auf der Reise die gewohnte Unterhaltung, über Themen und Gegenstände, die einem interessieren, zu Hause, nach dem Abendessen, mit May Philipp, am Elbstrand mit Lorenz Butt [...] mit Dr. Vierkandt im Tiergarten oder auch im Museum mit von den Steinen und das gemütliche Plaudern in der afrikanischen Abteilung." Schmidt, Tagebuch..., 07.05.1901, pp. 139-140.

[44] "Manchmal kamen Stunden an mich heran, die mich die Schwierigkeiten eines hervorstehenden Unternehmens so recht fühlen ließen. Es war die große Frage, bleibst du ein ganzes Jahr, auch während der Regenzeit dort im Innern, oder nur in der Trockenzeit und kehrst schon Ende des

ASCENSÃO E DECLÍNIO DA ETNOLOGIA ALEMÃ (1884-1950)

Jahres zurück. Erstens bietet unendlich größere Gefahren aber auch unendlich viel mehr Aussicht auf Erfolg. Und gerade beim Überlegen dieser Fragen schweiften meine Gedanken so oft nach dem fernen Altona und vielleicht trafen die Gedanken sich unterwegs mit anderen ihnen in entgegensetzter Richtung entgegenkommenden." Schmidt, Tagebuch..., 22.02.1901, pp. 79-80.

[45] M. Schmidt, 1905, p. 11.

[46] Doce típico alemão, parecido com o sonho brasileiro.

[47] "Ich dachte an die meinen und ich war überzeugt, daß auch sie, an diesem Abend beim Öffnen der Thür zum Weihnachtszimmer und zum Tannenbaum und beim Krapfenschmaus an mich gedacht haben. Noch wissen sie nicht, daß ich am Ziel meiner ersten kleinen Reise glücklich angelangt bin, gesund und frisch, thatgräftig und thatfreudig." Schmidt, Tagebuch..., 24.12.1900, pp. 41-42.

[48] "Auch dies mal unter anderen Verhältnissen und in anderer Umgebung. Was wird das neue Jahr mir bringen? Leben oder Tod? Erfolg oder Rückkehr zum Amtsgericht? Wird vielleicht alles daß, was jetzt arrangiert ist, zum März zur Ausführung gelangen. Kommt der Bakairi u.so w." Schmidt, Tagebuch..., 31.12.1900, p. 62.

[49] Nos primeiros dias de janeiro de 1901, suas doenças são bastante enfatizadas no diário, enquanto esses dias sequer são mencionados na monografia, cf. Schmidt. Tagebuch..., 09.01.1900, p. 75, por exemplo.

[50] Kraus, 2004b, p. 6.

[51] M. Schmidt, 1905, pp. 39-40.

[52] "[...] für mich etwas durchaus Neues: Es ist die Umgebung, in der ich länger leben soll." Schmidt, Tagebuch..., 12.04.1901, p. 115.

[53] Schmidt, Tagebuch..., 12.04.1901, p. 118; M. Schmidt, 1905, p. 44.

[54] "Der [...] Häuptling, obgleich er alles that um mir gefällig zu sein, gefiel mir nicht. Einige [...] Jungens und Mädchen waren sehr niedlig. Einige Männer und Frauen zurückhaltend und nett, einige Weiber habgierig." Schmidt, Tagebuch...,. 10.05.1901, p. 148.

[55] "Es war das erste Mal, daß ich unter echten Indianern lebte, aber auch diese hatten Hemder und Hosen." Schmidt, Tagebuch..., 12.04.1901, p. 114.

[56] M. Schmidt, 1905, p. 42.

[57] *Idem*, p. 43.

[58] *Idem*, p. 44.

[59] "Ich war jetzt mit meinen 'Wilden' unendlich behaglich." Schmidt, Tagebuch..., 12.05.1901, p. 151; M. Schmidt, 1905, p. 79.

[60] "O Mühe, o Kampf ums Leben, o Mentira von Indianern!" Schmidt, Tagebuch..., 23.05.1901, p. 179.

[61] M. Schmidt, 1905, p. 87.

[62] "Zunächst weiß ich nicht recht, was mit mir ist, Vergiftung, Malaria, Schwäche? Ich will fort von hier." Schmidt, Tagebuch..., 07.06.1901, p. 199.

[63] "[...] ich will fort, es ist ja doch jeder Erfolg verloren, nur fort, fort! Das nächste Pferd, das nächste Schiff." Schmidt, Tagebuch..., 08.06.1901, p. 200.

[64] "Mond und Sonne begrüßen sich fort, in gleicher Höhe von Horizonte. Dieser im Osten, jene im Westen. Bald schauen sie mich an, als machten sie mir einen Vorwurf wegen meines flüchtigen Rückkehrs, bald als brächten sie mir von zwei Seiten Glückwünsche wegen des Gelingens des gefährlichen Entwischens, Glückwünsche aus fernen Landen, von den Lieben, denen ich heute Nacht im Traum versprach nicht abermals allein wieder wegzugehen. Doch dies Versprechen war nur ein Traum und keine Wirklichkeit." Schmidt, Tagebuch..., 29.05.1901, p. 191.

[65] M. Schmidt, 1905, p. 72.

[66] *Idem*, p. 93.

[67] *Idem*, p. 112.

[68] *Idem*, p. 157.

[69] Schmidt, Tagebuch..., 28.03.1901, p. 101. Provavelmente esse riacho já deveria ter nome, pois essa passagem não existe no livro. "Gott sei dank ließ André mich nicht im Stiche und blieb bei mir." Schmidt, Tagebuch... 23.07.1901, p. 208.

[70] M. Schmidt, 1905, p. 158.

[71] "Aber jetzt hat eine kindliche frische Knabengestalt mit aufgemerktem Geiste mich gefesselt, er hat in den wenigen Tagen sehr an seinen Patron gewöhnt, und auch mir wird es schwer werden, ihn in seiner Umgebung zurückzulassen." Schmidt, Tagebuch..., 27.10.1901, p. 251.

[72] "Mein sehnlicher Wunsch, meinen kleinen Gefährten aus seiner stupiden Gesellschaft herauszuziehen und mir zu nehmen, ihn mir zu erziehen nach meinen Idealen, hat wenig Aussicht auf Erfolg, er wird an dem Egoismus des Vaters, der seinen Sohn als Arbeiter braucht, scheitern. Jedoch versuchen will ich es noch." Schmidt, Tagebuch..., 27.10.1901, p. 250.

[73] "[...] ich setzte ihm auseinander, daß ich Meki, der einen guten Kopf zum Lernen habe, wie meinen Sohn zu mir nehmen wollte und ihm, dem Vater, als Entschädigung [...] 20 Milreis zukommen lassen wollte." Schmidt, Tagebuch..., 28.10.1901, p. 252.

[74] *Idem, ibidem.*

[75] "Ich habe genug von Reisen und will zurück." *Idem, ibidem.*

[76] M. Schmidt, 1902a; 1902b; 1903b; 1903c; 1903d; 1904a.

[77] *Idem*, 1902c.

[78] *Idem*, 1903a.

[79] *Idem*, 1904b; 1904c.

[80] Vermeulen, 2015, p. 383.

[81] M. Schmidt, 1905, p. 337.

[82] *Idem*, p. 335.

[83] *Idem*, p. 336.

[84] Nesse sentido, a observação de Marco Antônio Gonçalves, de que Max Schmidt elevou o desenho à categoria de símbolo, parece certeira. O símbolo é um signo cuja presença representa um objeto em si, ao qual está ligado por uma relação. Para Schmidt, os padrões de trançado representam os animais e se tornam aplicáveis a outras formas de arte (pintura corporal, cerâmica etc.), cf. Gonçalves, 2010, p. 49.

[85] Bastian, 1860, pp. 407-411.

[86] Von den Steinen, 1894, p. 410.

[87] Déléage, 2015, p. 19.

[88] M. Schmidt, 1905, pp. 147-148.

[89] Almeida, 2015, p. 726.

[90] M. Schmidt, 1905, p. 75.

[91] Clifford, 1988.

[92] Caldeira, 1988.

[93] Strathern, 2014a [1986].

[94] Max Schmidt a Robert Lehmann-Nitsche, 01.07.1903, IAI, Nachlass Lehmann-Nitsche.

[95] Max Schmidt a Robert Lehmann-Nitsche, 08.12.1903, IAI, Nachlass Lehmann-Nitsche; Karl von den Steinen a Theodor Koch-Grünberg, 12.01.1904, ES Mr, A1, K6 – 01K7.

2.

Do Rio Negro ao Japurá:
a primeira odisseia de Theodor Koch-Grünberg
(1903-1905)

Após a expedição de Herrmann Meyer, Theodor Koch-Grünberg retomou o magistério. Em 1900, ele publicou sua primeira obra, ainda assinada sob a rubrica Theodor Koch, sobre o animismo entre os povos indígenas.[1] Aos mestres Bastian e von den Steinen, o jovem filólogo revelou seu desejo de obter um cargo como assistente voluntário do Museu Real de Antropologia de Berlim. Bastian acreditava que Koch-Grünberg possuía a necessária "experiência prática e bem preparada" para assumir as tarefas no museu.[2] Von den Steinen, então chefe da seção americanista, também foi convencido: "Eu gostaria, até onde me for possível, de ajudar a conquistá-lo perpetuamente para a etnologia".[3] No ano seguinte, Koch-Grünberg resignou seu cargo como professor, aceitou a vaga como assistente voluntário e mudou-se para a capital imperial. No final do ano, faleceu seu pai, Karl Koch.[4]

Em 1902, ele defendeu seu doutoramento em *Völkerkunde*, etnologia, na Universidade de Würzburg, tornando-se assim o primeiro dos americanistas alemães a concluir uma instrução formal em antropologia.[5] O trabalho, denominado *Die Guaikuru-Gruppe* (*O grupo Guaikuru*), é um estudo histórico-linguístico sobre os povos que compõem esse grupo linguístico chaquenho. Os dados empíricos foram obtidos ao final da expedição ao Xingu e complementados por anotações de von den Steinen. Uma versão alterada da tese foi publicada na revista semicientífica *Globus*, para a qual Ehrenreich já contribuíra e da qual Richard Andree, o autor daquele importante artigo sobre arte indígena, era editor.[6] Tratava-se de uma importante colaboração de Koch-Grünberg, porque até então o conhecimento científico sobre o Chaco era muito escasso.[7] Ainda em 1902, por meio de indicação de von den Steinen, Koch-Grünberg tornou-se membro da Berliner Gesellschaft für Anthropologie, Ethnologie und Urgeschichte (Sociedade Berlinense de Antropologia, Etnologia e Pré-História).[8] Da Sociedade de Geografia (Gesellschaft für Erdkunde zu Berlin) ele já era membro desde a época de sua viagem ao Brasil Central.[9] A adesão a associações científicas de áreas distintas revela não apenas a imbricação entre as ciências, mas também que o trânsito entre as sociedades era uma maneira de ampliar a rede de contatos e atrair prestígio acadêmico.

Nos três anos seguintes à virada do século, houve acréscimos importantes de pessoal aos departamentos de estudos americanistas do Museu Real de Antropologia de Berlim. Max Schmidt e Theodor Koch-Grünberg trabalhavam com von den Steinen. Paul Ehrenreich não era membro do *staff* do museu, mas lecionava na Universidade de Berlim e era parte fundamental do círculo berlinense de etnólogos. A equipe de mesoamericanistas, liderada por Eduard Seler (e Caecilie Seler-Sachs, que não possuía vínculo formal e trabalhava autonomamente) e seu subordinado Konrad Theodor Preuss, foi ampliada com a contratação de Walter Lehmann. Nos próximos anos, a dinâmica interna particularmente autodestrutiva dos mesoamericanistas se estendeu para além dos seus limites departamentais e acabou por absorver os demais companheiros de trabalho em um ambiente nocivo marcado por intrigas, difamação e sabotagem intelectual, o que se agravou ainda mais depois da contratação de Walter Krickeberg como voluntário em 1906.[10]

Desde 1900 já se delineava o projeto para a realização de uma nova expedição. Logo após sua chegada à Alemanha, von den Steinen revelou a possibilidade de "disponibilizar dinheiro" para a execução de uma viagem com fins de angariar coleções etnográficas.[11] O zoólogo Jan Bohls (1863-1950) sugeriu que Koch-Grünberg percorresse o Rio Paraguai, dado o seu conhecimento prévio sobre os povos chaquenhos.[12] Apesar disso, a pesquisa para a qual Koch-Grünberg foi comissionado abrangia a exploração dos rios Purus e Ucayali para estudar os povos de língua Pano. Tratava-se, assim, de uma continuidade do projeto alemão de mapear as regiões etnográficas brasileiras e sul-americanas, uma vez que esses rios se situam na Amazônia Ocidental. Em 1903, Koch-Grünberg obteve então 6 mil marcos do Comitê de Auxílio Etnográfico (Ethnologisches Hilfskomitee) do Museu de Berlim, além das instruções para a "viagem de coleta" na região Purus-Ucayali.[13]

Ainda em 1903, em uma visita familiar, Koch-Grünberg conheceu sua futura esposa, Elsa Wasmuth (1880-1972). Ela era filha de Emil Wasmuth, proprietário da editora de arte e arquitetura Wasmuth Verlag. A própria Elsa era tradutora, já havia morado sozinha na Inglaterra e na Noruega e era, portanto, uma mulher independente e estudada, que pertencia a uma proveniência social mais abastada do que a de Koch-Grünberg, filho de um pastor protestante de uma cidadezinha do interior da Alemanha.[14] Para os preparativos de viagem, Koch-Grünberg visitou a sua cidade natal, mas retornou a Berlim mais uma vez para pedir Elsa em casamento, mesmo eles tendo se encontrado algumas poucas vezes, uma delas em uma palestra proferida por Koch-Grünberg, à qual Elsa compareceu a seu convite. Os pais de Elsa também haviam casado por amor e não se opuseram à união do casal, que celebrou o noivado antes da partida do americanista ao Brasil.

Em abril de 1903, Koch-Grünberg despediu-se de sua noiva e dos seus colegas do Museu de Berlim. Von den Steinen desejou-lhe "sucesso abundante, pelos seus e nossos interesses, boa saúde e um alegre espírito aventureiro". Seu conselho final foi para que seu estudante empregasse "toda a sua ambição em uma bela coleção".[15] Antes mesmo de chegar ao Brasil, a execução do empreendimento já estava ameaçada. Von den Steinen foi inteirado pelo etnógrafo Felix Stegelmann que conflitos na Bolívia haviam atingido o Acre, estado que Koch-Grünberg precisaria atravessar para alcançar o Ucayali peruano. Von den Steinen notificou Koch-Grünberg das ocorrências e questionou: "Se o senhor faz bem em optar pelo Juruá nestas circunstâncias, o senhor poderá constatar apenas em Manaus".[16] Na verdade, o Acre passava por uma revolução desde 1899, quando forças brasileiras visavam tornar o território acreano uma república independente da Bolívia, país ao qual a região pertencia até então. Em 1903, o Brasil acordou com a Bolívia a aquisição do território e, no ano seguinte, um decreto federal ratificou a decisão.

No fim de maio de 1903, Koch-Grünberg chegou à cidade de Belém, para encontrar-se com o diretor do Museu Paraense, que posteriormente fornecerá seu nome ao museu. Em uma publicação de 1906, relatando sua chegada ao Brasil, o etnólogo responde ao leitor que talvez se surpreenda com um museu na floresta amazônica, que "pode ficar lado a lado com qualquer museu europeu do mesmo tipo".[17]

> Sim, o museu no Pará pode até ser único de seu tipo, pois ele une em si um rico jardim zoológico e botânico com um museu zoológico, botânico, paleontológico e etnográfico. As coleções concentram-se em um território determinado e relativamente circunscrito e dizem respeito exclusivamente à América do Sul, sobretudo ao Brasil, mas muito especialmente à Amazônia, e justamente nisso está todo o valor da instituição.[18]

A excelência do museu se deve ao "genial" diretor suíço, o naturalista Emílio Goeldi, nessa função desde 1901 e funcionário do museu desde 1894.[19] Goeldi trabalhara no Brasil desde 1880, primeiramente contratado pelo Museu

Nacional no Rio de Janeiro. A atuação do naturalista suíço no Brasil no fim do Império remete ao histórico de presença de cientistas de língua alemã no país, delineado anteriormente. Belém se tornou, por conta da sua localização geográfica estratégica e da figura de Goeldi como uma espécie de anfitrião do Norte, um ponto de passagem fundamental para cientistas, notadamente etnólogos, interessados na Amazônia. O próprio Museu Paraense esteve intimamente ligado a cientistas de língua alemã, já que, durante a gestão de Goeldi, mas também durante a de seu sucessor Jacques Huber (1867-1914) e a da sucessora deste, Emilie Snethlage (1868-1929), muitos cientistas naturais germanófonos foram contratados.[20] De acordo com o historiador da ciência Nelson Sanjad, Goeldi formou uma pequena colônia científica germanoparlante em Belém, não apenas empregando preferencialmente cientistas da Alemanha, Suíça e Áustria, mas também estabelecendo relações estreitas com cientistas, universidades, revistas e sociedades científicas daqueles países.[21]

O americanista chegou a Belém munido de uma carta de recomendação de seu colega Wilhelm Sievers, o geógrafo de Gießen, que já o recomendara a Herrmann Meyer. Seu encontro com Goeldi resultou em uma oferta de emprego, de acordo com a intencionalidade do próprio Goeldi em ampliar sua rede germanoparlante. Ao tomar conhecimento da oferta de emprego, Sievers respondeu cautelosamente:

> Neste ponto a oferta do sr. Goeldi deve ter-lhe parecido atraente. Eu não conheço o Goeldi e não sei nada sobre a sua personalidade. Mas eu sei que é *muito* raro que um *estrangeiro* consiga com que um museu leve seu *nome* em uma cidade sul-americana. Ele deve ser altamente capacitado.[22]

Sievers recomendou que Koch-Grünberg refletisse sobre sua decisão, uma vez que sua noiva o esperava na Alemanha e ele viajara a cargo do Museu de Berlim. Koch-Grünberg não aceitou a oferta, o que Sievers julgou correto.[23] Não foi, na verdade, a primeira vez que o americanista cogitou a hipótese de se estabelecer definitivamente na América do Sul. Quando da expedição ao Xingu, passando pela Argentina, Koch-Grünberg questionou as condições de trabalho a Lehmann-Nitsche, que o desaconselhou a trocar Berlim por La Plata. A antropologia só poderia ser praticada na Argentina mediante "as maiores dificuldades".[24] Apesar delas, Lehmann-Nitsche retornou apenas em 1930 para a Alemanha.[25]

Por causa das turbulências sociais pelas quais o Acre passava, Koch-Grünberg escolheu alterar a sua rota de pesquisa. Em vez de explorar os rios Purus e

Ucayali, ele optou por se dedicar ao Alto Rio Negro. A mudança de rota fez com que Koch-Grünberg colidisse diretamente com von den Steinen, que tinha sido responsável pela obtenção dos fundos. A mudança de destino trouxe ao chefe "grandes dificuldades. Pois as verbas financeiras foram, como o senhor sabe, solicitadas e obtidas expressamente para o Purus-Ucayali. Sua tarefa eram os Pano, e dentro da região enorme, da qual se trata, o senhor tinha livre margem de manobra".[26] Koch-Grünberg expôs as razões etnográficas pelas quais privilegiava o estudo do Rio Negro, a que von den Steinen replicou:

> A respeito das ricas expectativas que a região do Rio Negro lhe oferece, eu me alegro extraordinariamente. Mas em hipótese alguma eu consigo superar o fato de o senhor ter iniciado uma outra tarefa, diferente daquela que lhe foi designada. Eu me retenho a certa esperança de que o senhor manterá os Páno em vista, como dantes, enquanto seu verdadeiro objetivo.[27]

Assim, para iniciar a expedição ao Rio Negro, e não ao complexo Purus--Ucayali, Koch-Grünberg se deslocou de Belém a Manaus. Ali ele também se inseriu em uma rede de falantes de alemão. Para acompanhá-lo durante a expedição, o americanista contratou um rapaz filho de alemães, Otto Schmidt. Tal como von den Steinen e Herrmann Meyer, que foram acompanhados pelos irmãos Dhein e mantiveram contato com a comunidade alemã sobretudo no Rio de Janeiro e em Santa Catarina, Koch-Grünberg também contratou um acompanhante *Auslandsdeutscher* e buscou fortalecer as relações com imigrantes germanoparlantes no Norte do país. O *modus operandi* dos deslocamentos se assemelharia ao de Max Schmidt: contratação de um único "camarada", com quem a viagem toda seria executada. Nas aldeias, seriam contratados remadores, que acompanhariam os expedicionários até seu próximo destino. A diferença era que Schmidt contratara o jovem André a caminho do lugar de partida da expedição, enquanto Koch-Grünberg empregou um rapaz que já atravessara o país, pois ele era proveniente do Sul brasileiro. Tal como Schmidt, armas seriam usadas unicamente para caça, e não para ameaçar pessoas, tanto que, na monografia que narra a viagem, *Zwei Jahre unter den Indianern. Reisen in Nordwest-Brasilien, 1903-1905* (*Dois anos entre os indígenas. Viagens no noroeste do Brasil, 1903-1905*), o autor frisa que a expedição ocorreu "sem armas".[28]

Georg Huebner, fotógrafo e proprietário do estúdio Photographia Allemã, que se tornaria um amigo de longa data, fez um retrato dos dois expedicionários em Manaus, antes de sua partida ao Rio Negro.[29] O retrato é algo utópico: os expedicionários estão limpos, de cabelinhos cortados, barbeados, bem-vestidos e calçando botas, ao contrário do cotidiano das expedições (Imagem 52). A fotografia tem antes a função de apresentar os expedicionários e gerar uma recordação e um meio de distribuição para familiares, colegas e revistas, além de contribuir para a formação da imagem clássica da persona do etnólogo através da *performance* de Koch-Grünberg, pensativo, segurando o caderno de anotações e o lápis.

Imagem 52 – Otto Schmidt e Theodor Koch-Grünberg (1903).

Ao partir de Manaus, pelo Rio Negro, Koch-Grünberg travou relações com alguns índios Baré e Baniwa, coletando material linguístico e informações sobre o campo.[30] Ele soube que a região do Rio Uaupés, um dos principais afluentes do Rio Negro, seria um "Eldorado etnológico".[31] No vilarejo de Trindade, os expedicionários conheceram alguns índios Uanana e, numa embarcação na boca do Rio Curicuriari, depararam com um índio Maku. Segundo o etnólogo, sob o nome Maku, reúnem-se muitos grupos, e sua língua não guarda semelhanças com outras da América do Sul.[32] Esses primeiros encontros já revelam os representantes da área etnolinguística à qual Koch-Grünberg dedicaria seu estudo: povos de língua Aruaque, Tukano e Maku.

Os expedicionários prosseguiram e alcançaram a vila de São Gabriel. Em decorrência da maciça presença de seringueiros na região, eles optaram por não se instalar ali e continuar buscando um local que servisse ao mesmo tempo para o preparo de viagem, o ponto de partida, o armazenamento das coleções e o retiro sazonal para descanso. A vila de São Felipe, situada próxima à foz do Rio Içana, foi eleita (Imagem 53). Ali eles se instalaram no sítio de Don Germano Otero y Garrido, um seringueiro rico, de meia-idade e de origem espanhola, conhecido na região pela alcunha de "rei do Içana" e cujo filho o americanista conhecera no vapor que lhe levou ao Rio Negro.[33] Don Germano forneceu todo o suporte material e emocional necessário.

Imagem 53 – São Felipe (1903).

A relação de Koch-Grünberg com Don Germano revela a ambiguidade sustentada pelo etnólogo perante o contexto social em que seu campo seria realizado, bem como a maneira pela qual ele tentou manipular as situações contextuais com o intuito de realizar sua pesquisa. Ele não criticou o tratamento que Don Germano dava aos seus empregados; pelo contrário, manteve uma postura cordial e muito elogiosa diante de seu anfitrião.[34] O americanista tinha consciência de que Don Germano mantinha indígenas na condição de escravos por dívida, mas, diferentemente das constantes críticas proferidas contra seringueiros, especialmente os colombianos, ele avaliou o "regimento" de Don Germano como "rígido, porém justo".[35] A escravidão imposta por Don Germano seria um mal necessário na região do Alto Rio Negro, porque o ciclo da borracha consumia quase a totalidade da mão de obra disponível e a "indolência" dos índios implicava um regime forçado.[36]

De acordo com Robin Wright, Don Germano produziu um amplo território de poder no Alto Rio Negro por meio do tráfico de borracha e do controle dos trabalhadores indígenas.[37] Seu sistema de trabalho diferia da violência explícita e do saque cometidos por outros seringueiros, e por isso Koch-Grünberg considerava-o benevolente. Don Germano e seus filhos controlavam os instrumentos de poder, como a polícia e os militares, e também criaram uma instituição, a dos assim chamados "inspetores", que eram índios encarregados pela intermediação nas relações de poder e responsáveis pela organização do trabalho. Assim, as relações de poder se espelhavam na rede de relações. Os galhos do poder eram longos, diminuíam de espessura conforme seu prolongamento, mas se difundiam em uma área ampla, até mesmo nas aldeias visitadas pelo etnólogo.

Don Germano e seus filhos não foram os únicos empresários relacionados ao setor borracheiro com quem o americanista envolveu-se. Assim, Koch-Grünberg relacionou-se com o cônsul alemão em Manaus, Oscar Dusendschön, que também era proprietário de uma empresa de exportação de borracha. Ali o americanista também conheceu Alfredo Stockmann, um empresário teuto-americano, em busca de negócios ligados à borracha. O americanista ainda teve relação mais próxima com Miguel Pecil, outro empresário do setor borracheiro.[38] Ele chegou a visitá-lo em seu sítio em julho de 1904. Que o contato com *caucheros* seria fundamental, era uma colocação previamente dada. Assim, ainda em 1903, o etnógrafo Felix Stegelmann recomendou a Koch-Grünberg que ele conhecesse Carlos Scharff, um barão da borracha peruano, responsável por violentos ataques contra os povos indígenas.[39] Disseram a Koch-Grünberg que Scharff poderia auxiliá-lo na contratação de ameríndios para a expedição.[40] Este acabou se envolvendo em conflitos, e o contato não ocorreu.[41] Em decorrência da extração da borracha, homens indígenas disponíveis para acompanhar o americanista em sua expedição eram mais raros.

De fato, Koch-Grünberg teve grandes dificuldades em contratar remadores que o levassem até a primeira aldeia indígena. As descrições elogiosas de Don Germano e de suas relações de trabalho também devem ser compreendidas como recursos estratégicos do americanista, que, consciente de ter adentrado em uma área tensa e perigosa, marcada por conflitos fundiários, necessitava de proteção física e do alívio psicológico que a sensação de segurança proporciona. Sob a proteção de Don Germano, o homem mais poderoso da região, o americanista poderia levar seu projeto científico a cabo com relativa garantia de resguardo. Assim, o sítio de Don Germano oferecia os condicionantes logísticos, materiais e psicológicos para a execução da pesquisa, mas, para consegui-los, era preciso que Koch-Grünberg fizesse vista grossa para determinados aspectos do contexto social.

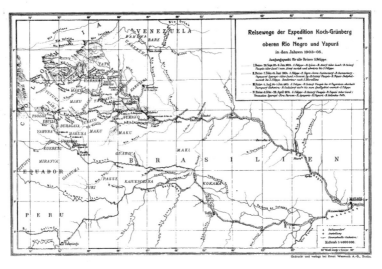

Mapa 5 – Região dos rios Negro e Japurá e o trajeto de Koch-Grünberg.

Primeira etapa: rios Negro, Içana e Aiary

Assim, em 28 de setembro de 1903, três meses após sua chegada a Belém do Pará, Koch-Grünberg e Otto Schmidt iniciaram efetivamente a viagem. Navegando em uma embarcação denominada de batelão, guiada por dois índios, os expedicionários deixaram o sítio de Don Germano para explorar a região do Rio Içana, um dos afluentes do Rio Negro. Subindo o Içana, os exploradores contataram novamente índios de vários subgrupos Baniwa. Segundo Koch-Grünberg, os Baniwa do Baixo Içana são conhecidos por seus vizinhos como Karútana ou Korekarú.[42] O americanista resolveu esclarecer a questão confusa da nomenclatura no Rio Negro e adotar um nome para o grupo que encontrou: Karútana. A atribuição de um determinado nome para um grupo social, ou a invenção de uma cultura, tem um rastro nos problemas etnolinguísticos próprios dos primórdios da etnologia indígena brasileirista. Isso foi evidenciado nas décadas anteriores pela comparação do Xingu à Babilônia e pela necessidade de desvendar a "confusão colorida de povos sul-americanos", como se costumava dizer. Além disso, a nomeação de Koch-Grünberg apresenta um resquício do método das ciências naturais do século retrasado, com seu ímpeto classificatório. Prosseguindo a viagem pelo Içana, os expedicionários alcançaram no início de outubro uma aldeia Baniwa na Serra do Tuhuny. Lá Koch-Grünberg optou por também explorar a região do Rio Aiary, a qual, segundo fontes locais, seria densamente povoada por grupos Aruaque. Esse grupo Baniwa era conhecido por Katapolitani entre os Siusí.[43]

Rapidamente Koch-Grünberg percebeu que no Alto Rio Negro havia múltiplas relações interétnicas profundamente estabelecidas e, assim, propôs uma explicação linguístico-migratória para compreender algumas das grandes distinções entre os povos. Para ele, os Karútana, que eram de língua Aruaque, falavam no passado um dialeto semelhante ao Maku, até que os grupos invasores de Baniwa, também de língua Aruaque, provenientes do noroeste, tivessem imposto sua língua e cultura. Por isso, na época de visita de Koch-Grünberg, os Karútana seriam considerados pelos seus vizinhos Siusí como um povo miscigenado.[44] Ainda que a hipótese de Koch-Grünberg carecesse de fundamentação empírica, sobretudo linguística e arqueológica, a tese da difusão cultural Aruaque pelo continente sul-americano foi bem aceita pela comunidade americanista, sendo debatida por, ao menos, duas décadas após a publicação de sua monografia.

Em 12 de outubro, os expedicionários alcançam o Rio Cuiarý, um afluente da margem esquerda do Içana. No Cuiarý, Koch-Grünberg visitou aldeias Katapolitani e Siusí. Quando os expedicionários chegaram ao Rio Aiary, eles já carregavam em seus batelões "um pequeno museu etnográfico".[45] Nas aldeias dos Siusí e dos Huhúteni, a coleção aumentou ainda mais.[46] Os expedicionários visitaram várias aldeias, permanecendo sempre alguns poucos dias em cada uma, até que o etnólogo alcançou sozinho a aldeia Cururú-cuára dos Siusí, em que sua estadia foi um pouco mais duradoura. A descrição da aldeia compreende relações políticas (especialmente o poder limitado dos chefes), parentesco, exogamia, indústria e relações interétnicas. As técnicas de construção das malocas também foram abordadas pelo etnógrafo, que inclusive fotografou uma por dentro (Imagem 54). Trata-se de um dos registros fotográficos mais antigos do interior de uma maloca ameríndia – Herrmann Meyer, seu chefe em 1899, já registrara uma maloca Trumai em 1896. Dessa vez, no entanto, a fotografia do interior da maloca insere-se em um contexto de relações em que a vontade de poder era negociada. O registro do interior de uma casa indígena tanto servia para a etnografia como era também importante ferramenta de trabalho em apresentações sobre as culturas ameríndias para públicos leigos, pois a higiene e a vida doméstica eram de interesse de públicos não especializados. Nota-se que a maloca está limpa e os objetos perfeitamente dispostos – o que constituía uma prova material da admiração de Koch-Grünberg pelo zelo dos índios. Ainda no que diz respeito aos Baniwa, ele também foi o primeiro americanista a perceber e mencionar o crescente messianismo cristão na região.[47]

Imagem 54 – Interior de maloca Siusí (1903).

A presença do etnólogo entre os Siusí foi descrita muito elogiosamente. A paz cotidiana reinava naquela aldeia idílica. O etnólogo mostrava seus livros contendo fotos de animais, causando conversas entusiasmadas. Ele tirava foto das pessoas sem dificuldade alguma, empreendia estudos linguísticos e participava das atividades coletivas. No dia 26 de outubro, Otto Schmidt chegou à aldeia, acompanhado por uma família Siusí, que retornava para casa. Até então Koch-Grünberg permanecera sozinho.

Schmidt e o etnólogo eram os únicos não índios naquela região e, portanto, ainda que permanecessem estacionados por poucos dias em cada aldeia, conviveram durante meses apenas com ameríndios. Os acompanhantes eram índios, bem como os remadores. O convívio do americanista com os povos indígenas do Rio Negro foi muito mais prolongado e intenso do que o de Karl von den Steinen, Paul Ehrenreich e Herrmann Meyer, e corresponde ao desejo de socialidade expresso tantas vezes por Max Schmidt. Tanto é que, na primeira parte da expedição de exploração do Alto Rio Negro, que durou de 29 de setembro de 1903 a 8 de janeiro de 1904, em que o etnólogo deixou São Felipe, navegou os rios Içana, Aiary, Uaupés e retornou via Aiary a São Felipe, o único não índio com quem ele conviveu foi Otto Schmidt. Se, por uma perspectiva, pode-se dizer que Koch-Grünberg ficava poucos dias em cada aldeia, por outra, é justo afirmar que ele permaneceu por 14 meses entre povos indígenas.

No dia seguinte à chegada de Schmidt, os dois acompanharam os moradores de Cururú-cuára, que haviam sido convidados para uma grande "festa com danças" (*Tanzfest*) na aldeia Ätiaru, dos Huhiteni.[48] As festividades, que presumivelmente duraram alguns dias, foram ricamente descritas pelo etnólogo, que, no entanto, permaneceu por apenas um dia e uma noite em Ätiaru. Ele atentou não apenas às danças em si, mas também aos instrumentos musicais (como as flautas), aos cantos, às vestimentas e aos acontecimentos da própria festa, marcada pelo constante consumo do fermentado caxiri, do qual Koch-Grünberg tomou vastas porções até adormecer embriagado na manhã seguinte.

A bebedeira prosseguiu em Cururú-cuára. Nos próximos dias, os exploradores se concentraram em comer, beber e fumar com os Siusí. A personalidade extrovertida de Schmidt transformou-o rapidamente no queridinho da aldeia, especialmente entre as crianças, com as quais ele passava o dia correndo e brincando. Ele cantava músicas alemãs e brasileiras e participava animado das danças rituais. Os Siusí se empenhavam em tornar a estadia dos exploradores a mais cômoda possível. Schmidt foi renomeado Kariuatinga, "o estrangeiro branco".[49] Koch-Grünberg desenvolveu uma estratégia própria para angariar a confiança dos índios: conquistar as crianças. Schmidt foi, nesse sentido, um elemento fundamental na criação do relacionamento pacífico e amistoso dos exploradores com os Siusí (Imagem 55). A foto de Schmidt com seus companheiros indígenas é esteticamente bela e representa perfeitamente alguns dos interesses de Koch-Grünberg como fotógrafo, a saber, a arquitetura nativa e a relação entre natureza e produtos culturais. Além disso, ela serve para demonstrar os vínculos formados com os povos indígenas. Mas revela também algo da história do encontro: no primeiro plano há apenas homens, um deles munido de uma espécie de vareta, talvez um instrumento de pesca. As mulheres e crianças não foram capturadas intencionalmente, pois elas estão no plano de fundo, na soleira da entrada para a maloca, quase escondidas. A foto, que deveria transparecer um momento de intimidade e camaradagem masculina, em um olhar mais apurado expõe um esforço para a composição do quadro, o qual cria uma idiossincrasia.

Imagem 55 – "Kariuatinga com seus amigos na frente do nosso hotel em Cururú-cuára".[50]

Em todo caso, em certa ocasião durante a estadia do etnólogo, o chefe da aldeia Cururú-cuára revelou solenemente a Koch-Grünberg que ele "agora pertence completamente à população" e que, no próximo encontro com o governador do Amazonas, o etnólogo deveria requisitar que este enviasse alguém para a aldeia.[51] O chefe Siusí referia-se, provavelmente, a auxílio material. O americanista alemão atestou que angariou reputação entre os povos indígenas do Alto Rio Negro: ele era conhecido como o "doutor de São Felipe, amigo dos índios". Assim, "a notícia de um 'Karíua' maluco, que não é nem seringueiro, nem comerciante, que viaja apenas por prazer e que compra todo tipo de tranqueira inútil, se espalhou como fogo pela enorme região toda".[52] Michael Kraus aponta com perspicácia que, da mesma maneira com que ele se tornou conhecido como o amigo dos índios, a informação de ser amigo de Don Germano também deve ter sido difundida.[53]

A ausência de poder coercitivo dos chefes do Alto Rio Negro, os "Tuschaua" (tuxaua), foi bastante bem apresentada pelo americanista. Comparando-o com as esferas do poder europeu, Koch-Grünberg afirmou que o do tuxaua não ultrapassa muito as paredes de sua maloca e que, dada a ausência de imposição de seu poder, ele tem, no máximo, funções "representativas".[54] Assim, os pedidos do chefe Siusí são atribuições de suas funções consulares, já que lhe é desprovida a capacidade ordenatória. Em todo caso, é notável o quanto o americanista foi inserido em uma complexa dinâmica interétnica, em que os povos do Alto Rio Negro notaram o valor de cultivar relações amigáveis com um amigo dos índios e dos poderosos. Os índios viam na presença dele um benefício imediato, pois eles obtinham bens industriais europeus, como miçangas, facões e machados, em trocas por objetos materiais cotidianos, que poderiam, em determinados casos, ser facilmente repostos. Deslocando a rede das relações imediatamente postas, os índios viam nele uma forma de acesso a instâncias de poder mais longínquas, tais como o governador do Amazonas. Imaginar que ele tivesse acesso a altos cargos do poder regional não era desprovido de lógica, dadas as suas relações com seringueiros influentes. De fato, as pesquisas amazônicas estiveram até então entrelaçadas com as relações de poder, regionais ou nacionais: Karl von den Steinen deu-se com o imperador dom Pedro II e o presidente da província do Mato Grosso, de quem obteve auxílios, e Max Schmidt conheceu o governador desse estado.

Koch-Grünberg notou a importância que uma ligação direta com autoridades tinha para os índios e utilizou-se disso estrategicamente na aquisição de cultura material. Para convencer os Siusí relutantes a vender suas raras e importantes flautas mágicas *Koai*, o etnólogo mentiu que posteriormente encontraria o governador do Amazonas, que queria ver toda sorte de objetos que os índios possuíam.[55] Proibidas às vistas femininas, as flautas tiveram que ser sorrateiramente transportadas no meio da noite. Assim, tanto os índios quanto o americanista percebiam o grande interesse que a outra parte tinha nas transações envolvendo cultura material, e desenvolviam estratégias para garantir o máximo de vantagem ou ocasionalmente ter o mínimo de prejuízo. As transações econômicas estavam, portanto, entrelaçadas com relações de poder e eram dirigidas por um complexo de interesses estratégicos. A concretização da transação era um ajuste do poder. As coleções etnográficas, que eram pensadas como sínteses visuais que representavam materialmente culturas, revelam, além disso, facetas das histórias dos povos indígenas, dos seus contatos com a sociedade nacional e com cientistas europeus. Objetos oferecem a possibilidade de, ao ter suas histórias desdobradas, revelar aspectos constitutivos do fazer científico e das políticas que o embasam.

No dia 2 de novembro, Schmidt e Koch-Grünberg deixaram a aldeia Cururú-cuára em direção ao Alto Aiary. Acompanhados por alguns índios remadores e pelo chefe de Cururú-cuára, Mandu, como tradutor, após passarem por várias aldeias e malocas Siusí e Huhúteni ao longo do curso do Rio Aiary e em suas regiões adjacentes, eles alcançaram uma trilha que levava até o Caiary-Uaupés. Na região que liga os rios Aiary e Caiary havia, segundo o etnólogo, intensas relações de comércio e casamento. A coleção etnográfica foi incrementada.

A violência do rio aumentava de acordo com a presença crescente de cachoeiras bravas. As embarcações, carregadas com os utensílios e a coleção etnográfica, sofriam de tal maneira, que muitas vezes era necessário retirar os volumes e transportar tudo ao longo das margens dos rios, em uma batalha contra as forças da água e das de seus habitantes (Imagem 56). A perigosa cachoeira Yuruparý, cujo nome foi emprestado de um personagem mítico dos povos Aruaque, ofereceu uma particular dificuldade aos expedicionários. Mas foi em uma outra cachoeira que Schmidt feriu-se gravemente. Um galho arranhou seu olho, que infeccionou, causando febre alta e dores fortíssimas. Koch-Grünberg, que, ao longo da expedição, vinha aprimorando suas habilidades médicas curando índios das mais diversas mazelas, aplicou no companheiro todo o seu conhecimento. O esmero do americanista foi em vão, e Schmidt foi curado através do suco de uma planta medicinal, pingado pelos índios diretamente no olho ferido.

DO RIO NEGRO AO JAPURÁ: A PRIMEIRA ODISSEIA DE THEODOR KOCH-GRÜNBERG (1903-1905)

Imagem 56 – Carregando um batelão numa cachoeira (1903).

Finalmente os expedicionários conseguiram alcançar a aldeia dos Káua no Aiary.[56] Para o etnólogo, esse grupo era originalmente Aruaque, mas foi subjugado pelos índios Kobeua, de língua Tukano, e acabou por adotar traços de sua língua e alguns costumes.[57] As aldeias eram marcadas pelo clima pacífico e por seus habitantes multiétnicos. Na aldeia Káua, o etnólogo teve contato com as belas máscaras do Rio Negro. Ele não apenas coletou muitos exemplares dos mais diversos tipos, tanto para o Museu de Berlim quanto para o Museu Goeldi, como também descreveu detalhadamente a sua confecção e registrou fotograficamente cada etapa do processo. As danças de máscara, também chamadas de desfiles, foram do mesmo modo minuciosamente descritas pelo americanista alemão.

Koch-Grünberg era ainda mais avesso às teorizações do que seus antecessores, e, por isso, sua abordagem das máscaras é meramente etnográfica e descritiva. As teorias antropológicas podem ser refutadas, mas as boas descrições são perenes.[58] No entanto, a ausência de abstração teórica com base em material empírico não implica falta de teor epistemológico. A negação da teoria era parte integrante da epistemologia americanista alemã, que favorecia a vasta coleta de material de campo antes de se ater a abstrair um modelo teórico a partir dos dados. O problema é que o momento da teorização nunca chegou. Apesar disso, von den Steinen ofereceu, entre outras coisas, importantes contribuições teóricas para a classificação das

ASCENSÃO E DECLÍNIO DA ETNOLOGIA ALEMÃ (1884-1950)

línguas indígenas e para seu estudo científico, para a teoria da arte primitiva, para o debate acerca da racionalidade humana, para a descoberta do centro de irradiação migratória dos povos Karib, além de ter postulado os assuntos de interesse para a pesquisa etnológica subsequente, como mito, arte, linguagem e migração. Após a sua primeira expedição, Max Schmidt contestou, por exemplo, a teoria da arte de von den Steinen e fez outra proposta teórica, anunciou a universalidade do pensamento matemático, alterou o *modus operandi* das expedições etnográficas e o ofício do etnólogo, além de ter inserido a organização social entre os temas preferenciais de pesquisa. As contribuições teóricas de Koch-Grünberg são mais timidamente disponibilizadas do que as de von den Steinen ou Max Schmidt, justamente por seu caráter mais fortemente empirista, e estão mais entrelaçadas com a sua descrição etnográfica. Ele se ateve, na sua obra *Zwei Jahre unter den Indianern*, a um modelo analítico cuja preferência se dava pelas possibilidades da descrição etnográfica ante a análise dela. Assim, as partes ostensivamente analíticas também são compostas por descrições mais minuciosas. Dessa maneira, ao analisar um objeto, por exemplo, Koch-Grünberg não buscou significados ocultos ou relações semióticas, mas descreveu sua manufatura, sua aparência, sua função, sua origem, sua nomenclatura e, em algumas ocasiões, seus lastros na mitologia. Há um substrato teórico na descrição. Descrever também é analisar. Etnografar é descrever com suporte teórico, é materializar as apreensões subjetivas do mundo. O resultado disso é que nunca houve uma reflexão metateórica, e os americanistas não estabeleceram um sistema epistemológico-teórico hermético, como o evolucionismo ou o funcionalismo, apesar das suas contribuições pontuais ao seu campo de estudo.[59] Dessa forma, a afirmação, por exemplo, de que a imigração dos povos Aruaque dominadores tenha causado significativas alterações sociais e culturais nos povos circunvizinhos se encontra em meio a um relato de viagem, e não há um enunciado que esclareça se tratar de uma contribuição teórica evidente. Nesse contexto epistemológico, portanto, situa-se seu entendimento quanto às máscaras. Estas não eram representações naturalistas dos animais em questão, que elas incorporavam, mas mal se diferenciavam das máscaras humanas e eram marcadas apenas por características, ornamentos e atributos especiais e específicos.

A interpretação de Koch-Grünberg das máscaras do Alto Rio Negro é a que segue:

Nas máscaras eram parcialmente representados animais, como a borboleta, que é o senhor de todas as danças de máscaras, o abutre negro, o jaguar, peixes, lagartas, larvas, entre outras coisas, e parcialmente demônios malvados em forma humana e com atividades humanas, gigantes e anões. As máscaras de animais também representavam demônios, que representam uma classe animal singular.[60]

Em decorrência da homogeneidade estética, o verdadeiro significado das máscaras só poderia ser expresso em conjunto com as danças.[61] O mesmo fenômeno fora observado por von den Steinen no Xingu – ou a mesma interpretação se deu para fenômenos distintos. Em todo caso, Koch-Grünberg aderiu à acepção de von den Steinen de que não há nas máscaras desenhos com significado semiótico, de que suas características estéticas se apresentam como meros símbolos diacríticos e de que elas precisam ser compreendidas em movimento, performaticamente, e não apenas como adorno ritual.

O conceito de "demônio" não é imanente apenas a uma conotação moral negativa, mas este se atém também a uma longa trajetória da escatologia cristã. O próprio etnólogo posteriormente lhe fornece o sinônimo de "espírito" (*Geist*), não menos hipersignificado, porém sem conotação satânica. Assim, nem os dançarinos, nem as próprias máscaras incorporavam espíritos. Elas representavam não exatamente os animais tais como se apresentavam aos humanos, mas os espíritos dos animais tais como apreensíveis aos homens. Portanto, as máscaras não continham desenhos semióticos, porque elas mesmas já eram signos triádicos: representavam algo, no lugar da coisa em si, para alguém. Eram representações materiais da apreensão humana dos espíritos dos animais. Àquilo que os humanos veem como animais, correspondem, na verdade, seus espíritos: "Os movimentos característicos dos animais e as qualidades nocivas dos demônios eram apresentados em excelente pantomima".[62] Essa pode ser a conclusão, quando se tomam como premissa as anotações etnográficas de Koch-Grünberg. Ele não queria explicar, mas compreender; e, para compreender, era preciso descrever.

A primeira dança Káua observada por ele era parte de um ritual funerário. Após o desfile dos dançarinos pela aldeia, ocorreu uma espécie de lamúria ritual (Imagem 57). Alguns Káua agacharam-se e, por certo tempo, choraram copiosamente com as mãos nas faces. Depois que todos se levantaram, a embriaguez coletiva voltou a ser o centro das atividades. Ele chamou isso de "cerimônia vazia".[63] Essa acusação se sustenta tanto em um julgamento de ordem moral do etnólogo quanto em uma reafirmação de seu método empírico. Isso significa que por "vazio" ele apresenta duas acepções: ausência de valor ético e nulidade dos seus efeitos sociais. Ao contrário do que se esperava de um ritual funerário, na cerimônia dos Káua as pessoas conversavam, riam e bebiam como se fosse outro encontro social qualquer, e o único momento de lamentação e choro pareceu-lhe forçosamente atuado. Além disso, a lamentação teve curta duração, após a qual as pessoas voltaram às festividades, e não havendo diferença na estrutura social depois disso. Não houve, portanto, a categorização trifásica em separação, transição e agregação, proposta por Arnold van Gennep (1973-1957), e, por isso, a cerimônia seria vazia de significado e efeito social.[64] Nessa passagem o diálogo entre o etnólogo alemão e o folclorista francês é apenas implícito, mas Koch-Grünberg, ainda que não o cite, parecer ter assimilado a caracterização do ritual de van Gennep. A prova, afirmou o americanista, que demonstra que o ritual funerário é uma cerimônia vazia, ele obteve durante a própria festa de dança, que durou mais de 24 horas. Em certo momento, um barco com índios vindos do seringal atracou ao porto, e um deles trouxe a triste notícia de que sua esposa e filhinha pereceram de uma terrível febre. A informação foi recebida de forma "mais ou menos indiferente", e apenas no dia seguinte, depois da festa em andamento, é que ocorreu o ritual de lamentação pelas mortes.[65]

Imagem 57 – Desfile de máscaras dos Káua do Rio Aiary (1903).

A referência ao trabalho de van Gennep não é arbitrária e auxilia a compreender as concepções acerca de rituais, espíritos e máscaras do etnólogo. Além disso, demonstra a extensão da rede de contatos do americanista alemão, bem como o alcance que suas obras tiveram antes da Primeira Guerra Mundial. Van Gennep e Koch-Grünberg se corresponderam e leram as obras um do outro. Em 1907, o folclorista francês enviou uma carta ao seu colega, elogiando um texto seu sobre máscaras, e questiona se este não teria interesse em publicar algo sobre o assunto na revista que dirigia, *Revue des études éthnographiques et sociologiques*.[66] No mesmo ano, van Gennep publicou uma resenha de um livro de Koch-Grünberg e em correspondência confessou-lhe que discordava da afirmação do colega alemão de que as máscaras e os desenhos de demônios não têm "significado, uma vez que estes objetos, exatamente como os demônios, são 'sagrados', isto é, 'perigosos', no sentido sobrenatural".[67] Três anos mais tarde, van Gennep enviou nova missiva ao americanista, agradecendo pelo envio do segundo volume de *Zwei Jahre unter den Indianern*, que já estava lendo: "Sua etnografia é para mim, entre outras coisas, extremamente interessante no que diz respeito ao casamento etc., cerimônias, eu encontro nelas uma boa confirmação para a minha teoria dos *rites de passage*".[68] Diferentemente de cerimônias de casamento ou outros rituais descritos por Koch-Grünberg, os ritos funerários entre os Káua não se enquadram no esquema classificatório universal proposto por van Gennep, sendo, portanto, vazios, incompletos, abertos.

Em outra aldeia, Koch-Grünberg também assistiu a danças de máscaras: dança do jaguar, dança do besouro, dança do abutre e assim por diante. Essas cerimônias, diferentemente das que constituíam os ritos fúnebres, eram "inofensivas".[69] As danças dos demônios e de animais perigosos, como o jacaré, eram interpretadas com bastante humor. A intepretação mais interessante, contudo, foi a de uma "dança fálica" representando uma fecundação, e é a partir dela que o etnólogo alemão lança sua acepção geral acerca das danças com máscaras. Apesar da temática, e dos movimentos sexuais imanentes à interpretação, a dança foi acompanhada com seriedade pela plateia: "ela deveria causar fertilidade em todo mundo, humanos, animais e plantas; um pensamento cheio de significado ético profundo, e livre de qualquer indecência no nosso sentido!".[70] No que tange à moralidade, diga-se de passagem, para o americanista, os índios tinham comportamento muito "decente": "eles não se aborrecem, não surram uns aos outros" e são sexualmente reservados.[71] A afirmação elogiosa de Koch-Grünberg parece corresponder antes aos seus ideais protestantes de civilidade do que a uma apreciação neutra dos dados de campo. Apesar de a moralidade ética dos povos indígenas ter sido vista através de lentes pro-

ASCENSÃO E DECLÍNIO DA ETNOLOGIA ALEMÃ (1884-1950)

testantes, ela também serviu para certo objetivo político do etnólogo. Na introdução de sua obra, ele afirma que uma das metas de seu estudo é fornecer meios para combater o preconceito europeu contra os índios.[72] Assim, ao criar uma associação entre seus leitores e os longínquos índios do Alto Rio Negro, apontando que, a despeito das diferenças fenotípicas e culturais, povos indígenas eram tão éticos e morais como "só os seres humanos são capazes de ser", o etnólogo visou criar empatia e reconhecimento de igualdade.[73] Em suma, provar aos leitores a unidade do gênero humano. A avaliação de Koch-Grünberg é reveladora, além disso, quanto à natureza da constituição científica da etnologia: a ciência se quer neutra e impessoal, mas é produzida por meio da subjetividade do cientista. Seja ao optar pelos objetos de investigação, seja ao escolher determinados dados de campo, ou mesmo quando da interpretação do material empírico, a objetividade científica é conduzida pela subjetividade de seu produtor.

Enfim, nessa aldeia Koch-Grünberg percebeu "o significado mais profundo de todas as danças de máscaras", qual seja: "são meios mágicos. O espírito do morto, ao qual se atribuiu, como em todos os lugares, qualidades malvadas e vingativas, deve ser apaziguado através das danças e de sua contínua ação, para que ele não retorne e leve os sobreviventes consigo".[74] Os espíritos seriam sempre os inimigos dos humanos – demônios malvados ou animais desafeiçoados, jacarés ou jaguares são os rivais do caçador, vermes e larvas prejudicam as lavouras – e seriam "influenciados magicamente através da imitação mímica de suas ações" para favorecer os humanos.[75] A mesma coisa ocorreria com os animais de caça. Os rituais mágicos objetivavam a abundância de caça. O etnólogo concluiu: "Assim, vemos que estas danças de máscaras também são guiadas pelos mesmos motivos fundamentais, como elas são fundamentais no mundo todo em quase todas as danças de máscara de caráter religioso: expulsão dos demônios e fertilidade".[76]

Koch-Grünberg não abstraiu, a partir de seus dados de campo, uma teoria geral das danças de máscaras, uma teoria dos rituais ou qualquer coisa do gênero, mas propôs uma compreensão (*Verstehen*) ao modo da filosofia da linguagem de Wilhelm von Humboldt: uma análise do material empírico com vistas aos processos mentais subjacentes à produção de significados. Assim, ele não se preocupou exatamente em encontrar os significados dos signos em jogo, mas em compreender, por meio da descrição etnográfica, as formulações mentais que os criaram. Invertendo os preceitos metodológicos empiristas de Bastian e de sua escola etnológica, Koch-Grünberg usou os dados de campo para sustentar preceitos teóricos pretéritos. Em outras pa-

lavras, para obter uma conclusão logicamente viável, o etnólogo indutivamente associou os ritos Káua às demais danças de máscara alhures.

Enfim, nas duas semanas em que permaneceu na aldeia, o etnólogo ainda
atentou à disposição artística em geral dos Káua e às brincadeiras infantis,
tal como a cama de gato. Otto Schmidt era assistido pelos índios, uma vez
que seu olho ainda se curava. Em aldeias da região, o americanista notou a
mesma paz doméstica, com convivência de índios de diversas etnias, tais
como Káua, Siusí e Tariana.[77] Ele recolheu vocabulário Káua e Kubeo, tirou
fotografias, coletou material etnográfico e visitou outras malocas da região,
onde também ocorreriam as festas de máscaras, atividades para as quais ele
obteve colaboração irrestrita dos ameríndios. Para julgar a franca, e em sua
interpretação, muitas vezes inocente e bondosa colaboração dos índios, o
americanista recorre a uma citação do poeta romano Virgílio (70 a.C.-19
a.C.): "Estes filhos da natureza ainda reverenciam o razoável princípio:
'naturalia non sunt turpia'".[78] Tal como os etnólogos que o precederam, ele
não se abstinha de esclarecer sua mais sincera opinião sobre os povos indígenas. Enquanto Karl von den Steinen observava os índios paternalmente e
buscava compreender o funcionamento de suas mentes ao se despir dos seus
óculos culturais; Ehrenreich classificava-os como selvagens; Herrmann Meyer,
como objetos de pesquisa e fornecedores de material etnográfico; e Max
Schmidt admirava-os por sua relação imaculada e íntima com a natureza;
Koch-Grünberg se esforçava por manter uma relação a mais horizontal possível, o que implica elogios, críticas, tensões e afetos. Isso para além das determinações contextuais e das relações de poder entrelaçadas ao trabalho de
campo, bem como do jogo de interesses de todas as partes. Há grandes diferenças em relação a von den Steinen, que também expunha seus julgamentos
positivos e negativos abertamente. Este levou os condicionantes políticos
estruturais para dentro das aldeias, ao viajar armado e em companhia de um
grande número de camaradas. Eles montavam acampamentos perto das aldeias, e os contatos com os índios ocorriam por meio de visitas recíprocas.
Von den Steinen acreditava poder expressar suas opiniões por ocupar uma
posição paternal, e através de uma estratégia literária. Koch-Grünberg, por
outro lado, se instalava nas aldeias e convivia intensa e ininterruptamente
com os povos indígenas. Ele não usava armas e acreditava criar uma relação de
verdadeiro companheirismo com os índios. Assim, a natureza das relações
sociais criadas pelo trabalho de campo era, ao menos na apreensão delas por
Koch-Grünberg, diversa das produzidas nas expedições do Xingu. Ele não
objetificava ou inferiorizava os índios e, de sua parte, julgava que as relações

ASCENSÃO E DECLÍNIO DA ETNOLOGIA ALEMÃ (1884-1950)

eram verdadeiras. Se von den Steinen era o cientista heroico e Max Schmidt o cientista romântico, Koch-Grünberg construiu uma terceira persona etnográfica: o cientista sóbrio. A complexificação da autoridade etnográfica caminhou da constituição do heroísmo científico para a troca intersubjetiva, culminando na profissionalização acadêmica. O que conferia a autoridade etnográfica a von den Steinen era seu pioneirismo, a descoberta das áreas científicas e o impacto teórico e epistemológico de suas obras. Max Schmidt construiu sua autoridade científica baseando-se no conceito de experiência enquanto significação da vivência e na apreensão de dados empíricos, consolidada pela realização de três expedições e pelo enfoque de seu trabalho de campo no compartilhamento do tempo com os ameríndios. Koch-Grünberg inventou a autoridade etnográfica suportada em critérios profissionais e objetivos: certificação acadêmica, publicação volumosa, experiência de campo, posição de prestígio e compromisso político e humanístico com os povos indígenas. Nesse sentido, enquanto a autoridade etnográfica de von den Steinen mantinha resquícios autocelebratórios dos aventureiros viajantes e a de Max Schmidt dos poetas românticos e sensíveis, Koch-Grünberg alinhou características para formar uma autoridade etnográfica ainda em vigor, e, portanto, é o inventor do papel do etnólogo moderno.

O americanista então deixou a última aldeia do Aiary, em busca da passagem terrestre ao Caiary-Uaupés. No caminho eles passaram por uma aldeia Uanana, que jamais fora alcançada por um homem não indígena. A partir dos estudos linguísticos, Koch-Grünberg atribui a língua Uanana à família linguística Betoya – como o Tukano é conhecido na Colômbia. Ele observou haver na região um intenso trânsito entre as populações indígenas, tanto de língua Tukano quanto Aruaque, marcado por comércio e casamentos. Na companhia de alguns Uanana, os expedicionários chegaram, em 29 de novembro, à sua aldeia principal no Caiary-Uaupés, onde eles permaneceram por mais alguns dias. Entre os Uanana, a coleção etnográfica cresceu, e o etnólogo também pôde observar inscrições em enormes pedras, chamadas de petróglifos, a que ele posteriormente dedicaria um estudo separado.[79] Após passar por outra aldeia Uanana e completar a passagem do Caiary-Uaupés, os expedicionários retornaram para a grande aldeia Siusí no Aiary, a Cururú--cuára, onde permaneceram por mais três semanas aproximadamente.

Em Cururú-cuára, Koch-Grünberg dedicou-se novamente à aquisição de cultura material, como as flautas mágicas, e à observação etnográfica, sobretudo acerca dos padrões de nomeação, das proibições relacionadas com a menstruação e das danças de máscaras. Enquanto estava na aldeia ocorreu uma festa fúnebre, com desfile de máscaras. Só viajantes foram pintados, dançaram, cantaram e beberam quantidades respeitáveis de caxiri. As tentativas de um "médico-feiticeiro" (*Zauberarzt*) de curar um rapaz adoecido não surtiram efeito, e este faleceu, causando a necessidade da festa funerária. Koch-Grünberg se ateve detalhadamente à estrutura das danças e ao conteúdo do canto, de modo a fornecer uma rica descrição etnográfica do ritual funerário Siusí. Os métodos do especialista ritual indígena pouco convenceram o etnólogo, que denominou sua prática médica de *Hokuspokus*. Apesar disso, ele notou que o xamã é "um mediador dos humanos com os espíritos, tanto das almas dos falecidos quanto dos demônios malvados, que, de acordo com as crenças dos índios, habitam a natureza toda".[80] A capacidade de atuar sobre a morte e sobre a vida das pessoas é que confere ao xamã um poder especial, ainda que ambíguo. A festa, que durou alguns dias, muito embora "agradável", foi marcada por um consumo excessivo de caxiri, em que houve alguns episódios de agressividade masculina. Mas nem as brigas causadas pela embriaguez generalizada abalaram a visão positiva do etnógrafo sobre os Siusí: ele como alemão está acostumado com bebedeira e brigas nas quermesses. Em Cururú-cuára, ainda ocorreu um interessante caso de antropologia reversa. Koch-Grünberg, que era adverso à medição antropológica e que, da antropologia física, só aprovava os recursos fotográficos, teve, junto com Schmidt, os membros do seu corpo medidos pelos Siusí. Analogamente ao método científico-comparativo, os Siusí contrapuseram suas próprias medidas às dos exploradores. Em 22 de dezembro, os dois alemães se despediram de seus amigos e retornaram para São Felipe, aonde chegaram em 8 de janeiro, mas não sem antes passar em algumas aldeias do Içana, principalmente para descansar e enriquecer a coleção etnográfica.

Durante sua estadia na casa de Don Germano, Koch-Grünberg se ocupou em trabalhar em sua coleção etnográfica, selecionando peças, realizando sua catalogação, encaixando o material e enviando-o para Berlim. O volume era tão grande, que era possível separar uma parte para o Museu Emílio Goeldi. A respeito dessa ideia, Goeldi replicou que "evidentemente" aceita "com grande prazer" a proposta "amigável de agora nos dispor eventualmente de uma série de duplicatas da sua coleção etnográfica do Içana e do Uaupés".[81]

Ao retornar para São Felipe, encerrou-se a primeira etapa da expedição, a da exploração dos rios Aiary e Içana. O sucesso da viagem, caracterizado por uma rica coleção etnográfica, abundância de dados etnográficos, relações pacíficas com os povos indígenas, mas primeiramente por ter sobrevivido, motivou o americanista a estender sua pesquisa de campo por mais um ano, para explorar outros territórios da bacia do Rio Negro. Restava a difícil tarefa de comunicar sua decisão à sua jovem noiva, Elsa, que acreditava ter que esperar por um ano por ele, não por dois. Era preciso também oficializar o prolongamento de sua missão com o Museu de Berlim, a cargo do qual ele viajava, e informar que o projeto do Purus seria abandonado definitivamente. Ao pedido de Koch-Grünberg pela extensão do contrato por mais um ano, intermediado pelo embaixador Oscar Dusendschön, von den Steinen respondeu que aceitava sua solicitação, "sob a condição de que após seu retorno a Manaus ele retome imediatamente sua verdadeira tarefa nas regiões do Purus e Ucayali".[82] Os atritos com von den Steinen, que haviam se iniciado no ano anterior, quando Koch-Grünberg alterara a rota pela primeira vez, continuaram durante o período de preparação para a próxima etapa de sua viagem. Von den Steinen não insistia na pesquisa dos Pano apenas por questões contratuais, para se impor perante a desobediência de seu estudante ou por interesses etnológicos, mas também porque, enquanto responsável pela seção americanista, e pela aquisição de coleções raras e valiosas, preocupava-se com a competição de outros museus.

Von den Steinen acreditava ainda que Koch-Grünberg em algum momento exploraria o Purus e o Ucayali, tanto que, em sua justificativa ao Museu de Berlim, ele apontou que nessa região as condições etnológicas estavam sendo extremamente ameaçadas pelos seringueiros e que "nós temos que temer a concorrência, uma vez que a Sociedade de Paris já enviou um viajante para a mesma região e além disso o etnógrafo sueco Barão Erland Nordenskiöld partirá ao Peru em janeiro de 1904, para liderar uma expedição com o mesmo destino final, através dos Andes".[83] Ele transmitiu ao jovem etnólogo que disputaria o campo com Nordenskiöld:

> Uma complicação especial para a mudança de seu projeto se deu, por fim, pelo fato de neste ano Erland Nordenskiöld perseguir objetivos muito parecidos com os seus. Ele partiu no dia 6 de janeiro de Southampton com dois companheiros – dr. Holgrem (zoólogo) e Tenente Bildt – após ter passado os dias anteriores aqui em Berlim.[84]

Von den Steinen torcia, no entanto, para que o pesquisador sueco se mantivesse mais ao sul. A maior parte dos exploradores adentrava na região do Ucayali a partir do Peru, mas Nordenskiöld prosseguiria a partir da Bolívia, "de modo que a região mais livre de concorrência" para Koch-Grünberg "se situaria no norte e no noroeste do Alto Purus ou entre Purus e Madre de Dios".[85]

DO RIO NEGRO AO JAPURÁ: A PRIMEIRA ODISSEIA DE THEODOR KOCH-GRÜNBERG (1903-1905)

Filho do Barão Adolf Erik (1832-1901), o famoso explorador do Ártico e o primeiro homem a completar a Passagem do Nordeste, que liga os oceanos Atlântico e Pacífico, Nils Erland Herbert Nordenskiöld (1877-1932), estudara geologia e paleontologia em Uppsala (Suécia), graduando-se em 1898. No ano seguinte, ele empreendera uma expedição para a Patagônia e em 1901-1902 para a Argentina e a Bolívia.[86] Até os primeiros anos do século XX, ele ainda migrava das ciências naturais para a etnografia, e essas primeiras expedições serviam como treinamento de campo prático,[87] que posteriormente era complementado por estudos teóricos com o entomologista e etnógrafo Hjalmar Stolpe (o autor da tese acerca dos elementos criptográficos dos grafismos nativos), com quem ele começou a trabalhar em 1906 como assistente no Museu de História Natural de Estocolmo.[88] Assim, embora jovem, Nordenskiöld já era um explorador muito experiente e, portanto, no que tange à capacidade de execução de uma empreitada dessa natureza, um rival à altura de Koch-Grünberg. No entanto, suas qualificações acadêmicas foram postas em dúvida por von den Steinen: "É uma certeza também que ele encontrará ali material de primeira classe e dos maiores interesses, mas aparentemente ele sequer tem formação etnológica e muito menos linguística! Pois em seu coração ele é e permanece sendo geólogo".[89]

Através do próprio Nordenskiöld é que von den Steinen teve conhecimento detalhado de seus planos. Ao ler em uma reportagem de jornal que o etnógrafo sueco planejava sua terceira expedição para a América do Sul, ele imediatamente lhe escreveu, pedindo sua rota de viagem e convidando-o para apresentar os resultados em Berlim.[90] O temor de von den Steinen será fundado: até antes do fim da Primeira Guerra Mundial, Nordenskiöld se tornará um dos mais importantes americanistas do mundo. Assim, aumentava a pressão sobre a expedição de Koch-Grünberg, que, além das dificuldades inerentes às expedições, precisava demonstrar para von den Steinen e todo o colegiado de Berlim, por meio de resultados satisfatórios, o acerto quanto à escolha pela mudança de região de pesquisa.

Koch-Grünberg discutiu a alteração do campo com alguns colegas, entre eles o mesoamericanista Konrad Theodor Preuss (Imagem 58). Em correspondência, Preuss contou que no museu todos estavam "muito ansiosos para conhecer sua coleta do território indígena verdadeiramente intacto".[91] Sobre a reação de von den Steinen à atitude de seu encarregado, Preuss revelou:

St. ficou bastante irritado com a mudança dos seus planos de viagem, e toda hora começava outra vez com o assunto. Mas eu não duvido que, por fim, tudo dependa do sucesso. Então todas as vozes terão que se calar. O senhor certamente ainda vai aceitar a rota Ucayali-Purus, após ter concluído a muito promissora viagem do Rio Negro. Tomara que o senhor esteja abundantemente provido de dinheiro, pois a dependência da boa vontade de St. deve ser horrível, apesar de ser evidente que ele com certeza vai ajudá-lo, assim que o senhor cumpra, no geral, as intenções dele.⁹²

Imagem 58 – Konrad Theodor Preuss (ano desconhecido).

É notório que a quebra de contrato e a desobediência ao hierarquicamente superior von den Steinen poderiam ser perdoadas, caso Koch-Grünberg resolvesse seguir as ordens em linhas gerais, mas, sobretudo, se retornasse para a Alemanha com uma rica coleção etnográfica e um volume expressivo de dados de campo. A colocação de Preuss não é um exemplo isolado. No ano anterior, quando o etnólogo decidira apenas postergar a viagem ao Purus por causa da revolução do Acre, ele se correspondera com o antropólogo físico Felix von Luschan, que lhe garantiu que, se o americanista trouxesse "uma valiosa coleção", então certamente para o "prof. dr. v. d. Steinen será fácil disponibilizar dinheiro".⁹³ Isso de fato inverte a relação de causalidade estabelecida entre financiamentos e os produtos científicos esperados, uma vez que, *a priori*, os meios financeiros são fundamentados pelas expectativas científicas, não são resultados com sucesso mensurado *a posteriori* que justificam verbas pretéritas. Essa inversão fornece um bom panorama da dinâmica da etnologia alemã, e, de modo mais abrangente, da complexidade de adjacências em que a ciência está inserida.

DO RIO NEGRO AO JAPURÁ: A PRIMEIRA ODISSEIA DE THEODOR KOCH-GRÜNBERG (1903-1905)

Assim sendo, no mês em que Koch-Grünberg se reestabeleceu em São Felipe, ele enviou, por meio do consulado alemão em Manaus, a coleção etnográfica da primeira etapa de sua expedição, bem como correspondências comunicando a von den Steinen que gostaria de permanecer por mais um ano no Brasil, mas que não intencionava mais se dedicar aos Pano do complexo Purus-Ucayali.

Segunda etapa: rios Negro, Uaupés e Tiquié

Em 7 de fevereiro de 1904, Koch-Grünberg e Otto Schmidt partiram novamente, acompanhados por remadores Maku e um acompanhante da etnia Tukano, em direção ao Rio Curicuriari.[94] Navegando-o, e também por cachoeiras, igarapés e através de trilhas, contemplando inclusive petróglifos encravados em enormes rochas, os expedicionários alcançaram, em 2 de março, o rio que levava ao caminho terrestre para o Rio Caiary (como era conhecido o Uaupés entre a população local) e, quatro dias mais tarde, alcançaram um trecho mais largo desse enorme tributário do Rio Negro. Em sua monografia, Koch-Grünberg sempre grafa Caiary--Uaupés. Alguns contatos com viajantes indígenas foram feitos, sobretudo Tukano, mas apenas muito superficialmente. A relação com eles era puramente comercial, porque os expedicionários adquiriam provisões. Monotonia, cansaço físico e um rodízio de doenças foram a marca da expedição até aquele momento.

A partir da entrada no fluxo do Uaupés, os expedicionários encontraram malocas de índios de várias etnias, como Tukano e Tariana, em que descansavam por um dia ou dois, adquiriam provisões e objetos etnográficos, mas também recebiam visitas, em seus acampamentos, de índios viajantes. Uma vez que, do ponto de vista etnográfico, a segunda etapa da expedição foi mais que decepcionante até então, Koch-Grünberg optou por não retornar a São Felipe, mas por navegar o Tiquié. Segundo informantes, essa região seria densamente ocupada, e, por isso, constituiria um "rico campo de trabalho".[95] Otto Schmidt e os sete remadores indígenas retornaram a São Felipe para buscar alimentos e placas fotográficas, Koch-Grünberg prosseguiu com três acompanhantes Tukano. Dali em diante até o Tiquié e em sua região, as malocas nas quais o americanista se hospedava eram exclusivamente dos próprios Tukano ou de povos de língua Tukano, como os Kurauá-tapuyo e

382

os Desana. Havia uma grande diferença em relação aos grupos visitados por von den Steinen. No Alto Xingu os povos visitados por von den Steinen se agrupavam em aldeias, em que as malocas comportavam famílias nucleares. No Alto Rio Negro, os povos visitados por Koch-Grünberg se agrupavam em enormes malocas de residência coletiva, de modo que as aldeias eram muitas vezes formadas por poucas malocas, algumas vezes apenas por uma. O etnólogo então percebeu que na região o Tukano não correspondia apenas a um grupo e a uma família linguística, mas que, entre os índios poliglotas, servia como língua franca.

Após alguns dias de viagem, os expedicionários alcançaram uma aldeia Desana.[96] Segundo o americanista, eles autodenominavam-se Winá e possuíam ao menos uma dúzia de malocas no Tiquié, constituindo um grupo de 200 a 300 pessoas. Ali Koch-Grünberg permaneceu por pouco tempo, durante o qual foi muito bem recebido. Ele ainda batizou duas crianças – uma atitude que revela os modos pelos quais os índios percebiam em Koch-Grünberg uma espécie de figura de autoridade, com a qual seria vantajoso estreitar os laços sociais.

Acompanhado por três homens Desana, os expedicionários alcançaram os Tukano do Tiquié, o grupo mais profundamente estudado durante a segunda etapa de sua viagem. Os Desana retornaram para casa, e Koch-Grünberg resolveu esperar, durante duas semanas, por Schmidt. Nesse meio tempo, em que permaneceu entre os Tukano sem a presença de outro homem não indígena e também sem tradutor e mediador, ele dedicou-se aos "estudos científicos" e à coleta de material etnográfico.[97] A descrição sobre os Tukano também é muito elogiosa: eles eram trabalhadores empenhados, muito honestos, divertidos e fortíssimos. Novamente o crivo para a avaliação parece ser a proximidade das culturas indígenas da lógica protestante, através da qual as culturas foram percebidas. Se os óculos são dispositivos que permitem corrigir visões distorcidas, se o grau está mal ajustado, a visão continua deficiente.

As sessões de fotografia transcorriam sem grandes problemas, e a vida cotidiana, calma, serena e pacífica, teve efeitos duradouros sobre o etnólogo. Em determinado momento, os índios queriam saber seu nome, a que ele respondeu com seu apelido amazônico: "dotoro", corruptela de doutor, o que corresponderia em seu país natal ao "médico-feiticeiro" (*Zauberarzt*) dos Tukano.[98] Desenhos corporais, sobretudo faciais, foram retratados pelo etnólogo, que além disso se concentrou também em estudos linguísticos e na compreensão da astronomia indígena, em brincadeiras infantis e trabalhos manuais cotidianos. Nessa aldeia Koch-Grünberg obteve conhecimento dos gigantescos tambores Tukano, alimentando a partir de então a cobiça de coletar um objeto dessa magnitude (Imagem 59). Nessa foto feita por Koch-Grünberg, é possível vislumbrar o tambor, mas é notório também que quatro dos modelos indígenas estão tocando flauta. Talvez eles não soubessem exatamente do que se tratava uma fotografia, talvez Koch-Grünberg tivesse tido a intenção de capturar uma *performance* musical e fez todo mundo tocar um instrumento – embora o tambor não fosse de uso musical.

Imagem 59 – Tambor dos Tukano do Rio Tiquié (1904).

Em março daquele ano, ele ainda teve um breve contato com os Miriti-Tapuyo.[99] No final daquele mês, Koch-Grünberg e Schmidt, que viera de São Felipe, prosseguiram a viagem até a próxima maloca Desana. Ali, tal como nas próximas malocas Tukano, a coleção etnográfica foi consideravelmente enriquecida. Nelas o americanista notou as complexas relações entre Tukano e Maku, os últimos considerados pelos primeiros como seres de segunda ordem. Em todo o complexo do Alto Rio Negro, a viagem do americanista foi tangenciada pelos preceitos sociais cosmológicos de seus acompanhantes indígenas, aos quais precisou se adaptar. Determinados lugares, por exemplo, eram evitados, tal como o deveria ser o contato com algumas populações. Quando em determinada aldeia Tukano, em que havia presença de índios Maku em condição servil na qual eram tratados pelos mestres Tukano como "animais domesticados", o etnólogo não criticou o sistema social assimétrico, mas durante sua hospedagem toda teceu críticas morais aos Maku, taxando-os de "feios" com "expressão estúpida", entre outras colocações pouco lisonjeiras.[100] Ele não apenas assumiu a perspectiva Tukano sobre os Maku, dado o relacionamento amistoso que ocorreu entre eles, mas também teve uma percepção empírica filosoficamente guiada promovendo quase uma corroboração etnográfica da moral do senhor e do escravo de Nietzsche.[101] Ele não se compadeceu da miséria dos escravos, mas elogiou os justos e fortes senhores Tukano.

Ainda na aldeia Tukano, o etnólogo experimentou folhas de coca, tirou fotografias e conseguiu comprar o tambor. Tal como ocorrera anteriormente, quando, para adquirir as flautas mágicas *Koai*, ele inventou uma futura reunião com o governador do Amazonas, para negociar o tambor Tukano, foi preciso inventar uma estratégia de negociação. Para esconder dos Tukano sua ansiedade, que se notada poderia ser vantajosa para a outra parte, Koch-Grünberg incumbiu Schmidt de realizar a transação financeira. Em troca do tambor, Schmidt forneceu, entre outras coisas, machados e machetes. Tratava-se de uma peça gigante, conhecida em toda a região do Alto Rio Negro, e descrita pela primeira vez no século XVIII.

No dia 17 de abril, os expedicionários se despediram dos Tukano e prosseguiram viagem, alcançando, após alguns dias, uma aldeia Tuyúka.[102] Na noite da chegada dos expedicionários, houve uma festa com danças, para a qual os homens utilizaram um belo traje cerimonial (Imagem 60). Algumas "saias" usadas pelos Tuyúka foram coletadas e vendidas aos dois museus, de Belém e de Berlim, bem como instrumentos musicais usados na festa. O americanista forneceu uma rica descrição da festa de dança, dos cantos, dos trajes e até mesmo do efeito inebriante da bebida fermentada *Kaapi*, que se assemelharia ao haxixe. Eles permaneceram por oito dias nessa aldeia, adquirindo uma bela coleção etnográfica e dados de campo relevantes, no que diz respeito, sobretudo, às demarcações rituais da vida cotidiana. Para o etnólogo, o ciclo de vida entre os Tuyúka seria fortemente demarcado por rituais. Em 27 de abril, os expedicionários continuaram a viagem.

Imagem 60 – Homem Tuyúka em traje cerimonial (1904).

Acompanhado por alguns Tuyúka, os viajantes prosseguiram viagem até os Bará, os quais, segundo informantes, nunca haviam sido contatados por homens "brancos".[103] A caminho dos Bará, eles ainda passaram por uma maloca Tuyúka, em que Koch-Grünberg pôde observar as proibições rituais pós-parto e visualizar as enormes e poderosas flautas *Yurupari*. Infelizmente as placas das fotografias tiradas pelo autor foram danificadas, havendo apenas desenhos da festa. Trata-se de grande lástima, uma vez que a notoriedade das flautas antecede a expedição rio-negrina. Em *The Picture of Dorian Gray* (*O retrato de Dorian Gray*), de Oscar Wilde, publicado em 1890, o personagem do título coleciona instrumentos musicais distribuídos por entre povos e culturas, possuindo também "as misteriosas *juruparis* dos índios do Rio Negro".[104]

Koch-Grünberg participou ativamente da festa e inclusive tomou *Kaapi*, a "poção mágica", de efeitos delirantes.[105] A festa do *Yurupari* era, na interpretação do etnólogo, "mágica", pois visava curar as pessoas de doenças e até mesmo de feridas. Como ocorreu com os Baniwa, Siusí e Tukano, Koch--Grünberg teve uma relação muito positiva com os Tuyúka, de modo a oferecer uma descrição bastante elogiosa. Schmidt e ele ganharam novos apelidos: o primeiro, por causa de sua proximidade das índias, "macaco das mulheres"; o segundo, em decorrência da barba desgrenhada, "demônio" ou "espírito malvado" – apelidos pouco elogiosos, porém certamente perspicazes para classificar visitantes europeus.[106]

Durante sua estadia, além de participar das festas cerimoniais, o etnólogo anotou dados de antropologia física, fez estudos linguísticos (classificando a língua Bará como Betoya), estudou a arquitetura e disposição geográfica da aldeia e ainda enriqueceu a coleção etnográfica, sobretudo com adornos da dança. Os estudos de construção de malocas, empreendidos em vários grupos, não eram apenas muito inovadores para a sua época – pois antes de Koch-Grünberg esse assunto não fora abordado – como tornaram--se documentos para a história indígena. Sua única relação com a antropologia física eram as fotografias de tipos indígenas, as quais, entretanto, representavam somente uma fração de sua produção fotográfica. Apenas entre os Tuyúka, houve outras duas tímidas aproximações: a descrição corporal dos índios e a aquisição de mechas de cabelo de mulheres. O americanista não esclareceu os motivos para levar cabelos para Europa – para as mulheres das quais ele recebeu os feixes, afirmou que gostaria de mostrá-los para sua esposa, que tinha cabelo claro –, mas deve ser por conta da existência de cabelos encaracolados e cacheados entre elas. O pedido de seu colega Felix von Luschan de levar crânios, e de preferência com dentição completa, não foi atendido.[107] Materiais humanos, sobretudo crânios, continuavam a causar efeitos pela rede científica. Em 10 de maio, os expedicionários partiram para próxima maloca Bará, aonde chegaram no mesmo dia: "Agora estávamos entre os Bará, supostamente os canibais, dos quais Salvador Garrido nos alertou em São Felipe. Eles eram tão inofensivos e de bom caráter como os outros índios 'selvagens' que encontramos até aqui".[108] Ele obteve uma enorme zarabatana e flechinhas envenenadas, em concordância com seu interesse por técnicas de caça no Tiquié.

A caminho da próxima maloca, Koch-Grünberg ainda coletou orquídeas, pois, além das coleções etnográficas, ele também mantinha uma pequena coleção de ciências naturais, formada sobretudo por plantas e borboletas. Adquiriu também uma arara durante a expedição, que levou para a Alemanha. Ao visitar uma cachoeira acompanhado pelos Bará, o etnólogo decidiu que ainda exploraria o Rio Japurá, o qual navegaria até o Amazonas. No dia 19 de maio, os expedicionários se despediram dos Bará, chegando, três dias mais tarde, à aldeia Parý-Cachoeira, dos seus "amigos" Tukano.[109] Ali os expedicionários fizeram importantes aquisições para a coleção etnográfica, especialmente uma vestimenta ritual completa, comprada de um senhor idoso não mais completamente em suas capacidades mentais, em troca de uma calça horrivelmente velha. Em maloca próxima, pintados de jenipapo, eles participaram de uma festa de *Yurupari*. Ele também afirmou que os Tukano frequentemente lhe confessavam, acerca das flautas *Yurupari*, que elas seriam demônios, com diferentes nomes e diferentes vozes. As fotos que Koch-Grünberg tirou do ritual eram de má qualidade, pois foram realizadas apressadamente, porque as mulheres não podiam ver as flautas, e o ritual estava em vias de conclusão. Em 4 de julho, os expedicionários se despediram e retornaram para São Felipe, aonde chegaram dez dias mais tarde.

Do ponto de vista sociológico, a expedição de Koch-Grünberg se inseria em um complexo campo de disputas de micro e macrorrelações de poder, em que diversos agentes, tais como índios e seringueiros, tinham relevância formadora. O *boom* econômico do ciclo da borracha e a maciça presença de seringueiros colombianos e brasileiros na região são criadores das pressões contextuais em que a pesquisa de campo se inseriu. No entanto, essa dimensão supraindividual e macropolítica estava entrelaçada com as relações sociais entre índios e destes com os seringueiros, o que influía diretamente no trabalho de campo. Não era incomum, por exemplo, que o etnólogo fosse confundido de antemão com um seringueiro. Além disso, as tensões eram frequentemente transformadas em violência. Em março de 1904, por exemplo, ele tomou conhecimento de uma maloca que fora incendiada por *caucheros* colombianos. As dimensões contextuais são ressignificadas nas relações sociais que formam as redes de relações e, assim, aspectos extrarrelacionais e macrocontextuais são parte imanente das próprias relações. Ainda é preciso acrescentar que na região explorada havia uma notável constelação de guerras interétnicas. Alguns povos estudados por ele, como os Tariana, Kubeo e Maku, tinham amplo quadro de inimizades.[110] Somada às condições de campo, a concorrência entre os museus e dos etnólogos entre si criava uma

ASCENSÃO E DECLÍNIO DA ETNOLOGIA ALEMÃ (1884-1950)

atmosfera de pressão institucional. Do ponto de vista psicológico dos etnólogos, além da ambição (e de certa vaidade), da paixão e do comprometimento pela ciência, e da percepção de que o desenvolvimento profissional estava intimamente conectado com as expedições, a viagem de Koch-Grünberg indicou outro fator com efeitos para a etnologia. H. Singer, o editor da revista *Globus*, revelou um sentimento pouco nobre nutrido por colegas:

> Evidentemente aqui no museu também seguimos os seus passos com grande interesse, ainda que, aqui e ali, com um pouco de inveja. A última questão mal pode ser espantosa: os mais velhos temem que sua fama possa desvanecer diante dos novos homens, e os jovens lamentam que eles mesmos não podem viajar.[111]

Etnólogos torciam pelo sucesso das empreitadas dos colegas, seja por amizade, seja por coleguismo profissional, seja porque seus resultados poderiam beneficiar o desenvolvimento da disciplina como um todo. No entanto, sentimentos mesquinhos, como inveja ou alegria com os infortúnios alheios, eram intrínsecos às relações acadêmicas e constantemente enumerados nas correspondências.[112] O temor em perder importância acadêmica, a busca cega por benefícios institucionais e uma malha gigantesca de intrigas e tentativas de descrédito científico passarão, nos próximos anos, a desempenhar um papel determinante na produção americanista alemã. Assim, a produção intelectual etnológica, e em especial as etnografias, é resultado de uma constelação de condicionantes psicológicos e sociológicos para muito além da relação entre etnógrafo e povos estudados. Em direção às etnografias fluem as disputas e os interesses políticos, as formações acadêmicas, as relações institucionais e pessoais, bem como fatores psicológicos dos etnólogos e dos demais envolvidos. Se tomarmos como proposição correta o aforismo de Nietzsche de que não há fenômenos morais, apenas interpretações morais dos fenômenos, e que, por conseguinte, fenômenos não possuem valoração em si, mas que as interpretações são fornecedoras de significado, então é possível estender seu critério de avaliação para os fatos científicos, e em especial para as etnografias, que são as marcas diacrônicas pelas quais antropólogos buscam conferir aura científica às suas disciplinas: não há fatos científicos para além das suas possibilidades de interpretação e não há fatos científicos em vazio social.[113] As etnografias são resultados de múltiplas confluências e se situam na interconexão de uma complexidade de relações, como se fossem nós em uma imensa rede.

Bem, Koch-Grünberg não queria mais nem mesmo acatar as orientações gerais de von den Steinen, e os laços financeiros com o Museu, que tornariam a obediência ao chefe mandatória, foram rompidos, como explicitado em carta a ele:

> Eu já mencionei que me estariam meios suficientes à disposição, de modo que eu absolutamente não teria "arrumado dificuldades" para mim mesmo "através dessa mudança" e não sou obrigado a pedir auxílio ao museu. Eu friso aqui novamente que o perigo, a responsabilidade e os custos desse empreendimento do Rio Negro ficam a meu cargo.[114]

Os recursos financeiros antes inexistentes foram fornecidos pela família de sua noiva, Elsa Wasmuth. Koch-Grünberg e ela se encontraram poucas vezes antes de ficaram noivos, e o americanista prometeu deixá-la esperando por um ano e posteriormente antecipou-lhe mais um ano de ausência; mesmo assim, ela usou fundos familiares para financiar sua expedição. Os empréstimos da família Wasmuth, que seria ressarcida através da venda da coleção etnográfica, foram fundamentais para a pesquisa etnológica, pois, por meio da recém-conquistada independência financeira do Museu de Berlim, o americanista estava livre para escolher a região a ser explorada. Dessa forma, relações familiares e matrimoniais podem desempenhar, como o foi no caso de Koch-Grünberg, um papel muito mais relevante na carreira acadêmica do que as usuais páginas de agradecimento nas monografias denotam.

Não restaram opções a von den Steinen a não ser aceitar a desvinculação financeira e intelectual de Koch-Grünberg e tentar submetê-lo institucionalmente ao museu, para que este fosse devidamente creditado pelo sucesso do rebelde, bem como, de alguma maneira, subordiná-lo ao seu plano de explorar todas as províncias geográficas da América indígena. A resposta a ele é a que segue:

> Eu precisei aceitar o fato de o senhor ter abandonado o projeto Pano. No entanto, eu peço que o senhor registre que eu jamais considerei que o exame dos índios do Uaupés não é importante, mas eu sou, como dantes, da opinião de que as tarefas no Sul eram mais urgentes. Logo após sua partida, se considerou muito seriamente se no ano que vem seria possibilitado ao sr. dr. Max Schmidt que ele fosse ao Uaupés. Agora o senhor apostou em um empreendimento em vez de outro e tomara que o conduza ao menos com sorte e sucesso. Através disso, não houve alteração no fato objetivo da manifesta situação jurídica, que o senhor viajou e viaja em nome do

comitê etnológico e com apoio deste. Neste sentido nada mudou, mesmo que o senhor tenha acrescentado meios próprios, dos quais o senhor não sabia nada antes.[115]

A coleção etnográfica enviada por Koch-Grünberg chegou bem em Berlim, "com a única exceção de que, dos potes extraordinariamente mal empacotados, aproximadamente a metade, mais ou menos 48 peças, quebrou, em partes em pedaços pequenos".[116] A assertiva de von den Steinen era de que as decisões unilaterais prejudicaram seu plano geral, e assim também Max Schmidt, que intencionava estudar os povos do Uaupés. Na verdade, este estava gravemente adoecido desde dezembro de 1903, padecendo de tifo em uma cama na casa de seu pai em Hamburgo e, provavelmente, tinha pouco conhecimento dos eventos envolvendo seu nome.[117]

Se a relação entre pupilo e mestre estava tensa antes da primeira etapa da expedição, ao começo da segunda, ela estava quase irremediavelmente abalada. Preuss confirmou a delicadeza da situação em que von den Steinen se encontrava em Berlim e, dessa maneira, acrescentou, além da informação, uma pressão extra na empreitada de Koch-Grünberg.

> St. está evidentemente muito zangado que o senhor não tenha seguido suas ordens exatamente. Ele lamentou várias vezes a qual constrangimento sua maneira de agir desautorizada o levou, mas apresentou suas fotografias e um relato curto na Sociedade de Antropologia, sendo que suas fotografias foram referidas como "fornecidas pelo dr. Koch em nome do Comitê de Auxílio Etnográfico". Curiosamente ele mostrou pouco interesse pela sua coleção. Entretanto, eu acredito que o senhor pode se entender com ele após seu retorno, caso ele não tema ser colocado nas sombras pelo senhor.[118]

Assim, definitivamente rompida a submissão financeira ao Museu de Berlim, graças aos créditos infinitos da família Wasmuth e do cônsul alemão e empresário do setor borracheiro Oscar Dusendschön, Koch-Grünberg iniciou a sua terceira etapa no noroeste amazônico.

Terceira etapa: rios Negro, Uaupés e Cudiary

Em 4 de agosto de 1904, tendo se recuperado durante dois meses em São Felipe, período durante o qual ele fez uma visita ao empresário da borracha Pecil, Koch-Grünberg partiu para a terceira etapa de sua expedição, com destino à foz do Rio Cudiary, em território colombiano, via Uaupés. Após apenas alguns dias, os expedicionários alcançaram locais que outrora foram missões – às quais ele não teceu críticas. Em sequência de poucos dias, passaram por malocas de vários grupos indígenas, como os Tukano, Tariana, Arapáso e Pira-tapuyo, encontraram índios viajantes e depararam com petróglifos.[119] Nessa região, a fama do "dotoro" de São Felipe antecedeu a sua chegada. Por fim eles se assentaram por três dias, até 23 de agosto, na aldeia Yauareté dos Tariana no Rio Papurý, que era densamente habitado por grupos indígenas. Em decorrência da amplitude territorial percorrida pelo etnólogo, e pela consequente observação das práticas sociais de vários povos, o americanista, ainda que adverso às generalizações teóricas, promoveu uma embarcação geográfico-etnológica de certas práticas sociais, contribuindo, assim, para o estabelecimento da divisão dos povos ameríndios em áreas culturais. Ele circunscreveu, por exemplo, a caça ou a pesca, e seus instrumentos, no noroeste amazônico, abstraindo o caráter generalizado de uma densa descrição etnográfica e comparando elementos culturais entre os grupos indígenas englobados em cada região etnográfica. Isso revela não apenas um interesse intelectual do americanista pelas técnicas nativas, mas também um suporte epistemológico extremamente eficaz.

Em 23 de agosto, os expedicionários, acompanhados por remadores Tariana, deixaram a aldeia munidos de uma respeitável coleção etnográfica. Com muita dificuldade por causa da correnteza rápida do Uaupés e das muitas cachoeiras, eles passaram por malocas dos Tariana, Pira-tapuyo e Uiuá-Tapuyo até alcançar uma aldeia Uanana. Ali ocorria uma festa da flauta *Yurupari*, para a qual havia convidados de outras etnias. Um deles, um rapaz Kubeo, que Koch-Grünberg já conhecera no Rio Cuduiarý, convidou os expedicionários para sua aldeia. Em 5 de setembro, eles deixaram a aldeia para viajar até os Kubeo, grupo mais profundamente estudado na terceira etapa da expedição. A primeira estadia na maloca desse grupo durou apenas seis dias, mas o americanista teve a oportunidade de assistir a uma dança de máscaras, semelhante àquela presenciada no Rio Aiary. Em 11 de setembro, os expedicionários deixaram a maloca e, no dia seguinte, adentraram no Rio Querarý, onde ainda havia malocas Uanana.

Na região da cachoeira Tipiáca, com o grupo sendo guiado pelos Uanana, enormes petróglifos representando as máscaras borboleta e abutre (Imagem 61) foram encontrados. Os Uanana eram formados por entre 500 e 600 pessoas, divididas em aproximadamente 30 malocas. O americanista identificou que eles eram de língua Tukano e que chamavam a si mesmos de "Kotitia".[120]

Imagem 61 – Petróglifo no território dos Uanana (1904).

Durante os meses de setembro e outubro, os expedicionários passavam de cachoeira em cachoeira, de maloca em maloca, e de grupo em grupo. Eles depararam com outra maloca Kubeo, em que permaneceram por mais alguns dias. Para Koch-Grünberg, esses índios eram "pessoas intocadas" pela civilização europeia.[121] Através dos estudos linguísticos, o americanista determinou que os Kubeo eram falantes de Betoya, mas uma vertente muito próxima ao Tukano. Posteriormente, foi determinado que esse grupo verdadeiramente fala uma língua Tukano. Prosseguindo a viagem, os expedicionários alcançaram malocas dos Bahúna, Koróa, Pisá-tapuyo, Maku e outra vez Uanana.[122] As estadias nas malocas se assemelhavam: descanso e alimentação, festas e caxiri, estudos linguísticos e etnológicos, montagem da coleção etnográfica e fotográfica. Koch-Grünberg difundiu ali o apelido que Schmidt ganhara no Rio Negro, e assim o fiel escudeiro também ficou conhecido por "macaco das mulheres" na região do Uaupés.

As relações com os índios, salvo exceções marcadas por reprimendas por parte do americanista, que não aceitava o menor delito, eram amistosas. Alguns episódios esporádicos revelam, no entanto, a situação de tensão geral que predominava nas relações entre índios e não índios e também servem de testemunho de uma parte da história dos povos indígenas do Alto Rio Negro. Tal como ocorrera nas primeiras duas etapas da expedição, os povos visitados por Koch-Grünberg e Schmidt demonstravam invariavelmente grande temor dos seringueiros, sobretudo dos colombianos, por causa do histórico de violência.[123] A violência não era o único motivo de temor. Doenças também eram parte constituinte da relação negativa de índios e não índios. Muitas pessoas eram acometidas por uma doença de pele chamada de "purupurú", cuja contaminação foi atribuída por Koch-Grünberg ao contato com a sociedade dos brancos.[124] Em diversas visitas, os índios se certificavam, ao primeiro encontro, de que o etnólogo não apresentava "catarro". De acordo com ele, "Os Uanana, como a maioria das tribos indígenas, acreditavam que os brancos tinham lhes trazido o catarro".[125] Dado o histórico de doenças introduzidas, propositalmente ou não, por brancos entre as sociedades indígenas, a afirmação dos Uanana não era desprovida de fundamentação histórica e não era, portanto, uma mera crença. Catarro era uma metonímia bastante evidente para doenças infectocontagiosas das vias aéreas e do trato pulmonar. A imagem de um homem indígena alcoolizado, vestindo roupas europeias esfarrapadas e com a pele marcada por manchas brancas é a representação, para os americanistas alemães, do poder degenerativo que a civilização impõe sobre as sociedades indígenas. Quando Koch-Grünberg se referia, portanto, a uma população "intocada" pela maléfica civilização europeia, subentendem-se ameríndios que não tiveram nem os corpos e nem os espíritos maculados.

O americanista ainda encontrou outros grupos indígenas, como os Umáua, cuja língua ele identificou como Karib, e que se autodenominavam Hianákoto. Seus informantes Umáua revelaram-lhe os nomes dos grupos indígenas das redondezas, os quais ele, contudo, não visitou.

A viagem fluvial pelos rios Uaupés e Cudiary cobrou seu preço, sobretudo durante a viagem de volta a São Felipe. Ainda que alguns dos acompanhantes indígenas saíssem com algumas horas de antecedência para caçar ou pescar, com o tempo a falta de farinha e a dieta muitas vezes escassa em proteína causaram cansaço e desânimo, e alguns dos remadores estavam febris, provavelmente acometidos por malária. Ao final de outubro, os expedicionários e sua equipe de remadores, Bahúna e Umáua, entre outros, sofriam de fome e exaustão; no entanto, Koch-Grünberg, rico em experiências de sofrimento de viagem, calculara meticulosamente a conta para sobrevivência física – naquilo que estivesse ao seu alcance, pelo menos. Ele ainda possuía carne enlatada do Rio Grande do Sul e sopas pré-preparadas da marca Maggi. Com muita dificuldade, eles passaram a grande cachoeira Yuruparý, alcançando os Ihoädóuö e, na noite de 10 de novembro, os Pisá-tapuyo, onde o americanista foi recebido alegremente: "dotoro!".[126] No dia seguinte, os expedicionários chegaram novamente à aldeia Kubeo.

Eles permaneceram por algumas semanas na aldeia Namocolíba dos Kubeo, ao total por um mês na região. Koch-Grünberg fazia pequenas visitas a locais dos arredores, mas voltava após alguns dias para Namocolíba. O retorno para casa de seus remadores Umáua se deu após mais de uma semana. De princípio, ele mal conseguiu se levantar da rede, pois sofria de uma crise de malária. Nesse período o americanista observou as danças dos Umáua e a confecção das saias usadas nelas. Diferentemente de outras manifestações artísticas, os grafismos das saias apresentavam, segundo o americanista, significados semióticos. Cada parte representaria animais, como formigas, cobras e peixes; objetos, como machados europeus; ou mesmo demônios. A detalhada etnografia Kubeo ainda aborda esportes e brincadeiras de crianças, arte e petróglifos, cultura material e técnicas de produção, relações interétnicas (guerra e comércio), relações com animais, divisão sexual do trabalho, ciclo da vida, casamentos, xamanismo e endocanibalismo, além da mitologia, enriquecida com fotografias e termos nas línguas nativas. No entanto o foco principal foram as máscaras e seu uso. Ele não apenas descreveu minuciosamente e fotografou o processo de produção das máscaras, como também coletou quase 50 exemplares, vendidos para Berlim e Belém (Imagem 62).

Imagem 62 – Produção de máscara entre os Kubeo (1904).

As danças foram descritas e fotografadas; e suas canções, transcritas (Imagem 63). Koch-Grünberg registrou com sua máquina fotográfica o processo completo: todos os passos da confecção de máscaras, modelos posando vestindo-as, danças de máscaras. As fotografias enfatizam tanto as máscaras em si quanto a habilidade manual dos artistas. Outra função relevante dessas fotografias era agregar valor e profundidade epistemológica às coleções etnográficas, porque o etnólogo seria capaz não apenas de transmitir seu significado e uso social, mas também de fornecer informações detalhadas sobre a produção dos artefatos.

Imagem 63 – Máscara jaguar dos Kubeo (1904).

Na interpretação dele, as máscaras representavam esteticamente os demônios, que são incorporados nelas durante os rituais: "a máscara é para o índio o demônio".[127] Os demônios, que também podem ser chamados de espíritos, adentram no corpo dos dançarinos, e, para evitar a presença duradoura dos espíritos – já que exerceriam grande influência sobre a vida das pessoas, sendo responsáveis, por exemplo, pela morte –, as máscaras eram queimadas após as danças.

Entre os Kubeo, também existiam os "senhores" (*Herren*), ou donos das máscaras, que eram igualmente espíritos, mas "espíritos verdadeiros", *yuruparí-retaua*, em língua geral.[128] Além dos animais e demônios também havia anões. Comparando minunciosamente as danças fúnebres dos Kubeo do Caduary com as dos Káua do Aiary, bem como o conteúdo de suas canções, o etnólogo postulou semelhanças e concluiu reforçando sua teoria acerca dos valores mágicos das danças, apresentada no primeiro volume de sua monografia. Seu método é, evidentemente, indutivo e empírico, e se, na primeira parte de sua obra, ele apresentou sua conclusão de que as danças e os cantos são formas de enfrentamento dos espíritos e estímulos de fertilidade, na segunda parte, a generalização recebeu o suporte dos dados de campo recolhidos por ele mesmo em outra região do Rio Negro. Assim, "a força secreta que reside nas máscaras passa ao dançarino, faz dele mesmo um demônio poderoso e o capacita a expulsar [os demônios] ou torná-los favoráveis".[129]

Ele recolheu dezenas de desenhos feitos à mão por índios. Von den Steinen e Schmidt haviam feito a mesma coisa entre os Bakairi, por exemplo, e os desenhos representavam sempre padrões gráficos, animais e os próprios etnólogos. Os desenhos feitos pelos Káua e Kubeo, todavia, representavam os muitos tipos de máscaras produzidos por esses povos, assemelhando-se aos petróglifos observados por Koch-Grünberg no Alto Rio Negro, além dos padrões gráficos, dos seres humanos e não humanos. Não sem graça e ironia, os Kubeo fizeram um desenho do etnólogo se assemelhando a um demônio, exibindo um gigantesco pênis ereto. Ele reuniu, portanto, um número muito maior de desenhos que seus antecessores, e estes formavam um conjunto muito mais complexo. O americanista, contudo, não abstraiu uma teoria do seu material empírico, limitando-se a estabelecer conexões semióticas entre os diferentes tipos de manifestação artística e a frisar a presença marcante da arte no dia a dia dos povos indígenas. O elogio ao espírito artístico dos povos indígenas não deixa de expressar um pensamento herderiano: a arte é parte constituinte do espírito humano.

Seu intenso interesse por técnicas manuais não se limitou à produção de máscaras e outros objetos de cultura material, à caça e à pesca, mas também abrangeu indústria e agricultura. Ele não buscava saber por que os índios realizavam as atividades, mas como faziam-nas. As implicações epistemológicas de seu interesse são grandes: ele descreveu o cotidiano dos povos indígenas mais detalhadamente do que qualquer outro etnólogo. O cotidiano foi abordado por Koch-Grünberg muito graciosamente, porque ele tinha uma visão (protestante) muito positiva da vida doméstica. O preparo dos alimentos e o cuidado das crianças e dos animais; a camaradagem masculina à fogueira para conversar e fumar, bem como nas caças; a vidinha agradável e pacífica, ora interrompida pelas dramáticas danças de máscaras com seus cantos; além da tão presente arte, fê-lo sintetizar o cotidiano numa bela fórmula: "assim vemos que na vida doméstica dos índios absolutamente não falta poesia".[130]

Em 12 de dezembro, os expedicionários se despediram de seus amigos Kubeo para retornar, pela última vez, a São Felipe. Em 16 de dezembro, eles ainda alcançaram uma maloca Maku, onde estudos linguísticos foram realizados. Mesmo que anteriormente ele já tivesse se dedicado a essa empresa, informações adicionais eram bem-vindas, uma vez que as línguas Maku eram muito pouco estudadas até aquele momento. O Natal foi comemorado por Koch-Grünberg, Schmidt e os onze remadores indígenas às margens da cachoeira Yauareté, no Uaupés. A ideia de Koch-Grünberg celebrando o Natal na tranquilidade das sombras das árvores enquanto se dedicava à leitura de livros e cartas propaga a ideia de um intervalo idílico realizado durante uma expedição exaustiva. Até mesmo as selvas se acalmam diante da importância do Natal. É também a introdução do modo de vida da burguesia letrada no coração do mato: é possível ser culto e burguês em meio à natureza selvagem.

A caminho de São Felipe, comunicaram ao etnólogo que a casa de Don Germano tinha pegado fogo, bem como estábulos e outras construções de seu sítio. Documentos, diários, estudos e a coleção etnográfica foram poupados pelo fogo, que consumiu, no entanto, objetos destinados à troca, munição e espingardas no valor de mil marcos. Em 1º de janeiro de 1905, São Felipe foi alcançada.

Durante um pouco mais de um mês, Koch-Grünberg permaneceu em São Felipe descansando da fadiga da viagem e preparando-se para a etapa final de sua expedição. Durante os quase cinco meses em que esteve em campo, ele recebeu correspondências tratando das logísticas de sua viagem. Assim, o cônsul Oscar Dusendschön comunicou-lhe que sua permissão de ausência do museu foi estendida até abril de 1905, que o adiantamento de 500$000 lhe foi concedido e que as caixas contendo material etnográfico foram enviadas aos museus de Belém e Berlim e à sua noiva Elsa Wasmuth.[131] Depois que Koch-Grünberg já partira em direção ao Uaupés, Karl von den

Steinen enviou mais uma carta, justificando sua posição quanto à escolha do Purus, lamuriando-se que Max Schmidt foi prejudicado por Koch-Grünberg, pois ele já começara a estudar a região do Uaupés, mas reafirmando a aceitação da escolha feita pelo americanista teimoso.[132] Além disso: "Quero acrescentar com prazer que me alegro ao máximo pelo seu feliz sucesso e pelo seu esforço, e que não quero privar-lhe absolutamente do reconhecimento que lhe será feito".[133]

A remessa com material etnográfico Baniwa e Tukano chegou a Berlim, e o enorme tambor era, para von den Steinen, uma "peça esplendorosa".[134] O tambor Tukano, mais do que um objeto em circulação pela rede de americanistas, era um agente causador de ações e reações no circuito americanista. No universo das relações sociais, em que há menores e mais poderosas constelações, o tambor era uma espécie de meteoroide, que desvia de outros corpos, vagueia pelo espaço, deixa seus rastros e, quando atinge um planeta que o atraiu, causa impactos e marcas possivelmente duradouras. O próprio tambor tem uma historicidade que lhe fornece características distintivas: depois da viagem intercontinental realizada no início do século passado e de ter sido enviado ao Museu Etnológico de Berlim, ele foi transportado do prédio que conheceu – o qual foi seriamente danificado durante a Segunda Guerra Mundial (1939-1945), apesar de ter sobrevivido a ela – para um prédio novo na cidade, em Dahlem.

Em 6 de fevereiro, Koch-Grünberg despediu-se definitivamente de São Felipe e de Don Germano, que para ele foi "do início ao final um verdadeiro amigo e pai".[135]

Quarta etapa: rios Uaupés, Tiquié, Pira-Paraná, Apaporís, Japurá e Solimões

Para acompanhá-lo em sua viagem para casa, via território colombiano, Koch-Grünberg contratou dois remadores que o conduziram anteriormente, os "cachaceiros" Ignácio (Maku) e João Grande (Kurauá-tapuyo).[136] Rapidamente eles navegaram os rios Uaupés e Tiquié até alcançar, após 20 dias, a aldeia de Parý-Cachoeira, dos seus "velhos amigos" Tukano.[137] Após alguns dias, o etnólogo recebeu a visita de um rapaz Tukano que queria levar os expedicionários aos Tuyúka, que estavam magoados por não terem sido visitados por ele, o que foi impedido por um conterrâneo. A discussão entre os rapazes Tukano tomou proporções alarmantes e foi abafada por Koch-Grünberg, que, aos berros, expulsou os briguentos por "não tolerar tal barulho na maloca do meu amigo, o inspetor adoecido".[138] É notável com que facilidade Koch-Grünberg se refere a algumas pessoas, oriundas dos povos que ele estudou, como amigos. Não interlocutores, informantes ou algo do gênero. Simplesmente amigos. Pode ser um elemento retórico inerente à etnografia, que objetivava criar no leitor uma impressão de relacionamento mais profundo e íntimo com os índios, mas também pode ser um sentimento genuíno do americanista.

Enfim, após a estadia entre os Tukano, os expedicionários alcançaram os Bará em 8 de março e, quatro dias mais tarde, os Tsoloa. Nos próximos dias, o americanista encontrou muitas pessoas, a respeito das quais ele alegou nunca terem visto brancos antes. Por isso, forneceu os nomes étnicos atribuídos pelos Tukano: Tsoloa ou Hógolotsöloa, Yäbámaχsa, Doämaχsa, Tsáina, e depois, no Pira-Paraná, os Palänoa. Após uma embarcação afundar nas perigosas cachoeiras, e os expedicionários se aproximarem do território dos Huaíana, os remadores Tuyúka resolveram retornar para casa. Schmidt, Koch-Grünberg e sua arara chamada Baloká continuaram até alcançarem, quatro dias mais tarde, o Rio Apaporís. Os dias seguintes, até chegarem a uma aldeia Makuna, foram marcados por cansaço, fome intensa e tédio.[139] Não havia caça, pesca e nem mesmo sopas Maggi. Não havia mais distrações ou as brincadeiras do macaco das mulheres. Só havia chá preto. Até que eles encontraram um *cauchero* colombiano que os levou até os Makuna.

Os expedicionários permaneceram até dia 28 de março entre os Makuna, período em que Koch-Grünberg pôde "conhecer muita coisa nova".[140] Para o etnólogo, a língua Makuna se assemelharia à Buhágana. A arquitetura das malocas diferia daquelas das demais etnias da região do Rio Negro, o que levou o observador a tecer comparações entre as malocas dos Apaporís e Uaupés. Entre os Makuna, viviam algumas pessoas de outros grupos, como Yabahána, que falavam apenas Yahúna, língua Betoya, segundo ele. Nos poucos dias em que passou entre os Makuna, ele fez algumas observações etnográficas acerca dos adornos corporais, da *toilette* e da cultura material, que também foi adquirida. Como ocorreu entre os demais povos, fotografias foram tiradas. Nessa aldeia foi tirada a conhecida fotografia do etnólogo agachado entre seus acompanhantes Makuna, Yabahána e Yahúna (Imagem 64). Ela, aliás, apresenta alguns elementos interessantes. Novamente o grupo é composto exclusivamente de homens – o que pode ser explicado tanto porque sua equipe de remadores era toda masculina como pela dificuldade de ter contatos sociais com as mulheres. Um terceiro elemento constitutivo é a aparente intencionalidade de criar um vislumbramento da camaradagem masculina e da conquista de relações de afetividade e confiança com os ameríndios, o que era, e continua sendo, o símbolo por excelência do etnólogo. A masculinidade é também representada pelo uso das armas. Todos os homens portam-nas: os índios, as zarabatanas; o etnólogo, a espingarda – mesmo que esta fosse de uso exclusivo da caça. Koch-Grünberg está numa aldeia no meio do mato, sozinho entre os índios, descalço e barbudo; o inverso, portanto, de todas as maneiras, da foto que ele tirou no estúdio fotográfico em Manaus.

Imagem 64 – Koch-Grünberg entre os Makuna, Yabahána e Yahúna no Baixo Apaporís (1905).

As fotografias tiradas por Koch-Grünberg apresentam uma multiplicidade de temas e estilos. O etnólogo obteve, nos anos seguintes, o reconhecimento de seus pares como um profissional competente e relevante nesse tipo de manifestação artística. Sua atuação durante a expedição do Rio Negro constitui uma clara evolução desse recurso para a etnologia americanista.

Paul Ehrenreich se tornara o pioneiro da fotografia de grupos indígenas sem contatos durante sua viagem ao Rio Doce, quando ele privilegiou fotografias antropológicas e retratos de grupo. Esses dois tipos de registro também foram feitos por ele na segunda expedição ao Xingu de von den Steinen, somados às poucas imagens da situação de campo (como acampamentos), dos cientistas entre índios, dos índios exibindo adornos (cocares, por exemplo) ou exercendo alguma atividade. Um aspecto da monografia de von den Steinen que atualmente é pouco mencionado é a variedade de tratamento dado às imagens. Na expedição seguinte, aos rios Araguaia e Purus, Ehrenreich ampliou seu repertório de imagens, ao somar, aos tipos indígenas e aos retratos de grupo, índios mostrando adornos corporais. Destacava-se, sobretudo, sua capacidade de manipulação das placas fotográficas e das imagens em uma época em que a fotografia ainda estava em pleno desenvolvimento.

Max Schmidt também fez importantes contribuições para o uso da fotografia nas pesquisas etnológicas. Ele fotografou os ameríndios em situações espontâneas, mas também os objetos etnográficos colecionados, que reforçam suas descrições e análises. A ele também pode ser creditada a inclusão de imagens de paisagens naturais e urbanas na sua monografia.

Antes mesmo da virada do século, Koch-Grünberg, quando participante da expedição de Herrmann Meyer na condição de fotógrafo, já demonstrou sua capacidade de transpor um olhar etnográfico sensível para as lentes. Ele captou paisagens naturais e urbanas, os etnógrafos no campo e em situações cotidianas, mas também propôs uma fotografia conceitual em que a relação entre humanos e o meio natural é valorizada. Essa fase de formação desempenhou um importante papel na sua abordagem durante a expedição ao Rio Negro. Koch-Grünberg ampliou e complexificou consideravelmente o arranjo fotográfico e seu uso para a etnologia.

Erwin Frank propôs a classificação das fotos do americanista em quatro categorias: tipos indígenas, cultura material, "indígenas em ação" (exercendo qualquer tipo de atividade), retratos de grupos de índios.[141] Em se tratando do acervo fotográfico como um todo, essa classificação pode até ser apurada, mas ela ignora a versatilidade temática e a intencionalidade do americanista como fotógrafo, além de não problematizar o que significa "em ação", uma vez que, mesmo nas atividades cotidianas registradas por Koch-Grünberg, os modelos indígenas foram cautelosamente posicionados. A análise da monografia *Zwei Jahre unter den Indianern* revela oito e não quatro categorias: situações cotidianas no campo, paisagens naturais, tipos indígenas, objetos e peças etnográficas, índios exibindo ornamentos, técnicas indígenas, fotos de grupos, expedicionários em meio aos índios.[142]

As situações dos expedicionários em campo revelam, como apontado por Frank, as dificuldades da expedição.[143] No entanto, essas fotografias também têm como objetivo situar o leitor da monografia no universo da expedição

ASCENSÃO E DECLÍNIO DA ETNOLOGIA ALEMÃ (1884-1950)

como um todo, de forma a não o restringir às adversidades da viagem. Tanto que há fotografias das vilas, como aquela de São Felipe, e também dos expedicionários se alimentando ou descansando, conforme, por exemplo, a foto de Natal no acampamento da cachoeira Yauareté. As fotos do cotidiano não são absolutamente desprovidas de beleza poética e exprimem a conceituação da relação entre os humanos e a natureza. A fotografia de um dos expedicionários, Schmidt ou Koch-Grünberg, e vários homens carregando uma embarcação cachoeira acima demonstra não apenas o método usado para transporte de objetos numa região cujo rio é rico em cachoeiras ou o esforço feito pelo etnólogo durante a expedição, mas também a ideia geral de que parte do trabalho de campo é uma batalha contra a natureza. Esta não pode ser vencida: as cachoeiras imponentes são impassíveis; o que resta aos homens é escapar de sua fúria.

Sobre o mesmo princípio se sustenta parte das fotografias das paisagens naturais. Na monografia há muitas imagens de cachoeiras e rios. O foco delas é o objeto retratado em si: a existência da natureza alheia à vontade humana; ela se comporta de acordo com suas próprias leis. Em outras fotografias das paisagens naturais, Koch-Grünberg não buscou informar a existência de determinado fenômeno, mas transmitir a sua visão do fenômeno, como em fotos tiradas de dentro das embarcações, em que parte delas é visível nas imagens. O foco não está no objeto em si, mas em sua apreensão. Não está na existência, mas na experiência. Por meio dessa dicotomia, ele criou uma dinâmica em que o leitor ora é um observador onipresente, com capacidade de observação do quadro geral, ora é onisciente, observando a realidade através da visão do etnólogo.

As fotografias de tipos indígenas, as de cultura material e as dos índios ornamentados formam um conjunto triádico. Nas fotografias de tipos indígenas, os modelos estão pouco vestidos e sem adornos rituais, posicionados à frente de panos brancos ou tapumes de palha, separando-os do ambiente, muitas vezes de forma malsucedida. Para as fotos de cultura material, os objetos foram cuidadosamente circunscritos, de modo a haver nada mais do que eles nas imagens. Nas fotografias em que os índios são apresentados trajando ornamentação ritual, não há nenhuma preocupação em criar um rompimento com o ambiente. É notória a maloca ao fundo, e o objetivo é mostrar o conjunto de adornos. No primeiro caso, o enfoque é sobre o corpo dos índios, no segundo sobre os objetos, no terceiro sobre os corpos com objetos. O primeiro conjunto de imagens é pura natureza; o segundo, pura cultura; o terceiro, natureza e cultura.

Koch-Grünberg, entretanto, compartilhava do ideal de Herder e Bastian quanto à unidade física da humanidade e, assim, era avesso à classificação humana em raças. A intenção era, então, promover um mapeamento geográfico-antropológico das estéticas humanas. Frank afirma que Koch-Grünberg tinha uma noção pouco precisa da antropologia física, porque na época essa disciplina ainda se encontrava em franco desenvolvimento.[144] No entanto, essa afirmação não condiz em absolutamente nada com a documentação da historiografia da antropologia física, como apontado nos capítulos anteriores. Em 1885, Virchow discutia antropologia física com base em dados de campo do Brasil, e, em 1897, Ehrenreich lançou um livro dedicado a essa disciplina. Como veremos logo mais, na época de Koch-Grünberg, uma nova geração ocupava a antropologia física na Alemanha, e o americanista tinha uma abordagem bastante límpida das suas intenções quanto às fotografias antropológicas, que ele sustentou até o final de sua vida.

As imagens de grupos indígenas diferem das fotografias de antropologia física. Não há o rígido posicionamento diante dos separadores de ambiente; são simplesmente imagens de um grupo de pessoas, tais como aquela foto do Congresso de Antropologia. Através destas, o etnólogo buscava tornar as descrições visualmente apreensíveis, e elas se inserem no conjunto das fotos de paisagens naturais e urbanas e das situações de campo, porque são tentativas de transmitir ao leitor a experiência etnográfica da forma mais imediata possível. As fotos em que Koch-Grünberg posa com seus amigos indígenas transmitem, nas palavras de Frank, a "interação etnográfica" do etnólogo com os índios.[145] Elas revelam a intimidade, a amizade e a convivência, mas também legitimam a autoridade etnográfica de Koch-Grünberg.[146] As fotos de técnicas, por fim, se inserem no quadro do interesse geral do americanista por habilidades e técnicas nativas e do seu aporte epistemológico, epistemológico, que privilegia o processo ante os motivos da concretização de fenômenos, e também, como notado por Frank, na transmissão da experiência etnográfica, o que ocorria ao apresentar os ameríndios em situações cotidianas em *snap shots*, as fotos do momento vivido.[147]

Enfim, em 28 de março, os expedicionários retomaram o caminho para casa, acompanhados por remadores Yabahána e alguns Yahúna de carona, cuja maloca logo mais foi alcançada e em seguida uma dos Kuschìita-Yahúna, onde o americanista declarou ter encerrado sua estadia entre os índios livres. Em abril os expedicionários chegaram a um assentamento de *caucheros* colombianos, em que índios Uitóto, Miránya, Hianákoto e Tsahátsaha viviam em condição de escravidão.[148] Eles permaneceram até 16 de abril no acampamento, tempo durante o qual Koch-Grünberg realizou pesquisas linguísticas entre os escravos indígenas e acertadamente classificou a língua Uitóto como isolada. A caminho do Rio Amazonas, os expedicionários ainda encontraram alguns índios Opaina, um subgrupo dos Yahúna, dos quais o americanista adquiriu algumas máscaras. Do Apaporís, eles navegaram até o Japurá, onde toparam com um pequeno grupo de índios Kokáma, de língua Tupi. Após mais alguns dias, Koch-Grünberg, Schmidt e os remadores Yahúna adentraram no Rio Amazonas, de onde os dois primeiros navegaram com um barco a vapor até a vila de Tefé e então até Manaus, aonde chegaram em 4 de maio.

A situação dos índios no acampamento *cauchero*, somada à violência e ao medo, que Koch-Grünberg observou no Brasil e na Colômbia, fê-lo tecer, em sua monografia, duras críticas aos tratamentos aos quais os povos indígenas eram submetidos nesses países e também à civilização europeia como um todo, em um tom pessimista, denunciatório e enfurecido:

> Mal se passaram cinco anos desde que eu permaneci no Caiarý-Uaupés. Quem for para lá hoje, não encontrará mais meu idílio. O hálito pestilento de uma pseudocivilização avança sobre os homens marrons desprovidos de direitos. Como bandos de gafanhotos que a tudo destroem, as multidões desumanas de seringueiros se espalham cada vez mais. Os colombianos já se fixaram na foz do Cudiary, levando meus amigos para longe dentro dos mortíferos seringais. Atos brutais de violência, maus-tratos e homicídios estão na ordem do dia. No Baixo Caiary os brasileiros também não agem melhor. As aldeias estão abandonadas, as casas estão em escombros, e das poucas plantações, que carecem de mãos cuidadosas, a floresta selvagem toma posse novamente.
> Assim uma raça forte, um povo com esplêndida predisposição de espírito e caráter, é destruída. Um material humano capaz de desenvolvimento perece pelas brutalidades desses modernos bárbaros culturais.[149]

A denúncia foi mais incisiva do que aquela promulgada por von den Steinen. Alguns aspectos merecem atenção especial: ele referiu-se aos índios como uma "raça". Esse termo, entretanto, não deve ser compreendido como uma adequação à pseudociência antropológica, mas como uma tentativa de demarcar uma unidade do homem americano, contraposto aos seus vizinhos colombianos e brasileiros. Nessa oposição se situa também o termo "modernos bárbaros culturais". Os índios não são modernos porque seus sistemas sociais se situam alheios aos desenvolvimentos capitalistas, diferentemente dos seringueiros colombianos e brasileiros, que são parte de Estados modernos. Rotulá-los de "culturais" é novamente uma oposição aos índios, que são povos naturais, *Naturvölker*. Isso não significa que, para Koch-Grünberg, os ameríndios sejam aculturais. Pelo contrário, ao ecoar Herder, para o americanista é válida a afirmação de que todos os povos possuem culturas, uma vez que a unidade psíquica e física da humanidade se apresenta na diversidade de culturas. Os povos nativos e às margens do capital têm, contudo, uma relação mais profunda com a natureza. Contrariando praticamente toda a antropologia de sua época, na relação entre nativos e não nativos, os selvagens são os segundos, não os primeiros. O conceito de cultura era empreendido de forma dupla pelo americanista. Possuir cultura também era sinônimo de cultivado no humanismo, e, por essa razão, haveria camadas populacionais incultas em todos os povos. Os bárbaros modernos não eram os índios, mas aqueles que cometiam atrocidades.

Em Manaus, Koch-Grünberg despediu-se de seu fiel companheiro de viagem Kariuatinga, o macaco das mulheres, Otto Schmidt, com quem ele intensamente compartilhou os dois anos de sua vida no Rio Negro. Eles não tornaram a se ver. Os frutos da expedição foram imponentes: 1.300 objetos etnográficos, aproximadamente 1.000 fotografias e vocabulários de 40 línguas e dialetos indígenas.[150] Os resultados da pesquisa levaram-no a cunhar categoricamente, em sua monografia *Zwei Jahre unter den Indianern*, que sua expedição não era meramente uma "viagem de coleta" de objetos etnográficos, embora esse tenha sido explicitamente o objetivo no contrato entre ele e o Museu de Berlim.[151] Essa sentença ecoou pelo museu como um murro na mesa de von den Steinen. De volta à sua terra natal, Koch-Grünberg recebeu uma carta do mestre desejando-lhe as boas-vindas à Alemanha e informando a morte de Bastian.[152]

Notas

[1] Koch-Grünberg, 1900.

[2] "[...] wohlvorbereiteter und aus practischen Erfahrungen bereits bewährter Mitarbeiter [...]." Adolf Bastian a Theodor Koch-Grünberg, 16.01.1901, ES Mr, A1, K6-01K4.

[3] "Ich möchte gern, soweit ich vermag, helfen, Sie dauernd der Ethnologie zu gewinnen." Karl von den Steinen a Theodor Koch-Grünberg, ES Mr, A1, K6-01K2.

[4] Wilhelm Hein a Theodor Koch-Grünberg, 21.11.1901, ES Mr, A1.

[5] Kraus, 2004a, p. 35.

[6] Koch-Grünberg, 1902.

[7] Richard Andree a Theodor Koch-Grünberg, 19.09.1902, ES Mr, A1.

ASCENSÃO E DECLÍNIO DA ETNOLOGIA ALEMÃ (1884-1950)

[8] Estatuto da Berliner Gesellschaft für Anthropologie, Ethnologie und Urgeschichte, 16.01.1902, ES Mr, A1, K6-01K1.

[9] Gesellschaft für Erdkunde zu Berlin a Theodor Koch-Grünberg, 15.07.1899, ES Mr, A1, K6-01K2.

[10] Cf. Díaz de Acre, 2005.

[11] "[...] für eine Sammelreise Gelder flüssig zu machen." Karl von den Steinen a Theodor Koch-Grünberg, 29.10.1909, ES Mr, A1, K6-01K2.

[12] Jan Bohls a Theodor Koch-Grünberg, 13.01.1903, ES Mr, A1.

[13] "Reise-Instruktion für Herrn Dr. Theodor Koch." Ethnologisches Hilfskomité a Theodor Koch-Grünberg, 20.03.1903, ES Mr, A1, K6-01K2.

[14] Fonte disponível em <https://soundcloud.com/christiane-starck/elsa-theo>. Acesso em 24/2/2018.

[15] "Ich wünsche Ihnen noch einmal zum Abschied vom Museum in Ihrem und in unserem Interesse reichen Erfolg, gute Gesundheit und frohe Unternehmungslust. Setzen Sie Ihren ganzen Ehrgeiz auf eine schöne Sammlung." Karl von den Steinen a Theodor Koch-Grünberg, 20.04.1903, ES Mr, A1, K6-01K5.

[16] "Ob Sie gut thun, sich unter diesen Umständen für den Juruá zu entscheiden, können Sie nur in Manaos selbst feststellen." Karl von den Steinen a Theodor Koch-Grünberg, 22.04.1903, ES Mr, A1, K6-01K7.

[17] Koch-Grünberg, 1906a, p. 165.

[18] *Idem, ibidem.*

[19] *Idem, ibidem.*

[20] Sanjad, 2005, *passim.*

[21] *Idem*, p. 186.

[22] "Insofern wird Ihnen das Anbieten des Herrn Goeldi wohl lockend erschienen sein. Ich kenne Goeldi nicht, und weis über seine Persönlichkeit nichts. Ich weiss aber, dass es sehr selten ist, dass ein Ausländer in einem südamerikanischen Staate es fertig bringt, dass ein Museum nach ihm genannt wird. Tüchtig ist er sicher in hohem Grade." Wilhelm Sievers a Theodor Koch-Grünberg, 02.07.1903, ES Mr, A1, KG01-K5.

[23] Wilhelm Sievers a Theodor Koch-Grünberg, 27.08.1903, ES Mr, A1, KG 01-K5.

[24] "Hier ist nur unter den grössten Schwierigkeiten zu arbeiten möglich." Robert Lehmann-Nitsche a Theodor Koch-Grünberg, 07.06.1902, ES Mr, A1.

[25] Ballestero, 2018, p. 11.

[26] "[...] eventuell grosse Schwierigkeiten geschaffen. Denn die Geldmittel sind, wie Sie wissen, ausdrücklich für den Purús-Ucayali beantragt und bewilligt. Ihre Aufgabe waren die Pano, und innerhalb des gewaltigen Gebiets, um das es sich handelt, hatten Sie freien Spielraum." Karl von den Steinen a Theodor Koch-Grünberg, 18.07.1903, ES Mr, A1, KG 01-K7.

[27] "Ueber die reichen Aussichten, die sich in dem Rio Negro-Gebiet vor Ihnen aufthun, bin ich ausserordentlich erfreut. Nur darüber kann ich auf keine Weise fortkommen, dass Sie eine durchaus andere Aufgabe angegriffen haben als diejenige, die Ihnen gegeben ist. Ich halte an der bestimmten Hoffnung fest, dass Sie die Pános nach wie vor als Ihr eigentliches Ziel im Auge behalten [...]." Karl von den Steinen a Theodor Koch-Grünberg, 05.11.1903, ES Mr, A1, KG 01-K7.

[28] Koch-Grünberg, 1909, p. III; 1910.

[29] Valentin, 2009, pp. 3-5.

[30] Tanto os Baré quanto os Baniwa, que se autodenominam Walimanai, são povos de língua Aruaque.

[31] Koch-Grünberg, 1909, p. 17.

[32] Os Uanana são de língua Tukano e chamam-se a si mesmos de Kotiria. Maku efetivamente é um grupo linguístico e a nomenclatura para diversos povos indígenas. Em decorrência da diversidade de povos de língua Maku, é difícil especificar a qual povo Koch-Grünberg se refere, uma vez que não fornece informações mais pontuais.

[33] Kraus, 2018, p. 111; Shepard Jr. *et al.,* 2017, p. 777.

[34] Para uma análise certeira da postura de Koch-Grünberg perante seringueiros, remeto a Kraus, 2018.

[35] Koch-Grünberg, 1909, p. 30.

[36] *Idem*, p. 34.

[37] Wright, 2005, pp. 206-207.

[38] Kraus, 2018, pp. 110-111.

[39] Felix Stegelmann a Theodor Koch-Grünberg, 11.05.1903, ES Mr, A1, KG 01-K1; Sáez, 2006, p. 228.

[40] Anônimo a Theodor Koch-Grünberg, 18.07.1903, ES Mr, A1, KG 01-K6.

[41] Kraus, 2018, p. 107.

[42] Koch-Grünberg, 1909, p. 43.

[43] Os Siusí correspondem aos atuais Walipere-dakenai, um dos diversos subgrupos Baniwa.

[44] Koch-Grünberg, 1909, p. 50.

[45] *Idem*, p. 55.

[46] Os Huhúteni, também um subgrupo Baniwa, são hoje em dia conhecidos por Hohodene.

[47] Koch-Grünberg, 1909, pp. 39-40.

[48] *Idem*, p. 85.

[49] *Idem*, p. 59.

[50] *Idem*, p. 93.

[51] *Idem*, p. 94.

[52] *Idem*, p. 231.

[53] Kraus, 2018, p. 117.

[54] Koch-Grünberg, 1909, p. 69.

[55] *Idem*, p. 186.

[56] Os Káua são atualmente conhecidos por Maulieni e também são um subgrupo Baniwa.

[57] Os Kubeo autodenominam-se Kubéwa ou Pamíwa.

[58] Sobre a refutação dos enunciados científicos, confira o clássico Popper, 1972 [1934], p. 44 e ss.

[59] Sua relação com o difusionismo ou a doutrina dos círculos culturais (*Kulturkreislehre*), que será posteriormente delineada, era bastante crítica, e a associação dos americanistas alemães a essa corrente de pensamento se deve mais à sua recepção no Brasil do que é formalmente expresso em suas obras.

[60] Koch-Grünberg, 1909, p. 130.

[61] *Idem, ibidem.*

[62] *Idem*, p. 131.

[63] *Idem*, p. 132.

[64] Van Gennep, 2014 [1909], p. 29 e ss.

[65] Koch-Grünberg, 1909, p. 132.

[66] Arnold van Gennep a Theodor Koch-Grünberg, 16.10.1907. ES Mr, A2.

ASCENSÃO E DECLÍNIO DA ETNOLOGIA ALEMÃ (1884-1950)

[67] "Nur scheint es mir, wie ich es in meiner Recension ausführlicher sagen werde, dass Zeichnungen von sog. Dämonen oder von Masken, welche in religiösen Zeremonien gebraucht sind, nicht ohne Bedeutung sein können, da doch diese Objekte gerade wie Dämonen 'heilig', das ist 'gefährlich', im übernatürlichen Sinne, sind." Arnold van Gennep a Theodor Koch-Grünberg, 04.10.1907. ES Mr, A2.

[68] "Ihre Ethnographie ist für mich u.a. höchstinteressant in Betreff auf die Hochzeit etc. Zeremonien, ich finde darin eine gute Bestätigung meiner Rites de Passage-Theorie." Arnold van Gennep a Theodor Koch-Grünberg, 24.01.1910. ES Mr, A7.

[69] Koch-Grünberg, 1909, p. 135.

[70] *Idem*, p. 138.

[71] *Idem, ibidem.*

[72] *Idem*, p. III.

[73] *Idem*, p. 138.

[74] *Idem*, p. 139.

[75] *Idem, ibidem.*

[76] *Idem*, pp. 139-140.

[77] Os Tariana, que se autodenominam Taliaseri, também são de língua Aruaque.

[78] "O que é natural não é vergonhoso". *Turpia* pode ser traduzido também por "feio", "sujo" e "indecente"; no entanto, uma vez que se refere ao comportamento desembaraçoso dos índios e pela sua disposição natural, a opção por "vergonhoso" é contextualmente mais apurada.

[79] Koch-Grünberg, 1907.

[80] *Idem*, 1909, p. 168.

[81] "Ihren freundlichen Vorschlag nun eventuell eine Duplikat-Serie aus Ihren Ethnographica von Içana und Uaupés für unser Museum auszuthellen, nehme ich natürlich mit großer Freude an." Emílio Goeldi a Theodor Koch-Grünberg, 16.03.1904, ES Mr, A1, K6 – 01K6.

[82] "[...] unter der Bedingung, dass er nach seiner Rückkehr nach Manáos sofort seine eigentliche Aufgabe im Purús- und Ucayali-Gebiet aufnimmt." Karl von den Steinen a Oscar Dusendschön, 12.01.1904, ES Mr, A1, K6 – 01K5.

[83] *Apud* Kraus, 2004a, pp. 73-74.

[84] "Eine besondere Komplikation zur Aenderung Ihres Reiseprojekts ist endlich dadurch geschaffen worden, dass Erland von Nordenskiöld in diesem Jahr ganz ähnliche Ziele verfolgen wird. Er ist am 6. Januar von Southampton mit zwei Gefährten – Dr. Holmgren (Zoologe) und Lieut. Bildt – abgefahren, nachdem er die Tage vorher in Berlin zugebracht hat." Karl von den Steinen a Theodor Koch-Grünberg, 12.01.1904, ES Mr, A1, K6 – 01K7.

[85] "Sie müssen im Auge behalten, dass die meisten Leute in den Ucayali von Peru aus hineingekommen sind, und dass Nordenskiöld jetzt von Bolivien aus vorrückt, dass also das konkurrenzfreieste Gebiet für Sie im Norden und Nordwesten des oberen Purús oder zwischen Purús und Madre de Dios liegen dürfte." Karl von den Steinen a Theodor Koch-Grünberg, 12.01.1904, ES Mr, A1, K6 – 01K7.

[86] Lowie, 1933, p. 158.

[87] *Idem, ibidem.*

[88] Lindberg, 1997, p. 2.

[89] "Es ist ja auch sicher, dass er dort erstklassiges Material von allergrösstem Interesse finden wird; aber er hat offenbar gar keine ethnographische Schulung, noch weniger linguistische! Er ist und bleibt in seinem Herzen doch Geologe." Karl von den Steinen a Theodor Koch--Grünberg, 12.01.1904, ES Mr, A1, K6 – 01K7.

90 Karl von den Steinen a Erland Nordenskiöld, 10.11.1903, GU; Karl von den Steinen a Erland Nordenskiöld, 03.12.1903, GU.

91 "[...] sehr gespannt, Ihre Ausbeute aus dem eigentlichen unberührten Indianergebiet zu erfahren." Konrad Theodor Preuss a Theodor Koch-Grünberg, 04.02.1904, ES Mr, A1, K6 – 01K5.

92 "St. war über die Änderung Ihrer Reisepläne ziemlich ergrimmt und fing immer wieder und wieder von der Sache an. Aber ich zweifle nicht, dass schliesslich alles nur vom Erfolge abhängt. Dann müssen ja alle Stimmen schweigen. Und Sie werden ja wohl auch noch die Ucayali-Purus-Route aufnehmen, nachdem Sie die viel versprechende Rio Negro-Fahrt hinter sich haben. Hoffentlich sind Sie mit Geld reichlich versehen, denn die Abhängigkeit von St. gutem Willen muss schrecklich sein, obwohl es selbstverständlich ist, dass er Ihnen auf jeden Fall hilft, sobald Sie im Grossen [und] Ganzen seine Intentionen befolgen." Konrad Theodor Preuss a Theodor Koch-Grünberg, 04.02.1904, ES Mr, A1, K6 – 01K5.

93 "[...] wertvolle Sammlung [...] wird es Prof. V. d. Steinen leicht sein, weitere Mittel flüssig zu machen." Felix von Luschan a Theodor Koch-Grünberg, 29.06.1903, ES Mr, A1, K6 – 01K7.

94 Os Tukano, de língua homônima, autodenominam-se Ye'pâ-masa ou Daséa.

95 Koch-Grünberg, 1909, p. 235.

96 Autodenominados Umukomasã, os Desana são falantes de Tukano.

97 Koch-Grünberg, 1909, p. 244.

98 *Idem*, p. 245.

99 Os Mirity-tapuya são de língua Tukano.

100 Koch-Grünberg, 1909, pp. 269-271.

101 Nietzsche, 2009 [1887].

102 Os Tuyúka autodenominam-se Utapinopona e são falantes de uma língua do Tukano oriental.

103 Koch-Grünberg, 1909, p. 311. Os Bará, que são de língua Tukano, autodenominam-se Waípinõmakã.

104 Wilde, 2011 [1890], p. 97.

105 Koch-Grünberg, 1909, p. 318.

106 *Idem*, p. 317.

107 Felix von Luschan a Theodor Koch-Grünberg, 29.06.1903, ES Mr, A1, K6 – 01K7.

108 Koch-Grünberg, 1909, p. 328.

109 *Idem* p. 339.

110 Wright, 2005, pp. 86-89.

111 "Natürlich verfolgt man auch hier am Museum Ihre Schritte mit grossem Interesse, wenn auch hier und da mit etwas Neid. Letzterer ist ja auch kaum verwunderlich: die älteren fürchten, dass ihr Ruhm vor neueren Männern verblassen könnte, und die jüngeren bedauern, dass sie nicht selbst reisen können." H. Singer a Theodor Koch-Grünberg, 22.03.1904, ES Mr, A1, K6 – 01K6.

112 Existe um termo para esse prazer cruel em alemão: *Schadenfreude*, literalmente, "alegria do dano".

113 Nietzsche, 2003 [1886], §108.

114 *Apud* Kraus, 2004a, pp. 118-119.

115 "Mit der Thatsache, dass Sie das Pano-Projekt aufgegeben haben, habe ich mich abfinden müssen. Ich bitte jedoch daran festhalten zu wollen, dass ich die Untersuchung der Uaupés-Indianer niemals für unwichtig gehalten habe, sondern nur nach wir vor der Ansicht bin, dass die Aufgaben im Süden dringender waren. Es war sofort nach Ihrem Abgang sehr ernst-

ASCENSÃO E DECLÍNIO DA ETNOLOGIA ALEMÃ (1884-1950)

lich in Betracht gezogen worden, ob es sich im nächsten Jahre ermöglich lasse, dass Herr Dr. Schmidt zu den Uaupé ginge. Sie haben nun an Stelle des einen Unternehmens ein anderes gesetzt und führen es hoffentlich wenigstens mit Glück und Erfolg weiter durch. Dadurch ist nach selbstverständlicher Rechtslage keine Aenderung in der Thatsache eingetreten, dass Sie im Auftrag und mit Unterstützung des Ethnologischen Komites gereist sind und reisen. Es ändert hieran auch nichts, ob Sie hierbei eigene Mittel, von denen Sie vorher nichts wussten, hinzugezogen haben." Karl von den Steinen a Theodor Koch-Grünberg, 13.06.1904, ES Mr, A1, K6 – 01K7.

[116] " [...] mit der einen Ausnahme, dass die ausserordentlich schlecht verpackten Töpfe ungefähr zur Hälfte, etwa 48 Stück, zerbrochen und zum Teil in kleine Stücke zerbrochen sind." Karl von den Steinen a Theodor Koch-Grünberg, 13.06.1904, ES Mr, A1, K6 – 01K7.

[117] H. Singer a Theodor Koch-Grünberg, 22.03.1904, ES Mr, A1, K6 – 01K6; Karl von den Steinen a Theodor Koch-Grünberg, 12.01.1904, ES Mr, A1, K6 – 01K7.

[118] "St. ist natürlich sehr aufgebracht, dass Sie nicht seine Ordre genau befolgt haben. Er bedauerte mehrmals, in welche Verlegenheit ihn Ihre eigenmächtige Haltungsweise bringe, hat aber Ihre Photographien und einen kurzen Bericht in der Anthropologischen Gesellschaft vorgelegt, wobei Ihre Photographien als 'beschafft von Dr. Koch im Auftrage des Ethnol. Hilfskomitees' fungierten. Für Ihre Sammlung ha er sich merkwürdigerweise wenig interessiert. Indessen glaube ich wohl, dass Sie sich nach Ihrer Rückkehr mit ihm verständigen können, falls er nicht etwa fürchtet, von Ihnen in den Schatten gestellt zu werden." Konrad Theodor Preuss a Theodor Koch-Grünberg, 21.05.1904, ES Mr, A1, K6 – 01K5.

[119] Esses dois últimos grupos também são de língua Tukano.

[120] Koch-Grünberg, 1910, p. 75.

[121] *Idem*, p. 80.

[122] Mais tarde o americanista descobriu que os Bahúna são um subgrupo dos Maku.

[123] Koch-Grünberg, 1909, pp. 35, 55, 145, 225-226; 1910, pp. 56, 69, 100, 103, 109, 120, 251, 313.

[124] *Idem*, 1909, pp. 51, 82-84.

[125] *Idem*, 1910, p. 109.

[126] *Idem*, p. 110.

[127] *Idem*, p. 173.

[128] *Idem*, p. 176.

[129] *Idem*, p. 196.

[130] *Idem*, p. 245.

[131] Oscar Dusendschön a Theodor Koch-Grünberg, 29.07.1904, ES Mr, A1, K6 – 01K6; Oscar Dusendschön a Theodor Koch-Grünberg, 30.07.1904, ES Mr, A1, K6 – 01K6; Oscar Dusendschön a Theodor Koch-Grünberg, 31.08.1904, ES Mr, A1, K6 – 01K6; Oscar Dusendschön a Theodor Koch-Grünberg, 20.09.1904, ES Mr, A1, K6 – 01K6.

[132] Karl von den Steinen a Theodor Koch-Grünberg, 27.10.1904, ES Mr, A1, K6 – 01K7.

[133] "Ich will mit Vergnügen hinzufügen, dass ich mich Ihres glücklichen Erfolges und Ihres Fleisses auf's Höchste freue und Ihnen die Anerkennung, die Ihnen gebührt, durchaus nicht vorenthalte." Karl von den Steinen a Theodor Koch-Grünberg, 27.10.1904, ES Mr, A1, K6 – 01K7.

[134] "[...] ein Prachtstück [...]." Karl von den Steinen a Theodor Koch-Grünberg, 27.10.1904, ES Mr, A1, K6 – 01K7.

[135] Koch-Grünberg, 1910, p. 257.

[136] *Idem*, p. 257.

[137] *Idem*, p. 259.

[138] *Idem*, p. 259.

[139] Os Makuna também são de língua Tukano e se autodenominam Yeba-masã.

[140] Koch-Grünberg, 1910, p. 280.

[141] Frank, 2010, pp. 159-160. Para o autor, o acervo fotográfico de Koch-Grünberg é apenas minoritariamente composto de imagens da natureza. Não é o que se observa nas monografias.

[142] Koch-Grünberg, 1909; 1910.

[143] Frank, 2010, p. 157.

[144] *Idem*, p. 163.

[145] *Idem*, p. 158.

[146] Cf. Clifford, 1988.

[147] Frank, 2010, p. 170; Hempel, 2009, p. 205.

[148] Os Witoto são falantes de uma língua isolada homônima. A língua Miranha é parte da família linguística Bora. Os Hianákoto e Tsahátsaha, também conhecidos por Umáua, eram falantes de Karib.

[149] Koch-Grünberg, 1910, p. 319.

[150] Hempel, 2009, p. 198.

[151] Koch-Grünberg, 1909, p. II; "Reise-Instruktion für Herrn Dr. Theodor Koch." Ethnologisches Hilfskomité a Theodor Koch-Grünberg, 20.03.1903, ES Mr, A1, K6-01K2.

[152] Karl von den Steinen a Theodor Koch-Grünberg, 04.04.1905, ES Mr, A1, K6 – 01K7.

3.

A morte do "filósofo meditativo"
e o americanismo alemão

Adolf Bastian faleceu em 1905 em Port of Spain (Trinidad e Tobago), quando aos 79 anos de idade retornava de mais uma expedição, dessa vez ao Caribe. Apenas no século XX, era a sua segunda grande viagem, pois, entre 1901 e 1903, ele retornara à Índia. Em sua homenagem ao grande mestre da etnologia alemã, Karl von den Steinen relatou que os membros das duas sociedades de Berlim, a de geografia e a de antropologia, já haviam se acostumado à ausência de seu mais notável membro.[1] Além das anedotas sobre a personalidade retraída e os hábitos singulares do velho mestre, o americanista enumerou suas viagens e seus livros e não se absteve de salientar a escrita obscura e complicada que caracteriza sua vasta e às vezes confusa obra.[2]

Da mesma maneira que Bastian ocultava-se do museu, desaparecia para suas expedições mundo afora: "Há aproximadamente 14 dias Bastian realmente sumiu outra vez. Ele levou um estenótipo e uma máquina de escrever consigo, de modo que se sentirá bem onde quer que desembarque. Ele mesmo não sabia informações mais precisas sobre seu destino de viagem. Pensou na 'linha do Equador'".[3] Em um desses retornos inesperados, narrou von den Steinen a Boas, Bastian "já me deu uma palestra sobre a alma, não é a nossa *psyche*, mas a Ψ. αἰσθητικη de Aristóteles, a que chamamos assim".[4] Trata-se, de certa maneira, de uma reinterpretação de um ponto fundamental da filosofia antropológica de Bastian. Conhecido por considerar a unidade física da espécie humana, opondo-a às concepções pseudocientíficas racistas da virada do século, Bastian também advogava por um conceito que unia transcultural e a-historicamente a humanidade. Sua concepção de *Elementargedanke*, o pensamento mais elementar produzido pela mente, pressupunha a existência de um modo de operação racional único e imanente ao funcionamento da mente, que se transformaria em diferenças culturais através dos "pensamentos étnicos", os *Völkergedanken*. O que une os homens, portanto, é a lógica intrínseca ao modo de racionalizar alguns fundamentos presentes em todas as constituições mentais, lógica essa passível de transformação e exposta em expressões étnicas de pensamento. A ideia de que a unidade humana se expressa na diversidade cultural e de que a diversidade é possibilitada pela unidade da mente humana foi apreendida por Bastian a partir de Herder.

A etnografia de salvação promulgada por Bastian, de acordo com a qual era preciso coletar o máximo possível de objetos etnográficos mundo afora, dado que os povos tradicionais desapareciam diante do poder do capitalismo e da cultura europeia, mas também sua ânsia em recolher índices dos pensamentos elementares, explicitados em números e mitos, entre outras expressões culturais, tornaram-se agenda de pesquisa dos etnólogos do Museu de Berlim, como do próprio von den Steinen.

Os resultados de pesquisa de antigos pupilos, como Franz Boas, continuavam interessando-o pelo seu potencial. Von den Steinen comentou com seu amigo Boas: "Ele perguntou calorosamente pelo senhor, ele te ama muito. Seus esquimós têm um montão de pensamentos elementares".[5] Isso significa que a "palestra" de Bastian sobre a alma humana aciona mais um elemento ao complexo arranjo conceitual que caracteriza seu pensamento. O conceito de "Ψυχή αἰσθητικη", *psiqué aisthetiké,* é exposto na complicadíssima obra aristotélica *De Anima.* Muito resumidamente, quase levianamente, *De Anima* é um tratado de filosofia natural, em que Aristóteles investiga o princípio de vida do ser animado, um ser dotado de *psykhê*, que se opõe ao ser inanimado.[6] Entre os seres dotados de alma, Aristóteles inclui plantas e animais, além dos humanos, por compreender que a nutrição de si está no fundamento das manifestações de vida.[7] A cada uma dessas classes de seres, humanos, animais e plantas, correspondem determinadas características da alma, dado que ela é potência e seus atributos são as capacidades dos seres.

Com "Ψυχή αἰσθητικη", *psiqué aisthetiké,* Bastian refere-se a uma das potências da alma, a de αἴσθησῐς, *aisthésis,* que pode ser traduzida por "percepção sensível", e é a aquisição de conhecimentos através dos sentidos.[8] A noção de percepção sensível é fundamental para a noção de alma e a de corpo do filósofo grego, além de ser relevante para compreender a capacidade de quem percebe e as qualidades do que é percebido. Assim, para Bastian, o que é universal, portanto, natural, no gênero humano, não é apenas o modo de funcionamento da mente e sua capacidade de gerar distinções culturais,

ASCENSÃO E DECLÍNIO DA ETNOLOGIA ALEMÃ (1884-1950)

mas também certos atributos da alma. Caberia aos investigadores da obra de Bastian buscar em seus escritos tardios a influência de Aristóteles e, caso necessário, rever algumas de suas disposições teóricas à luz da filosofia natural aristotélica. Aliás, segundo von den Steinen, a concepção apriorística de humano adotada por Bastian origina-se em Aristóteles: o homem é um animal político.[9]

Nos últimos anos de sua vida, quando Bastian não viajava, ele preferia a reclusão aos encontros científicos. Von den Steinen o descreveu como um homem diligente e sério, inteiramente dedicado à etnologia: "Nenhum intelectual alemão viajou mais, leu mais ou escreveu mais".[10] Apesar dos 25 anos de viagem ao redor do mundo, e do *modus operandi* etnográfico de certa maneira adaptado por von den Steinen, este não considerava Bastian um etnólogo, mas um "filósofo meditativo" que usava material empírico para seus estudos de "psicologia étnica" (*Völkerpsychologie*). Quando na Alemanha, trabalhou incansavelmente no "seu amado" Museu Real de Antropologia de Berlim, além de contagiar jovens promissores como Karl von den Steinen e Theodor Koch-Grünberg com seu espírito entusiasmado, conquistando-os para a etnologia.[11]

Bastian não apenas foi decisivo na alteração da rota de vida de von den Steinen, mas também o impactou significativamente. Mais de uma década após o falecimento do velho mestre, von den Steinen escreveu emocionado a Boas: "Anteontem Bastian teria feito 90 anos. Quem ainda pensa nele? Dizem que seu túmulo parece muito negligenciado".[12] Aos seus pupilos, Bastian atribuía "tarefas altas e raras".[13] Para formar o seu "quadro da humanidade" e em decorrência da visão pessimista que o fazia crer no fim iminente da diversidade cultural, ele encorajava que seus alunos visitassem com urgência os cantos mais remotos da Terra e coletassem objetos e pensamentos: "Salvem! Salvem! Antes que seja tarde demais!".[14] A consequência desse incentivo e das subsequentes pesquisas era não apenas o estabelecimento da etnologia profissional na Alemanha e uma ampla composição de monografias sobre povos isolados ou pouco contatados, como os do Brasil Central e noroeste amazônico, mas também a estocagem de largas coleções etnográficas no Museu de Berlim. No entanto, como revelado por Penny, no início do século, o Museu de Berlim já não comportava mais o volume das coleções.[15] As salas de mostra ao público estavam cada vez mais abarrotadas de objetos, impedindo tanto a apreciação do público quanto qualquer possibilidade de fins pedagógicos que as "exposições para exibição" (*Schausammlungen*) pudessem ter. Mas isso não era grande problema para Bastian, que considerava a participação do público irrelevante e advogava pelos museus enquanto centros de pesquisa.[16] Muitos etnólogos estavam incapacitados de estudar suas coleções – o que era parte constitutiva do método de Bastian –, pois, além da falta de ordem, muitas coleções permaneciam por anos nas caixas nas quais haviam sido enviadas do exterior.[17] O velho mestre constantemente pedia ao governo por ampliação do espaço do museu, para que as coleções fossem mais bem dispostas para a pesquisa etnológica. O acúmulo de cultura material no Museu de Berlim se deve não apenas aos etnólogos que recolhiam os objetos no trabalho de campo, mas também ao monopólio de recebimento, sustentado por Berlim e garantido por lei imperial, bem como aos roubos cometidos pela Alemanha nas suas colônias, ou até mesmo em países livres. A expedição punitiva britânica ao Reino do Benin, na África Oriental, que em 1897 culminou em massacres, capitulação de seu Estado soberano e subsequente anexação ao Império Britânico, foi desfrutada por exploradores alemães que participaram do saque de quase 2.800 artefatos religiosos de bronze. Destes, 1.027 objetos foram para museus britânicos e 1.118 para os alemães, divididos entre os museus de Berlim (580), Hamburgo (196), Dresden (182), Leipzig (87) e Colônia (73).[18] As buscas gananciosas por objetos de bronze por alemães prosseguiram até 1910, ano em que o africanista Leo Frobenius (1873-1938) conduziu uma expedição.

O Museu de Berlim, no entanto, também foi criticamente avaliado pelo seu próprio *staff*. Karl von den Steinen não apenas era chefe da seção americanista, mas conhecia bem outras instituições europeias, que frequentava para realizar sua pesquisa sobre material etnográfico das Ilhas Marquesas, além de museus norte-americanos, como os museus etnográficos de New York e Philadelphia, o Field-Museum em Chicago, o National Museum em Washington e o Peabody-Museum em Boston. As visitas de von den Steinen aos museus norte-americanos causaram impacto intelectual, notório nos artigos em que descreve suas experiências.[19] Ele reportou que, se os americanistas europeus não empregarem todos os meios possíveis, o futuro dos estudos dessa região se alocará nos Estados Unidos; as coleções migrarão para lá, junto com todo o conhecimento que pode ser apreendido delas. Ele questionava-se até quando teria sentido hospedar congressos na Europa, dada a quantidade de estudiosos residentes na América do Norte. Também detalhou a "Jesup North Pacific Expedition" (1897-1902), liderada por Boas. A expedição já havia impressionado o americanista antes mesmo de sua conclusão, de tal sorte que ele escreveu a Boas convidando-o para apresentar uma palestra no Congresso Alemão de Geografia e a Jesup reafirmando a importância dessa exposição.[20]

ASCENSÃO E DECLÍNIO DA ETNOLOGIA ALEMÃ (1884-1950)

Ao comparar as pesquisas etnológicas e os museus norte-americanos com seus correspondentes alemães, von den Steinen frisava que as instituições alemãs tinham como única vantagem possuir coleções mais completas oriundas de mais partes do globo. No entanto, em termos de organização e estruturação, os museus e a etnologia alemã estavam tão atrasados em relação aos Estados Unidos que meramente tomar parte nos debates científicos norte-americanos seria vantajoso aos intelectuais alemães, porque, dado o estado da arte, o mundo acadêmico estadunidense estava além do poder de compreensão dos germânicos. O americanista também notou a relação entre instituições museais alemãs e as elites financeiras e políticas locais – tão bem analisada por Glenn Penny.[21] O conde Karl von Linden, primeiro diretor do Linden Museum em Stuttgart, teria instrumentalizado o Congresso dos Americanistas, que ocorrera 1904 naquela cidade e que fora presidido por von den Steinen, com o único objetivo de angariar fundos para seu museu e propagar seu nome. Linden teria manipulado, segundo von den Steinen, as relações econômicas na cidade de tal maneira, que impediu o fluxo financeiro para outros lugares que não o museu.[22] Além disso, o americanista discutia com seus colegas sobre a situação dos museus na Alemanha e alhures. A Boas, por exemplo, von den Steinen pediu detalhes do planejamento – plano geral, fotos, detalhes das salas – do museu que o colega alemão intencionava construir nos Estados Unidos.[23] Em contrapartida, Boas questionou o amigo sobre a vida financeira do Museu de Berlim.[24] A visão de von den Steinen era desoladora: o "nosso miserável orçamento anual mal é suficiente para a compra de uma única coleção decente".[25]

Quando Bastian faleceu, portanto, a etnologia alemã passava por importantes mudanças. O Museu de Berlim continuava sendo um dos maiores e mais relevantes de sua categoria, mas já não era mais uma referência internacional de excelência. Além disso, elites regionais – visando à constituição de legados e à manutenção de *status* – e políticos locais – que queriam transformar suas cidades em metrópoles cosmopolitas – financiavam museus municipais, que alteravam os padrões de museologia. As demandas das elites financiadoras (pela exposição privilegiada de doações, por exemplo), a frequência de visitação e as reações do público passaram a lançar sombras sobre a importância das funções científicas dos museus e do colecionismo.[26]

A morte de Bastian fora precedida pela de seu professor e amigo Rudolf Virchow e pela de seu opositor Friedrich Ratzel. Virchow falecera em 1902, aos 80 anos, em Berlim, e, em 1904, Ratzel finou-se em Ammerland com 59 anos de idade. Os três mais importantes estudiosos da ciência do homem, o antropólogo Virchow, o filósofo Bastian e o geógrafo Ratzel, faleceram em um período de três anos. Não apenas suas mortes criaram a necessidade de preenchimento dos espaços institucionais que deixaram vagos, mas a ausência desses estudiosos no cenário acadêmico alemão permitiu a valorização de ideias e teorias novas. Se suas vidas tiveram impacto na antropologia, suas mortes também o tiveram. Os três advogavam pela concepção herderiana da unidade mental da humanidade. Bastian e Virchow eram críticos ferrenhos das teorias pseudocientíficas do racismo e defendiam uma visão liberal da ciência, embasada nos modelos igualitários da Primavera dos Povos.[27] Virchow era um convicto opositor do colonialismo, Bastian tinha uma visão favorável embora crítica da empresa colonial, e Ratzel era um incentivador entusiasmado.[28]

A geração que os substituiu era menos idealista e não compartilhava dos fundamentos filosófico-epistemológicos de Virchow e Bastian, nem dos de seus discípulos Ehrenreich e Karl von den Steinen, ou ainda dos pupilos destes, Max Schmidt e Koch-Grünberg. Assumiam posições de destaque no cenário acadêmico e museal alemão intelectuais educados que mantinham relações pragmáticas com o colonialismo. As ideias humanistas liberais e cosmopolitas da geração de Bastian foram substituídas por atitudes centradas em relações comerciais com a vasta rede em que os museus estavam inseridos, fundamentadas sobretudo em apreciações capitalistas das instituições museais.[29]

Assim, em 1904, Georg Thilenius (1868-1937), médico e livre-docente em anatomia, tornou-se diretor do Museu de Antropologia de Hamburgo.[30] Thilenius empreendeu expedições para a Tunísia e o Pacífico Sul, mas seus grandes feitos se situam no âmbito da atividade museal: a ascensão do Museu de Hamburgo e a organização de uma expedição às ilhas do Pacífico Sul, que eram colônias alemãs, entre 1908-1910. Em 1908, foi fundado o instituto colonial de Hamburgo (Hamburger Kolonialinstitut), com fundamental participação de Thilenius.

O Grassi-Museum de Leipzig passou a ser comandado, a partir de 1906, por Karl Weule (1864-1926).[31] Weule era doutor em geografia e, antes da virada do século, trabalhara no departamento de Oceania do Museu de Berlim. Em 1906, ele empreendeu uma expedição para uma colônia do Império Alemão no continente africano, Deutsch-Ostafrika ("África Oriental Alemã"), território atualmente correspondente a Ruanda, Burundi e Tanzânia.

Nesse mesmo ano, foi inaugurado o museu de antropologia de Colônia, com o descomplicado nome Rautenstrauch-Joechst-Museum, em homenagem a Wilhelm Joechst, cuja coleção originou o acervo da instituição, e à sua irmã

ASCENSÃO E DECLÍNIO DA ETNOLOGIA ALEMÃ (1884-1950)

Adele Rautenstrauch, que realizou a doação dos objetos. Da inauguração até 1925 seu diretor foi Willy Foy (1873-1929), que, nos próximos anos, terá um papel importante no estabelecimento de uma escola teórica alemã, a "doutrina dos círculos culturais" (*Kulturkreislehre*).[32]

Um dos discípulos de Bastian e Virchow, o antropólogo físico Felix von Luschan, responsável pela aquisição das peças do Benin pelo Museu de Berlim e autor de uma obra enorme sobre elas, alcançou papel de destaque na sua disciplina.[33] Em 1900 Luschan, que era médico, doutor em filosofia e livre-docente em antropologia física, tornou-se docente dessa ciência na Universidade de Berlim. Além de suceder a Bastian na direção-geral do museu, de 1904 a 1910, foi diretor do departamento de África e Oceania do Museu Real de Antropologia da capital alemã, a mais prestigiosa seção, justamente por conter as coleções das colônias alemãs.[34] A atuação de Luschan, tanto como acadêmico quanto como burocrata, era bastante abrangente e englobava publicações em áreas desde etnografia e antropologia física até fotografia, bem como aquisição de coleções, sua organização e exibição. Por causa disso, ele também teve relações próximas com os agentes coloniais alemães para promover seus interesses na antropologia.[35]

A mudança geracional contribuiu, portanto, decisivamente também para mudanças no cenário museal. Museus de antropologia focavam cada vez mais em espécimes de antropologia física em detrimento das coleções etnográficas – o que, por um lado, alinhava-os a conceitos em voga, como raça; e, por outro, estava em consonância com as transformações políticas dos interesses científicos e o aprofundamento do interesse colonial alemão.[36] As teorias e os discursos raciais adaptaram-se e fundamentaram epistemologicamente o colonialismo alemão, e os museus lentamente tornaram-se vitrines para a ciência colonial, a antropologia física e as teorias pseudo-científicas do racismo.[37]

Além de Luschan, outros antropólogos físicos relevantes no cenário acadêmico eram o filho de Virchow, Hans Virchow (1852-1940) em Berlim; Gustav Fritsch (1838-1927) e Wilhelm Krause (1833-1910) em Breslau; e Otto Ranke (1880-1917) em Heidelberg. Dois antropólogos físicos não se limitaram ao mundo acadêmico, mas transportaram suas pesquisas ao cerne das políticas de extermínio nazistas: Otto Reche (1879-1966) e Eugen Fischer (1874-1967). Reche estudou com Thilenius em Hamburgo e tornou-se docente em seu instituto colonial. Nos anos 1920, ele se envolveu com estudos raciais e promoveu políticas de higiene racial, tornando-se membro do Partido Nazista (NSDAP) e de várias instituições de pesquisa racial do na-

419

zismo. Ele era o responsável por aplicar testes de germanização em crianças polonesas. Fischer fez pesquisas de campo anatômicas nas colônias alemãs na África, foi docente de antropologia na Universidade de Berlim e presidente do Instituto de Antropologia, Pesquisas de Hereditariedade Humana e Eugenia (Kaiser-Wilhelm-Institut für Anthropologie, menschliche Erblehre und Eugenik).[38] Ele foi responsável por denunciar muitos de seus colegas judeus na universidade. Como membro do partido, participou de uma pesquisa acerca da "questão judaica".[39] Enfim, Reche e Fischer foram membros ativos do colonialismo e do nazismo. Não se trata de casos individuais: havia, segundo Zimmerman, continuidade de práticas do colonialismo ao holocausto, como a aquisição de membros dos corpos de prisioneiros em campos coloniais e nazistas e de vítimas dos respectivos extermínios.[40]

Gingrich sustenta que, nas primeiras duas décadas do século XIX, a antropologia física angariava prestígio (e financiamento), impulsionada primeiramente pelo interesse político nas colônias alemãs e em seguida por seu aspecto de respeitabilidade científica.[41] No mesmo período, a etnologia também se voltava cada vez mais para as colônias alemãs na África e na Oceania. Considerando então a história da antropologia na Alemanha e o seu desenvolvimento, parece muito certeira a interpretação de Vermeulen, para quem "a antropologia não nasceu no contexto colonial, mas se desenvolveu dentro dele".[42]

O estabelecimento desse tipo de antropologia na Alemanha foi determinante para as pesquisas americanistas no Brasil, pois, com a predominância de estudos ligados à empresa colonial, a etnologia americanista se tornava cada vez mais marginalizada. Havia menos financiamentos para pesquisa, e os orçamentos mais apertados causavam expedições menos abrangentes. Com exceção da homérica viagem ao extremo norte brasileiro executada pelo teimoso Koch-Grünberg entre 1911-1913, todas as demais expedições após a viagem ao Rio Negro foram dirigidas a regiões previamente estudadas: as bacias dos rios Xingu (Max Schmidt em 1910 e 1928) e Araguaia (Fritz Krause em 1908 e Wilhelm Kissenberth em 1909-1910). Os interesses dos museus alemães em adquirir coleções americanistas também diminuíram perante o avanço colonial. A etnologia americanista, que teve um majestoso princípio com von den Steinen e seu auge epistemológico com Koch-Grünberg, principiou a ocupar um nicho modesto na antropologia alemã, espremido entre antropologia física e as pesquisas colonialistas.[43] Havia, evidentemente, etnólogos nesse período que não se enquadravam nessas categorias: não eram nem antropólogos físicos, nem ligados à empresa colonial, e também não eram americanistas. André Gingrich situa entre esses intelectuais Ernst Grosse (1862-1927), especializado em culturas asiáticas e interessado em arte; o etnólogo economista Eduard Hahn (1856-1928); Alois Musil (1868--1944), que também era orientalista; e o casal especializado em antropologia jurídica Julius (1895-1950) e Eva Lips (1906-1988).[44] Gingrich ainda contempla os escritos etnológicos produzidos por pensadores marxistas, notadamente Rosa Luxemburgo e Karl Kautsky (1854-1938).

Os americanistas alemães foram fortemente influenciados por Bastian e Virchow, a despeito de leituras particulares e interesses individuais, tal como ocorreu a tantos etnólogos dessa geração, de Luschan a Boas. Mas, nos primeiros anos do século XX, esse já não era mais o quadro todo. A crescente retirada de cena de Bastian, seguida de sua morte e da de Virchow, e o direcionamento da antropologia física e da etnologia ao colonialismo, além de influentes obras do final do século passado, alteraram o paradigma teórico da antropologia na Alemanha. As teorias de Ratzel, sobretudo no que diz respeito à difusão de cultura material e imaterial, se tornavam mais influentes – contudo, não apenas diretamente, mas também por meio de uma releitura singular proposta por Leo Frobenius, que teve seu doutorado rejeitado e estava às margens institucionais. Zimmerman relata que, a partir da década de 1880, ele publicava livros de viagem à África com regularidade.[45] Mesmo pesquisando no Museu de Berlim, Frobenius rejeitava o modelo empirista de Bastian, que ele considerava demasiado catalográfico, e em vez disso defendia que etnólogos devessem atentar ao desenvolvimento das culturas. Inspirado pelas ciências naturais, Frobenius atribuía patamar orgânico às culturas, que possuíam um ciclo de vida semelhante ao dos seres vivos. Assim, na obra *Der Ursprung der afrikanischen Kulturen* (*A origem das culturas africanas*), publicada em 1898, ele revelou seu particular interesse pelo contato entre as culturas e os resultados dos encontros culturais.[46] Seu argumento principal é que os elementos culturais eram transmitidos de uma sociedade para a outra e que o estudo das sociedades no presente também reflete sua história, uma vez que seria possível seguir o curso dos elementos e reconstituir as histórias dos povos. Através desse método histórico-etnológico, seria possível estudar a história da humanidade, porque cada elemento cultural também seria "um documento da história mundial".[47] Frobenius logo descartou esse método, que ele mesmo julgava excessivamente mecânico, mas continuou a pesquisar contatos culturais e semelhanças entre fenômenos culturais na África, entre seus tantos interesses intelectuais, como arte, mitologia e religião, morfologia social, cultura material, história nativa, e assim por diante.[48]

Em 1904, dois etnólogos alemães apresentaram palestras na reunião da Sociedade Berlinense de Antropologia, Etnologia e Pré-História (Berliner Gesellschaft für Anthropologie, Ethnologie und Urgeschichte) que causariam, nas palavras de Zimmerman, uma verdadeira revolução disciplinar na Alemanha, por mover definitivamente o direcionamento da antropologia do empirismo idealista de Virchow e Bastian a uma abordagem metodológica histórico-cultural.[49] Fritz Graebner (1877-1934) e Bernhard Ankermann (1859-1943) eram curadores no Museu de Berlim e trabalhavam sob supervisão de Luschan. Graebner trabalhou ali de 1899 a 1906, ano em que seu uniu a Willy Foy no estabelecimento do Museu de Colônia. Ankermann foi contratado em 1897 e seguiu carreira no Museu de Berlim. Anos mais tarde, ele se tornou diretor do departamento africanista e, em 1925, aposentou-se. Ambos, portanto, eram membros do Museu de Berlim no mesmo período em que Frobenius pesquisava nessa instituição, e todos eram dirigidos por Luschan.

As palestras de Graebner e Ankermann foram publicadas em 1905 na *Revista de Etnologia* (*Zeitschrift für Ethnologie*), por ironia da história, na mesma edição que continha o necrológio em homenagem a Bastian, escrito por Karl von den Steinen, entre outros colegas.[50] Assim, em suas respectivas palestras, Graebner e Ankermann propuseram, inspirados pelo trabalho de Frobenius, citado nominalmente, e com base nas coleções do Museu Real de Antropologia de Berlim, que etnólogos estudassem as culturas nativas por meio de um método analítico que fornecia a circunscrição dedutiva de elementos materiais e imateriais em "círculos culturais" (*Kulturkreise*) e "estratos culturais" (*Kulturschichten*). Haveria, por exemplo, os círculos papuásios oriental e ocidental, o círculo melanésio, e assim por diante. A existência de cada círculo era proposta com base nas semelhanças culturais, tanto materiais quanto imateriais. É notório que para isso algumas questões etnográficas relevantes no final do século XIX fossem citadas, como os arcos, no que tange à cultura material, e o direito materno, no que diz respeito à cultura imaterial. Para o caso africano, os elementos culturais não poderiam ser aglomerados e circunscritos, dada a alta sobreposição da aparição de elementos culturais, formando assim estratos. Os elementos formadores do "círculo africano ocidental" seriam tão heterogêneos e de distribuição geográfica tão complexa que este só poderia ser considerado um círculo em determinados aspectos e em contraposição a outras regiões, como Madagascar, por exemplo, de modo que essa região também deveria ser compreendida com um estrato. Em seguida, etnólogos se dedicariam a compreender a difusão dos círculos e estratos pela história, contemplando assim toda a história cultural humana.

Graebner incentivou os pesquisadores a irem além das "aparências" (*Erscheinungen*) culturais de determinado povo e se aprofundarem nas "histórias culturais das regiões isoladas, também desprovidas de registros escritos ou de camadas pré-históricas".[51] O método de Graebner fazia buscas "tateando por pistas das conexões culturais".[52] Nesse sentido, sua proposta diferia da de Frobenius, para quem, na interpretação de Graebner, as conexões culturais eram dadas *a priori*, e sua metodologia não era composta pela sua busca de relações, mas pela sua análise. Graebner, portanto, advogava pela constituição de um novo programa de pesquisa, fundamentado em uma etnologia radicalmente diferente daquela praticada e estimulada por Bastian, para quem, a despeito das conexões e relações entre culturas, a tarefa da etnologia era catalogar as formas do pensamento humano. A epistemologia difere: observação dos princípios de pensamento entre povos isolados para Bastian, busca por conexões históricas entre círculos culturais para Graebner. E também a finalidade da pesquisa é diferente: sistematização de todas as formas de pensamento humano para compreender a unidade mental exposta pela diversidade cultural para Bastian *versus* a proposta de Graebner de explicar o estado atual de todas as culturas através de suas relações. Mais amplamente, os materiais oceânico e africano sugeriam que, de alguma maneira, todas as culturas atuais tivessem tido, em determinado momento da história, contatos que tivessem moldado seu estado atual. Ainda que involuntariamente, Graebner transportou para a etnologia a Lei de Conservação das Massas, cunhada por Antoine Lavoisier (1743-1794) na afirmação de que "nada se cria, nem nas operações de arte, nem naquelas da natureza, e pode-se propor o princípio de que, em qualquer operação, há uma quantidade igual de matéria antes e depois da operação, que a qualidade e quantidade de princípios é a mesma, e que existem apenas mudanças, modificações".[53]

Para a doutrina dos círculos culturais de Graebner e Ankermann, que apresenta uma ramificação específica do difusionismo, criado por Ratzel e Frobenius, não havia criações individuais, apenas transformações de elementos, conforme eles migram de uma cultura para a outra. Essa proposta opõe-se, ao mesmo tempo, a Bastian (e se alinha a Ratzel) e afasta-se do evolucionismo britânico. Naquela velha querela a respeito das invenções independentes dos elementos culturais, Ratzel compreendia que os bens culturais se difundiam em consequência das migrações, e Bastian afirmava que estes eram inventados autonomamente prescindindo da comunicação entre as culturas.

Como outrora discutido, Morgan e Tylor estiveram a par das discussões em voga na antropologia alemã e conheciam "a difusão como um processo cultural", nas palavras de Leslie White, e os intelectuais alemães também conheciam o trabalho de seus colegas norte-americanos e britânicos.[54] White demonstrou que esses autores inseriram o difusionismo no evolucionismo cultural, pois a transmissão de elementos culturais seria parte do esquema evolutivo. No artigo de White – que é sobretudo um ataque à interpretação de Boas e de seus estudantes ao evolucionismo social, do qual o próprio White foi um representante moderno –, as teorias de Morgan e Tylor são retratadas como acepções acerca da evolução histórica das culturas, não de povos específicos. A diferença entre difusionismo e evolucionismo é de ordem metodológica, pois, segundo os autores evolucionistas, a difusão não seria um fim em si, mas uma ferramenta para provar a evolução cultural da espécie humana, e também no que diz respeito à criatividade, porque na evolução cultural estava implícita a ideia da existência de invenções autônomas, para além dos empréstimos. Em todo caso, a doutrina dos círculos culturais de Graebner e Ankermann ignorava a ideia de que as culturas ou as instituições sociais evoluíssem e que existisse um ápice possivelmente atingível, mas ela buscava a história da espécie humana como um todo, manifestada pelas conexões entre as culturas. Para White, os alemães que propuseram a doutrina dos círculos culturais eram antievolucionistas, não em decorrência de interpretações metodológicas, mas porque um de seus principais representantes, o padre austríaco Wilhelm Schmidt (1868-1954), era católico fervoroso.[55] Eles teriam se alinhado aos seus dogmas. Claramente White compreendeu mal a história do pensamento difusionista, que se iniciou com Ratzel, Frobenius, Graebner e Ankermann. O difusionismo da escola de Viena, fundada por Wilhelm Schmidt, tornou-se, a partir da década de 1910, a principal corrente de pensamento da etnologia de língua alemã, mantendo uma hegemonia de ao menos três décadas, mas não se pode atribuir a ela o início do antievolucionismo na Alemanha, já que havia quatro autores anteriores ao padre Schmidt.[56]

A palestra de Ankermann, em que ele apresentou os detalhes de sua delimitação da região africana ocidental em estratos culturais, se sustentou nas coleções etnográfica do Museu de Berlim. Contrastando os elementos de cultura material com outros territórios do continente africano, e da Ásia, ele concluiu que, a despeito das diferenças culturais, havia conexões entre as esferas e os estratos africanos e os círculos asiáticos, e que a cultura migra e se transforma.[57]

Como pontuado por Zimmerman, Graebner propôs um método que investigava historicamente as culturas presentes, e Ankermann o aplicou ao

ASCENSÃO E DECLÍNIO DA ETNOLOGIA ALEMÃ (1884-1950)

material africanista, elaborando uma narrativa historiográfica das culturas africanas.[58] O método histórico-cultural prescindia necessariamente do trabalho de campo, pois dados e coleções etnográficas coletados por terceiros eram suficientes para perseguir os rastros da difusão cultural. Assim, o método histórico-cultural mantinha dois preceitos da antropologia de Bastian: todos os povos são possuidores de história e cultura, e o museu etnográfico continuava a ser o laboratório de investigação etnológica.[59] A assim chamada doutrina dos círculos culturais (*Kulturkreislehre*) era extremamente revolucionária e poderosa, pois transformava a etnologia em "história cultural" (*Kulturgeschichte*). A antropologia se tornava uma "história especulativa das distribuições culturais", nas palavras de André Gingrich.[60]

Entre o método histórico-cultural de Graebner e Ankermann e a pesquisa americanista, não havia apenas distinção metodológica, de concentração geográfica e quanto à própria tarefa da etnologia, mas existia também uma diferença de orientação epistemológica. Os americanistas baseavam todo o seu trabalho de campo e o modo de conhecer a mente humana a partir do contato direto com povos (*Völker*) e suas unidades menores, as tribos (*Stämme*), e a forma através da qual eles exprimiam suas culturas particulares. O método histórico-cultural, contudo, priorizava a cultura como aparição fenomênica em determinada região; as referências pontuais a povos particulares são escassas e existem apenas para ilustrar certos argumentos. As pesquisas desenvolvidas pelos americanistas alemães não poderiam diferir mais do difusionismo de Graebner e Ankermann. Se Graebner acusava Bastian de promover uma etnologia dos fenômenos aparentes e de ignorar as profundas conexões históricas entre os povos, então, do ponto de vista dos americanistas alemães, o difusionismo não reduzia apenas à história a etnologia, como retirava da etnologia o poder de sua característica distintiva, que é a etnografia. Graebner e Ankermann propunham uma etnologia diacrônica e uma etnografia sem pessoas.

O método histórico-cultural de Graebner e Ankermann representou a principal revolução epistemológica da etnologia alemã desde que Bastian uniu, ainda que de modo pouco sistemático, a filosofia de Herder aos preceitos da linguística de Wilhelm von Humboldt, o empirismo e as conexões orgânicas de Alexander von Humboldt. De certa maneira, as teorias de Bastian eram suportadas por ao menos um século de interesse etnográfico por parte de estudiosos alemães. Em todo caso, isso demonstra que, até o início do século XX, a *Völkerkunde* alemã era bastante heterogênea. Enquanto os americanistas consideravam que linguística, antropologia física e etno-

425

grafia eram parte constituinte da etnologia, os difusionistas subordinavam a etnologia a outras disciplinas, como ocorrera outrora. Lembremos que, nos seus primórdios disciplinares, Schlözer considerava a etnografia parte da história; Gatterer, da geografia; e Chavannes, da antropologia.[61]

Isso não significa, no entanto, que a difusão de cultura material e imaterial passava desapercebida aos americanistas alemães. As monografias de von den Steinen, Schmidt e Koch-Grünberg evidenciam a migração e disseminação de símbolos, grafismos, máscaras, objetos domésticos de toda sorte, práticas sociais e dialetos pelas regiões estudadas. Não raro percebiam semelhanças entre fenômenos e elementos culturais afastados no tempo e no espaço. No entanto, eles não compartilhavam nem das explicações difusionistas de Ratzel ou Frobenius, nem empregavam o método histórico-cultural de Graebner e Ankermann. Nas monografias americanistas, há apenas descrições desses fenômenos e lhes faltam abordagens teóricas que se preocupem com sua explicação ou compreensão. Contudo é implícito que a difusão espelha as migrações. A migração de povos de língua Karib foi pormenorizada por von den Steinen, e a intrusão de povos de língua Aruaque foi brevemente mencionada por Koch-Grünberg. Os americanistas notavam empiricamente a difusão cultural e dedutivamente a associavam às migrações. O difusionismo, e mais especificamente a doutrina dos círculos culturais (*Kulturkreislehre*), considerava a difusão cultural como dada *a priori* e a transformava em um método aplicado indutivamente às culturas arbitrariamente circunscritas em certas províncias geográficas. As pesquisas americanistas distinguiam-se, portanto, de todos os modos possíveis do difusionismo e do método histórico-cultural.

Von den Steinen era um nítido seguidor de Bastian, embora em seu trabalho existam referências ao difusionismo de Ratzel. No entanto, o primeiro americanista a enfrentar teoricamente o difusionismo foi um polímata da velha escola, Paul Ehrenreich – praticamente na mesma época que Graebner e Ankermann. Nos anos anteriores, Ehrenreich acumulara publicações em diversas áreas do conhecimento, como etnografia, geografia e linguística. Ele, que inicialmente fora entusiasta da antropologia física, lançara, no final do século XIX, uma obra que debatia criticamente esse ramo das ciências humanas. Um importante artigo, publicado em 1905 como suplemento à *Revista de Antropologia* (*Zeitschrift für Ethnologie*), selava sua transição intelectual para a investigação da religião e da mitologia, abandonando definitivamente a antropologia física.[62] "Die Mythen und Legenden der südamerikanischen Urvölker und ihre Beziehung zu denen Nordamerikas

ASCENSÃO E DECLÍNIO DA ETNOLOGIA ALEMÃ (1884-1950)

und der alten Welt" ("Os mitos e lendas dos povos primitivos da América do Sul e a sua relação com aqueles da América do Norte e do Velho Mundo") baseou-se em material empírico coletado nas suas viagens aos rios Doce, Araguaia, Purus e Xingu, literatura etnológica alemã (von den Steinen, Preuss, Seler) e brasileira (como a de Couto de Magalhães), relatos de cronistas coloniais, etnologia norte-americana (Boas e Kroeber), além de influentes obras antropológicas da época, como as de Waitz, Tylor e Frobenius. É notável a ausência de contribuições de pensadores franceses aos temas mito e religião. Quando da publicação do artigo de Ehrenreich, Mauss já publicara o "Ensaio sobre a natureza e a função do sacrifício" (1899) e o "Esboço de uma teoria geral da magia" (1904), ambos em conjunto com Henri Hubert (1872-1927).[63] A rejeição pelas produções francesas se deve a uma incompatibilidade de projetos intelectuais. Os americanistas alemães eram empiristas ferrenhos e adversos às teorizações, e a etnologia francesa era majoritariamente teórica e se apoiava em relatos de terceira mão – dos próprios americanistas alemães, como Seler e Preuss, inclusive – e, portanto, não fornecia material empírico inédito.

Em todo caso, nesse artigo Ehrenreich rejeita a ideia, elaborada por ele mesmo duas décadas antes, de que os índios atuais sejam representantes da pré-história humana. Além disso, ele afirma que os mitos não apresentam objetivamente apenas as visões de mundo (*Weltanschauungen*) dos índios, mas são também testemunhos históricos, pois o conjunto de mitos, expresso em uma dada região, revela a história da migração dos povos e a forma através da qual os mitos se adaptaram às novas áreas etnográficas. O procedimento adotado por von den Steinen, para quem a análise comparativa das línguas xinguanas era reveladora das migrações indígenas, foi transportado por Ehrenreich para o universo da mitologia. O que interessa a ele então não é o significado diacrítico ou cosmológico de certo mito, mas a sua transformação histórica e a posição dos mitos quando em um determinado conjunto de mitos. As Américas possuiriam, segundo o autor, um patrimônio mítico em comum, o que possibilitaria ao etnólogo o estudo comparativo de suas transformações e de como as constelações sociais seriam refletidas por ele. Isso é possível porque todos os mitos compartilham as mesmas características essenciais, eis que repousam sobre "os mesmos pensamentos elementares".[64] Para Ehrenreich, a mitologia dos povos "primitivos" forma um sistema completamente à parte da religião. Precisamente aí se encontram as definições de mito, magia e religião fornecidas pelo etnólogo. Os mitos não são ficções, alegorias ou símbolos, mas são expressões reais e concretas da visão de mundo (*Weltanschauung*). Religião é a união do sistema mitológico com uma relação recíproca entre humanos e seus objetos de culto. O parâmetro para a constituição de uma religião enquanto sistema é a existência do culto, certamente exemplificado pelas civilizações andinas e mesoamericanas, porém ausente entre os povos das terras baixas sul-americanas. Por magia Ehrenreich entende a crença de que certos humanos possam influenciar espíritos. Essa definição foi claramente adotada por Koch-Grünberg, como exemplificado na sua monografia *Zwei Jahre unter den Indianern*, publicada em 1909 e 1910, especialmente na sua descrição das motivações para as danças de máscaras do Alto Rio Negro.[65]

Por fim, Ehrenreich quis explicar "a questão da migração dos mitos, suas limitações e as fronteiras de suas possibilidades".[66] Para o americanista, haveria duas explicações correntes. Por um lado, a "doutrina dos pensamentos elementares e étnicos" de Adolf Bastian, que explica todas as analogias e semelhanças entre os mitos pela "igualdade da psique humana, a unidade das funções cerebrais humanas".[67] Ehrenreich concorda que os pensamentos elementares são a expressão mais imediata da mente humana; no entanto, a etnologia comparada demonstrou que as migrações e as trocas entre as populações têm efeito sobre a mitologia, de modo que a doutrina de Bastian se mostrou insuficiente.

A segunda hipótese explicativa é o difusionismo de Ratzel e Frobenius. Para os difusionistas, haveria um centro de irradiação de protomitos, que eles localizaram na Babilônia (para a antiga cosmogonia) e na Índia (para sua variação moderna). Carregados pelas migrações, os mitos teriam se disseminado pela Eurásia e em seguida pela África e pelos demais territórios. Ehrenreich aponta que a explicação difusionista ignora os limites das migrações e carece de comprovação empírica, além de ser incapaz de explicar os complexos míticos das Américas, região para a qual as evidências migratórias eram, naquela época, mais do que escassas. Portanto, só sobraria uma explicação para as semelhanças encontradas entre os mitos de regiões afastadas: "ambos os fatores, surgimento autônomo e difusão andam de mão em mão", e o mesmo acontece "nas invenções mais simples do patrimônio cultural".[68] Cada área cultural, desenvolvida nas províncias geográficas, possui caracteres míticos próprios, que não são imunes aos fatores externos. Assim os mitos de criação dos índios norte-americanos se espalharam de três centros de irradiação, enquanto os "mitos de natureza" (aqueles que explicam a existência dos fenômenos climáticos, por exemplo) emanam diretamente dos pensamentos elementares.[69] Se os diferentes tipos de mitos têm diferentes origens, as semelhanças entre eles são subordinadas a uma lei geral: a convergência.

ASCENSÃO E DECLÍNIO DA ETNOLOGIA ALEMÃ (1884-1950)

O conceito, emprestado da biologia evolutiva, denota a existência de características semelhantes em seres de origens diferentes. Devido a vários motivos (seleção natural, mutações, adaptações ambientais), seres sem ancestral comum ou com parentesco longínquo evoluíram paralelamente, porém apresentam caracteres parecidos. No caso específico estudado por Ehrenreich, trata-se de "mitos que originalmente provém de diferentes concepções", mas que "podem, sob certas condições, gerar os mesmos motivos, aparentando parentesco".[70] A solução do americanista abrange não apenas a mitologia – para a qual ele fornece exemplos abundantes que comprovam sua hipótese –, mas os aspectos de uma cultura como um todo. Para um dos debates teóricos mais importantes da etnologia alemã, que se iniciou com Bastian e Ratzel, no final do século XIX, e foi reacendido por Frobenius e, no início do século seguinte, por Graebner e Ankermann, Ehrenreich ofereceu uma terceira via, que não eliminava os preceitos filosóficos de Bastian ou ignorava as evidências empíricas das migrações e trocas culturais, mas também não transformava as evidências empíricas indutivamente observadas em uma metodologia dedutiva, como o fez o método histórico-cultural de Graebner e Ankermann, ao desenvolver o difusionismo de Ratzel e Frobenius. A hipótese de Ehrenreich, no entanto, não recebeu a mesma notoriedade que as outras duas.

Além da mudança geracional nos cargos de responsabilidade dos museus, do direcionamento da etnologia e antropologia alemãs para o colonialismo e da reconfiguração teórica da etnologia em uma história cultural, na primeira década do século XX, ainda houve outro acontecimento impactante para a americanística alemã: a falência da revista *Globus*. Ainda que a publicação cientificamente mais relevante fosse a *Zeitschrift für Ethnologie*, a *Globus* desempenhava um importante papel de circulação de notícias sobre políticas concernentes à etnologia, resenhas de livros, relatos de viagem e descrições etnográficas que cobriam quase a totalidade do mundo. Textos de cunho acadêmico, mais densos e voltados a um público específico, eram enviados para a *Zeitschrift für Ethnologie*, enquanto a *Globus* se responsabilizava pela publicação de artigos de divulgação científica para um público mais amplo.[71] Ehrenreich, Max Schmidt e Koch-Grünberg contribuíram para a revista, e, com seu fechamento, não apenas uma forma para angariar publicações e construir uma reputação deixava de circular, como também uma fonte de obter rendimentos extras deixava de existir, já que as revistas pagavam aos seus autores por página e por fotografia inédita.[72] A *Globus* era comandada por Richard Andree (o autor do artigo sobre arte indígena com o qual von den Steinen debatera) e fora fundada por seu pai, Karl Andree (1808-1875), em 1862. No final de 1910, a H. Singer, editor da revista, foi comunicado que a edição corrente seria a última. Ele relatou a Koch-Grünberg, que recebeu de volta o artigo que acabara de submeter, que a editora que lançava a revista se dedicava cada vez mais às ciências naturais e que "a revista pedia subsídios havia muitos anos à editora, uma condição que não podia ser corrigida".[73] A revista deveria ser vendida para a editora que lançava a *Petermann's Geographische Mittheilungen*. Singer confessou que o comunicado foi "um golpe forte para Andree também, que estimava muito a revista e a elevou ao seu patamar científico". Foi "um fim triste de uma linda canção".[74]

Em 1906 foi fundada pelo padre Wilhelm Schmidt em Mödling, nos arredores de Viena, a revista de linguística e etnologia *Anthropos*. Schmidt foi o responsável pela vertente austríaca da doutrina dos círculos culturais e era um entusiasta do colonialismo. Ambas as características são refletidas em sua revista, além de seu claro caráter missionário, já que a revista estava ligada ao instituto *Anthropos* e à missão católica de Wilhelm Schmidt. No texto de apresentação da revista, "Die moderne Ethnologie" ("A moderna etnologia"), o padre apresentou um posicionamento bastante crítico em relação às teorias de Bastian e à maneira através da qual ele compreendia a história da sua disciplina.[75] As diferenças de posicionamento político e epistemológico entre Wilhelm Schmidt e os americanistas alemães não impediam, contudo, a publicação de seus artigos, mas apenas Koch-Grünberg e Ehrenreich publicaram na *Anthropos*.[76] Em suma, a falência da *Globus* e o estabelecimento de uma revista científica que representasse os ideais difusionista e colonialista causaram uma significativa alteração na estrutura da circulação de ideias e informações.

As mudanças conhecidas pela etnologia alemã na primeira década do século XX culminaram na descentralização da pesquisa etnológica e na gradativa perda de hegemonia do Museu de Berlim. Enquanto, durante a primeira fase do americanismo, todas as pesquisas eram concentradas em Berlim, que também detinha o monopólio das coleções, após a virada do século houve uma difusão das teorias e dos profissionais pela Alemanha. Os museus de Hamburgo, Colônia e Leipzig se fortaleceram e modernizaram. A retomada do difusionismo ocorreu através de Frobenius, que era um *outsider* e não possuía vínculo acadêmico. A doutrina dos círculos culturais (*Kulturkreislehre*) foi inventada em Berlim, mas um dos seus criadores, Graebner, logo se estabeleceu em Colônia. Além disso, eles focaram em dados provenientes da África e da Oceania, e a aplicação desse método ao material etnográfico sul-americano foi realizada por Wilhelm Schmidt na Áustria.[77]

ASCENSÃO E DECLÍNIO DA ETNOLOGIA ALEMÃ (1884-1950)

Assim o circuito americanista alemão sofria transformações. O Museu de Berlim já não concentrava mais a totalidade dos estudiosos. Durante o decênio inicial do século XX, Ehrenreich continuou lecionando na Universidade de Berlim, e Max Schmidt prosseguiu com suas atividades no Museu Real de Etnologia.[78] Karl von den Steinen, todavia, demitiu-se em 1904 de seu cargo como professor da Universidade de Berlim, tornou-se diretor da seção americanista do Museu de Berlim, que ele já chefiava, e publicou outras duas obras dedicadas a línguas indígenas, a saber, o dicionário shipibo-castelhano-alemão e um artigo sobre línguas polinésias.[79] A decisão de desligar-se da universidade foi tomada em contexto embebido de dúvidas em relação ao futuro profissional. O etnólogo acreditava estar desprovido de possibilidades de ascensão na carreira universitária, pois os cargos mais importantes seriam ocupados pelo mesoamericanista Eduard Seler, pelo etnólogo Paul Ehrenreich ou pelo antropólogo Felix von Luschan. Até mesmo Boas, que desde o início do século tinha desavenças com a direção do American Museum of Natural History, poderia obter um cargo em uma universidade alemã, se o quisesse, discorreu von den Steinen ao amigo, bastaria responder publicamente à "questão delicada", a saber, sobre sua religião.[80] No entanto, suas atividades em sociedades científicas continuaram profícuas. Em 1905, ele tornou-se membro de honra de duas instituições norte-americanas: a New York Academy of Sciences e a Anthropological Society of Washington, mas na Berliner Gesellschaft für Anthropologie, Ethnologie und Urgeschichte, a Sociedade de Antropologia Berlinense, Karl von den Steinen era particularmente ativo.[81] Nas reuniões ele apresentava palestras ou assistia a elas, participava de debates e divulgava informativos. Desde 1897 ele era membro do comitê da revista produzida pela sociedade, a *Zeitschrift für Ethnologie*, e em 1904 começou a integrar a sua comissão de redação. A partir daquele ano, ele ocupava continuamente a suplência do presidente da sociedade e, exercendo sua função, presidiu inúmeras reuniões, algumas contando com Boas entre os participantes.[82] Ainda naquele ano, foi eleito presidente da sociedade, mas precisou desistir de tomar posse do cargo. No ano seguinte, ele retornou às funções de suplente da presidência e membro da comissão da redação da revista, as quais ele ocupou nos anos seguintes.[83]

Em 1906, abandonou seu cargo no museu para dedicar-se à análise do material de sua expedição e à pesquisa em museus etnográficos europeus que contivessem peças das Ilhas Marquesas, o que o levou a visitar praticamente todas as instituições do continente europeu e as mais importantes dos Estados Unidos, e, por fim, à redação de sua trilogia sobre a arte marquesa.[84] Seus progressivos afastamentos da universidade e do museu também decorriam do seu estado físico. Da estação de saúde de Karlsbad, em que, em anos anteriores, sua esposa foi tratar de fortes "ataques de bile" e, nos anos seguintes, o seria outras vezes, von den Steinen confessou a Boas que, "afligido por gota", minha "capacidade de trabalho" diminuiu "sensivelmente", por isso "infelizmente eu submeti minha despedida em primeiro de abril. As pessoas ainda levam isso a mal para o meu lado".[85] No ínterim de suas mudanças institucionais também nasceram seus três últimos filhos: Diether (1903-1954), Ursula (1904-1987) e Marianne von den Steinen (1906-1997).

Em 1908, ele foi eleito para se tornar presidente da Sociedade Alemã de Antropologia, a Berliner Gesellschaft für Anthropologie, Ethnologie und Urgeschichte, cargo que ele ocupou por três anos consecutivos, além de atender ativamente a congressos tanto de antropologia quanto de geografia.[86] Porque uma nova reeleição infringira o estatuto da sociedade, em 1911 ele voltou a ocupar o posto de suplente da presidência, além de ser parte da comissão da revista.[87] Sua coleção de homenagens obteve um acréscimo notável: a medalha Rudolf Virchow (*Rudolf-Virchow-Plakette*), a maior honraria da Sociedade Alemã de Antropologia.[88] No final daquele ano, no entanto, ele precisou abdicar de sua participação nas direções da sociedade e da revista para o próximo ano, em decorrência de problemas de saúde, restringindo sua atividade ao comitê.

Koch-Grünberg – que, com sua bem-sucedida expedição ao Rio Negro, onde angariou uma volumosa coleção, logo se tornava o etnólogo mais importante de sua geração – abandonou seu cargo no Museu, descentralizando ainda mais a pesquisa americanista pela Alemanha. Após retornar do Brasil em 1905, ele passou a publicar uma série de artigos acerca dos resultados de sua expedição. A velocidade e o volume das publicações foram tão impressionantes, que Richard Andree chamou-lhe de "o mais esforçado dos esforçados".[89] Entre 1905 e 1911, ano em que ele partiu para uma nova expedição, Koch-Grünberg ainda publicou, além de oito artigos, três livros: *Anfänge der Kunst im Urwald* (*Começos da arte na selva*) em 1905, o primeiro volume de *Indianertypen aus dem Amazonasgebiet* (*Tipos indígenas da região do Amazonas*) no ano seguinte e *Südamerikanische Felszeichnungen* (*Petróglifos sul-americanos*) dois anos mais tarde.[90] E ainda conseguiu se tornar pai: em 1908 nasceu sua filha Dorothea.

Os três livros foram publicados pela editora da família de Elsa Koch-Grünberg, a Ernst Wasmuth Verlag. A produção intelectual desse etnógrafo se situa então na clivagem entre a vida profissional e as relações familiares.

Foram precisamente as verbas de sua então noiva Elsa Wasmuth que permitiram a Koch-Grünberg se libertar dos grilhões programáticos do Museu de Berlim e das ordens de von den Steinen. Os resultados da expedição foram tão favoráveis que a editora da família de sua agora esposa apostou em seu talento científico ao arcar com a publicação de suas três primeiras obras. Da imensa rede de relações que se conectam nas etnografias, muitos fios são relações pessoais, e estes podem agir, de maneiras diretas ou indiretas, sobre atores e também sobre a produção científica.

Tomados em conjunto, eles mostram os interesses intelectuais do autor para além da cultura material, linguística e mitologia: arte, arqueologia e fotografia. Em *Anfänge der Kunst im Urwald*, Koch-Grünberg descreve as formas de arte encontradas por ele no Rio Negro, mas o foco são os desenhos feitos a mão pelos índios. Além do próprio americanista, há representações de espíritos e máscaras rituais.[91] Ainda que não explicitamente citado, nota-se que a abordagem do americanista se apoia na doutrina dos pensamentos elementares de Bastian: a arte é uma expressão primária do espírito humano, que se manifesta em múltiplas formas na diversidade cultural. Isso significa que Koch-Grünberg forneceu um amplo repertório de pensamentos étnicos referentes à arte para o inventário de Bastian. Em *Südamerikanische Felszeichnungen*, ele descreve os petróglifos vistos por ele durante sua expedição. Além de fotografias, também apresenta reproduções à mão dos grafismos e desenhos encontrados nas pedras. Complementando seu próprio material com o de viajantes anteriores, ele concluiu que os petróglifos não possuem "significado mais profundo".[92] Sua interpretação alinha-o, de certa maneira, à teoria da arte de von den Steinen, para quem os grafismos indígenas não possuíam necessariamente sempre um significado semiótico.[93] Os petróglifos são, para Koch-Grünberg, manifestações artísticas lúdicas feitas por diversão. As correspondências com padrões gráficos atuais ocorrem porque há um repertório artístico transmitido geracionalmente. Em suma, as razões para os petróglifos devem ser procuradas nas práticas sociais e na poética do dia a dia e não na mitologia. Eles são recreativos e sociais, não transcendentais e metafísicos. As interpretações da arte ameríndia de Koch-Grünberg, mas também as de Karl von den Steinen e Max Schmidt, foram retomadas por Franz Boas em seus próprios estudos sobre arte nativa norte-americana, especialmente acerca da relação entre motivos gráficos e significados realistas.[94]

Indianertypen aus dem Amazonasgebiet é basicamente um álbum fotográfico composto de imagens de tipos indígenas, informações geográficas e etnográficas. Sobre os modelos em particular, ele forneceu alguns dados objetivos (idade, altura) e outros de caráter subjetivo ("extremamente inteligente", "bom conversador", "orgulhoso", "um pouco abobalhado" etc.), além de informações étnicas, como as relações de parentesco. A falta de uma definição clara dos objetivos dessa publicação indica que sua importância científica era autoevidente. Desde Ehrenreich, as imagens antropológicas de povos indígenas do Brasil circulavam entre os acadêmicos da Alemanha e eram usadas por antropólogos para tentar traçar parentesco entre os povos. Ainda que Koch-Grünberg não fosse adepto das práticas de antropologia física – ele não empreendeu craniometria, nem outros tipos de medição corporal, que ele acreditava terem apenas "valor imaginário", nem levou material humano consigo para a Alemanha ou realizou escavações –, as fotografias antropológicas e o nome de obra ("tipos indígenas") demonstram que ele acreditava contribuir para a antropologia física através de imagens.[95] Mas, mais do que isso, Koch-Grünberg inverteu a relação entre os domínios da ciência. Enquanto, para seus pares correntes, antropologia física (*Anthropologie*) e etnografia (*Ethnographie*) eram campos constituintes da antropologia (*Völkerkunde*), para Koch-Grünberg a antropologia física contribui para a etnografia: "uma única boa fotografia nos diz frequentemente mais para a etnografia do que um bando de medições".[96] Antropologia é etnografia ou é nada. A fotografia deveria ser uma poderosa ferramenta para a etnografia, auxiliando na obtenção de dados de campo e transmitindo a experiência do etnógrafo da maneira mais imediata possível. O álbum de tipos indígenas então tem as funções de apresentar dados de campo e, especialmente, petrificar a existência dos povos que ele visitou. Elas mostram mais que tipos, mostram pessoas. Estas existiram enquanto sujeitos, seus povos outrora ocuparam a terra. O álbum de Koch-Grünberg tem uma função mnemônica por eternizar existências por meio de imagens – talvez um sentido semelhante àquele atribuído por fãs de futebol aos álbuns de Copa do Mundo.[97]

A atividade intelectual de Koch-Grünberg não se restringiu à produção acadêmica escrita. Ele dava palestras em instituições de natureza variada, desde fundações científicas até clubes de associações profissionais. Assim, ele proferiu conferências, por exemplo, no museu etnográfico *Rautenstrauch--Joechst* de Colônia, na Sociedade de Geografia de Bremen e na de Dresden, na Associação de Ciências de Hamm e no Clube de Ciências Naturais de Munique, mas também no Clube dos Bancários em Berlim, na Associação dos Empresários de Magdeburg e na Associação Feminina Berlinense contra o Alcoolismo.[98] O tamanho do público também variava, desde auditórios restritos até números expressivos: 400 pessoas em Dresden e 800 em Munique, homens e mulheres.[99] As palestras no Museu de Colônia angariavam entre 1.000 e 1.100 pessoas, e conferências com a presença do Imperador Guilherme II aumentavam os números para até 1.500 pessoas, tanto homens quanto mulheres.[100] A frequência das conferências, a heterogeneidade de instituições e o tamanho dos públicos mostram que o interesse da burguesia letrada (*Bildungsbürgertum*) em conhecer assuntos científicos de toda sorte possibilitava a Koch-Grünberg palestrar sobre ameríndios pela Alemanha toda, de modo a trabalhar para obter notoriedade fora dos círculos meramente acadêmicos. A depender da duração de sua fala, que variava entre 45min e 1h30, e da distância que ele precisava percorrer, Koch-Grünberg obtinha entre 100 e 200 marcos de honorários. Para efeito de comparação, em 1907 as edições de capa dura dos livros *Südamerikanische Felszeichnungen*, *Anfänge der Kunst im Urwald* e *Indianertypen aus dem Amazonasgebiet* custavam 10 marcos, 15 marcos e 12 marcos, respectivamente, no catálogo da editora Ernst Wasmuth.[101] Na virada do século, funcionários de museus e docentes universitários em início de carreira recebiam salários modestos, menores até do que professores ginasiais. Um *Privatdozent*, professor universitário que ainda não obteve uma cátedra, recebia em média 1.500 marcos anuais.[102] Isso leva Ringer a afirmar categoricamente que "a maioria dos *Privatdozenten* vivia na miséria".[103] O próprio Koch-Grünberg se queixou da pobreza estrutural a que etnólogos eram submetidos. Em missiva endereçada a ele, Thilenius disse concordar "completamente com o senhor que etnógrafos não devem se vender por um pão com manteiga".[104] Isso significa que as palestras não eram apenas uma forma de estabelecer um renome fora dos círculos acadêmicos, o que também teria consequências para a venda de livros, mas constituíam formas relevantes de obtenção de rendimentos. Segundo Kraus, nas suas palestras Koch-Grünberg descrevia paisagens e animais amazônicos, narrava seus encontros com os povos indígenas e sua convivência com eles.[105] Um fator relevante era a demonstração de fotos, muitas vezes em torno de cem por palestra. A densidade etnográfica típica de suas obras era substituída por uma abordagem mais generalista das culturas indígenas. Para combater preconceitos contra povos não europeus, ele fornecia aos seus ouvintes um quadro muito positivo dos índios do Alto Rio Negro, em que desde a limpeza das casas até a convivência pacífica nas aldeias eram elogiadas. Até mesmo atitudes fortemente reprováveis (como assassinato) eram relativizadas ("foi por vingança justa"). Aos aspectos financeiros e pessoais que compunham as conferências, soma-se um viés ideológico, pois Koch-Grünberg percebia que suas falas públicas eram momentos ideais tanto para a autopropaganda como para a postulação de atitudes humanistas e igualitárias. Ele forjava cada vez mais a imagem pública do cientista sóbrio, uma união de preocupações humanísticas e objetividade científica.

A mudança de Koch-Grünberg para fora de Berlim revela não apenas anseios pessoais – Elsa e ele detestavam cidades grandes, e o etnólogo buscava uma colocação mais estável e mais bem remunerada –, mas também o ambiente tóxico no Museu de Berlim, sua dinâmica autodestrutiva e, sobretudo, a descentralização acadêmica que a etnologia institucionalizada sofria e a maneira através da qual as redes de contato eram mobilizadas pelos agentes. No limite, a observação dos fatores socioeconômicos em que a produção acadêmica está envolvida revela aspectos formais e constituintes da produção dos fatos científicos, que mesmo a mais atenta das observações dos fatos em si é incapaz de abordar. Isso significa que a etnologia, como as demais ciências, é perpassada por fatores alheios à intencionalidade imediata dos produtores do conhecimento, fatores esses que por vezes se situam à margem da própria ciência, operam por lógicas próprias e respondem a demandas estabelecidas por critérios diversos. No caso específico das etnografias, questões de ordem pessoal e subjetiva se mesclam às demandas dos fatores de produção, como exigências mercadológicas e imposições editoriais. Uma leitura atenta das etnografias desvela métodos, objetivos, influências intelectuais e diálogos teóricos. Como previamente discutido, as etnografias são reveladoras não apenas dos aspectos que intencionam evidenciar, mas também dos que desejam ocultar e, ao mesmo tempo que transmitem conhecimentos sobre as populações estudadas, igualmente o fazem acerca daquele que as estuda. A descrição dos condicionantes socioeconômicos e das atitudes dos produtores de ciência à frente deles demonstra as pressões e negociações que orbitam em torno da ciência e que exercem forças de atração e repulsa sobre ela. Assim, a produção e transmissão do conhecimento científico são impossibilitadas de serem realizadas de modo puramente neutro, objetivo e de acordo com as expectativas dos seus produtores, e, portanto, uma antropologia da ciência que se pretende abrangedora dos meios de produção científica, assim como dos seus produtores, precisa necessariamente abarcar os pormenores sociológicos dos condicionantes de produção, bem como as histórias biográficas e as intencionalidades de seus produtores.

Em 1907, Koch-Grünberg estava decidido a deixar o Museu Real de Antropologia de Berlim. Nesse ano surgiu uma vaga para curador da coleção etnográfica no Museu de Antropologia de Munique.[106] Seguindo o conselho do então Barão Georg von Hertling (1843-1919), um político de origem

ASCENSÃO E DECLÍNIO DA ETNOLOGIA ALEMÃ (1884-1950)

nobre que chegou a ser primeiro ministro do Império Alemão durante a Primeira Guerra Mundial, Koch-Grünberg se candidatou para o cargo.[107] Com o intuito de obter apoio, Koch-Grünberg mobilizou sua rede de contatos no sul da Alemanha. Primeiramente ele contatou o padre Wilhelm Schmidt – com quem ele já mantinha relações por causa da revista *Anthropos* –, que ainda indicou ao etnólogo que procurasse o professor Kuhn, que era conselheiro do palácio real, e a própria princesa da Baviera, Therese von Bayern (1850-1925).[108] Ela foi viajante e etnógrafa, fez expedições à América do Sul e ao Brasil, e os resultados mais relevantes de suas pesquisas foram na área de ciências naturais. Mesmo assim, tinha grande interesse em etnografia e cultura material, possuía uma coleção etnográfica particular, publicava em revistas científicas e possuía um doutorado *honoris causa* da Universidade de Munique. Ao ser questionada por Koch-Grünberg, com quem ela já trocava correspondências acadêmicas, sobre auxílio para sua candidatura, ela estimulou-o a prosseguir, mas advertiu que não exercia influência sobre a tomada de decisão pelo museu.[109] Além de Hertling, Wilhelm Schmidt e Therese von Bayern, a candidatura ainda foi corroborada por Richard Andree.[110] Apesar da ajuda dos colegas, Wilhelm Schmidt relatou a Koch-Grünberg que havia outros candidatos, que o americanista vinha sendo alvo de difamação e que E. Kute, o responsável pela eleição do curador, acolheu as maledicências.[111] Por fim, a escolha do americanista foi categoricamente denegada por Kute.[112] Aproximadamente na mesma época, Koch-Grünberg tentou criar um cargo de professor de etnologia na Universidade de Munique. Para isso ele obteve o apoio das mesmas pessoas no sul da Alemanha.[113] No entanto, era preciso apresentar justificativas plausíveis para a criação de um cargo acadêmico. No rascunho da carta que Koch-Grünberg enviou ao *Geheimrat* (uma espécie de conselheiro a cargo de certos assuntos administrativos reais) da Baviera para convencer o estado a criar uma "cadeira extraordinária para etnologia *geral*" tal como em Berlim ou Breslávia (Polônia),[114] lê-se:

> Nos últimos anos a etnologia teve um desenvolvimento significativo, e finalmente círculos mais amplos também se convenceram de que a antropologia comparada, especialmente do ponto de vista psicológico, é o melhor fundamento para uma série de ciências mais antigas. Tanto mais é desejável que as maiores universidades, que possuem museus à disposição, instaurem cátedras para etnologia geral, para que o interesse por essa importante ciência seja cada vez mais desperto e para que as jovens forças de trabalho sejam sistematicamente educadas.[115]

A intenção de criar uma cadeira de etnologia tinha então não apenas o interesse imediato de oferecer a Koch-Grünberg um meio para deixar Berlim, mas também de auxiliar a criar um sistema programático que tinha fins científicos e de abastecer um crescente mercado de trabalho. Em todo caso, a implementação da cadeira de etnologia geral também não vingou, já que E. Kute não mostrou interesse.[116]

No ano seguinte, Koch-Grünberg prosseguiu em sua tentativa de se estabelecer fora da capital alemã. Thilenius indicou o nome de Koch-Grünberg à direção de seu museu em Hamburgo para um possível cargo de assistente.[117] Não houve progresso quanto a esse emprego. A candidatura de Koch-Grünberg para ser assistente no Museu etnográfico de Frankfurt am Main também foi recusada, pois buscava-se um candidato mais jovem – o americanista contava então com 36 anos.[118] Com isso, ele planejou fazer sua livre-docência em Marburg, que se localiza no estado de Hessen, a menos de 40 km de sua cidade natal e próxima a Gießen, onde ele estudou. Seria, portanto, um retorno para casa. Assim, já no início de 1909, Koch-Grünberg pediu ao geógrafo Th. Fischer que o supervisionasse. Este respondeu que o faria com alegria e que julgava relevante que geógrafos tivessem contato com a etnologia. Th. Fischer já fora o supervisor de Karl von den Steinen na Universidade de Marburg em sua rápida passagem pela universidade. No entanto, ele pontuou: "Mas a grande pergunta é: é possível lecionar etnologia com sucesso sem o auxílio de um museu? Para minha grande lástima, von den Steinen empacou nessa questão. Empacar no sentido que ele me disse: sem museu não é possível".[119] O nacionalismo colonialista de seu supervisor poderia ser relevado, mas a falta de um museu efetivamente causou a desistência de Koch-Grünberg.[120]

Ele então recorreu novamente a Thilenius, com o intuito de obter uma vaga para fazer a livre-docência em Freiburg. Thilenius respondeu-lhe que escreveu a Eugen Fischer, "o anatomista e antropólogo em Freiburg, de quem eu sou amigo. Meu pedido de informação refere-se à oportunidade de uma livre-docência em etnologia e eu descrevi-lhe rapidamente seus trabalhos".[121] Eugen Fischer, que nas décadas seguintes se tornou o principal representante da antropologia física nazista, recebeu a notícia da intenção de Koch-Grünberg com entusiasmo: "Em primeiro lugar eu gostaria de expressar minha *grande* alegria porque o senhor quer vir para cá". Fischer sempre quis que a Universidade de Freiburg contasse com etnólogos em seu corpo docente: "meu desejo é egoísta – eu quero um etnólogo com quem eu possa trocar os pensamentos que me interessam enquanto antropólogo".[122] O pedido de preenchimento de vaga para a livre-docência foi aceito pela faculdade de filosofia da Universidade de Freiburg. A prova didática do americanista teve como título *Die Maske, eine ethnographische Parallele* (*A máscara, um paralelo etnográfico*).[123]

A despedida de Koch-Grünberg de Berlim implicava o afastamento de von den Steinen e a tentativa de se reconciliar com ele. A ruptura, a tensão permanente e os esforços de reaproximação são notórios em uma tocante troca de correspondências entre os americanistas. Em fevereiro de 1902, von den Steinen escreveu a Koch-Grünberg que lamentava a sua ausência e que sentia haver um mal-entendido entre eles, que gostaria de resolver pessoalmente e não por correspondência. Von den Steinen relembra que ele possibilitou a Koch-Grünberg a sua expedição e que foi ele quem o "trouxe para Berlim". Von den Steinen acreditava que Koch-Grünberg pensava que ele "guarda rancor do senhor por causa da mudança do destino da viagem" de 1903. "Para mim", ele prosseguiu, "isso evidentemente me aborreceu muito, uma vez que eu de fato lutara diretamente pelo senhor". Por fim: "eu gostaria de saber do senhor se ainda existem ressentimentos entre nós".[124] No rascunho da carta de resposta de Koch-Grünberg, ele argumenta: "O seu comportamento não exatamente muito amistoso dispensado no que tange à minha coleção me colocou contra o senhor naquela época, isso eu confesso abertamente. Mas isso foi há anos e foi superado há muito tempo". Koch-Grünberg ainda abordou outra questão: "Uma vez que após meu retorno o senhor demonstrou apenas pouco interesse pelos resultados científicos da minha viagem, eu presumo que minhas publicações também lhe são indiferentes. Caso eu tenha me enganado, isso me alegraria, porque, como dantes, eu prezo muito pela sua opinião".[125] Em sua tréplica, von den Steinen assegurou que a ideia de Koch-Grünberg de que ele não tenha se interessado pelos seus resultados de viagem só pode ser causada pelo desentendimento existente entre eles.[126] Além do mais, nos últimos anos, ele se interessava mais pela Polinésia do que pela Amazônia.

As tensões entre Koch-Grünberg e von den Steinen certamente não representaram os piores relacionamentos do Museu de Berlim. Entre os *Altamerikanisten*, os estudiosos de americanística antiga, Konrad Theodor Preuss, Walter Lehmann e o chefe de ambos, Eduard Seler, havia um relacionamento marcado por disputas, intrigas, acusações de plágio, desmerecimento acadêmico, críticas públicas e difamações. Entre Preuss e Seler, havia uma "inimizade mortal", e entre Preuss e Lehmann também.[127] Os motivos para o ódio de Preuss para com Seler vão desde o monopólio dos recursos financeiros detidos por Seler, sua postura inflexível e pouco atenciosa perante o estudante, a relação de poder assimétrica, bem como diferenças metodológicas e interesses intelectuais.[128] Preuss e Lehmann eram abertamente concorrentes pelo legado institucional e intelectual de Seler. Preuss tinha um relacionamento de enfrentamento com Seler, que tinha uma relação amistosa e de trocas intelectuais com Lehmann, gerando ciúme em Preuss e ódio por Lehmann, criando um ciclo vicioso. A hostilidade de Preuss perante Lehmann começou em 1903, quando Lehmann se tornou voluntário no Museu de Berlim e subordinado de Preuss. O desgaste inicial foi decorrência de diferenças interpretativas da mitologia mexicana antiga entre eles. A inimizade entre Preuss e Lehmann durou quase quatro décadas, até as suas mortes em 1938 e 1939, e foi institucionalmente expressa nas resenhas negativas que um escrevia sobre o trabalho do outro, nas críticas manifestadas em congressos e nas inúmeras tentativas de mitigar as possibilidades de êxito profissional. Os dois expressavam suas desavenças pessoais por meio das práticas científicas. Assim, a ciência se tornou um sistema metonímico que traduzia as relações políticas. A disputa entre eles gerou um ambiente endêmico, cujas forças centrípetas sugavam pessoas para seu interior. Preuss, por exemplo, conseguiu envenenar o antropólogo Felix von Luschan contra Lehmann, e ambos se uniram para tentar descreditar o colega. Quando Walter Krickeberg se tornou assistente de Preuss, este ganhou mais um aliado na cruzada contra Lehmann. Os etnólogos americanistas do museu, von den Steinen, Max Schmidt e Koch-Grünberg, se mantiveram neutros; no entanto, não foram poucas as tentativas feitas por Preuss de obter sua simpatia para seu lado da disputa. Em 1909, Koch-Grünberg recebeu a notícia de que Lehmann se tornou assistente no museu etnográfico de Munique, por várias fontes: Richard Andree, H. Singer, e, evidentemente, Krickeberg e Preuss. Singer simplesmente relatou a transferência de Lehmann, e Andree acrescentou um comentário elogioso a respeito das suas capacidades intelectuais.[129] Krickeberg e Preuss especularam a respeito dos vencimentos anuais de Lehmann, entre 2.200 e 2.400 marcos na opinião do primeiro, e em torno de 3.000 marcos na do segundo.[130] Em outra carta, Preuss revela seu desafeto com Lehmann ao desacreditá-lo academicamente. Segundo Preuss, o último relato de viagem de Lehmann, publicado na *Zeitschrift für Ethnologie*, mostra toda a sua "farsa e superficialidade" e é "cômico que outras pessoas, como Seler, por exemplo, puderam ser encantadas".[131] Ele arrebatou: "Eu pessoalmente estou evidentemente feliz em me livrar dele".[132] Quando, décadas mais tarde, von den Steinen contou a Boas sobre certo episódio envolvendo Preuss, Boas classificou-o como um "truque sujo", ao que o etnólogo replicou: "típico de Preuss".[133]

ASCENSÃO E DECLÍNIO DA ETNOLOGIA ALEMÃ (1884-1950)

Em suma, as tentativas de Koch-Grünberg de se mudar de Berlim, e o subsequente êxito em consegui-lo, revelam tanto projetos e relações pessoais quanto a dinâmica interna da etnologia e da rede de etnólogos que se difundia pela Alemanha. Na criação do conhecimento e da ciência, relações pessoais e de afetividade se mesclam às relações profissionais. A dinâmica interna da etnologia alemã era muitas vezes cooperativa, mas muitas vezes altamente autodestrutiva. A rede de americanistas não era constituída apenas por relações de cooperação e auxílio mútuo, companheirismo intelectual e amizade, mas parte do alimento que nutria o círculo eram conflitos e disputas. As inimizades tinham um papel relevante no interior da rede de americanistas: por um lado, os confrontos eram destrutivos, na medida em que incursionavam em resultados negativos e desfavoráveis para a ciência; por outro lado, todavia, a existência da inimizade em si é comprovação da existência de relação social, implicando ordinariamente trocas e correspondências.

A dinâmica da rede de etnólogos também pode ser verificada pela extensão das trocas de material de leitura e pelo impacto que as leituras causavam em áreas diversas. Koch-Grünberg trocava suas publicações não apenas com seus colegas americanistas, como também com etnólogos e antropólogos especializados em outras áreas, colegas, editores, além de com museus, sociedades científicas e bibliotecas, como a biblioteca do Museu Real de Etnologia de Berlim ou o Smithsonian Institute.[134] A rede de Koch-Grünberg se difundiu não apenas pela Alemanha, mas ele tinha contato com pessoas e instituições na Áustria, França, Países Baixos, Suécia, Brasil, Argentina, Venezuela e Estados Unidos, sobretudo. Em uma época em que as ciências ainda criavam sua autonomia umas das outras, e em que certas temáticas eram abordadas por várias disciplinas científicas, desde a teoria da arte de von den Steinen, as pesquisas americanistas eram discutidas por profissionais de áreas diferentes. Isso pode ser verificado na pluralidade de revistas que resenhavam as obras de Koch-Grünberg. Seus livros foram resenhados não apenas nas revistas *Globus* e *Zeitschrift für Ethnologie*, mas também em jornais diários, entre eles o *Berliner Tageblatt*. Revistas de diversas orientações pediram à editora Ernst Wasmuth por exemplares para resenhas, e muitas vezes publicaram-nas, tais como *Revue des Études Éthnographiques* de Van Gennep, *Bulletin de la Société Belge d'Études Coloniales*, *Archiv für Rassen- und Gesellschafts-Biologie* (*Arquivo para biologia social e racial*), *Beiträge zur Kenntnis des Orients* (*Contribuições para o conhecimento do Oriente*), *La Nature*, *American Geographical Society New York*, *Neuer Metaphysischen Rundschau* (*Panorama de metafísica nova*), *Bibliographischen Zeitschrift für Naturwissenschaft und Mathematik* (*Revista bibliográfica para ciências naturais e matemática*), entre outras.[135] Isso mostra não apenas as influências das ciências umas nas outras e a amplitude de interesses das camadas consumidoras desse material, mas também a amplitude da rede de contatos de Koch-Grünberg e a capacidade de penetração de suas obras no mundo científico. Ter a obra resenhada era tão relevante para a ampliação de notoriedade, que Koch-Grünberg enviava correspondências a editores cobrando pela publicação de notas sobre seus livros, e era comum que estes pedissem a etnólogos para que resenhassem obras.[136] Tanto mais se percebe a gravidade das críticas negativas que Preuss e Lehmann publicavam nas suas resenhas.

Outro aspecto fundamental para a manutenção e extensão de uma rede de contatos (e de possível influência) eram as sociedades científicas. Tornar-se membro de sociedades não era somente revelador quanto aos interesses científicos dos etnólogos, mas demonstrava o poderio de difusão de sua influência, sobretudo quando se trata de convites para ser membro honorário. Von den Steinen era membro da Sociedade de Geografia de Berlim (Gesellschaft für Erdkunde zu Berlin) e da Sociedade Berlinense de Antropologia, Etnologia e Pré-História (Berliner Gesellschaft für Anthropologie, Ethnologie und Urgeschichte). Koch-Grünberg se tornou membro da primeira Sociedade de Geografia em 1899 e, três anos mais tarde, da Sociedade de Antropologia.[137] Antes de partir para sua próxima expedição em 1911, ele ainda se tornou membro da Société des Américanistes de Paris, da Sociedade de Ciências Naturais de Freiburg e da Sociedade de Pesquisa de Mitologia Comparada de Berlim.[138]

O processo de mudança de instituição de Koch-Grünberg é testemunha da perda do poder monopolizador do Museu Real de Etnologia de Berlim e da diversidade teórica e institucional que dominaria a Alemanha nas décadas seguintes. Ao mesmo tempo que a etnologia vinha ocupando espaço nas universidades e se profissionalizando, na medida em que formavam um sistema com relações com a sociedade, os museus de etnografia, na primeira década do seculo XX, continuavam a ser determinantes para a pesquisa etnológica, seja fornecendo material para o método comparativo, seja através de financiamentos de viagem ou concessões de cargos. Esses fatores tiveram impacto direto nas pesquisas etnológicas realizadas nas terras baixas sul-americanas, na valoração dos seus resultados pelos pares acadêmicos na Alemanha e alhures, bem como na repercussão em outras áreas das humanidades. Embora, após a década que vai de 1900 a 1910, algumas expedições americanistas fossem feitas para o Brasil (e a Colômbia) e a influência direta

ASCENSÃO E DECLÍNIO DA ETNOLOGIA ALEMÃ (1884-1950)

ou indireta da etnologia americanista alemã pudesse ser rastreada até recentemente na etnologia indígena produzida no Brasil, não há dúvidas de que alguns dos fatores sociais e acadêmicos que causaram a derrocada da etnologia americanista alemã podem ser situados nessa década.

Diferentemente da dinâmica de outras esferas das ciências sociais, em que uma camada de velhos intelectuais, aqueles por Ringer chamados de mandarins alemães, associava as transformações sociais a uma crise generalizada da cultura e tentava manter seus privilégios institucionais, na etnologia alemã, as mudanças ocorreram por meio da alteração de gerações e de mentalidade, através da descentralização institucional e da quebra de paradigma teórico, em meio a uma modificação política mais ampla.[139] Isso criou um nicho dentro da etnologia: o grupo de americanistas epistemologicamente envolvidos no empirismo novecentista e politicamente comprometidos com valores humanistas. No centro do poder imperial brasileiro, von den Steinen fez uma alarmante denúncia do tratamento que os povos indígenas recebiam pelo governo e da ineficiência do projeto catequético. Koch-Grünberg escancarou na sua monografia a selvageria a que índios eram submetidos no Norte brasileiro e a conivência das esferas do poder para com a violência estrutural. Ele se tornou conhecido, nos círculos etnológicos, não apenas por causa da sua perspicácia etnográfica, mas também, nas palavras de seu editor August Schröder, pelo "ponto de vista humanitário" que "tomou diante dos desprezados filhos da natureza" e porque "ele também vê neles seres humanos e confrades e não compartilha o brutal e repugnante ponto de vista senhorial, que por nada recua".[140] As obras de Koch-Grünberg transmitiriam, segundo Schröder, mais do que conhecimentos etnográficos, pois estavam a serviço de um objetivo político humanístico:

> Eu penso que esses "selvagens" desprezados têm um sentimento apurado para o que são os bens verdadeiros e o amor ao próximo. Nossa cultura material pode até estar muito mais avançada, mas o aprofundamento e refinamento da vida interior não acompanharam seus passos e, quando lemos seus livros, acreditamos que entre estes filhos da natureza as coisas estão melhores neste sentido do que em muitos círculos dos nossos assim chamados "povos culturais".[141]

No entanto, a denúncia mais contundente da violência contra os povos indígenas no Brasil na primeira década do século XX não foi feita por um etnólogo alemão, mas por um botânico e etnógrafo tcheco a serviço do Museu Real de Berlim. Alberto Vojtěch Frič (1882-1944) foi contratado em

443

1906 para uma expedição que deveria atingir os rios Araguaia e Tocantins.[142] Entre 1901 e 1902, Frič realizou sua primeira expedição (de motivação botânica e etnográfica) ao Brasil; entre 1903 e 1905, percorreu o Chaco paraguaio e argentino. Seus artefatos "incrivelmente bem preservados" e a catalogação "meticulosa" atraíram a atenção de Eduard Seler.[143] Rapidamente Frič despertou o interesse de outros americanistas alemães, travando contato com eles em seguida.[144]

A expedição de Frič aos rios Araguaia e Tocantins recebeu o financiamento de 10 mil marcos iniciais do Museu de Antropologia de Berlim, somados a mais 10 mil para uma coleção etnográfica.[145] Além disso, Frič também viajava a cargo do Museu de Etnografia de Hamburgo para realizar uma coleção etnográfica.[146] É notável que ele tenha sido contratado como "explorador" e não como "etnólogo", em uma época em que os próprios etnólogos – como duas décadas antes Karl von den Steinen o fizera – já se consideravam profissionais da ciência etnológica. Isso certamente se deve à desconfiança com que os americanistas olhavam para a atuação etnográfica de Frič, não querendo legitimar sua práxis atribuindo-lhe cargos profissionais. Assim, por exemplo, Koch-Grünberg recebeu comentários feitos por dois colegas, e, segundo um deles, Zacarias Ducci, Frič passaria tempo demais se deslocando por territórios e assim não conheceria os índios profundamente.[147] Koch-Grünberg, que continuou questionando colegas acerca de referências sobre Frič, obteve de Robert Lehmann-Nitsche a resposta: "Frič não conheço pessoalmente, é um jovem rapaz que tentou encontrar cactos", mas "sem formação acadêmica suficiente".[148] Assim, não apenas a formação intelectual do "aventureiro" Frič e o seu *modus operandi* de trabalho eram desqualificados, mas os resultados de sua expedição científica também seriam vistos com ceticismo.[149]

Após coletar sambaquis no Sul do Brasil e realizar uma expedição aos Kaingang, Frič adoeceu e logo ficou sem recursos.[150] As peças etnográficas que ele conseguiu obter – e que, em suas palavras, "quase" lhe "custaram a vida" – foram enviadas a Hamburgo, mas estariam em péssimas condições.[151] Enquanto isso, no Sul do Brasil, Frič se autoproclamava "representante" do Museu Etnológico de Berlim, se juntava a um grupo denominado "Liga" e passou a advogar pelos direitos indígenas. Ele realizou pacificações indígenas e fez denúncias em jornais alemães e brasileiros dos crimes cometidos por colonos alemães contra os nativos.[152]

Os colonos alemães da cidade de Blumenau se articularam sob liderança de um médico local, dr. Gensch, e revidaram as acusações em jornais de

ASCENSÃO E DECLÍNIO DA ETNOLOGIA ALEMÃ (1884-1950)

Blumenau. Eles também contataram o Museu de Antropologia de Berlim, afirmando que reconheciam "os propósitos humanísticos da Liga e não gostariam de dificultar seus trabalhos, se a atuação até então dessa Liga não fosse uma completa prova que a amizade com os bugres também significa uma inimizade com os alemães".[153] Os colonos fizeram reclamações formais à embaixada da Alemanha no Rio de Janeiro, e ao Museu de Berlim fizeram gravíssimas acusações sobre Frič: ele seria um farsante, pois suas dificuldades com a língua alemã entregariam que teria outra nacionalidade, seria um jovem arrogante, que usava dinamites e máscaras para pacificar os índios. Ele teria a intenção de mandar buscar índios do Paraná, estabelecer um território neutro e formar uma polícia indígena. Os colonos advertiram que Frič, enquanto representante dos museus alemães, formava perigosas alianças com nacionalistas brasileiros, operando contra os interesses dos alemães no Brasil. Em Berlim, Seler passou a ser acusado de financiar inimigos da Alemanha com recursos públicos.[154] A complexidade da situação fez com que Max Schmidt denunciasse Frič à administração-geral dos museus de Berlim.[155] No entanto, os colonos alemães de Blumenau não se contentaram em quase criar um incidente diplomático entre Brasil e Alemanha, mas também criticaram publicamente os conhecimentos científicos de Frič e até mesmo duvidaram de suas capacidades mentais.[156] Em carta a Koch-Grünberg, Frič confessou: "tive um fiasco com as pacificações, pois os blumenauenses me criaram enormes dificuldades e intrigas. Em Blumenau se quer massacrar todos os índios, mas isso eu não pude permitir".[157]

Em 1907, o ministro alemão das relações exteriores – temendo maior deterioração da reputação internacional da Alemanha, seriamente prejudicada pelo selvagem genocídio dos povos Herero e Nama cometido por tropas alemãs na colônia Sudoeste Africano Alemão (*Deutsch-Südwestafrika*, atualmente Namíbia), em que aproximadamente 70 mil pessoas foram assassinadas – ordenou que ambos os museus rompessem os seus contratos com Frič imediatamente.[158] No ano seguinte, este se inscreveu no Congresso de Americanistas de Viena. Que ali o etnógrafo fizesse uma denúncia aberta de que os índios no Sul do Brasil eram perseguidos e massacrados por colonos alemães já era previsto, pois, após a dissolução do contrato com os museus, Frič enviou cartas temperamentais para americanistas e editores alemães. H. Singer revelou em carta a Koch-Grünberg: "Se Frič já não estiver a caminho de Viena, para acertar as contas com o mundo no [Congresso de] Americanistas", então ele ainda deve estar na Argentina.[159]

De fato, na sua exposição no Congresso dos Americanistas de 1908, Frič repetiu as acusações de que colonos alemães e brasileiros estivessem caçando e assassinando indígenas no Sul do Brasil. Sua fala causou tamanho tumulto que a seção teve que ser interrompida pelo sino frenético do presidente da mesa, Wilhelm Freiherr von Weckbecker, para quem esse tipo de assunto estaria "fora da competência do congresso".[160] Eduard Seler acusou-o de misturar ciência com política, e Karl von den Steinen publicou um artigo em um jornal berlinense defendendo que a objetividade científica requer neutralidade política e que, assim sendo, Frič teria ultrapassado os limites da antropologia. Em correspondência a Boas, von den Steinen interpretou a atitude de Frič como "um pequeno escândalo de jornal contra o museu".[161] Para alguns jornalistas alemães, ele seria um nacionalista tcheco, um anarquista e um homossexual afeminado, ocupando-se do que não lhe convinha.[162]

Os americanistas alemães teriam repudiado a atuação política de Frič, pois considerariam que seria inexorável e irrefreável o avanço da civilização europeia e que os objetivos científicos dos antropólogos deveriam pairar acima de seus compromissos morais.[163] A diferença de Frič para com Karl von den Steinen – que no Brasil criticara a política indigenista do governo imperial brasileiro, mas que, diante de seus pares cientistas, se recusava a admitir a interferência de questões morais no domínio da ciência – é que o etnólogo alemão não deixou de honrar seus compromissos profissionais por causa de suas convicções políticas e apenas as expressou em momentos socialmente considerados oportunos (e que não o prejudicassem profissionalmente na Alemanha). Tanto é que von den Steinen sabia da violência extrema a que povos indígenas eram submetidos no Sul do Brasil, não apenas porque ele mesmo viajara a Santa Catarina, mas também porque, em 1904, apresentou para a Sociedade de Antropologia de Berlim o relato do médico dr. Bleyer sobre "os restos de uma tribo indígena, os Schokléng, que há muito tempo representam um desiderato etnográfico".[164] As informações não foram obtidas pela observação direta, mas "da boca dos bugreiros, os caçadores de índios, dos índios mansos e de um Schokléng cativo quando menino".[165] Além do relato sobre os "índios silvícolas selvagens", o médico também enviou à sociedade uma fotografia e um crânio, que, na época da publicação da revista, ainda estava em trânsito.[166]

Em 1908, Koch-Grünberg pediu que Frič o poupasse do envio infinito de cartas inúteis e que ele sequer o mencionasse nas suas publicações, ao que o etnógrafo tcheco resolveu romper com ele.[167] A correspondência entre eles

ASCENSÃO E DECLÍNIO DA ETNOLOGIA ALEMÃ (1884-1950)

seria retomada apenas oito anos mais tarde, depois de Frič formar uma respeitável coleção chaquenha e publicar um artigo com Paul Radin sobre os Bororo.[168]

No Brasil, no entanto, o *affaire* Frič, como foi chamado na época, foi relembrado pela sua *noblesse oblige* e desencadeou um debate público sobre a situação dos índios no Brasil e sobre a sua defesa perante a exploração de colonos estrangeiros; e os jornais brasileiros noticiaram o que Frič passou nas mãos dos alemães.[169] Houve, contudo, vozes críticas, sendo a principal delas a do naturalista alemão Hermann von Ihering, diretor do Museu Paulista entre 1893 e 1916. Em artigo publicado em 1911 na *Revista do Museu Paulista*, Ihering enumera os "prejuízos" causados pelos Kaingang nos cinco anos anteriores e afirma que, por causa da "absoluta falta de proteção por parte do governo", os moradores locais se organizam em bugreiros, "os versados na caça indígena". Os bugreiros cometem atos de "selvageria", mas agem "todas as vezes que a justiça oficial não se mostra". O protesto de Frič no Congresso de 1908 não teria surtido resultado, e nele "se leva muito além a exageração". As situações descritas a Frič "são fantasias ou mentiras de caçador, aceitas ingenuamente pelo viajante".[170] Em carta a Koch-Grünberg, Ihering afirma que "ouviu atônito sobre os ataques do sr. Frič no Congresso dos Americanistas". Torturas, massacres e escravidão são "falsidades das quais nunca ouvimos falar nada aqui. É compreensível que Frič se deixe enganar com facilidade, mas não a apresentação delas numa reunião intelectual".[171] Nesse mesmo artigo, Ihering defende-se das acusações do jornalista Silvio de Almeida, do jornal *Estado de S. Paulo*, de que ele teria recomendado o massacre dos índios "bravos". Segundo Ihering, o jornalista teria distorcido uma afirmação sua. Mas, no artigo "A anthropologia do Estado de São Paulo", o naturalista afirmou inquestionavelmente:

> Os actuaes índios do Estado de S. Paulo não representam um elemento de trabalho e de progresso. Como também nos outros Estados do Brazil, não se póde esperar trabalho sério e continuado dos índios civilizados e como os Caingang selvagens são um impecilio para a colonização das regiões do sertão que habitam, parece que não há outro meio, de que se possa lançar mão, senão o seu extermínio.[172]

Os Kaingang, citados por ele como exemplo de selvageria, os quais deveriam ser dizimados em guerra, eram continuamente assassinados nas décadas anteriores em Santa Catarina. A prática de conquista de territórios indígenas se estendeu aos na época chamados "botocudos" ou "bugres" (hoje conhecidos por Xokleng), exatamente cujo massacre foi denunciado por Frič.[173] Em 1907 ele enviou a Koch-Grünberg uma poderosa prova material dos maus-tratos a que índios no Sul do Brasil eram submetidos: um cartão-postal em que os caçadores de bugres eram retratados (Imagem 65).

Imagem 65 – Cartão-postal retratando caçadores de bugres (1907).

Em todo caso, a denúncia de Frič e as afirmações de Ihering desencadearam um debate público, tanto na Alemanha quanto no Brasil, sobre o extermínio e as políticas indigenistas brasileiras, bem como sobre as fronteiras entre a ciência e a política.[174] Von den Steinen se sentiu na obrigação e no direito, por se considerar um cientista europeu esclarecido e humanista, de criticar as negligências da política imperial brasileira. No seu caso, ação política e prática científica não foram excludentes, mas continuação uma da outra. Koch-Grünberg também denunciou as ações violentas "dos selvagens modernos". No seu caso, o compromisso político também era parte de uma *Bildung* humanista. Mas a todos era inaceitável que um *outsider* sem educação formal, sem reconhecimento acadêmico, e ainda por cima estrangeiro, além de não concretizar os compromissos científicos e macular a ciência europeia com denúncias, criticasse alemães e seus descendentes no Sul do Brasil, ou seja, em seu próprio campo de trabalho. H. Singer, editor da revista *Globus*, resumiu de forma perspicaz o caso: "Frič disse a verdade de maneira demasiado desajeitada em Viena, e isso foi pior que um crime, foi um erro".[175]

O *affaire* Frič não foi importante apenas pelas suas consequências para o debate político, mas também porque revelou a maneira pela qual o ciclo acadêmico se mobilizou para descreditar um *outsider*, mesmo que seus motivos fossem legítimos, e porque demonstrou a ideia de ciência hermeticamente fechada, mantida durante a era da profissionalização da etnologia alemã. Isso causou um fechamento ainda mais extremo do grupo de americanistas e criou um patamar de cobrança de resultados e de atitudes céticas aplicados imediatamente nas expedições seguintes ao Brasil.

As duas expedições subsequentes ocorreram quase concomitantemente e se destinaram à mesma região abandonada por Frič: o Rio Araguaia. A escolha dessa região se deve, tal como ocorrera com Ehrenreich, à facilidade do acesso, ao baixo custo da expedição e à fascinante cultura material dos povos indígenas. A conveniência de sua escolha implica, antes, que os etnólogos estavam cientes de que um trabalho de campo seria a única forma de validar suas carreiras e dar legitimidade ao *status* profissional que almejavam. Isso significa que a escolha da região do Araguaia estava sobretudo relacionada ao propósito de prestígio acadêmico e crescimento profissional do que à vontade de aventura e interesse intelectual. Do ponto de vista institucional, as expedições representam perfeitamente a dinâmica pela qual a etnologia passava naquele momento na Alemanha, porque Fritz Krause viajou a cargo do Museu de Leipzig e Wilhelm Kissenberth em nome do Museu de Berlim.

Notas

1 Von den Steinen, 1905.
2 *Idem*, pp. 236-249.
3 "Bastian ist vor etwa 14 Tagen richtig wieder verschwunden. Er hat einen Stenographen und eine Schreibmaschine mitgenommen, sodass er sich wohlfühlen wird, wo immer er landet. Genaueres über sein Reiseziel wusste er selbst nicht. Er meinte 'Aequator'." Karl von den Steinen a Franz Boas, 23.12.1903, APSL, Mss. B.B61.

4   "Er hat mir schon einen Vortrag über die Seele gehalten, unsere Psyche ist gar keine, es ist die Ψ. αἰσθητικη des Aristoteles, was wir so nennen [...]." Karl von den Steinen a Franz Boas, 17.07.1903, APSL, Mss. B.B61. Pelo auxílio na leitura e na interpretação desse trecho especialmente difícil, agradeço a um grupo de filósofos: André Cressoni, Marina Peixoto Soares, Alfredo Rezende e Robson Gabioneta.

5   "Er erkundigte sich lebhaft nach Ihnen, er liebt Sie sehr. Ihre Eskimos haben eine Menge Elementargedanken." Karl von den Steinen a Franz Boas, 17.07.1903, APSL, Mss. B.B61.

6   Reis, 2006a.

7   DA 414b34.

8   Reis, 2006b, p. 10.

9   Von den Steinen, 1905, pp. 236-249, 236.

10   *Idem*, p. 164.

11   *Idem*, p. 174.

12   "Vorgestern wäre Bastian 90 geworden. Wer denkt noch an ihn? Sein Grab soll sehr vernachlässigt ansehen." Karl von den Steinen a Franz Boas, 28.06.1915, APSL, Mss. B.B61.

13   Von den Steinen, 1905, p. 168.

14   *Idem*, pp. 173-174.

15   Penny, 2002, p. 1.

16   *Idem*, p. 148.

17   *Idem*, p. 182.

18   Dark, 1973, pp. 78-81.

19   Von den Steinen, 1903c, p. 130.

20   Karl von den Steinen a Franz Boas, 20.02.1899, APSL, Mss. B.B61.

21   Penny, 2002.

22   Karl von den Steinen a Franz Boas, 24.07.1905, APSL, Mss. B.B61.

23   Karl von den Steinen a Franz Boas, 09.04.1900, APSL, Mss. B.B61.

24   Franz Boas a Karl von den Steinen, 26.10.1903, APSL, Mss. B.B61; Karl von den Steinen a Franz Boas, 10.11.1903, APSL, Mss. B.B61.

25   "[...] mit unserem lumpigen Jahresetat, der für den Ankauf einer einzigen anständigen Sammlung gerade ausreicht." Karl von den Steinen a Franz Boas, 24.07.1905, APSL, Mss. B.B61.

26   Penny, 2002, p. 216 e ss.

27   W. Smith, 1991, p. 10.

28   *Idem*, pp. 106, 138.

29   Penny, 2002, p. 15.

30   *Idem*, pp. 32, 58.

31   *Idem*, p. 32.

32   W. Smith, 1991, p. 155; Penny, 2002, p. 250.

33   Ezra, 1992, p. 25; Penny, 2002, p. 33; W. Smith, 1991, p. 112.

34   Massin, 1996, p. 84.

35   Zimmerman, 2001, p. 46.

36   Laukötter, 2007, p. 27.

37   *Idem*, pp. 89-92.

38   Gingrich, 2005, pp. 98, 113-114.

39   Massin, 1996, pp. 106-107, 136-143, *passim*.

40   Zimmerman, 2001, p. 243.

41   Gingrich, 2005, pp. 94-136.

42 Vermeulen, 2015, p. 28.

43 Gingrich, 2005, pp. 99-100.

44 *Idem*, p. 95.

45 Zimmerman, 2001, p. 206 e ss.

46 Frobenius, 1898.

47 *Idem*, p. IX.

48 Gingrich, 2005, p. 92. Confira, por exemplo, os mapas de distribuição dos tipos de cama e casa pelo continente africano em Frobenius, 1929.

49 Zimmerman, 2001, pp. 207-208; Gingrich, 2005, p. 92.

50 Graebner, 1905; Ankermann, 1905.

51 Graebner, 1905, p. 28.

52 *Idem*, p. 29.

53 Lavoisier, 1789, p. 101.

54 White, 1945, p. 341.

55 *Idem*, p. 354.

56 Rössler, 2007, p. 14.

57 Ankermann, 1905, p. 80.

58 Zimmerman, 2001, p. 210. É preciso, no entanto, ver com muitas ressalvas as afirmações de Zimmerman de que, para a antropologia anterior a Graebner e Foy, os povos nativos não tinham história. Os estudos das migrações e das conexões linguísticas, bem como das fontes documentais pelos americanistas alemães, discutidos anteriormente, demonstram que os etnólogos brasilianistas consideravam não apenas que os povos indígenas tinham história, mas também que eles faziam uso muito cuidadoso do material historiográfico.

59 *Idem*, p. 208.

60 Gingrich, 2005, p. 92.

61 Vermeulen, 2006, p. 132.

62 Ehrenreich, 1905.

63 Mauss & Hubert, 2005 [1899]; Mauss, 2003 [1904].

64 Ehrenreich, 1905, p. 16.

65 Koch-Grünberg, 1909; 1910.

66 Ehrenreich, 1905, p. 67.

67 *Idem, ibidem*.

68 *Idem, ibidem*.

69 *Idem*, p. 68.

70 *Idem*, p. 70.

71 H. Singer a Theodor Koch-Grünberg, 07.11.1907, ES Mr, A2.

72 Ehrenreich, 1890b; 1892a; 1892b; M. Schmidt, 1904c; Koch-Grünberg, 1902; 1905b; 1906a; 1906b; 1908a; 1908b; 1908c; 1908d.

73 "Die Zeitschrift hat schon seit vielen Jahren vom Verleger Zuschüsse beansprucht, ein Zustand, der nicht beseitigt werden konnte." H. Singer a Theodor Koch-Grünberg, 21.12.1910, ES Mr, A10.

74 "Ein harter Schlag gewiss auch für Andree, der sehr an der Zeitschrift hing, die er hat auf ihre wissenschaftliche Höhe gebracht hat." "Das also ist das traurige Ende von dem schönen Liede." H. Singer a Theodor Koch-Grünberg, 21.12.1910, ES Mr, A10.

75 W. Schmidt, 1906.

76 Ehrenreich, 1913; Koch-Grünberg, 1906c; 1908e; 1912a; 1912b; 1913a; 1913b; 1914; 1915-1916.

A MORTE DO "FILÓSOFO MEDITATIVO" E O AMERICANISMO ALEMÃO

[77] W. Schmidt, 1913.

[78] Kraus, 2004a, pp. 33, 37.

[79] Von den Steinen, 1905, pp. 119-121.

[80] "Gretchenfrage. Sag' mir, Heinrich!". Karl von den Steinen a Franz Boas, 11.06.1904, APSL, Mss. B.B61. A tradução literal para o termo empregado por von den Steinen é "pergunta de Margarida", pois trata-se de uma referência à cena do *Fausto* de Goethe em que a personagem principal, Fausto, é interpelada pelo seu amor, Margarida em português e Gretchen em alemão, que questiona sua posição quanto à religião.

[81] U. von den Steinen, 2010, p. 125.

[82] *Zeitschrift für Ethnologie*, 1901, pp. 28, 448; 1904, p. VIII; 1900, pp. 165, 302; 1901, p. 273; 1902, p. 195; 1903, p. 499; 1904, p. 453; 1907, p. 403.

[83] *Idem*, 1905, p. 1; 1906, pp. IX, 1.020.

[84] Karl von den Steinen a Franz Boas, 24.04.1907, APSL, Mss. B.B61.

[85] "Meine Frau hat wieder Anfälle von Gallenkolik [...]." Karl von den Steinen a Franz Boas, 17.07.1903, APSL, Mss. B; Karl von den Steinen a Franz Boas, 24.07.1905, APSL, Mss. B.B61. "[...] von Gicht geplagt war meine empfindlich verminderte Arbeitskraft unglücklich habe ich am 1 April meinen Abschied eingereicht. Die Leute nehmen nur das nebenher auch noch übel." Karl von den Steinen a Franz Boas, 23.04.1906, APSL, Mss. B.B61.

[86] *Zeitschrift für Ethnologie*, 1907, p. 978; 1908, p. 566.

[87] *Idem*, 1910, p. 982.

[88] *Idem*, 1912, pp. 809-811.

[89] "Sie sind wirklich der fleißigste der fleißigen!" Richard Andree a Theodor Koch-Grünberg, 25.09.1908, ES Mr, A2.

[90] Koch-Grünberg, 1905a; 1906d; 1907.

[91] *Idem*, 1905a.

[92] *Idem*, 1907.

[93] Von den Steinen, 1894.

[94] Boas, 1940.

[95] Koch-Grünberg, 1906d, p. I.

[96] *Idem, ibidem.*

[97] Por conseguinte, a interpretação de Hempel (2009, pp. 201-202) de que Koch-Grünberg não tinha certeza nem da serventia de suas anotações, nem das motivações das fotografias de tipos indígenas é mais do que questionável. A afirmação de Frank (2010, p. 158) de que não há indicações de contexto é inverossímil, como se pode conferir em *Indianertypen*. Frank (2010, p. 162) ainda afirma que Koch-Grünberg considerava que a antropologia física era parte da etnologia e que é de estranhar que ele não tenha feito medições. Como mostrado acima, através das explicações de Koch-Grünberg, a interpretação de Frank da compreensão disciplinar e dos motivos para a execução das imagens parece incorreta.

[98] W. Foy (Verein zur Förderung des städtischen Rautenstrauch-Joest-) a Theodor Koch-Grünberg, 16.11.1908, ES Mr, A4 F; A. Oppel (Geographische Gesellschaft in Bremen) a Theodor Koch-Grünberg, 20.10.1907, ES Mr, A2; Verein der Bankbeamten in Berlin a Theodor Koch-Grünberg, 20.08.1907, ES Mr, A2; dr. O. Cahnheim a Theodor Koch-Grünberg, 12.02.1907, ES Mr, A2; dr. H. Ross (Verein für Naturkunde in München) a Theodor Koch-Grünberg, 16.03.1907, ES Mr, A2; Kaufmännischer Verein zu Magdeburg a Theodor Koch-Grünberg, 17.11.1906, ES Mr, A2; dr. P. V. Richter (Wissenschaftlicher Verein Hamm) a Theodor Koch-Grünberg, 30.09.1907, ES Mr, A4 H; Deutscher Verein gegen den Miß-

ASCENSÃO E DECLÍNIO DA ETNOLOGIA ALEMÃ (1884-1950)

brauch geistiger Getränke/Berliner Frauenverein gegen den Alkoholismus a Theodor Koch--Grünberg, 27.02.1909, ES Mr, A5.

[99] Dr. O. Cahnheim a Theodor Koch-Grünberg, 12.02.1907, ES Mr, A2; dr. H. Ross (Verein für Naturkunde in München) a Theodor Koch-Grünberg, 16.03.1907, ES Mr, A2.

[100] Kraus, 2004a, p. 66.

[101] Ernst Wasmuth Verlag a Theodor Koch-Grünberg, xx.xx.1907, ES Mr, A2.

[102] Ringer, 1987 [1969], p. 43.

[103] *Idem*, *ibidem*.

[104] "Ich stimme Ihnen vollkommen zu, dass die Ethnographen sich nicht für ein Butterbrot verkaufen sollen [...]." Georg Thilenius a Theodor Koch-Grünberg, 12.12.1908, ES Mr, A4 T.

[105] Kraus, 2004a, p. 455.

[106] E. Kute a Theodor Koch-Grünberg, 11.11.1907, ES Mr, A2.

[107] Georg (Freiherr) von Hertling a Theodor Koch-Grünberg, 28.07.1907, ES Mr, A2.

[108] Pater Wilhelm Schmidt a Theodor Koch-Grünberg, 16.02.1907, ES Mr, A2.

[109] Johanna von Malsen (dama de companhia da princesa Therese von Bayern) a Theodor Koch-Grünberg 29.07.1907, ES Mr, A2.

[110] Pater Wilhelm Schmidt a Theodor Koch-Grünberg, 15.09.1907, ES Mr, A2.

[111] Pater Wilhelm Schmidt a Theodor Koch-Grünberg, 02.08.1907, ES Mr, A2; Pater Wilhelm Schmidt a Theodor Koch-Grünberg, 27.06.1907, ES Mr, A2. Mr, A2.
Pater Wilhelm Schmidt a Theodor Koch-Grünberg, 02.08.1907, ES Mr, A2.

[112] E. Kute a Theodor Koch-Grünberg, 11.06.1907, ES Mr, A2.

[113] Pater Wilhelm Schmidt a Theodor Koch-Grünberg, 24.05.1907 ES Mr, A2; Pater Wilhelm Schmidt a Theodor Koch-Grünberg, 20.07.1907, ES Mr, A2.

[114] "[...] ausserordentliche Professur für allgemeine Ethnologie." Theodor Koch-Grünberg a Geheimrat, s/d., ES Mr, A2.

[115] "Die Ethnologie hat in den letzten Jahren einen bedeutenden Aufschwung genommen und endlich haben sich auch weite Kreise überzeugt, dass die vergleichende Völkerkunde besonders vom psychol. Standp. aus die beste Grundlage für eine Reihe alter Wissenschaften bildet. Um so mehr wäre es gewünscht, dass an den grösseren Universitäten, die Museen zur Verfügung haben, Lehrstühle für allgemeine Ethnologie errichtet würden, damit das Interesse für diese wichtige Wissenschaft immer mehr geweckt wird und auch jüngere Kräfte systematisch herangebildet werden." Theodor Koch-Grünberg a Geheimrat, s/d., ES Mr, A2.

[116] Pater Wilhelm Schmidt a Theodor Koch-Grünberg, 24.05.1907.

[117] Georg Thilenius a Theodor Koch-Grünberg, 12.03.1908, ES Mr, A4 T.

[118] Verwaltungskomission für das städtische Völkermuseum a Theodor Koch-Grünberg, 07.04.1908, ES Mr, A4 H; Städtisches Völker-Museum a Theodor Koch-Grünberg, 07.04.1908, ES Mr, A4 H.

[119] "Aber die grosse Frage ist: ist es möglich mit Erfolg völkerkundlichen Unterricht zu geben ohne die Hilfsmittel eines Museums? Daran ist von den Steinen zu meinem grossen Leidwesen gescheitert. Gescheitert in dem Sinne, dass er mir sagte: ohne Museum geht es nicht." Th. Fischer a Theodor Koch-Grünberg, 02.01.1908, ES Mr, A5.

[120] Theodor Koch-Grünberg a Seppel, 24.01.1909, ES Mr, A6.

[121] "Ich habe eben schon an Fischer geschrieben, den Anatomen und Anthropologen in Freiburg, mit dem ich befreundet bin. Meine Anfrage betrifft die Opportunität einer Habilitation für Ethnologie und ich habe ihm kurz Ihre Arbeiten geschildert." Georg Thilenius a Theodor Koch-Grünberg, 18.01.1909, ES Mr, A6.

[122] "Zunächst möchte ich meiner grossen Freude darüber Ausdruck geben, dass Sie hierher wollen". "Mein Wunsch ist ein egoistischer – ich möchte einen Ethnologen, mit dem ich Gedanken austauschen kann, die mich als Anthropologen interessieren." Eugen Fischer a Theodor Koch-Grünberg, 23.01.1909, ES Mr, A6.

[123] Dr. L. Neumann (Philosophische Facultät der Universität Freiburg) a Theodor Koch-Grünberg, 06.07.1909, ES Mr, A6.

[124] "[...] nach Berlin gezogen." "Ich möchte von Ihnen wissen, ob noch Empfindlichkeiten zwischen uns liegen." "[...] ich grolle Ihnen wegen der Aenderung des Reiseziels." "Mir war dies natürlich sehr ärgerlich, da ich tatsächlich geradezu für Sie gekämpft hatte." Karl von den Steinen a Theodor Koch-Grünberg, 03.02.1909, ES Mr, A6.

[125] "Ihr gerade nicht sehr freundschaftliches entgegenkommendes Verhalten in Sachen meiner Sammlung hat mich, das gestehe ich offen, damals gegen Sie eingenommen. Doch, das liegt Jahre zurück und ist längst überwunden." "Da Sie nach meiner Rückkehr für die wissenschaftliche Ergebnisse meiner Reise nur wenig Interesse zeigten, so nehme ich an, dass Sie auch meinen Publikationen gleichgültig gegenüberstünden. Sollte ich mich darin getäuscht haben, so würde ich mich dies umso mehr freuen, da ich Ihr Urteil nach wie vor sehr hochschätze." Theodor Koch-Grünberg a Karl von den Steinen, s/d., ES Mr, A6.

[126] Karl von den Steinen a Theodor Koch-Grünberg, 17.03.1909, ES Mr, A6.

[127] Díaz de Acre, 2005, p. 44.

[128] *Idem*, p. 44 e ss.

[129] Richard Andree a Theodor Koch-Grünberg, 28.07.1909, ES Mr, A5; H. Singer a Theodor Koch-Grünberg, 03.08.1909, ES Mr, A5.

[130] Walter Krickeberg a Theodor Koch-Grünberg, 27.07.1909, ES Mr, A6; Konrad Theodor Preuss a Theodor Koch-Grünberg, 30.08.1909, ES Mr, A6.

[131] "Toll ist sein letzter Reisebericht in der Zeitschr. für Ethnologie, worin seine Prahlerei und Oberflächlichkeit recht zu Tage tritt [...] Wie komisch, dass andere Leute, z. B. Seler in Entzücken versetzt worden konnten!" Konrad Theodor Preuss a Theodor Koch-Grünberg, 31.07.1909, ES Mr, A6.

[132] "Ich persönlich bin natürlich froh, dass ich ihn hier los bin." Konrad Theodor Preuss a Theodor Koch-Grünberg, 31.07.1909, ES Mr, A6.

[133] Karl von den Steinen a Franz Boas, 12.12.1924, APSL, Mss. B.B61. "[...nasty trick...]". Franz Boas a Karl von den Steinen, 23.12.1924, APSL, Mss. B.B61."Für Preuss typisch." Karl von den Steinen a Franz Boas, 04.01.1925, APSL, Mss. B.B61.

[134] Cf. entre centenas de exemplos: Leo Bouchal a Theodor Koch-Grünberg, 20.04.1907, ES Mr, A2; dr. Haupt (Direktor der Grossh. Hessischen Universitätsbibliothek) a Theodor Koch-Grünberg, 13.06.1907, ES Mr, A2; Emílio Goeldi a Theodor Koch-Grünberg, 05.03.1907, ES Mr, A2; Johanna von Malsen (dama de companhia da princesa Therese von Bayern) a Theodor Koch-Grünberg, 29.07.1907, ES Mr, A2; Verlag Friedr. Vieweg & Sohn a Theodor Koch-Grünberg, 14.11.1907, ES Mr, A2; Bibliothek des Königlichen Museums für Völkerkunde a Theodor Koch-Grünberg, 16.09.1907, ES Mr, A2; American Geographical Society a Theodor Koch-Grünberg, 16.09.1907, ES Mr, A2; Smithsonian Institution a Theodor Koch-Grünberg, 29.07.1907, ES Mr, A2.

[135] H. Singer a Theodor Koch-Grünberg, 22.10.1907, ES Mr, A2; Berliner Tageblatt a Theodor Koch-Grünberg, 07.12.1908, ES Mr, A4, T; Ernst Wasmuth Verlag a Theodor Koch-Grünberg, 27.03.1908, ES Mr, A6; Karl von den Steinen a Theodor Koch-Grünberg, 13.02.1908, ES Mr, A5; Ernst Wasmuth Verlag a Theodor Koch-Grünberg, 10.05.1907, ES Mr, A6, Ernst

ASCENSÃO E DECLÍNIO DA ETNOLOGIA ALEMÃ (1884-1950)

Wasmuth Verlag a Theodor Koch-Grünberg, 07.02.1907, ES Mr, A6; Ernst Wasmuth Verlag a Theodor Koch-Grünberg, 19.01.1907, ES Mr, A6; Ernst Wasmuth Verlag a Theodor Koch-Grünberg, 11.12.1906, ES Mr, A6; Arnold van Gennep a Theodor Koch-Grünberg, 24.01.1910. ES Mr, A7.

[136] H. Singer a Theodor Koch-Grünberg, 13.01.1909, ES Mr, A5; H. Singer a Theodor Koch-Grünberg, 25.01.1910, ES Mr, A7.

[137] Gesellschaft für Erdkunde zu Berlin a Theodor Koch-Grünberg, 15.07.1899, ES Mr, A1, K6 – 01K2; Berliner Gesellschaft für Anthropologie, Ethnologie und Urgeschichte a Theodor Koch-Grünberg, 16.01.1902, ES Mr, A1, K6 – 01K1.

[138] Paul Rivet a Theodor Koch-Grünberg, 22.10.1908, ES Mr, A4 R; Naturforschenden Gesellschaft a Theodor Koch-Grünberg, 17.11.1909, ES Mr, A7; Gesellschaft für vergleichende Mythenforschung a Theodor Koch-Grünberg, 22.01.1910, ES Mr, A8.

[139] Ringer, 1969, pp. 12-13.

[140] "Es drängt mich noch, sehr verehrter Herr Doktor, Ihnen meine volle Sympathie zu dem menschenfreundlichen Standpunkt auszudrücken, den Sie gegenüber den verachteten Naturkindern einnehmen; dass Sie in ihnen auch Menschen und Mitbrüder sehen und nicht den brutalen widerwärtigen Herrenstandtpunkt teilen, der vor nichts zurückschreckt." August Schröder a Theodor Koch-Grünberg, 17.08.1908, ES Mr, A4, St.

[141] "Ich glaube, dass diese verachteten 'Wilden' ein feines Gefühl dafür haben, was wahre Güte und Menschenliebe ist. Unsere materielle Kultur ist ja weit vorgeschritten, aber die Vertiefung und Veredlung des Gemütslebens hat nicht gleichen Schritt mit ihr gehalten und wenn man Ihre Bücher liest, so möchte man manchmal meinen, es sei unter diesen Naturkindern in dieser Beziehung eher besser bestellt, als in manchen Kreisen unserer sogenannten 'Kulturvölker'." August Schröder a Theodor Koch-Grünberg, 17.08.1908, ES Mr, A4, St.

[142] "Eventual-Vertrag für den Explorador Albert Frič", EM Bln, Acta Adalbert Frič.

[143] Penny, 2003, p. 254. As consequências científicas e o debate público que se sucedeu à expedição de Frič são discutidas nesse artigo de Penny. Algo da análise deste livro se sustenta por esse texto, além das fontes primárias às quais Penny não teve acesso.

[144] Em carta de 8/10/1906, Frederico Vogt respondeu a Koch-Grünberg que não possuía as informações sobre Frič requeridas pelo etnólogo alemão. Frederico Vogt a Theodor Koch-Grünberg, 8.10.1906, ES Mr, A1, K6 – 01K9. O primeiro contato entre Koch-Grünberg e Frič foi um cartão-postal em que Frič posa ao lado de um índio Chamacoco, provavelmente de 1906. Alberto Vojtěch Frič a Theodor Koch-Grünberg, s/d., ES Mr, A1, K6 – 01K8.

[145] "Eventual-Vertrag für den Explorador Albert Frič." Acta Adalbert Frič (Reise nach Südamerika), EM Bln.

[146] Penny, 2003, p. 254.

[147] Zacarias Ducci a Frederico Vogt, 06.04.1901, ES Mr, A1, K6 – 01K9.

[148] "Frič kenne ich nicht persönlich, ist ein junger Bursch, der Kakteen zu erreichen suchte [...] ohne genügende Ausbildung." Robert Lehmann-Nitsche a Theodor Koch-Grünberg, 25.02.1906, ES Mr, A2.

[149] "Abenteurer Frič." Richard Andree a Theodor Koch-Grünberg, 25.09.1908, ES Mr, A2.

[150] Penny, 2003, p. 263.

[151] "[...] fast das Leben gekostet [...]." Alberto Frič a Theodor Koch-Grünberg, 13.06.1907, ES Mr, A2; Penny, 2003, p. 264.

[152] Relatório de 21/7/1906 assinado por Max Schmidt. Acta Adalbert Frič (Reise nach Südamerika), EM Bln; Penny, 2003, p. 264.

153 "[...] so würden wir doch die menschenfreundlichen Absichten der Liga anerkennen und ihre Arbeit nicht zu erschweren suchen, wenn die ganze bisherige Tätigkeit dieser Liga uns nicht ein vollgütiger Beweis dafür wäre, dass Bugerfreundlichkeit ein gleichbedeutender Begriff mit Deutschfeindlichkeit ist [...]." Ortsgruppe Blumenau des Alldeutschen Verbandes a Adolf Saeftel, 17.03.1907, Acta Adalbert Frič (Reise nach Südamerika), EM Bln.

154 Wilhelm Herrmann a Theodor Koch-Grünberg, 01.12.1906, ES Mr, A2.

155 Alberto Frič a Koch-Grünberg, 23.05.1906, ES Mr, A2.

156 Penny, 2003, p. 269.

157 "Mit gense Pacificações habe ich Fiasco gehabt, denn mir die Blumenauer riesige Schwierigkeiten und Intrigas gemacht haben [...]. In Blumenau will man alle [Indianer] schlachten und das wollte ich nicht erlauben [sic]." Alberto Frič a Theodor Koch-Grünberg, 13.06.1907, ES Mr, A2.

158 Penny, 2003, p. 272.

159 "Wenn Frič nicht auf dem Wege nach Wien ist, um bei den Amerikanisten mit der ganzen Welt abzurechnen [...]." H. Singer a Theodor Koch-Grünberg, 26.08.1908, ES Mr, A4, G.

160 Penny, 2003, p. 250.

161 "Der Czeche Frič hat noch einen kleinen Zeitungsskandal gegen das Museum angezettelt." Karl von den Steinen a Franz Boas, 01.10.1908, APSL, Mss. B.B61.

162 Penny, 2003, pp. 250, 276.

163 *Idem*, p. 279.

164 Von den Steinen, 1904d, p. 830.

165 *Idem*, p. 831.

166 *Idem, ibidem.*

167 Alberto Frič a Theodor Koch-Grünberg, 22.03.1908, ES Mr, A4, F.

168 Theodor Koch-Grünberg a Alberto Frič, 13.04.1916, ES Mr, A20, F; Theodor Koch-Grünberg a Alberto Frič, 20.03.1916, ES Mr, A20, F.

169 Carl N. a Theodor Koch-Grünberg, 23.09.1907, ES Mr, A4, N; Penny, 2003, p. 278.

170 Ihering, 1911, pp. 129-130.

171 "[...] das sind doch alles Falschheiten von denen wir hier nie etwas gehört haben. Dass Frič sich mit Leichtigkeit Bären aufbinden liess, ist ja begreiflich, nicht aber die Ablieferung derselben an einer gelehrten Versammlung." Hermann von Ihering a Koch-Grünberg, 24.10.1908, ES Mr, A4, H.

172 Ihering, 1907, p. 215.

173 Gensch, 1908, p. 7. Frič foi contratado para ser pacificador dos Xokleng, na época chamados de "botocudos". Alberto Frič a Koch-Grünberg, 04.11.1907, ES Mr, A2.

174 Penny, 2003, p. 278.

175 "Frič hat in Wien in zu ungeschickter Weise die Wahrheit gesagt, und das war schlimmer als ein Verbrechen, es war ein Fehler." H. Singer a Koch-Grünberg, 03.08.1909, ES Mr, A5.

4.
As expedições ao Rio Araguaia (1908-1910)

Fritz Krause e a viagem necessária (1908)

Fritz Krause (Imagem 66) estudou matemática, física e geografia na Universidade de Leipzig.[1] Além de Karl Weule, Krause estudou com Friedrich Ratzel e Wilhelm Wundt. Em 1901, ele se tornou assistente de Weule no museu de etnografia dessa cidade. Em 1905, defendeu seu doutorado sobre os índios Pueblo e, no ano seguinte, tornou-se assistente científico do museu. Em 1907, Krause obteve o cargo de diretor assistente do Museu de Leipzig.

Imagem 66 – Fritz Krause (ano desconhecido).

A expedição de Fritz Krause durou de janeiro de 1908 a fevereiro de 1909.[2] O financiamento de 15 mil marcos veio da prefeitura de Leipzig e de uma doação privada de Herrmann Meyer, que, após suas expedições e sua aposentadoria da etnologia, se ocupou com empreendimentos privados e com sua atuação como mecenas.

O Rio Araguaia já fora percorrido por Ehrenreich, que estudou os Javaé, os Karajá e os Xambioá. O objetivo científico de Krause, no entanto, era também pesquisar mais detalhadamente os Tapirapé e os Kayapó, compreender a posição da língua Karajá perante as demais línguas indígenas, descobrir a origem das danças de máscaras e procurar pelo tal Rio "Paranayuba", que fora mencionado por Herrmann Meyer e que supostamente uniria o Araguaia ao Xingu. A busca pelo rio não se concretizou. No livro que contém o relato de viagem, publicado em 1911 com o atrativo título *Nas selvas do Brasil* (*In den Wildnissen Brasiliens*), ele expôs também os objetivos pessoais do empreendimento: "para todo etnógrafo deveria ser imprescindível empreender uma viagem até povos desconhecidos", pois a expedição é parte integrante da formação intelectual do etnólogo.[3] Krause reelaborou, de certa maneira, a ideia romântica da *Bildungsreise*, a viagem de formação, que proporcionaria os fundamentos intelectuais e pessoais, por meio do deslocamento e do maravilhamento, para o sujeito humanista. Evidentemente todos os americanistas tinham ideias claras sobre a importância das expedições. As viagens em si não eram o objetivo, mas o meio para alcançar certas metas. Apesar disso, um certo desejo de aventura era relevante para iniciar empreendimentos potencialmente mortais. Na obra de Karl von den Steinen, o cientista heroico, o espírito desbravador é mais evidente do que na de seus colegas. Max Schmidt, o cientista romântico, expressou inúmeras vezes o caráter idílico e inebriante das expedições. Koch-Grünberg, por fim, no papel da persona de cientista sóbrio, ainda que movido por desejo de aventura, como os seus colegas, via na expedição um caminho necessário, porém doloroso para alcançar os povos indígenas que almejava estudar. A recriação da *Bildungsreise* por Krause ocorre por sua relocação na esfera dos condicionantes para a profissionalização – tanto do etnólogo em campo quanto no museu. Se, para os demais americanistas, as viagens promoveriam elementos para uma formação humanista mais abrangente, Fritz Krause via nelas apenas uma maneira de completar a educação profissional que almejava. Tanto é que seu verdadeiro interesse não eram os povos das terras baixas sul-americanas, mas os índios norte-americanos, a respeito dos quais elaborou sua tese de livre-docência em 1920.[4] A escolha do Araguaia foi pragmática e programática. Assim, a ideia de que o trabalho de campo é elemento diacrítico e constitutivo da etnologia é, portanto, muito anterior a Malinowski.

Em 22 de fevereiro de 1909, Krause desembarcou no Rio de Janeiro. Em 12 de março, viajou para São Paulo, onde, entre outras pessoas, se

ASCENSÃO E DECLÍNIO DA ETNOLOGIA ALEMÃ (1884-1950)

encontrou com Hermann von Ihering e visitou o Museu Paulista.[5] De São Paulo ele viajou até Santos, onde pegou um trem até Araguaia e de lá partiu via terrestre até Leopoldina. Em 20 de maio, chegou a Leopoldina, e, 18 dias mais tarde, saiu o barco que o levaria, acompanhado por alguns camaradas, para a Ilha Bananal e as aldeias. Entre os Karajá, Krause também contratou alguns homens que o acompanhariam às aldeias seguintes. Uma vez que ele não falava língua geral como Koch-Grünberg e apenas um pouco de português, ficou absolutamente dependente dos Karajá como guias e intérpretes. Nas primeiras aldeias Karajá, Krause formou uma coleção etnográfica, mas não obteve imagens dos índios, que se recusaram a ser fotografados. Em uma das aldeias, os índios contaram-no "com calafrios" que Ehrenreich roubara ossadas ali em 1888.[6] Apesar disso, ele mesmo ficou tentado a roubar uma urna funerária contendo ossadas encontrada em um cemitério adjacente a uma das aldeias Karajá. O que o impediu não foi a brisa da consciência ou o respeito para com os índios, mas a presença de um homem Karajá. A Krause se deve o pioneirismo na gravação de canções indígenas. Koch-Grünberg dedicou parte de sua análise etnográfica a instrumentos musicais, e o famoso etnomusicólogo austríaco Erich von Hornbostel (1877-1935) contribuiu para o livro *Zwei Jahre* com uma investigação acerca dos instrumentos musicais indígenas, mas o primeiro americanista a levar para a Alemanha canções ameríndias gravadas foi Krause. Ele também utilizou a vitrola como meio de fazer contato com os índios, ao reproduzir músicas durante o primeiro encontro. Tal como Max Schmidt ou Koch-Grünberg, ele também costumava mostrar livros, sobretudo aqueles contendo imagens de animais europeus e as duas monografias de von den Steinen, para iniciar conversas com interlocutores indígenas.

Apesar de ter montado uma coleção etnográfica, Krause teve dificuldades para adquirir máscaras, já que os Karajá se recusavam a vendê-las, e ele era pouco versado na negociação. Apesar disso, Krause tirou várias fotografias de ameríndios portando máscaras e a vestimenta ritual completa. Em 12 de julho, encerrou-se a exploração da Ilha Bananal com a visita à 22ª aldeia Karajá. Em seguida, com auxílio de padres de uma missão franciscana, Krause visitou uma aldeia Kayapó, que estava em guerra com os Karajá. Em 4 de agosto, o americanista e alguns camaradas, bem como remadores Karajá, foram até os Tapirapé, embora estes também estivessem em guerra com os Karajá. Mesmo permanecendo por alguns poucos dias entre os Tapirapé, uma índia ofereceu a Krause sua filha em casamento,

459

proposta que Krause considerou "tentadora", pois possibilitaria morar na aldeia e conhecer melhor "a vida" dos índios.[7]

Em seguida Krause e os camaradas viajaram até uma aldeia Javaé, onde a coleção etnográfica foi enriquecida. As máscaras, no entanto, não puderam ser nem fotografadas, nem compradas, de modo que Krause fez desenhos delas. Para ele, a cultura dos Javaé seria idêntica à dos Karajá. No início de outubro, Krause retornou para Leopoldina via aldeias Karajá, onde realizou seu desejo de furtar uma urna funerária. Em 8 de novembro, deixou Leopoldina de vez, encontrou-se com o presidente da província de "Goyaz" e, em dezembro, partiu definitivamente de volta para a Alemanha.

Michael Kraus apontou que Krause permaneceu por cerca de um ano no Brasil e por cinco meses na região do Araguaia, que o contato com os povos indígenas foi pouco intenso, uma vez que a média de permanência em uma aldeia era de dois dias, e que os diálogos eram em português mal falado por todo mundo ou por meio de tradutores.[8] Tal como a viagem de Ehrenreich, para essa expedição, a pesquisa de Krause foi antes uma espécie de exame geral das condições etnológicas de uma determinada área cultural do que uma pesquisa em profundidade. Apesar disso, ele montou uma respeitável coleção etnográfica: 1.100 peças, que foram transferidas ao Museu de Leipzig. Ela era composta de utensílios domésticos, bonecas Karajá, adornos corporais, indumentária e armas.

Em sua monografia *In den Wildnissen Brasiliens*, também há a separação em dois domínios epistemológicos: a descrição das condições de apreensão dos dados (na forma de narrativa de viagem) e a apresentação destes. Essa divisão, típica da etnologia alemã, já estava presente nas obras de Karl von den Steinen e Koch-Grünberg, os quais intercalavam capítulos dedicados a cada uma dessas maneiras de promover o conhecimento, e na obra de Max Schmidt, que dividiu sua monografia em duas metades correspondentes a cada um dos domínios. *In den Wildnissen Brasiliens* também é dividido em duas metades: "relato de viagem" e "resultados científicos". Apesar de Krause não ter nem criado, nem desenvolvido essa técnica científica e literária, a ele deve ser creditada a primeira reflexão sistemática sobre o método etnográfico alemão:

> Antes dos efetivos resultados eu forneço como primeira parte um relato sobre a expedição. Eu considero isso muito importante, pois os resultados da expedição só podem ser avaliados corretamente quando a forma de sua obtenção é conhecida, ou seja, as condições nas quais os estudos se sucederam. Então o relato de

viagem traz o decurso externo da viagem e por isso trata sobretudo, de forma detalhada, da vida com os índios, uma vez que apenas através dessa apresentação as possibilidades de pesquisa, principalmente as diversas limitações, às quais no campo se está sujeito muito contra a sua vontade, são notadas.[9]

Krause, assim sendo, não apenas elucida as razões pelos procedimentos epistemológicos adotados pelos americanistas alemães, como também demonstra que, para ele, a antropologia (*Völkerkunde*) é dividida em etnografia (obtenção de dados e seu subsequente relato) e etnologia (análise dos dados). Apesar disso, a monografia de Krause é a mais descritiva e adversa às generalizações das produzidas pela sua geração de americanistas. Ele buscou descrever muito detalhadamente os fenômenos sociais, desde construção de armas e malocas, até pinturas corporais e atributos físicos dos índios. A ausência de generalizações não implica, contudo, ausência de teoria. O fazer etnográfico, desde a coleta até a apresentação dos dados de campo, é sustentado por uma reflexão metodológica sobre a epistemologia e a finalidade científica da etnologia, o que significa que o próprio trabalho de campo constitui uma atividade intelectual. No caso de Krause, ainda que as fundamentações teóricas sejam omitidas, a descrição das atividades cotidianas, dos fenômenos morais e sociais, bem como da cultura material e imaterial, implica uma certa concepção orgânica de cultura – que será desenvolvida teoricamente por Krause na década de 1920. A sistematização pormenorizada dos dados de campo e a sua apresentação literária em uma monografia fundamentalmente descritiva, por um lado, fazem com que sua leitura pareça densa e cansativa a leitores contemporâneos e, por outro lado, conferem detalhes etnográficos relevantes tanto para etnólogos quanto para historiadores que se ocupam com os povos estudados por ele. No julgamento de Baldus, tratava-se até então de uma das melhores apresentações etnográficas dos Karajá, embora questões sociológicas e jurídicas tivessem sido pouco exploradas.[10]

A monografia de Krause ainda contém dezenas de fotografias tiradas por ele. Elas abrangem algumas fotos de tipos indígenas e de paisagens, mas sobretudo de grupos indígenas e de cultura material. O próprio Krause tinha consciência de suas limitações. Em missiva a Koch-Grünberg, ele confessou, muito humildemente: "tecnicamente minhas fotografias não alcançam as suas", o que era evidente pelo "reconhecido talento na fotografia" de Koch-Grünberg. Mas Krause advertiu que era preciso considerar que ele esteve "pela primeira vez nos trópicos" e que teve "muito azar" com os "produtos químicos".[11]

Enfim, após retornar para Leipzig, Krause se concentrou em trabalhar nas suas coleções e na publicação da sua etnografia. Os resultados eram mais do que satisfatórios e permitiram-no a continuidade no estável serviço público do Museu de Leipzig. Quase concomitantemente à expedição de Krause, Wilhelm Kissenberth também viajou ao Araguaia.

A expedição de Wilhelm Kissenberth (1908-1910)

Wilhelm Kissenberth estudara filologia moderna, japonês, direito e etnologia em Munique, Grenoble e Berlim. Em 1907, ele defendeu seu doutorado em teoria literária e se tornou voluntário no Museu Real de Antropologia de Berlim. Já no ano seguinte, foi comissionado para realizar uma expedição ao Rio Araguaia. Kissenberth era um viajante inexperiente, falava muito pouco português e trabalhava havia pouco tempo com antropologia. Não era exatamente a fórmula para o sucesso – exatamente como ocorrera com Max Schmidt havia menos de uma década.

Em fevereiro de 1908, apenas um mês após a partida de Krause ao Brasil, Eduard Seler forneceu a considerável quantia de 20 mil marcos alemães para a expedição ao Araguaia.[12] É possível imaginar a pressão que esse empreendimento e, sobretudo, a viagem de Krause causaram em Kissenberth, ainda mais no ambiente acadêmico alemão, que era fortemente marcado por rivalidades e competições. A tarefa assinalada pelo Museu de Berlim consistia no estudo dos povos indígenas e na formação de uma coleção etnográfica e de uma fotográfica. Ele foi o primeiro etnólogo ao qual uma tarefa dessa natureza foi designada.

Em maio de 1908, Kissenberth partiu de Hamburgo, ancorou em Belém do Pará, onde conheceu Huebner e o museu Emílio Goeldi.[13] O contato com Huebner fora arranjado por Koch-Grünberg.[14] No mês seguinte, ele viajou ao Maranhão. Em decorrência dos transtornos causados pelas agitações políticas, Kissenberth demorou a abandonar o Maranhão e se dirigiu a Barra do Corda, onde ele chegou em setembro.[15] Ali obteve um vocabulário dos Guajajara, que, embora fossem "um povinho cristianizado" e "semicivilizados", ainda eram "uma verdadeira tribo Tupi".[16] Ele continuou viajando, passou algumas horas em uma aldeia Canela e em uma Xerente, nas quais obteve uma pequena coleção etnográfica e fotográfica.[17] Finalmente alcançou Conceição do Araguaia, que se tornaria a base para sua expedição até o início de

1910.[18] Em Conceição do Araguaia, havia uma missão dominicana, em que moravam Kayapó adultos e crianças. Muitos deles, aponta Kraus, se tornaram informantes e amigos de Kissenberth (Imagem 67).[19]

Imagem 67 – Rapaz Kayapó na frente da missão de Conceição do Araguaia (1909).

De Conceição do Araguaia ele enviou uma correspondência a Koch--Grünberg relatando os problemas que seriam característicos da sua expedição toda: briga com "humanos e animais", dificuldade de comunicação com os camaradas, agitações sociais e violência ("sede de sangue" e "brutalidade"), falta de meios de transporte, e gastos exorbitantes devido aos supostos altos preços da cidadezinha.[20] Como os Karajá não foram até Conceição, Kissenberth resolveu continuar estudando os Kayapó da região. No final de dezembro de 1908 até fevereiro de 1909, ele empreendeu uma pequena expedição até uma aldeia Kayapó. A permanência entre os índios foi de 14 dias, tempo durante o qual ele conseguiu obter 450 objetos etnográficos, bem como um crânio e um esqueleto de um Kayapó.[21] Esse foi o último crânio recolhido por um etnólogo alemão desse período em terras brasileiras. No momento em que a antropologia física se consolidava entre as ciências do homem na Alemanha, a coleta de crânios e ossadas humanas foi abandonada pelos americanistas alemães. Os crânios já não tinham o mesmo poder de causalidade das décadas anteriores. Lentamente eles deixavam de transitar pela rede de cientistas, e seu movimento em torno da etnologia progredia de um círculo para uma elipse, até o último deles escapar da curva derradeira.

Logo após seu retorno a Conceição do Araguaia, uma revolução eclodiu. A Seler, Kissenberth escreveu: "Eu vivo mil penúrias. É como se o diabo com o seu bando todo tivesse conspirado contra mim e meu empreendimento". O tráfego e o comércio do Médio e Alto Araguaia estavam paralisados; Kissenberth e seus camaradas precisaram se armar "bem" e se preparar "para todas as eventualidades". Havia tiroteios na rua, e Kissenberth foi sugado para a revolução.[22] Grupos revolucionários questionavam-no se possuía dinamite, e ele foi obrigado a tirar fotos deles.[23]

No meio de março de 1909, Kissenberth e alguns camaradas seguiram para uma nova expedição, dessa vez em direção ao Araguaia para estudar os Karajá, Tapirapé e Javaé. Os expedicionários visitaram algumas aldeias Karajá, em que permaneciam por um dia ou dois, mas, por conta da falta de provisões, de brigas de Kissenberth com seus homens e do temor dos camaradas em seguir até índios livres, a expedição foi abortada no final do mês seguinte. Os expedicionários fizeram o caminho de volta visitando novamente as aldeias Karajá e em maio já se encontravam novamente em Conceição do Araguaia.[24] De lá ele enviou uma carta a Seler, revelando que planejava uma expedição aos Gorotire nas próximas semanas. Ele obteve algumas fotografias dos Karajá. Acreditava, no entanto, ter ferido o "código de ética" dos índios, por ter fotografado o pênis de um homem, o que não foi muito fácil de conseguir, e ter mostrado a foto para ele, "mas eles não levaram tão a mal assim".[25] Kissenberth nunca esclareceu as razões incomuns por que ele reiteradas vezes fotografou os genitais masculinos dos Kayapó.

Em agosto de 1909, Kissenberth, acompanhado por camaradas brasileiros, partiu para nova expedição aos Kayapó. Entre 19 de agosto e 5 de setembro, ele permaneceu em uma aldeia; entre 15 de setembro e 8 de outubro, em outra, mesmo contra a vontade de seus acompanhantes reticentes.[26] As pesquisas entre os Kayapó só foram possíveis graças ao apoio dos padres de Conceição.[27] A Koch-Grünberg, Kissenberth relatou que pôde observar danças entre os Kayapó e que ali viveu como um deles.[28] As fotografias tiradas durante as duas expedições aos Kayapó revelam seu interesse em diversas atividades cotidianas, como algo que ele denominou de dança do fogo ou a construção de casas (imagens 68 a 70).

Imagem 68 – Dança do fogo entre os Kayapó (1909).

Kissenberth fornecia poucas informações sobre as pesquisas ao Museu de Berlim e até então sequer enviara a coleção, mesmo que ela estivesse mal armazenada em Conceição.[29] Walter Krickeberg, então funcionário administrativo do museu, revelou a Koch-Grünberg que, apesar do "comportamento misterioso", Kissenberth pediu 4 mil marcos.[30] Para Seler os resultados parciais da expedição eram "brilhantes", de modo que via museu ele enviou uma remessa de recursos financeiros ao etnólogo.[31]

Imagem 69 – Construção de casa entre os Kayapó (1909).

Em março de 1910, Kissenberth abandonou a cidade de Conceição do Araguaia para viajar a Belém e ao Rio de Janeiro. Do período entre a segunda expedição aos Kayapó até sua saída da região de estudo, há pouquíssimas informações. Kraus afirma que a intenção de Kissenberth de viajar a Belém foi para obter recursos na embaixada alemã, e no Rio de Janeiro ele tentou conseguir financiamento por parte do governo brasileiro.[32] A coleção etnográfica ao menos foi embarcada a Berlim. As poucas cartas enviadas por Kissenberth a colegas eram caracterizadas sobretudo por queixas generalizadas e pela falta de informações sobre o trabalho de campo.[33]

Imagem 70 – Homem Kayapó caçando tatu (1909).

Quatro meses mais tarde, Krickeberg, impaciente e irritado, comentou ironicamente com Koch-Grünberg sobre "a nossa criança problemática Kissenberth": "Em todo caso o senhor deve saber que esse jovem talentoso

ASCENSÃO E DECLÍNIO DA ETNOLOGIA ALEMÃ (1884-1950)

deixou sua região de pesquisa em março, para, por um caminho inesperado, mas certamente extraordinariamente encantador, voltar para lá. Como se sabe, aqui o dinheiro flui torrencialmente, de modo que nós gostamos quando ocasionalmente nossos pesquisadores-viajantes fazem grandes excursões de entretenimento".[34] Naquele momento, a administração do Museu de Berlim sequer sabia em que região do Brasil Kissenberth se encontrava. Até então ele teria gastado a estratosférica quantia de 40 mil marcos alemães, tornando a sua a expedição mais dispendiosa de toda a era americanista alemã. Para efeito comparativo, em 1906 Frič obtivera 10 mil marcos do Museu de Berlim, e, na mesma época de Kissenberth, Ernst Ule empreendia uma expedição naturalista e etnográfica no Norte do Brasil no valor de 5 mil marcos.[35] As razões para tanto gasto eram desconhecidas, porque em toda carta Kissenberth dava a mesma desculpa: "na próxima carta o senhor saberá pormenores sobre meus resultados científicos".[36] A coleção de Kissenberth, que nesse ínterim chegou ao museu, era "terrivelmente boa", bem como os resultados científicos dela.[37]

Nesse meio tempo, Seler partiu para a América Latina para participar de um congresso em Buenos Aires e para realizar escavações arqueológicas, e foi substituído em sua função administrativa por Preuss.[38] Este enviou a Kissenberth 4 dos 5 mil marcos que ele pedira com o aviso de que não haveria mais auxílios financeiros e que o Museu aguardava por mais resultados científicos. Em abril, Kissenberth chegou ao Rio de Janeiro vindo do Pará e, no mês seguinte, ainda se encontrava na capital, alegando que, por motivos de saúde – Kissenberth sofria de fortes dores renais desde o início da expedição –, a pesquisa interrompida ainda não poderia ser retomada, o que pretendia fazer no máximo até julho.[39] Cinco meses mais tarde, ainda não havia notícias suas.[40]

O americanista permaneceu no Rio de Janeiro, onde o governo federal prometeu financiamento. Devido à situação política brasileira, o financiamento era constantemente postergado, até que, em fevereiro de 1911, quase um ano após sua chegada à cidade, Kissenberth resolveu abandonar a expedição. Em carta enviada do Rio de Janeiro a Koch-Grünberg, ele se dizia "descontente" em não "poder prosseguir minha abandonada viagem ao Araguaia". Ele retornava a Berlim, mas "com o propósito firme de voltar a qualquer preço por volta do final do ano ao Rio e imediatamente continuar viajando ao interior".[41] Sem meios financeiros, e sem apoio do museu, Kissenberth precisou recorrer ao seu pai para conseguir pagar a passagem de volta para a Alemanha. Toda a caríssima aparelhagem, incluindo máquinas fotográficas e fonográficas e instrumentos científicos, foi simplesmente abandonada no Brasil.[42]

Em abril de 1911, ele já se encontrava em sua cidade natal, Landshut, no sul da Alemanha. Nos meses seguintes, ele apresentou algumas palestras e começou a trabalhar esporadicamente em sua coleção no Museu de Berlim.[43] Ao todo a expedição de Kissenberth custou aproximadamente 50 mil marcos, e, de acordo com H. Singer, Preuss estava "pouco satisfeito" com os resultados da viagem.[44] Assim, enquanto Kissenberth nutria a esperança de obter uma vaga como assistente no Museu, para Preuss, isso estava "fora de cogitação".[45] Preuss, ainda ocupando cargo de chefia no Museu, escreveu um relatório extremamente negativo sobre a expedição, que continha, inclusive, ofensas pessoais ("temperamento sanguinário", "autosobrestimação").[46] O Museu de Berlim cogitou processá-lo por mau uso de recursos públicos, mas não concretizou os planos.[47] Embora a coleção fosse excelente –continha inclusive 22 das enormes máscaras Karajá que nem Ehrenreich, nem Krause puderam adquirir –, ela valia apenas metade da soma fornecida pelo museu.

O fracasso de viagem revela as limitações envolvendo o programa de pesquisa empreendido pelo Museu de Berlim: repetição de erros (ao enviar mais uma vez um pesquisador despreparado, inexperiente e sem domínio do português e da língua geral ao Brasil) e desconsideração pela fragilidade nas relações bilaterais entre os governos alemão e brasileiro no que diz respeito ao financiamento científico e pela precariedade da posição de etnólogo diante de mudanças políticas e do contexto político-econômico brasileiro. Kissenberth, como notado por Hermannstädter, sofreu durante toda a expedição pressões de natureza contrastante: Seler queria que ele explorasse regiões de *terra incognita*, e Preuss advogava por estadias prolongadas na mesma aldeia ou região.[48] Além disso, a expedição também demonstrava o comportamento da dinâmica das inimizades pessoais nas relações públicas e na produção da ciência: Kissenberth foi inserido no ciclo de inimizades envolvendo Preuss, Seler e Krickeberg. O aval de Seler e seu apoio transformaram-no imediatamente em inimigo de Preuss – que detinha poder financeiro no museu – e de Krickeberg, que abertamente fez campanha contra ele e usou todos os recursos disponíveis para gerar pressão e ansiedade em seu adversário. A culpa pelo fracasso da expedição precisa ser repartida entre Kissenberth, que foi incapaz de seguir o planejamento, e o modelo institucionalizado do Museu de Berlim, que permitiu a um funcionário incapacitado tentar realizar tal tarefa e possibilitou que inimizades particulares influenciassem órgãos oficiais. O conflito é parte integrante da constituição

ASCENSÃO E DECLÍNIO DA ETNOLOGIA ALEMÃ (1884-1950)

de círculos até mesmo científicos, e, no caso específico do americanismo, ódio pessoal e rancor profissional eram parte de uma mesma composição.

Diferentemente de Koch-Grünberg e Max Schmidt, que, logo após suas expedições, publicaram um número considerável de artigos, contendo partes da narrativa da viagem e análises etnográficas dos mais diversos fenômenos, e, após alguns anos, grandes monografias, Kissenberth publicou apenas três artigos. "Bei den Canella-Indianern in Zentral-Maranhão (Brasilien)" ("Entre os índios Canela no Maranhão Central (Brasil)"), publicado em 1912, é um pequeno relato sobre seu encontro de algumas horas com os Canela.[49] "Über die hauptsächlichsten Ergebnisse der Araguaya-Reise" ("Sobre os resultados mais fundamentais da viagem ao Araguaia"), de 1912, relata brevemente essa parte de sua expedição, mas pouco aprofunda questões propriamente etnográficas.[50] A principal contribuição desse artigo são as imagens que ele contém, de danças e rituais tanto Kayapó quanto Karajá. Por fim, "Beitrag zur Kenntnis der Tapirapé-Indianer" ("Contribuição para o conhecimento dos índios Tapirapé"), publicado em 1922, é basicamente um ensaio baseado em fontes historiográficas, majoritariamente de autores brasileiros, e em informações obtidas dos Karajá.[51] Ainda que não tenha um valor documental ou etnográfico acentuado, esse artigo revela uma notável disposição metodológica, que une dados históricos a informações orais, de modo a não excluir a historiografia do escopo da etnologia e a advogar pela existência de uma história dos índios.

O pequeno número de publicações se deve a vários fatores: desde o contexto econômico e social da Alemanha, os problemas da vida pessoal e as interações sociais, ao *modus operandi* do trabalho de campo. Kissenberth passou aproximadamente três meses morando entre os Kayapó e Karajá. Kraus aponta que sua participação na vida social dos índios foi bastante efêmera e que esta era marcada por uma arrogância evolucionista, por visões pejorativas acerca dos povos indígenas e por um moralismo sexual.[52] A convicção de sua superioridade também afetou as relações com os camaradas, caracterizadas por brigas virulentas, e causou preconceitos contra brasileiros – veementemente repreendidos por Koch-Grünberg.[53] Kissenberth também era uma pessoa introspectiva que preferia a solidão; mesmo nas aldeias, ele costumava ficar sozinho.[54] Além disso, ao contrário de Max Schmidt e Koch-Grünberg, que durante a expedição mantinham um diário de campo que formaria a base para suas monografias, Kissenberth usava o seu diário como refúgio psicológico.[55] Isso significa que havia efetivamente pouco material já produzido que pudesse rapidamente ser transformado em publicações, e as produções imediatamente seguidas ao seu retorno, como as palestras, eram recebidas por um público crítico, liderado por Preuss.

Tal como sua coleção, e diferentemente das publicações e palestras, as fotografias de Kissenberth foram amplamente elogiadas. Tendo recebido auxílio prático de Koch-Grünberg, Kissenberth desenvolveu uma tocante sensibilidade artística.[56] Ele tirou aproximadamente 300 fotos no Brasil, entre elas, de tipos indígenas, de paisagens e das aldeias em seu dia a dia, o que Michael Kraus denominou de "estética do cotidiano".[57] Essa estética, em que a realidade observada pelo fotógrafo era objetivamente retratada, sem que houvesse artifício ou alterações artificiais das cenas vislumbradas, é notável em algumas imagens particulares (imagens 71 e 72), como aquelas representando a dança do fogo, o descanso após o almoço, a construção da casa e os Karajá desenhando no caderninho do etnólogo. No entanto, outras são bastante estilizadas – a do homem em frente a uma missão é, na verdade, uma composição elaborada para criar a ilusão de proximidade física com o ameríndio e, por consequência lógica, convivialidade. A pose do caçador de tatus também é reveladora de uma busca por beleza plástica nas atividades cotidianas, mesmo que para isso fosse necessária a interferência na corporalidade. Koch-Grünberg chegou a recomendar para a editora que publicava seus livros, Strecker & Schröder, que lançasse uma obra com as fotografias de Kissenberth.[58] Esse livro, contudo, nunca foi publicado.

Imagem 71 – Homem Kayapó descansando após o almoço (1909).

Imagem 72 – Homens Karajá desenhando no caderninho de Kissenberth (1909).

Notas

1. Kraus, 2004a, p. 38.
2. Krause, 1911, p. III.
3. *Idem*, p. 1.
4. *Idem*, 1921.
5. Ihering, H. & Ihering, R., 1911, p. 5.
6. Krause, 1911, p. 57.
7. *Idem*, p. 112.
8. Kraus, 2004a, p. 277.
9. Krause, 1911, pp. III-IV.
10. Baldus, 1954.
11. "Dass meine Photographien technisch nicht an Ihre heranreichen, ist bei Ihrem anerkannten Geschick im Photographieren klar. Ich bitte eher auch mit berücksichtigen zu wollen, dass ich das erste Mal in den Tropen war und dass ich [...] mit meinen Chemikalien viel Unglück hatte." Fritz Krause a Theodor Koch-Grünberg, 10.08.1909, ES Mr, A7.
12. Excelentes análises da "expedição esquecida" de Kissenberth oferecem-nos Anita Hermannstädter e Michael Kraus, cujos argumentos centrais serão brevemente retomados aqui e complementados com material proveniente das fontes primárias, cf. Hermannstädter, 2002b; Kraus, 2015.
13. Wilhelm Kissenberth a Theodor Koch-Grünberg, 16.06.1908, ES Mr, A4, K.
14. Georg Huebner a Theodor Koch-Grünberg, 17.01.1908, ES Mr, A4, H.
15. Wilhelm Kissenberth a Theodor Koch-Grünberg, 16.06.1908, ES Mr, A4, K; Ernst Ule a Theodor Koch-Grünberg, 30.08.1908, ES Mr, A4, U; Jacques Hueber a Theodor Koch-

-Grünberg, 19.02.1909, ES Mr, A5; Wilhelm Kissenberth a Theodor Koch-Grünberg, 12.03.1909, ES Mr, A6.

[16] "[...] christianisiertes Völklein [...] halbzivilisiert [...] ein echter Tupistamm." Wilhelm Kissenberth a Theodor Koch-Grünberg, 29.09.1908, ES Mr, A4, K.

[17] Há dois grupos que compartilham a língua Jê e o repertório cultural e que ficaram conhecidos pelo nome Canela, os Ramkokamekrá e os Apanyekrá, cf. Crocker, 2002.

[18] Kraus, 2015, p. 247.

[19] *Idem*, p. 248.

[20] "Mensch und Vieh ärgerten mich im Verein." "Blutgier." "Brutalität." Wilhelm Kissenberth a Theodor Koch-Grünberg, 20.12.1908, ES Mr, A6.

[21] Wilhelm Kissenberth a Eduard Seler, 12.02.1909, ES Mr, A6.

[22] "Ich lebe in tausend Nöten. Es ist, als ob sich der Teufel mit seiner gesamten Sippschaft gegen mich und meine Unternehmungen verschworen hätte." "Wir alle waren gut bewaffnet und auf alle Eventualitäten vorbereitet." Wilhelm Kissenberth a Eduard Seler, 04.03.1909, ES Mr, A6.

[23] Kraus, 2015, pp. 249-250.

[24] *Idem*, p. 251.

[25] "Die Aufnahme von Dayuns Sexualpartie war nicht so einfach zu bekommen [...]. Ich fürchte gegen den Sittencodex verstossen zu haben. Doch nahm man mir die Sache nicht weiter übel." Wilhelm Kissenberth a Eduard Seler, 27.06.1909, ES Mr, A6.

[26] Kraus, 2015, p. 250; Wilhelm Kissenberth a Eduard Seler, 06.09.1909, ES Mr, A7.

[27] Walter Krickeberg a Theodor Koch-Grünberg, 27.11.1910, ES Mr, A7.

[28] Wilhelm Kissenberth a Theodor Koch-Grünberg, 15.09.1909, ES Mr, A7.

[29] Wilhelm Kissenberth a Eduard Seler, 12.02.1909, ES Mr, A6; Walter Krickeberg a Theodor Koch-Grünberg, 04.10.1909, ES Mr, A6.

[30] "Kissenberths Benehmen ist mir auch gänzlich schleierhaft." Walter Krickeberg a Theodor Koch-Grünberg, 04.10.1909, ES Mr, A6.

[31] "Demnach scheint es ihm ganz brillant zu gehen." Eduard Seler a Theodor Koch-Grünberg, 28.10.1909, ES Mr, A6.

[32] Kraus, 2015, p. 250.

[33] Walter Krickeberg a Theodor Koch-Grünberg, 22.06.1909, ES Mr, A6; Walter Krickeberg a Theodor Koch-Grünberg, 04.10.1909, ES Mr, A6; Walter Krickeberg a Theodor Koch-Grünberg, 18.01.1910, ES Mr, A6; Konrad Theodor Preuss a Theodor Koch-Grünberg, 31.07.1909, ES Mr, A6; Konrad Theodor Preuss a Theodor Koch-Grünberg, 30.08.1909, ES Mr, A6.

[34] "[...] unserm Schmerzenskinde Kissenberth. Sie wissen jedenfalls, daß dieser talentvolle Jüngling sein Forschungsgebiet im März verließ, um auf einem zwar ungewöhnlichen aber sicher außerordentlich reizvollen Weise über Pará und Rio wieder dorthin zurückzukehren. Das Geld fließt bei uns bekanntlich in Strömen, so daß wir es gern haben, wenn unsere Forschungsreisende gelegentlich größere Vergnügungstouren einsetzen." Walter Krickeberg a Theodor Koch-Grünberg, 24.07.1910, ES Mr, A7.

[35] "Eventual-Vertrag für den Explorador Albert Frič." Acta Adalbert Frič (Reise nach Südamerika), EM Bln; Ernst Ule a Theodor Koch-Grünberg, 24.05.1909, ES Mr, A6.

[36] "Im nächsten Brief erfahren Sie Ausführliches über meine wissensch. Ausbeute." Walter Krickeberg a Theodor Koch-Grünberg, 24.07.1910, ES Mr, A7.

[37] "K's. Sammlung ist fürchterlich gut." Walter Krickeberg a Theodor Koch-Grünberg, 24.07.1910, ES Mr, A7.

[38] Konrad Theodor Preuss a Theodor Koch-Grünberg, 13.09.1910, ES Mr, A7; Kraus, 2004a, pp. 125-126.

[39] Theodor Koch-Grünberg a Eduard Seler, 21.05.1909, Acta betreffend die Reise des Dr. Kissenberth nach Südamerika. Vom 27. Februar 1908. I B. 76, EM Bln; Wilhelm Kissenberth a Theodor Koch-Grünberg, 16.04.1910, ES Mr, A7; Wilhelm Kissenberth a Theodor Koch-Grünberg, xx.05.1910, ES Mr, A7; Kraus, 2004a, p. 125.

[40] Konrad Theodor Preuss a Theodor Koch-Grünberg, 13.09.1910, ES Mr, A7.

[41] "[...] bin nur unzufrieden, meine nur unterbrochenen Araguayareise zunächst nicht fortsetzen zu können, sondern schleunigst nach Berlin zurückkehren zu müssen, mit der festen Absicht um jeden Preis gegen Ende des Jahres wieder nach Rio zu kommen und unmittelbar ins Innere weiter zu reisen." Wilhelm Kissenberth a Theodor Koch-Grünberg, 02.02.1911, ES Mr, A10, K.

[42] Kraus, 2004a, p. 128.

[43] Konrad Theodor Preuss a Theodor Koch-Grünberg, 23.06.1911, ES Mr, A10, PQ.

[44] "Preuß ist von den Ergebnissen der 50 000 M. kostende Reise Kissenberths wenig erfreut." H. Singer a Theodor Koch-Grünberg, 02.09.1911, ES Mr, A10, S.

[45] "Er hoffte auf Beschäftigung als Hilfsarbeiter im Museum, was ganz ausgeschlossen ist." Konrad Theodor Preuss a Theodor Koch-Grünberg, 23.06.1911, ES Mr, A10, PQ.

[46] Kraus, 2004a, p. 123.

[47] *Idem*, 2015, p. 267.

[48] Hermannstädter, 2002b, p. 108.

[49] Kissenberth, 1912a.

[50] *Idem*, 1912b.

[51] *Idem*, 1922.

[52] Kraus, 2015, p. 252.

[53] Theodor Koch-Grünberg a Eduard Seler, 21.05.1909, Acta Kissenberth, EM Bln.

[54] Hermannstädter, 2002b, p. 108.

[55] *Idem*, pp. 116-117.

[56] *Idem*, p. 110.

[57] *Idem*, p. 109; Kraus, 2015, p. 265.

[58] Hermannstädter, 2002b, p. 109.

5.

Max Schmidt no Mato Grosso (1910)

Eduard Seler, que viajou para o Congresso de Americanistas de 1910 em Buenos Aires e em seguida foi realizar escavações arqueológicas na Bolívia, no Peru, no Equador e no México, foi acompanhado por Max Schmidt, que, em extensão ao congresso, também foi fazer trabalho de campo.[1] Assim, a Schmidt foi concedido um ano sabático do seu cargo no Museu de Berlim, e ele viajou pela segunda vez para a América do Sul.[2] Em abril Schmidt partiu da Alemanha, e no mês seguinte ocorreu o Congresso de Americanistas em Buenos Aires.[3] A expedição ao Mato Grosso foi custeada pelo próprio etnólogo.[4] Seu objetivo era permanecer de um a dois anos no Brasil e estudar os Guató da região de Amolar (um distrito de Corumbá), investigar os aterrados (montes artificiais) próximos ao Rio Caracara e ainda fazer uma expedição para estudar os Paresí da região dos rios Jauru, Guaporé e Juruena, que seria ainda *terra incognita*.[5] Caso, em seu retorno para Cuiabá, ele obtivesse meios financeiros da Baessler-Stiftung, ainda faria uma expedição para a foz do Rio Madeira, o que, por fim, não se concretizou.[6]

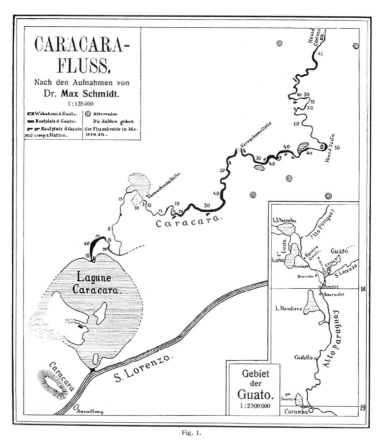

Fig. 1.

Mapa 6 – Rio Caracara e o território dos Guató.

Em 12 de junho de 1910, Max Schmidt chegou a Amolar, onde em 1901 ele teve dificuldades por causa de uma revolução. Amolar se tornou o ponto central para as expedições de Schmidt, tal como ele elegera Cuiabá na expedição de 1900-1901, ou como Koch-Grünberg escolhera São Felipe na sua viagem ao Rio Negro. Em Amolar, Schmidt contratou dois camaradas, Antônio (um "mestiço") e o Guató Manoel.[7] Três dias mais tarde, eles partiram, chegando no mesmo dia à primeira aldeia Guató e, logo em seguida, à segunda (Imagem 73).

Imagem 73 – Almoço entre os Guató (1910).

Da primeira aldeia Guató, Schmidt e seus camaradas foram estudar os aterrados. Durante dois dias e meio, ele fez escavações arqueológicas, em que descobriu material humano e animal, além de conchas (Imagem 74). Em 25 de julho, eles retornaram para Amolar. Segundo Schmidt, os cinco aterrados analisados no Pantanal não são montes naturais, mas restos culturais humanos, formando uma terra preta fértil. Uma vez que os cacos de cerâmica encontrados nos aterrados se assemelhavam à cerâmica contemporânea Guató, o etnólogo atribuiu aos antecessores desse povo a formação dos aterrados. Assim, ele instituiu uma relação metodológica entre arqueologia e etnologia para explicar fenômenos sociais pouco estudados em sua época.

Em 7 de julho, Schmidt prosseguiu sua viagem, com um pequeno navio a vapor do governo. Após passar por várias cidadezinhas portuárias, ele desceu em Bugres e continuou a cavalo até alcançar a fazenda do (então) coronel Rondon. Acompanhado por um camarada e pelo próprio Rondon, Schmidt partiu da fazenda em 28 desse mês em direção ao acampamento militar "Aldeia Queimada", situado em território Paresí. No acampamento ele conheceu alguns Paresí e partiu com eles para sua aldeia, situada próximo ao Rio Cabaçal. Após três dias, eles chegaram à aldeia, onde havia uma festa; e Schmidt ficou hospedado na casa dos homens (Imagem 75). No dia seguinte, as pessoas estavam bêbadas e corajosas. Schmidt acreditava que um dos índios Paresí havia conspirado contra ele, pois a casa dos homens fora invadida por índios armados com espingardas que exigiram os bens do etnólogo. Ser assaltado se tornava parte constituinte das expedições de Schmidt. Ele, no entanto, conseguiu acalmar os ânimos, distribuir presentes e ainda tirar fotografias dos índios. Na primeira oportunidade, contratou alguns índios como guias e partiu para a aldeia seguinte, chamada Uazirimi e localizada no Rio Jauru. Nela o etnólogo permaneceu por 11 dias.

Imagem 74 – Aterrado no Rio Caracara (1910).

Imagem 75 – "Casa dos homens no Cabaçal" (1910).

Na aldeia Uazirimi as relações eram mais pacíficas, e Schmidt conseguiu montar uma coleção etnográfica. Apesar do convívio, ele sentiu que os Paresí esforçavam-se para ocultar dele suas instituições sociais e políticas, o que ele atribuiu ao histórico de relações ruins com os europeus. Após uma suposta tentativa de envenenamento por mandioca brava, Schmidt contratou dois acompanhantes, deixou a aldeia e seguiu de volta a "Aldeia Queimada", alcançada quatro dias mais tarde. Ali conheceu o chefe da aldeia Kalugare, no Jauru, para onde se dirigiu no dia seguinte. Ele permaneceu por nove dias de convivência harmoniosa, como revela a fotografia de algumas crianças brincando despreocupadamente no rio (Imagem 76). Schmidt, que também era partidário das fotografias representando a vida cotidiana, conseguiu, a despeito das dificuldades da expedição, realizar algumas imagens. Em todo caso, dessa aldeia ele seguiu com o chefe Makazore e sua família para a aldeia Atiahirtiwirtigo, localizada no Rio Juruena. Nela ele permaneceu por mais alguns dias, até retornar para a fazenda de Rondon, acompanhado por dois filhos de Makazore. A caminhada de cinco dias foi especialmente desgastante para Max Schmidt, enfraquecido por causa de sérios ataques de disenteria.

Imagem 76 – Crianças da aldeia Kalugare (1910).

Schmidt permaneceu até o dia 8 de outubro na fazenda de Rondon, de onde partiu para Buenos Aires e de lá para o Rio de Janeiro, aonde chegou em 16 de novembro. Então pediu um prolongamento de seu ano sabático, que venceria em abril de 1911, e verbas para explorar a foz do Rio Tapajós, de onde pretendia alcançar o Rio Xingu e angariar uma grande coleção etnográfica.[8] A Baessler-Stiftung separou 15 mil marcos para tal tarefa.[9] Para Preuss, que substituía Seler, os planos de Schmidt eram demasiado vagos, já que ele mudara seu programa inicial de explorar o Madeira, não fornecia informações específicas sobre quais povos pretendia visitar e tinha pouco conhecimento etnográfico sobre a área intencionada: "Eu preciso dizer, para mim a coisa toda não parece muito promissora, mas muito mais como um jogo de sorte [...]".[10] Assim, na mesma época em que Preuss precisava lidar com os gastos exorbitantes e as informações vagas de Kissenberth, Schmidt ofereceu-lhe um plano pouco confiável e ainda altamente dispendioso.

No início de dezembro de 1910, Schmidt embarcou no Rio de Janeiro em direção a Corumbá via Rio Grande do Sul.[11] Ao chegar em Assunção no início de janeiro, no entanto, Schmidt sofreu uma grave deterioração do seu estado de saúde, causada por disenteria crônica, e precisou interromper a viagem.[12] Ele permaneceu por três meses acamado em Assunção. No mês seguinte, o etnólogo, seriamente adoecido, viajou para Buenos Aires e decidiu abandonar de vez a expedição e retornar para casa.[13] Em junho de 1911, estava novamente na Alemanha, dirigindo-se para sua cidade natal, Altona, para ser cuidado por seus pais e irmãos.[14] Ele estava tão doente que ganhou um atestado de afastamento por causas médicas até janeiro de 1912 e, após dois meses, ainda estava tão fraco que não conseguia sair de casa.[15] Schmidt voltou para Berlim em 1912, mesmo se sentindo miserável.[16]

Embora essa expedição também não tenha se desenvolvido como esperava, ele foi capaz de formar uma boa coleção; a de objetos provenientes dos Paresí (e Kabischi, pois acreditava-se se tratar de dois povos) era muito boa, segundo Preuss.[17] Ela foi vendida por 2.500 marcos ao Museu de Berlim, exatamente o valor pedido pelo etnólogo.[18] O museu ainda lhe pagou 5.106 marcos pelos gastos com os quais ele arcou inicialmente.[19] Max Schmidt publicou dois artigos com base nos resultados de sua expedição. O primeiro, de 1912, contém, além da narrativa da viagem, a análise dos aterrados, dos petróglifos e da cultura material e imaterial dos Paresí.[20] Há dois aspectos interessantes em sua análise. Em primeiro lugar, ele retoma a discussão sobre os tipos de ornamentação na arte indígena. Em sua monografia *Indianerstudien in Zentralbrasilien*, ele havia discordado da interpretação de Karl von den Steinen e apresentara a tese de que as ornamentações são apreensões estéticas do mundo natural e limitadas pelas possibilidades materiais.[21] Essa afirmação confrontava o modelo de von den Steinen, para quem a arte figurativa realista precedia a arte abstrata ornamental.[22] No artigo de 1912, Schmidt clama pela existência de um terceiro tipo de ornamentação, além da naturalística (figurativa) e geométrica (abstrata): uma forma de passagem (*Übergangsform*) entre esses dois tipos de arte.[23] Esse tipo de manifestação artística, presente na cerâmica e nos padrões de trança, se desenvolveu entre os Paresí em seu encontro com grupos artisticamente desenvolvidos e que praticavam apenas a figuração livre. Isso ocorre, na interpretação de Schmidt, porque os grupos de língua Aruaque, aos quais pertencem os Paresí, além de apresentarem uma "cultura mais elevada", têm um ímpeto conquistador que subjaz cultural e socialmente os povos com os quais travam relações. Nesse processo de dominação econômica e cultural, alguns elementos foram absorvidos (transformados, reelaborados etc.) pelos Paresí, e assim surgiu um tipo *sui generis* de ornamentação artística. Para ele, as representações naturalistas possuem significado semiótico (diferentemente do que afirmavam von den Steinen e Koch-Grünberg), e sua existência joga luz sobre o grau cultural dos Paresí. Aí se situa precisamente a segunda característica interessante do trabalho de Max Schmidt: ele trata não apenas de mudança cultural, mas também de dominação e política entre os povos indígenas, conferindo-lhes um protagonismo inédito na etnologia indígena. Além disso, ele problematiza a homogeneidade cultural pela qual as culturas ameríndias eram compreendidas. A questão da dominação dos Aruaque por meio de armas culturais será retomada por ele posteriormente.[24]

O segundo artigo publicado por Max Schmidt é dedicado exclusivamente aos Guató e à região que eles ocupam.[25] É notável que ele tenha enfatizado a importância da região habitada por um povo indígena, como se os territórios fossem não apenas fisicamente, mas também cultural e simbolicamente habitados por povos. Em todo caso, trata-se do primeiro artigo acadêmico dedicado a esse povo, e ele compreende uma análise dos aterrados no Rio Caracara, bem como descrições etnográficas dos Guató, até então desconhecidos para a etnologia. O artigo ainda é acompanhado por um vocabulário da língua Guató e traduções linha a linha. Ele também propõe uma interpretação alternativa à de Koch-Grünberg para os petróglifos. Suas inscrições não são manifestações artísticas lúdicas, mas pictogramas intimamente relacionados com a mitologia. A interpretação de Schmidt ocupa, de certa forma, uma posição diametralmente oposta à de Koch-Grünberg, para quem os desenhos não possuem significado semiótico, nem se relacionam com a cosmologia. Para Schmidt são formas de escrita altamente complexas, cujos significados exatos ainda não foram desvendados pelos etnólogos. A posição do etnólogo está, portanto, mais próxima da de Stolpe do que da de Andree e Koch-Grünberg. O artigo sobre os Guató aborda, então, três dos quatro campos que caracterizam a antropologia norte-americana boasiana: arqueologia, etnografia e linguística.

As descrições de Schmidt exemplificam bem a sensibilidade etnográfica dos americanistas alemães, que também é presente nas obras de von den Steinen, Koch-Grünberg e Krause (em menor medida) – que, embora ignorassem vários aspectos da organização social (como parentesco), se importavam com manifestações cotidianas simples e que seriam, por sua vez, menosprezadas por difusionistas alemães, evolucionistas e funcionalistas britânicos. Os americanistas descreviam longamente e analisavam, assim, de padrões de tecelagem e grafismos indígenas a brincadeiras infantis e jogos. A sensibilidade etnográfica e o interesse pela simplicidade da vida também são notados na fotografia de Schmidt, que, tal como Kissenberth e Koch--Grünberg, produzia imagens que destacavam a "estética do cotidiano".[26]

Enquanto Schmidt se recuperava de sua doença e o Museu de Berlim lutava para obter resultados de Kissenberth, Koch-Grünberg optou por realizar mais uma expedição, que visava percorrer uma extensão considerável do território amazônico e estudar povos indígenas do extremo norte brasileiro e da Venezuela.

Notas

[1]   Eduard Seler a Wilhelm Kissenberth, 29.03.1910, Acta Kissenberth, EM Bln.

[2]   Eduard Seler a Generalverwaltung der königlichen Museen, 15.03.1910, Acta betreffend die Reise des dir. assistenten dr. Max Schmidt nach Südamerika. B. I. Vom 15. März 1910. Pars I B. 83, EM Bln.

[3]   Max Schmidt a Theodor Koch-Grünberg, 29.03.1910, ES Mr, A8.

[4]   Max Schmidt, relatório assinado em 15.03.1910, Acta Max Schmidt, EM Bln.

[5]   M. Schmidt, 1912, p. 131; Max Schmidt a Theodor Koch-Grünberg, 29.03.1910, ES Mr, A8.

[6]   Max Schmidt, relatório assinado em 15.03.1910, Acta Max Schmidt, EM Bln.

[7]   M. Schmidt, 1912, p. 132.

[8]   Max Schmidt a Generalverwaltung der königlichen Museen, 01.12.1910, Acta Max Schmidt, EM Bln.

ASCENSÃO E DECLÍNIO DA ETNOLOGIA ALEMÃ (1884-1950)

[9] Konrad Theodor Preuss a Generalverwaltung der königlichen Museen, 15.10.1910, Acta Max Schmidt, EM Bln.

[10] "Ich muß sagen, besonders aussichtsvoll kommt mir die Sache nicht vor, sondern mehr wie em Va banquespiel [...]." Konrad Theodor Preuss a dr. W. Solberg, 30.12.1910, Acta Max Schmidt, EM Bln.

[11] Max Schmidt a Konrad Theodor Preuss, 09.12.1910, Acta Max Schmidt, EM Bln.

[12] Max Schmidt a Generalverwaltung der königlichen Museen, 04.04.1911, Acta Max Schmidt, EM Bln.

[13] Max Schmidt a Generalverwaltung der königlichen Museen, 12.05.1911, Acta Max Schmidt, EM Bln.

[14] Konrad Theodor Preuss a Max Schmidt, 13.06.1911, Acta Max Schmidt, EM Bln; Max Schmidt a Theodor Koch-Grünberg, 08.07.2019, Acta Max Schmidt, EM Bln; Max Schmidt a Theodor Koch-Grünberg, 12.10.1911, ES Mr, A13, Sch.

[15] Konrad Theodor Preuss a Theodor Koch-Grünberg, 23.06.1911, ES Mr, A10, PQ; Konrad Theodor Preuss a Theodor Koch-Grünberg, 25.08.1911, ES Mr, A10, PQ.

[16] Konrad Theodor Preuss a Theodor Koch-Grünberg, 02.08.1912, ES Mr, A13, PQ.

[17] Konrad Theodor Preuss a Theodor Koch-Grünberg, 12.12.1910, ES Mr, A10, PQ.

[18] Protocolo de 25.01.1912, Acta Max Schmidt, EM Bln.

[19] Eduard Seler a Generalverwaltung der königlichen Museen. 26.02.1912, Acta Max Schmidt, EM Bln.

[20] M. Schmidt, 1912.

[21] *Idem*, 1905, pp. 147-148.

[22] Von den Steinen, 1894, p. 268.

[23] M. Schmidt, 1912, p. 169.

[24] *Idem*, 1917.

[25] *Idem*, 1914.

[26] Kraus, 2015, p. 252.

6.

Do Roraima ao Orinoco: a segunda odisseia de Theodor Koch-Grünberg (1911-1913)

Em 1909, Koch-Grünberg se mudou para Freiburg, onde assumiu um cargo docente na universidade. Nesse ano foi publicado o primeiro volume de sua monografia e, no ano seguinte, o segundo. Apesar disso, ele já começou a planejar uma nova expedição pelo Brasil. Essa façanha de Koch-Grünberg seria a última antes da Primeira Guerra Mundial e da subsequente crise econômica, e a penúltima empreendida pelos americanistas alemães que de alguma maneira estiveram ligados ao Museu de Berlim. Em muitos aspectos – desde seus objetivos até o empreendimento em si, sem contar com seus resultados científico-literários –, a segunda expedição liderada por Koch--Grünberg seria a mais complexa.

Os objetivos do etnólogo giravam em torno de dois eixos: etnológico e geográfico. Como contribuição para a etnologia, Koch-Grünberg intencionava estudar os mitos e a cultura imaterial dos povos indígenas do Norte brasileiro e da Venezuela. No entanto, ele dependia do financiamento dos museus, o que implicava a aquisição de volumosas coleções etnográficas.[1] Como geógrafo ele queria elucidar regiões amazônicas até então completamente desconhecidas para a ciência.[2] Mais especificamente, Koch-Grünberg queria navegar o Rio Orinoco até a sua foz, o que era considerado extremamente difícil e nunca tinha sido realizado (ou registrado) por cientistas. Essa audaciosa empreitada revela também o desejo de aventura do americanista e uma ambição que ultrapassa a vontade de obter reconhecimento científico. Para a imprensa alemã, sua expedição também tinha uma meta político-humanista. Segundo o jornal *Berliner Tageblatt*, o americanista viajava para o Brasil com a finalidade de averiguar as recentes denúncias de violência contra os povos indígenas que haviam se espalhado pela Alemanha.[3] O interesse da mídia em atribuir uma função humanista a um cientista talvez seja consequência do *affaire* Frič.

Koch-Grünberg se preparou minuciosamente para a expedição. Tal como ocorreu para a expedição Rio Negro, ele contratou um único camarada para acompanhá-lo durante todo o trajeto, propositalmente um *Auslandsdeutscher* e coincidentemente também de sobrenome Schmidt. Hermann Schmidt migrou para o Brasil por volta de 1901 e logo começou a coletar material botânico, zoológico e etnográfico para o Museu Amazonense em Manaus. Entre 1904 e 1907, fez três expedições para as regiões dos rios Juruá, Branco e Uaupés. Em março de 1907, Koch-Grünberg soube através do amigo Huebner (que possuía o estúdio fotográfico Photographia Allemã em Manaus) quão excelentes eram as coleções etnográficas de Hermann Schmidt.[4] Nesse ano, ele viajou aos Estados Unidos, onde vendeu suas coleções, e no retorno se instalou em São Felipe, no sítio de Don Germano.[5] Os efeitos da imigração no século XIX e o estabelecimento de relações com a comunidade germanoparlante iniciado por von den Steinen, especialmente com intelectuais, comerciantes e integrantes do corpo diplomático, foram decisivos para o suprimento de condições materiais e imateriais da pesquisa etnológica. Schmidt não adentrou apenas no mesmo círculo de amizades de Koch-Grünberg no Norte do Brasil (que incluía, além de Huebner e Don Germano, um empresário do setor borracheiro de nome Pecil), mas visitou alguns dos povos indígenas que Koch-Grünberg estudara na sua expedição ao Rio Negro. A partir de 1909, Hermann Schmidt e Koch-Grünberg começaram a se corresponder. Schmidt enviou a Koch-Grünberg a rota de suas viagens pelo Norte do Brasil, vocabulários indígenas recolhidos, possibilidades de viagem fluvial na região que o americanista intencionava percorrer, além de notícias de São Felipe e dos seus amigos indígenas em comum, que, para grande alegria de Koch-Grünberg, ainda se lembravam dele.[6] O etnólogo delineou os planos de viagem a Hermann Schmidt e logo convidou-o a participar da expedição.[7] Assim, o americanista resolveu, quando ainda estava na Alemanha, um dos grandes problemas enfrentados pelos etnólogos no Brasil durante o tempo de preparação para o campo, a saber: encontrar camaradas e acompanhantes de viagem. Koch-Grünberg contratou não apenas um companheiro de viagem confiável, experiente e acostumado às relações com os povos indígenas e à coleta de material etnográfico, mas um compatriota que poderia obter as provisões no Norte brasileiro antes da sua chegada ao país.[8] Além das provisões compradas no Brasil, ele ganhou duas caixas de sopa Maggi da própria empresa, em troca de propaganda não remunerada.[9] Equipamentos e utensílios pessoais foram adquiridos na Alemanha e levados ao Brasil.

Ele também planejou detalhadamente o roteiro da viagem. Para compô-lo, obteve informações com colegas e amigos que conheciam as regiões que pretendia explorar. Além do próprio Hermann Schmidt, ele se informou sobretudo com o naturalista Ernst Ule.[10] Koch-Grünberg o convidou a acompanhá-lo na segunda etapa de sua expedição; Ule cogitou aceitar o convite, mas precisou denegar por causa de dificuldades de comunicação e em favor de outros compromissos profissionais previamente existentes.[11]

Outra inovação na organização da expedição foi um contrato com a empresa Express Films. Koch-Grünberg adquiriu câmera fotográfica e fonógrafo, e a empresa lhe emprestou uma filmadora e forneceu rolos de negativos.[12] Assim ampliava substancialmente o uso de tecnologia durante as expedições americanistas. Ehrenreich foi o primeiro etnólogo alemão a fotografar povos indígenas, Fritz Krause foi o primeiro a gravar suas canções, Koch-Grünberg seria o primeiro a filmar os povos visitados. Em contrapartida, este produziria filmes etnográficos exclusivamente para a empresa. Para realizar as filmagens, um profissional foi contratado, mas ele acabou por desistir da viagem, de modo que o próprio Koch-Grünberg gravou os filmes.[13]

O financiamento para a viagem veio sobretudo de Berlim. Da fundação Baessler (Baessler-Stiftung), Koch-Grünberg recebeu 27 mil marcos. Em abril de 1911, 14 mil foram pagos; 11 mil no início de 1912; e os 2 mil restantes ficaram reservados para o transporte da coleção para Berlim.[14] Além disso, houve outras fontes de financiamento. Através de Thilenius, o Museu de Hamburgo contribuiu com 10 mil marcos. Metade foi paga quando da partida do americanista, a outra metade em janeiro de 1912. Para restituir o montante, Koch-Grünberg deveria fornecer uma coleção sistemática avaliada no mesmo valor.[15] O Museu de Colônia, representado por Foy, ofereceu mil marcos por uma pequena, porém representativa, coleção etnográfica brasileira.[16] As encomendas dos museus alemães são consequência da influência de Koch-Grünberg enquanto intelectual, de sua capacidade de manter relações profissionais significativas, mas sobretudo da sua habilidade de formar coleções etnográficas e da qualidade inquestionável destas. Mais do que no trânsito intercontinental de peças, as encomendas, e posteriormente as remessas de coleções etnográficas, são efeitos das relações sociais, mas também poderosas demonstrações de seu potencial enquanto causadoras de impactos na rede de americanistas – elas foram a razão para determinado comportamento de certos agentes e de sua intencionalidade em manusear a rede. Objetos, seres humanos, objetos na fronteira da humanidade e seres não humanos são meios, transmissores e motivos para os vínculos sociais e estão interconectados em uma rede de relações em que ações, impulsos e significados são constantemente criados, recriados e disputados. A ciência é mais do que um sistema de conhecimento ou um produto de contingências históricas, econômicas, sociais e culturais, é também um fluxo de informações, signos e seres conectados e incessantemente manipulados.

Tal como ocorrera antes da expedição ao Rio Negro, colegas de Koch-Grünberg também lhe faziam pedidos ou estimulavam que ele se dedicasse a determinado assunto durante a expedição. Assim, por exemplo, além das requisitadas coleções etnográficas, Preuss encorajou seu colega a também formar uma pequena coleção arqueológica.[17] L. H. Schütz pediu que Koch-Grünberg notasse o uso da linguagem pelas crianças.[18] A organização cuidadosa do experiente Koch-Grünberg, os investimentos financeiros não desprezíveis e o histórico de sucesso de suas empreitadas criaram uma expectativa otimista a respeito de sua expedição. Assim, após conferir legalmente para sua esposa, Elsa Koch-Grünberg, plenos poderes sobre seus assuntos financeiros e acadêmicos, o americanista viajou a Manaus, aonde chegou em maio de 1911.

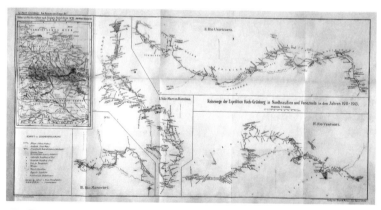

Mapa 7 – Extremo norte amazônico e os caminhos de Koch-Grünberg.

A expedição pelo Norte do Brasil e pela Venezuela

Após três semanas de permanência em Manaus, Koch-Grünberg iniciou sua expedição em direção ao Rio Branco, navegando primeiramente o Rio Negro. No final de junho, ele alcançou Boa Vista. A caminho de lá, conheceu o missionário beneditino padre Adalbert Kaufmehl, um compatriota que trabalhava em uma missão indígena e levou o americanista para a vila de São Marcos, de onde a expedição propriamente dita partiria. Ela se encontrava "às margens do território indígena"; portanto, constituía o lugar ideal para ser o quartel geral do americanista.[19] Em São Marcos ele encontrou velhos conhecidos: o capitão Ildefonso e o chefe Macuxi, que ele encontrara em Manaus em 1905.[20] Em 9 de julho, Koch-Grünberg acompanhou o padre Adalbert Kaufmehl em uma visita aos índios Wapischana, alcançados após quatro dias de caminhada.[21] Entre os Macuxi, Koch-Grünberg contratou Manduca, que ainda estava alcoolizado da noite anterior, para ser seu guia e tradutor. Logo eles alcançaram a aldeia de nome Koimelemong, cujo chefe era Pitá. A recepção e a convivência com esses índios, "que se mostravam em sua beleza nua, em formas esbeltas e exuberantes", não poderiam ser mais pacíficas e agradáveis.[22]

Pitá então reuniu a comunidade, para que o padre Adalbert Kaufmehl pudesse celebrar uma missa, que foi registrada em uma fotografia pelo americanista (Imagem 77). Para isso, ele se posicionou atrás da plateia que assistia à celebração: as costas dos índios estão no primeiro plano, a cerimônia no segundo. A distância para os índios é tamanha que ele não parece ser parte da audiência, mas um observador que assiste, ao mesmo tempo, ao ato litúrgico e à reação dos espectadores. A imagem representa tanto a missa em si quanto o posicionamento do etnólogo perante a catequese: um observador que mantém distância segura e objetiva. A atitude de Koch-Grünberg diante dos missionários era ambígua, tal como ocorria com os empresários do setor da borracha durante sua expedição ao Rio Negro:

> Pode-se pensar sobre a missão o que se quer – eu falarei aqui de uma perspectiva humanista –, mas essa missão apresenta um grande benefício: ela protege os pobres índios dos ataques dos brancos e impede, mesmo que por um breve período de tempo, que eles degenerem e se tornem pinguços castigados pelas doenças de civilização. De uma perspectiva cristã eles evidentemente permanecem, apesar das canções sagradas e das rezas, no mais profundo paganismo e imitam tudo tagarelando sem pensar muito. Mas por isso eles estão moralmente num patamar inferior da maioria de nós?[23]

Imagem 77 – Missa entre os índios (1911).

Koch-Grünberg acreditava que a cultura europeia possuía uma força de transformação social incomensurável. No entanto, a influência que a cultura europeia poderia exercer sobre as culturas nativas era estritamente negativa. Os índios não sentiriam desejo de se europeizar e adquiririam apenas as mazelas da civilização: deterioração física e cultural, alcoolismo e desagregação social. Os índios não se tornariam cristãos, porque os métodos missionários seriam incapazes de penetrar nas profundezas das culturas indígenas. Eles arranhariam apenas as superfícies da cultura, enquanto no íntimo os índios não seriam transformados. A transformação cultural era entendida pelo americanista como uma forma de corrupção cultural, que seria consequência da desestruturação completa causada pelo alcoolismo. Assim, as atitudes missionárias (que visam, antes de tudo, à transformação cosmológica) seriam um mal menor perante o bem proporcionado pelas missões, por afastar os índios da cachaça e da violência.

A aldeia Koimelemong era composta de índios Macuxi, Wapichana e Taulipáng, além de descendentes de famílias interétnicas.[24] De acordo com o americanista, o nome "Taulipáng" é a autodenominação dos "Arekuná", nome pelo qual esse grupo indígena era conhecido na região.[25] Koch-Grünberg permaneceu por aproximadamente um mês idílico na aldeia, morando na casa destinada ao missionário. Durante esse período, ele coletou objetos etnográficos, tirou fotografias, gravou canções, participou do caxiri, deixou--se pintar; em suma, participou ativamente da vida social da aldeia. Durante uma grande festa, o etnólogo era exibido orgulhosamente por Pitá para os demais convidados. O xamanismo observado cotidianamente por ele não foi retratado com certo deboche, como ocorrera outrora, mas considerado parte integral do cotidiano da aldeia. No início de agosto, ele planejou retornar para São Marcos, para buscar Hermann Schmidt, o resto da bagagem e a filmadora e então seguir até o Monte Roraima. Quando questionado acerca da demora para a viagem, o americanista desenhou os 25 dias de duração em forma de linhas singulares em uma folha de papel. Pitá, por sua vez, transpôs as 25 unidades de pequenas linhas para uma espécie de operação matemática nativa usando nós. Em uma corda ele fez 25 nós. A cada dia um nó deveria ser desfeito. O último nó indicaria o dia de chegada do americanista.

Em 14 de agosto, acompanhado por alguns índios, ele retornou para São Marcos. Eles permaneceram por oito dias ali, preparando-se para a viagem. No final desse mês, o etnólogo já estava novamente em Koimelemong. Os expedicionários permaneceram por duas semanas na aldeia. Os dias foram pacíficos, alegres e harmoniosos como os pretéritos: "Essas pessoas marrons inofensivas têm incomparavelmente mais cultura interna do que os brasileiros mestiços que pretendem civilizá-los!".[26] Em 19 de setembro, ele partiu em direção ao Monte Roraima, escoltado em um trecho por aproximadamente 30 índios. Passando por várias aldeias e malocas, ao final do mês, Koch-Grünberg, Hermann Schmidt, Pitá e alguns ajudantes chegaram à aldeia Taurepang, não distante do Monte Roraima. Os expedicionários ficaram na aldeia por alguns dias e até mesmo seguiram a uma aldeia vizinha em que havia uma grande festa, da qual Koch-Grünberg não participou dançando e bebendo até de manhã, como de costume, por causa do seu teor erótico. Suportados pelo talento geográfico dos índios, que "conhecem toda montanha, todo riacho, toda pedra do seu território" e que desenham mapas na areia, os exploradores partiram no dia 7 de outubro para a escalada do Monte Roraima, de 2.810 metros de altura.[27] Mesmo com frio e cansados, eles alcançaram o topo do Roraima. Tanto na subida quanto na descida, eles visitaram povoamentos indígenas localizados nas redondezas do Roraima (Imagem 78). A fotografia tirada por Koch-Grünberg é tanto bela quanto misteriosa. Ela registra os moradores da aldeia alinhadinhos e o Monte Roraima ao fundo. Ter conduzido os modelos indígenas para suas respectivas posições, aparentemente usando indumentária ritual, não deve ter sido uma tarefa fácil. Ele parece ter intencionado mostrar a totalidade de habitantes da aldeia à frente de uma construção e ao lado de uma maloca. O que resulta disso, todavia, é um enfoque não nos ameríndios, mas na vastidão do campo e na imponente montanha atrás deles. A fotografia captura, portanto, um dos temas preferenciais de Koch-Grünberg como fotógrafo, que é a força da natureza e a sua relação com os humanos.

Imagem 78 – Aldeia Taurepang chamada Denong e o Monte Roraima ao fundo (1911).

No retorno da aldeia, os expedicionários visitaram os Ingariko.[28] Em 8 de outubro, eles já se preparavam para visitar mais uma aldeia e, no dia seguinte, se despediram de vez da "rocha rosada".[29] Após alguns dias de marcha, os expedicionários chegaram na missão próxima à aldeia Taurepang, permanecendo na missão/aldeia até 21 de outubro. De lá eles retornaram para São Marcos e no caminho passaram por uma aldeia Macuxi, em que permaneceram por quatro dias. Eles também visitavam malocas Wapichana, coletando material e contratando ajudantes, até chegar no final do mês com uma trupe formada por mais de 30 pessoas, provenientes de 6 etnias, a São Marcos. Lá Koch-Grünberg se despediu para sempre de seu amigo Pitá, depois de 3 meses e meio de intensa convivência diária. Após alguns dias em São Marcos, empacotando e arrumando as coisas para a viagem (inclusive livros, de etnografias ao *Fausto* de Goethe), Koch-Grünberg saiu em direção a "oeste" acompanhado por um casal Majonggong (um grupo Ye'kwana), seu tradutor José-Mayuluaípu e três homens jovens, um Arekuná chamado Möseuaípu, um Wapichana de nome Roméo, e Mario, batizado pelo próprio Koch--Grünberg, da etnia Macuxi.[30] Viajando exclusivamente na companhia de indígenas, o percurso em si era tão importante quanto os períodos estacionários nas aldeias. O americanista relatou não poucas vezes que seus amigos e ele contavam mitos até tarde da noite. Os mitos são passados às gerações seguintes "de forma poética".[31]

O sucesso da tarefa de Koch-Grünberg, de alcançar a foz do Rio Orinoco, era visto com certa dúvida em São Marcos e na região. Seu plano era alcançar os Majonggong (Ye'kwana), permanecer lá durante a estação de chuvas, caminhar até a foz do Orinoco, e então navegá-lo até o Rio Casiquare. Em 16 de novembro, outros índios se juntaram à empreitada, e, cinco dias mais tarde, começava essa nova etapa da expedição, mais uma vez a pé (Imagem 79). A marcha pela savana foi registrada por Koch-Grünberg e revela algo da história das expedições americanistas. Nas primeiras grandes expedições, como as de Karl von den Steinen e Herrmann Meyer, uma parte era empreendida a pé, mas em companhia de bois carregados. Max Schmidt e Koch-Grünberg, no entanto, dispensaram o alto número de camaradas, animais e objetos, optando por realizar as viagens apenas com um acompanhante e alguns indígenas. Quando as viagens não eram fluviais, elas eram terrestres, e a imagem da "marcha pela savana" demonstra as condições em que os carregadores percorriam largas distâncias. Os Taurepang estão carregando mochilas gigantescas, instrumentos de pesca, e um deles até mesmo um chapéu, que talvez pertença ao americanista. Ainda que a intenção tenha sido a de mostrar a força física dos ameríndios e as dificuldades inerentes à expedição em si, essa imagem em particular encontra um longo lastro na história das excursões americanistas.

Os expedicionários passaram por assentamentos e aldeias de várias etnias, como os Wayumará e os Sapará. Eles ainda encontraram um grupo de Auaké, que, segundo Koch-Grünberg, jamais haviam visto um homem branco, bem como com um grupo de Schirianá.[32]

Imagem 79 – Marcha dos Taurepang pela savana (1911).

Durante o trajeto, índios se uniam ao grupo e seguiam seu caminho. Assim, em certo momento, dois de seus acompanhantes eram xamãs (*Zauberärzte*), de modo que Koch-Grünberg observou várias sessões de xamanismo. Ele obteve, dessa forma, um maior conhecimento dos mitos, da mitologia e das relações com os animais. Após terem suportado quase dois meses de caminhada e navegação fluvial, alimentação empobrecida e fome, cansaço e sarna, brigas e saudades de casa, finalmente os expedicionários chegaram ao território dos índios Waika, um subgrupo Yanomami. Koch-Grünberg alegou ter sido o primeiro homem branco que esses índios "selvagens" teriam visto.[33] Eles eram, segundo ele, culturalmente influenciados pelos Ye'kwana e Maku. A viagem até os Majonggong prosseguiu. Em 29 de janeiro um acampamento foi montado; Schmidt, acompanhado por alguns índios, foi enviado a uma aldeia dos Guinaú para buscar canoas menores e uma equipe descansada. Koch-Grünberg esperou por quase três semanas, tempo durante o qual ele aperfeiçoou seus conhecimentos da língua Taurepang e estudou mitologia, sobretudo fórmulas mágicas e os mitos de Makunaíma, o herói dos Taurepang, com José-Mayuluaípu (Imagem 80). Na fotografia em que o americanista anota os mitos sentado em pedras, ele está descalço, mas vestindo um terno, seu chapéu está afixado na árvore, e ele escuta atentamente. Essa imagem é interessante porque manifesta e comunica o ideal do americanista: obtendo em primeira mão, sem necessidade de intermediário ou tradutor, cultura material fundamental – *Völkergedanken*, poder-se-ia dizer –, em um contexto de relações harmônicas com os ameríndios e a natureza.

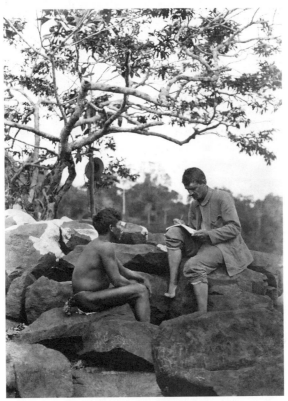

Imagem 80 – José-Mayuluaípu contando mitos a Koch-Grünberg (1912).

Em 26 de fevereiro, Hermann Schmidt chegou. Até então Koch-Grünberg vivera em companhia apenas de seus amigos ameríndios, levando uma vida de "indígena da selva".[34] Apesar das constantes advertências dos índios para que Koch-Grünberg não fosse até os Majonggong e dos fortes ataques de malária sofridos por Schmidt, no fim de fevereiro a viagem continuou. No início, parte da equipe sofria das mais diversas doenças e era tratada por Manduca através de curas xamanísticas. Mesmo assim, Koch-Grünberg cruzava a fronteira para a Venezuela pela terceira vez. Em 11 de março, os expedicionários finalmente encontraram os primeiros Majonggong e logo mais a aldeia Motokurunya, apelidada de "ninho febril" por Koch-Grünberg, devido às condições de higiene pouco rigorosas e às doenças às quais todos os expedicionários lentamente sucumbiram.[35]

A aldeia, empoeirada e suja, com as malocas escuras, quentes e desasseadas não era exatamente o ambiente ideal para viajantes exaustos e sofrendo com fortes e duradouros ataques de malária. Estes eram tratados, como de costume, com quinina e com xamanismo. Para Koch-Grünberg, as sessões com os xamãs eram muito eficientes para combater os sintomas da malária, quando a temperatura corporal alcançava rapidamente 40,7 graus, porque causavam intensa sudorese no doente, acalmando-o até repousar, contribuindo para a sua cura.[36]

Em todo caso, as condições de higiene da aldeia Motokurunya não eram compatíveis nem com os óculos culturais protestantes através dos quais o americanista visualizava as culturas ameríndias, nem com sua experiência prévia no Alto Rio Negro e na aldeia Koimelemong. As relações, inicialmente amistosas e cordiais, com os Majonggong se deterioraram rapidamente e assumiram um aspecto de indiferença. Por causa disso, os expedicionários, doentes e exaustos, tinham pouco ou nenhum acesso à alimentação, o que contribuía mais para uma corrupção das relações sociais do que para o restabelecimento da saúde. Isso explica o julgamento extremamente negativo de Koch-Grünberg sobre esse grupo indígena. Ele fez uso de toda sorte de adjetivos pejorativos para descrever o grupo e sua aldeia. Com exceção da convivência doméstica, que o americanista julgou harmoniosa e igualitária.[37]

Finalmente, após quase dois meses em Motokurunya, os expedicionários, ainda fortemente adoecidos, porém com fundamentado receio de falecer, partiram em direção ao Rio Ventuari. Passando por várias malocas indígenas, recolhendo e dispensando acompanhantes indígenas, os expedicionários chegaram no final de maio à aldeia de seu acompanhante Wapichana Manduca. Koch-Grünberg e Schmidt permaneceram até o início de setembro entre os Wapichana, tempo durante o qual ele não apenas participou da vida social, como também recolheu objetos etnográficos e estudou línguas e mitos.

De lá eles visitaram outra aldeia Majonggong. Ali houve sessões de medição antropológica, mas os índios é que mediram antropólogos: "Os homens gostavam de executar medições corporais em nós. Especialmente Fryúdi era o mais puro antropólogo físico". As sessões não eram destituídas de humor sarcástico: "Sim, ele também quer medir as nossas partes secretas do corpo, mas aí protestamos".[38] Alguns índios viajariam até a fazenda de um venezuelano para trabalhar nela. O americanista aproveitou a oportunidade para despachar a coleção etnográfica, placas fotográficas e cartas para casa. As últimas cartas para a Alemanha foram enviadas de São Marcos, em outubro de 1911; portanto, sua família e seus amigos não obtiveram notícias dele durante um longo e angustiante ano e já esperavam pelo pior.[39] Nas correspondências agora enviadas, Koch-Grünberg insistia que procuraria pela foz do Orinoco, pois se tratava de "um dos problemas geográficos mais importantes da América do Sul".[40]

Outra parte de sua bagagem foi despachada e carregada por índios Kapitána recém-conhecidos para o Rio Casiquare. Para garantir a integridade da coleção e de suas coisas pessoais, o americanista convenceu os índios e seu chefe de sua importância, ao citar o nome dos amigos influentes (como Tavera Acosta, que fora governador do Rio Negro) e ao afirmar que os governos de Caracas e Ciudad Bolívia aguardavam por seus pertences, pois ele deveria informar os governantes das condições sociais da região. Koch-Grünberg notou como o governo estava imbricado nas relações sociais e, tal como ocorrera na viagem ao Rio Negro, manipulou a situação através de sua rede de contatos e por meio da alusão simbólica de que ele mesmo era um fio nas extensas teias do governo.

No dia 2 de outubro, os expedicionários, acompanhados por vários índios, partiram da aldeia Majonggong em direção ao Rio Ventuari, que navegariam até o Orinoco, deste ao Casiquare e então ao Rio Negro. Koch-Grünberg e Schmidt tinham os pés inflamados, e o sobrinho de Manduca sofria de febre e disenteria, tratada pelo tio com xamanismo. As repetidas sessões fizeram Koch-Grünberg acreditar que, durante o xamanismo, "nem tudo era uma fraude consciente do feiticeiro". Através do uso de narcóticos, do uso frenético do chocalho e do canto monótono, "talvez seu espírito realmente fique mais livre e flutue sobre o mundano".[41] Trata-se de uma alteração significativa na compreensão do xamanismo. Se antes esse fenômeno era tratado ora como fraude, ora como atestado de primitividade, Koch-Grünberg creditava valoração positiva ao xamanismo com base em múltiplas experiências compartilhadas. Os próximos dias da viagem foram marcados por febre e xamanismo todas as noites, até que, em 12 de outubro, a sogra de manduca deu à luz um menino natimorto. Era a segunda criança que falecia, além de um homem adulto, durante a expedição de Koch-Grünberg, que se horrorizou com a ausência de rituais funerários. Os Majonggong seriam um povo rude e sem cultura em comparação com os do Uaupés.

Passaram-se mais dez dias de exaustão, ataques de malária, pés feridos e fome. Schmidt não conseguia continuar. Koch-Grünberg então constatou que, durante o tempo todo, Manduca tinha razão: a viagem era impossível. Para alcançar a foz do Orinoco seria preciso uma expedição mais bem equipada, com três ou mais cientistas. Ou, de preferência, empreender uma expedição em que parte da equipe sairia da Venezuela e parte do Brasil.[42] Assim, Koch-Grünberg precisou desistir do seu objetivo e se contentar em navegar o Ventuari até o Orinoco, o que por si seria uma façanha para os conhecimentos geográficos sul-americanos. Em 6 de novembro, os expedicionários, sem Manduca, que abandonara o empreendimento, finalmente alcançaram o Ventuari. Três dias depois, mais acompanhantes Majonggong deixaram a expedição, e, no dia seguinte, um outro grupo resolveu voltar para casa. Por causa das eternas negociações com os índios acerca do valor dos pagamentos, em que as mulheres pressionavam os maridos para obter bens mais significativos, Koch-Grünberg atestou sarcasticamente que "Schopenhauer e Nietzsche poderiam ter feito estudos aqui".[43] Se o tivessem feito, talvez não teriam tido uma visão tão pejorativa das mulheres e teriam credenciado-as com maior agência.

Em todo caso, os expedicionários passavam nas malocas adjacentes ao rio para abastecer as provisões, comprar material etnográfico, coletar vocabulários, e assim por diante. Koch-Grünberg também empreendia estudos geográficos, medindo e desenhando um mapa do Ventuari durante a navegação. No dia 1º de janeiro, os expedicionários finalmente adentraram no Orinoco e, um mês e meio mais tarde, no Rio Negro até São Felipe, onde Koch-Grünberg reencontrou seu amigo "paternal" Don Germano.[44] Dos numerosos povos encontrados no caminho, Koch-Grünberg recolheu vocabulários. No seu "segundo lar", o americanista permaneceu por dez dias, dedicando-se novamente a rápidos estudos dos povos do Rio Negro.[45] Em março de 1913, Koch-Grünberg, Schmidt e Roméo finalmente chegaram a Manaus, onde foram ovacionados pela comunidade alemã e tiveram seu momento de triunfo orgulhosamente registrado pelas lentes de Huebner (Imagem 81). Essa fotografia é algo inversamente proporcional àquela tirada em 1903. A primeira foi feita no início da expedição, a segunda em seu fim. A primeira representa dois jovens expedicionários, Koch-Grünberg e Otto Schmidt, ansiosos e esperançosos a caminho do Rio Negro, ornamentados com armas e posando em frente a uma tela que simula a natureza. A segunda imagem mostra três viajantes cansados retornando do Rio Branco. Atrás deles não há tela, mas a parede do estúdio. Eles não mimetizam uma expedição, nem criam uma persona. Koch-Grünberg e Schmidt não usam botas, mas sapatinhos de calor. Não há armas. O etnólogo não olha pensativo para o além, fingindo captar a vida social e transformá-la em palavras. Ele mira fixamente a câmera e quem está atrás dela, como quem diz "eu sobrevivi". Não era preciso realizar uma *performance* para recriar a imagem do expedicionário e da expedição, pois esta estava marcada em seus corpos e visível em seu olhar. De Manaus, Hermann Schmidt migrou para o Sul do Brasil, e o etnólogo alemão não tornou a ver nenhum de seus dois companheiros.[46]

Imagem 81 – Hermann Schmidt, Koch-Grünberg e Roméu (1913).

Em abril de 1913, Koch-Grünberg chegou a salvo à Alemanha.[47] Ele ainda teve uma recaída violenta de ataques de malária, fazendo-o questionar se o sofrimento e a dedicação pela etnologia valiam a pena.[48] Sua coleção etnográfica foi destinada majoritariamente ao Museu de Berlim.[49] As coleções menores foram espalhadas pela Alemanha. O Museu de Hamburgo, que tinha pagado 10 mil marcos antecipadamente, obteve uma coleção incompatível com o valor, de modo que Koch-Grünberg restituiu a metade do montante.[50] O Museu de Leipzig também adquiriu uma pequena coleção.[51] O museu da cidade Gießen – cidade em que ele estudou e que se localiza em seu estado natal, Hessen, e em que sua irmã, seu cunhado e seu amigo de longa data Wilhelm Sievers moravam; cidade com que ele tinha, portanto, uma evidente ligação afetiva – recebeu de presente 105 objetos oriundos das etnias Wapichana, Maku, Taurepang, Ye'kwana, Uamire, Baniwa e Schiriará.[52] A princesa Therese da Baviera também foi agraciada com alguns objetos etnográficos, e Elsa Koch-Grünberg manteve outros para sua própria coleção particular.[53] O Museu de Colônia, todavia, não foi contemplado com a requerida coleção etnográfica.[54] Como Koch-Grünberg fizera durante sua expedição ao Rio Negro, ao coletar orquídeas, durante sua viagem à Amazônia brasileira e venezuelana, ele também se dedicou a coleções de ciências naturais. Dessa vez, porém, ele coletou borboletas. O entomologista alemão Hans Fruhstorfer (1866-1922) ofereceu-se para organizar e estudar a coleção de Koch-Grünberg, que considerava muito relevante.[55]

Alguns meses após seu retorno para a Alemanha, ocorreu em Nürnberg a reunião da Sociedade Antropológica Alemã (Deutsche Anthropologische Gesellschaft). Foi um dos últimos eventos de antropólogos ocorrido em uma normalidade institucional, social e política na Alemanha. Entre os dias 3 e 10 de agosto, muitos dos mais importantes etnólogos e antropólogos alemães apresentaram palestras, como Felix von Luschan, o futuro nazista Eugen Fischer, Fritz Krause e Theodor Koch-Grünberg, que falou sobre sua mais recente viagem (Imagem 82).[56]

Imagem 82 – (1 e 2) O elegante casal Koch-Grünberg, (9) Felix von Luschan, (13) Eduard Seler, (14) Eugen Fischer, (18) Caecilie Seler-Sachs (1913).

ASCENSÃO E DECLÍNIO DA ETNOLOGIA ALEMÃ (1884-1950)

Além destes, Eduard Seler e Caecilie Seler-Sachs também estiveram presentes, entre outras pessoas. A presença dos americanistas revela as articulações entre as diversas esferas da etnologia e antropologia alemãs e atesta que, apesar da transformação pela qual essas disciplinas passavam, os estudos americanistas, embora minoritariamente representados, eram integrados social e institucionalmente às demais áreas de cobertura acadêmica. A presença de Elsa Koch-Grünberg, bem como de outras mulheres, chama atenção para sua participação intelectual na vida acadêmica dos maridos. Caecilie Seler-Sachs tinha uma carreira notável e independente da do marido, e ambos contribuíam para os estudos um do outro; ela não era, portanto, apenas a esposa de Eduard Seler. E a princesa Therese von Bayern era uma etnógrafa reconhecida. Mas, além dessas duas americanistas, alguns dados evidenciam um envolvimento intelectual das mulheres, especialmente das esposas, nas carreiras dos maridos: Elsa Koch-Grünberg possuía uma coleção etnográfica e conhecia literatura etnológica, Leonore von den Steinen era membro da Sociedade Berlinense de Antropologia desde 1908, sem contar que os relacionamentos de amizade entre os etnólogos eram também relações de amizade entre famílias.[57] Relações de gênero, trocas intelectuais e a contribuição das esposas para as carreiras dos maridos no início da antropologia profissional: um capítulo da história da disciplina a ser escrito ainda.

Ainda em 1913, Koch-Grünberg recebeu o título de professor na área de antropologia (*Völkerkunde*) na Universidade de Freiburg, tornando-se titular da cátedra.[58] No final desse ano, ele recebeu uma honraria do governo venezuelano. Por causa dos estudos dedicados ao país, ganhou a *Condecoración del Busto de Libertador en la 3a. Clase de la Orden*, a mais alta distinção da Venezuela.[59] Muito orgulhosamente, Koch-Grünberg desejava ostentar a medalha publicamente, o que, no entanto, foi proibido pelo Estado alemão.[60]

O fim de uma era

A segunda geração de americanistas intencionou aprofundar as pesquisas realizadas no século anterior, ao empreender expedições em áreas previamente visitadas: Max Schmidt viajou duas vezes ao Xingu (que Karl von den Steinen descortinara), Kissenberth e Krause exploraram o Araguaia (que Ehrenreich já percorrera). Além disso, eles intencionaram conectar as regiões antes estudadas umas às outras, ao tentar preencher as lacunas geográficas com pesquisas em *terra incognita*. Nesse sentido, Krause quis encontrar o misterioso Rio "Paranayuba", que fora mencionado por Herrmann Meyer e que supostamente uniria o Araguaia ao Xingu. Max Schmidt queria explorar os rios Jauru, Guaporé e Juruena, respectivamente afluentes dos rios Paraguai, Madeira e Tapajós. Ele também pretendeu explorar os dois últimos rios, que num grande quadro se situam entre o Purus e o Xingu, o primeiro pesquisado por Ehrenreich, o segundo por von den Steinen. Também houve significativo acréscimo adjacente às áreas estudadas: Max Schmidt percorreu o Pantanal, e Koch-Grünberg, as áreas dos rios Branco, Orinoco, Negro, Japurá, Uaupés e Ucayali. Isso significa que, entre 1900 e 1913, quatro etnólogos alemães percorreram a Amazônia de leste (Araguaia) a oeste (Ucayali), de norte (Orinoco) a sul, até o Pantanal. Nesses estudos, povos pouco estudados ou desconhecidos e povos com longo contato com a sociedade brasileira foram abordados. Assim, não apenas povos dos troncos linguísticos Macro-Jê e Tupi, das famílias Aruaque e Tupi foram estudados, como também vários de línguas isoladas.

Suas expedições ocorreram em um período de intensa transformação acadêmica. Os principais atores do cenário acadêmico mudaram, bem como as instituições, os objetivos e os destinos da etnologia alemã, que se adequaram às aspirações políticas do *Reich* e o suportaram teórica e praticamente. Apesar da implementação da política colonial alemã e de relação dialética com a *Völkerkunde*, o período em que a segunda geração de americanistas desenvolveu suas pesquisas ocorreu sem grandes mudanças políticas.

Quando Koch-Grünberg viajava pela Amazônia venezuelana, ele encontrou com um senhor idoso que falava bem espanhol. A primeira pergunta que o etnólogo lhe fez foi se havia guerra entre França e Alemanha, pois, quando um ano antes ele se despedia "da assim chamada civilização, o céu político na Europa estava sombrio".[61] Poucos meses após seu retorno, a tempestade avassalará o Velho Mundo.

Notas

[1] Kraus, 2004a, p. 121.
[2] Walter Lehmann a Theodor Koch-Grünberg, 03.05.1910, ES Mr, A8.
[3] Adalbert Kaufmehl a Theodor Koch-Grünberg, 12.05.1912, ES Mr, A13, A.
[4] Kraus, 2018, p. 101.
[5] *Idem*, p. 102.
[6] Hermann Schmidt a Theodor Koch-Grünberg, 30.01.1909, ES Mr, A8; Hermann Schmidt a Theodor Koch-Grünberg, 29.07.1909, ES Mr, A6; Theodor Koch-Grünberg a Hermann

ASCENSÃO E DECLÍNIO DA ETNOLOGIA ALEMÃ (1884-1950)

Schmidt, s/d., ES Mr, A6; Hermann Schmidt a Theodor Koch-Grünberg, 02.03.1910, ES Mr, A8; Hermann Schmidt a Theodor Koch-Grünberg, 04.03.1910, ES Mr, A8; Hermann Schmidt a Theodor Koch-Grünberg, 09.09.1910, ES Mr, A8.

[7] Hermann Schmidt a Theodor Koch-Grünberg, 16.07.1910, ES Mr, A10, Sch; Hermann Schmidt a Theodor Koch-Grünberg, 01.02.1911, ES Mr, A10, Sch; Hermann Schmidt a Theodor Koch-Grünberg, 01.0.1911, ES Mr, A10, Sch.

[8] Hermann Schmidt a Theodor Koch-Grünberg, 25.01.19xx, ES Mr, A10, Sch; Hermann Schmidt a Theodor Koch-Grünberg, 04.08.1911, ES Mr, A10, Sch.

[9] Maggi Gesellschaft mit beschränkter Haftung a Theodor Koch-Grünberg, 28.01.1911, ES Mr, A10, M.

[10] Ernst Ule a Theodor Koch-Grünberg, 12.12.1909, ES Mr, A8; Ernst Ule a Theodor Koch-Grünberg, 30.04.1910, ES Mr, A8; Ernst Ule a Theodor Koch-Grünberg, 05.07.1910, ES Mr, A8; Ernst Ule a Theodor Koch-Grünberg, 09.12.1910, ES Mr, A11, UV.

[11] Ernst Ule a Theodor Koch-Grünberg, 27.06.1911, ES Mr, A11, UV; Ernst Ule a Theodor Koch-Grünberg, 23.03.1912, ES Mr, A13, U; Ernst Ule a Theodor Koch-Grünberg, 16.06.1912, ES Mr, A13, U; Ernst Ule a Elsa Koch-Grünberg, 28.05.1912, ES Mr, A13, U.

[12] Express-Films & Co a Theodor Koch-Grünberg, 31.03.1911, ES Mr, A10, K.

[13] Raleigh & Robert Films a Bernhard Gotthart, 06.06.1911, ES Mr, A10, E; Contrato entre Theodor Koch-Grünberg e Bernhard Gotthart, ES Mr, A10, K.

[14] Wilhelm von Bode a Theodor Koch-Grünberg, 02.01.1911, ES Mr, A10, K.

[15] Georg Thilenius a Theodor Koch-Grünberg, 25.05.1910, ES Mr, A8; Georg Thilenius a Theodor Koch-Grünberg, 30.05.1910, ES Mr, A8; Theodor Koch-Grünberg a Georg Thilenius, s/d., ES Mr, A8; Georg Thilenius a Theodor Koch-Grünberg, 16.01.1911, ES Mr, A10, H.

[16] Willy Foy a Theodor Koch-Grünberg, 17.08.1911, ES Mr, A10, C.

[17] Konrad Theodor Preuss a Theodor Koch-Grünberg, 12.12.1910, ES Mr, A10, PQ.

[18] August Schröder a Theodor Koch-Grünberg, 23.03.1911, A11, St.

[19] Koch-Grünberg, 1917, p. 18.

[20] Os Macuxi, que se autodenominam Pemon, falam uma língua Karib, como o próprio Koch-Grünberg notou, cf. Santilli, 2004.

[21] Os Wapichana são falantes de uma língua Aruaque, cf. *Enciclopédia povos indígenas no Brasil*, 2008.

[22] Koch-Grünberg, 1917, p. 31.

[23] *Idem*, p. 32.

[24] Os Taurepang também se autodenominam Pemon e são de língua Karib, cf. Andrello, 2004.

[25] Atualmente os Arekuna também se chamam a si mesmos Pemon, cf. M. Cruz *et al.*, 2008.

[26] Koch-Grünberg, 1917, p. 82.

[27] *Idem*, p. 104.

[28] Os Ingarikó autodenominam-se Kapon e falam uma língua Karib, cf. M. Cruz *et al.*, 2008.

[29] Koch-Grünberg, 1917, p. 113.

[30] Os Ye'kwana autodenominam-se So'to e falam uma língua Karib, cf. Moreira-Lauriola, 2003.

[31] Koch-Grünberg, 1917, p. 117.

[32] Os Auaké são falantes de Arutani. Os Schirianá são um grupo Yanomami e são, portanto, falantes de uma língua autônoma, cf. Albert, 1999.

[33] Koch-Grünberg, 1917, p. 199.

[34] *Idem*, p. 216.

[35] *Idem*, p. 235.

[36]   *Idem*, p. 254.

[37]   *Idem*, p. 235 e ss.

[38]   *Idem*, p. 315.

[39]   Wilhelm Kissenberth a Theodor Koch-Grünberg, 06.05.1913, ES Mr, A13, K; Karl Weule a Theodor Koch-Grünberg, 21.04.1913, ES Mr, A13, L; Paul Traeger a Theodor Koch--Grünberg, 66.05.1913, ES Mr, A13, T.

[40]   "[...] eins der wichtigsten geographischen Probleme Südamerikas." Strecker & Schröder Verlagsbuchhandlung a "Verehrliche Redaktion", 06.12.1912, ES Mr, A13, St.

[41]   Koch-Grünberg, 1917, p. 337.

[42]   A foz do Orinoco só foi descoberta no início da década de 1950.

[43]   Koch-Grünberg, 1917, p. 362.

[44]   *Idem*, p. 403.

[45]   *Idem, ibidem.*

[46]   Hermann Schmidt a Theodor Koch-Grünberg, 11.08.1913, ES Mr, A15.

[47]   Wilhelm Schmidt a Theodor Koch-Grünberg, 29.04.1913, ES Mr, A13 A.

[48]   Wilhelm Schmidt a Theodor Koch-Grünberg, 2x.05.1913, ES Mr, A13, A.

[49]   Konrad Theodor Preuss a Theodor Koch-Grünberg, 10.04.1912, ES Mr, A13, PQ.

[50]   Georg Thilenius a Theodor Koch-Grünberg, 26.04.1913, ES Mr, A13, H; Georg Thilenius a Theodor Koch-Grünberg, 30.04.1913, ES Mr, A13, H.

[51]   Karl Weule a Theodor Koch-Grünberg, 17.04.1913, ES Mr, A13, L; Fritz Krause a Theodor Koch-Grünberg, 10.07.1913, ES Mr, A14.

[52]   "Verzeichnis der an das etnographische Museum – Giessen gesandte Sammlung", ES Mr, A13, G; Wilhelm Sievers a Theodor Koch-Grünberg, 13.06.1913, ES Mr, A13, S.

[53]   Johanna von Malsen (dama de companhia da princesa Therese da Baviera) a Theodor Koch--Grünberg, 21.06.1913, ES Mr, A13, T.

[54]   Willy Foy a Theodor Koch-Grünberg, 29.05.1913, ES Mr, A13, C.

[55]   "Ihre Reise hat diesmal entomologisch völlig neuen Boden geschlossen." Hans Fruhstorfer a Theodor Koch-Grünberg, 27.05.1913, ES Mr, A14.

[56]   "XLIV. Allgemeine Versammlung der deutschen Anthropologischen Gesellschaft", ES Mr, A14; programa da Deutsche Anthropologische Gesellschaft, ES Mr, A14.

[57]   *Zeitschrift für Ethnologie*, vol. 40, 1908, p. 965.

[58]   Gesellschaft für Erdkunde zu Berlin a Theodor Koch-Grünberg, 03.10.1913, ES Mr, A14.

[59]   Ministério de relaciones interiores (Estados Unidos de Venezuela) a Theodor Koch-Grünberg, 13.12.1913, ES Mr, A13.

[60]   Großh. Badisches Ministerium des Großherzoglichen Hauses, der Justiz und des Auswärtigen a Theodor Koch-Grünberg, 07.02.1914, ES Mr, A14.

[61]   Koch-Grünberg, 1917, p. 326.

PARTE 4

O crepúsculo dos americanistas (1914-1950)

O primeiro fogo de artilharia nos mostrou nosso erro, e embaixo dele
desmoronava nossa visão de mundo, que eles nos haviam ensinado.
Erich Maria Remarque (1929)

1.

Primeira Guerra Mundial
(1914-1918)

Em 28 de julho de 1914, um mês após o assassinato do arquiduque austríaco Franz Ferdinand na capital bósnia Sarajevo, eclodiu a Primeira Guerra Mundial, opondo duas alianças militares: a tríplice entente (Reino Unido, França e Rússia) e a tríplice aliança (Alemanha, Império Austro-Húngaro e Itália). Ainda que fosse possível sentir a formação de um clima bélico na Europa, como o pudera Koch-Grünberg, devido à corrida armamentista entre a Alemanha, por um lado, e o Reino Unido, por outro, e a desavenças pontuais, como o conflito dos Balcãs, no início de 1914, as estruturas acadêmicas e institucionais ainda estavam preservadas. Assim, no começo do ano, a empresa Express Films & Co lançou dois filmes de Koch-Grünberg, *Leben in einem Indianerdorf (Südamerika) (Vida em uma aldeia indígena (América do Sul))* e *Der Parischerátanz der Taulipang (A dança parischerá dos Taulipáng).*[1] A empresa vendia os filmes, Koch-Grünberg obtinha parte do lucro e possuía os direitos de exibi-los em suas palestras públicas, cuja remuneração era mais alta em caso de exibição de seus filmes etnográficos.[2] Ele via na produção de filmes não apenas uma fonte de renda alternativa, e uma maneira de obter ainda mais projeção intelectual, mas, de certa maneira, uma forma de construir conhecimento etnográfico e cristalizar, tal como na fotografia, imagens de povos distantes e ameaçados pela devastação europeia. Ainda que o americanista de fato tenha usado projeções em suas palestras, as vendas de filmes etnográficos eram menores que o esperado.[3] A falta de interesse do público mais amplo e o fato de que os filmes etnográficos concorriam nos catálogos com filmes de entretenimento, e, portanto, não eram considerados uma expressão científica em si, causaram dúvidas no americanista quanto à utilidade dos filmes na pesquisa etnológica, como ele confessou a seu colega Fritz Krause.[4]

Em todo caso, a produção de filmes e o seu embasamento epistemológico mostram que, apesar de tudo, em 1914, Koch-Grünberg não apenas se preocupava com o uso de modernas tecnologias em função da etnografia, ampliando assim os meios disponíveis ao etnógrafo para realizar o trabalho de campo, mas que ele propunha uma constante reelaboração de um modelo de análise etnográfica de amplo espectro, em que diversas maneiras epistemológicas correlatas de apreender o real estavam subordinadas à etnologia e em que a transmissão da experiência do etnógrafo poderia ocorrer por diversos meios.

Ademais, no período que compreende seu retorno à Alemanha até o fim do primeiro ano da guerra, houve alguma alteração na vida acadêmica de Koch-Grünberg. Ele continuou lecionando na Universidade de Freiburg na condição de professor extraordinário, mas também principiou a lecionar na Universidade de Heidelberg.[5] Prosseguiu apresentando palestras sobre suas viagens nas mais diversas instituições – com exceção daquelas ligadas à empresa colonial, cujas ofertas eram rejeitadas.[6] Como de costume, Koch-Grünberg envolveu-se em várias querelas. Sua nova monografia seria lançada por outra editora, já que, antes mesmo da expedição, ele rompera com a editora Wasmuth, por entender que suas obras eram negligenciadas pela empresa, que não adotava modernas técnicas de propaganda – seja lá o que isso significava.[7] Ele também brigou com seu amigo Ernst Ule ao acusá-lo de fazer intrigas contra ele no Museu de Berlim.[8] Até com Hans Virchow, filho de Rudolf Virchow e figura proeminente nos círculos acadêmicos alemães, Koch-Grünberg se desentendeu. Porque, durante sua palestra na Sociedade de Antropologia de Berlim, algumas pessoas saíram da sala, Koch-Grünberg enviou uma carta enfurecida a Virchow, então presidente da mesa de apresentação, incriminando-o de querer prejudicá-lo intencionalmente ao não manter a ordem.[9] Além de revelar um comportamento bastante impulsivo (além de uma provável mania de perseguição) do etnólogo, esses três episódios aparentemente de pouca importância para a história da antropologia demonstram mais do que a dinâmica autodestrutiva da etnologia alemã: que as relações institucionais eram necessariamente relações de poder e que a imposição da própria vontade em toda e qualquer situação era uma forma substancial e eficiente de manutenção de respeito extra-acadêmico. Possuir a notoriedade de personalidade irascível era também uma estratégia para manter capital político em um ambiente altamente tenso, e, dessa maneira, evitar maiores disputas.

Quando a guerra começou, Koch-Grünberg estava organizando os resultados do trabalho de campo e escrevendo sua monografia. O padrão de monografia da etnologia alemã foi levado por ele até as últimas consequências. Enquanto von den Steinen e ele mesmo, em sua obra *Zwei Jahre unter den Indianern*, alternavam capítulos narrativos com explicativos, e Max Schmidt e Fritz Krause dividiram suas obras em metades complementares, a etnografia sobre a expedição ao Orinoco foi dividida em cinco volumes, cada um dedicado a um assunto: relato de viagem, mitos e lendas, análise etnográfica, linguagem e atlas de tipos antropológicos. Ao final de 1914, Koch-Grünberg já escrevia o segundo volume. Nesse ano, também nasceu seu filho Ernst.

Max Schmidt fez nova viagem para a América do Sul em 1914. Ainda que tenha visitado índios Toba, esse não era seu principal objetivo. Ele foi ao Paraguai para "celebrar um casamento e voltar para cá com minha jovem esposa, Mari". Schmidt tranquilizou seu amigo Koch-Grünberg: "Minha noiva não é uma Guayaki".[10] De fato, ela era descendente de dinamarqueses.[11] Fritz Krause também casou e teve um filho nessa época.[12] Ele foi precisamente o primeiro americanista a sentir os efeitos da guerra. Em 1913, começou a planejar uma nova expedição ao Brasil. Ele informou-se sobre máquinas fotográficas e filmadoras com Koch-Grünberg, cogitou contratar um médico e um desenhista.[13] Em 1914 já tinha calculado os custos em 30 mil marcos, dos quais um financiamento de 15 mil marcos estava garantido, 8 mil estavam sendo negociados, e o restante seria pago pela cidade de Leipzig. Seu plano era partir em novembro de 1914 dos Karajá para alcançar os Tapirapé e fazer um trabalho de campo intensivo de seis meses. Então Krause viajaria aos Bororo no Rio das Mortes, onde permaneceria por cinco meses. De lá voltaria para Goiás e, em setembro de 1916, para Leipzig. Assim, a meta era estudar os "totalmente desconhecidos e intocados Tapirapé" e os "Bororo na natureza".[14] O projeto de Krause não estava apenas perfeitamente alinhado ao programa etnológico alemão, como ainda propunha um avanço claro ao trabalho de campo estacionário e intensivo que se tornaria paradigma da etnologia uma década depois.

Seis meses mais tarde, contudo, a viagem precisou ser cancelada por causa da guerra.[15] Esse enorme revés não foi suficiente para fazer com que Krause notasse os aspectos negativos da guerra. Diferentemente de Koch-Grünberg e Max Schmidt, que eram pacifistas convictos, Fritz Krause compartilhou da febre de guerra que contaminou gerações de alemães. Confiante nas tropas e na sua "maravilhosa empolgação", ele até mesmo se alistou mais de uma vez como voluntário a serviço do exército alemão, mas de última hora teve que retirar sua candidatura por causa da pressão de sua família.[16]

Walter Lehmann foi outro americanista cujos planos de expedição foram interrompidos com a guerra. Ele planejara realizar uma viagem à América do Norte, mas no final de 1914 as verbas foram cortadas e ele precisou desistir.[17] Tal como Krause, Lehmann foi acometido pelo nacionalismo e pela febre de guerra, que ele transferiu até mesmo para a ciência. Diferentemente de Koch-Grünberg, para quem a etnologia era fundamentalmente uma ciência cooperativa e que minguaria sem as conexões internacionais, para Lehmann era preciso resistir aos estrangeiros no campo de batalha e na ciência. Preuss, por outro lado, ainda conseguiu empreender uma expedição, porque cruzou o Atlântico antes do início da guerra. No final de 1913, ele já estava na Colômbia, onde estudou os Uitóto, fez escavações e montou coleções.[18] Em seguida ele viajou ao Equador. No entanto, quando as travessias atlânticas foram impossibilitadas pela guerra, Preuss ainda não havia voltado para casa. Em 1915 ele já estava consciente de que só conseguiria retornar para Berlim depois da guerra, e assim permaneceu na América do Sul separado de sua família e amigos e, a partir da metade da guerra, impedido de trocar correspondências, até 1919.[19]

Kissenberth também casou e teve um filho antes de 1914. Ele tentou sem sucesso obter financiamento para uma nova expedição e até cogitava se mudar para o Brasil e trabalhar para o Museu Emílio Goeldi, para o que pediu auxílio de Koch-Grünberg com Jacques Huber, diretor do museu desde 1905, ano em que Emílio Goeldi deixou o cargo por motivos pessoais e migrou para a Suíça.[20] Ele se candidatou para uma vaga, mesmo que as condições econômicas no Norte brasileiro estivessem pouco favoráveis.[21] Huber, no entanto, falecera em fevereiro de 1914, quando seu cargo foi ocupado por Emília Snethlage, mas Kissenberth acreditava ter sido vítima de intrigas em Belém e por isso não ter obtido a vaga.[22] As recorrentes tentativas de deixar Berlim tinham também fundamentos pessoais. A Koch-Grünberg Kissenberth confessou sentir uma "aversão sem limites" pelos colegas de Berlim e que não queria mais continuar "nesta fornalha de intrigas".[23] Além da organização de suas coleções, Kissenberth estava trabalhando em uma monografia sobre os Kayapó, que, entretanto, nunca viu a luz do dia.[24]

Karl von den Steinen, por outro lado, manteve-se recluso no início da guerra. Em 1912 ele teve, segundo Preuss, um ataque dos nervos, obrigando-o a deixar o cargo na Sociedade de Antropologia. O americanista isolava-se paulatinamente.[25] Von den Steinen ficava cada vez mais deprimido e durante um ano esteve tão abatido que sequer conseguia trabalhar.[26] Algo difícil de acreditar até mesmo para seus colegas, como Preuss: "Ele me dá

ASCENSÃO E DECLÍNIO DA ETNOLOGIA ALEMÃ (1884-1950)

uma impressão completamente diferente daquela de antigamente e ele não se faz mais tão notado como antes".[27] No ano seguinte, ele foi capaz de retomar algo de suas atividades ao representar a Sociedade de Geografia na direção da Rudolf-Virchow-Gesellschaft, a Fundação Rudolf Virchow, e encontrou-se com Boas em Berlim para fins acadêmicos.[28] No ano em que eclodiu a guerra, o americanista retornou ao comitê da sociedade e à comissão da revista.[29] Ele ainda participou do primeiro Congresso de Etnologia e Etnografia na Universidade de Neuchâtel, na Suíça, e tornou-se membro correspondente da Société des Américanistes de Paris.[30] Mas foi precisamente nesse ano que von den Steinen sofreu a primeira perda pessoal que ocorreria ao longo da grande guerra. Paul Ehrenreich, seu amigo e companheiro de expedição, faleceu em 4 de abril de 1914, aos 59 anos, vítima de um ataque cardíaco.[31] Paul Rivet, admirador da obra de Ehrenreich e grande amigo de Koch-Grünberg, pediu a este os dados fundamentais do etnólogo falecido para compor uma nota necrológica para a revista da Sociedade dos Americanistas de Paris, o que revela a importância de Ehrenreich nos meios internacionais.[32]

Entre o final de 1914 e 1915, os americanistas alemães se envolveram cada vez mais com a guerra. Wilhelm Sievers foi chamado para o batalhão reserva da infantaria, Walter Krickeberg interrompeu o doutorado na Universidade de Leipzig, foi enviado ao *front* e desapareceu.[33] O terceiro filho de von den Steinen, Rainar, também foi convocado para batalhas, para "Luxemburgo ou Bélgica".[34] Um aluno de doutorado de Preuss, Udo Kraft, se alistou voluntariamente e faleceu na batalha de Neuchâtel.[35] Max Schmidt também foi convocado para o serviço militar. Seus oficiais superiores não acreditaram que ele sofria de malária crônica, e ele teve que participar do treinamento militar de duas semanas e então foi enviado ao campo de batalhas, onde desmoronou.[36] Ele ficou quatro semanas internado num precário hospital de campanha, até passar a ser tratado por especialistas. Após doze semanas vagando de um hospital a outro, aguardando por uma decisão médica, ele finalmente foi considerado inapto para o serviço militar, por causa da sua "longa doença".[37] Enquanto isso, sua esposa e sua filhinha Grete moravam na casa de sua irmã em Altona, Hamburgo. Grete, notavelmente, é uma variação de Margarete – que é nome do título da música que Max Schmidt tocava incessantemente no violino durante suas expedições.

Depois de 1915, a vida acadêmica alemã estava cada vez mais abalada por causa da guerra. Muitos colegas dos americanistas foram enviados ao *front*, não havia verbas para pesquisa, faltava papel e pessoal nas editoras, revistas científicas cessaram suas publicações e havia censura.[38] Nos três anos finais da guerra, Koch-Grünberg e Kissenberth também foram convocados para o serviço militar.[39] Em 1915, Koch-Grünberg deixou seu cargo na Universidade de Freiburg (mas não as aulas em Heidelberg) e tornou-se diretor do Linden Museum em Stuttgart, também no sul da Alemanha.[40] Ele ainda obteve os fundos do Instituto Baeßler para a publicação do primeiro volume de sua monografia, que não foi publicado nem pela Wasmuth Verlag (pela qual foram lançados seus primeiros livros), nem pela Strecker & Schröder, encarregada de sua monografia *Zwei Jahre unter den Indianern*, mas pela editora berlinense Dietrich Reimer.[41] Depois que a Dietrich Reimer fora adquirida em 1891 por Ernst Vohsen, cônsul, editor e presidente da Sociedade Colonial Alemã, seu direcionamento editorial seguiu rumo à publicação de obras de antropologia, geografia e de interesse colonial. Isso significa que Koch-Grünberg migrou de uma editora de arte para uma editora com forte conotação política, da qual ele mesmo discordava veementemente. Além disso, ele saiu da editora do círculo familiar, mas, por fim, continuou inserido na extensa rede de contatos, pois Ernst Vohsen era cunhado de Karl von den Steinen.

Karl von den Steinen vivenciava a guerra através de seus três filhos, Hellmuth, Wolfram e Rainer, convocados para lutar no *front*.[42] Em agosto de 1915, ele relatou a Koch-Grünberg que "soltaram os meninos para cima dos russos".[43] Ao final do ano, Wolfram foi realocado, e Helltmuth "voltou para casa, para ser operado na barriga de ambos os lados".[44] Com a dispensa do serviço militar, ele poderia se mudar para os Balcãs, pois aprendera búlgaro e turco e obtivera seu certificado de tradutor.[45] De fato, no ano seguinte, ele foi estudar línguas antigas em Sofia, capital da Bulgária.[46] Após passar um bom tempo no *front* oriental, Wolfram matriculou-se em um curso de aspirante a oficial. Rainer, no entanto, nunca voltou para casa. No já fragilizado von den Steinen a notícia da morte do filho de 18 anos teve um efeito devastador.[47] O etnólogo mantinha-se cada vez mais recluso e durante a guerra limitou sua participação na revista e na Sociedade de Antropologia ao comitê de redação.[48] Nem mesmo aos inflamados debates ele assistia. Ainda assim, publicou um artigo sobre mitologia polinésia.[49] Ele estava de tal maneira deprimido, que passava longos períodos sem sequer responder a correspondências de colegas e amigos.[50] A Boas ele confessou que simplesmente não tinha condições para reunir forças para escrever uma carta: "O senhor não sabe como é difícil para mim".[51] Pesava sobre ele, além da tragédia social e humana desencadeada pela guerra e que confluía para seu lar com a morte de seu filho, a progressiva deterioração de sua saúde. Diante de tamanho sofrimento e tantas perdas humanas, "não há um homem sério entre nós, que no seu interior não estaria abalado".[52] Von den Steinen não foi tomado pela febre de guerra, que acometeu muitos de seus compatriotas, mas o conflito bélico influiu tanto no seu patriotismo quanto na sua decepção para com as nações inimigas, em especial, os Estados Unidos, que, embora só tenham adentrado na guerra no último biênio, antes disso não eram aliados da nação guilhermina. Ele revelou seu descontentamento a Boas, um alemão residente na América, como tantos outros milhares: "Acumulou-se em mim um ressentimento contra os seus Estados Unidos, precisamente porque eu amava-os e honrava-os, e contra isso luta a ética mais razoável, que diz que devemos buscar uma união cada vez mais próxima com os nossos corajosos conterrâneos aí".[53] A iminente interrupção nas amizades internacionais e o posicionamento em lados opostos de companheiros que contribuíam para um ideal em comum, bem como os efeitos catastróficos disso para a ciência antropológica, escalonaram o abatimento do americanista.[54] Afastado da vida acadêmica, von den Steinen abandonou sua rotina de estudos e lia apenas jornais.[55] A Boas ele confessou que "vivia quase tão recluso do mundo" como em sua época o velho Bastian.[56] Além do artigo sobre Orfeu, ele não produziu textos acadêmicos durante um longo período de tempo – até mesmo a resenha sobre o primeiro volume da grande obra de Koch-Grünberg, "Do Roraima ao Orinoco", não é de sua autoria, mas de Eduard Seler.[57] Von den Steinen não se refugiou apenas em sua casa, ou nos seus longos silêncios, mas também em um mundo fantasioso: ele enviou a Boas uma pequena obra, um *Opusculum* que ele escreveu, uma história em que seria possível aos homens possuir a magia da lua por um pouquinho de tempo.[58]

Wilhelm Kissenberth foi recrutado em 1916, mas para realizar trabalho burocrático em várias cidades alemãs.[59] Seis meses mais tarde, Kissenberth estava praticamente impedido de trabalhar na sua monografia por causa do serviço militar, e ela acabou sendo postergada para depois da guerra.[60] Ao final do conflito bélico, Kissenberth ainda tentava conseguir de Seler uma posição remunerada no Museu de Berlim e planejava retornar ao Brasil. Ele também se divorciou da esposa, que durante a guerra sofrera muito e adoecera dos nervos.[61]

Uma série de cartas de Fritz Krause revela as condições sociais e econômicas nos grandes centros urbanos alemães. Em fevereiro de 1916, ele contou a Koch-Grünberg que seus filhos estavam doentes.[62] Quatro meses mais tarde, durante o verão europeu, ele relatou a situação no estado em que vivia, a Saxônia: "As condições aqui na Saxônia estão terríveis, os ingleses nos impuseram a fome, ao menos nas cidades grandes e nas montanhas. Em Leipzig se obtém por pessoa por semana 3 batatas e 5 pães, carne somente uma vez por semana (200g)".[63] Duas semanas depois relatou que ele mesmo não estava bem de saúde e que estava exausto. Sua rotina consistia em trabalhar das 4h30 às 7h da manhã no jardim, no horário comercial no museu, e à noite, em casa, ele tentava estudar por mais duas ou três horas. Além disso, "no que tange à alimentação, é preciso se virar como se pode. As crianças ganham cada uma por dia meio litro de leite, mais que isso não há. De resto a gente vive de sêmolas de aveia".[64] Três meses depois, Krause escreveu que seus filhos já se sentiam muito melhor e que no seu jardim frutas e vegetais cresciam extraordinariamente bem, o que era fundamental nessa época de "elevação de preços e necessidades".[65] No inverno de 1917, havia falta de carvão na cidade, de modo que o Museu de Leipzig só poderia ser aquecido até dez graus. Mesmo usando casaco de inverno, Krause adoeceu.[66] Seis meses depois, no verão de 1917, ele escreveu a Koch-Grünberg: "Infelizmente não se tem vontade de trabalhar. Isso certamente está intimamente ligado à alimentação reduzida e provavelmente deve ser a reação natural dos nervos contra a ameaça de esgotamento".[67] Havia quatro semanas Leipzig não tinha mais batatas, e a oferta de pão era muito baixa, o que só era possível de ser suportado por causa das porções extras de carne. Krause revelou que, "se não tivéssemos o nosso jardim, algumas vezes não saberíamos do que poderíamos nos alimentar".[68] Naquele ano precisou parar de estudar às noites em casa: "Nem se pode mais pensar mais em trabalhos científicos. Nós só conseguiremos aquecer e iluminar um cômodo e talvez a cozinha".[69] Até o final da guerra em 1918, Krause e sua família precisaram suportar a penúria da fome, do frio e do cansaço. Ele trabalhava cada vez mais no jardim, "para colocar a nossa alimentação em um patamar melhor no próximo inverno".[70] De fato, quando chegou o inverno de 1918, Krause relatou a Koch-Grünberg: "Pelo menos nosso jardim nos forneceu suprimentos suficientes de vegetais, os quais secamos em sua maioria. Temos doze dúzias de batatas até maio. Portanto, não morreremos de fome", mesmo que a alimentação pobre em gordura tenha agido negativamente sobre o corpo e os nervos.[71] Krause também testemunhou as revoltas populares e as transformações políticas que começavam a ocorrer na Alemanha a partir de 1918. Os socialdemocratas da Saxônia

ASCENSÃO E DECLÍNIO DA ETNOLOGIA ALEMÃ (1884-1950)

teriam se inclinado a ser "um grupo espartano, quer dizer, ao bolchevismo". Para derrubar o regime imperial, era preciso uma união entre os "socialistas humanitários" e os "socialistas burgueses". Se os soldados do *front* não retornassem para conter a violência, era preciso torcer para que os ingleses e franceses o fizessem.[72] Na Baviera, para onde Krause viajou a trabalho, ocorria uma verdadeira guerra civil, em decorrência da fome e da falta de carvão. Na Saxônia, a situação era tão calamitosa que Krause urgiu a seu amigo Koch-Grünberg: "Pelo amor de Deus, não venha para cá agora [...]".[73]

Por causa do desaparecimento de Krickeberg no *front*, os acadêmicos alemães começaram a especular sobre a possibilidade de ele ter falecido em campo. Para Kissenberth, que tinha um relacionamento extremamente tenso com ele por causa viagem ao Araguaia e da inserção deles no esquema de inimizade generalizada de Preuss, "certamente não é possível ficar de luto por Krickeberg ter sido morto no *front* oriental" e "em todo caso [...] a suposição de que ele esteja morto é a mais elegível".[74] Mas, para a decepção de Kissenberth, Krickeberg não morreu; ele saiu ileso de uma batalha, mas foi feito prisioneiro por tropas francesas.[75] A família de Krickeberg pediu auxílio a Koch-Grünberg, que acionou seu amigo Paul Rivet.[76] O etnólogo francês conseguia enviar objetos a Krickeberg, agir como intermediário entre os franceses e os alemães e, por fim, pedir ao "comandante do campo de prisioneiros" a liberação de Krickeberg, munido dos manuscritos que produziu no campo.[77] A sua liberação ocorreu apenas em março de 1919, após 34 meses de cativeiro, através da fundamental ação de Rivet.[78]

O próprio Koch-Grünberg foi convocado para o serviço militar. No início de 1917, ele recebeu um aviso de convocação e foi dispensado do treinamento com armas. Em agosto daquele ano, foi efetivamente recrutado para a infantaria.[79] No entanto, Koch-Grünberg, como Max Schmidt, sofria de malária crônica e, em agosto de 1917, após rápido treinamento militar, foi internado em um hospital de campanha na cidade de Ulm, a 90 quilômetros a sudeste de Stuttgart.[80] O americanista então tentou usar toda a sua influência para conseguir um cargo burocrático em Stuttgart ou ser dispensado do serviço militar, já que já tinha 45 anos, sofria de uma doença crônica e ocupava uma função indispensável no museu.[81] Ele foi transferido para o hospital de campanha de Stuttgart, onde permaneceu internado até o meio de novembro. Em 15 de janeiro de 1918, seu posto foi transferido de Ulm para Stuttgart, e então atribuíram-lhe a função de confeccionar mapas militares, um trabalho "mais atrativo" do que "o serviço destruidor de almas das barracas".[82] Dessa maneira, ele conseguiu aliar o trabalho no museu às funções militares. Durante todo o processo em que pediu dispensa do serviço militar, Koch-Grünberg apelou até mesmo à direção do Württembergischer Verein für Handelsgeographie (Associação de Geografia Comercial de Württemberg), a instituição de viés colonialista que administrava o Linden Museum, o qual o americanista dirigia. Através da influência do diretor do dessa associação, o duque Karl Joseph von Urach (1865-1925), e de seu irmão, Wilhelm von Urach (1864-1928), conde do Reino de Württemberg (em que Stuttgart se localiza) – que era extremamente influente, de modo a ter sido várias vezes candidato ao trono de diversas coroas europeias e durante a guerra quase ter se tornado príncipe da Albânia e rei da Polônia –, em maio de 1918, seis meses antes do fim da guerra, o americanista foi definitivamente dispensado do serviço militar.[83] Durante os dois anos finais da guerra, Koch-Grünberg teve ao menos duas grandes alegrias: foi homenageado com uma medalha da Sociedade de Antropologia de Berlim (BGAEU), a *Rudolf Virchow Plakette* em 1917, e, em janeiro de 1918, nasceu sua filha Elisabeth.

Como desgraças geralmente não andam desacompanhadas, em 1917, após um longo silêncio, Max Schmidt enviou a Koch-Grünberg uma carta de partir o coração. Dois meses após sua mãe idosa e fragilizada pelos tempos de guerra ter gravemente adoecido:

> No dia 24 de julho, a minha pequena Grete, minha única filha, faleceu de um grave mal congênito. Ela tinha uma grave falha na válvula do coração e não tinha perspectiva de poder ter uma jornada de anos pela sua frente. Sobretudo nos últimos tempos era perceptível que seu desenvolvimento intelectual não ultrapassava um patamar muito baixo. O senhor pode imaginar como é difícil para um pai pouco a pouco tomar consciência de algo assim.[84]

Grete morava com a irmã de Schmidt em Altona, porque ele não possuía condições de cuidar dela, "já que a minha mulher está viajando há bastante tempo".[85] Francamente: ela abandonara-o. Ele permaneceu por um tempo em Altona com sua família, para se recuperar do sofrimento – se é possível recuperar-se de algo assim – e então retornou para sua rotina de trabalho em Berlim.

Apesar das dificuldades e das angústias, em 1917 Schmidt conseguiu publicar sua segunda tese de doutorado, dessa vez em antropologia (*Völkerkunde*), defendida um ano antes na Universidade de Leipzig.[86] *Die Aruaken*

ASCENSÃO E DECLÍNIO DA ETNOLOGIA ALEMÃ (1884-1950)

foi publicada em uma edição especial de uma coletânea de estudos de antropologia e sociologia organizada pelo sociólogo Alfred Vierkandt (1867--1953), que era seu amigo. Além disso a teoria da mudança cultural de Vierkandt foi de influência determinante para a análise proposta pelo etnólogo, conforme demonstrado por Peter Schröder.[87] O objetivo do americanista era compreender a maneira através da qual ocorre a expansão das culturas sul-americanas, tomando como ponto de partida os povos de língua Aruaque.

Assim, a tese inteira-se do debate das origens autônomas dos fenômenos culturais contra a transferência direta de influência cultural resultante da migração. Portanto, ele também dialoga com o difusionismo do padre Wilhelm Schmidt. De fato, quando Max Schmidt redigiu sua tese, a validade do difusionismo ainda estava na ordem do dia. Em uma missiva endereçada a Koch-Grünberg, Caecilie Seler-Sachs resumiu o debate teórico do cenário alemão de forma precisa: "Bastian ou Gräbner-Foy"?[88] Essa doutrina, segundo Schmidt, carecia de fundamentação empírica e se sustentava em teorias migratórias ultrapassadas, de modo que, em uma concatenação de ideias algo aristotélica, ela parte de pressupostos falsos, portanto, é completamente inválida.[89]

Trata-se, sem dúvida, de uma obra única no contexto do americanismo alemão, não apenas por promover debates teórico-empíricos com vertentes etnológicas de sua época, mas pela capacidade de promulgar questões metodológicas e etnográficas relevantes até o presente. Segundo Schröder, Schmidt notou que os povos Aruaque exerciam influência cultural sobre grupos linguísticos diferentes.[90] Então ele buscou uma explicação para a expansão geográfica dos povos e a maneira através da qual eles ampliavam a sua área de influência. O foco não era a origem da influência, mas a dinâmica cultural. Por meio de uma abordagem sociológica, combinando método dedutivo e indutivo, com foco nas relações econômicas, Schmidt estipulou que haveria uma cadeia de consequências que determinariam o motivo para a influência Aruaque: as características do meio ambiente favorecem a agricultura, criando sociedades sedentárias. O aumento populacional gera maior necessidade por matérias-primas, e, com o consequente esgotamento dos recursos naturais, era preciso aumentar a carga de trabalho, demandando maior força de trabalho e, consequentemente, redes mais amplas de troca e comércio. Os povos não Aruaque precisamente se tornariam a força de trabalho necessária para satisfazer as necessidades materiais dos

PRIMEIRA GUERRA MUNDIAL (1914-1918)

Aruaque e, através do relacionamento de submissão, acabam sofrendo influências culturais.

O texto de Schmidt não apenas enfoca a mudança cultural como processo inerente à constituição social – três décadas antes de Edmund Leach (1910--1989) e da fundação da escola de Manchester por Max Gluckman (1911-1975) –, mas revela, segundo Schröder, uma abordagem funcionalista da transformação cultural.[91] Isso ocorre porque ele considera a mudança cultural um efeito estratégico das relações de dominação, com fins de suprimir determinada função social. Vale dizer que a tese de Schmidt, ao centralizar a análise na relação entre dominadores e dominados dos condicionantes econômicos – isto é, os que detêm os meios de produção econômica e os que fornecem sua força de trabalho em troca de determinados benefícios –, é o primeiro trabalho de antropologia política americanista. A interpretação das relações de poder por Max Schmidt não se distingue apenas daquelas de etnólogos sucessores, como a de Pierre Clastres – para quem a chefia ameríndia consistia na troca com a sociedade, na transmissão de signos linguísticos e na ausência de poder coercitivo, ou seja, no tipo de relação que concentra poder e violência –, mas também daquelas de alguns de seus colegas contemporâneos.[92] Koch-Grünberg, por exemplo, já notara o poder limitado dos chefes ameríndios na região do Rio Negro.[93] O que diferencia a avaliação de Schmidt das demais não é exatamente uma interpretação específica das microrrelações de poder – como aquelas presentes nas relações interaldeia –, e sim uma preferência por uma avaliação macrossocial dos fluxos de poder e da transferência de sua vontade. Schmidt, portanto, criou um modelo sociológico de interpretação das relações de poder a partir de dados empíricos e de fontes secundárias, com vistas à apresentação de uma hipótese de transmissão de cultura material e imaterial cujo foco se concentra nas relações sociais e no poder inerente a elas, e que dessa maneira é alternativa àquelas hipóteses que frisam a migração como fator determinante ou a existência imanente de uma pulsão criativa.

Por fim, Schmidt teve um *insight* brilhante, que, ao mesmo tempo que se contrapõe a todo o pensamento etnológico alemão de Leibniz em diante, propõe um questionamento epistemológico sobre um paradigma conceitual válido para a etnologia contemporânea. Leibniz apresentou uma suposição teórica – a de que um povo (*Volk*) é uma unidade política, historicamente formada, geograficamente localizada e linguística e culturalmente unificada – que se tornou, a partir dos dados de campo das expedições para a Sibéria, um pressuposto episte-

518

mológico para a etnologia. Sua constituição conceitual ocorreu a partir dos dados de um contexto etnográfico particular, mas foi universalizada através da elaboração de um método próprio à etnologia. A categoria de *Volk* enquanto unidade analítica *a priori* foi largamente utilizada pelos americanistas alemães, de modo que qualquer fenômeno social que não se enquadrava no conceito era prontamente desqualificado, e assim populações eram consideradas semicivilizadas, decadentes ou algo do gênero. Schmidt, contudo, rompeu com a constituição da noção de *Volk* ao desintegrar suas partes. Em *Die Aruaken*, ele descreve a aruaquização dos povos dominados – ou seja, a apreensão de elementos culturais e linguísticos estrangeiros –, mostra a pulverização das línguas-padrão em vários dialetos locais e afirma claramente que "a questão pela origem das culturas Aruaque" não pode ser "equiparada com a questão pela origem das tribos Aruaque".[94] A essência não precede a existência. Além disso, a diversidade de culturas Aruaque não pode ser deduzida de uma massa populacional homogênea, nem por sua transformação através de condições ambientais ou temporais. De fato, Schmidt não pontua explicitamente o que ele entende por tribo ou povo, mas esclarece que não compactua com os usos correntes desse conceito, já que eles são insuficientes para compreender a constituição histórica, a diversidade linguística, a heterogeneidade e as trocas culturais das populações indígenas do Brasil.

O debate entre invenção autônoma e transmissão de conhecimento foi retomado em outro texto publicado por ele durante a guerra.[95] Ao comentar a relação entre a forma dos objetos e sua utilidade, Max Schmidt confirma sua crítica à doutrina dos círculos culturais, que não teria sistematicamente se dedicado a compreender o significado das coisas. A premissa que gera o debate em si seria errada, pois, para averiguar a origem dos objetos, é necessário analisar cada caso isoladamente e assim é possível questionar sobre qual princípio ele repousa. O etnólogo propõe uma classificação alternativa dos objetos imbuída em um argumento funcionalista *avant la lettre*. Não se deve frisar, portanto, o modo de sua origem, mas classificá-los de acordo com a sua finalidade de uso a partir dos princípios econômicos, culminando na proposição para a satisfação imediata ou mediada das necessidades humanas.

Enfim, a guerra escancarou o posicionamento dos etnólogos, que, em geral, se manifestavam pouco politicamente, em especial no ambiente acadêmico. Assim, diferenças ocultas entre eles foram reveladas, colocando-os em posições políticas muitas vezes antagônicas. O grande conflito bélico não apenas causava sofrimentos pessoais, mas se inseria em um complexo mais amplo de condicionantes extrapessoais que determinaram as condições sociais, econômicas e pessoais em que as pesquisas americanistas estavam envolvidas. Lembremos com Latour que o mundo social é composto de uma imensa rede de interações.[96] Assim, a guerra e suas consequências foram determinantes para interromper as viagens e para acelerar o processo de desidratação do americanismo alemão, que se iniciara com a mudança geracional no início do século XX. Houve, por parte dos atores, uma tentativa de restabelecimento do americanismo na Europa, mas que causou uma reconfiguração dos centros de importância e de irrigamento de influência acadêmica. Os americanistas alemães – até Lehmann, que, mesmo infectado por nacionalismo irracional, voltou a se corresponder com intelectuais franceses – acreditavam que o fundamento para a sobrevivência e o desenvolvimento da etnologia era seu caráter internacional.[97] De fato, como afirma Mauro de Almeida, se, na Primeira Guerra Mundial, "o nacionalismo desagregou rapidamente o internacionalismo proletário da Primeira Internacional", a ideologia de um compartilhamento transnacional da ciência também foi corroída.[98] Sem a possibilidade de nutrir as conexões internacionais, a etnologia mitigaria. Por isso, além da desgraça humana, a guerra foi um empecilho para a pesquisa não apenas ao consumir financiamento e vidas, mas também ao interromper as possibilidades de relações sociais. Durante a guerra, Koch-Grünberg lamentava não só a derrocada do caráter humanista da cultura europeia e as perdas humanas, como também o fato de que "em todos os lugares essa guerra horrível atrapalha a ciência rigorosa".[99]

A tentativa de restabelecimento do americanismo na Alemanha e na Europa foi marcada por uma reconfiguração completa. Os alemães, sobretudo Koch-Grünberg, tiveram que privilegiar contatos com as Américas em detrimento dos europeus. De uma perspectiva institucional, a Alemanha deixou de ser o centro das pesquisas americanistas. Ocorria uma espécie de difusão em direção, sobretudo, à Suécia e aos Estados Unidos. Isso foi extraordinariamente notado por Paul Rivet em 1920, para quem "o centro do pensamento humano, que, sem qualquer dúvida, estava em 1914 na Alemanha e na França, se desloca em direção a oeste; ele será fatalmente dentro de alguns anos, se já não o é, na América do Norte".[100]

Notas

[1] Propaganda de *Leben in einem Indianerdorf (Südamerika)* e *Der Parischeratanz der Taulipang*, ES Mr, A14.

[2] Express-Films & Co a Theodor Koch-Grünberg, 31.03.1910, ES Mr, A10, E; prof. dr. Gutheim a Theodor Koch-Grünberg, 26.01.1914, ES Mr, A14.

[3] Express-Films & Co a Theodor Koch-Grünberg, 14.05.1915, ES Mr, A14.

[4] Fritz Krause a Theodor Koch-Grünberg, 08.02.1914, ES Mr, A14.

[5] A. Hettner a Theodor Koch-Grünberg, 10.06.1914, ES Mr, A16, H.

[6] J. Georg Becker (Abteilung westliche Vororte Berlins der deutschen Kolonial-Gesellschaft) a Theodor Koch-Grünberg, 16.10.1913, ES Mr, A15.

[7] Ernst Wasmuth Verlag a Theodor Koch-Grünberg, 16.11.1911, ES Mr, A8.

[8] Ernst Ule a Theodor Koch-Grünberg, 09.07.1913, ES Mr, A13, U.

[9] Hans Virchow a Theodor Koch-Grünberg, 20.10.1913, ES Mr, A14.

[10] "[...] eine Hochzeit feiern und mit meiner jungen Frau – Mari hierher kommen." "Eine Guayaki ist meine Braut nicht." Max Schmidt a Theodor Koch-Grünberg, 06.05.1913, ES Mr, A13, Sch.

[11] Dr. Kohl a Theodor Koch-Grünberg, 11.05.1916, ES Mr, A21, K.

[12] Fritz Krause a Theodor Koch-Grünberg, 11.02.1913, ES Mr, A13, K; Fritz Krause a Theodor Koch-Grünberg, 09.07.1913, ES Mr, A14.

[13] Fritz Krause a Theodor Koch-Grünberg, 08.02.1914, ES Mr, A14.

[14] "[...] ganz unbekannten und unberührten Tapirapé [...] Bororo in der Wildheit [...]." Fritz Krause a Theodor Koch-Grünberg, 26.01.1914, ES Mr, A14.

[15] Fritz Krause a Theodor Koch-Grünberg, 07.08.1914, ES Mr, A14.

[16] "Ich entnehme Ihren Zeilen eine [...] Besorgnis für die Zukunft, trotz der Zuversicht die Sie wie wir alle um unsere Truppen und ihre so wunderbare Begeisterung setzen." Fritz Krause a Theodor Koch-Grünberg, 19.08.1914, ES Mr, A14.

[17] Walter Lehmann a Theodor Koch-Grünberg, 23.12.1914, ES Mr, A17, L.

[18] Konrad Theodor Preuss a Theodor Koch-Grünberg, 08.11.1913, ES Mr, A15; Konrad Theodor Preuss a Theodor Koch-Grünberg, 16.02.1914, ES Mr, A15.

[19] Konrad Theodor Preuss a Theodor Koch-Grünberg, 02.07.1915, ES Mr, A19, OP; Konrad Theodor Preuss a Theodor Koch-Grünberg, 14.11.1919, ES Mr, A27, NO.

[20] Emílio Goeldi a Theodor Koch-Grünberg, xx.03.1907, ES Mr, A2; Emílio Goeldi a Theodor Koch-Grünberg, 20.02.1907, ES Mr, A2; Wilhelm Kissenberth a Theodor Koch-Grünberg, 01.08.1913, ES Mr, A14; Wilhelm Kissenberth a Theodor Koch-Grünberg, 27.12.1913, ES Mr, A14.

[21] Wilhelm Kissenberth a Theodor Koch-Grünberg, 30.07.1914, ES Mr, A17, K.

[22] Wilhelm Kissenberth a Theodor Koch-Grünberg, 05.04.1914, ES Mr, A17, K.

[23] "Ich habe eine grenzlose Aversion gegen die allermeisten Herren der amerikan. Abteilung und habe keine Lust mehr an einem solchen Intriguenherd zu sitzen." Wilhelm Kissenberth a Theodor Koch-Grünberg, 27.12.1913, ES Mr, A14.

[24] Wilhelm Kissenberth a Theodor Koch-Grünberg, 31.03.1914, ES Mr, A17, K.

[25] Konrad Theodor Preuss a Theodor Koch-Grünberg, 10.04.1912, ES Mr, A13, PQ.

[26] Richard Andree a Theodor Koch-Grünberg, xx.01.1912, ES Mr, A13, A.

[27] "Er macht auf mich einen ganz anderen Eindruck wie früher und macht sich auch nicht so bemerkbar wie früher." Konrad Theodor Preuss a Theodor Koch-Grünberg, 02.08.1912, ES Mr, A13, PQ.

[28] Karl von den Steinen a Franz Boas, 24.06.1913, APSL, Mss. B.B61.

[29] *Zeitschrift für Ethnologie*, vol. 46, 1914.

[30] *Zeitschrift für Ethnologie*, vol. 46, 1914, p. 524; Karl von den Steinen a Paul Rivet, 29.06.1914, 2 AP1C STEI, MNHN.

[31] Obituário de Paul Ehrenreich, ES Mr, A16.

[32] Paul Rivet a Theodor Koch-Grünberg, 06.05.1914, ES Mr, A17, R.

[33] Wilhelm Sievers a Theodor Koch-Grünberg, 28.11.1914, A17, S; Fritz Krause a Theodor Koch-Grünberg, 09.07.1913, A14; Walter Krickeberg a Theodor Koch-Grünberg, xx.05.1915, ES Mr, A17, K; Eduard Seler a Theodor Koch-Grünberg, 30.08.1915, ES Mr, A19, S.

[34] "Unser Rainar [...] ist nach Luxembg. oder Belgien." Karl von den Steinen a Theodor Koch--Grünberg, 08.08.1914, ES Mr, A17, St.

[35] Wilhelm Sievers a Theodor Koch-Grünberg, 28.11.1914, ES Mr, A17, S.

[36] Leonhard Adam a Theodor Koch-Grünberg, 23.09.1918, ES Mr, A24, A.

[37] "[...] meiner langen Krankheit [...]." Max Schmidt a Theodor Koch-Grünberg, 02.12.1915, ES Mr, A19, Sch.

[38] Theodor Koch-Grünberg a Alberto Frič, 13.04.1916, ES Mr A 20, F; Theodor Koch-Grünberg a Erland Nordenskiöld, 03.12. 1915, ES Mr A19, N; Eugen Dietrichs Verlag a Theodor Koch-Grünberg, 18.12.1916, ES Mr A20, D; Theodor Koch-Grünberg a Hermann Schmidt, 10.05.1917, ES Mr A23, Sch.

[39] Fritz Krause a Theodor Koch-Grünberg, 28.10.1914, ES Mr, A17, K; Orion-Verlag a Theodor Koch-Grünberg, 31.12.1914, ES Mr, A17, O; Hanns Anker a Theodor Koch-Grünberg, 12.12.1915, ES Mr, A18, A.

[40] Theodor G. Wanner (Württ. Verein für Handelsgeographie) a Theodor Koch-Grünberg, 21.04.1915, ES Mr, A19, W.

[41] Generaldirektor der Kgl. Museen a Theodor Koch-Grünberg, 12.01.1915, ES Mr, A19, R.

[42] Karl von den Steinen a Theodor Koch-Grünberg, 31.05.1915, ES Mr, A19, St.

[43] "[...] auf die Russen losgelassen [...]." Karl von den Steinen a Theodor Koch-Grünberg, 27.08.1915, ES Mr, A19, St.

[44] Karl von den Steinen a Franz Boas, 29.12.1915, APSL, Mss. B.B61.

[45] "Helmut ist zurückgekommen um sich einen doppelseitigen Bauch operieren zu lassen und wird in wenigen Tagen, nachdem er Bulgarisch und Türkisch erlernt und sein Dolmetscherexamen gemacht hat zum Balkan herauszieht." Karl von den Steinen a Franz Boas, 29.12.1915, APSL, Mss. B.B61.

[46] Karl von den Steinen a Franz Boas, 26.12.1916, APSL, Mss. B.B61.

[47] Karl von den Steinen a Erland Nordenskiöld, 17.01.1915, GU.

[48] *Zeitschrift für Ethnologie*, vol. 47, 1915.

[49] Von den Steinen, 1915.

[50] Karl von den Steinen a Franz Boas, 28.06.1915, APSL, Mss. B.B61.

[51] "Sie wissen nicht, wie schwer es mir fällt." Karl von den Steinen a Franz Boas, 29.12.1915, APSL, Mss. B.B61.

[52] "Kein ernster Mensch unter uns, der nicht in seinem innersten Wesen erschüttert wäre." Karl von den Steinen a Franz Boas, 28.06.1915, APSL, Mss. B.B61.

[53] "Ein... Groll hat sich auch in mir gegen Ihre V. St. angesammelt, gerade weil ich sie liebte und hoch hielt und vergeblich kämpft hiergegen die vernünftigste Ethik, die sagt, dass wir mit unseren tapferen Landsleuten drüben um so engeren Zusammenschluss suchen sollten." Karl von den Steinen a Franz Boas, 29.12.1915, APSL, Mss. B.B61.

ASCENSÃO E DECLÍNIO DA ETNOLOGIA ALEMÃ (1884-1950)

[54] Karl von den Steinen a Franz Boas, 28.06.1915, APSL, Mss. B.B61.

[55] Karl von den Steinen a Franz Boas, 28.06.1915, APSL, Mss. B.B61.

[56] "Ich lebe beinahe ebenso zurückgezogen von der Welt." Karl von den Steinen a Franz Boas, 28.06.1915, APSL, Mss. B.B61.

[57] Seler, 1915.

[58] Karl von den Steinen a Franz Boas, 28.06.1915, APSL, Mss. B.B61.

[59] Wilhelm Kissenberth a Theodor Koch-Grünberg, 21.07.1916, ES Mr, A21, K.

[60] Wilhelm Kissenberth a Theodor Koch-Grünberg, 06.01.1917, ES Mr, A23, K; Wilhelm Kissenberth a Theodor Koch-Grünberg, 21.03.1917, ES Mr, A23, K; Wilhelm Kissenberth a Theodor Koch-Grünberg, 16.07.1917, ES Mr, A21, K.

[61] Wilhelm Kissenberth a Theodor Koch-Grünberg, 07.08.1917, ES Mr, A23, K.

[62] Fritz Krause a Theodor Koch-Grünberg, 02.02.1916, ES Mr, A21, K.

[63] "Die Verhältnisse sind hier in Sachsen furchtbar, wir haben die von den Engländer Hungersnot, wenigstens in den Grossstädten und im Gebirge. In Leipzig bekommt man pro Kopf pro Woche 3 Kartoffeln und 5 H Brot, Fleisch nur einmal pro Woche (200 g)." Fritz Krause a Theodor Koch-Grünberg, 19.06.1916, ES Mr, A21, K.

[64] "Was die Ernährung angelangt, so muss man sich rumschlagen so gut es geht. Die Kinder bekommen jedes täglich 1/2 Liter Milch, mehr gibts nicht. Im übrigen lebt man von Hafergrütze." Fritz Krause a Theodor Koch-Grünberg, 28.06.1916, ES Mr, A21, K.

[65] "Teuerung und Not." Fritz Krause a Theodor Koch-Grünberg, 15.09.1916, ES Mr, A21, K.

[66] Fritz Krause a Theodor Koch-Grünberg, 03.01.1917, ES Mr, A23, K.

[67] "Leider hat man gar keine Arbeitslust. Das hängt wohl stark mit der verminderten Ernährung zusammen und ist wohl die natürliche Reaktion der Nerven gegen drohende Überanstrengung." Fritz Krause a Theodor Koch-Grünberg, 14.07.1917, ES Mr, A23, K.

[68] "Wenn wir unseren Garten nicht hätten, wüssten wir noch öfter nicht wovon wir uns nähren sollen." Fritz Krause a Theodor Koch-Grünberg, 14.07.1917, ES Mr, A23, K.

[69] "An wissenschaftliche Arbeiten wird da gar nicht zu denken sein. Wir werden nur 1 Zimmer vielleicht auch die Küche heizen und beleuchten können." Fritz Krause a Theodor Koch-Grünberg, 16.08.1917, ES Mr, A23, K.

[70] "[...] unsere Ernährung für den kommenden Winter auf eine bessere Grundlage zu stellen." Fritz Krause a Theodor Koch-Grünberg, 23.05.1918, ES Mr, A25, K.

[71] "Unser Garten hat uns wenigstens an Gemüse genügende Vorräte geliefert, die wir meist getrocknet haben. Kartoffeln haben wir 12 Duzende da bis Mai. Also verhungern werden wir nicht [...]." Fritz Krause a Theodor Koch-Grünberg, 25.11.1918, ES Mr, A25, K.

[72] "[...] zur Spartakusgruppe, also zum Bolschewismus [...]." "[...] bürgerlichen [...] und Menschheitssozialisten [...]." Fritz Krause a Theodor Koch-Grünberg, 20.11.1918, ES Mr, A25, K.

[73] "Kommen Sie um Gotteswillen jetzt nicht hierher [...]." Fritz Krause a Theodor Koch-Grünberg, 08.12.1918, ES Mr, A25, K.

[74] "Allerdings geht das Trauer gar nicht, dass Krickeberg an der Westfront gefallen sei. [...] Jedenfalls [...] die Annahme er sei tot, habe am meisten Berechtigung." Wilhelm Kissenberth a Theodor Koch-Grünberg, 16.07.1917, ES Mr, A23, K.

[75] Fritz Krause a Theodor Koch-Grünberg, 05.09.1917, ES Mr, A23, K.

[76] Elisabeth Krickeberg a Theodor Koch-Grünberg, 10.12.1919, ES Mr, A27, K; Elisabeth Krickeberg a Theodor Koch-Grünberg, 30.12.1919, ES Mr, A27, K; Elisabeth Krickeberg a Theodor Koch-Grünberg, 29.11.1919, ES Mr, A27, K. A amizade entre Koch-Grünberg e Paul Rivet, especialmente durante a guerra, é ricamente analisada por Kraus, 2010.

77 "[...] commandant du camp des prisonniers." Paul Rivet a Theodor Koch-Grünberg, 20.01.1920, ES Mr, A29, R; Paul Rivet a Theodor Koch-Grünberg, 17.03.1920, ES Mr, A29, R.

78 Walter Krickeberg a Theodor Koch-Grünberg, 12.01.1917, ES Mr, A27, K.

79 Kgl. Bezirkskommando a Theodor Koch-Grünberg, 03.03.1920, ES Mr, A22; Kgl. Bezirkskommando a Theodor Koch-Grünberg, 22.01.1920, ES Mr, A22; Ersatz- und Versuchsstelle für das Vermessungswesen Stuttgart (Kriegsministerium) a Theodor Koch-Grünberg, 22.08.1920, ES Mr, A22; Theodor Koch-Grünberg a sr. Uhlig, 19.08.1917, ES Mr, A12.

80 Heinrich Fischer a Theodor Koch-Grünberg, 30.08.1920, ES Mr, A22, F.

81 Theodor Wanner a Theodor Koch-Grünberg, 29.08.1920, ES Mr, A22, W.

82 "[...] einer Arbeit, die mir mehr zusagt als der geisttötende Kasernendienst." Theodor Koch-Grünberg a Eurer Excellenz, 05.02.1918, ES Mr, A24, B.

83 Theodor Koch-Grünberg a Herzog Wilhelm von Urach, 21.05.1918, ES Mr, A12.

84 "Am 24. Juli ist meine kleine Grete, mein einziges Kind an einem schweren angeborenen Leiden gestorben. Sie hatte einen schweren Herzklappenfehler und hatte keine Aussicht über eine Reise von Jahren hinaus haben zu können. Vor allem auch machte sich in letzter Zeit aus mehr bemerkbarer, daß ihre geistige Entwicklung nicht über ein gewisses sehr geringes Maaß hinauskam. Sie können sich denken, wie schwer es für einen Vater ist, wenn einem so etwas allmählich zur Gewißheit wird." Max Schmidt a Theodor Koch-Grünberg, 11.08.1917, ES Mr, A23, Sch.

85 "Da meine Frau seit längerer Zeit verreist ist [...]." Max Schmidt a Theodor Koch-Grünberg, 11.08.1917, ES Mr, A23, Sch.

86 Max Schmidt a Erland Nordenskiöld, 14.11.1916, E1:1, VFG.

87 Schröder, 2021.

88 "Bastian oder Gräbner-Foy?". Caecilie Seler-Sachs a Theodor Koch-Grünberg, 06.12.1913, ES Mr, A15.

89 M. Schmidt, 1917, p. 104.

90 Schröder, 2021.

91 *Idem, ibidem.*

92 Benjamin, 1999 [1920-1921]; Clastres, 2003b [1962].

93 Koch-Grünberg, 1909, pp. 39-40, 69.

94 M. Schmidt, 1917, p. 104.

95 *Idem*, 1918.

96 Latour, 2012, p. 100.

97 Walter Lehmann a Theodor Koch-Grünberg, 24.04.1920, ES Mr, A29, L.

98 Almeida, 2004, p. 61.

99 "Dieser furchtbare Krieg wirkt eben überall störend auf die exakte Wissenschaft." Theodor Koch-Grünberg a Erland Nordenskiöld, 25.03.1916, ES Mr, A21, N.

100 "[...] le centre de la pensée humaine que, sans aucun doute, était en 1914 en Allemagne et en France, se déplacer vers l'ouest; il sera fatalement dans quelques années, s'il n'est déjà en Amérique du Nord." Paul Rivet a Theodor Koch-Grünberg, 21.06.1920, ES Mr, A29, R.

2.

A reconfiguração do americanismo internacional (1918-1924)

Deus ex machina: Curt Nimuendajú

O final da Primeira Guerra Mundial implicou uma alteração radical das estruturas políticas. A Alemanha deixava de ser um império, o imperador Guilherme II se radicou nos Países Baixos, e uma democracia parlamentar, a República de Weimar, foi promulgada. Isso significa que o mundo social em que os americanistas cresceram deixou de existir. O período que abrange o final da guerra até o início da estabilidade econômica em 1924 foi marcado por problemas sociais e econômicos.[1] Os soldados alemães, aqueles "que escaparam do submundo", como narrou Erich Maria Remarque, procuravam "o caminho de volta para a vida".[2] Homens destruídos, traumatizados e envelhecidos, ignorados pelo governo, não conseguiam se readaptar a uma sociedade igualmente embrutecida, e a soma de sua miséria à ideia de desmoralização pelo Tratado de Versalhes e à pauperização das populações urbana e campestre culminou em revoltas por toda a Alemanha. Fritz Krause testemunhou a formação de grupos bolcheviques no Sul do país e confessou a Koch-Grünberg sua preocupação quanto a uma iminente revolução comunista em Leipzig, que estava sendo "cuidadosamente preparada".[3] A situação social foi se agravando de tal maneira, que Krause acreditava que a cidade estava à beira de uma guerra civil.[4] Houve greve geral, e os protestos levaram à ocupação das ruas por tropas do governo.[5] Weule, diretor do Museu de Leipzig, foi espancado na rua por ter ofendido publicamente a memória do recém-assassinado político e militante socialista Karl Liebknecht.[6] Em Berlim, o clima de iminente e violenta transformação social evidentemente também era sentido. Karl von den Steinen julgou que, por causa dos condicionantes socioeconômicos da Alemanha, "os enormes avanços do bolchevismo são evidentes e inevitáveis".[7] Paul Rivet, que planejava fazer uma

A RECONFIGURAÇÃO DO AMERICANISMO INTERNACIONAL (1918-1924)

pequena viagem de férias com sua esposa pela Alemanha, para se recuperar do cansaço físico e moral da guerra, perguntou a Koch-Grünberg acerca dos perigos de um casal francês em visitar o país.[8] Na sua resposta, o americanista alemão tranquilizou o amigo: "A sua permanência na Alemanha (com exceção da Baviera, cujos habitantes sofrem parcialmente de uma psicose política geral) não lhe traria dificuldades".[9] Ele certamente se refere à guinada à extrema direita que acometia a região: atuação de grupos paramilitares, os *Freikorps*, esmagamento da República Soviética da Baviera em 1919 e fundação do Partido Nazista no ano seguinte.

Nesse contexto de dificuldades incalculáveis, os americanistas precisavam reconstruir não apenas suas vidas, mas também seu campo de trabalho. Isso ocorria lentamente, porque muitos contatos só foram retomados em 1919, ou mesmo em 1920. Ao mesmo tempo que os americanistas alemães tentavam reestabelecer suas conexões internacionais, outros americanistas, como Rivet e Nordenskiöld faziam o mesmo. Como a Alemanha saiu moralmente descreditada e financeiramente abalada da guerra, Nordenskiöld obteve mais sucesso no investimento da reestruturação do seu campo profissional. A alternativa encontrada por Koch-Grünberg para não perder suas conexões internacionais durante a guerra e a depressão econômica subsequente foi a manutenção das relações com intelectuais fora da Europa Central, especialmente Suécia, Estados Unidos e Brasil.

Diferentemente de Karl von den Steinen, Paul Ehrenreich, Max Schmidt, Wilhelm Kissenberth e Fritz Krause, Koch-Grünberg nunca visitou nem São Paulo nem o Rio de Janeiro, as cidades em que parte da elite intelectual brasileira residia.[10] Ali seus colegas americanistas travaram importantes relações com pensadores brasileiros, mas Koch-Grünberg, que conhecia unicamente o Norte do país, esteve fisicamente apartado da *intelligentsia* do Sudeste brasileiro. O primeiro contato documentado de Koch-Grünberg com um intelectual do eixo Rio-São Paulo foi em 1913, quando ele enviou ao historiador e linguista João Capistrano de Abreu (1853-1927) algumas de suas publicações.[11] O americanista mantinha troca regular de correspondências com colegas europeus que moravam no Brasil, como Ihering, Goeldi, Snethlage, Huber e Ule; no entanto, até 1913 ele não tinha se correspondido com a elite intelectual paulista e carioca.

Na primeira carta que Capistrano enviou a Koch-Grünberg, em 1913, ele contou-lhe que dois índios estavam ensinando-lhe sua língua.[12] Capistrano de Abreu referia-se, provavelmente, aos seus dois informantes Kaxinawá, chamados Tuxin~i e Borô, com o auxílio de quem ele escreveu sua famosa obra *Rã-txa hu-ni-ku-ĩ – a língua dos caxinauás do Rio Ibuaçu, affluente do Murú (Prefeitura de Tarauacá)*, publicada em 1914.[13] Ela consiste em uma tradução interlinear de sentenças dessa língua Pano para o português, bem como uma análise linguística e gramatical. Seu livro foi, evidentemente, muito influenciado pela obra *Die Bakaïri-Sprache*, de Karl von den Steinen. Capistrano de Abreu conheceu von den Steinen pessoalmente, leu suas obras e até mesmo traduziu alguns de seus escritos. A abordagem indigenista de Capistrano, com o foco na língua e na cultura dos ameríndios, difere fundamentalmente da de Francisco Adolfo Varnhagen, o historiador mais influente da segunda metade do século XIX, de acordo com quem os povos indígenas contemporâneos eram decadentes e estavam condenados à extinção. Foi, portanto, por meio da etnologia alemã que a historiografia se reinventou através da obra de Capistrano de Abreu.

O próximo contato entre Koch-Grünberg e Capistrano de Abreu ocorreu algumas semanas antes do início da Primeira Guerra Mundial.[14] A Capistrano de Abreu, Koch-Grünberg pediu cópias de trabalhos produzidos por etnólogos brasileiros, bem como informações sobre a Comissão Telegráfica de Rondon, cujas expedições eram conhecidas por todos os americanistas alemães. Antes da interrupção da comunicação transatlântica, ele ainda começou a se corresponder com o historiador Teodoro Fernandes Sampaio (1855-1937).

Na sua correspondência com Koch-Grünberg, Sampaio demonstrou interesse nos estudos do etnólogo alemão sobre as línguas indígenas das regiões dos rios Orinoco e Amazonas, porque ele mesmo estudava "línguas brasílicas".[15] Ele esclareceu que contatou o americanista alemão pela mediação de Capistrano de Abreu e também contou que escrevia um artigo intitulado "Os naturalistas viajantes dos séculos XVIII e XIX e do progresso da ethnographia indígena no Brasil", imediatamente requisitado por Koch-Grünberg em sua resposta, que também pediu outro texto de Sampaio, "Os Kraôs do Rio Preto no Estado da Bahia", sobre o qual ele lera na *Revue de la Société des Américanistes*, enviada por Rivet. Koch-Grünberg confessou a Sampaio: "a conexão com meus amigos e colegas brasileiros me é especialmente valorosa agora, uma vez que essa guerra horrível interrompeu tantos dos laços internacionais de nossa bela ciência".[16] Assim, Capistrano de Abreu desempenhou um papel fundamental no estabelecimento das relações de Koch-Grünberg com acadêmicos brasileiros.

Em 1915, quando já não havia esperança para o empreendimento de uma expedição americanista, Koch-Grünberg recebeu de Eduard Seler alguns textos escritos por um etnólogo de nome esquisito: Curt Unkel Nimuendajú

(Imagem 83).[17] Em seguida, ele obteve mais materiais dele vindo da sra. Huber – a viúva de Jacques Huber, que, após a morte do esposo, se mudou para a Suíça –, enviados a ela de Belém do Pará por Emília Snethlage.[18] Vê-se aí a dinâmica para impedir a censura e furar o bloqueio continental, bem como a própria existência de uma rede internacional de cientistas.[19]

Imagem 83 – Curt Nimuendajú em 1934, na Suécia.

Kurt Unkel (1883-1945) mudara-se para o Brasil em 1903 e, entre 1905 e 1913, realizou várias etapas de pesquisa de campo entre os Guarani, Kaingang e outros grupos indígenas. Em 1906, ele foi batizado como Nimuendajú entre os Guarani, nome que adotou como sobrenome, quando também abrasileirou seu nome: Curt. O impacto do recebimento dos textos de Nimuendajú entre os americanistas alemães foi significativo. O primeiro parecer de Koch-Grünberg foi de completa aprovação da qualidade de seus escritos.[20] Ele considerava Nimuendajú "um grande amigo dos indígenas e extraordinariamente habilidoso nas relações com os índios".[21]

ASCENSÃO E DECLÍNIO DA ETNOLOGIA ALEMÃ (1884-1950)

Assim que Koch-Grünberg conheceu o trabalho de Nimuendajú, imediatamente começou a pedir informações a colegas acerca do autor daqueles artigos. Alguns anos mais tarde, quando a possibilidade de trocar correspondências se normalizou, ele perguntou diretamente a Clemens Brandenburger (1879-1947), que morava no Rio de Janeiro:

> Ele é cidadão alemão? Eu gostaria de saber mais sobre ele, pois ele me interessa muito, uma vez que possui um talento etnográfico muito extraordinário. No início da guerra ele publicou diversas contribuições de grande valor na *Zeitschrift für Ethnologie*, entre elas o longo ensaio, com bons conteúdo e estilo, "Die Sagen von der Erschaffung und Vernichtung der Welt als Grundlagen der Religion der Apopocuva-Guarani" ("As lendas de criação e destruição do mundo como fundamento da religião dos Apopocuva-Guarani") (ano 46, 1914).[22]

Brandenburger forneceu uma rápida biografia de Nimuendajú: ele ficou órfão muito jovem, trabalhou na Zeiss, partiu impulsivamente da Alemanha, vagou um pouco por São Paulo, visitou os Guarani, trabalhou como ajudante de jardineiro no Museu Paulista, porque Ihering queria ganhar tempo para convencê-lo a trabalhar na seção etnográfica do Museu; porém, quando surgiu a oportunidade de adentrar no mato novamente, Nimuendajú partiu.[23]

Em 1915, Koch-Grünberg e Nimuendajú principiaram a se corresponder, e Koch-Grünberg logo afirmou que, entre os dois etnólogos, havia "um forte laço", a saber, "uma afeição por essa pobre humanidade marrom".[24] A sua troca de cartas foi interrompida por causa da guerra e foi retomada apenas em 1920. Nesse ano, Nimuendajú enviou alguns artigos para a *Zeitschrift für Ethnologie*, cuja edição estava a cargo de Max Schmidt, e cópias para Koch-Grünberg.[25] Para lamento de Eduard Seler, a *Zeitschrift für Ethnologie*, no entanto, não possuía recursos para a publicação do material de Nimuendajú. Schmidt teve a ideia de enviar os artigos para a *Anthropos*, o único periódico antropológico de língua alemã que ainda possuía os meios para lançar números, o que ele pediu a Koch-Grünberg, já que era bem relacionado com o padre Wilhelm Schmidt, editor da revista.[26] A Wilhelm Schmidt ele o apresentou como "um teuto-brasileiro munido com capacidade de pesquisa etnográfica extraordinária, Curt Unkel ou Curt Nimuendajú, como ele geralmente chama-se a si mesmo com seu nome indígena adotado (Guarani)". Mesmo passando por grandes dificuldades, esse "homem esforçado e pesquisador indígena entusiasmado" "utilizou todas as oportunidades para completar suas pesquisas".[27] Seus resultados são, portanto, de grande valor, e por isso Koch-Grünberg pediu que eles fossem publicados o mais rápido possível. Ele mesmo se incumbiria de revisar o material.[28] Os referidos textos de Nimuendajú, que tratam do povo e da língua Šipáia, foram publicados entre 1920 e 1929.[29]

O esforço feito por Schmidt e especialmente por Koch-Grünberg demonstra uma apreciação interessante da atividade etnológica de Nimuendajú.[30] Ainda que ele tenha se tornado conhecido nos círculos intelectuais brasileiros por seu trabalho de campo e que seus registros etnográficos sejam algo depreciados por causa da sua suposta ausência de sistematização teórica, entre os americanistas, ele se tornou conhecido primeiro como escritor talentoso, apenas depois como etnógrafo apaixonado e, mais tarde, politicamente engajado. É interessante comparar a recepção de Nimuendajú pelo círculo americanista alemão com a de Frič, menos de uma década antes. Ainda que Frič tenha se envolvido em uma aventura rocambolesca marcada por mentiras e intrigas, ele foi o primeiro etnógrafo a privilegiar a atividade política de defesa dos direitos indígenas em detrimento de seus compromissos profissionais e a colocar a necessidade de intervenção humanista acima do idealismo científico. Mas, antes disso, ele já sentia os olhares de desconfiança dos americanistas por não possuir formação sólida em etnografia. Nordenskiöld também sofreu inicialmente com o ceticismo dos americanistas por causa de sua formação em geologia, apesar de suas expedições bem-sucedidas. A diferença entre eles e Nimuendajú não era a nacionalidade, porque Rivet e Capistrano de Abreu sempre foram intelectuais altamente respeitados pelos americanistas alemães, mas a entrega de uma poderosa etnografia. O talento etnográfico e literário de Nimuendajú sobressaiu imediatamente diante da falta de educação formal e cargo institucional. Ele levou a esperança da continuidade do projeto americanista alemão aos colegas que viviam nos escombros europeus. Isso relaciona-se com a ideia de que as características educacionais e institucionais, além da distância da Alemanha, faziam dele um *outsider*. De certa maneira, Nimuendajú de fato tinha uma posição ímpar no círculo americanista. Não apenas por causa de sua falta de formação acadêmica ou por não ocupar um cargo institucional, mas, primeiramente, por causa do distanciamento voluntário em relação à Alemanha, que já fora desejado por Koch-Grünberg ou Kissenberth. Em carta a Koch-Grünberg, ele relatou que os salários do Museu de

Belém, de onde ele era contratado, estavam atrasados e desvalorizados e que, assim que recebesse os dois meses em atraso, voltaria arrependido para de onde ele saiu: "para a Alemanha? Não, mas para São Paulo, mesmo que eu chegue ali com um pouco mais do que nada".[31] O próprio Nimuendajú sentia-se um *outsider* em relação aos americanistas alemães, como ele confessou a Koch-Grünberg: "Que o senhor, o especialista experiente, demonstre um tal interesse pelo modesto desempenho desse diletante é para mim muito encorajador".[32] Mas, apesar de diletante, e, portanto, institucionalmente excluído do círculo americanista alemão, ele sentia haver conexão mais profunda com seus colegas, ao se inserir em uma linhagem intelectual de longa duração.[33] Descrevendo seus mal-entendidos com o Serviço de Proteção ao Índio (SPI), ele afirmou que nessa instituição "não se precisa de pessoas que estudam as particularidades dos índios" e que "o único reconhecimento real só pode vir do caminho do positivismo de Comte, mas não através da 'metafísica alemã'".[34] Por fim, intelectualmente ele também estava isolado no Brasil, porque mal possuía obras de etnologia e porque a etnologia ainda não estava institucionalizada.[35]

Havia esforços dos americanistas alemães não apenas em publicar os textos de Nimuendajú, ou até mesmo em tentar obter fundos para situações de dificuldades financeiras, mas também, ao menos de Koch-Grünberg, em inseri-lo no círculo americanista; ao comentar sobre a possibilidade de Nimuendajú prestar serviços para instituições dos Estados Unidos, ele lamentou: "eu sentiria muito se esse trabalho intelectual dos alemães caísse justamente nas mãos de norte-americanos".[36] Nesse sentido, comemorou quando seu colega se uniu a ele como membro titular da Sociedade de Americanistas de Paris.[37] Não foram poucas as ideias suas de realizar uma expedição com Nimuendajú e estudar os Parintintin ou os povos do Rio Negro, "mas por enquanto é impossível. No entanto, eu não abandonei a esperança de um dia poder apertar sua mão aí".[38] Esse aperto de mão nunca aconteceu.

Imagem 84 – Felix Speiser (ano desconhecido).

Koch-Grünberg buscou de fato unir o projeto etnológico da Europa continental com seu mais novo representante em terras brasileiras. Após a Primeira Guerra Mundial, o americanista alemão iniciou uma intensa troca intelectual com o etnólogo suíço Felix Speiser (1880-1949) (Imagem 84). Este era químico de formação, e sua transferência para a antropologia se deu no Museu de Berlim sob orientação de Felix von Luschan entre 1907 e 1909. Entre 1910 e 1912, ele já visitara Vanuatu, uma ilha Melanésia e, desde 1917, era professor extraordinário da Universidade da Basileia. Por intermédio de Speiser, Koch-Grünberg realizou palestras em 1919, 1921 e 1922 na cidade.[39] O colegismo profissional rapidamente se solidificou em amizade, de modo que, ao final de sua estadia na Basileia, Koch-Grünberg despediu-se de Speiser com peso no coração.[40] Com alguns colegas, Speiser fundou em 1923 a Sociedade Geográfico-Etnológica da Basileia (Geographisch-ethnologische Gesellschaft in Basel) e convidou o amigo para apresentar uma palestra no

ASCENSÃO E DECLÍNIO DA ETNOLOGIA ALEMÃ (1884-1950)

ano seguinte.[41] Em fevereiro de 1924, o americanista alemão de fato palestrou no instituto recém-fundado, ocasião em que os etnólogos discutiram questões acerca de uma nova expedição etnológica.[42] No ano anterior, Speiser confessara a Koch-Grünberg estar "desejoso de viajar".[43] O etnólogo alemão sugeriu que ele fizesse pesquisa de campo no Brasil e voltou-se a Nimuendajú, constantemente com dificuldades financeiras, sugerindo que acompanhasse Speiser: "Aconselho-o veementemente a aceitar a sincera oferta que ele fez ao senhor através de mim e a dizer imediatamente algo sobre isso".[44] Ele propôs que os dois estudassem os Javaé ou os Munduruku. O estudo dos Munduruku, "pessoas belas e hercúleas" que "preservaram sua raça bastante pura", era de urgência imediata, antes que "os missionários tenham estragado tudo".[45] Nimuendajú, no entanto, não pôde aceitar a proposta de Speiser, porque naquela altura já estava formando coleções para o Museu de Gotemburgo, sob direção de Nordenskiöld, e trabalhava em regime de exclusividade.[46] Ele desaconselhou o estudo dos Munduruku, que estavam sob influência negativa dos seringueiros e não da missão religiosa e estavam, como as demais etnias indígenas, sendo dizimados pela população brasileira. Em vez disso, ele sugeriu o estudo dos Aparai, entre os quais ainda seria possível formar uma bela coleção. Koch-Grünberg lamentou a recusa de Nimuendajú e contou-lhe que se sentiria mais tranquilizado se no Brasil ele ajudasse Speiser, a quem "considerava muito como amigo, pessoa e pesquisador e por isso gostaria de preservá-lo o máximo de insucessos".[47] Nimuendajú concordou em auxiliar Speiser em sua chegada ao país, a encontrar um destino de viagem e nos demais afazeres concernentes à expedição, uma vez que uma grande dificuldade em empreender uma viagem consistia na capacidade de lidar com politicagens.[48] Koch-Grünberg concordou com o projeto de pesquisa entre os Aparai, que teriam tratado Nimuendajú muito bem e inclusive salvado a sua vida, o que ele transmitiu ao amigo suíço.[49] Embora com certa experiência de campo, Speiser não se sentia confiante para empreender sozinho uma expedição pelo Brasil e, após a negativa de Nimuendajú, convidou Koch-Grünberg para acompanhá-lo.[50] O etnólogo alemão seria responsável pelo estudo da cultura espiritual; o suíço, pelas coleções, antropologia e gravação de filmes etnográficos.[51] Embora agradecido pelo convite, Koch-Grünberg também precisou recusar a oferta, pois estava em negociações para outro projeto.[52] Isso não o impediu, contudo, de fomentar a pesquisa do amigo com conselhos práticos de diversas ordens, citando nomes desde marcas de câmeras fotográficas e cinematográficas até de pesquisadores e auxiliares de pesquisa.[53]

A RECONFIGURAÇÃO DO AMERICANISMO INTERNACIONAL (1918-1924)

Por fim, em 1924, Speiser foi estudar justamente os Aparai, mesmo sem a companhia constante de Nimuendajú, sobre os quais ele escreveu a monografia *Im Düster des brasilianischen Urwaldes* (*Nas trevas da selva brasileira*).[54] Essa obra, que atualmente é completamente esquecida por etnólogos, foi ofuscada por uma crítica extremamente negativa de Herbert Baldus, para quem a narrativa se resume à "visita aos Aparai do Rio Paru, afluente setentrional do Amazonas. Numerosas observações etnográficas são intercaladas. A evidente incapacidade do autor de granjear a simpatia dos índios leva-o a um ressentimento que envenena o livro, tornando sua leitura bastante desagradável".[55]

Enfim, as relações de Koch-Grünberg com intelectuais brasileiros se incrementaram. Em carta a Walter Lehmann, a importância das conexões brasileiras ficou bastante evidente:

> Com os colegas sul-americanos eu tenho mais conexões do que antes da guerra, sem esforço da minha parte. Quase toda correspondência de lá me traz valiosos livros e escritos e cartas amigáveis, especialmente do Brasil, Argentina, Paraguai, Equador. Bem diferente é com os EUA. Os senhores de lá se comportam de maneira verdadeiramente estúpida.[56]

No final da sua primeira carta a Teodoro Sampaio, Koch-Grünberg expressou a esperança de encontrar mais intelectuais, como o próprio Sampaio e Capistrano de Abreu, "dedicados ao interessante estudo dos nativos, antes que seja tarde demais".[57] Essa sentença, bem como a pressão pelo estudo dos Munduruku, revela um pensamento corrente do americanista, que é o temor pelo desaparecimento cultural e físico dos povos indígenas em decorrência do avanço da destruidora civilização europeia.

Entre 1915 e 1920, as conexões com a América do Sul se tornaram mais raras por causa do bloqueio transatlântico. Ele recebeu duas cartas de Teodoro Sampaio, em agradecimento pelo envio de artigos.[58] Na segunda, datada de 15 de julho de 1915, Sampaio revelou o desejo de estudar povos indígenas não Tupi, "mas difficuldades são muitas, e eu nem sempre posso viajar até me pôr em contacto com aquella gente selvagem".[59]

Durante a Primeira Guerra Mundial, um sentimento antigermânico floresceu dentro e fora da Europa, inclusive na Argentina e no Brasil. Como os historiadores H. Glenn Penny e Stefan Rinke apontam a respeito dos teuto-brasileiros, "por causa do poder do discurso antigermânico, muitos alemães étnicos viram as vantagens econômicas e profissionais que eles tinham

534

ASCENSÃO E DECLÍNIO DA ETNOLOGIA ALEMÃ (1884-1950)

obtido por causa de sua etnicidade antes de 1914 se transformarem em desvantagens sérias".[60] Koch-Grünberg obteve notícias sobre as manifestações antigermânicas que seus amigos na América do Sul sofriam, mesmo antes da guerra. Estas, no entanto, se intensificaram após o início do conflito. Lehmann--Nitsche, que residia em La Plata, Argentina, comunicou-lhe que "o ódio aos alemães está surtindo efeitos graves aqui".[61] Nimuendajú também testemunhou o crescente preconceito contra alemães no Brasil, e a sra. Huber até mesmo suspeitava que os ingleses residentes no Brasil estimulavam esse comportamento social.[62] Assim, o antigermanismo se tornou parte inerente e importante das relações teuto-brasileiras.

Quando em 1920 a correspondência com os colegas brasileiros foi retomada, o etnólogo confessou a Clemens Brandenburger: "Desde anos antes da guerra e agora recentemente estou outra vez em assídua correspondência com o excelente Capistrano de Abreu. Seu trabalho sobre os Kaschinaua é excepcional e quase único para a América do Sul".[63] Ele e Capistrano trocaram artigos de sua própria autoria, e o etnólogo alemão ainda obteve obras de outros intelectuais brasileiros, como as do antropólogo físico Edgard Roquette-Pinto (1884-1954).[64] Além de discutir os próprios trabalhos, eles ainda comentavam as expedições de Rondon e seus resultados.[65] Nesse ano, Koch-Grünberg publicou uma coleção de mitos indígenas, *Indianermärchen aus Südamerika* (*Contos de fada da América do Sul*), que contém alguns mitos Kaxinawá que o americanista extraiu e traduziu da "excelente e extensa obra do brasileiro Capistrano de Abreu sobre o mundo dos contos de fada dos Kaschinaua, uma tribo indígena do Brasil Ocidental".[66] O americanista enviou a Capistrano e dois outros colegas uma cópia de seu livro, em sinal de "admiração e respeito".[67] Ele recomendava a obra do intelectual brasileiro a colegas, aconselhava institutos de pesquisa a convidá-lo para colaborar e publicou uma resenha do livro de Capistrano de Abreu sobre os Bakairi na revista *Anthropos*.[68]

A alta estima que o americanista alemão tinha pelo seu colega brasileiro não decorria apenas do valor epistemológico de seu trabalho, marcadamente as traduções interlineares, as apresentações de mitos e lendas na língua Kaxinawá e as análises gramaticais, mas também porque ele reflete a extensão do programa etnológico alemão na América do Sul. Capistrano de Abreu aplicou o método de von den Steinen em seus próprios escritos, e, ao traduzir obras de von den Steinen e Ehrenreich, agiu como promotor da etnologia alemã. Isso significa que, ao elogiar Capistrano de Abreu, Koch-Grünberg reconhecia o sucesso do programa alemão, do qual ele então era o principal representante, ao menos desde a publicação de *Zwei Jahre unter den Indianern* e do afastamento de von den Steinen do cenário acadêmico.[69] Nesse sentido, se Nimuendajú era um representante inesperado do americanismo alemão, Capistrano de Abreu era um membro convertido.

A partir do início da guerra, Koch-Grünberg expressava cada vez mais o desejo de retornar ao Brasil. Ele queria conhecer o Rio de Janeiro e visitar amigos, mas também estudar os povos Baniwa do Rio Negro e os Maku.[70] O objetivo das suas pesquisas seria recolher mitos e contos de fada, mas não formar coleções etnográficas, que, no seu entender, constituíam uma carga muito pesada e para a qual se necessitava de demasiados objetos de troca, como relatado a Hermann Schmidt.[71] As coleções dificultavam a viagem, e o compromisso de colecionar impunha um ritmo de visitação de aldeias que impedia a estadia mais prolongada entre determinados povos – precisamente o que a segunda geração de americanistas era desejosa de fazer. Havia ainda outro fator de repulsa, confessado ao amigo Nimuendajú:

> Para ser sincero, apesar de ser diretor de museu, eu não dou muito valor para coleções etnográficas. Quando alguém viveu entre os nativos em sua liberdade, e os viu usando seus magníficos adornos, ele se sente repelido quando vê as coisas frequentemente arruinadas nos armários de vidro. Eu acho que o Bastian disse uma vez: "Não se pode montar a alma de um povo em armário de vidro".[72]

É notável que a percepção de Koch-Grünberg quanto a certas práticas científicas se transformou em tal medida, que, ao final da vida, ele repeliu por completo o *modus operandi* e um dos objetivos propriamente postos pela etnologia alemã, a saber, a criação de coleções etnográficas para fins científicos. Essa postura também revela seu progressivo afastamento do estudo da cultura material para a imaterial, sobretudo mitologia, ainda que essa faceta fosse presente em seu campo de interesse desde o princípio de sua profissionalização.

Em todo caso, o sofrimento imposto pela guerra e a visão de que a Europa se transformava em um açougue humano a céu aberto tiveram uma influência extremamente negativa sobre a avaliação da cultura europeia pelo americanista alemão, uma vez que, além de socialista, ele era um pacifista convicto.[73] Inúmeras vezes ele afirmou que a guerra era uma "insanidade" e compartilhou o "desprezo" de Alberto Frič "pela arrogante e em verdade tão aculturada humanidade branca".[74] A assimilação do potencial autodestrutivo da civilização europeia remete, evidentemente, às ações nefastas do colonialismo e dos demais tipos de brutalidade física e cultural cometida contra povos mundo afora, que era denunciada e criticada por etnólogos alemães desde Bastian. Assim, compreende-se que Koch-Grünberg não considerava a espécie humana uma peste sobre a Terra e nem atacava uma suposta essência compartilhada por todos os humanos – seu alvo era a civilização europeia.

Ele e sua família foram acometidos pelo empobrecimento geral da população alemã durante a guerra e no imediato cessar-fogo, que era produto da severa crise econômica e da inflação, o que, segundo o americanista, "irritava, desmoralizava e espremia o povo como um limão".[75] O salário de Koch-Grünberg nos anos 1920 correspondia apenas a 30% do valor do que ele recebia antes da guerra.[76] A vida diária se tornava cada vez mais dura, de maneira que muitas vezes ele precisou aceitar doações de amigos que viviam no exterior, como de Nordenskiöld ou do cartógrafo neerlandês C. H. de Goeje (1879-1955).[77] Seus amigos proviam-no com café, chocolate, queijo, manteiga, açúcar, leite, ervilhas e outros alimentos. Em uma carta de agradecimento por um pacote recebido de Robert Hoffert, o americanista escreveu: "No caso deste excelente café o senhor deve ter pensado em primeiro lugar em mim, este velho brasileiro, que durante o longo período de guerra precisou ser privado dolorosamente dessa bebida estimulante".[78]

Assim, com o objetivo de aumentar seus rendimentos mensais, o etnólogo alemão empreendeu uma série de turnês de palestras, em que falava das suas expedições pela América do Sul: entre 1919 e 1924, percorreu a Suíça algumas vezes e, entre 20 de março e 16 de abril de 1924, apresentou 16 palestras em várias cidades da Alemanha Central.[79] Ele já apresentara palestras em associações de diversas naturezas logo após sua expedição ao Rio Negro, mas essa intensidade é resultado sobretudo das necessidades materiais do pós-guerra. Koch-Grünberg não era o único intelectual alemão a palestrar na Suíça. A quantidade de acadêmicos alemães disponíveis criou uma concorrência no país, o que fez com que as possibilidades logo começassem a minguar também.[80]

Além disso, após o fim da guerra, ele percebeu que os recursos passíveis de serem obtidos na Alemanha, quando existentes, eram demasiado ínfimos para organizar uma expedição ao Brasil e até mesmo para publicar os quatro volumes restantes de sua monografia *Vom Roraima zum Orinoco*. Assim, ele tentou manejar sua rede de contatos científicos para obter financiamento. Além das turnês de palestras pela Suíça, organizou outra pela Suécia e, para publicar ao menos dois livros, requereu fundos à associação internacional Emergency Society for German & Austrian Science and Art, estabelecida por Franz Boas nos Estados Unidos.[81] Koch-Grünberg e Boas se correspon-

A RECONFIGURAÇÃO DO AMERICANISMO INTERNACIONAL (1918-1924)

deram e se conheciam pessoalmente, e o famoso antropólogo teuto-americano possuía exemplares da obra de seu colega americanista, que ele inclusive citou em seus trabalhos, como o fez com outros americanistas alemães, como Karl von den Steinen e Max Schmidt.[82] Boas, em uma faceta de intelectual público muito pouco conhecida, que é a de mecenas das ciências, não conseguiu financiar os livros do americanista, porque naquele momento a preferência era pela estabilização da publicação de revistas.[83] O americanista encorajava seus colegas a buscar recursos financeiros fora da Alemanha. Assim, quando Nimuendajú declinou a oferta de viajar com Speiser por já estar comprometido com Nordenskiöld, Koch-Grünberg estimulou-o: "Certifique-se de que você será bem pago pelas suas coisas! Os suecos podem fazê-lo com suas coroas".[84] Aliás, da mesma maneira como ocorreu com Koch-Grünberg, as coleções montadas por Nimuendajú foram combustível para a intencionalidade de agentes no interior da rede.

Assim, a relação de Koch-Grünberg com intelectuais brasileiros precisa ser compreendida dentro dessa mudança paradigmática de contexto: em menos de 40 anos, a etnologia americanista alemã viveu seu apogeu e seu declínio. Especialmente na década de 1920, os americanistas alemães batalhavam para colocar em prática seu programa de pesquisa estabelecido antes da guerra. Esse programa, no entanto, dependia de financiamento abundante, que não poderia mais ser obtido na Alemanha e era sustentado por problemas empírico-teóricos (como o aparentamento de línguas, o estudo das migrações e o recolhimento de mitos) que a maioria dos antropólogos fora da Alemanha rejeitavam.

Em 1922, o governo brasileiro celebrou o centenário da independência com uma série de eventos: o Museu Paulista obtinha novas coleções concernentes à história brasileira, o Rio de Janeiro sediou a Exposição Mundial, bem como o Congresso Internacional de Americanistas, e inúmeras comemorações cívicas ocorreram. Consciente de seu papel de liderança mundial no estudo dos povos indígenas do Brasil, Koch-Grünberg alimentou a esperança de finalmente poder retornar ao país mediante um convite oficial e financiamento do governo brasileiro para participar das comemorações.[85] Ele pensou que, por causa das festividades, o governo levaria índios ao Rio de Janeiro.[86] Como argumentado por Christino, dessa maneira ele poderia realizar estudos linguísticos e etnográficos nos arredores da própria capital.[87] Assim, ele escreveu a seu amigo padre Adalbert Kaufmehl, que morava no Rio, sobre as possibilidades de obter um convite oficial do governo.[88] Dessa maneira, Koch-Grünberg mobilizou sua rede de contatos no Brasil com o

538

intuito de obter auxílio para vir ao país. Ele chegou a pagar pela inscrição do Congresso de Americanistas e até mesmo recebeu o cartão destinado a membros, ainda na esperança de conseguir a ajuda financeira do governo brasileiro (Imagem 85).

Imagem 85 – Cartão de congressista de Koch-Grünberg (1922).

Como Paul Rivet afirmou em missiva a Koch-Grünberg, nenhum etnólogo europeu possuía os recursos financeiros para viajar ao Rio e participar do Congresso de Americanistas, e, assim, financiamento brasileiro seria a única possibilidade de participar do evento.[89] Kaufmehl escreveu ao seu conterrâneo etnólogo que Capistrano de Abreu, Afonso d'Escragnolle Taunay (1876-1958) e ele mesmo estavam seriamente engajados com a tarefa de conseguir verbas. "Capistrano de Abreu", escreveu Kaufmehl, "teve pessoalmente várias reuniões com ministros e outros oficiais do governo federal; a resposta, no entanto, é sempre: 'não há verba para isso'".[90]

Nem Koch-Grünberg nem outro etnólogo alemão foram convidados ao congresso.[91] Ele reclamou a Clemens Brandenburger citando uma frase escrita por Nimuendajú: "No Rio eles parecem não fazer ideia da nossa existência".[92] Nordenskiöld reagiu com surpresa quando soube que ele fora invitado e Koch-Grünberg não, já que, na sua opinião, ninguém fizera mais para a investigação do Brasil do que seu amigo.[93] O etnólogo alemão certamente sobrevalorizou sua influência, que na Alemanha ultrapassava as bar-

A RECONFIGURAÇÃO DO AMERICANISMO INTERNACIONAL (1918-1924)

reiras acadêmicas, mas fora de seu país natal se restringia aos círculos intelectuais. Além disso, alguns poucos, embora entusiasmados, intelectuais brasileiros aliados a autoridades do Norte do Brasil jamais seriam capazes de convencer um governo nacional a pagar por sua viagem. Além disso, ele não percebeu que a celebração do centenário intencionava produzir uma imagem positiva do Brasil e que um intelectual europeu que expusera as crueldades cometidas contra índios e que criticava as elites políticas regionais, bem como a civilização ocidental como um todo, não seria exatamente bem-vindo. O etnólogo não notou que, a despeito de sua dedicação intelectual ao país e de seus afetos para com os povos indígenas, suas pesquisas miravam o público europeu e que o Brasil ensaiava produzir seus próprios cientistas sociais, os quais, embora compartilhassem com ele algumas preocupações epistemológicas, seguiam agendas próprias. A etnologia alemã apelava apenas a um público brasileiro restrito, e este não possuía a força política necessária para eclipsar as dificuldades políticas e institucionais que a viagem de Koch-Grünberg impunha. Ademais, a produção dos etnólogos alemães se configurava como um discurso científico sobre e não para o Brasil; dessa maneira, o governo brasileiro intencionava impor uma autonomia política e intelectual e não reiterar uma celebração de modelos de relações e interpretações então consideradas de pouco interesse estratégico para o país.

Nimuendajú compreendeu a rejeição ao amigo no contexto do ódio contra os alemães no Brasil: "Eu acredito que os brasileiros não têm interesse algum na participação de acadêmicos alemães na conferência". Depois da derrota da Alemanha na guerra, para a qual os brasileiros acreditavam ter contribuído fundamentalmente, "as pessoas se acostumaram a pisar em nós".[94]

Aproximadamente na mesma época, outra possibilidade para viajar ao Brasil apareceu. Entre os intelectuais brasileiros com os quais Koch-Grünberg estabeleceu troca de correspondências a partir de 1920, estava Taunay. Ele era filho do Visconde Alfredo d'Escragnolle Taunay, que em sua época conhecera Karl von den Steinen e era especializado na história de São Paulo. Ele assumira a direção do Museu Paulista em 1917, um ano após o afastamento de Ihering, impedido de continuar no cargo em decorrência do escândalo envolvendo suas afirmações desastrosas sobre o extermínio indígena, de uma suposta má administração dos recursos públicos, sobretudo no que tange à biblioteca, e da disposição antialemã no Brasil. Taunay foi precisamente o diretor responsável pela transformação de um museu de ciências naturais em um historiográfico. Durante esse processo é que se situou sua correspondência com Koch-Grünberg. Inicialmente eles trocaram materiais, até que, em abril de 1921, Taunay questionou o etnólogo alemão se ele aceitaria liderar uma expedição ao Rio Doce.[95] O Museu Paulista se encarregaria de todas as despesas. Essa região não era *terra incognita*, mas a última expedição alemã para esse território fora empreendida em 1884, por Paul Ehrenreich. Em quase 40 anos, nenhum etnólogo alemão estudou os Botocudo; portanto, essa viagem poderia prover material importante. Koch-Grünberg aceitou a proposta com entusiasmo. Mas, uma vez que, para participar da expedição, ele precisaria pedir demissão de seu cargo no Linden Museum, ele necessitava de um salário mensal de 6 mil marcos para suportar a esposa e seus filhos, bem como recursos para adquirir equipamentos e cobrir as despesas de viagem.[96] Em junho de 1921, Taunay respondeu que o governo brasileiro transferiria essa soma para a conta bancária do etnólogo na Alemanha e que ele informou o ministro do interior sobre os detalhes do acordo.[97] Em setembro, Taunay avisou que o ministro decidira que a expedição deveria aguardar por um momento econômico mais favorável e, em dezembro, relatou que ela precisaria ser adiada até 1923, por causa dos preparativos para a festa do centenário.[98] Seis meses depois, o projeto foi definitivamente abandonado, enterrando as esperanças do americanista em ir ao Brasil em 1922.[99]

A intensificação da correspondência de Koch-Grünberg com intelectuais brasileiros, ou estrangeiros residentes no Brasil, não servia apenas para que ele obtivesse publicações ou tentasse angariar fundos para uma nova expedição. Impedido de viajar e de conseguir material primário, como mitos e vocabulários indígenas, ele usufruía de seus contatos internacionais para se abastecer dessa documentação. Assim, recebia dados primários de campo de Nimuendajú e do padre Constantin Tastevin (1880-1962), que viveu, entre 1905 e 1926, em Tefé, na Amazônia, exceto durante a Primeira Guerra Mundial.[100] Os relatos, os mitos, as lendas e os vocabulários enviados por eles, e por Rivet, constituíam as principais fontes de informações novas diretamente provenientes de trabalho de campo às quais Koch-Grünberg teve acesso durante a guerra e nos anos seguintes.[101]

O contato de Koch-Grünberg com outras figuras públicas e instituições brasileiras, no entanto, não foi bem-sucedido. Ele tentou estabelecer relações ao enviar livros e artigos e pedir colaborações em troca. Despachou, por exemplo, algumas de suas publicações a Roquette-Pinto, Rondon e ao Instituto Histórico e Geográfico do Rio de Janeiro, mas nunca obteve respostas.[102] Ele imaginou se o material chegou ao Brasil e então escreveu-lhes diversas vezes e até mesmo perguntou a colegas se eles poderiam auxiliá-lo na inves-

A RECONFIGURAÇÃO DO AMERICANISMO INTERNACIONAL (1918-1924)

tigação.[103] Depois de perceber que a *triple obligation* mausseana da qual ele tantas vezes fez uso para estabelecer relações com intelectuais, instituições e indígenas fracassou, ele sentiu que acadêmicos brasileiros estivessem tratando-o injustamente, em especial depois de ter dedicado 25 anos da sua vida ao estudo do Brasil. Koch-Grünberg abertamente confessou sua frustração ao seu colega dr. O. Quelle:

> Da obra *Rondonia* eu possuo até mesmo dois exemplares, nenhum deles do autor, para quem eu escrevi em vão na época, mas do meu velho amigo dr. João Capistrano de Abreu, um acadêmico brasileiro muito sério, e do meu colega em São Paulo, dr. Afonso d'Escragnolle Taunay, diretor do Museu Paulista. Do contrário eu sou tratado pelos brasileiros, para quem eu trabalho há muitos anos, de forma bastante negligenciada.[104]

As expedições de Roquette-Pinto e Rondon eram bem conhecidas pelos americanistas alemães, e suas obras estavam em circulação na rede, mesmo que o contato desses dois brasileiros com os alemães fosse praticamente inexistente.[105] O aparente descaso das instituições brasileiras, de antigos conhecidos e de jovens acadêmicos brasileiros deve ser compreendido antes como sinal de falência de um modelo de relação social, que se insere em uma transformação institucional e em um contexto social mais amplo, do que como expressão de ingratidão pessoal para com o etnólogo alemão. Evidentemente há uma certa falta de cortesia profissional envolvida em não responder correios – talvez até mesmo certas estruturas culturais de longa duração que se arrastam até os dias atuais –, porém a ausência de troca de correspondência não pode ser simplesmente atribuída a soberba intelectual e falta de reconhecimento. Não somente Koch-Grünberg, mas os demais americanistas alemães e todos os outros intelectuais buscavam manusear seus contatos científicos em prol de certos fins específicos. Para tanto, empregavam as mais diversas estratégias, sejam elas a nutrição de trocas, o favorecimento institucional, ou então, como no caso dos brasileiros, o silêncio. Dado que a significação das relações sociais no interior de uma rede responde ao ímpeto imediato dos modeladores individuais ou grupais, criando fluxos e contra-fluxos, embates e alianças, reconfigurações e adaptações, o poder em movimento nas redes e sua distribuição pelas vias relacionais e suas expressões, que são compreendidos subjetivamente, podem ser interpretados das mais variadas formas. Para o ouvinte atento o silêncio é loquaz.

Além disso, esse episódio revela uma alteração dos modos de relação social dos etnólogos alemães com as instituições brasileiras. Enquanto a presença de von den Steinen foi tratada de maneira celebratória pelas instituições – a começar pelo próprio imperador, que tinha seus interesses em fomentar sua relação com intelectuais europeus –, de modo que o americanista alemão recebeu desde suporte material até devotamento jornalístico, ao longo das décadas, as instituições brasileiras tornaram-se mais autônomas no que concerne às intencionalidades de pesquisadores estrangeiros, a ponto de admitir a recusa das relações. Para os americanistas, as instituições estrangeiras eram parceiras importantes – tanto é que essas parcerias eram constantemente nutridas –, e as brasileiras não eram uma exceção; contudo, do ponto de vista das instituições brasileiras, naquela altura os europeus não tinham muito para oferecer.

Assim, ao mesmo tempo que o etnólogo buscava fortalecer seus laços com intelectuais brasileiros, com o intuito de salvar o projeto americanista alemão, a etnologia americanista europeia se reestruturava. Essa reestruturação, para a qual ele também contribuiu imensamente, configurou um novo centro de investigação americanista e influência até o advento do estruturalismo de Lévi-Strauss: a Suécia.

"Novos tempos, novas formas": o Congresso de Americanistas de 1924

Depois de ter empreendido três expedições para a América do Sul antes de completar 30 anos de idade e de ter trabalhado com Stolpe no Museu de História Natural de Estocolmo, Erland Nordenskiöld obteve um cargo no Museu de Gotemburgo (Imagem 86). Ele, que estava em contato com os americanistas alemães desde o início de sua carreira e fora criticado por conta de sua formação em ciências da natureza, migrava, na época de sua mudança para Gotemburgo, para a etnografia.[106] Ele próprio reconheceu que suas expedições apresentaram resultados etnográficos insuficientes. A expedição ao Chaco não teve um trabalho de campo mais prolongado, confessou a Koch-Grünberg, "parcialmente porque eu era muito jovem e muito burro e parcialmente porque naquela época eu era 90% zoólogo". Daquela época em diante, ele se dedicaria, no entanto, "exclusivamente à etnografia e arqueologia e possivelmente à coleta de fósseis de mamíferos".[107]

Imagem 86 – Erland Nordenskiöld (ano desconhecido).

Durante essa transição epistemológica, Nordenskiöld conseguiu estabelecer uma rede de contatos com os americanistas alemães, que durará até sua morte, em 1932, e alimentar um vívido interesse de seus colegas em seu trabalho. Em 1905, um pouco depois de ter avisado seu então pupilo Koch--Grünberg que Nordenskiöld intencionava percorrer um território adjacente ao dele, von den Steinen considerou visitar o etnólogo sueco em nome do Museu de Berlim, mas também por interesse próprio.[108] Um ano antes, eles se encontraram em Berlim, e, em 1910, von den Steinen viajou à Suécia para ver seu colega.[109] O antropólogo físico Georg Buschan perguntou a Koch-Grünberg se ele sabia ler sueco, para auxiliá-lo a ler as obras de Nordenskiöld.[110] Apesar disso, ele publicou dois artigos em alemão, língua que falava, na revista *Globus*, em 1905 e 1908.[111]

Os americanistas alemães também acompanharam a expedição de Nordenskiöld para a Bolívia, em 1908-1909, com muito interesse. Von den Steinen novamente pediu o plano de viagem, e Koch-Grünberg escreveu a colegas na Alemanha e no exterior pedindo informações sobre a situação do etnólogo sueco.[112] Ele voltou da Bolívia com uma coleção etnográfica composta de milhares de objetos, cujo objetivo era "prover uma imagem completa da vida indígena", possibilitando aos visitantes do museu ter "uma visão mais profunda da vida dos povos primitivos (*naturfolk*)".[113]

Um ano após retornar, ele já planejava uma turnê de palestras pela Alemanha, inclusive no Museu de Etnologia de Hamburgo, a convite de seu diretor, Georg Thilenius.[114] Apesar do sucesso de sua viagem, Nordenskiöld planejava trabalhar por três anos em suas coleções e então voltar ao campo.[115] Em 1911, a editora Strecker & Schröder, pela qual também saiu a monografia *Zwei Jahre*, de Koch-Grünberg, começou a traduzir a obra *Indianlif i El Gran Chaco (Syd-Amerika)* (*Vida indígena no Gran Chaco (América do Sul)*).[116] No ano seguinte, o livro foi publicado.[117] Como planejado, em 1913, Nordenskiöld novamente partia da Suécia para uma expedição na Bolívia, mas antes disso ele obteve o cargo como diretor da seção etnográfica do pequeno Museu de Gotemburgo.

Quando Nordenskiöld aceitou o cargo naquele museu municipal, já estava intimamente conectado com a etnologia e museologia alemãs e estava consciente do debate público e intelectual sobre os propósitos pedagógicos dos museus, que ocorria na Europa e nos Estados Unidos.[118] O que transformou aquele "gabinete de curiosidades", como Christer Lindberg se refere ao museu no início do século XX, em um dos museus etnológicos mais importantes do mundo era a competência do americanista sueco em administrar conhecimentos etnológicos e museológicos, estabelecer uma rede de contatos científicos e perceber as mudanças epistemológicas no seu campo de ação.[119] Assim, depois que retornou da Bolívia em 1914, ele empreendeu no museu um "ambicioso programa de coleta, negociação e aquisição" de coleções etnográficas, transformando o museu em um dos mais especializados do mundo no que tange às culturas indígenas da América do Sul.[120]

Ao menos até a década de 1920, Nordenskiöld permaneceu profundamente conectado com a etnologia alemã.[121] Segundo Lindberg, uma importante influência era a antropogeografia de Ratzel.[122] Muitas das investigações dele estavam em consonância com as pesquisas alemãs, como seu foco em etnografias historicamente orientadas, a ênfase no estudo da cultura material e a promoção do entendimento da relação entre condicionantes naturais e mudanças culturais.

Logo depois que o etnólogo sueco assumiu o posto no Museu de Gotemburgo, ele fez outra turnê de palestras pela Alemanha.[123] Em 1916, obteve um doutorado honorário na Suécia por causa dos seus serviços pelos estudos americanistas.[124] A Primeira Guerra Mundial impediu que ele visitasse a Alemanha, mas não interrompeu sua comunicação com os colegas alemães. Durante a guerra, ele trocou centenas de fotografias de povos indígenas e objetos etnográficos com o Museu de Antropologia de Berlim e o Linden Museum de Stuttgart, recebeu desenhos de objetos feitos por ilustradores alemães, trocou publicações, e assim por diante.[125] Alguns dos seus colegas, como Koch-Grünberg e Fritz Krause, tornaram-se seus amigos, e, durante a guerra e a depressão econômica subsequente, ele enviou pacotes com mantimentos para eles.[126]

Em suma, em uma década, Nordenskiöld não apenas transformou completamente o Museu de Gotemburgo, mas também fortaleceu suas conexões com instituições alemãs e seus americanistas e se tornou uma referência para eles, além de colocar o Museu de Gotemburgo no mapa e criar uma rede para ele. Como consequência, não apenas sua obra e seu museu atraíam atenção, mas também outros etnólogos suecos, como Rafael Karsten e Gustav Bolinder.[127] Conforme correspondência de Max Schmidt, o mesmo valia para territórios. O Museu de Berlim tinha interesse em receber peças etnográficas das "regiões que se tornaram tão conhecidas através das suas atividades de pesquisa".[128]

Ao lado da Alemanha, a Suécia se tornava uma referência para os estudos americanistas. Nesse contexto, localiza-se a intenção de Koch-Grünberg em realizar uma turnê de palestras pelo país em 1922, ou seu pedido a Nordenskiöld para que ele escrevesse resenhas de suas obras em inglês ou sueco.[129] Com o auxílio de sua esposa paraguaia de ascendência dinamarquesa, Max Schmidt lia as obras de Nordenskiöld no idioma original.[130] Fritz Krause estava aprendendo sueco, "pois eu acredito que os suecos fizeram um grande esforço no campo de pesquisa americanista nos últimos anos, e que nos faltam importantes fontes se não sabemos ler as obras suecas".[131]

Nos anos seguintes à guerra, contudo, Nordenskiöld começou a se afastar, do ponto de vista teórico, da etnologia alemã e estendeu sua influência em direção à França, aos Estados Unidos e ao Brasil. Ele privilegiou publicações

ASCENSÃO E DECLÍNIO DA ETNOLOGIA ALEMÃ (1884-1950)

em inglês e francês, para alcançar públicos fora da Alemanha.[132] Estabeleceu contato mais aprofundado com Rivet e, através de sua assistência, empreendeu sua primeira turnê de palestras pela França em 1922.[133] Ele também intencionou publicar uma obra teórica em francês, a qual, contudo, nunca foi traduzida.[134] Nesse contexto, inseriu-se também o financiamento das pesquisas de Nimuendajú.

De acordo com H. Glenn Penny, no final do século XIX, os museus etnológicos alemães tinham adquirido um volume tão grande de coleções etnográficas, que seus diretores e curadores eram incapazes de montar exibições ordenadas e significativas.[135] Essa situação piorou na virada do século, uma vez que os museus continuavam adquirindo coleções e, assim, à época do início da Primeira Guerra Mundial, os museus etnológicos alemães perderam muito de sua influência no cenário museológico internacional. Nordenskiöld, enquanto diretor da seção etnográfica do Museu de Gotemburgo, também refletia sobre os propósitos dos museus, de suas exposições e das metodologias envolvidas. Ele então sugeriu que os museus "devessem ser práticos, fáceis e baratos, com grandes áreas de armazenagem e espaços funcionais de exibição".[136] Em outras palavras: ele aplicava no Museu de Gotemburgo o exato oposto do que via nas suas visitas a museus alemães, cujos diretores estavam constantemente demandando prédios monumentais para armazenar as gigantescas e confusas coleções.[137]

Tal como seus colegas alemães, Nordenskiöld precisou lidar com a vertente americanista da doutrina dos círculos culturais (*Kulturkreislehre*), desenvolvida por Graebner e adaptada pelo padre Wilhelm Schmidt. Em carta datada de 1919, Koch-Grünberg tranquilizou seu amigo sueco ao dizer que ele não deveria se preocupar em ser considerado um difusionista. A teoria de Graebner "não tem uma reputação boa entre nós sul-americanistas. Seu método, no entanto, é absolutamente impecável e completamente diferente do dele".[138] Alguns anos mais tarde, Nordenskiöld recusou um convite para participar de um colóquio em Munique sobre a doutrina dos círculos culturais, "protestando vividamente contra uma avaliação exclusiva da perspectiva a respeito de se meu trabalho cabe ou não nas teorias de certos senhores".[139]

Ainda durante a guerra, ele começou a contemplar a ideia de organizar um congresso de americanistas para ser sediado na Suécia.[140] O último Congresso dos Americanistas ocorrera em 1915, em Washington, capital dos Estados Unidos. Ao tecer comentários naquele ano sobre o evento, von den Steinen apontou a Boas que aquele seria certamente o último congresso

547

durante muito tempo, uma vez que sua marca primordial era a internacionalidade. Seria preciso, pois, acostumar-se com a transformação da esfera científica e esperar pela retomada dos vínculos formados pelos americanistas: "Novos tempos, novas formas".[141]

Quando Rivet, logo após a guerra, incumbiu Nordenskiöld de organizar o evento em um país que tivesse sido neutro durante a guerra, ele imediatamente se ocupou com isso.[142] A ideia original era sediar o congresso em 1921 na Suécia, mas a delegação brasileira já havia se candidatado para sediar o evento.[143] Rivet chegou a escrever a Capistrano de Abreu e Roquette-Pinto "para explicar-lhes que dentro de alguns anos a ida de cientistas europeus ao Brasil é impossível em razão do preço do transporte e do câmbio. De outro ponto de vista, o Brasil me parece má escolha: não era um país neutro no grande conflito".[144] Mas, uma vez que a data coincidia com a celebração do centenário da independência, era impossível convencer os organizadores brasileiros a abdicar do encontro de americanistas, para a frustração da comunidade europeia, que assim se viu excluída.[145]

Assim, o americanista sueco começou a organizar o congresso para que ocorresse em Gotemburgo em 1923, posteriormente atrasado para agosto de 1924.[146] Para auxiliá-lo com a organização, ele formou comitês regionais, sendo que o alemão foi presidido, entre outros, por Koch-Grünberg.[147] Rivet na França e Boas nos Estados Unidos tiveram participação fundamental na organização do evento.[148] Rivet e Koch-Grünberg precisaram administrar opiniões contrárias à organização do congresso. Em 1920, Walter Lehmann já havia se oposto à ideia de um evento internacional dessa magnitude ocorrer na Europa, por acreditar que fosse cedo demais.[149] Karl von den Steinen, que ainda era um dos grandes nomes da etnologia americanista, recusou participar, alegando que os franceses demoraram muitos anos para se reconciliar com os alemães após a guerra franco-prussiana de 1870-1871.[150] Posteriormente ambos mudaram de opinião e foram para Gotemburgo. Georg Friederici recusou compartilhar o mesmo cômodo com seus antigos inimigos, e Arnold van Gennep achou que o congresso deveria ocorrer em Paris.[151] Ainda assim o evento foi estabelecido, e dividido em duas partes. A primeira ocorreu em Den Haag, nos Países Baixos, e reuniu especialistas em América do Norte e regiões polares. A segunda parte ocorreu em Gotemburgo, na Suécia, e compreendeu a América do Sul.

Para a viagem à Suécia, etnólogos alemães em dificuldades financeiras, como Karl von den Steinen e Caecilie Seler-Sachs, que ficara viúva em 1922, obtiveram auxílio financeiro, bem como jovens pesquisadores, tal como o auxiliar de Max Schmidt.[152] O congresso foi um sucesso científico, com mais de 80 apresentações, inclusive a de Alfred Métraux (1902-1963), que também era próximo de Nordenskiöld.[153] Lindberg revela que, durante a conferência, o etnólogo sueco "parecia estar em todos os lugares ao mesmo tempo", sendo solícito, guiando grupos pelo museu e mostrando "orgulhosamente" as recém-adquiridas coleções arqueológicas de Nimuendajú na Amazônia.[154] O congresso foi amplamente divulgado em jornais suecos, e contou até mesmo com a participação do príncipe herdeiro (Imagem 87).[155]

Imagem 87 – Jornal local retratando Martin Gusinde, Max Schmidt e Walter Lehmann (1924).

Na interpretação de Christine Laurière, até 1924 a internacionalização da etnologia foi resultado de alguns indivíduos que uniram suas forças para reestabelecer a sociabilidade científica no pós-guerra.[156] Assim, de uma perspectiva científica, ao sediar o congresso em um país neutro, e contando com a participação de etnólogos de diversas nacionalidades, uniram-se os laços dos americanistas interessados em estreitar relações científicas. O Congresso Americanista consolidou relações em progressivo estreitamento (como aquelas entre Rivet, Nordenskiöld e Boas, por exemplo) e expôs para a comunidade etnológica europeia pesquisas recentes, como as de Nimuendajú, além de estabelecer novos projetos intelectuais, como o *Handbook of South American Indians*.[157] De uma perspectiva política, esse congresso também representou a reunião de uma categoria profissional, que, na década anterior, sofrera os impactos danificadores da guerra. O encontro de Rivet e von den Steinen representava a unidade dos cientistas, sobressaindo às diferenças de nacionalidade e aos conflitos em que seus países se envolveram; representava o ideal de uma ciência cosmopolita, cujos esforços diplomáticos poderiam ensinar aos governantes europeus a lição de uma convivialidade pacífica. No entanto, a importância de Nordenskiöld e do Museu de Gotemburgo demonstram uma reelaboração na configuração do americanismo internacional, e o etnólogo sueco estava ciente disso. O congresso foi sediado num centro de pesquisa que ele estabeleceu, e, ao mostrar orgulhosamente seu museu, estava também apresentando os resultados do trabalho da sua vida e suas múltiplas habilidades como etnógrafo, curador, diretor e teórico, revelando sua liderança regional no âmbito do americanismo e da museologia. Ele não deixou de fazer um autoelogio. Porém, mais do que contribuir decisivamente para a restauração da rede internacional de cientistas, ao promover as relações que originaram o congresso e então organizando-o, sediando-o e sendo seu principal anfitrião, Nordenskiöld demonstrava para a comunidade americanista que o restabelecimento da rede somente poderia ocorrer através dos seus esforços e da sua liderança – novos tempos, novas formas, como previsto por von den Steinen. Etnólogos franceses e alemães precisaram deixar a Europa continental e se deslocar até a Escandinávia para restaurar suas relações. No momento em que etnólogos de diferentes nacionalidades foram fotografados reiniciando suas conexões, Nordenskiöld criava um símbolo de longa duração.

En garde: em defesa da etnografia

Na década de 1920, Koch-Grünberg não apenas tentava obter fundos para a publicação de seus livros e buscava o restabelecimento de sua rede internacional, como ainda precisava sustentar seu próprio método etnológico. Ele já publicara livros sobre petróglifos, arte, etnografia, mitos e atlas com imagens antropológicas. Sua gigantesca monografia *Vom Roraima zum Ori-*

noco seria composta de cinco volumes. O primeiro, que contém a descrição da viagem, foi lançado em 1917. Após a guerra, ele conseguiu verbas para publicar mais alguns volumes. Em 1923, lançou o terceiro volume, *Ethnographie*, uma análise etnográfica da cultura material e imaterial, e o quinto, o *Typen-Atlas*.[158] No ano seguinte, ele publicou o segundo volume, sobre mitos e lendas dos Taurepang.[159] O quarto volume, sobre línguas, saiu apenas em 1928 e foi organizado por Elsa Koch-Grünberg, que também escreveu o prefácio.[160] O volume sobre o relato de viagem foi dedicado ao "amigo dos índios" Erland Nordenskiöld, e aquele sobre mitos a "meu venerado professor" Karl von den Steinen. Paul Rivet foi homenageado no livro sobre línguas, e Paul Ehrenreich naquele contendo o atlas de tipos físicos. As homenagens revelam tanto as afinidades intelectuais e afetivas do autor quanto a linhagem na qual ele queria se inserir.

Ainda que o conceito de etnologia que sustenta a divisão de conteúdo e que a publicação de cinco volumes encontrem lastro na carreira pregressa de Koch-Grünberg, quando de seu preparo e lançamento, ele viu sua relevância ser confrontada por colegas. Isso indica a resolução das transformações da etnologia em âmbito mundial, que tornou, se não obsoleta, ao menos questionável, a fundamentação epistemológica dos pupilos de Bastian. Em abril de 1921, o americanista escreveu a Karl Weule pedindo que intercedesse por ele na Notgemeinschaft der deutschen Wissenschaften (Comunidade de Emergências das Ciências Alemãs) para angariar fundos para publicar o terceiro e o quinto volumes.[161] Na sua resposta, Weule apontou que ele era avaliador para a área de etnologia e que recomendaria a publicação do volume etnográfico do colega. No que diz respeito ao atlas de tipos, no entanto, ele seria avaliado pela comissão de antropologia física, formada por Rudolf Martin (1864-1925) e Eugen Fischer. Ele não saberia adiantar o julgamento deles, mas acreditava pessoalmente que o colega "deveria reduzir intensamente o número de imagens significativamente grande de grupos e de tipos. Quando eu olho as publicações mais recentes, eu não supero o fato de que todas essas fotos mostram em princípio a mesma coisa". Weule sugeriu que as partes de etnografia e antropologia fossem unificadas. Por fim: "O que saiu até agora dessas infinitas imagens de tipo, e o que sairá das suas outras 180 imagens? Presumivelmente tão pouco quanto das longas séries até agora".[162] O americanista alemão fez uma defesa contundente da importância de seu trabalho, e reveladora no que diz respeito à posição da antropologia física na sua obra e à sua autoimagem: "O senhor considera essas 'infinitas imagens de tipos' sem valor. Os antropólogos provavelmente dirão o mesmo, porque eu não fiz medições. Outras pessoas talvez pensem diferente sobre isso. Em algumas décadas, não sobrará muita coisa desses povos, então talvez se fique feliz que existam algumas boas imagens deles". E concluiu:

> Em princípio eu sou apenas um simples americanista, um especialista. Certamente meus trabalhos encontram no exterior, na França e na América, mais receptividade do que com meus colegas alemães, que montam cada vez mais "Métodos da antropologia" e com isso se armam até os dentes. Quem, afinal de contas, lhes traz o material para seus "métodos"? Pois somos nós com nosso trabalho meticuloso. Estou convencido de que, quando as futuras gerações tiverem superado há muito esses métodos que estão na ordem do dia, elas ainda ficarão contentes e gratas que nós "etnólogos de campo" reunimos esse material e o tornamos disponível ao público.[163]

Essa discussão evidencia não apenas que a etnologia se transformou de tal maneira em uma década, que uma de suas antigas bases se tornou antiquada, mas também que, para Koch-Grünberg, a fotografia de tipos indígenas não estava a serviço da antropologia física, mas da etnografia. Se o objetivo desta é reportar a diversidade cultural como contribuição para a estatística dos pensamentos elementares, e assim auxiliar a compreender o espírito humano, então a fotografia de tipos visa ilustrar fenotipicamente a diferença cultural. Ele intencionava que futuramente os interessados pudessem não apenas ter acesso aos dados etnológicos, mas visualizar quem eram as pessoas reais sobre as quais as etnografias versam. Nesse sentido, o americanista deu um significado completamente novo à fotografia antropológica: em vez de atestar a existência de raças humanas e contribuir para teorias pseudocientíficas que propunham a superioridade de uma delas, em sua obra a fotografia tinha a intenção de individualizar os povos e mostrar que essas pessoas existiam de verdade. A controvérsia também revela o motivo e a relutância do autor pelas teorizações: as teorias são efêmeras e serão superadas em algum momento, mas as boas e honestas etnografias são perenes.

Depois da Primeira Guerra Mundial, não foram poucas as vezes em que as relações sociais de caráter científico adquiriram conteúdo político. O crescente antissemitismo infectou vários estabelecimentos culturais, científicos e educacionais. Um parágrafo do novo regimento da corporação estudantil *Darmstadtia* da cidade de Gießen obrigava novos membros a provar a ausência de ascendência judia. Koch-Grünberg, que era seu integrante havia anos e até apresentou diversas palestras ali, se manifestou terminantemente contra essa cláusula, que ele julgou desnecessária, prejudicial e de um "antissemitismo estúpido".[164] Ele ainda afirmou que jamais compartilharia desse "ponto de vista pangermânico-nacionalista". A seu amigo Karl Mansfeld, ao comentar sobre um pesquisador alemão antissemita, ele vociferou: "Esse antissemitismo alemão de bode expiatório é idiota demais. No exterior eles riem disso".[165] Para ele, o antissemita é o "representante mais demente de uma orientação intelectual ou política".[166] Continuamente o americanista precisava se afirmar como socialista e militante pacifista; e as desavenças com colonialistas e antissemitas invadiam cada vez mais seu âmbito profissional.

Em 1917, o americanista contratou uma assistente. Em 1915, Marianne Schmidl (1890-1942) tornou-se a primeira mulher a obter um doutorado em antropologia na Áustria, com uma tese que versou sobre etnomatemática entre povos africanos.[167] Após passar pelo Museu de Berlim, Schmidl iniciou sua ocupação como assistente na seção americanista do Museu Linden e logo em seguida na africanista.[168] Seu diretor recebeu amplas congratulações pela contratação, porque Schmidl era uma profissional altamente capacitada para o trabalho museal.[169] Karl Weule, no entanto, apesar de não ter relação alguma com o assunto, ironizou a contratação do colega, dizendo que ele havia sido "vencido pela população feminina" e advertiu que mulheres não deveriam assumir posições de liderança. O americanista replicou, em uma carta duríssima, que constatou que assuntos administrativos concernentes ao museu não são de interesse alheio e que a "srta. dra. Marianne Schmidl" não tem posição de liderança no museu, mas é sua assistente. Por fim, "assim que alguém me toca com a espada, para mim isso significa imediatamente como se diz na bela e antiga canção de estudantes de Gießen: lâminas ao alto".[170]

A violenta crise financeira atingiu também o Museu Linden. Koch--Grünberg precisou demitir vários funcionários, e, em 1920, Marianne Schmidl também teve seu contrato rescindido, a contragosto do americanista, para quem, "ao lado de boa educação e boa formação, ela é uma pessoa corajosa e um bom camarada na cooperação".[171] Ele tentou convencer a direção da Württembergischer Verein für Handelsgeographie (Associação de Geografia Comercial de Württemberg), a instituição que administrava o Linden Museum, a reverter os cortes, porque, com um número ainda menor de funcionários, a situação se tornaria insustentável, mas não obteve êxito.[172] Após a dispensa de Schmidl, ele enviou correspondências a alguns de seus mais influentes colegas pedindo um cargo para ela: Leo Frobenius, Erland Nordenskiöld, Walter Lehmann, Felix von Luschan e L. Schermann.[173] Até mesmo um colega mais distante, o etnógrafo sueco conde Eric von Rosen, foi questionado. Von Rosen se tornaria conhecido na década seguinte por ser cunhado de Hermann Göring (1893-1946), um dos homens mais importantes do maquinário nazista, e por ter sido o principal apoiador do nazismo na Suécia, até se abster em 1938. Koch-Grünberg ainda escreveu ao padre Wilhelm Schmidt, e foi através dele que ela conseguiu um cargo na Biblioteca Nacional de Viena em 1922.[174] Marianne Schmidl permaneceu nessa função até 1938, quando foi submetida ao mesmo destino que outros milhões de judeus: presa, deportada a um campo de concentração e assassinada em 1942.[175]

No final de 1922, Koch-Grünberg finalmente conseguiu uma oportunidade para empreender uma nova expedição pela América do Sul. O geógrafo e explorador norte-americano Hamilton Rice, com quem ele estava em contato havia vários anos, convidou-o para ser membro de sua equipe que exploraria a região do Rio Orinoco.[176] Nos 15 meses seguintes, os planos com Rice foram delineados, e o americanista alemão realizou os preparativos de viagem, como aquisição de material e equipamento e contratação de um ajudante de pesquisa, sr. Dengler. Koch-Grünberg lideraria uma frente oriental de pesquisa. Ele convidou seu velho amigo, o engenheiro e etnógrafo venezuelano Alfredo Jahn, para liderar a segunda.[177] Além deles, Antonio Garrido y Otero, filho de Don Germano, foi contratado.[178]

Em junho de 1923, nasceu sua filha Ursula. Com seis meses de idade, ela precisou ser internada por causa de uma infecção no olho.[179] Permaneceu no hospital por alguns meses, perdeu a visão do olho direito, que foi cirurgicamente removido, mas o outro foi salvo.[180] Ela se recuperou e, mesmo com um olho só, se tornou uma criança alegrinha. Karl von den Steinen lembrou a seu aluno que seu primo Wilhelm também era cego de um olho desde a escola e que viveu bem até então – participou das expedições ao Xingu e era desenhista.[181]

Além de parte dos preparativos de viagem, nesse período o americanista ainda se ocupou em obter estabilidade profissional para após seu regresso, uma vez que a situação financeira do museu se agravava. O americanista foi sugerido para professor na área de etnologia na Universidade de Berlim e diretor-geral do Museu Etnológico dessa cidade, cargo para o qual Weule e Thilenius também foram cogitados.[182] Ele tentou obter em vão uma cátedra de antropologia na Universidade de Heidelberg.[183] Em outubro de 1922, Luschan entregara o cargo de docente na Universidade de Berlim por ter atingido o limite de idade.[184] Ele então ofereceu seu cargo diretamente a dois antropólogos físicos protonazistas: primeiramente a Eugen Fischer, que re-

ASCENSÃO E DECLÍNIO DA ETNOLOGIA ALEMÃ (1884-1950)

cusou o convite, e depois a Otto Reche, que assumiu as cadeiras de antropologia e etnologia na Universidade de Viena.[185] Assim, a cátedra de antropologia física de Luschan foi transformada em uma de etnologia.[186] Koch-Grünberg acabou por aceitar as duas vagas, no museu e na universidade, não por "ambição", mas por "consideração pela minha família".[187] Não lhe sobrara mais nenhuma outra opção. Ambos os cargos, o de diretor-geral do Museu de Etnologia de Berlim e o de professor na universidade, deveriam ser ocupados apenas depois da viagem.

Em março de 1924, ele foi dispensado do cargo de diretor do Museu Linden de Stuttgart. A instituição administradora do museu não pretendia contratar outro diretor, mas delegar suas funções ao curador, sr. Fischer.[188] O etnólogo alemão concordou em romper contratualmente com o museu em outubro, mas precisava desocupar a casa fornecida pela administração.[189] Sua intenção era que Elsa e seus filhos se mudassem para seu estado natal, Hessen. Como ele não possuía os meios para adquirir uma casa, pediu a Rice que não pagasse seguro de vida, mas, em vez disso, lhe fornecesse os recursos financeiros para a compra de um lar.[190] Rice não aceitou a proposta, mas prometeu auxílio para sua família.[191]

Em 12 de junho de 1924, Koch-Grünberg e Dengler viajaram para Londres, de onde embarcaram ao Brasil no mesmo navio que Felix Speiser, a caminho de sua expedição entre os Aparai.[192] A linha Hamburgo-América do Sul, utilizada até então para tantas expedições americanistas, deixara de existir.[193] Em 7 de julho, eles chegaram a Manaus, onde Koch-Grünberg se encontrou com Huebner, seu amigo de longa data, que novamente fez alguns retratos dele (Imagem 88).

Ainda no início da expedição, o cientista sóbrio foi acometido por um forte ataque de malária e, pela falta de atendimento veloz, faleceu em 8 de outubro de 1924, em Vista Alegre.[194] Elsa Koch-Grünberg se mudou com seus filhos para Gießen, onde a irmã do marido morava com sua família.[195]

A RECONFIGURAÇÃO DO AMERICANISMO INTERNACIONAL (1918-1924)

Imagem 88 – Koch-Grünberg com pássaro na mão (1924).

Notas

1. Hobsbawm, 1995, pp. 22, 128.
2. Remarque, 1975 [1931], p. 16.
3. Fritz Krause a Theodor Koch-Grünberg, 04.11.1918, ES Mr, A25, K; "[...] sorgfältig vorbereit." Fritz Krause a Theodor Koch-Grünberg, 04.10.1919, ES Mr, A27, K.
4. Fritz Krause a Theodor Koch-Grünberg, 06.01.1919, ES Mr, A27, NO.
5. Fritz Krause a Theodor Koch-Grünberg, 31.03.1919, ES Mr, A27, NO; Fritz Krause a Theodor Koch-Grünberg, 11.06.1919, ES Mr, A27, NO.
6. Fritz Krause a Theodor Koch-Grünberg, 17.02.1919, ES Mr, A27, NO.
7. "Die riesigen Fortschritte des Bolschewismus sind selbstverständlich und unvermeidbar." Karl von den Steinen a Erland Nordenskiöld, 19.02.1919, GU.
8. Paul Rivet a Theodor Koch-Grünberg, 04.07.1922, ES Mr A33, R.
9. "Ihr Aufenthalt in Deutschland (abgesehen von Bayern, dessen Einwohner zum Teil unter einer allgemeinen politischen Psychose leiden) würde für Sie keine Schwierigkeiten haben." Theodor Koch-Grünberg a Paul Rivet, 20.07.1922, ES Mr A33, R.

ASCENSÃO E DECLÍNIO DA ETNOLOGIA ALEMÃ (1884-1950)

[10] Theodor Koch-Grünberg a João Capistrano de Abreu, 06.01.1920, ES Mr A28, C.

[11] João Capistrano de Abreu a Theodor Koch-Grünberg, 08.07.1913, ES Mr A16, C.

[12] João Capistrano de Abreu a Theodor Koch-Grünberg, 08.07.1913, ES Mr A16, C.

[13] Christino, 2006, p. 123.

[14] João Capistrano de Abreu a Theodor Koch-Grünberg, 04.06. 1914, ES Mr A 16, C.

[15] Teodoro Sampaio a Theodor Koch-Grünberg, 01.08.1914, ES Mr A17, S.

[16] "Die Verbindung mit meinen brasilian. Freunden und Kollegen ist mir jetzt besonders wertvoll, da der furchtbare Krieg so viele internationale Beziehungen in unserer schönen Wissenschaft unterbrochen hat." Theodor Koch-Grünberg a Teodoro Sampaio, s/d., ES Mr A17, S.

[17] Eduard Seler a Theodor Koch-Grünberg, 09.03.1915, ES Mr A17, H.

[18] J. Huber a Theodor Koch-Grünberg, 12.07.1915, ES Mr A19, H.

[19] Sanjad, 2019.

[20] Eduard Seler a Theodor Koch-Grünberg, 09.03.1915, ES Mr A17, H.

[21] "Nim. ist ein grosser Indianerfreund und ausserordentlich geschickt im Verkehr mit Indianern." Theodor Koch-Grünberg a Erland Nordenskiöld, 22.01.1917, ES Mr A23, N.

[22] "Ist er Reichsdeutscher? Ich wüsste gern näheres über ihn, denn er interessiert mich in hohem Masse, da er eine ganz aussergewöhnliche ethnographische Begabung hat. Er hat im Anfang des Krieges mehrere wertvolle Beiträge in die 'Zeitschr. f. Ethn.' geliefert, darunter die lange, inhaltlich und stilistisch gute Abhandlung 'Die Sagen von der Erschaffung und Vernichtung der Welt als Grundlagen der Religion der Apopocuva-Guarani' (46. Jahrg. 1914)." Theodor Koch-Grünberg a Clemens Brandenburger, 13.07.1920, ES Mr A23, B.

[23] Clemens Brandenburger a Theodor Koch-Grünberg, 28.08.1920, ES Mr A23, B.

[24] "[...] starkes Band verbindet, die Zuneigung zu dieser armen braunen Menschheit." Theodor Koch-Grünberg a Curt Nimuendajú, 07.12.1915, ES Mr A19, N.

[25] Theodor Koch-Grünberg a Paul Rivet, 01.11.1920, ES Mr A29, N.

[26] Max Schmidt a Theodor Koch-Grünberg, 07.09.1920, ES Mr A29, Sch.

[27] "Ein mit aussergewöhnlicher ethnographischer Forschungsgabe ausgestatteter Deutschbrasilianer, Curt Unkel oder Curt Nimuendajú, wie er sich meistens mit seinem indianischen (Guarani) Adoptivnamen nennt [...]." "[...] hat trotzdem jede Gelegenheit benutzt, seine Forschungen zu vervollständigen." Theodor Koch-Grünberg a Wilhelm Schmidt, 13.09.1920, ES Mr A29, Sch.

[28] Theodor Koch-Grünberg a Curt Nimuendajú, 23.09.1920, ES Mr A29, N.

[29] Curt Nimuendajú a Theodor Koch-Grünberg, 28.06.1920, ES Mr A29, N; Nimuendajú, 1919-1920; 1921-1922; 1923-1924; 1928; 1929. Os Xipaya são falantes de uma língua Juruna.

[30] Os textos de Nimuendajú sobre os Xipaya foram recentemente traduzidos por Peter Schröder, cf. Schröder (org.), 2019. Na apresentação do livro, o autor descortina de forma pormenorizada e elegante o contexto da pesquisa entre esse povo indígena, bem como os percalços dos artigos, desde seu envio à Alemanha até a sua publicação na revista *Anthropos*.

[31] "[...] kehre ich reumuettig dahin zurueck wo ich hergekommen bin: Nach Deutschland? – Nee, aber nach São Paulo, und wenn ich dort auch mit wenig mehr als nichts ankommen." Curt Nimuendajú a Theodor Koch-Grünberg, 10.02.1921, ES Mr A31, N.

[32] "Dass Sie, der erfahrene Fachmann diesen bescheidenen Leistungen des Dilletanten solches Interesse entgegenbringen ist fuer mich sehr ermutigend." Curt Nimuendajú a Theodor Koch-Grünberg, 28.10.1921, ES Mr A31, N.

[33] A apreciação do trabalho de Nimuendajú pelos seus conterrâneos também foi apontada por Schröder (org.), 2019, pp. 14-15.

A RECONFIGURAÇÃO DO AMERICANISMO INTERNACIONAL (1918-1924)

[34] "[...] im Dienst nicht Leute braucht die Eigenheiten der Indianer studieren [...] einzig richtige Erkenntnis doch nur auf dem Weg des Auguste-Comte'schen Positivismus kommen kann nicht aber durch 'deutsche Metaphysik'." Curt Nimuendajú a Theodor Koch-Grünberg, 18.05.1915, ES Mr A19, N.

[35] Curt Nimuendajú a Theodor Koch-Grünberg, 20.07.1920, ES Mr A29, N.

[36] "[...] es wäre mir leid, wenn diese Geistesarbeit der Deutschen gerade in amerikanische Hände fiel [...]." Theodor Koch-Grünberg a Curt Nimuendajú, 07.12.1915, ES Mr A31, N.

[37] Theodor Koch-Grünberg a Curt Nimuendajú, 19.09.1922, ES Mr A33, N.

[38] "[...] aber vorläufig ist es unmöglich. Ich gebe jedoch die Hoffnung nicht auf, Ihnen eines Tages dort die Hand drücken zu können." Koch-Grünberg a Curt Nimuendajú, 12.03.1922, ES Mr A33, N.

[39] Felix Speiser a Theodor Koch-Grünberg, 07.10.1919, ES Mr A27 S; Felix Speiser a Theodor Koch-Grünberg, 15.11.1921, ES Mr A31 S; Felix Speiser a Theodor Koch-Grünberg, 07.10.1919, ES Mr A27 S; Felix Speiser a Theodor Koch-Grünberg, 30.11.1922, ES Mr A35 Sch.

[40] Theodor Koch-Grünberg a Felix Speiser, 04.03.1923, ES Mr A35 Sch.

[41] Felix Speiser a Theodor Koch-Grünberg, 07.12.1923, ES Mr A35 Sch.

[42] Theodor Koch-Grünberg a Felix Speiser, 08.01.1924, ES Mr A37 S.

[43] "[...] reiselustig." Felix Speiser a Theodor Koch-Grünberg, 07.12.1923, ES Mr A35 Sch.

[44] "Ich möchte Ihnen dringend raten, das ernsthafte Anerbieten, das er Ihnen durch mich machen lässt, anzunehmen und sich umgehend dazu zu äussern." Koch-Grünberg a Curt Nimuendajú, 29.10.1923, ES Mr A35, N.

[45] "[...] herkulische, schöne Menschen, die, glaube ich, ihre Rasse ziemlich rein bewahrt haben." "[...] bevor die Missionare alles verdorben haben." Koch-Grünberg a Felix Speiser, 30.10.1923, ES Mr A35, Sch.

[46] Curt Nimuendajú a Theodor Koch-Grünberg, s/d., ES Mr A37, N.

[47] "Ich schätze Sp. als Mensch, Freund und Forscher sehr und möchte ihn deshalb vor Misserfolgen möglichst bewahren." Theodor Koch-Grünberg a Curt Nimuendajú, 10.03.1924, ES Mr A37, N.

[48] Curt Nimuendajú a Theodor Koch-Grünberg, s/d., ES Mr A37, N.

[49] Theodor Koch-Grünberg a Felix Speiser, 11.02.1924, ES Mr A37, S.

[50] Felix Speiser a Theodor Koch-Grünberg, 01.12.1923, ES Mr A35, Sch.

[51] Felix Speiser a Theodor Koch-Grünberg, 13.02.1924, ES Mr A37, S.

[52] Theodor Koch-Grünberg a Felix Speiser, 04.03.1924, ES Mr A37, S.

[53] Theodor Koch-Grünberg a Felix Speiser, 04.03.1924, ES Mr A37, S; Felix Speiser a Theodor Koch-Grünberg, 10.03.1924, ES Mr A37, S; Theodor Koch-Grünberg a Felix Speiser, 16.03.1924, ES Mr A37, S; Felix Speiser a Theodor Koch-Grünberg, 22.03.1924, ES Mr A37, S.

[54] Speiser, 1926.

[55] Baldus, 1954, p. 690.

[56] "Mit den südamerikanischen Kollegen habe ich jetzt mehr Verbindung als vor dem Krieg Zutun. Fast jede Post bringt mir von dort wertvolle Bücher und Schrifte und freundliche Briefe, so besonders aus Brasilien, Argentinien, Paraguay, Ecuador. Anders ist es mit den USA. Die Herren dort benehmen sich direkt blödsinnig." Theodor Koch-Grünberg a Walter Lehmann, 07.12. 1920, ES Mr A 29, L.

[57] "Möchten sich doch in Brasilien recht viele Gelehrte finden, die sich, wie Sie und Dr. J. Capistrano de Abreu, dem interessanten Studium der Ureinwohner widmen, bevor es zu spät ist." Theodor Koch-Grünberg a Teodoro Sampaio, s/d., ES Mr A 17, S.

ASCENSÃO E DECLÍNIO DA ETNOLOGIA ALEMÃ (1884-1950)

[58] Teodoro Sampaio a Theodor Koch-Grünberg, 16.01.1915, ES Mr A 19, S.

[59] Teodoro Sampaio a Theodor Koch-Grünberg, 15.06.1915, ES Mr A 17, S.

[60] Penny & Rinke, 2015, p. 185.

[61] "Der Deutschenhass treibt hier tolle Blüten." Robert Lehmann-Nitsche a Theodor Koch--Grünberg, 21.05.1915, ES Mr A 19, L.

[62] Curt Nimuendajú a Theodor Koch-Grünberg, 28.12.1921, ES Mr A 33, N; Frau Huber a Theodor Koch-Grünberg, 01.06.1920, ES Mr A 33, N.

[63] "Mit dem trefflichen Capistrano de Abreu stehe ich seit Jahren vor dem Krieg und neuerdings wieder in eifrigem Briefwechsel. Sein Werk über die Kaschinaua ist hervorragend und fast eigenartig für Südamerika." Theodor Koch-Grünberg a Clemens Brandenburger, 13.07.1920, ES Mr A 28, B.

[64] Capistrano de Abreu a Theodor Koch-Grünberg, 20.10.1920, ES Mr A 28, C; Theodor Koch-Grünberg a Capistrano de Abreu, 25.11.1920, ES Mr A 28, C.

[65] Theodor Koch-Grünberg a Capistrano de Abreu, 13.02.1920, ES Mr A 28, C; Theodor Koch-Grünberg a Capistrano de Abreu, 25.11.1920, ES Mr A 28, C.

[66] Koch-Grünberg, 1920, p. III.

[67] "Bewunderung und Verehrung." Theodor Koch-Grünberg a Capistrano de Abreu, 06.01.1920, ES Mr A 28, C; Theodor Koch-Grünberg a Capistrano de Abreu, 19.08.1920, ES Mr A 28, C.

[68] Erland Nordenskiöld a Theodor Koch-Grünberg, 11.06.1919, ES Mr A 27, NO; Theodor Koch-Grünberg a dr. B. Schädel, 09.11.1915, ES Mr A19, H; Theodor Koch-Grünberg a Clemens Brandenburger, 13.07.1920, ES Mr A28, B.

[69] Koch-Grünberg, 1909; 1910.

[70] Theodor Koch-Grünberg a Alberto Frič, 13.04.1916, ES Mr A 20, F; Theodor Koch-Grünberg a Hermann Schmidt, 10.05.1917, ES Mr A 23, Sch; Theodor Koch-Grünberg a Capistrano de Abreu, 06.01.1920, ES Mr A 28, C.

[71] Theodor Koch-Grünberg a Hermann Schmidt, 10.05.1917, ES Mr A 23.

[72] "Auf ethnographische Sammlungen lege ich, obwohl ich Museumsdirektor bin, offengestanden nicht allzuviel Wert. Wenn man selbst unter den Eingeborenen in ihrer Freiheit gelebt und sie in ihrem prächtigen Schmuck gesehen hat, fühlt man sich durch die häufig ramponierten Sachen in den Glasschränken abgestossen. Ich glaube, Bastian hat einmal gesagt: 'Man kann die Seele eines Volkes nicht in einem Glasschrank aufstellen!'." Theodor Koch-Grünberg a Curt Nimuendajú, 12.03.1922, ES Mr A 33, N.

[73] Theodor Koch-Grünberg a Hermann Schmidt, 01.06.1920, ES Mr A 29, Sch; Theodor Koch-Grünberg a Curt Nimuendajú, 12.03.1922, ES Mr A 33, N.

[74] "Wahnsinn." Theodor Koch-Grünberg a Richard Karutz, 24.04.1917, ES Mr A 23, K. "Ihre Verachtung für die hochmütige und in Wahrheit doch so kulturlose weisse Menschheit kann ich vollkommen nachfühlen!" Theodor Koch-Grünberg a Alberto Frič, 13.04.1916, ES Mr A 20, F.

[75] [Krieg], der das Volk entnervt, demoralisiert und ausgepresst hatte wie eine Zitrone." Theodor Koch-Grünberg a Hermann Schmidt, 01.06.1920, ES Mr A 29, Sch.

[76] Theodor Koch-Grünberg a Alfredo Jahn, 17.12.1923, ES Mr A 35, IJ.

[77] Erland Nordenskiöld a Theodor Koch-Grünberg, 20.05.1919, ES Mr A. 27, NO; C. H. de Goeje a Theodor Koch-Grünberg, 28.12.1920, ES Mr A. 30, G.

[78] "Bei dem ausgezeichneten Kaffee haben Sie wohl in erster Linie an mich alter Brasilianer gedacht, der diesen anregenden Trank während der langen Kriegszeit oft genug schmerzlich entbehren musste." Theodor Koch-Grünberg a Robert Hoffert, 1919, ES Mr A 26, H.

A RECONFIGURAÇÃO DO AMERICANISMO INTERNACIONAL (1918-1924)

[79] Gustav Hennig a Theodor Koch-Grünberg, 01.02.1924, ES Mr A 37, QR.

[80] Otto Schlaginhaufen a Theodor Koch-Grünberg, 28.10.1922, A35, Sch.

[81] Theodor Koch-Grünberg a Erland Nordenskiöld, 14.08.1922, ES Mr A 33, N; Franz Boas a Theodor Koch-Grünberg, 09.04.1921, ES Mr A 30, B.

[82] Theodor Koch-Grünberg a Franz Boas, 22.09.1921, ES Mr A 30, B; Franz Boas a Theodor Koch-Grünberg, 02.05.1923, ES Mr A 34, B; Boas, 1940.

[83] Franz Boas a Theodor Koch-Grünberg, 09.04.1921, ES Mr A 30, B.

[84] "Lassen Sie sich die Sachen nur recht gut bezahlen! Die Schweden können es mit ihren Kronen." Theodor Koch-Grünberg a Curt Nimuendajú, 19.09.1922, ES Mr A. 33, N.

[85] Theodor Koch-Grünberg a Don Germano Garrido y Otero, 27.11.1920, ES Mr A. 28, G; Theodor Koch-Grünberg a Paul Rivet, 27.11.1920, ES Mr A. 29, R.

[86] Theodor Koch-Grünberg a Paul Rivet, 27.11.1920, ES Mr A 29, R.

[87] Christino, 2006, p. 57.

[88] Theodor Koch-Grünberg a Adalbert Kaufmehl, 31.08.1920, ES Mr A. 29, K.

[89] Paul Rivet a Theodor Koch-Grünberg, 20.11.1920, ES Mr A 31, R.

[90] "Capistrano Abreu hat persönlich mit mehreren Ministern der Bundesregierung Rücksprache gehabt, allein aller Bescheid war immer: 'não ha verba para isso.'" Adalbert Kaufmehl a Theodor Koch-Grünberg, 10.04.1921, ES Mr A 30, K.

[91] Franz Heger a Theodor Koch-Grünberg, 15.10.1923, ES Mr A 35, H.

[92] "Man scheint in Rio von unserer Existenz gar keine Ahnung zu haben." Theodor Koch--Grünberg a Clemens Brandenburger, 27.11.1921, ES Mr A 29, V.

[93] Erland Nordenskiöld a Theodor Koch-Grünberg, 15.05.1922, ES Mr A 33, N; Erland Nordenskiöld a Theodor Koch-Grünberg, 23.051922, ES Mr A 33, N.

[94] "Ich glaube es liegt den Brasilianern auch gar nichts an der Teilnahme deutscher Gelehrter am Congress." "Jetzt hat man sich daran gewöhnt uns mit Füßen zu treten." Curt Nimuendajú a Theodor Koch-Grünberg, 28.12.1921, ES Mr A 33, N.

[95] Afonso d'Escragnolle Taunay a Theodor Koch-Grünberg, 20.02.1920, ES Mr A 29, T; Afonso d'Escragnolle Taunay a Theodor Koch-Grünberg, 07.04.1921, ES Mr A 31, S.

[96] Theodor Koch-Grünberg a Clemens Brandenburger, 23.05.1921, ES Mr A. 31, S.

[97] Afonso d'Escragnolle Taunay a Theodor Koch-Grünberg, 25.06.1921, ES Mr A 31, S.

[98] Afonso d'Escragnolle Taunay a Theodor Koch-Grünberg, 14.09.1921, ES Mr A 31, S; Afonso d'Escragnolle Taunay a Theodor Koch-Grünberg, 17.12.1921, ES Mr A 31, S.

[99] Theodor Koch-Grünberg a Afonso d'Escragnolle Taunay, 21.12.1922, ES Mr A 33, T.

[100] Faulhaber, 2008, pp. 18-20.

[101] Frau J. Huber a Theodor Koch-Grünberg, 12.07.1915, ES Mr A 19, H; Theodor Koch--Grünberg a Curt Nimuendajú, 06.10.1921, ES Mr A 31, N; Curt Nimuendajú e Theodor Koch-Grünberg, 26.06.1921, ES Mr A 31, N; Curt Nimuendajú a Theodor Koch-Grünberg, 10.05.1922, ES Mr A 33, N; Curt Nimuendajú a Theodor Koch-Grünberg, 30.06.1923, ES Mr A 35, N; Curt Nimuendajú a Theodor Koch-Grünberg, 29.10.1923, ES Mr A 35, N; Curt Nimuendajú a Theodor Koch-Grünberg, s/d., ES Mr A 37, N; Paul Rivet a Theodor Koch-Grünberg, 01.05.1921, ES Mr A 31, R; Constantin Tastevin a Theodor Koch-Grünberg, 28.09.1921, ES Mr, A 31, T; Theodor Koch-Grünberg a Constantin Tastevin, 13.07.1921, ES Mr A 31, T; Constantin Tastevin a Theodor Koch-Grünberg, 20.09.1922, ES Mr, A 33, T; Theodor Koch-Grünberg a Constantin Tastevin, 13.12.1922, ES Mr A 33, T; Theodor Koch-Grünberg a Constantin Tastevin, 30.06.1922, ES Mr A 33, T; Constantin Tastevin a Theodor Koch-Grünberg, 26.04.1922, ES Mr, A 33, T.

ASCENSÃO E DECLÍNIO DA ETNOLOGIA ALEMÃ (1884-1950)

[102] Theodor Koch-Grünberg a Capistrano de Abreu, 08.05.1920, ES Mr A 28, C.

[103] Theodor Koch-Grünberg a Capistrano de Abreu, 13.02.1920, ES Mr A 28, C.

[104] "Von der 'Rondonia' besitze ich sogar zwei Exemplare, nicht vom Verfasser, an den ich mich seinerzeit vergeblich wandte, sondern von meinem alten Freunde Dr. João Capistrano de Abreu, einem sehr ernsten brasilianischen Gelehrten, und von meinem Kollegen in São Paulo, Dr. Afonso d'Escragnolle Taunay, Direktor des Museu Paulista. Sonst werde ich von den Brasilianern, für die ich doch auch seit vielen Jahren arbeite, recht stiefmütterlich behandelt." Theodor Koch-Grünberg a dr. O. Quelle, 16.07.1923, ES Mr A. 35, PQ. A obra à qual Koch-Grünberg se refere é de autoria de Roquette-Pinto.

[105] Exemplos de trocas de informações sobre essas expedições são: Max Schmidt a Erland Nordenskiöld, 04.04.1918, E 1:2, VFG; Max Schmidt a Erland Nordenskiöld, 13.08.1918, E 1:2, VFG; Max Schmidt a Erland Nordenskiöld, 04.04.1918, E 1:2, VFG; Max Schmidt a Erland Nordenskiöld, 21.04.1919, E 1:3, VFG; Theodor Koch-Grünberg a Clemens Brandenburger, 13.07.1920, ES Mr A28, B; Theodor Koch-Grünberg a Capistrano de Abreu, 13.02.1920, ES Mr A 28, C; Theodor Koch-Grünberg a Capistrano de Abreu, 25.11.1920, ES Mr A 28, C.

[106] Lowie, 1933, p. 158.

[107] "[...] teils weil ich zu jung und zu dumm war, teils weil ich damals 9/10 Zoolog war." "Ich werde mich ausschliesslich der Etnographie, der Archäologie und möglicherweise der Einsammlung von Säugetierfossilien widmen." Erland Nordenskiöld a Theodor Koch-Grünberg, 24.10.1907, ES Mr, A2.

[108] Karl von den Steinen a Erland Nordenskiöld, 08.06.1905, GU.

[109] Karl von den Steinen a Theodor Koch-Grünberg, 29.05.1910, ES Mr, A8.

[110] Georg Buschan a Theodor Koch-Grünberg, 07.02.1907, ES Mr, A2.

[111] Nordenskiöld, 1905; 1908.

[112] Karl von den Steinen a Erland Nordenskiöld, 30.01.1909, GU; H. Singer a Theodor Koch-Grünberg, 26.08.1908, ES Mr, A4; Robert Lehmann-Nitsche a Theodor Koch-Grünberg, 07.08.1909, ES Mr, A6.

[113] Lindberg, 1997, p. 2.

[114] Erland Nordenskiöld a Theodor Koch-Grünberg, 15.03.1910, ES Mr, A8; Georg Thilenius a Theodor Koch-Grünberg, 25.05.1910, ES Mr, A8.

[115] Erland Nordenskiöld a Theodor Koch-Grünberg, 15.03.1910, ES Mr, A8.

[116] August Schröder a Theodor Koch-Grünberg, 05.01.1911, ES Mr, A11, St.

[117] Nordenskiöld, 1912.

[118] Lindberg, 1997, p. 2.

[119] *Idem, ibidem.*

[120] *Idem*, 2008, p. 165.

[121] Muñoz, 2015, p. 304.

[122] Lindberg, 2008, p. 165.

[123] Württ. Verein für Handelsgeographie a Theodor Koch-Grünberg, 03.05.1915, ES Mr, A17, W; Fritz Krause a Theodor Koch-Grünberg, 18.11.1915, ES Mr, A19, K.

[124] Erland Nordenskiöld a Theodor Koch-Grünberg, 02.10.1916, ES Mr A21, N.

[125] Erland Nordenskiöld a Theodor Koch-Grünberg, 27.08.1915, ES Mr, A19, N; Max Schmidt a Erland Nordenskiöld, 29.08.1916, GU; Theodor Koch-Grünberg a Herzog Wilhelm von Urach, 05.06.1916, ES Mr, A21, U; Max Schmidt a Erland Nordenskiöld, 23.04.1915, GU; VFG, Bildarkivet. A correspondência entre Nordenskiöld e Max Schmidt é vasta nesse sentido, tanto a do arquivo da biblioteca de Gotemburgo quanto a do museu dessa cidade.

126 Theodor Koch-Grünberg a Erland Nordenskiöld, 01.02.1919, ES Mr, A27, NO; Fritz Krause a Theodor Koch-Grünberg, 11.06.1919, ES Mr, A27, K.

127 Theodor Koch-Grünberg a Rafael Karsten, 28.06.1915, GU; Theodor Koch-Grünberg a Gustav Bolinder, 23.12.1916, ES Mr, A20, B.

128 "[...] aus dem durch Ihre Forschungsthätigkeit so berühmt gewordenen Gebieten [...]." Max Schmidt a Erland Nordenskiöld, 23.04.1915, E1:1, VFG.

129 Theodor Koch-Grünberg a Erland Nordenskiöld, 18.04.1910, GU; Theodor Koch-Grünberg a Erland Nordenskiöld, 18.02.1919, ES Mr, A27, NO.

130 Max Schmidt a Erland Nordenskiöld, 29.08.1916, GU.

131 "Denn ich finde, dass die Schweden in den letzten Jahren recht Anstrengungen im südamerikanischen Forschungsfelde machen, und dass einem wichtige Quellen fehlen, wenn man die schwedischen Werke nicht lesen kann." Fritz Krause a Theodor Koch-Grünberg, 20.05.1917, ES Mr, A23, K.

132 Lindberg, 2008, p. 166.

133 Erland Nordenskiöld a Theodor Koch-Grünberg, 14.08.1922, ES Mr, A33, N.

134 Lindberg, 2008, p. 166.

135 Penny, 2002, p. 162 e ss.

136 Lindberg, 1997, p. 2.

137 Penny, 2002, p. 178.

138 "[...] dessen Methode ja bei uns Südamerikanisten in keinem besonders guten Ruf steht. Ihre Methode ist dagegen einwandfrei und ganz verschieden der seinigen." Theodor Koch-Grünberg a Erland Nordenskiöld, 18.02.1919, ES Mr, A27, NO.

139 Kraus (ed.), 2004, p. 478.

140 Lindberg, 2008, p. 168.

141 "Neue Zeiten, neue Formen". Karl von den Steinen a Franz Boas, 29.12.1915, APSL, Mss. B.B61.

142 Theodor Koch-Grünberg a Erland Nordenskiöld, 28.06.1920, ES Mr, A37, N.

143 Theodor Koch-Grünberg a Erland Nordenskiöld, 28.06.1920, ES Mr, A29, N.

144 "[...] pour leur expliquer que, d'ici quelques années la venue des savants européens au Brésil est impossible en raison du prix des transports et du change. A un autre point de vue, le Brésil me semble mal choisi: ce n'a pas été un pays neutre dans le grand conflit." Paul Rivet a Theodor Koch-Grünberg, 20.11.1920, ES Mr, A29, R.

145 Erland Nordenskiöld a Theodor Koch-Grünberg, 28.10.1920, ES Mr, A29, N; Theodor Koch-Grünberg a Erland Nordenskiöld, 22.02.1920, ES Mr, A33, N.

146 Erland Nordenskiöld a Theodor Koch-Grünberg, 07.10.1921, ES Mr, A31, N; Fritz Krause a Theodor Koch-Grünberg, 19.11.1922, ES Mr, A32, K.

147 Theodor Koch-Grünberg a Kommission des Amerikanisten Kongresses, 23.01.1924, ES Mr, A36, A.

148 Cf. Lowande, 2018, p. 162.

149 Walter Lehmann a Theodor Koch-Grünberg, 25.11.1920, ES Mr, A29, L.

150 Karl von den Steinen a Theodor Koch-Grünberg, 25.07.1920, ES Mr, A29, St.

151 Theodor Koch-Grünberg a Erland Nordenskiöld, 10.03.1924, ES Mr, A37, N; Lindberg, 2008, p. 167.

152 Theodor Koch-Grünberg a Erland Nordenskiöld, 04.02.1924, ES Mr, A37, N.

153 Lindberg, 2008, p. 168.

154 *Idem*, p. 169.

155 VFG, E 1:14.

ASCENSÃO E DECLÍNIO DA ETNOLOGIA ALEMÃ (1884-1950)

[156] Laurière, 2008, p. 76.

[157] Lowande, 2018, p. 162.

[158] Koch-Grünberg, 1923a; 1923b.

[159] *Idem*, 1924.

[160] *Idem*, 1928.

[161] Theodor Koch-Grünberg a Karl Weule, 16.04.1921, ES Mr, A31, W.

[162] "Ich persönlich meine, dass Sie die auffällig grosse Zahl von Typen- und Gruppenbildern arg vermindern sollten; wenn ich mir die neueren Publikationen über Südamerika vergegenwärtige, so komme ich nicht darüber hinweg, dass doch alle diese Bilder im Grunde dasselbe zeigen." "Was ist bisher bei den ewigen Typenbilder herausgekommen, und was wird bei Ihren weiteren 180 Bildern herauskommen? Vermutlich ebensowenig wie aus den bisherigen langen Reihen." Karl Weule a Theodor Koch-Grünberg, 18.04.1921, ES Mr, A31, W.

[163] "Sie halten diese 'ewigen Typenbilder' für wertlos. Die Anthropologen werden wohl dasselbe sagen, weil ich keine Messungen gemacht habe. Andere denken vielleicht anders darüber. In einigen Jahrzehnten wird von allen diesen Völkern nicht mehr viel übrig sein, und dann wird man vielleicht froh sein, gute Bilder von ihnen zu haben". "Ich bin in Grunde genommen nur ein simpler Amerikanist, ein Spezialist. Sicherlich finden meine Arbeiten im Ausland, in Frankreich und Amerika, mehr Anklang als bei meinen deutschen Kollegen, die immer mehr 'Methoden der Völkerkunde' aufstellen und sich dabei bis aufs Messer befehden. Wer bringt ihnen schliesslich das Material für ihre 'Methoden'? Doch wir mit unserer Kleinarbeit. – Ich bin überzeugt, wenn künftige Generationen längst über alle diese Methoden zur Tagesordnung übergegangen sind, dann wird man noch froh und dankbar sein, daß wir 'Feldethnologen' dieses Material zusammengebracht und der Öffentlichkeit zugängliche gemacht haben." Theodor Koch-Grünberg a Karl Weule, 20.04.1921, ES Mr, A31, W.

[164] "[...] blödsinnigen Antisemitismus." Theodor Koch-Grünberg a Karl Ebel, 24.04.1921, ES Mr, A30, D; "[...] nationalistischen-alldeutschen Standpunkt." Theodor Koch-Grünberg a Adolf Müller, 26.03.1921, ES Mr, A30, D.

[165] "Dieser deutsche Sündenbock-Antisemitismus ist zu blöd. Im Ausland lacht man darüber." Theodor Koch-Grünberg a Karl Mansfeld, 02.02.1922, ES Mr, A33, M.

[166] "[...] für mich wahnsinnigsten Vertretern einer politischen oder Geistes-Richtung, den Antisemiten [...]." Theodor Koch-Grünberg a Hermann Schmidt, 01.06.1920, ES Mr A 29, Sch.

[167] Geisenhainer, 2005, p. 82.

[168] Theodor Koch-Grünberg a Walter Lehmann, 08.02.1921, ES Mr, A32, L.

[169] F. Heger a Theodor Koch-Grünberg, 26.04.1917, ES Mr, A22, L; Felix von Luschan a Theodor Koch-Grünberg, 29.11.1917, ES Mr, A25, L.

[170] "[...] so einer mich touchieret -, wie es in dem schönen alten Giessener Studentenlied lautet, da heisst es für mich gleich: 'Die Klinge hoch.'" Theodor Koch-Grünberg a Karl Weule, 13.12.1918, ES Mr, A25, W.

[171] "Neben guter Erziehung und guter Bildung ist sie ein tapferer Mensch und ein guter Kamerad in der Mitarbeit." Theodor Koch-Grünberg a Walter Lehmann, 08.02.1921, ES Mr, A31, L.

[172] Theodor Koch-Grünberg a Wilhelm von Urach, 03.01.1920, ES Mr, A27, TU.

[173] Theodor Koch-Grünberg a Leo Frobenius, 21.08.1920, ES Mr, A28, F; Erland Nordenskiöld a Theodor Koch-Grünberg, 23.03.1920, ES Mr, A29, N; Marianne Schmidl a Theodor Koch-Grünberg, 13.02.1921, ES Mr, A31, Sch; Felix von Luschan a Theodor Koch-Grünberg, 30.12.1919, ES Mr, A27, L; dr. L. Schermann a Theodor Koch-Grünberg, 20.11.1919, ES Mr, A27, Sch.

[174] Wilhelm Schmidt a Theodor Koch-Grünberg, 02.12.1920, ES Mr, A29, Sch; Marianne Schmidl a Theodor Koch-Grünberg, 22.07.1921, ES Mr, A33, Sch.

[175] Geisenhainer, 2005, p. 200 e ss.

[176] Hamilton Rice a Theodor Koch-Grünberg, 01.11.1922, ES Mr, A33, R.

[177] Theodor Koch-Grünberg a Alfredo Jahn, 17.12.1923, ES Mr, A35, IJ.

[178] Theodor Koch-Grünberg a Alfredo Jahn, 24.04.1924, ES Mr, A37, IJ.

[179] Theodor Koch-Grünberg a dr. Hintermann, 11.02.1924, ES Mr, A37, H.

[180] Theodor Koch-Grünberg a Carl Sutorius, 05.02.1924, ES Mr, A37, S; Theodor Koch-Grünberg a dr. Hintermann, 15.03.1924, ES Mr, A37, H.

[181] Karl von den Steinen a Theodor Koch-Grünberg, 16.04.1924, ES Mr, A37, St.

[182] Albrecht Penck a Theodor Koch-Grünberg, 19.06.1923, ES Mr, A35, PQ.

[183] Ministerium des Kultus und Unterrichts a Geheimrat Hofrat, 22.01.1924, ES Mr, A37, H.

[184] N. H. Witt a Theodor Koch-Grünberg, 29.03.1922, ES Mr, A33, W.

[185] Laukötter, 2007, p. 245.

[186] Theodor Koch-Grünberg a Alfred Hettner, 07.01.1924, ES Mr, A37, H.

[187] "[...] Ehrgeiz [...] aus Rücksicht auf meine Familie." Theodor Koch-Grünberg a Alfred Hettner, 15.02.1924, ES Mr, A37, H.

[188] Theodor Koch-Grünberg a Fritz Krause, 04.05.1924, ES Mr, A37, K.

[189] Theodor Koch-Grünberg a Alfredo Jahn, 24.04.1924, ES Mr, A37, IJ.

[190] Theodor Koch-Grünberg a Hamilton Rice, s/d., ES Mr, A37, QR.

[191] Hamilton Rice a Theodor Koch-Grünberg, 09.05.1924, ES Mr, A37, QR; Hamilton Rice a Theodor Koch-Grünberg, 28.05.1924, ES Mr, A37, QR.

[192] Theodor Koch-Grünberg a Ernst Jöckel, 21.05.1924, ES Mr, A37, IJ; Felix Speiser a Elsa Koch-Grünberg, 29.08.1924, ES Mr A37, S.

[193] Theodor Koch-Grünberg a Alfredo Jahn, 24.04.1924, ES Mr, A37, IJ.

[194] Kraus, 2004a, p. 36.

[195] H. Hammann a Elsa Koch-Grünberg, 25.01.1925, ES Mr, A35, H.

3.

A expedição derradeira: Max Schmidt no Mato Grosso (1926-1928)

Além do segundo doutorado, em 1917, Max Schmidt ainda fez a livre-docência na faculdade de filosofia da Universidade de Berlim.[1] No ano seguinte, ele se tornou professor dessa universidade. Em 1919, ele era o candidato ideal para assumir o cargo de diretor da seção americanista do Museu de Berlim. Mas, em vez dele, o teórico marxista e político do Partido Social-Democrata (SPD) Heinrich Cunow (1862-1936) foi nomeado pelo Ministério da Cultura e Educação. Cunow era etnólogo, mas não "acadêmico" e nem americanista, e sua nomeação se relaciona antes à tentativa de ocupação dos cargos públicos pelo governo recém-formado do que ao seu mérito.[2] Marianne Schmidl relatou que, por causa disso, "evidentemente Max Schmidt foi o mais duramente afetado, que em geral passa uma impressão muito abatida".[3] Em 1921, ele obteve a cadeira de etnologia (*Völkerkunde*) na Universidade de Berlim.[4] Nos anos seguintes ao armistício, teve uma intensa produção intelectual: publicou uma obra teórica em dois volumes sobre etnologia político-econômica, um livro sobre a economia material entre os povos "primitivos" e um manual de etnologia.[5] Sob orientação de Max Schmidt e influenciado pelas suas obras de etnologia econômica, Diether von den Steinen defendeu seu doutorado com uma tese sobre a estratificação social dos polinésios em seus aspectos econômicos.[6] Um dos avaliadores da tese foi o sociólogo Alfred Vierkandt, que influenciara a obra sobre os Aruaque de Schmidt e auxiliou na publicação dessa obra. Ainda que não obtivesse o reconhecimento no Museu de Berlim pelo qual batalhou por mais de duas décadas, Max Schmidt obteve notoriedade intelectual, a ponto de orientar o filho do americanista mais influente de sua geração e de avaliar a tese ao lado de um dos sociólogos mais importantes da Alemanha.

Mesmo após uma vida marcada por doenças de toda sorte – especialmente durante a guerra, sua situação de saúde era das mais delicadas – e mesmo sabendo que seu amigo Koch-Grünberg sucumbiu à malária durante uma expedição, Schmidt não resistiu ao chamado do campo e iniciou uma nova viagem. Em 11 de setembro de 1926, ele partiu de Bremen rumo ao Rio de Janeiro. Seu objetivo era atravessar a região do Xingu e alcançar os Kayabi no Rio Verde, na região do Tapajós.[7] No Rio de Janeiro, Schmidt se encontrou com Roquette-Pinto e, por intermédio dele, e de Rondon, prosseguiu viagem até o Mato Grosso, passando por São Paulo. Segundo o consulado da Alemanha, teria sido impossível que Max Schmidt conseguisse percorrer o caminho terrestre sem a proteção de Rondon e dos agentes da inspetoria do SPI por causa das agitações sociais que ocorriam nas regiões atravessadas.[8] Em novembro, ele já estava em Cuiabá, onde precisou retardar a saída da expedição para que seu acompanhante, sr. Delhaes, se aclimatasse.[9] Devido aos problemas típicos das expedições, quais sejam, presença de revolucionários no estado e dificuldades em contratar camaradas e adquirir bois, a saída em direção ao Xingu só ocorreu em 27 de janeiro de 1927.[10]

Em 11 de fevereiro, os expedicionários alcançaram seu primeiro destino, o Posto Simões Lopes, para o qual os Bakairi do Xingu haviam migrado. Antes do posto, no entanto, para sua surpresa, o etnólogo se deparou com Antônio, o velho companheiro de viagem de Karl von den Steinen. A história de Antônio se confunde com a das expedições etnográficas alemãs ao Xingu. Esteve presente na primeira e na última. Antônio era um jovem rapaz desprezado pelos seus quando tomou parte da primeira expedição de von den Steinen. Ele foi capaz de perenizar as relações recém-estabelecidas entre os grupos Bakairi apartados e, com o passar dos anos, através da sua participação em outras viagens, aumentou a extensão de sua influência social e econômica. Desse modo, ele não apenas se tornou chefe dos Bakairi, mas foi nomeado pelo presidente da província como chefe do Xingu. Seu poder se tornou amplo a ponto de recusar participar de novas expedições alemãs. Agora, passadas quase três décadas desde seu último encontro com Max Schmidt, ele se afigurou como um senhor idoso de olhos tristes que não conseguiu evitar a migração dos Bakairi até o posto do SPI (Imagem 89).

Imagem 89 – Antônio (1927).

O americanista permaneceu por um mês no posto, sobretudo estudando a língua Bakairi. Mas também teve contato com índios Waujá. Seguindo viagem, ele alcançou o Posto Pedro Dantas dos Kaiabi em 19 de março.[11] Delhaes e ele já sofriam de malária. O posto não era densamente habitado pelos índios, tal qual o Simões Lopes, de modo que, em um mês, Max Schmidt recebeu apenas duas visitas. Depois de se deslocarem um pouco, os expedicionários tiveram contatos mais frequentes com os índios. Em Pedro Dantas, o americanista permaneceu até maio, com ataques de malária cada vez mais graves, até laboriosamente conseguir se deslocar até o sítio de um antigo amigo no Rio Novo. Como aquela área também era acometida pelo surto de malária – 12 pessoas faleceram no sítio antes da chegada de Max Schmidt, e o proprietário após sua saída –, o americanista enviou uma carta ao cônsul Hesslein, que mandou um automóvel para levá-lo a Cuiabá. Apesar da curta permanência de Schmidt entre os Kaiabi, ele afirma que suas pesquisas reiteram afirmações pretéritas sobre a localização tradicional desse povo, de "estar situado o centro do território dos Kaiabi na barra do Rio Verde com o Paranatinga".[12]

A EXPEDIÇÃO DERRADEIRA: MAX SCHMIDT NO MATO GROSSO (1926-1928)

Em 17 de agosto, ele deixou Cuiabá para coletar objetos arqueológicos na região do Rio Marzagão. Até final de outubro, ele empreendeu estudos arqueológicos e retornou outra vez a Cuiabá. De lá, enviou a coleção etnográfica de mais de 200 peças para Berlim.[13] Em dezembro, acompanhado por uma pequena tropa, saiu para estudar os Paresí e se possível passar pelo território dos índios Iranxe.[14] No início do ano seguinte, ele alcançou o Paresí. Na primeira aldeia havia, além dos Paresí propriamente ditos, índios pertencentes a um de seus subgrupos, os Kabixi. Após alguns dias, ele enviou a tropa de volta e se dirigiu, na companhia de dois guias Paresí, numa penosa caminhada até os Iranxe. Entretanto, ele precisou retornar para a aldeia Utiarirí dos Paresí, aonde chegou em 12 de março. Dois dias depois, o etnólogo conseguiu realizar seu desejo de conhecer os Iranxe, porque um grupo passava pelas redondezas. Deles, o etnólogo conseguiu um pequeno vocabulário. Em 23 de março, ele partiu para nova expedição, agora para visitar os índios Umotina, também chamados de "Barbados", no Rio dos Bugres, que alcançou no início do mês seguinte. Nas proximidades da aldeia dos Umotina, Max Schmidt montou o seu acampamento (Imagem 90).

Imagem 90 – Cabana de Max Schmidt no território dos Umotina (1928).

O primeiro contato com os índios ocorreu como outrora: "meu violino, também um velho acompanhante de todas as minhas viagens, desgraçadamente estava desafinado, mas os índios estavam muito entusiasmados em ouvi-lo".[15] Para Schmidt os Umutina já eram "meio civilizados".[16] Ele refere-se ao comportamento de pouca sociabilidade, de desconfiança resultante do histórico de violência extrema sofrida por esse povo, em suma, uma "certa antipatia pela gente civilizada".[17] Os acontecimentos terríveis de violência envolvendo os índios e europeus foram descritos pelo americanista em seu relato de viagem. Apesar disso, Schmidt conseguiu formar uma coleção etnográfica e teve contato suficiente com a língua para averiguar corretamente seu "parentesco linguístico" com a língua Bororo.[18] De fato, a língua Umotina é parte da família linguística Bororo. Ele permaneceu na aldeia chamada Masepo até 19 de maio, quando se dirigiu a outra, onde permaneceu até o dia 5 do mês seguinte, ao iniciar o caminho de volta. Como ocorreu com outros povos, como os Guató e os Guaná, Schmidt foi pioneiro no que tange aos registros fotográficos desse povo. Ele precede em quase duas décadas as fotos de Harald Schultz (1909--1966) – a imagem da plantação dos Umutina (Imagem 91), que também registra uma casa tradicional e dois ameríndios ornamentados, é um bom exemplo, entre vários, dos seus registros.[19]

Imagem 91 – Plantação dos Umutina em Masepo (1928).

Como ele se localizava na região do Rio Paraguai, no retorno ele ainda fez uma rápida visita aos Guató. Ali ele soube que Meki, seu companheirinho de viagem em 1900-1901, falecera vítima da epidemia de gripe. Ele ainda passou por Corumbá e Amolar, até seguir para São Paulo, Rio de Janeiro e retornar definitivamente para a Alemanha.[20] As dificuldades e o sofrimento físico e emocional a que o americanista foi submetido durante a expedição foram resumidos por von den Steinen a Boas: "Em suma – é preciso alegrar--se que ele não tenha partilhado do destino de Koch. Mas já é tempo para que se expanda gradualmente o trabalho de 1884/1887 afortunadamente".[21]

Embora o contato de Max Schmidt com os Bakairi, Paresí, Iranxe e Umutina não tenha sido tão intenso como ele gostaria, seu relato de viagem é revelador por várias razões: ele demonstra as alterações sociais presentes na bacia do Xingu, apresenta um vocabulário dos Paresí e traz ainda dados etnográficos sobre os praticamente desconhecidos povos Iranxe e Umutina. Com esses últimos, ele conviveu de 10 de abril a 16 de maio de 1928, tempo suficiente para obter material para a redação de um longo ensaio sobre eles.[22] Trata-se do primeiro escrito acadêmico a respeito desse povo, em que há fotos e análises etnográficas, que compreendem desde cultura material a pintura corporal, com especial atenção para as técnicas. Esse ensaio é tão mais importante porque contém, além de cantos, um extenso vocabulário da língua, que atualmente não é mais falada, mas da qual há um processo de reaprendizagem pelos índios.

Schmidt formou uma ampla coleção: 369 peças etnográficas, 2.806 arqueológicas e 172 fotográficas.[23] A sua viagem foi financiada parcialmente pelo Comitê de Auxílio às Ciências Alemãs e pelo Museu de Berlim, mas boa parte dos custos foram arcados por ele mesmo, até ser ressarcido pelo museu.[24] O custo total da viagem foi de 35 mil marcos, e apenas a coleção foi avaliada em 25 mil marcos.[25] Max Schmidt retornou a Berlim, mas permaneceu ali por apenas um ano, até migrar de vez para a América do Sul em 1929.

Notas

[1] Kraus, 2004a, p. 37.

[2] "[...] kein Akademiker [...]." Max Schmidt a Theodor Koch-Grünberg, 26.08.1919, ES Mr, A27, Sch.

[3] "Am härtesten ist natürlich Max Schmidt betroffen, der überhaupt einen ziemlich niedergeschlagenen Eindruck macht." Marianne Schmidl a Theodor Koch-Grünberg, 22.08.1919, ES Mr, A27, Sch.

[4] Kraus, 2004a, p. 37.

[5] M. Schmidt, 1920; 1921; 1923; 1924.

[6] Diether von den Steinen a Paul Rivet, 05.10.1926, 2 AP1C STEI, MNHN.

[7] Max Schmidt a Konrad Theodor Preuss, 15.10.1926, Akten betreffend die Reise des prof. dr. Max Schmidt nach Südamerika. B. I. Vom 2.11.1925, EM Bln.

[8] Deutsche Gesandtschaft Rio de Janeiro a Auswärtiges Amt Berlin, Akten Max Schmidt, EM Bln.

[9] Max Schmidt a Konrad Theodor Preuss, 25.11.1926, Akten Max Schmidt, EM Bln.

[10] Max Schmidt a Konrad Theodor Preuss, 25.01.1927, Akten Max Schmidt, EM Bln.

[11] Os Kaiabi autodenominam-se Kawaiwete e falam uma língua Tupi, cf. Senra, 1999.

[12] M. Schmidt, 1942, p. 250.

[13] Max Schmidt a Konrad Theodor Preuss, 06.12.1927, Akten Max Schmidt, EM Bln.

[14] Os Iranxe autodenominam-se Manoki e são de família linguística homônima, cf. Arruda, 2003.

[15] M. Schmidt, 1941, p. 3.

[16] *Idem*, 1942, p. 267.

[17] *Idem*, p. 272.

[18] *Idem*, p. 275.

[19] Schultz, 1953.

[20] Schmidt, Max. Reisebericht. Akte Max Schmidt, EM Bln.

[21] "Kurz – man muss sich freuen, dass er nicht das Schicksal Koch's geteilt hat. Zeit wäre es allmählich die Arbeit von 1884/1887 glücklich auszudehnen". Karl von den Steinen a Franz Boas, 14.08.1927, APSL, Mss. B.B61.

[22] M. Schmidt, 1941.

[23] "Sammlung Max Schmidt." Akte Max Schmidt, EM Bln.

[24] Notgemeinschaft der deutschen Wissenschaft a Max Schmidt, 10.10.1928, Akte Max Schmidt, EM Bln.

[25] "Abrechnung über die dem Kustos Prof. Dr. Max Schmidt in seiner zweijährigen Forschungs- und Sammelreise nach dem Staate Matto Grosso in Brasilien zur Verfügung gestellten Mittel", Akte Max Schmidt, EM Bln; "Protokoll der Sitzung der Sachverständigen-Komission der Abteilung der Afrikanischen, Ozeanischen und Amerikanischen Sammlungen", Akte Max Schmidt, EM Bln.

4.

O fenecimento do projeto americanista

Per silvas pro homines et scientia

Após o fim da guerra, Karl von den Steinen retomou algumas de suas atividades administrativas na Sociedade de Antropologia e na revista. Em 1919, ele tornou-se o segundo presidente da Fundação Rudolf Virchow e, no ano seguinte, tornou a representar para essa instituição a Sociedade Alemã de Geografia, posição ocupada pelos próximos quatro anos. Em 1920, ele também voltou ao cargo de membro do comitê da revista e, dois anos mais tarde, tornou-se seu chefe.

Embora o americanista tivesse reassumido as atividades acadêmicas, problemas de saúde e o lento esfacelamento de seu patrimônio pela crise econômica impediam que ele se dedicasse inteiramente à antropologia. Após mais de dois meses de espera por notícias do amigo, Boas reclamou a von den Steinen: "Se o senhor soubesse quão ansioso eu estou por ter notícias diretas suas, o senhor me escreveria".[1] Tal como a guerra, a época subsequente também foi de grande dificuldade para o etnólogo. Em carta a Nordenskiöld, ele revelou que, durante os anos de conflito, era possível "preservar, entre dias bons e ruins, um otimismo saudável". Com a derrota alemã e as condições do tratado de Versalhes, enfim, era danoso o impacto da política alemã, que "agora ainda nos despedaça e estrangula, depois que ficamos deploravelmente fracos pela desnutrição crônica, e nos levou a um estado de esgotamento, de febre, de delírios".[2] Se anteriormente von den Steinen confessara a Boas que odiava os Estados Unidos, justamente por amá-los e esse amor não ser correspondido em termos nacionais, após a Grande Guerra, ele escreveu: "Eu não posso negar uma amargura implacável tanto contra a América neutra quanto contra a inimiga".[3] Ele julgava que a Alemanha tornava-se uma "colônia da entente", em que a sociedade alemã empobrecia tão violentamente, que mesmo uma família abastada até então, como a nossa, não conhece um presunto assado há anos. De forma alguma estamos morrendo de fome, mas infelizmente temos fome constantemente. Aí dançamos, passeamos e conversamos como nunca antes. Estado de esgotamento capital. Escrever neste estado de espírito – e quantas vezes o tentei – é repugnante.[4]

Ele perdeu a fé na humanidade e na justiça e acreditava que o americanismo não se recuperaria das mazelas impostas pela guerra. A resposta enviada a Rivet pelo convite de uma publicação conjunta revela como os condicionantes sociais, a política externa e a vocação da ciência etnológica estavam entrelaçados – e, especificamente, que o fim político da etnologia cambiava entre a inocência de seu conteúdo e a potência de sua forma. Ainda que algo longa, a citação é merecedora de sua integridade:

> Evidentemente as lutas sangrentas terminaram. Mas, de acordo com a convicção de qualquer alemão honrado, a paz imposta a nós coloca-nos condições absolutamente irrealizáveis e será a mais brutal continuação da guerra e da fome se um grande povo civilizado for mutilado, economicamente destroçado e condenado à miséria da servidão; nós só podemos considerar este documento ditado pela "humanidade" e "justiça" como um produto que quer cultivar o ódio no interior da cultura pura. Eu pessoalmente espero pela revisão pela simples razão que a esperteza da *Realpolitik* e a necessidade a fomentarão autoritariamente. Será possível ao menos encontrar de volta o caminho para as condições normais das trocas intelectuais? Como o senhor, eu sou profundamente impregnado pela crença de que acima de tudo é tarefa da ciência preparar-se para começar o trabalho coletivo, do qual o mundo necessita. Eu não considero apenas sua tarefa, mas obrigação da ciência. Que certamente não é fácil! Congressos internacionais me parecem ainda fora de cogitação por alguns anos. Eu não invejo os países neutros que se esforçarão pelas primeiras tentativas. Talvez o começo mais modesto imaginável seja o correto, que pessoas individuais, que se sentem fortes o suficiente para assumir a responsabilidade por sua consciência patriótica e científica, pisem de ambas as direções nas velhas pontes. E de fato, além de uma publicação astronômica, o que pode ser mais inofensivo do que a edição da gramática de uma língua indígena sul-americana que pereceu? Neste sentido estou plenamente de acordo com sua repetida proposta que nossos nomes sejam unidos, se o senhor encontrar a forma de que eu não receba nenhum mérito errado pelo trabalho que o senhor fez.[5]

Assim, a trajetória pessoal e intelectual de von den Steinen revela como posições acadêmicas são tecidas por relações de afeto, preferências pessoais e contextos sociais, e, mais abstratamente, como o fazer antropológico – e a ciência em geral – está imbricado a teias sociais historicamente construídas e subjetivamente mantidas.

Depois da guerra, a família de von den Steinen precisou mudar-se da casa que fora construída em 1905 em Steglitz para ser um templo do saber, em que ele era o sumo sacerdote, para uma residência mais humilde e afastada em Wilmersdorf.[6] A Boas ele revelou seus sentimentos em relação à mudança: "A mim tornou-se infinitamente difícil desistir da minha linda casa e do meu amado jardim em Steglitz" e que "a biblioteca embutida aqui com galeria, além de quase todos os livros americanistas", foram vendidos ou alugados ao museu de antropologia.[7] Von den Steinen não foi o único intelectual em Berlim que precisou vender seus livros e suas obras de arte para arcar com despesas domésticas: a metade da Biblioteca de Luschan foi arrematada por aproximadamente 1,5 milhão de marcos – um valor rapidamente consumido pela hiperinflação.[8] A diferença entre o aluguel que ele recebia por sua casa em Steglitz e o que ele pagava em Wilmersdorf tornou-se então a sua principal fonte de renda.[9] Esse rendimento, no entanto, foi muito rapidamente corroído pela inflação. Von den Steinen precisou, por exemplo, "pagar para uma boa datilógrafa mais do que meus rendimentos anuais".[10] Em 1921, quando as atividades científicas em Berlim já haviam sido retomadas, ele foi privado delas, porque, após quase um ano doente, precisou ser submetido a uma séria cirurgia na bexiga.[11] Por intermédio de Franz Boas, von den Steinen tentou vender sua coleção etnográfica particular das Ilhas Marquesas para algum comprador norte-americano, mas não obteve sucesso.[12] A melancolia que dominava sua vida foi descrita em uma correspondência a Boas: "Nas últimas semanas a minha tensão se dissolveu. Eu reconheço, não é possível de outra maneira: com todo o trabalho apenas se pode alcançar uma parte daquilo que se deseja alcançar".[13] Então ele sentenciou: "A vontade de viver diminui".[14]

O americanista ainda não havia conseguido publicar sua trilogia marquesa. Dadas as dificuldades financeiras vigentes em praticamente todos os setores da sociedade alemã, incluindo institutos de pesquisa, sociedades científicas e editoras, ele não pôde levantar os fundos necessários. A Boas ele confessou que, se seu cunhado Ernst Vohsen – cônsul, mandatário de uma organização colonial alemã e editor-chefe da editora berlinense Dietrich Reimer – estivesse vivo, ele se sentiria mais seguro, pois certamente veria seus livros virem à luz.[15] Apesar disso, von den Steinen manteve suas atuações na sociedade e na revista de antropologia. A partir de 1925, e pelos três anos seguintes, ele ocupou o cargo de editor-chefe da revista e nesse ano ele também se tornou membro de honra da sociedade.[16] Em 1926, o velho etnólogo recebeu sua última homenagem do mundo americanista: através de Paul Rivet, von den Steinen foi eleito membro de honra da Société des Américanistes de Paris.[17] Em sua missiva de agradecimento à sociedade, von den Steinen reconheceu a importância da eleição, ainda que a etnologia americanista tenha lhe ficado distante, e pontuou que via o gesto como "um retorno para a simpatia internacional, da qual o progresso da nossa amada ciência não pode prescindir".[18]

Karl von den Steinen só conseguiu publicar sua trilogia marquesa entre 1925 e 1928 por intermédio de seu velho amigo Franz Boas e de sua Emergency Society for German and Austrian Science (Sociedade de Emergência para a Ciência Alemã e Austríaca), bem como de "um velho amigo, sr. Capistrano de Abreu no Rio de Janeiro".[19] A Emergency Society de Boas não apenas financiou as edições, como ainda concedeu uma bolsa de pesquisa a von den Steinen, que durou por um período até depois da publicação do terceiro volume.[20] O americanista deu carta-branca a Boas para resolver as questões financeiras envolvendo a obra e a bolsa, mas, ciente de que o desdobramento da sua relação com ele em mais uma faceta poderia ofuscar a afeição recíproca, von den Steinen escreveu-lhe para tranquilizá-lo: "a conservação da nossa antiga amizade tem ∞ vezes mais valor para mim do que qualquer coisa comercial".[21] Ele retomara sua rotina de trabalho, que progredia como não acontecia havia anos.[22] Ao final de sua vida, a catarata devorava-lhe as vistas, e ele precisou demitir a secretária encarregada de ler para ele.[23]

Em 1927, von den Steinen vendeu sua amada casa em Steglitz. O contrato de locação expirara, mas os empregados dos antigos locadores recusaram-se a desocupar a casa, obrigando von den Steinen a mover um penoso processo judicial. Tamanho estresse adoeceu o velho etnólogo: "eu fiquei muito doente com isso, e nunca olhei para vida de forma tão sombria".[24] No ano seguinte, Karl e Eleonora mudaram-se de Berlim para Kronberg im Taunus, na região de Frankfurt am Main. Ele resistiu à ideia de deixar a capital alemã, mas, como Eleonora desejava para o crepúsculo de suas vidas a paz da natureza envolvente, cedeu aos desejos da esposa e, por fim, conseguiu construir uma rotina tranquila, como contou em sua última carta a Boas: "Enquanto isso eu converso todo dia com o senhor, quando eu, retornando, dos meus passeios, para casa, disfruto bem confortavelmente de algumas dúzias de páginas de *Am. Anthropology*; fazê-lo assim, *peu à peu*, traz uma alegria especial, como é com drogas boas. *Ergo* – muito obrigado".²⁵ Em 4 de novembro de 1929, aos 74 anos, o cientista heroico sucumbiu a um acidente vascular cerebral mortal em Kronberg.²⁶

Imagem 92 – Karl von den Steinen no final da vida (ano desconhecido).

Em 1929, Max Schmidt aposentou-se do Museu de Berlim e migrou definitivamente para a América do Sul.²⁷ Primeiramente ele viajou ao Rio de Janeiro, onde estudou as coleções etnográficas do Museu Nacional com o auxílio de Roquette-Pinto e Heloisa Torres (1895-1977) e, em seguida passou por São Paulo para conhecer o Museu Paulista. Então se estabeleceu em Cuiabá, onde adquiriu uma chácara e residiu nela por mais de um ano.²⁸ Por fim, em 1931, ele se mudou definitivamente para Assunção, no Paraguai.²⁹ Em carta a Walter Lehmann, diretor da seção de Oceania, África e América do Sul do Museu de Berlim desde 1927, o etnólogo revelou que, diferentemente do Mato Grosso, no Paraguai havia mais oportunidades para concretizar seus planos de realizar pequenas viagens de pesquisa.[30] O clima também lhe era mais agradável. O tempo de Max Schmidt no Mato Grosso acabara. Em Assunção ele organizou as coleções do Museu de História e Etnografia, posteriormente renomeado para Museo Andrés Barbero. Schmidt se tornou diretor e curador dessa instituição e passou a se dedicar aos povos indígenas do Chaco paraguaio. Em 1935, ele empreendeu uma viagem por essa região, em que estudou os povos Izozó, Churupí, Guisnai, Tapieté e Chiriguano.[31] Entre 1940 e 1941, entrevistou longamente uma mulher Payaguá, de modo a obter importantes informações etnográficas sobre esse povo hoje extinto.[32]

Além de trabalhar incansavelmente no museu de etnografia de Assunção, ele ainda lecionou etnografia e etnologia na Escuela Superior de Filosofía.[33] Com a ascensão ao poder dos nazistas em 1933 sua aposentadoria na Alemanha foi cortada, tornando-o dependente dos módicos salários paraguaios. Dois pequenos relatos de encontros com Schmidt em Assunção revelam os anos finais de sua vida. Baldus relembrou que o colega levava uma vida de absoluta miséria, depois de ter dedicado todo o seu patrimônio e o da sua família à etnologia, contentando-se em se alimentar com um simples prato de ervilhas. Ele morava numa casa pequena nos arredores de Assunção, tinha um ajudantezinho paraguaio e uma criação de perus.[34] Alfred Métraux visitou-o ali e no museu e sugere a imagem de um senhor idoso, vinculado ao passado, à memória e ao esquecimento: "Vejo nele um último laço com o passado, com Nordenskiöld, com os pioneiros da América do Sul. O pobre velho não tem muito para me dizer, mas está feliz em me mostrar suas fotografias e seus manuscritos".[35] As doenças que o acompanharam durante toda a sua vida se transformaram em sofrimento crônico. Em 26 de outubro de 1950, debilitado por uma avançada hanseníase e acometido por uma pneumonia fatal, o cientista romântico faleceu no Paraguai.[36] A inscrição de sua lápide resume não apenas sua vida, mas o projeto americanista alemão: *per silvas pro homines et scientia*, "através das selvas pelos homens e pela ciência". Foi em benefício de uma ciência internacional e dos seres humanos como conceito idealista e romântico (*Mensch*) que Max Schmidt percorreu as matas e se dedicou aos seus habitantes. Isso implicava que muitas vezes o constrangimento ao qual algumas pessoas eram submetidas fosse subestimado e seu sofrimento relativizado, pois os americanistas acreditavam que a ciência apresentava um ideal humanista e universal, e, por isso, sacrifícios individuais poderiam ser relevados. Evidentemente, àqueles que sofreram, essa mensagem soa pouco reconfortante. Quem, entretanto, mais se sacrificou em virtude da ciência e do humanismo como ideais norteadores de vida foi o próprio Max Schmidt.

Os demais americanistas alemães tiveram destinos muito diversos. Herrmann Meyer, que se afastara da atividade acadêmica havia muito tempo, faleceu em 1932. Kissenberth abandonou os planos de realizar uma nova expedição ao Brasil no início da década de 1920, e o Museu de Berlim ainda o contratou como assistente de direção.[37] A editora Strecker & Schröder chegou a preparar o manuscrito de sua monografia, mas a obra nunca foi lançada.[38] Em 1924, ele parou de tentar obter êxito científico e se aposentou aos 45 anos de idade, vivendo de forma reclusa na Áustria até sua morte, em 1944.[39] Felix Speiser dedicou a maior parte de sua carreira ao Pacífico Sul. Ele empreendeu ainda outra viagem àquela região e dirigiu o Museu de Basel de 1942 até falecer, em 1949.[40]

O ciclo de ódio entre Krickeberg, Lehmann e Preuss se intensificava ao longo das décadas de 1920 e 1930. Se antes ele se nutria por fofocas, intrigas e resenhas mal-intencionadas, passou a englobar denúncias de plágio e acusações de toda sorte. Em abril de 1933, Preuss se filiou ao Partido Nacional-Socialista (NSDAP), talvez por conveniência, talvez por medo, talvez por convicção (Imagem 93). Lehmann, que adentrou na mesma época no partido, passava a imagem de nazista orgulhoso. Ele até mesmo se apresentou à Sturmabteilung (SA), a unidade paramilitar nazista.[41] Quando Preuss soube do alistamento de Lehmann, ele sutilmente indagou a Caecilie Seler-Sachs se Lehmann não era judeu; Krickeberg confirmou as raízes hebraicas do colega. O infundado questionamento pela suposta ascendência judaica, que naquela época configurava uma acusação grave de ausência de pureza racial, se espalhou rapidamente pelos corredores do museu, e em 1934 Lehmann foi aposentado. Nem mesmo as aparições públicas em que marchava arrogantemente de uniforme marrom e as provas documentais de arianidade pouparam-no do desligamento. No mesmo ano, ele também foi afastado da Sociedade Berlinense de Antropologia. Mesmo lecionando na Universidade de Berlim, a aposentadoria precoce acarretou dificuldades financeiras severas. Em 1939, Lehmann faleceu empobrecido em Berlim.

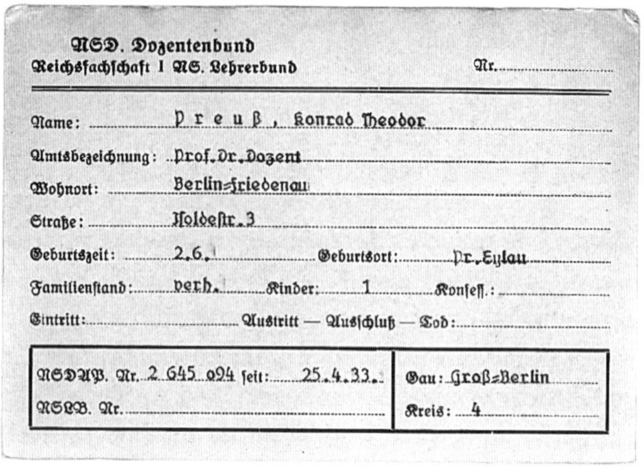
NSD. Dozentenbund
Reichsfachschaft I NS. Lehrerbund Nr.

Name: Preuß, Konrad Theodor
Amtsbezeichnung: Prof. Dr. Dozent
Wohnort: Berlin-Friedenau
Straße: Holdestr. 3
Geburtszeit: 2.6. Geburtsort: Pr. Eylau
Familienstand: verh. Kinder: 1 Konfess.:
Eintritt: Austritt — Ausschluß — Tod:

NSDAP. Nr. 2 645 094 seit: 25.4.33. Gau: Groß-Berlin
NSLB. Nr. Kreis: 4

Imagem 93 – Cartão de inscrição de Konrad Theodor Preuss no Partido Nacional-Socialista (1933).

Em 1937, Preuss publicou uma coletânea chamada *Lehrbuch der Völkerkunde* (*Manual de antropologia*). Na sua resenha sobre o livro, publicada na *Zeitschrift für Ethnologie*, Krickeberg apontou que os autores dos artigos que compunham a obra, como Richard Thurnwald e o próprio Preuss, eram funcionalistas, e, portanto, se opunham ao método histórico-cultural, que era genuinamente alemão. Para Krickeberg, Malinowski, que era fundador do funcionalismo britânico e crítico do difusionismo, era demasiadamente citado na obra. Assim, a coletânea de Preuss privilegiaria a teoria antropológica "de um inimigo declarado da Alemanha nacional-socialista de hoje em dia".[42] Para Díaz de Acre, Krickeberg trouxe a discussão teórica para a esfera da política e intencionou difamar Preuss ao sugerir que ele não compartilhava da visão de mundo nazista – durante pleno terceiro *Reich*.[43] De acordo com o jornalista Egon Kisch (1885-1948), quando Preuss recebeu a resenha, que funcionaria como uma denúncia para a Gestapo, a polícia secreta, ele tinha consciência das consequências que sofreria e teve um ataque cardíaco mortal.[44]

Além deles, Krickeberg ainda conseguiu prejudicar outro etnólogo alemão, Herbert Baldus, mesmo à distância. Em 1934, Baldus se encontrava em expedição pelo Mato Grosso. Em sua visita ao museu etnológico de Berlim nesse mesmo ano, Nimuendajú mencionou a Krickeberg que Baldus se comportaria como comunista em São Paulo.[45] Krickeberg usou a informação para impedir que Baldus fosse aceito na Sociedade Berlinense de Antropologia. A própria Sociedade de Antropologia de Berlim foi

ASCENSÃO E DECLÍNIO DA ETNOLOGIA ALEMÃ (1884-1950)

corroída pela infiltração nazista. Apesar de relação profunda com a academia alemã e de seu esforço em auxiliar cientistas e sociedades científicas, intelectuais e artistas germanoparlantes através de sua Emergency Society, na criação de cooperações bilaterais entre Alemanha e Estados Unidos e no estabelecimento de uma etnologia verdadeiramente internacional, em 1938 Franz Boas foi expulso da Berliner Gesellschaft für Ethnologie a mando de Otto Kümmel (1874-1952), diretor-geral dos museus estatais de Berlim e membro do Partido Nazista, em retaliação à sua suposta "atitude hostil em relação à Alemanha de hoje".[46] Quando Boas soube de seu desligamento, procurou o auxílio de amigos de confiança, entre eles, Wolfram, filho de Karl von den Steinen. A ele Boas pediu nomes e endereços dos antropólogos e etnólogos mais importantes da Alemanha, aos quais enviaria a cópia de sua resposta à sociedade.[47] Ele já havia escrito, entre outros, a Alfred Vierkandt, Fritz Krause e Eugen Fischer, e Wolfram von den Steinen ainda indicou que escrevesse a Richard Thurnwald, Georg Friederici e Walter Krickeberg.[48] Mal sabiam do envolvimento de Krause, Fischer e Krickeberg com o Estado nazista. Evidentemente, às razões do desligamento de Boas da Sociedade de Antropologia somam-se a ascensão do nazismo, as raízes judaicas do antropólogo, bem como a sua luta antirracista de longa data – ou seja, a inadequação do perfil político e intelectual de Boas em relação às mudanças contextuais da Alemanha genocida –, mas seu desligamento ter sido justificado em nome do nacionalismo e das relações nacionais expõe a multiplicidade de enlaçamentos a que relações são submetidas. Assim, as disputas constitutivas da rede de americanistas alemães eram fundamentais na reafirmação de padrões de relações sociais, mas também na realocação de alianças e na conquista de territórios intelectuais. Ainda que parte da dinâmica da rede fosse autodestrutiva, resultando lastimavelmente em consequências não produtivas e negativas para a ciência, nota-se que não apenas cooperação e amizade sustentavam a existência e a continuidade das relações, mas conflitos e disputas também.

Não é claro se Lehmann e Preuss efetivamente compartilhavam da visão de mundo nazista ou se apenas manipularam os efeitos do contexto social para aferir golpes cada vez mais pesados em seus adversários. Krickeberg, por outro lado, nunca foi filiado ao partido, de modo que, após a queda do terceiro *Reich*, ele pôde alegar com facilidade nunca ter sido nazi. Testemunhas contemporâneas, contudo, além de lhe atribuir a causa pelas mortes de Lehmann e Preuss, confirmam que ele concordava com a ideologia hitlerista.[49] Uma carta enviada iminentemente após a guerra, de

Herbert Baldus a Henry Wassén, sucessor de Nordenskiöld (falecido em 1930) na direção do Museu de Gotemburgo, deixa pouca margem de dúvida: "Mas o senhor sabe o que aconteceu com os museus antropológicos alemães e com os etnólogos nazistas como Fritz Krause, Walter Krickeberg e Wilhelm Mühlmann?".[50] Krickeberg passou ileso pela desnazificação do Estado alemão e muito ridiculamente recebeu em 1955 a medalha de honra (*Rudolf-Virchow-Plakette*)da Sociedade de Antropologia. Ele faleceu em 1962 em Berlim. O caso não apenas revela a maneira através da qual certos agentes utilizam-se de ferramentas políticas e simbólicas para o bem próprio, mas levanta a questão específica das características necessárias e fundamentais que perfazem um nazista, termo amplamente utilizado, de modo a abranger intencionalidades diversas.

Fritz Krause foi outro partidário convicto (Imagem 94). Porém, diferentemente de Krickeberg, ele precisou arcar com as consequências de seu apoio ao nazismo. Em 1920, começara a lecionar na Universidade de Leipzig.[51] Em 1926, finalmente se livrara do laço que o unia a Weule e que tanto o desagradava. Com a morte do diretor do Museu de Leipzig, Krause tornou-se seu sucessor natural. Ele assumiu posições de destaque em diversas instituições científicas ligadas a museus e à etnologia, mesmo que suas pesquisas não condissessem com a ideologia racista propagada pelo terceiro *Reich*. Em 1944, foi demitido do cargo de diretor de Museu de Leipzig sob acusação de não ter tomado medidas de segurança suficientes para proteger objetos etnográficos destruídos em um ataque a bomba em 1943. No ano do armistício, ele foi demitido definitivamente dos serviços estatais por conta de seu passado nazista e, em 1950, perdeu a licença de lecionar. Krause faleceu em 1963 em Leipzig.

ASCENSÃO E DECLÍNIO DA ETNOLOGIA ALEMÃ (1884-1950)

Imagem 94 – Inscrição de Fritz Krause no Partido Nacional-Socialista (1937).

Relatos como os de Baldus e de Métraux, que já nos anos 1930 vinculavam os etnólogos ao passado e cristalizavam seus êxitos científicos, podem ser boas fontes para a documentação do fim da vida dos etnólogos e auxiliar a retratar os sentimentos aflorados pelos encontros muitas vezes melancólicos; no entanto, são perspectivas subjetivas e unilaterais de um quadro mais amplo. Isso significa que o projeto americanista pode ter agonizado ao longo das primeiras décadas do século XX e que seus principais representantes tiveram fins trágicos ou nada honrados, mas alguns de seus traços fundamentais e conceitos importantes podem ser rastreados em obras de intelectuais alemães e brasileiros por até meio século depois de sua derrocada.

A emigração de Max Schmidt para a América do Sul e a morte de Karl von den Steinen delimitam o fim do projeto americanista berlinense no Brasil, e o falecimento de Max Schmidt encerrou por completo o americanismo daquelas duas gerações. O projeto intelectual foi afetado pelos efeitos imediatos da mudança geracional no início do século e pela falência da revista *Globus*, mas foram a guerra e a subsequente crise econômica e social as principais causas para a reestruturação acadêmica na Alemanha. Essa, somada à descentralização do americanismo e às transformações da teoria antropológica e da mudança do foco geográfico da disciplina, além da ascensão do nazismo, criaram um mundo acadêmico em que não havia mais espaço para a pesquisa dos povos indígenas do Brasil que os etnólogos alemães empreendiam.

Em sua obra fundamental sobre a gênese e o desenvolvimento dos fatos científicos, Ludwig Fleck já apontou que o estilo de pensamento de determinada tradição científica, ou seja, "a percepção direcionada com sua assimilação objetiva e mental correspondente do que foi percebido", acompanhada de "um estilo técnico e literário característico de um certo sistema de conhecimento", não é perene, mas "sofre as intensificações sociais".[52] Assim ocorreu com o projeto americanista. As alterações macrocontextuais unem-se à transformação do próprio americanismo. Esse campo de estudos, como os demais produtos culturais, tal como a ciência, está submetido a uma transformação inerente, por estar sujeito às ações e intencionalidades humanas. O americanismo alemão era heterogêneo por ser marcado por interesses científicos diversos, mas tinha como fio condutor a herança filosófica de Herder, o empirismo de Alexander von Humboldt e a preocupação pelas representações abstratas de Bastian. As múltiplas relações com correntes de pensamento antropológico, como o evolucionismo, o difusionismo e o funcionalismo, bem como com algumas de suas características específicas, são precisamente fruto da sua diversidade intrínseca.

Assim, ao mesmo tempo que as correntes de pensamento antropológico delimitam seu próprio campo de estudo, elas criam conceitos e uma epistemologia para analisá-lo e – no caso específico da etnologia alemã, uma delimitação abstrata de fenômenos humanos sob a rubrica de "cultura" – elas são também produtos dos fenômenos que se propõem a estudar. As correntes antropológicas são produtos culturais criados por pessoas em contextos sociais específicos e, dessa forma, são também acontecimentos historicamente datados e socialmente aceitos que se pretendem universais e objetivos. As formulações teóricas são postuladas como fatos científicos externos à subjetividade de seus criadores, pois são resultados de análise indutiva ou dedutiva de dados empíricos. No entanto, a concatenação de pensamentos até o estabelecimento de afirmações científicas, desde a escolha do campo de pesquisa, a seleção dos dados e a forma de sua apreensão e apresentação, até o repertório teórico manuseado para compreender os dados, formular as teorizações e expô-las, é mediada pela razão subjetiva, condicionada por e vinculada a relações sociais de natureza diversa.

É preciso expor que a análise da etnologia enquanto ciência se ampara em afirmações êmicas, uma vez que ela era definida dessa forma pelos americanistas. A partir da abstração de características fundamentais do projeto americanista alemão, é possível obter traços elementares à socialidade sobre a qual as atividades científicas se apoiam. Assim sendo, falácias da dispersão – como a *dicto simpliciter* e a da generalização indevida – ou falácias indutivas – como a da generalização precipitada – não vigoram na presente análise, justamente porque a comparação se aplica às premissas da ciência, não às suas conclusões.

Inúmeros fatores são fundamentais para a elaboração das teorias científicas: o *Zeitgeist*, o contexto social, cultural e acadêmico, as influências intelectuais dos acadêmicos, seus próprios interesses e sua capacidade de apreensão, modelamento e transformação dos elementos intelectuais, seus vínculos amorosos, afetivos e institucionais, bem como os interesses políticos e financeiros de governos, instituições públicas e privadas. As teorias científicas são nós em uma imensa rede de subjetividades.

Notas

[1] "If you knew how anxious I am to have direct news from you, you would write to me." Franz Boas a Karl von den Steinen, 10.11.1919, APSL, Mss. B.B61.

[2] "[...] haben wir in guten und schlechten Tagen einen gesunden Optimismus bewahrt [...]." "[...] die uns jetzt, nachdem wir durch chronische Unterernährung erbärmlich geschwächt sind, auch noch zerreisst und erwürgt, hat uns in einem Zustand der Erschöpfung, des Fiebers, der Delirien gebracht." Karl von den Steinen a Erland Nordenskiöld, 19.02.1919, GU.

[3] "Ich kann es nicht leugnen, dass mich gegen das neutrale wie das feindliche Amerika eine unversöhnliche Bitterkeit erfüllt [...]." Karl von den Steinen a Franz Boas, 19.11.1919, APSL, Mss. B.B61.

[4] "[...] eine Kolonie der Entente." "[...] eine soweit wohlhabende Familie wie die unsere seit Jahren keinen Braten Schinken [...] mehr kennt. Wir verhungern keineswegs, aber Hunger leider sind wir durch und durch. Tanzen, bummeln, schwatzen dabei wie nie zuvor. Kap. Erschöpfungszustand. In dieser Stimmung zu schreiben – wie oft habe ich es versucht – wird zum Ekeln." Karl von den Steinen a Franz Boas, 19.11.1919, APSL, Mss. B.B61.

[5] "Freilich, die blutigen Kämpfe sind beendet. Aber nach der Uerberzeugung jedes ehrenhaften Deutschen stellt der uns aufgezwungene Friede absolut unerfüllbare Bedingungen und muss es die brutalste Fortsetzung des Krieges und der Hungerblokade bedeuten, wenn ein grosses Kulturvolk verstümmelt, wirtschaftlich zerrüttet und zum Elend der Hörigkeit verurteilt wird; wir können dieses von der 'Menschlichkeit' und 'Gerechtigkeit' diktierte Dokument nur als ein Erzeugnis betrachten, das den Hass in Reinkultur züchten muss. Ich persönlich hoffe auf Revision aus dem einfachen Grunde, weil realpolitische Klugheit und Notwendigkeit sie gebieterisch fordern werden. Wird es nun schon jetzt möglich sein, den Weg zu normalen Verhältnissen wenigstens des geistigen Austausches zurückzufinden? Wie Sie bin ich tief von dem Glauben durchdrungen, dass es in erster Linie Aufgabe der Wissenschaft sein muss, die gemeinsame Arbeit wieder anzubahnen, deren die Welt bedarf. Ich halte die nicht nur für die Aufgabe, sondern für die Plicht der Wissenschaft. Allerdings keine leichte! Internationale Kongresse scheinen mir noch für Jahre hinaus ausgeschlossen. Ich beneide die Neutralen nicht, die sich um die ersten Versuche bemühen werden. Vielleicht ist der denkbar

O FENECIMENTO DO PROJETO AMERICANISTA

bescheidenste Anfang auch der richtige, dass einzelne Individuen, die es vor ihrem patriotischen und wissenschaftlichen Gewissen zu verantworten sich stark genug fühlen, von beiden Seiten die alte Brücke betreten. Und in der Tat, was könnte ausser einer astronomischen Publikation harmloser sein als die Heraugabe der Grammatik einer untergegangenen Indianersprache Südamerikas? In diesem Sinn bin ich mit Ihrem wiederholten Vorschlag, dass unsere beiden Namen vereinigt werden, herzlichst einverstanden, wofern Sie die Form finden, dass mir für die von Ihnen geleistete Arbeit kein falsches Verdienst zufällt." Karl von den Steinen a Paul Rivet, 27.02.1920, 2 AP1C STEI, MNHN.

6 Thieme, 1993, pp. 92-93; Karl von den Steinen a Theodor Koch-Grünberg, 25.02.1921, ES Mr, A31, St.

7 "Mir ist es unendlich schwer geworden mein schönes Haus, meinen geliebten Garten in Steglitz aufzugeben [...] und dass ich die hier eingebaute Bibliothek mit Galeria nebst fast allen amerikanischen Büchern dem Museum für Völkerkunde (jene durch Verkauf, diese als Leihgabe) überwies." Karl von den Steinen a Franz Boas, 05.01.1921, APSL, Mss. B.B61.

8 Karl von den Steinen a Franz Boas, 14.07.1922, APSL, Mss. B.B61.

9 Karl von den Steinen a Franz Boas, 06.12.1927, APSL, Mss. B.B61.

10 Karl von den Steinen a Franz Boas, 14.07.1922, APSL, Mss. B.B61.

11 Karl von den Steinen a Erland Nordenskiöld, 23.04.1924, GU.

12 Karl von den Steinen a Franz Boas, 14.07.1922, APSL, Mss. B.B61.

13 "In den letzten Wochen hat sich meine Spannung gelöst, ich erkenne, es ist nicht anders möglich, als dass Sie mit all Ihrer Arbeit nur ein Teil von dem erreichen können, was Sie erreichen möchten." Karl von den Steinen a Franz Boas, 11.05.1923, APSL, Mss. B.B61.

14 "Die Lust zu leben flaut ab." Karl von den Steinen a Franz Boas, 11.05.1923, APSL, Mss. B.B61.

15 Karl von den Steinen a Franz Boas, 14.07.1922, APSL, Mss. B.B61.

16 *Zeitschrift für Ethnologie*, 1925, p. 155.

17 Karl von den Steinen a Paul Rivet, 06.02.1926, 2 AP1C STEI, MNHN.

18 "[...] Rückkehr zur internationalen Sympathie, deren der Fortschritt unserer geliebten Wissenschaft nicht entbehren kann." Karl von den Steinen à Société des Américanistes de Paris, 12.02.1926, 2 AP1C STEI, MNHN.

19 Von den Steinen, 1925, p. II; 1928a; 1928b.

20 Karl von den Steinen a Franz Boas, 19.04.1927, APSL, Mss. B.B61.

21 "[...] die Pflege unsere alte Freundschaft ∞ mehr gilt als alles Geschäftliches." Karl von den Steinen a Franz Boas, 09.11.1922, APSL, Mss. B.B61; Karl von den Steinen a Franz Boas, 24.02.1923, APSL, Mss. B.B61.

22 Karl von den Steinen a Franz Boas, 02.04.1926, APSL, Mss. B.B61; Karl von den Steinen a Franz Boas, 17.05.1926, APSL, Mss. B.B61.

23 Thieme, 1993, p. 93.

24 "[...] ich bin darüber ganz krank geworden und habe nie so trübeselig in's Leben gesehen." Karl von den Steinen a Franz Boas, 06.12.1927, APSL, Mss. B.B61.

25 "Inzwischen unterhalte ich mich täglich mit Ihnen, indem ich, vom Spaziergang heimkommend, in besondere Behaglichkeit ein Dutzend Seiten Am. Anthropology geniesse; es macht nur besondere Freude das so peu à peu zu treiben, wie es sich mit guten Drogen gehört. – Ergo, vielen Dank." Karl von den Steinen a Franz Boas, 15.12.1928, APSL, Mss. B.B61.

26 Nordenskiöld, 1930, pp. 220-227.

27 M. Schmidt, 1955, p. 118.

ASCENSÃO E DECLÍNIO DA ETNOLOGIA ALEMÃ (1884-1950)

[28] Max Schmidt a Walter Lehmann, 03.02.1931, Akte Max Schmidt, EM Bln.

[29] Walter Lehmann a Max Schmidt, 24.06.1931, Akte Max Schmidt, EM Bln.

[30] Max Schmidt a Walter Lehmann, 09.05.1931, Akte Max Schmidt, EM Bln.

[31] M. Schmidt, 1955, p. 119. Os Izozó são falantes de uma língua Tupi-Guarani. Os Churupí, também conhecidos por Nivaclé, falam uma língua Matako, tal como os Guisnai. Os Taipieté e os Chiriguano são povos Guarani.

[32] Baldus, 1951, p. 254. Os Payaguá eram falantes de uma língua Guaikuru.

[33] Bossert & Villar, 2019, p. 34.

[34] Baldus, 1951, pp. 257-258.

[35] Bossert & Villar, 2019, p. 35.

[36] Baldus, 1951, p. 253; Bossert & Villar, 2019, p. 35.

[37] Walter Krickeberg a Theodor Koch-Grünberg, 30.12.1920, ES Mr, A30, K.

[38] Theodor Koch-Grünberg a Fritz Krause, 04.05.1924, ES Mr, A37, K.

[39] Hermannstädter, 2002b, p. 129.

[40] Kraus, 2002a, p. 43.

[41] Díaz de Acre, 2005, pp. 124-132.

[42] *Apud idem*, p. 155.

[43] *Idem, ibidem.*

[44] *Idem*, p. 133.

[45] *Idem*, p. 183 e ss.

[46] "[...] angesichts Ihrer feindseligen Haltung gegenüber dem heutigen Deutschland." Carl Schuchhardt a Franz Boas, 26.11.1938. Disponível em <http://www.bgaeu.de/BGAEU-AUT. htm>. Acesso em 15/9/2020.

[47] Franz Boas a Wolfram von den Steinen, 16.01.1939, APSL, Mss. B.B61.

[48] Wolfram von den Steinen a Franz Boas, 18.02.1939, APSL, Mss. B.B61.

[49] Díaz de Acre, 2005, p. 133 e ss.

[50] "Aber wissen Sie, was aus den deutschen Völkerkundemuseen geworden ist und aus Nazi--Ethnologen wie Fritz Krause, Walter Krickeberg und Wilhelm Mühlmann?" Herbert Baldus a Henry Wassén, 05.12.1945, E 1: 45, VFG.

[51] Friedreich, 2019.

[52] Fleck, 1979 [1935], pp. 98-99.

CONCLUSÃO

Ainda durante o período em que os alemães dominavam a Amazônia, suas obras tiveram repercussão no Brasil. Sabidamente, Capistrano de Abreu foi fortemente influenciado pelo método linguístico-etnográfico desenvolvido por Karl von den Steinen, e Mário de Andrade (1893-1945) escreveu *Macunaíma* com base na leitura do segundo volume da obra *Vom Roraima zum Orinoco*, de Theodor Koch-Grünberg.[1] A obra *Rondônia*, de Roquette-Pinto, não apenas narra os acontecimentos de uma expedição de Rondon de sua perspectiva como participante, mas faz uma avaliação minuciosa da antropologia física e da etnologia produzidas sobre os povos indígenas do Brasil, com especial atenção para os do norte do Mato Grosso, abarcando, assim sendo, as contribuições de von den Steinen, Paul Ehrenreich, Herrmann Meyer, Max Schmidt e Koch-Grünberg.[2] Nela, ele postula que "o problema ethnologico mais interessante do Brasil indígena, deixando à margem questões insolúveis, é a ligação dos grupos entre si, a filiação das differentes culturas que apresentam".[3] O problema etnológico ao qual ele se refere parece ser um desdobramento empírico do projeto americanista alemão, que visava buscar as ligações entre as línguas indígenas ao conectar as regiões exploradas.

O etnólogo imediatamente mais influenciado pelo projeto americanista alemão foi Herbert Baldus. Ele estudou em Berlim com Preuss, Lehmann e Thurnwald, onde se doutorou no fim da década de 1920. Isso significa que, por um lado, se sua formação foi no centro do americanismo germânico, por outro, seus professores eram mais próximos ao funcionalismo do que à escola de von den Steinen. Luiz Henrique Passador apontou em sua excelente dissertação, contudo, que seus estudos representam uma transição entre os etnógrafos exploradores do Brasil e o pensamento funcionalista, que se tornava hegemônico.[4] Passador demonstrou como Baldus fez uma

CONCLUSÃO

releitura própria do funcionalismo britânico, da sociologia alemã e até mesmo de certos aspectos do difusionismo.[5]

Baldus, como todos os estudiosos das sociedades das terras baixas sul-americanas de sua época, conhecia as obras dos americanistas alemães. Foi ele quem redigiu a nota de falecimento de Max Schmidt, escreveu as introduções à tradução brasileira de uma obra de Ehrenreich e às monografias *Durch Central-Brasilien* e *Unter den Naturvölkern Zentral-Brasiliens*, de von den Steinen.[6] Ele mesmo inseria-se na linhagem etnológica oriunda de von den Steinen, embora Thurnwald fosse sua principal influência.[7]

Não apenas sua dedicação aos estudos indígenas, mas outras características mencionadas por Passador refletem sua apropriação do americanismo clássico: método comparativo, ênfase no estudo das áreas culturais, abordagem descritiva da cultura material e busca por conexões histórico-culturais entre povos indígenas.[8] Outros aspectos, ao menos de sua atividade de pesquisa nos anos 1930, foram o recolhimento de vocabulários indígenas, o estudo linguístico, o uso de material historiográfico e a preferência pelo contato com grande número de povos indígenas.[9]

Uma apropriação importantíssima de Baldus é o conceito de aculturação (*Akkulturation*). Ainda que ele esteja subjacente a várias produções etnológicas alemãs, é extensivamente desenvolvido por Max Schmidt em *Os Aruaques*. Para Schmidt, a melhor maneira de observar a variedade de fenômenos culturais é analisar as "regiões de aculturação", que são territórios relativamente circunscritos, em que grupos de duas ou mais famílias linguísticas convivem.[10] Exemplos dessas regiões, que são províncias geográficas no sentido de Bastian, são o Xingu e o Rio Negro. Assim, o etnólogo enfatizava as relações culturais, sobretudo as trocas, apropriações e transformações linguísticas e materiais entre os povos indígenas.

Baldus desenvolveu um pouco mais esse conceito, ao inserir povos não indígenas na equação cultural. Em *Akkulturation im Araguaya-Gebiet* (*Aculturação na região do Araguaia*), há um pequeno relato etnográfico em que se pontuam as mudanças nas culturas Tapirapé e Karajá perante o contato com a população brasileira.[11] Desse modo, ele se preocupa com "produtos indígenas" que são "transformações dos nossos produtos ou aproveitamentos dos seus fragmentos", pois estes podem ser úteis ao estudo da aculturação.[12] Nesse sentido, Baldus enfatiza as metamorfoses de produtos culturais a partir de processos imanentes de apropriação simbólica, sem considerar que isso acarretaria perda de elementos culturais nativos. Tanto Max Schmidt quanto o Baldus de *Akkulturation im Araguaya-Gebiet* tratam da mudança cultural a partir de uma perspectiva sociológica, pois basearam suas análises na obra de Thurnwald. Antes, no entanto, em *Ensaios de etnologia brasileira*, sobretudo em "A mudança de cultura entre índios do Brasil", Baldus tratou da transformação da cultura espiritual e material, ou seja, enquanto um todo orgânico.[13] Ele considera que a mudança cultural é "a alteração na harmônica expressão global de todo o sentir, pensar e querer, poder, agir e reagir de uma unidade social" que ocorre através da assimilação de elementos culturais.[14] Na interpretação de Passador, Baldus considerava que a cultura era uma unidade de desenvolvimento isolado e que, apesar de seu dinamismo, as mudanças impostas por causas externas são descaracterizadoras de sua natureza.[15] Em todo caso, deve-se a Baldus, a partir de sua releitura dos etnólogos alemães, a reelaboração do conceito de aculturação para os estudos indígenas. Ela se situa na transição entre o modelo de Schmidt, que considerava o contato com os europeus danoso para as sociedades nativas, mas empregava o conceito de aculturação para compreender as relações culturais interétnicas e a remodelagem do conceito de aculturação em uma espécie de sinônimo de degeneração, que retrataria a transformação dos povos indígenas em camponeses brasileiros pobres por meio de sua assimilação para a sociedade nacional. Através de Darcy Ribeiro (1922-1997), estabeleceu-se uma abordagem que privilegiava o contato interétnico e analisava os seus efeitos para as transformações culturais, de modo a criar uma área de pesquisa e uma epistemologia.[16] O modelo estipulado por Ribeiro foi questionado por Roberto Cardoso de Oliveira (1828-2006), para quem a assimilação e a transformação cultural eram fenômenos historicamente construídos.[17]

Na mesma época de Baldus, havia ainda outros dois intelectuais teuto-brasileiros atuando no país. Emílio Willems (1905-1997) estudou sociologia e etnologia em Berlim, mudou-se ao Brasil em 1934 e fundou a cadeira de antropologia da Universidade de São Paulo (USP).[18] Suas principais pesquisas se deram em torno dos estudos de comunidade, para as quais também empregou largamente o conceito de aculturação. Seu assistente de pesquisa, e posteriormente substituto como professor de antropologia, no entanto, teve mais impacto na repercussão do americanismo alemão. Egon Schaden (1913-1991) era catarinense neto de alemães, estudou na USP, onde completou seu doutorado em 1945 e também empreendeu estudos indígenas.[19] Tal como Baldus, ele também pontuou os efeitos negativos dos contatos entre povos indígenas e não indígenas. Sua monografia sobre os aspectos fundamentais da religião Guarani é uma tentativa de compreender a situação cultural indígena diante do contato interétnico, sobretudo no que diz respeito à transformação da religião.[20] Esta esfera da vida espiritual possui, no entanto, os mecanismos para viabilizar a resistência cultural.[21] Povos mais debilitados estariam fadados ao desaparecimento, não em consequência de matanças e doenças, mas por sua transformação em populações "mestiças".[22] Cabe frisar que os americanistas eram críticos das relações entre índios e não índios com a justificativa de que mazelas sociais, como alcoolismo e doenças, destruíam as culturas nativas na mesma proporção dos contatos culturais. Koch-Grünberg, especificamente, era opositor das relações de trabalho no Norte do Brasil. No entanto, o posicionamento deles era político e moral; apenas Max Schmidt teorizou a respeito dos contatos culturais, e foi Baldus que uniu o pessimismo à teoria. Assim, o sentido de aculturação empregado por Schaden é diferente do de Max Schmidt.

Apesar de mais adepto à remodelação conceitual do que efetivamente aos pensamentos dos americanistas alemães, Schaden teve papel fundamental tanto na divulgação das obras dos etnólogos quanto no estabelecimento de uma história da antropologia brasileira, em que os americanistas ocupam posição de destaque. Schaden registrou notas biográficas sobre Karl von den Steinen, Paul Ehrenreich e Theodor Koch-Grünberg, em que avalia suas contribuições científicas.[23] Ele tratou em conjunto as obras dos etnólogos alemães e buscou inseri-las em uma história da antropologia mais ampla.[24] Por fim, foi ele que traduziu ao português o artigo de Ehrenreich sobre as recentes contribuições para a etnologia do Brasil, bem como as duas monografias de von den Steinen.[25]

A leitura dos etnólogos alemães feita por Sérgio Buarque de Holanda foi demonstrada no já clássico estudo de Mariana Françozo.[26] Ela revela que, nas obras *Monções*, de 1945, e *Caminhos e fronteiras*, de 1957, o sociólogo e historiador brasileiro se utilizou da literatura etnológica alemã e da centralidade da cultura material para compreender as relações entre índios e portugueses nos séculos XVII e XVIII. Além disso, Françozo constatou que nessas obras estão presentes variadas ideias advindas da etnologia alemã, desde as advertências de Bastian quanto à unidade da racionalidade humana, a busca por conexões histórico-geográficas entre os povos através do estudo da difusão de seus bens materiais, até as abordagens sobre mudança cultural.[27]

Embora algo das repercussões da etnologia americanista alemã ainda possa ser rastreado por mais duas gerações de pesquisadoras brasileiras, especialmente por entre as orientandas de Schaden e Baldus, e as orientandas destas, dada a multiplicidade de temáticas e a crescente complexidade teórica, não é possível estabelecer efetivamente uma continuidade da linhagem americanista.[28] Fica registrado, contudo, que as alunas de Egon Schaden se dedicaram ou à etnologia indígena, como Gioconda Mussolini (1913-1969), opositora das teorias de aculturação, e Thekla Hartmann (1933-), ou aos estudos de aculturação, como Ruth Cardoso (1930-2008) e Eunice Durham (1932-2022), que não faziam etnologia indígena.[29] Renate Viertler (1941-) foi aluna de mestrado de Mussolini com uma pesquisa sobre o processo de integração dos Kamaiurá à sociedade brasileira. Berta G. Ribeiro (1924-1997), diferentemente das demais antropólogas citadas, não possuía vínculo com a USP; no entanto, desenvolveu pesquisas etnológicas em absoluta consonância com as produzidas pelos alemães, como seu doutorado sobre a arte de trançar dos índios do Xingu e do Rio Negro ou sobre padrões ornamentais e decorativos na arte xinguana.[30]

Assim, no meio século que se seguiu às mortes de Koch-Grünberg e von den Steinen, partes do americanismo alemão se pulverizaram por áreas distintas do saber, de antropologia e historiografia à literatura, até que lentamente deixassem de ser sentidas enquanto saber subjacente. Atualmente as obras dos etnólogos são relevantes para debates pontuais acerca das dezenas de povos ou assuntos estudados. Desse modo, quer em discussões sobre máscaras do Alto Xingu ou do Alto Rio Negro, quer naquelas sobre línguas indígenas ou apropriação de elementos culturais, e assim por diante, suas teses constituem ainda referências importantes, seja do ponto de vista da etnografia, seja enquanto fonte histórica. Todavia, as obras produzidas pelos americanistas alemães deixaram de ser conhecimento básico necessário para a execução da atividade etnológica há várias décadas.

Apesar disso, várias de suas postulações se tornaram parte intrínseca da etnologia indígena do Brasil. Uma delas é a separação dos povos indígenas em áreas culturais. As pioneiras pesquisas de von den Steinen já caracterizaram a área do Xingu *a priori* como uma província etnográfica. A consequência para as abordagens etnológicas do Xingu e para as populações indígenas brasileiras teve efeito imediato. A partir dessa expedição de von den Steinen, quase todas as pesquisas realizadas por americanistas alemães no Brasil dedicaram-se ao estudo de povos indígenas dentro de determinadas províncias etnográficas: Xingu (Karl von den Steinen, Herrmann Meyer, Max Schmidt), Pantanal (Max Schmidt), Rio Negro (Theodor Koch-Grünberg), noroeste amazônico (Theodor Koch-Grünberg).

Evidentemente essa classificação das províncias etnográficas no Brasil é bastante rudimentar e sustenta-se no estado de conhecimento etnológico até a década de 1920, quando as últimas expedições alemãs foram realizadas ao

CONCLUSÃO

Brasil. O modelo de delimitação de áreas culturais no Brasil foi oficialmente proposto pela primeira vez por Eduardo Galvão (1921-1976) na IV Reunião Brasileira de Antropologia, em 1959. Galvão denominou inicialmente a região de "área de uluri", em referência às tangas usadas pelas mulheres em toda a região do Xingu.[31] A divulgação do amplo uso do uluri no Xingu também resulta da obra steineana *Durch Central-Brasilien*.[32] De acordo com Júlio Cezar Melatti, o modelo de áreas culturais de Galvão foi inspirado no culturalismo norte-americano.[33] Mais precisamente, quem trabalhou com isso nos Estados Unidos foram os alunos de Boas: Melville Herskovits (1895-1963), Alfred Kroeber (1876-1960) e Clark Wissler (1870-1947). E Boas, como se sabe, carregou consigo conceptualizações e métodos aprendidos com seu mestre Bastian. Portanto, cabe a Galvão o grande mérito de ter sistematizado um imenso volume de dados e ter proporcionado a eles um tratamento teórico voltado para a pesquisa empírica. No entanto, a abordagem empírica que categorizava os povos indígenas em áreas culturais é muito anterior a Galvão e foi instituída por Karl von den Steinen e pelos demais americanistas alemães, tornando-se conhecimento geográfico-etnológico *a priori*.

Outro conceito que se fundiu completamente à antropologia aplicada do Brasil é a ideia de que um povo (tribo ou etnia) precisa necessariamente preencher três requisitos (língua nativa, memória geográfica e histórica, e cultura ímpar). Ele foi adotado por muito tempo por órgãos oficiais brasileiros, sobretudo no SPI, para categorizar e julgar as sociedades indígenas. Lembremos que etnólogos como Darcy Ribeiro e Eduardo Galvão eram membros importantes do órgão. Do enorme arranjo de relações entre o SPI e os povos tutelados, pode-se destacar o caso dos Kinikinau, um grupo Aruaque do Mato Grosso do Sul, os quais, durante o período de tutela do SPI, eram obrigados a se autodeclarar Terena. Ainda que falantes de língua própria, eles são um subgrupo Guaná e, desde o final do século XVIII, vagavam pela região fronteiriça entre Brasil e Paraguai.[34] Além dos interesses imediatos de funcionários do órgão e das elites políticas, do ponto de vista da fundamentação teórica subjacente à antropologia aplicada, os Guaná não contemplavam todos os requisitos necessários para que, de acordo com essa categorização, obtivessem o aval do Estado.

Aos americanistas alemães deve-se também a construção da figura moderna do etnólogo. Von den Steinen, Max Schmidt e Koch-Grünberg contribuíram, cada qual a seu modo, e por meio da confecção de diferentes tipos de autoridade etnográfica, heroica, romântica e sóbria, para a criação do

594

ASCENSÃO E DECLÍNIO DA ETNOLOGIA ALEMÃ (1884-1950)

papel contemporâneo do estudioso dos povos indígenas das terras baixas sul-americanas. Apesar disso, Nimuendajú provavelmente foi quem mais substancialmente contribuiu para a formação política dos profissionais, ao unir o indigenista ao etnólogo e, assim, criar para as terras baixas o arquétipo do etnólogo engajado pelos povos que estuda, o que, na interpretação de Mauro de Almeida, caracteriza uma tradição e uma peculiaridade da etnologia brasileira.[35] Para a constituição do etnólogo moderno, a relação com os ditos informantes foi fundamental. Diferentemente dos africanistas, que exerciam trabalho de campo em países colonizados e eram suportados pela máquina imperialista, os americanistas alemães estudavam povos que, embora submetidos ao controle do Estado brasileiro, imperial ou republicano – o qual, durante toda a existência dessa relação, estava, de modo global, mais interessado em domínio e apropriação e, em muitos momentos, massacres –, eram essencialmente livres e, portanto, capazes não apenas de atribuir significados específicos ao contato com os etnólogos, mas também de negociar e controlar as situações. A aparição de Antônio Bakairi ao longo das várias expedições ao Xingu, como ocorreu com outros acompanhantes indígenas com menor impacto, revela que os etnólogos depositavam confiança absoluta nos guias indígenas; e estes, cientes de sua necessidade e seu controle, usufruíam da situação em benefício próprio. Era necessário aos etnólogos recorrer às mais diversas estratégias para equilibrar a relação de poder. A construção do papel do etnólogo, destarte, deve muito menos aos heróis fundadores da antropologia clássica do que a um pequeno grupo de americanistas.

As pesquisas americanistas não tiveram apenas impacto indireto nas sociedades estudadas. Max Schmidt testemunhou uma radical transformação social na região do Xingu, que foi consequência imediata das expedições e da relação de Karl von den Steinen com os Bakairi:

> No intervalo de 28 anos, desde a minha expedição à região das cabeceiras do Rio Xingú, a situação dos índios Bakairi se modificou muito. A maior parte da gente que eu tinha encontrado naquele tempo, nas duas aldeias Maigueri e Maimaieti, no Rio Kuliseu, tinha morrido em consequência da epidemia que grassou no ano de 1918 em quase todo o Mato Grosso. Presumindo que as numerosas mortes entre eles fossem causadas por feitiços dos índios vizinhos, especialmente dos meus Nahukuá e Mehinaku, que lhes invejavam as vantagens adquiridas no contacto com a civilização moderna, todos os Bakairi das cabeceiras do Rio Xingú tinham transmigrado para Simões Lopes [...].[36]

CONCLUSÃO

Em outras palavras: as doenças inseridas pelos Bakairi em decorrência de seu contato com os brasileiros, que foi instituído e estimulado pelos expedicionários, foram traduzidas pelos índios do Xingu no idioma da feitiçaria. Acusados de serem feiticeiros malévolos, os Bakairi tiveram que abandonar sua tradicional área habitacional e se refugiar no posto do SPI. Para Max Schmidt, no entanto, as represálias dos xinguanos aos colaboradores dos etnólogos eram frutos de sua inveja pelos bens materiais que estes possuíam, não da desestruturação sociodemográfica causada pela gripe. Além da introdução de bens materiais europeus entre os povos indígenas, o que é causador de mudanças culturais, a presença dos etnógrafos no campo teve reflexos transformativos étnicos e até mesmo regionais. Se atualmente os Bakairi vivem fora do Xingu, é em consequência da sua colaboração para o projeto americanista alemão.

Enfim, os caminhos e descaminhos, as mudanças e transformações da etnologia, suas diferenças internas e seu caráter heterogêneo, os percursos da vida dos americanistas, suas escolhas e seus dilemas talvez sejam bem resumidos por uma frase de Karl von den Steinen, contida em carta a Adolf Bastian, no longínquo ano de 1885: "O senhor sabe melhor do que ninguém que na etnologia não há impossibilidades".[37]

Notas

[1]   Andrade, 1999 [1928].

[2]   Roquette-Pinto, 1917.

[3]   *Idem*, p. 205.

[4]   Passador, 2002, pp. 27-28.

[5]   *Idem, passim.*

[6]   Baldus, 1948; 1951; von den Steinen, 1894.

[7]   Passador, 2002, p. 51.

[8]   *Idem*, pp. 25-26, 66.

[9]   Baldus, 1931; 1932; 1935; 1937b.

[10]   M. Schmidt, 1917, p. 16.

[11]   Baldus, 1946-1949.

[12]   *Idem*, p. 890.

[13]   *Idem*, 1937a.

[14]   *Idem*, p. 276.

[15]   Passador, 2002, p. 69.

[16]   Viveiros de Castro, 1999, pp. 124-125.

[17]   Conforme, por exemplo, Cardoso de Oliveira (1976). Nessa obra em específico, há um intenso diálogo com Baldus e com Max Schmidt.

[18] Pereira, 1990.

[19] Welter & Martins, 2013, pp. 173-174.

[20] Schaden, 1974.

[21] *Idem*, p. 184.

[22] *Idem*, 1967, p. 14.

[23] *Idem*, 1953; 1956; 1964.

[24] Schaden, 1980; 1990.

[25] Ehrenreich, 1891a; von den Steinen, 1894.

[26] Françozo, 2004.

[27] *Idem*, pp. 83-94.

[28] Cf. Corrêa, 2013, *passim*.

[29] Spirandelli, 2008, p. 53.

[30] Ribeiro, 1993.

[31] Altenfelder Silva, 1993, p. 352.

[32] Ribeiro, 1993, p. 566.

[33] Melatti, [s/d.].

[34] José da Silva, 2004, pp. 43, 52, 76.

[35] Almeida, 2004.

[36] M. Schmidt, 1942, p. 242.

[37] "Sie selbst wissen ja am besten, dass es in der Ethnologie keine Unmöglichkeiten gibt." Karl von den Steinen a Adolf Bastian, 13.12.1885, EM Bln, Acta Von den Steinen/Ehrenreich.

REFERÊNCIAS

Arquivos

Alemanha

BArch – Bundesarchiv (Arquivo Federal da Alemanha)
  Abteilung Reich (Departamento Reich)

BGAEU – Berliner Gesellschaft für Anthropologie, Ethnologie und Urgeschichte (Sociedade Berlinense de Antropologia, Etnologia e Pré-História)
  Altbestand (Fundo antigo)
  Photographisches Archiv (Arquivo fotográfico)

EM Bln – Ethnologisches Museum Berlin (Museu Etnológico de Berlim)
  Acta betreffend die Erwerbung der Sammlung 1. Karl von den Steinen 2. Paul Ehrenreich. Pars I. B. Litt: K. (Pasta relativa à aquisição da coleção 1. Karl von den Steinen 2. Paul Ehrenreich)
  Acta betreffend die Reise des Adalbert Frič nach Südamerika. Vol. 1. Vom 8. Juni 1906 bis 30. September 1908. Pars I. B. 66. (Pasta relativa à viagem de Adalbert Frič para a América do Sul, vol. 1, 8 jun. 1906-30 set. 1908)
  Acta betreffend die Reise des Dr. Kissenberth nach Südamerika. Vom 27. Februar 1908. I. B. 76. (Pasta relativa à viagem do dr. Kissenberth para a América do Sul, de 27 fev. 1908)
  Acta betreffend die Reise des dir. Assistenten Dr. Max Schmidt nach Südamerika. B. I. Vom 15. März 1910. Pars I. B. 83. (Pasta relativa à viagem do assistente de direção dr. Max Schmidt para a América do Sul, de 15 mar. 1910)
  Akten betreffend die Reise des Prof. Dr. Max Schmidt nach Südamerika. B. I. Vom 2.11.1925. (Pastas relativas à viagem do prof. dr. Max Schmidt para a América do Sul, vol. 1, de 2 nov. 1925)

ES Mr – Nachlass Theodor Koch-Grünberg. Ethnographische Sammlung der Philipps-Universität Marburg (Espólio Theodor Koch-Grünberg. Coleção etnográfica da Universidade de Marburg)
  A1 – A37: Wissenschaftliche Korrespondenz (Correspondência científica)
  H: Fotobestand (Fundo fotográfico)

GMV – Grassi-Museum für Völkerkunde zu Leipzig (Museu Grassi de Antropologia de Leipzig)
  Xingú-Expedition 1896 (Primeira Expedição ao Xingu, 1896)

REFERÊNCIAS

IAI – Ibero-Amerikanisches Institut Berlin (Instituto Ibero-Americano de Berlim)
Nachlass Robert Lehmann-Nitsche (Espólio Robert Lehmann-Nitsche)

Brasil

PMEG – Fundo Paraense Museu Emílio Goeldi, Belém
Correspondência passiva, 1904
Correspondência passiva, 1905

PMP – Fundo Museu Paulista, São Paulo
Relatórios de atividades

Estados Unidos

APSL – American Philosophical Society Library, Philadelphia
Franz Boas Papers

França

MNHN – Arquivo do Muséum National d'Histoire Naturelle, Paris
Fonds. Paul Rivet.

Paraguai

Archivo Max Schmidt del Museo Etnográfico Andrés Barbero, Assunção

Suécia

VFG – Världskulturmuseets föremålsarkiv, Gotemburgo (Arquivo do Museu das Culturas Mundiais)
Arquivo Erland Nordenskiöld
Bildarkivet (Arquivo fotográfico)
E 1: Korrespondens (Correspondência)

GU – Göteborgs Universitetsbibliotek (Biblioteca da Universidade de Gotemburgo)
Brevsamling (Coleção de cartas)

Suíça

MKB – Museum de Kulturen Basel (Museu das Culturas de Basel)
Fotoarchiv (Arquivo fotográfico)

ASCENSÃO E DECLÍNIO DA ETNOLOGIA ALEMÃ (1884-1950)

Documentos não publicados

SCHMIDT, Max. "Tagebuch. 9. September – 10. Dezember 1900. Reise von Altona bis zur Ankunft in Cuyabá". Arquivo Max Schmidt do Museu Etnográfico Andrés Barbero, Assunção, Paraguai.

Literatura primária

ANDRADE, Mário de. *Macunaíma, o herói sem nenhum caráter.* São Paulo, O Estado de São Paulo/ Klick, 1999 [1928].

ANKERMANN, Bernhard. "Kulturkreise und Kulturschichten in Afrika". *Zeitschrift für Ethnologie.* Berlin, n. 35, 1905, pp. 54-91.

BALDUS, Herbert. "Kaskihá-Vokabular". *Anthropos. Internationale Zeitschrift für Völker- und Sprachenkunde.* Mödling, vol. 26, 1931, pp. 545-550.

_____. "Beiträge zur Sprachenkunde der Samuko-Gruppe". *Anthropos. Internationale Zeitschrift für Völker- und Sprachenkunde.* Mödling, vol. 27, 1932, pp. 361-416.

_____. "Sprachproben des Kaingang von Palmas". *Anthropos. Internationale Zeitschrift für Völker- und Sprachenkunde.* Mödling, vol. 30, 1935, pp. 191-202.

_____. *Ensaios de etnologia brasileira.* São Paulo/Rio de Janeiro/Recife, Companhia Editora Nacional, 1937a.

_____. "Tereno-Texte". *Anthropos. Internationale Zeitschrift für Völker- und Sprachenkunde.* Mödling, vol. 32, 1937b, pp. 528-544.

_____. "Introdução". *In*: EHRENREICH, Paul. "Contribuições para a etnologia do Brasil". Trad. Egon Schaden. *Revista do Museu Paulista.* São Paulo, vol. 2, 1948, pp. 7-135.

_____. "Akkulturation im Araguaya-Gebiet". *Anthropos. Internationale Zeitschrift für Völker- und Sprachenkunde.* Mödling, vol. 41-44, 1946-1949, pp. 889-891.

_____. "Max Schmidt, 1874-1950". *Revista do Museu Paulista.* São Paulo, vol. 5, 1951, pp. 253-260.

_____. *Bibliografia crítica da etnologia brasileira*, vol. 1. São Paulo, Comissão do IV Centenário da Cidade de São Paulo, Serviço de Comemorações culturais, 1954.

_____. *Bibliografia crítica da etnologia brasileira*, vol. 2. Hannover, Kommissionsverlag Münstermann, 1968.

BASTIAN, Adolf. *Der Mensch in der Geschichte. Zur Begründung einer psychologischen Weltanschauung.* Leipzig, Otto Wigand Verlag, 1860, 2 vol.

_____. "Ethnology and Psychology". [1881]. *In*: KÖPPING, Klaus-Peter. *Adolf Bastian and the psychic Unity of Mankind. The foundations of Anthropology in Nineteenth Century Germany.* Münster, LIT Verlag, 2005a [1983].

_____. "On cultural Evolution". [1871]. *In*: KÖPPING, Klaus-Peter. *Adolf Bastian and the psychic Unity of Mankind. The foundations of Anthropology in Nineteenth Century Germany.* Münster, LIT Verlag, 2005b [1983].

_____. "The folk Idea as Paradigm of Ethnology". [1893-1894]. *In*: KÖPPING, Klaus-Peter. *Adolf Bastian and the psychic Unity of Mankind. The foundations of Anthropology in Nineteenth Century Germany.* Münster, LIT Verlag, 2005c [1983].

_____. *Ethnische Elementargedanken in der Lehre vom Menschen.* Berlin, Weidmannsche Buchhandlung, 1895.

BOAS, Franz. "Zur Ethnographie British-Kolumbiens". *Petermann's Mittheilungen.* Gotha, vol. 3, 1887a, pp. 129-133.

REFERÊNCIAS

BOAS, Franz. "Die religiösen Vorstellungen und einige Gebräuche der zentralen Eskimos". *Petermann's Mittheilungen*. Gotha, vol. 3, 1887b, pp. 302-316.

_____. *Race, Language and Culture*. New York, The MacMillan Company, 1940.

CARDOSO DE OLIVEIRA, Roberto. *Do índio ao bugre. O processo de assimilação dos Terena*. 2. ed. Rio de Janeiro, F. Alves, 1976.

CLAUSS, Otto. "Die Schingú-Expedition". *Verhandlungen der Gesellschaft für Erdkunde zu Berlin*. Berlin, vol. 12, 1885, pp. 503-513.

CONRAD, Joseph. *Heart of Darkness*. Auckland, The Floating Press, 2009 [1899].

EHRENREICH, Paul. "Reise auf dem Rio Doce". *Zeitschrift für Ethnologie*. Berlin, vol. 17, 1885a, pp. 62-65.

_____. "Reise in Brasilien". *Zeitschrift für Ethnologie*. Berlin, vol. 17, 1885b, pp. 309-312.

_____. "Die brasilianischen Wilden". *Zeitschrift für Ethnologie*. Berlin, vol. 17, 1885c, pp. 375-376.

_____. "Ueber die Botocudos der brasilianischen Provinzen Espiritu santo und Minas Geraes". *Zeitschrift für Ethnologie*. Berlin, vol. 19, 1887, pp. 1-46, 19-82.

_____. "Mittheilungen über die zweite Xingu-Expedition in Brasilien". *Zeitschrift für Ethnologie*. Berlin, vol. 22, 1890a, pp. 81-98.

_____. "Dr. Paul Ehrenreich's Reise auf dem Amazonas und Purus". *Globus. Illustrierte Zeitschrift für Länder- und Völkerkunde*. Braunschweig, vol. 57, 1890b, pp. 316-317.

_____. *Beiträge zur Völkerkunde Brasiliens*. Berlin, Verlag von W. Spemann, 1891a.

_____. "Die Einteilung und Verbreitung der Völkerstämme Brasiliens nach dem gegenwärtigen Stand unsrer Kenntnisse". *Petermann's Mittheilungen*. Gotha, vol. 37, 1891b, pp. 81-89, 114-124.

_____. "Südamerikanische Stromfahrten". *Globus. Illustrierte Zeitschrift für Länder- und Völkerkunde*. Braunschweig, vol. 62, n. 1, 1892a, pp. 1-4.

_____. "Südamerikanische Stromfahrten". *Globus. Illustrierte Zeitschrift für Länder- und Völkerkunde*. Braunschweig, vol. 62, n. 3, 1892b, pp. 33-40, 70-74, 100-106, 133-140, 181-186, 214-221, 259-264, 326-331.

_____. "Beiträge zur Geographie Central-Brasiliens". *Zeitschrift der Gesellschaft für Erdkunde zu Berlin*. Berlin, vol. 27, 1892c, pp. 167-191.

_____. "Materialien zur Sprachenkunde Brasiliens: I. Die Sprache der Caraya (Goyaz)". *Zeitschrift für Ethnologie*. Berlin, vol. 26, 1894a, pp. 20-37, 49-60.

_____. "Materialien zur Sprachenkunde Brasiliens: II. Die Sprache der Cayapo (Goyaz)". *Zeitschrift für Ethnologie*. Berlin, vol. 26, 1894b, pp. 115-137.

_____. "Materialien zur Sprachenkunde Brasiliens: III. Die Sprache der Akuä oder Chavantes und Cherentes (Goyaz)". *Zeitschrift für Ethnologie*. Berlin, vol. 27, 1895a, pp. 149-162.

_____. "Materialien zur Sprachenkunde Brasiliens: V. Die Sprache der Apiaka (Para)". *Zeitschrift für Ethnologie*. Berlin, vol. 27, 1895b, pp. 168-176.

_____. "Ein Beitrag zur Charakteristik der Botokudischen Sprache". *Festschrift für Adolf Bastian zu seinem 70. Geburtstage*. Berlin, Dietrich Reimer, 1896.

_____. *Anthropologische Studien über die Urbewohner Brasiliens. Vornehmlich der Staaten Matto Grosso, Goyaz und Amazonas (Purus-Gebiet) nach eigenen Aufnahmen und Beobachtungen in den Jahren 1887 bis 1889*. Braunschweig, Friedrich Vieweg, 1897a.

_____. "Materialien zur Sprachenkunde Brasiliens: III. Vokabulare von Purus-Stämmen". *Zeitschrift für Ethnologie*. Berlin, vol. 29, 1897b, pp. 59-71.

_____. "Die Mythen und Legenden der südamerikanischen Urvölker und ihre Beziehung zu denen Nordamerikas und der alten Welt". *Zeitschrift für Ethnologie*. Berlin, vol. 37, supl., 1905, pp. 1-108.

ASCENSÃO E DECLÍNIO DA ETNOLOGIA ALEMÃ (1884-1950)

EHRENREICH, Paul. "Zur Frage des Bedeutungswandels mythologischer Namen. Eine Entgegnung". *Anthropos. Internationale Zeitschrift für Völker- und Sprachenkunde*. Mödling, vol. 8, 1913, pp. 376-381, 1.147.

_____. "Contribuições para a etnologia do Brasil". Trad. Egon Schaden. *Revista do Museu Paulista*. São Paulo, vol. 2, 1948, pp. 7-135.

FROBENIUS, Leo. *Der Ursprung der afrikanischen Kulturen*. Berlin, Verlag von Gebrüder Börntraeger, 1898.

_____. *Atlas Africanus: Belege zur Morphologie der afrikanischen Kulturen*, vol. 1. München, C. H. Beck, 1929.

GALVÃO, Gustavo. *Relatório com que o exm. sr. general Barão de Maracajú, ex-presidente da Província de Matto-Grosso, pretendia abrir a mesma sessão da Respectiva Assembleia no dia 3 de maio de 1881*. Cuiabá, Typ. de J. J. R. Calhão, 1881.

GENSCH, Hugo. "Die Erziehung eines Indianerkindes: praktischer Beitrag zur Lösung der südamerikanischen Indianerfrage". *Verhandlungen des XVI. Internationalen Amerikanisten-Kongresses*. Wien, 1908.

GLOBUS. "Kleine Nachrichten". *Globus Illustrierte Zeitschrift für Länder- und Völkerkunde*. Braunschweig, vol. 89, n. 6, 1906, pp. 99-100.

GRAEBNER, Fritz. "Kulturkreise und Kulturschichten in Ozeanien". *Zeitschrift für Ethnologie*. Berlin, n. 35, 1905, pp. 28-53.

GRIMM, Jakob & GRIMM, Wilhelm. *Deutsches Wörterbuch*. Leipzig, S. Hirzel, 1854-1960. Disponível em <http://woerterbuchnetz.de/cgi-bin/WBNetz/wbgui_py?sigle=DWB&lemid=GK16139>. Acesso em 23/3/2023.

HERDER, Johann Gottfried. *Ueber die neuere Deutsche Literatur*, vol. 1. Riga, Hartknoch, 1767.

_____. *Abhandlung über den Ursprung der Sprache, welche den von der Königl. Academie der Wissenschaften für das Jahr 1770 gesezten Preis erhalten hat*. Berlin, Christian Friedrich Voß, 1772.

_____. *Auch eine Philosophie der Geschichte zur Bildung der Menschheit*. Riga, Hartknoch, 1774.

_____. *Ideen zur Philosophie der Geschichte der Menschheit*, vol. 1. Riga, Hartknoch, 1784.

_____. "Älteste Urkunde des Menschengeschlechts. Eine nach Jahrhunderten enthüllte heilige Geschichte". *In*: MÜLLER, Johann Georg (org.). *Johann Gottfried von Herder's sämmtliche Werke zur Religion und Theologie*. Tübingen, J. B. Gotta'sche Buchhandlung, 1806 [1774].

HUMBOLDT, Alexander von. *Kosmos. Entwurf einer physischen Weltbeschreibung*, vol. 1. Stuttgart/Tübingen, J. B. Gotta'scher Verlag, 1835.

HUMBOLDT, Wilhelm von. *Über die Kawi-Sprache auf der Insel Java nebst einer Einleitung über die Verschiedenheit des menschlichen Sprachbaues und ihren Einfluß auf die geistige Entwickelung des Menschengeschlechtes*, vol. 3. Berlin, Königliche Akademie der Wissenschaften, 1836-1839.

_____. *Gesammelte Werke*, vol. 3. Berlin, G. Reimer, 1843a.

_____. "Ueber das vergleichende Sprachstudium in Beziehung auf die verschiedenen Epochen der Sprachentwicklung". *Gesammelte Werke*, vol. 3. Berlin, G. Reimer, 1843b [1820-1822].

_____. "Ueber das Entstehen der grammatischen Formen und deren Einfluß auf die Ideenentwicklung". *Gesammelte Werke*, vol. 3. Berlin, G. Reimer, 1843c [1822-1824].

IHERING, Hermann von. "O museu paulista no anno de 1898". *Revista do Museu Paulista*. São Paulo, vol. 4, 1900.

_____. "A anthropologia do Estado de São Paulo". *Revista do Museu Paulista*. São Paulo, vol. 7, 1907, pp. 202-259.

_____. "A questão dos índios no Brazil". *Revista do Museu Paulista*. São Paulo, vol. 8, 1911, pp. 112-141.

IHERING, Hermann von & IHERING, Rodolpho von. "O museu paulista nos anos de 1906 a 1909". *Revista do Museu Paulista*. São Paulo, vol. 8, 1911.

IHERING, Hermann von & LANGHANS, P. "Das südliche Koloniengebiet von Rio Grande do Sul". *Petermann's Mittheilungen*. Gotha, vol. 3, 1887, pp. 289-302, 328-343.

INTERNATIONALER AMERIKANISTEN-KONGRESS. *Vierzehnte Tagung*. Stuttgart, W. Kohlhammer, 1904.

KANT, Immanuel. *Die drei Kritiken*. Köln, Anaconda Verlag, 2015a.

_____. "Kritik der reinen Vernunft". *Die drei Kritiken*. Köln, Anaconda Verlag, 2015b [1781/1787].

KISSENBERTH, Wilhelm. "Bei den Canella-Indianern in Zentral-Maranhão (Brasilien)". *Baessler-Archiv*. Berlin, n. 2, 1912a, pp. 45-54.

_____. "Über die hauptsächlichsten Ergebnisse der Araguaya-Reise". *Zeitschrift für Ethnologie*. Berlin, n. 44, 1912b, pp. 36-59.

_____. "Beitrag zur Kenntnis der Tapirapé-Indianer". *Baessler-Archiv*. Berlin, vol. 1-2, n. 6, 1922, pp. 36-81.

KOCH-GRÜNBERG, Theodor. "Zum Animismus der südamerikanischen Indianer". *Archiv für Ethnographie*. Leiden, vol. 13, supl., 1900.

_____. "Die Guaikurustämme". *Globus. Illustrierte Zeitschrift für Länder- und Völkerkunde*. Braunschweig, vol. 81, 1902, pp. 1-7, 39-46, 69-78, 105-112.

_____. *Anfänge der Kunst im Urwald*. Berlin, Ernst Wasmuth, 1905a.

_____. "Abschluß meiner Reise in den Flußgebieten des Rio Negro und Yapurá". *Globus: Illustrierte Zeitschrift für Länder- und Völkerkunde*. Braunschweig, vol. 88, 1905b, pp. 86-91.

_____. "Kreuz und quer durch Nordwestbrasilien". *Globus: Illustrierte Zeitschrift für Länder- und Völkerkunde*. Braunschweig, vol. 89, 1906a, pp. 165-169, 309-316, 373-380.

_____. "Kreuz und quer durch Nordwestbrasilien". *Globus: Illustrierte Zeitschrift für Länder- und Völkerkunde*. Braunschweig, vol. 90, 1906b, pp. 7-13, 104-111, 117-124, 261-268, 325-329, 345-351, 373-380.

_____. "Die Makú". *Anthropos. Internationale Zeitschrift für Völker- und Sprachenkunde*. Mödling, vol. 1, 1906c, pp. 877-906.

_____. *Indianertypen aus dem Amazonasgebiet*. Berlin, Ernst Wasmuth, 1906d.

_____. *Südamerikanische Felszeichnungen*. Berlin, Ernst Wasmuth Verlag, 1907.

_____. "Eine Bemerkungen zur der Forschungsreis des Dr. H. Rice in den Gebieten zwischen Guaviare und Caquetá-Yapurá". *Globus: Illustrierte Zeitschrift für Länder- und Völkerkunde*. Braunschweig, vol. 93, 1908a, pp. 302-305.

_____. "Der Fischfang bei den Indianern Norwestbrasiliens". *Globus: Illustrierte Zeitschrift für Länder- und Völkerkunde*. Braunschweig, vol. 93, n. 1, 1908b, pp. 1-6.

_____. "Der Fischfang bei den Indianern Norwestbrasiliens". *Globus: Illustrierte Zeitschrift für Länder- und Völkerkunde*. Braunschweig, vol. 93, n. 2, 1908c, pp. 21-28.

_____. "Jagd und Waffen bei den Indianern Norwestbrasiliens". *Globus: Illustrierte Zeitschrift für Länder- und Völkerkunde*. Braunschweig, vol. 93, n. 13, 1908d, pp. 197-203, 215-221.

_____. "Die Hianákoto-Umáua". *Anthropos. Internationale Zeitschrift für Völker- und Sprachenkunde*. Mödling, vol. 3, 1908e, pp. 83-124, 297-335, 952-982.

_____. *Zwei Jahre unter den Indianern: Reisen in Nordwest-Brasilien, 1903-1905*, vol. 1. Stuttgart, Strecker & Schröder, 1909.

_____. *Zwei Jahre unter den Indianern: Reisen in Nordwest-Brasilien, 1903-1905*, vol. 2. Stuttgart, Strecker & Schröder, 1910.

KOCH-GRÜNBERG, Theodor. "Betóya-Sprachen Nordwestbrasiliens und der angrenzenden Gebiete (I)". *Anthropos. Internationale Zeitschrift für Völker- und Sprachenkunde*. Mödling, vol. 7, 1912a, pp. 429-462.

_____. "Von der dritten Forschungsreise von Dr. Th. Koch-Grünberg nach Südamerika". *Anthropos. Internationale Zeitschrift für Völker- und Sprachenkunde*. Mödling, vol. 7, 1912b, pp. 502-503.

_____. "Betóya-Sprachen Nordwestbrasiliens und der angrenzenden Gebiete (II)". *Anthropos. Internationale Zeitschrift für Völker- und Sprachenkunde*. Mödling, vol. 8, 1913a, pp. 944-977.

_____. "Über die dritte Forschungsreise von Dr. Th. Koch-Grünberg". *Anthropos. Internationale Zeitschrift für Völker- und Sprachenkunde*. Mödling, vol. 8, 1913b, pp. 556-557.

_____. "Betóya-Sprachen Nordwestbrasiliens und der angrenzenden Gebiete (III-V)". *Anthropos. Internationale Zeitschrift für Völker- und Sprachenkunde*. Mödling, vol. 9, 1914, pp. 151-195, 569-589, 812-832.

_____. "Betóya-Sprachen Nordwestbrasiliens und der angrenzenden Gebiete (VI-VII)". *Anthropos. Internationale Zeitschrift für Völker- und Sprachenkunde*. Mödling, vol. 10-11, 1915-1916, pp. 114-158, 421-449.

_____. *Vom Roraima zum Orinoco. Ergebnisse einer Reise in Nordbrasilien und Venezuela in den Jahren 1911-1913*, vol. 1. Berlin, Dietrich Reimer (Ernst Vohsen), 1917.

_____. *Indianermärchen aus Südamerika*. Jena, Eugen Diederichs iii, 1920.

_____. *Vom Roraima zum Orinoco. Ergebnisse einer Reise in Nordbrasilien und Venezuela in den Jahren 1911-1913*, vol. 3. Berlin, Dietrich Reimer (Ernst Vohsen), 1923a.

_____. *Vom Roraima zum Orinoco. Ergebnisse einer Reise in Nordbrasilien und Venezuela in den Jahren 1911-1913*, vol. 5. Berlin, Dietrich Reimer (Ernst Vohsen), 1923b.

_____. *Vom Roraima zum Orinoco. Ergebnisse einer Reise in Nordbrasilien und Venezuela in den Jahren 1911-1913*, vol. 2. Berlin, Dietrich Reimer (Ernst Vohsen), 1924.

_____. *Vom Roraima zum Orinoco. Ergebnisse einer Reise in Nordbrasilien und Venezuela in den Jahren 1911-1913*, vol. 4. Berlin, Dietrich Reimer (Ernst Vohsen), 1928.

_____. "Tagebuch der zweiten Schingú-Expedition des Herrn Dr. Herrmann Meyer. 1898/1899". *In*: KRAUS, Michael (ed.). *Theodor Koch-Grünberg. Die Xingu-Expedition (1898-1900): Ein Forschungstagebuch*. Köln/Weimar/Wien, Böhlau Verlag, 2004.

_____. *Dois anos entre os indígenas: viagens ao noroeste do Brasil (1903-1905)*. Manaus, Editora da Universidade Federal do Amazonas/FSDB, 2005.

_____. *Do Roraima ao Orinoco. Observações de uma viagem pelo norte do Brasil e pela Venezuela durante os anos de 1911 a 1913*. Trad. Cristina Alberts-Franco. São Paulo, Editora da Unesp, 2006.

_____. *Começos da arte na selva: desenhos manuais de indígenas colecionados por Dr. Theodor Koch-Grünberg em suas viagens pelo Brasil*. Trad. Casimiro Beksta. Manaus, Editora da Universidade Federal do Amazonas/FSDB, 2009.

_____. *Petróglifos sul-americanos*. Trad. João Batista Poça da Silva. Belém, Museu Paraense Emílio Goeldi/Instituto Socioambiental/Fapespa, 2010.

KRAUSE, Fritz. *In den Wildnissen Brasiliens: Bericht und Ergebnisse der Leipziger Araguaya-Expedition 1908*. Leipzig, R. Voigtländer Verlag, 1911.

_____. *Die Kultur der kalifornischen Indianer in ihrer Bedeutung für die Ethnologie und die nordamerikanische Völkerkunde*. Leipzig, Verlag von Otto Spamer, 1921.

LAVOISIER, Antoine. *Traité élémentaire de Chimie*. Paris, Cuchet, 1789.

LOBO D'EÇA, Manuel de Almeida da Gama. *Relatório com que o exm. sr. general Barão de Batovy, presidente da Província de Matto-Grosso abriu a 1ª Sessão da 25ª Legislatura da Respectiva Assembleia no dia 1º de outubro de 1884*. Cuiabá, Typ. de J. J. R. Calhão, 1884.

REFERÊNCIAS

MAINE, Henry. *Ancient Law: its connection with the Early History of Society, and its relation to Modern ideas*. London, John Murray, 1861.

MARX, Karl & ENGELS, Friedrich. *Manifest der kommunistischen Partei*. Berlin, Dietz Verlag, 1968 [1848].

MEYER, Herrmann. *Tagebuch meiner Brasilienreise*, vol. 1. Leipzig, Bibliographisches Institut, 1896.

_____. *Tagebuch meiner Brasilienreise*, vol. 2. Leipzig, Bibliographisches Institut, 1897.

MORGAN, Lewis H. *The American Beaver and his Works*. Philadelphia, J. B. Lippincott & Co., 1868.

_____. *Systems of Consanguinity and Affinity of the Human family*. Washington, Smithsonian Institution, 1871.

_____. *Ancient Society or Researches in the Lines of Human Progress from slavery through Barbarism to Civilization*. Chicago, Charles H. Kerr & Company, 1877.

MÜLLER, Johann Georg (ed.). *Johann Gottfried von Herder's sämmtliche Werke zur Religion und Theologie*. Tübingen, J.B. Gotta'sche Buchhandlung, 1806.

NORDENSKIÖLD, Erland. "Über Quichua sprechende Indianer an den Ostabhängen der Anden im Grenzgebiet zwischen Peru und Bolivia". *Globus: Illustrierte Zeitschrift für Länder- und Völkerkunde*. Braunschweig, vol. 88, n. 7, 1905, pp. 101-108.

_____. "Südamerikanische Rauchpfeifen". *Globus: Illustrierte Zeitschrift für Länder- und Völkerkunde*. Braunschweig, vol. 93, n. 19, 1908, pp. 293-298.

_____. *Indianerleben. El Gran Chaco (Südamerika)*. Leipzig, Albert Bonnier, 1912.

_____. "Nécrologie de Karl von den Steinen". *Journal de la Société des Américanistes*. Paris, tomo 22, n. 1, 1930, pp. 220-227.

NIMUENDAJÚ, Curt. "Bruchstücke aus Religion und Überlieferung der Šipáia-Indianer. Beiträge zur Kenntnis der Indianerstämme des Xingú-Gebietes, Zentralbrasilien (I)". *Anthropos. Internationale Zeitschrift für Völker- und Sprachenkunde*. Mödling, vol. 14-15, 1919-1920, pp. 1.002-1.039.

_____. "Bruchstücke aus Religion und Überlieferung der Šipáia-Indianer. Beiträge zur Kenntnis der Indianerstämme des Xingú-Gebietes, Zentralbrasilien (II)". *Anthropos. Internationale Zeitschrift für Völker- und Sprachenkunde*. Mödling, vol. 16-17, 1921-1922, pp. 367-406.

_____. "Zur Sprache der Šipáia-Indianer". *Anthropos. Internationale Zeitschrift für Völker- und Sprachenkunde*. Mödling, vol. 18-19, 1923-1924, pp. 836-857.

_____. "Wortliste der Šipáia Sprache (I)". *Anthropos. Internationale Zeitschrift für Völker- und Sprachenkunde*. Mödling, vol. 23, 1928, pp. 821-850.

_____. "Wortliste der Šipáia Sprache (II)". *Anthropos. Internationale Zeitschrift für Völker- und Sprachenkunde*. Mödling, vol. 24, 1929, pp. 863-896.

NOVALIS. "Blütenstaub". *Athanaeum*. Berlin, 1798.

PETSCHELIES, Erik & SCHRÖDER, Peter (org.). *Max Schmidt. Os Aruaques: uma contribuição para o problema da difusão cultural*. Trad. Erik Petschelies. São Paulo, Hedra, 2021.

RATZEL, Friedrich. "Geografia do Homem (Antropogeografia)". *In*: MORAES, Antonio Carlos Robert (org.). *Ratzel: Geografia*. São Paulo, Ática, 1990 [1882/1891].

REMARQUE, Erich Maria. *Der Weg zurück*. Frankfurt am Main, Ullstein Buch, 1975 [1931].

_____. *Im Westen nichts Neues*. Köln, Verlag Kiepenheuer & Witsch, 2012 [1929].

ROQUETTE-PINTO, Edgard. *Rondonia: Anthropologia. Ethnographia*. Rio de Janeiro, Imprensa Nacional, 1917.

SCHADEN, Egon. "A obra científica de Koch-Grünberg". *Revista de Antropologia*. São Paulo, vol. 1, n. 2, 1953, pp. 133-136.

_____. "Karl von den Steinen e a exploração científica do Brasil". *Revista de Antropologia*. São Paulo, vol. 4, n. 2, 1956, pp. 117-128.

ASCENSÃO E DECLÍNIO DA ETNOLOGIA ALEMÃ (1884-1950)

SCHADEN, Egon. "A obra científica de Paul Ehrenreich". *Revista de Antropologia*. São Paulo, vol. 12, n. 1-2, 1964, pp. 83-86.

_____. "Aculturação e assimilação dos índios do Brasil". *Revista do Instituto de Estudos Brasileiros*. São Paulo, vol. 2, 1967, pp. 7-14.

_____. *Aspectos fundamentais da cultura Guarani*. São Paulo, Edusp, 1974.

_____. "A etnologia no Brasil". *In*: FERRI, Mario Guimarães & MOTOYAMA, Shozo (org.). *História das Ciências no Brasil*. São Paulo, Editora Pedagógica Universitária/Edusp, 1980.

_____. "Pioneiros alemães da exploração etnológica do Alto Xingu". *Revista de Antropologia*, vol. 33, 1990, pp. 1-18.

_____. "Pioneiros alemães na exploração etnológica do Alto Xingu". *In*: COELHO, Vera Penteado (org.). *Karl von den Steinen: um século de Antropologia no Xingu*. São Paulo, Edusp, 1993.

SCHMIDT, Max. "Reiseskizzen aus Matto Grosso (Brasilien)". *Globus: Illustrierte Zeitschrift für Länder- und Völkerkunde*. Braunschweig, vol. 82, n. 22, 1902a, pp. 43, 348-349.

_____. "Reiseskizzen aus Zentralbrasilien". *Globus: Illustrierte Zeitschrift für Länder- und Völkerkunde*. Braunschweig, vol. 82, n. 22, 1902b, pp. 29-31, 44-46, 95-98.

_____. "Die Guató". *Verhandlungen der Berliner Anthropologischen Gesellschaft*. Berlin, 1902c, pp. 77-89.

_____. "Das Feuerbohren nach indianischer Weise". *Zeitschrift für Ethnologie*. Berlin, n. 1, 1903a, p. 75.

_____. "Guaná". *Zeitschrift für Ethnologie*. Berlin, n. 2-3, 1903b, pp. 324-336.

_____. "Guaná". *Zeitschrift für Ethnologie*. Berlin, n. 4, 1903c, pp. 560-604.

_____. "Über meine Reise in Central-Brasilien im Staate Matto-Grosso". *Altononaer Nachrichten*, 1903d.

_____. "Nachrichten über die Kayabi-Indianer". *Zeitschrift für Ethnologie*. Berlin, n. 3-4, 1904a, pp. 466-468.

_____. "Ableitung südamerikanischer Geflechtmuster aus der Technik des Flechtens". *Zeitschrift für Ethnologie*. Berlin, n. 3-4, 1904b, p. 466.

_____. "Aus den Ergebnissen meiner Expedition in das Xingú-Quellgebiet". *Globus: Illustrierte Zeitschrift für Länder- und Völkerkunde*. Braunschweig, vol. 86, n. 7, 1904c, pp. 119-12.

_____. *Indianerstudien in Zentralbrasilien. Erlebnisse und ethnologische Ergebnisse einer Reise in den Jahren 1900 bis 1901*. Berlin, Dietrich Reimer (Ernst Vohsen), 1905.

_____. "Reisen in Matto Grosso um Jahre 1910". *Zeitschrift für Ethnologie*. Berlin, vol. 44, 1912, pp. 13-174.

_____. "Buchbesprechung. Fritz Krause. 'In den Wildnissen Brasiliens. Bericht und Ergebnisse der Leipziger Araguaya-Expedition 1908'". *Zeitschrift für Ethnologie*. Berlin, vol. 45, 1913a, p. 192.

_____. "Buchbesprechung. Erland Nordenskiöld. 'Indianerleben. El Gran Chaco (Südamerika)'". *Zeitschrift für Ethnologie*. Berlin, vol. 45, 1913b, p. 192.

_____. "Die Guató und ihr Gebiet. Ethnologische und archäologische Ergebnisse der Expedion zum Caracara-Fluss in Matto Grosso". *Baessler-Archiv*. Berlin, vol. 4, 1914, pp. 251-283.

_____. *Die Aruaken: ein Beitrag zum Problem der Kulturverbreitung*. Leipzig, Veit & Comp., 1917.

_____. "Verhältnis zwischen Form und Gebrauchszweck bei südamerikanischen Sachgütern, besonders den keulenförmigen Holzgeräten". *Zeitschrift für Ethnologie*. Berlin, vol. 50, 1918, pp. 12-39.

_____. *Grundriß der ethnologischen Volkswirtschaftslehre*, vol. 1. Stuttgart, Enke, 1920.

_____. *Grundriß der ethnologischen Volkswirtschaftslehre*, vol. 2. Stuttgart, Enke, 1921.

_____. *Die materielle Wirtschaft bei den Naturvölkern*. Leipzig, Quelle und Meyer, 1923.

SCHMIDT, Max. *Völkerkunde*. Berlin, Ullstein, 1924.

_____. "Los Barbados o Umotinas en Matto Grosso (Brasil)". *Revista de la Sociedad Científica del Paraguay*, vol. 5, n. 4, 1941, pp. 1-51.

_____. "Resultados da minha expedição bienal a Mato-Grosso. De setembro de 1926 a agosto de 1928". *Boletim do Museu Nacional*. Rio de Janeiro, vol. 14-17, 1942, pp. 241-285.

_____. "Autobiografia de Max Schmidt". *Revista de Antropologia*. São Paulo, vol. 3, n. 2, 1955, pp. 115-124.

SCHMIDT, Wilhelm. "Die moderne Ethnologie". *Anthropos. Internationale Zeitschrift für Völker- und Sprachenkunde*. Mödling, vol. 1, 1906, pp. 134-163, 318-387, 592-643, 950-997.

_____. "Kulturkreise und Kulturschichten in Südamerika". *Zeitschrift für Ethnologie*. Berlin, vol. 45, 1913, pp. 1.014-1.030.

SELER, Eduard. "Buchbesprechung Theodor Koch-Grünberg. Vom Roraima zum Orinoco". *Zeitschrift für Ethnologie*. Berlin, vol. 47, 1915.

SELER-SACHS, Caecilie. "Kurzer Bericht einer archäologischen Reise durch Mexiko und Mittelamerika". *Globus: Illustrierte Zeitschrift für Länder- und Völkerkunde*. Braunschweig, vol. 72, n. 6, 1897, pp. 85-88.

SPEISER, Felix. *Südsee, Urwald, Kannibalen*. Leipzig, R. Voigtländer Verlag, 1913.

_____. *Im Düster des brasilianischen Urwaldes*. Stuttgart, Strecker & Schröder, 1926.

TYLOR, Edward B. *Primitive Culture. Researches into the Development of Mythology, Philosophy, Religion, Art and Custom*, vol. I. London, John Murray, 1871.

VERHANDLUNGEN der Gesellschaft für Erdkunde. Berlin, vol. 28, n. 10.

VIRCHOW, Rudolf. "Schädel und Skelette vom Rio Doce". *Zeitschrift für Ethnologie*. Berlin, vol. 17, 1885, pp. 248-254.

_____. "Buchbesprechung Karl von den Steinen, Durch Central-Brasilien". *Zeitschrift für Ethnologie*. Berlin, vol. 18, 1886, pp. 233-234.

VON DEN STEINEN, Karl. *Über den Antheil der Psyche am Krankheitsbilde der Chorea*. Estrasburgo, Universidade de Estrasburgo, 1875 (Tese de doutorado).

_____. *Durch Central-Brasilien. Expedition zur Erforschung des Schingú im Jahre 1884*. Leipzig, F. A. Brockhaus, 1886.

_____. "O Rio Xingú". *Revista da Sociedade de Geografia do Rio de Janeiro*. Rio de Janeiro, tomo III, 1887, pp. 95-97.

_____. "O Rio Xingú". *Revista da Sociedade de Geografia do Rio de Janeiro*. Rio de Janeiro, tomo IV, 1888, pp. 189-212.

_____. "Erfahrungen zur Entwicklungsgeschichte der Völkergedanken". *Globus. Illustrierte Zeitschrift für Länder- und Völkerkunde*. Braunschweig, vol. 56, n. 1, 1889, pp. 11-15.

_____. *Die Bakaïri-Sprache*. Leipzig, K. F. Koehler's Antiquarium, 1892.

_____. *Unter den Naturvölkern Zentral-Brasiliens. Reiseschilderung und Ergebnisse der zweiten Schingú-Expedition, 1887-1888*. Berlin, Dietrich Reimer, 1894.

_____. "Buchbesprechung Jacob Robinson. 'Psychologie der Naturvölker. Ethnographische Parallelen'". *Zeitschrift für Ethnologie*. Berlin, vol. 29, 1897a, p. 73.

_____. "Karl v.d. Steinen's ethnographische Forschungsreise in die Südsee". *Globus Illustrierte Zeitschrift für Länder- und Völkerkunde*. Braunschweig, vol. 71, n. 1, 1897b, p. 364.

_____. "Indianerskizzen von Hercules Florence". *Globus Illustrierte Zeitschrift für Länder- und Völkerkunde*. Braunschweig, vol. 77, n. 1, 1899, pp. 5-9.

_____. "Karl von den Steinen berichtet über den XII. Internationalen Amerikanisten-Congress in Paris". *Zeitschrift für Ethnologie*. Berlin, vol. 32, 1900a, pp. 506-507.

VON DEN STEINEN, Karl. "Buchbesprechung Schmidt, Pater Wilhelm. 'Über das Verhältnis der melanesischen Sprachen zu den polynesischen und untereinander'". *Globus Illustrierte Zeitschrift für Länder- und Völkerkunde*. Braunschweig, vol. 78, n. 2, 1900b, p. 130.

_____. "Die Guayakí-Sammlung des Hern. Dr. v. Weickhman". *Zeitschrift für Ethnologie*. Berlin, vol. 33, 1901a, pp. 267-272.

_____. "Die Schraube, keine Eskimoerfindung". *Globus Illustrierte Zeitschrift für Länder- und Völkerkunde*. Braunschweig, vol. 79, n. 1, 1901b, pp. 125-127.

_____. "Hr. Karl von den Steinen demonstriert eine anthropomorphe Todten-Urne von Maracá". *Zeitschrift für Ethnologie*. Berlin, vol. 33, 1901c, pp. 387-390.

_____. "Buchbesprechung Kurt Lampert 'Die Völker der Erde. Eine Schilderung der Lebensweise, der Sitten, Gebräuche, Feste und Ceremonien aller lebenden Völker'". *Zeitschrift für Ethnologie*. Berlin, vol. 34, 1902a, p. 96.

_____. "Urne von Maracá". *Zeitschrift für Ethnologie*. Berlin, vol. 34, 1902b, p. 196.

_____. "Begleitwort". *Globus Illustrierte Zeitschrift für Länder- und Völkerkunde*. Braunschweig, vol. 83, n. 9, 1903a, pp. 125-127.

_____. "Über den XIII. Internationalen Amerikanisten-Kongress in New-York und die ethnographischen Museen im Osten der Vereinigten Staaten". *Zeitschrift für Ethnologie*. Berlin, vol. 35, 1903b, pp. 80-92.

_____. "Der 13. Internationale Amerikanistenkongreß in New York". *Globus Illustrierte Zeitschrift für Länder- und Völkerkunde*. Braunschweig, vol. 81, n. 1, 1903c, p. 130.

_____. "Ausgrabungen am Valenciasee". *Globus Illustrierte Zeitschrift für Länder- und Völkerkunde*. Braunschweig, vol. 86, n. 7, 1904a, pp. 100-107.

_____. "Eine Forschungsreise nach Südamerika". *Zeitschrift für Ethnologie*. Berlin, vol. 36, 1904b, pp. 293-299.

_____. *Diccionario Sipibo*. Berlin, Dietrich Reimer (Ernst Vohsen), 1904c.

_____. "Über die wilden Waldindianer Santa Catharinas: die 'Schokléng'". *Zeitschrift für Ethnologie*. Berlin, vol. 36, 1904d, pp. 830-844.

_____. "Proben einer früheren polynesischen Geheimsprache". *Globus Illustrierte Zeitschrift für Länder- und Völkerkunde*. Braunschweig, vol. 87, n. 1, 1905a, pp. 119-121.

_____. "Gedächtnisrede auf Adolf Bastian". *Zeitschrift für Ethnologie*. Berlin, vol. 37, 1905b, pp. 236-249.

_____. "Buchbesprechung Georg Friederici. 'Skalpieren und ähnliche Kriegsgebräuche in Amerika'". *Zeitschrift für Ethnologie*. Berlin, vol. 39, 1907, pp. 772-773.

_____. "Buchbesprechung Theodor Koch-Grünberg. 'Südamerikanische Felszeichnungen'". *Zeitschrift für Ethnologie*. Berlin, vol. 40, 1908, pp. 838-839.

_____. "Buchbesprechung Theodor Koch-Grünberg. 'Zwei Jahre unter den Indianern. Reisen in Nordwest-Brasilien 1903/1905. Erster Band'". *Zeitschrift für Ethnologie*. Berlin, vol. 41, 1909, p. 588.

_____. "Buchbesprechung Paul Ehrenreich. 'Die allgemeine Mythologie und ihre ethnologischen Grundlagen'". *Zeitschrift für Ethnologie*. Berlin, vol. 42, 1910a, p. 1.000.

_____. "Buchbesprechung Theodor Koch-Grünberg. 'Zwei Jahre unter den Indianern. Reisen in Nordwest-Brasilien 1903/1905. Zweiter Band'". *Zeitschrift für Ethnologie*. Berlin, vol. 42, 1910b, p. 170

_____. "Orpheus, der Mond und Swinegel". *Zeitschrift des Vereinis für Volkskunde in Berlin*, vol. I, 1915, pp. 260-279.

VON DEN STEINEN, Karl. *Die Marquesaner und Ihre Kunst. Studien über die Entwicklung primitiver Südseeornamentik nach eigenen Reiseergebnissen und dem Material der Museen*, vol. 1. Berlin, Dietrich Reimer (Ernst Vohsen), 1925.

_____. *Die Marquesaner und ihre Kunst. Studien über die Entwicklung primitiver Südseeornamentik nach eigenen Reiseergebnissen*, vol. 2. Berlin, Dietrich Reimer (Ernst Vohsen), 1928a.

_____. *Die Marquesaner und ihre Kunst. Studien über die Entwicklung primitiver Südseeornamentik nach eigenen Reiseergebnissen*, vol. 3. Berlin, Dietrich Reimer (Ernst Vohsen), 1928b.

WAITZ, Theodor. *Anthropologie der Naturvölker*, vol. 1. Leipzig, Friedrich Fleischer, 1859.

WEBER, Max. *Die protestantische Ethik und der "Geist" des Kapitalismus*. Wiesbaden, Springer VS, 2016 [1904/1920].

WIED-NEUWIED, Maximilian zu. *Reise nach Brasilien in den Jahren 1815 bis 1817*, vol. 1. Frankfurt am Main, Heinrich Ludwig Brönner, 1820.

WILDE, Oscar. *The picture of Dorian Gray*. Victoria, University of Victoria Press, 2011 [1890].

WUNDT, Wilhelm. *Völkerpsychologie. Eine Untersuchung der Entwicklungsgesetze von Sprache, Mythos und Sitte*. Leipzig, Engelmann, 1900-1920, 10 v.

ZEITSCHRIFT für Ethnologie. Berlin, vol. 32, 1900; vol. 33, 1901; vol. 34, 1902; vol. 35, 1903; vol. 36, 1904; vol. 37, 1905; vol. 38, 1906; vol. 39, 1907; vol. 40, 1908; vol. 42, 1910; vol. 44, 1912; vol. 46, 1914; vol. 57, 1925.

ZWEIG, Stefan. *Die Welt von Gestern. Erinnerungen eines Europäers*. Frankfurt am Main, Fischer Verlag, 1992 [1942].

Literatura secundária

ALBERT, Bruce. "Yanomami". *Povos Indígenas do Brasil. Instituto Socioambiental*. São Paulo, jun. 1999. Disponível em <https://pib.socioambiental.org/pt/Povo:Yanomami>. Acesso em 30/4/2019.

ALBERTS, Thomas Karl. *Shamanism, discourse, modernity*. Farnham, Ashgate, 2015.

ALMEIDA, Mauro de. "A etnografia em tempos de guerra: contextos temporais e nacionais do objeto da antropologia". *In*: PEIXOTO, Fernanda A.; PONTES, Heloísa & SCHWARCZ, Lilia Moritz (org.). *Antropologias, Histórias, Experiências*. Belo Horizonte, Editora da Universidade Federal de Minas Gerais, 2004.

_____. "Lewis Morgan: 140 anos dos Sistemas de Consanguinidade e Afinidade da Família Humana". *Cadernos de Campo*. São Paulo, n. 19, 2010, pp. 309-322.

_____. "Matemática concreta". *Sociologia & Antropologia*. Rio de Janeiro, vol. 5, n. 3, 2015, pp. 725-744.

ALTENFELDER SILVA, Fernando. "O mundo mágico dos bacairis". *In*: COELHO, Vera Penteado (org.). *Karl von den Steinen: um século de antropologia no Xingu*. São Paulo, Edusp, 1993.

ANDRELLO, Geraldo. "Taurepang". *Povos Indígenas do Brasil. Instituto Socioambiental*. São Paulo, dez. 2004. Disponível em <https://pib.socioambiental.org/pt/Povo:Taurepang>. Acesso em 30/4/2019.

ARENDT, Hannah. *Origens do Totalitarismo*. São Paulo, Companhia das Letras, 2012 [1949].

ARRUDA, Reinaldo S. V. "Iranxe Manoki". *Povos Indígenas do Brasil. Instituto Socioambiental*. São Paulo, maio 2003. Disponível em <https://pib.socioambiental.org/pt/Povo:Iranxe_Manoki>. Acesso em 2/5/2019.

BALLESTERO, Diego. "Un exhaustivo documentador de la historia del hombre: vida y obra de Robert Lehmann-Nitsche". *Bérose – Encyclopédie internationale des histoires de l'anthropologie*. Paris, Iiac-Lahic, UMR 8177, 2018.

BARCELOS NETO, Aristóteles. "Waujá". *Povos Indígenas do Brasil. Instituto Socioambiental.* São Paulo, jan. 2002. Disponível em <https://pib.socioambiental.org/pt/Povo:Wauj%C3%A1>. Acesso em 26/4/2019.

_____. "As máscaras rituais do Alto Xingu um século depois de Karl von den Steinen". *Bulletin de la Societé Suisse des Americanistes.* Genebra, vol. 68, 2004, pp. 51-71.

BARROS, Edir Pina. "Bakairi". *Povos Indígenas no Brasil. Instituto Socioambiental.* São Paulo, jun. 1999. Disponível em <https://pib.socioambiental.org/pt/Povo:Bakairi>. Acesso em 26/4/2019.

BARTH, Fredrik. *Ethnic Groups and Boundaries. The Social Organization of Culture Difference.* Boston, Little, Brown and Company, 1969.

BARTH, Fredrik *et al. One Discipline, four ways: British, German, French, and American Anthropology.* Chicago/London, University of Chicago Press, 2005.

BEAUREPAIRE, Pierre-Yves & POURCHASSE, Pierrick (ed.). *Les circulations internationales en Europe, années 1680-années 1780.* Rennes, Presses universitaires de Rennes, 2010.

BENEDICT, Ruth. *Patterns of Culture.* Boston, Houghton Mifflin Harcourt, 1934.

BENJAMIN, Walter. "Zur Kritik der Gewalt". *In*: TIEDEMANN, R. & SCHWEPPENHÄUSER, H. *Walter Benjamin. Gesammelte Schriften*, vol. 2. Frankfurt am Main, Suhrkamp, 1999 [1920-1921].

BERMAN, Antoine. *The Experience of the Foreign: Culture and Translation in Romantic Germany.* New York, State University of New York Press, 1992.

BÖDEKER, Hans Erich. "Entstehung der Soziologie". *In*: GLASER, Albert & VAJDA, György M. (ed.). *Die Wende von der Aufklärung zur Romantik 1760-1820: Epoche im Überblick.* Amsterdam/Philadelphia, John Benjamins, 2001.

BÖDEKER, Hans Erich & BÜTTGEN, Michael Espagne (ed.). *Veröffentlichungen des Max-Planck-Instituts für Geschichte*, vol. 237: *Die Wissenschaft vom Menschen in Göttingen um 1800.* Göttingen, Vandenhoeck & Ruprecht, 2008.

BONILLA, Oiara & SCHRÖDER, Peter. "Paumari". *Povos Indígenas do Brasil. Instituto Socioambiental.* São Paulo, out. 2005. Disponível em <https://pib.socioambiental.org/pt/Povo:Paumari>. Acesso em 30/4/2019.

BOSSERT, Federico & VILLAR, Diego. *Hijos de la selva. La fotografia etnográfica de Max Schmidt/Sons of the forest. The ethnographic photography of Max Schmidt.* Santa Monica, Perceval Press, 2013.

_____. "Una vida antropológica: biografia de Max Schmidt". *Bérose – Encyclopédie internationale des histoires de l'anthropologie.* Paris, Iiac-Lahic, UMR8177, 2019, pp. 1-53.

BROGIATO, Heinz-Peter. "Meyer, Herrmann August Heinrich". *Sächsische Biografie.* Leipzig, Institut für Sächsische Geschichte und Volkskunde. Verbete criado em 1º jul. 2009. Disponível em <http://saebi.isgv.de/biografie/Herrmann_Meyer_(1871-1932)>. Acesso em 6/12/2018.

BUNZL, Matti. "Franz Boas and the Humboldtian tradition: From *Volksgeist* and *Nationalcharakter* to an anthropological concept of culture". *In*: STOCKING JR., George (org.). *Volksgeist as Method and Ethic: Essays on boasian Ethnography and the German Anthropological Tradition.* Madison, The University of Wisconsin Press, 1996.

CAIUBY NOVAES, Sylvia. "Funerais entre os Bororo". *Revista de Antropologia.* São Paulo, vol. 49, n. 1, 2006, pp. 283-315.

CALDEIRA, Teresa Pires do Rio. "A presença do autor e a pós-modernidade em Antropologia". *Novos Estudos CEBRAP*, n. 21, jul. 1988, pp. 134-157.

CARNEIRO DA CUNHA, Manuela. "Política indigenista no século XIX". *In*: CARNEIRO DA CUNHA, Manuela (org.). *Índios na História do Brasil.* São Paulo, Companhia das Letras/Secretaria Municipal da Cultura/Fapesp, 1992a.

REFERÊNCIAS

CARNEIRO DA CUNHA, Manuela. "Prólogo". *In*: CARNEIRO DA CUNHA, Manuela (org.). *Legislação indigenista no século XIX*. São Paulo, Edusp, 1992b.

CARNEIRO DA CUNHA, Manuela (org.). *Índios na História do Brasil*. São Paulo, Companhia das Letras/Secretaria Municipal da Cultura/Fapesp, 1992c.

_____. *Legislação indigenista no século XIX*. São Paulo, Edusp, 1992d.

CHRISTINO, Beatriz Protti. *A rede de Capistrano de Abreu (1853-1927): uma análise historiográfica do rã-txa hu-ni-ku-ĩ em face da Sul-americanística dos anos 1890-1926*. São Paulo, Universidade de São Paulo, 2006 (Tese de doutorado).

CLASTRES, Pierre. *A sociedade contra o Estado: pesquisas de Antropologia Política*. São Paulo, Cosac Naify, 2003a [1974].

_____. "Troca e Poder: Filosofia da chefia indígena". *A sociedade contra o Estado: pesquisas de Antropologia Política*. São Paulo, Cosac Naify, 2003b [1962].

CLIFFORD, James. *The Predicament of Culture. Twentieth-century Ethnography, Literature, and Art*. Cambridge, Harvard University Press, 1988.

CLIFFORD, James & MARCUS, George E. *Writing Culture: The Poetics and Politics of Ethnography*. Berkeley/Los Angeles/London, University of California Press, 1986.

COELHO, Vera Penteado (org.). *Karl von den Steinen: um século de antropologia no Xingu*. São Paulo, Edusp, 1993.

CORRÊA, Mariza. *Traficantes do simbólico & outros ensaios sobre a história da antropologia*. Campinas, Editora da Unicamp, 2013.

CROCKER, William H. "Canela Ramkokamekrá". *Povos Indígenas do Brasil. Instituto Socioambiental*. São Paulo, jun. 2002. Disponível em <https://pib.socioambiental.org/pt/Povo:Canela_Ramkokamekr%C3%A1>. Acesso em 3/5/2019.

CRUZ, Maria Odileiz Sousa *et al*. "Ingarikó". *Povos Indígenas do Brasil. Instituto Socioambiental*. São Paulo, jul. 2008. Disponível em <https://pib.socioambiental.org/pt/Povo:Ingarik%C3%B3>. Acesso em 30/4/2019.

CRUZ, Robson Nascimento. "História e Historiografia da Ciência: considerações para pesquisa histórica em análise do comportamento". *Revista Brasileira de Teoria Comportamental e Cognitiva*. São Paulo, vol. 8, n. 2, 2006, pp. 161-178.

DARK, Philip. *An Introduction to Benin Art and Technology*. Oxford, Clarendon Press, 1973.

DÉLÉAGE, Pierre. "The origin of art according to Karl von den Steinen". *Journal of Art Historiography*. Birmingham, n. 12, jun. 2015, pp. 1-33.

DÍAZ DE ACRE, Norbert. *Plagiatsvorwurf und Denunziation: Untersuchungen zur Geschichte der Altamerikanistik in Berlin (1900-1945)*. Berlim, Universidade Livre de Berlim, 2005 (Tese de doutorado).

DUNNING, Eric & MENNEL, Stephen. "Prefácio à edição inglesa". *In*: ELIAS, Norbert. *Os alemães. A luta pelo poder e a evolução do habitus nos séculos XIX e XX*. Rio de Janeiro, Jorge Zahar, 1997 [1989].

DURKHEIM, Émile & MAUSS, Marcel. "Algumas formas primitivas de classificação". *In*: MAUSS, Marcel. *Ensaios de Sociologia*. São Paulo, Perspectiva, 2005 [1903].

EIGEN, Sara & LARRIMORE, Mark (ed.). *The German Invention of Race*. Albany, NY, State University of New York Press, 2006.

ELIAS, Norbert. *O processo civilizador*, vol. 1: *Uma história dos costumes*. Rio de Janeiro, Jorge Zahar, 1994 [1939].

_____. *Os alemães. A luta pelo poder e a evolução do habitus nos séculos XIX e XX*. Rio de Janeiro, Jorge Zahar, 1997 [1989].

ASCENSÃO E DECLÍNIO DA ETNOLOGIA ALEMÃ (1884-1950)

ENCICLOPÉDIA povos indígenas no Brasil. "Anambé". *Povos Indígenas no Brasil. Instituto Socioambiental.* São Paulo, dez. 1999. Disponível em <https://pib.socioambiental.org/pt/Povo:Anamb%C3%A9>. Acesso em 30/4/2019.

_____. "Wapichana". *Povos Indígenas do Brasil. Instituto Socioambiental.* São Paulo, dez. 2008. Disponível em <https://pib.socioambiental.org/pt/Povo:Wapichana>. Acesso em 30/4/2019.

EREMITES DE OLIVEIRA, Jorge *et al.* "Guató". *Povos Indígenas do Brasil. Instituto Socioambiental.* São Paulo, nov. 2008. Disponível em <https://pib.socioambiental.org/pt/Povo:Guat%C3%B3>. Acesso em 20/11/2019.

EZRA, Kate. *Royal Art of Benin. The Perls Collection in The Metropolitan Museum of Art.* New York, The Metropolitan Museum of Art, 1992.

FABIAN, Johannes. *O tempo e o outro: como a antropologia estabelece seu objeto.* Trad. Denise Jardim Duarte. Petrópolis, Vozes, 2013 [1983].

FAULHABER, Priscila. "Etnografia na Amazônia e tradução cultural: comparando Constant Tastevin e Curt Nimuendajú". *Bol. Mus. Para. Emílio Goeldi.* Belém, vol. 3, n. 1, jan.-abr. 2008, pp. 15-29.

FERNANDES, Antonio Carlos Sequeira & MORAES, Vera Lúcia Martins de. "O retorno impossível: Charles Darwin e a escravidão no Brasil". *Anuário do Instituto de Geociências (UFRJ).* Rio de Janeiro, vol. 31, 2008, pp. 65-82.

FISCHER, Manuela. "Adolf Bastian's Travels in the Americas (1875-1876)". *In*: FISCHER, Manuela *et al.* (ed.). *Adolf Bastian and his Universal Archive of Humanity. The Origins of German Anthropology.* Hildesheim, Georg Olms Verlag, 2007.

_____. "La Mision de Max Uhle para el Museo Real de Etnología en Berlin (1892-1895): entre las ciências humboldtianas y la arqueología americana". *In*: KAULICKE, Peter *et al.* (ed.). *Max Uhle (1856-1944): Evaluaciones de sus investigaciones y obras.* Lima, Fondo Editorial de la Pontificia Universidad Católica del Perú, 2010.

FISCHER, Manuela & KRAUS, Michael (ed.). *Exploring the Archive. Historical Photography from Latin America. The Collection of the Ethnologisches Museum Berlin.* Köln/Weimar/Wien, Böhlau Verlag, 2015.

FISCHER, Manuela *et al.* (ed.). *Adolf Bastian and his Universal Archive of Humanity. The Origins of German Anthropology.* Hildesheim, Georg Olms Verlag, 2007.

FLECK, Ludwik. *Genesis and Development of a Scientific Fact.* Chicago, The University of Chicago Press, 1979 [1935].

FOX, Russell Arben. "J. G. Herder on Language and the Metaphysics of National Community". *The Review of Politics.* Cambridge, vol. 65, n. 2, 2003, pp. 237-262.

FRANÇOZO, Mariana. *Um outro olhar: a etnologia alemã na obra de Sérgio Buarque de Holanda.* Campinas. Universidade Estadual de Campinas, 2004 (Dissertação de mestrado).

FRANK, Erwin. "Viajar é preciso: Theodor Koch-Grünberg e a *Völkerkunde* alemã do século XIX". *Revista de Antropologia.* São Paulo, vol. 48, n. 2, 2005, pp. 559-584.

_____. "Objetos, imagens e sons: a etnografia de Theodor Koch-Grünberg (1872-1824)". *Boletim do Museu Paraense Emílio Goeldi.* Belém, vol. 5, n. 1, jan.-abr. 2010, pp. 153-171.

FRAZER, James. *Totemism and Exogamy. A Treatise on Certain Early Forms of Superstition and Society,* vol. 1. London, MacMillan and Co., 1910.

FREEDHEIM, Donald K. (ed.). *Handbook of Psychology,* vol. I: *History of Psychology.* New Jersey, John Wiley & Sons, 2003.

FREUD, Sigmund. *Totem und Tabu. Eine Übereinstimmung im Seelenleben der Wilden und der Neurotiker.* Leipzig, Hugo Heller, 1913.

REFERÊNCIAS

FRIEDREICH, Sönke. "Krause, Fritz". *Sächsische Biografie*. Leipzig, Institut für Sächsische Geschichte und Volkskunde. Verbete criado em 31 jan. 2019. Disponível em <http://saebi.isgv.de/biografie/Fritz_Krause_(1881-1963)>. Acesso em 15/4/2019.

FUCHS, Alfred H. & MILAR, Katharine S. "Psychology as a Science". *In*: FREEDHEIM, Donald K. (ed.). *Handbook of Psychology*, vol. I: *History of Psychology*. New Jersey, John Wiley & Sons, 2003.

GEISENHAINER, Katja. *Marianne Schmidl (1890-1942). Das unvollendete Leben und Werk einer Ethnologin*. Leipzig, Leipziger Universitätsverlag, 2005.

GINGRICH, André. "The German-speaking countries". *In*: BARTH, Fredrik *et al*. (ed.). *One Discipline, four ways: British, German, French, and American Anthropology*. Chicago/London, University of Chicago Press, 2005.

GLASER, Albert & VAJDA, György M. (ed.). *Die Wende von der Aufklärung zur Romantik 1760--1820: Epoche im Überblick*. Amsterdam/Philadelphia, John Benjamins, 2001.

GONÇALVES, Marco Antônio. *Traduzir o outro: etnografia e semelhança*. Rio de Janeiro, 7Letras, 2010.

GRAHAM, Laura. "Xavante". *Povos Indígenas do Brasil*. *Instituto Socioambiental*. São Paulo, maio 2008. Disponível em <https://pib.socioambiental.org/pt/Povo:Xavante>. Acesso em 14/11/2019.

GREGOR, Thomas. "Mehinako". *Povos Indígenas do Brasil*. *Instituto Socioambiental*. São Paulo, nov. 2002. Disponível em <https://pib.socioambiental.org/pt/Povo:Mehinako>. Acesso em 29/4/2019.

GUIRARDELLO, Raquel. "Trumai". *Povos Indígenas do Brasil*. *Instituto Socioambiental*. São Paulo, dez. 2012. Disponível em <https://pib.socioambiental.org/pt/Povo:Trumai>. Acesso em 26/4/2019.

HANFFSTENGEL, Renata & VASCONCELOS, Cecília Tercero. *Eduard y Caecilie Seler: Sistematización de los estudios americanistas y sus repercusiones*. Ciudad de México, Universidad Nacional Autónoma de México, 2003.

HARBSMEIER, Michael. "Towards a prehistory of ethnography: early modern German travel writing as tradition of knowledge". *In*: VERMEULEN, Han & ROLDÁN, Arturo Alvarez (ed.). *Fieldwork and Footnotes: studies in the history of European Anthropology*. London/New York, Routledge, 1995.

HEMPEL, Paul. "Theodor Koch-Grünberg and Visual Anthropology in Early Twentieth-Century German Anthropology". *In*: MORTON, Christopher & EDWARDS, Elizabeth (ed.). *Photography, anthropology, and history: expanding the frame*. Surrey, Ashgate, 2009.

_____. "Anthropologisch-ethnologische Fotografien aus dem Nachlass Paul Ehrenreich". *In*: WOLFF, Gregor (ed.). *Forscher und Unternehmer mit Kamera. Geschichten von Bildern und Fotografen aus der Fotothek des Ibero-Amerikanischen Instituts*. Berlin, Ibero-Amerikanisches Institut, 2014.

_____. "Paul Ehrenreich – the photographer in the shadows during the second Xingu expedition, 1887--88". *In*: FISCHER, Manuela & KRAUS, Michael (ed.). *Exploring the Archive. Historical Photography from Latin America. The Collection of the Ethnologisches Museum Berlin*. Köln/Weimar/Wien, Böhlau Verlag, 2015.

HERMANNSTÄDTER, Anita. "Abenteuer Ethnologie: Karl von den Steinen und die Xingú-Expeditionen". *In*: STAATLICHE MUSEEN ZU BERLIN – PREUßISCHER KULTURBESITZ/ETHNOLOGISCHES MUSEUM (ed.). *Deutsche am Amazonas: Forscher oder Abenteurer? Expeditionen in Brasilien, 1800 bis 1914*. Berlin/Münster/Hamburg/London, Staatliche Museen zu Berlin/Preußischer Kulturbesitz/LIT Verlag, 2002a.

_____. "Eine vergessene Expedition: Wilhelm Kissenberth am Rio Araguaya, 1908-1910". *In*: STAATLICHE MUSEEN ZU BERLIN – PREUßISCHER KULTURBESITZ/ETHNOLOGISCHES MUSEUM (ed.). *Deutsche am Amazonas: Forscher oder Abenteurer? Expeditionen in Brasilien, 1800 bis 1914*. Berlin/Münster/Hamburg/London, Staatliche Museen zu Berlin/Preußischer Kulturbesitz/LIT Verlag, 2002b.

HERMANNSTÄDTER, Anita. "Herrmann Meyer. Der Sertão als schwieriger sozialer Geltungsraum". *In*: KRAUS, Michael (ed.). *Theodor Koch-Grünberg. Die Xingu-Expedition (1898-1900): Ein Forschungstagebuch.* Köln/Weimar/Wien, Böhlau Verlag, 2004.

HOBSBAWM, Eric. *The Age of Empire, 1875-1914.* New York, Vintage books, 1989.

_____. *Age of Extremes. The short Twentieth century, 1914-1991.* London, Abacus, 1995.

_____. *The Age of Revolution, 1789-1848.* New York, Vintage books, 1996a [1962].

_____. *The Age of Capital, 1848-1875.* New York, Vintage books, 1996b [1975].

INGOLD, Tim. *Being Alive. Essays on Movement, Knowledge and Description.* New York/London, Routledge, 2011.

JOSÉ DA SILVA, Giovani. *A construção física, social e simbólica da reserva indígena Kadiwéu (1899-1984): memória, identidade e história.* Dourados, Universidade Federal do Mato Grosso do Sul, 2004 (Dissertação de mestrado).

JUNQUEIRA, Carmen *et al.* "Kamaiurá". *Povos Indígenas do Brasil. Instituto Socioambiental.* São Paulo, jan. 2003. Disponível em <https://pib.socioambiental.org/pt/Povo:Kamaiur%C3%A1>. Acesso em 26/4/2019.

KARSTEN, Rafael. *The Civilization of the South American Indians. With special reference to magic and religion.* New York, Alfred A. Knopf, 1926.

KASTEN, Erich (ed.). *Reisen an den Rand des russischen Reiches: Die wissenschaftliche Erschließerung der nordpazifischen Küstengebiete im 18. und 19. Jahrhundert.* Fürstenberg/Havel, Kulturstiftung Sibirien, 2013.

KAULICKE, Peter *et al.* (ed.). *Max Uhle (1856-1944): Evaluaciones de sus investigaciones y obras.* Lima, Fondo Editorial de la Pontificia Universidad Católica del Perú, 2010.

KOHL, Frank Stephan. "Albert Fritsch and the first images of the Amazon to go around the world". *In*: WOLFF, Gregor (ed.). *Explorers and Entrepreneurs behind the Camera. The Stories behind the Pictures and Photographs from the Image Archive of the Ibero-American Institute.* Berlin, Ibero-Amerikanisches Institut, 2015.

KÖPPING, Klaus-Peter. *Adolf Bastian and the psychic Unity of Mankind. The foundations of Anthropology in Nineteenth Century Germany.* Münster, LIT Verlag, 2005 [1983].

KRAUS, Michael. "'...ohne Museum geht es nicht': zur Geschichte der Völkerkunde in Marburg". *In*: VOELL, Stéphane (ed.). *"...ohne Museum geht es nicht: Die völkerkundliche Sammlung der Philipps-Universität Marburg.* Marburg, Curupira Verlag, 2001.

_____. "Von der Theorie zum Indianer. Forschungserfahrungen bei Theodor Koch-Grünberg". *In*: STAATLICHE MUSEEN ZU BERLIN – PREUßISCHER KULTURBESITZ/ETHNOLO-GISCHES MUSEUM (ed.). *Deutsche am Amazonas: Forscher oder Abenteurer? Expeditionen in Brasilien, 1800 bis 1914.* Berlin/Münster/Hamburg/London, Staatliche Museen zu Berlin/Preußischer Kulturbesitz/LIT Verlag, 2002.

_____. *Bildungsbürger im Urwald. Die deutsche ethnologische Amazonienforschung (1884-1929).* Marburg, Curupira Verlag, 2004a.

_____. "Einführung". *Theodor Koch-Grünberg. Die Xingu-Expedition (1898-1900): Ein Forschungstagebuch.* Köln/Weimar/Wien, Böhlau Verlag, 2004b.

_____. "Am Anfang war das Scheitern. Theodor Koch-Grünberg und die 'zweite Meyer'sche Schingú-Expedition'". *Theodor Koch-Grünberg. Die Xingu-Expedition (1898-1900): Ein Forschungstagebuch.* Köln/Weimar/Wien, Böhlau Verlag, 2004c.

_____. "Amistades internacionales como contribución a la paz. La correspondência entre Paul Rivet y Theodor Koch-Grünberg en el contexto de la primera guerra mundial". *Antípoda*, n. 11, 2010, pp. 25-41.

REFERÊNCIAS

KRAUS, Michael. "'More news will follow' – Wilhelm Kissenberth's ethnographic photographs from Northeast and Central Brazil". *In*: FISCHER, Manuela & KRAUS, Michael (ed.). *Exploring the Archive. Historical Photography from Latin America. The Collection of the Ethnologisches Museum Berlin*. Köln/Weimar/Wien, Böhlau Verlag, 2015.

____. "Testigos de la época del caucho: experiencias de Theodor Koch-Grünberg y Hermann Schmidt en el alto río Negro". *In*: KRAUS, Michael; HALBMAYER, Ernst & KUMMELS, Ingrid (ed.). *Objetos como testigos del contacto cultural. Perspectivas interculturales de la historia y del presente de las poblaciones indígenas del alto río Negro (Brasil/Colombia)*. Berlin, Gebr. Mann Verlag, 2018.

____. "Beyond the Mainstream: Max Schmidt's Research on 'The Arawak' in the Context of Contemporary German Ethnology". *Revista de Antropologia*. São Paulo, vol. 62, n. 1, 2019, pp. 166-195.

KRAUS, Michael (ed.). *Theodor Koch-Grünberg. Die Xingu-Expedition (1898-1900): Ein Forschungstagebuch*. Köln/Weimar/Wien, Böhlau Verlag, 2004.

KRAUS, Michael; HALBMAYER, Ernst & KUMMELS, Ingrid (ed.). *Objetos como testigos del contacto cultural. Perspectivas interculturales de la historia y del presente de las poblaciones indígenas del alto río Negro (Brasil/Colombia)*. Berlin, Gebr. Mann Verlag, 2018.

KROEBER, Alfred. "The superorganic". *American Anthropologist*, vol. 19. n. 2, 1917, pp. 163-213.

KROLL, Frank-Lothar. *Geburt der Moderne. Politik, Gesellschaft und Kultur vor dem Ersten Weltkrieg*. Berlin, be.bra Verlag, 2013.

KUHN, Thomas. *A estrutura das revoluções científicas*. 9. ed. São Paulo, Perspectiva, 2006 [1962].

KUKLICK, Henrika (ed.). *A New History of Anthropology*. Malden/Oxford/Victoria, Blackwell Publishing, 2008.

KÜMIN, Beatrice. *Expedition Brasilien. Von der Forschungszeichnung zur ethnografischen Fotografie*. Bern, Benteli Verlag, 2007.

KUPER, Adam. *Culture: the anthropologist's account*. Cambridge/London, The Harvard University Press, 1999.

____. *The Reinvention of Primitive Society. Transformations of a Myth*. London/New York, Routledge, 2005.

LADEIRA, Maria Elisa & AZANHA, Gilberto. "Terena". *Povos Indígenas do Brasil. Instituto Socioambiental*. São Paulo, abr. 2004. Disponível em <https://pib.socioambiental.org/pt/Povo:Terena>. Acesso em 20/11/2019.

LATOUR, Bruno. *Reagregando o social: uma introdução à teoria ator-rede*. Salvador/Bauru, Edufba/Edusc, 2012.

LATOUR, Bruno & WOOLGAR, Steve. *Laboratory Life. The construction of scientific facts*. Princeton, Princeton University Press, 1979.

LAUBSCHER, Matthias S. & TURNER, Betram. *Völkerkunde-Tagung 1991*. München, Akademischer Verlag, 1994.

LAUKÖTTER, Anja. *Von der "Kultur" zur "Rasse" – vom Objekt zum Körper? Völkerkundemuseen und ihre Wissenschaften zu Beginn des 20. Jahrhunderts*. Bielefeld, transcript Verlag, 2007.

LAURIÈRE, Christine. "L'anthropologie et le politique, les premisses. Les relations entre Franz Boas et Paul Rivet (1919-1942)". *L'Homme*. Paris, n. 187-188, 2008, pp. 69-92.

LEIRIS, Michel. *A África fantasma*. São Paulo, Cosac Naify, 2007 [1934].

LEMAIRE, Jacques. "Freimaurer". *In*: GLASER, Albert & VAJDA, György M. (ed.). *Die Wende von der Aufklärung zur Romantik 1760-1820: Epoche im Überblick*. Amsterdam/Philadelphia, John Benjamins, 2001.

LÉVI-STRAUSS, Claude. *O pensamento selvagem*. Campinas, Papirus, 1989 [1962].

____. *Mitológicas*, vol. 1: *O cru e o cozido*. Trad. Beatriz Perrone-Moisés. São Paulo, Cosac Naify, 2004 [1964].

LÉVI-STRAUSS, Claude. *Mitológicas*, vol. 2: *Do mel às cinzas*. Trad. Carlos Eugênio Marcondes de Moura. São Paulo, Cosac Naify, 2005 [1966].

_____. *Mitológicas*, vol. 3: *A origem dos modos à mesa*. Trad. Beatriz Perrone-Moisés. São Paulo, Cosac Naify, 2006 [1968].

_____. *Mitológicas*, vol. 4: *O homem nu*. Trad. Beatriz Perrone-Moisés. São Paulo, Cosac Naify, 2011 [1971].

_____. *Antropologia estrutural dois*. São Paulo, Cosac Naify, 2013a [1973].

_____. "Jean-Jacques Rousseau, fundador das ciências do homem". *Antropologia estrutural dois*. Trad. Beatriz Perrone-Moisés. São Paulo, Cosac Naify, 2013b [1962].

LÉVY-BRUHL, Lucien. *Les fonctions mentales dans les sociétés inférieures*. Paris, Félix Alcan, 1910.

_____. *La mentalité primitive*. Paris, Félix Alcan, 1922.

LIMA, Tânia Stolze. "O dois e seu múltiplo: reflexões sobre o perspectivismo em uma cosmologia Tupi". *Mana*. Rio de Janeiro, vol. 2, n. 2, 1996, pp. 21-47.

LIMA, Tânia Stolze & MACEDO, Eric. "Yudjá/Juruna". *Povos Indígenas do Brasil. Instituto Socioambiental*. São Paulo, nov. 2011. Disponível em <https://pib.socioambiental.org/pt/Povo:Yudj%-C3%A1/Juruna>. Acesso em 30/4/2019.

LIMA FILHO, Manuel Ferreira. "Karajá". *Povos Indígenas do Brasil. Instituto Socioambiental*. São Paulo, dez. 1999. Disponível em <https://pib.socioambiental.org/pt/Povo:Karaj%C3%A1>. Acesso em 30/4/2019.

LINDBERG, Christer. *Muséet som bok och fältsituation: Visionären Erland Nordenskiöld*. Manuscrito, 1997.

_____. "Anthropology on the periphery: the early schools of Nordic Anthropology". *In*: KUKLICK, Henrika (org.). *A New History of Anthropology*. Malden/Oxford/Victoria, Blackwell Publishing, 2008.

LOPES, Maria Margaret. *O Brasil descobre a pesquisa científica: os museus e as ciências naturais no século XIX*. São Paulo, Hucitec, 2009.

LÖSCHNER, Renate. "As ilustrações nos livros de viagem de Karl von den Steinen". *In*: COELHO, Vera Penteado (org.). *Karl von den Steinen: um século de antropologia no Xingu*. São Paulo, Edusp, 1993.

LOWANDE, Walter. *Uma história transnacional da modernidade: produção de sujeitos e objetos da modernidade por meio dos conceitos de civilização e cultura e do patrimônio etnográfico e artístico*. Campinas, Universidade Estadual de Campinas, 2018 (Tese de doutorado).

LOWIE, Robert. "Erland Nordenskiöld". *American Anthropologist*, vol. 35, n. 1, jan.-mar. 1933, pp. 158-164.

MACHADO, Maria Helena P. T. "Os rastros de Agassiz nas raças do Brasil: a formação da coleção fotográfica brasileira". *In*: MACHADO, Maria Helena P. T. & HUBER, Sasha. *(T)races of Louis Agassiz: Photography, Body and Science, yesterday and today/Rastros e raças de Louis Agassiz: fotografia, corpo e ciência, ontem e hoje*. São Paulo, Capacete Entretenimentos, 2010.

MACHADO, Maria Helena P. T. & HUBER, Sasha. *(T)races of Louis Agassiz: Photography, Body and Science, yesterday and today/Rastros e raças de Louis Agassiz: fotografia, corpo e ciência, ontem e hoje*. São Paulo, Capacete Entretenimentos, 2010.

MACHADO, Roberto. *Deleuze, a arte e a filosofia*. Rio de Janeiro, Zahar, 2009.

MALINOWSKI, Bronisław. *Mutterrechtliche Familie und Ödipus-Komplex. Eine psychoanalytische Studie*. Leipzig, Internationaler Psychoanalytischer Verlag, 1924.

_____. *A diary in the strict sense of the term*. Cambridge, University Press, 1989 [1967].

MASSIN, Benoit. "From Virchow to Fischer. Physical Anthropology and 'Modern Race Theories' in Wilhelmine Germany". *In*: STOCKING JR., George (ed.). *Volksgeist as Method and Ethic. Essays*

REFERÊNCIAS

on Boasian Ethnography and the German Anthropological Tradition. Madison, The University of Wisconsin Press, 1996.

MAUSS, Marcel. "Relações reais e práticas entre a psicologia e a sociologia" [1924]. *Sociologia e Antropologia*. São Paulo, Cosac Naify, 2003 [1950].

____. *Sociologia e Antropologia*. São Paulo, Cosac Naify, 2003 [1950].

____. "As civilizações" [1929]. *Ensaios de Sociologia*. São Paulo, Perspectiva, 2005a [1968].

____. "Categorias coletivas de pensamento e liberdade" [1921]. *Ensaios de Sociologia*. São Paulo, Perspectiva, 2005b [1968].

____. *Ensaios de Sociologia*. São Paulo, Perspectiva, 2005c [1968].

____. "Mentalidade primitiva e participação" [1923]. *Ensaios de Sociologia*. São Paulo, Perspectiva, 2005d [1968].

MAUSS, Marcel & HUBERT, Henri. "Esboço de uma teoria geral da magia". *In*: MAUSS, Marcel. *Sociologia e Antropologia*. São Paulo, Cosac Naify, 2003 [1904].

____. "Ensaio sobre a natureza e a função do sacrifício". *In*: MAUSS, Marcel. *Ensaios de Sociologia*. São Paulo, Perspectiva, 2005 [1899].

MEAD, Margaret. *Coming of Age in Samoa*. New York, William Morrow and Co., 1928.

MELATTI, Júlio Cézar. *América do Sul – por que áreas etnográficas?* Manuscrito retocado em 2020 [s/d.]. Disponível em <http://www.juliomelatti.pro.br/areas/a1amersul.pdf>. Acesso em 17/4/2019.

MICELLI, Sérgio (org.). *O que ler na ciência social brasileira, 1970-1995*. São Paulo, Sumaré, 1999.

MIEßLER, Adolf. "Karl von den Steinen". *Deutsche Rundschau für Geographie und Statistik*. Wien/Leipzig, ano XI, 1889, pp. 473-476.

MONTEIRO, John Manuel. *Tupis, tapuias e historiadores. Estudos de história indígena e do indigenismo*. Campinas, Universidade Estadual de Campinas, 2001 (Tese de livre-docência).

____. "As mãos manchadas do Sr. Hunnewell". *In*: MACHADO, Maria Helena P. T. & HUBER, Sasha. *(T)races of Louis Agassiz: Photography, Body and Science, yesterday and today/Rastros e raças de Louis Agassiz: fotografia, corpo e ciência, ontem e hoje*. São Paulo, Capacete Entretenimentos, 2010.

MORAES, Antonio Carlos Robert (org.). *Ratzel: Geografia*. São Paulo, Ática, 1990a.

____. "A antropogeografia de Ratzel: indicações". *Ratzel: Geografia*. São Paulo, Ática, 1990b.

MOREIRA-LAURIOLA, Elaine. "Ye'kwana". *Povos Indígenas do Brasil. Instituto Socioambiental*. São Paulo, set. 2003. Disponível em <https://pib.socioambiental.org/pt/Povo:Ye'kwana>. Acesso em 30/4/2019.

MORTON, Christopher & EDWARDS, Elizabeth (ed.). *Photography, anthropology, and history: expanding the frame*. Surrey, Ashgate, 2009.

MUÑOZ, Adriana. "Making the ethnographical archive in Gothenburg. The Exchange of photographs in the beginning of the twentieth century between Gothenburg and Berlin". *In*: FISCHER, Manuela & KRAUS, Michael (ed.). *Exploring the Archive. Historical Photography from Latin America. The Collection of the Ethnologisches Museum Berlin*. Köln/Weimar/Wien, Böhlau Verlag, 2015.

NIETZSCHE, Friedrich. *Além do Bem e do Mal. Prelúdio a uma filosofia do futuro*. São Paulo, Companhia das Letras, 2003 [1886].

____. *Genealogia da moral, uma polêmica*. Petrópolis, RJ, Vozes, 2009 [1887].

____. *A Gaia Ciência*. São Paulo, Companhia das Letras, 2012 [1882].

OBEYESEKERE, Gananath. *The Apotheosis of Captain Cook: European Mythmaking in the Pacific*. New Jersey, Princeton University Press, 1992.

PARAÍSO, Maria Hilda Baqueiro. "Os Botocudo e sua trajetória histórica". *In*: CARNEIRO DA CUNHA, Manuela (org.). Índios na História do Brasil. São Paulo, Companhia das Letras/Secretaria Municipal da Cultura/Fapesp, 1992.

PARAÍSO, Maria Hilda Baqueiro. "Krenak". *Povos Indígenas no Brasil. Instituto Socioambiental.* São Paulo, dez. 1998. Disponível em <https://pib.socioambiental.org/pt/Povo:Krenak#Nome_e_l. C3.ADngua>. Acesso em 9/10/2018.

PASSADOR, Luiz Henrique. *Herbert Baldus e a Antropologia no Brasil.* Campinas, Universidade Estadual de Campinas, 2002 (Dissertação de mestrado).

PEIRANO, Mariza. *The Anthropology of Anthropology: The Brazilian Case.* Cambridge, Harvard University, 1981 (Tese de doutorado).

PEIXOTO, Fernanda Arêas. *A viagem como vocação. Itinerários, parcerias e formas de conhecimento.* São Paulo, Edusp, 2015.

PEIXOTO, Fernanda Arêas; PONTES, Heloísa & SCHWARCZ, Lilia Moritz (org.). *Antropologias, Histórias, Experiências.* Belo Horizonte, Editora da Universidade Federal de Minas Gerais, 2004.

PENNY, H. Glenn. *Objects of culture. Ethnology and Ethnographic Museums in Imperial Germany.* Chapel Hill/London, The University of North Carolina Press, 2002.

____. "The Politics of Anthropology in the Age of Empire: German Colonists, Brazilian Indians and the Case of Alberto Vojtěch Frič". *Society for comparative study of society and history*, vol. 45, n. 2, 2003, pp. 249-280.

PENNY, H. Glenn & RINKE, Stefan. "Germans abroad. Respatializing Historical Narrative". *Geschichte und Gesellschaft.* Göttingen, 2015, pp. 173-196.

PEREIRA, João Baptista Borges. "Emílio Willems e Egon Schaden na história da antropologia". *Estudos Avançados.* São Paulo, vol. 22, n. 8, 1990, pp. 249-253.

PICCHI, Debra S. "Nahukwá". *Povos Indígenas do Brasil. Instituto Socioambiental.* São Paulo, fev. 2003. Disponível em <https://pib.socioambiental.org/pt/Povo:Nahukw%C3%A1>. Acesso em 29/4/2019.

POPPER, Karl. *A lógica da pesquisa científica.* São Paulo, Cultrix, 1972 [1934].

PRADO JÚNIOR, Caio. *História econômica do Brasil.* 26. ed. São Paulo, Brasiliense, 1981 [1945].

PROUST, Marcel. *O caminho de guermantes.* Trad. Fernando Py. Rio de Janeiro, Ediouro, 2004 [1913].

REIS, Maria Cecília Gomes dos. *Aristóteles. De Anima.* Trad. Maria Cecília Gomes dos Reis. São Paulo, Ed. 34, 2006a.

____. "Introdução". *Aristóteles. De Anima.* Trad. Maria Cecília Gomes dos Reis. São Paulo, Ed. 34, 2006b.

RIBEIRO, Berta. "Os padrões ornamentais do trançado e a arte decorativa dos índios do Alto Xingu". *In*: COELHO, Vera Penteado (org.). *Karl von den Steinen: um século de antropologia no Xingu.* São Paulo, Edusp, 1993.

RINGER, Fritz K. *Die Gelehrten. Der Niedergang der deutschen Mandarine, 1890-1933.* München, Deutscher Taschenbuch Verlag, 1987 [1969].

RINKE, Stefan. "Alemanha e Brasil, 1870-1945: uma relação entre espaços". *História, Ciências, Saúde – Manguinhos.* Rio de Janeiro, 2013, pp. 1-17.

RIVERS, W. H. R. "Dreams and primitive culture". *Lecture delivered in the John Rylands Library.* Berkeley, University Library Press, 1918.

RIVET, Paul. "Paul Ehrenreich". *Journal de la société des Américanistes.* Paris, vol. 11, n. 1, 1919, pp. 245-246.

RODRIGUES, Patrícia de Mendonça. "Javaé". *Povos Indígenas do Brasil. Instituto Socioambiental.* São Paulo, mar. 2010. Disponível em <https://pib.socioambiental.org/pt/Povo:Java%C3%A9>. Acesso em 30/4/2019.

ROSA, Frederico D. & VERMEULEN, Han (ed.). *Ethnographers before Malinowski. Pioneers of Anthropological Fieldwork, 1870-1922.* New York/Oxford, Berghahn Books, 2022.

RÖSSLER, Martin. "Die deutschsprachige Ethnologie bis ca. 1960: Ein historischer Abriss". *Kölner Arbeitspapiere zur Ethnologie.* Köln, n. 1, 2007, pp. 3-29.

REFERÊNCIAS

SAADA, Anne. "La construction du réseau universitaire de Göttingen: un observatoire exemplaire pour les circulations internationales". *In*: BEAUREPAIRE, Pierre-Yves & POURCHASSE, Pierrick (ed.). *Les circulations internationales en Europe, années 1680-années 1780*. Rennes, Presses universitaires de Rennes, 2010.

SÁEZ, Oscar Calávia. *O nome e o tempo dos yaminawa. Etnologia e história dos yaminawa do rio Acre*. São Paulo/Rio de Janeiro, Editora da Unesp/ISA/Nuti, 2006.

SAFRANSKI, Rüdiger. *Romantik: eine Deutsche Affäre*. München, Carl Hanser Verlag, 2007.

SAHLINS, Marshall. *Culture and Practical Reason*. Chicago/London, The University of Chicago Press, 1976.

_____. *How "Natives" Think: About Captain Cook, for Example*. Chicago, University of Chicago Press, 1995.

SANJAD, Nelson. *A coruja de Minerva: o Museu Paraense entre o Império e a República, 1866-1907*. Rio de Janeiro, Casa de Oswaldo Cruz – Fiocruz, 2005 (Tese de doutorado).

_____. "Nimuendajú, a Senhorita Doutora e os 'etnógrafos berlinenses': rede de conhecimento e espaços de circulação na configuração da etnologia alemã na Amazônia no início do século XX". *Asclepio*, vol. 71, 2019 (no prelo).

SANTILLI, Paulo. "Macuxi". *Povos Indígenas do Brasil. Instituto Socioambiental*. São Paulo, dez. 2004. Disponível em <https://pib.socioambiental.org/pt/Povo:Macuxi>. Acesso em 26/4/2019.

SANTOS, José Reginaldo (org.). *A experiência etnográfica. Antropologia e literatura no século XX*. Rio de Janeiro, Editora da UFRJ, 1998.

SAPIR, Edward. *The collected Works*, vol. 3. Berlin/New York, Mouton de Gruyter, 1999a.

_____. "Why Cultural Anthropology Needs the Psychiatrist". *The collected Works*, vol. 3. Berlin/New York, Mouton de Gruyter, 1999b [1938].

SCHIEL, Juliana. "Apurinã". *Povos Indígenas do Brasil. Instituto Socioambiental*. São Paulo, out. 2005. Disponível em <https://pib.socioambiental.org/pt/Povo:Apurin%C3%A3>. Acesso em 30/4/2019.

SCHÖN, Erich. "Leserstoffe, Leserorte, Leserschichten". *In*: GLASER, Albert & VAJDA, György M. (ed.). *Die Wende von der Aufklärung zur Romantik 1760-1820: Epoche im Überblick*. Amsterdam/Philadelphia, John Benjamins, 2001.

SCHULTZ, Harald. *Vinte e três índios resistem à civilização*. São Paulo, Edições Melhoramentos, 1953.

SCHULZE, Frederik. "Von verbrasilianisierten Deutschen und deutschen Brasilianern. 'Deutschsein' in Rio Grande do Sul, Brasilien, 1870-1945". *Geschichte und Gesellschaft*. Göttingen, n. 2, 2015, pp. 197-227.

SCHRÖDER, Peter. "Jamamadi". *Povos Indígenas do Brasil. Instituto Socioambiental*. São Paulo, fev. 2002. Disponível em <https://pib.socioambiental.org/pt/Povo:Jamamadi>. Acesso em 30/4/2019.

_____. "Apresentação". *In*: PETSCHELIES, Erik & SCHRÖDER, Peter (org.). *Max Schmidt. Os Aruaques: uma contribuição para o problema da difusão cultural*. Trad. Erik Petschelies. São Paulo, Hedra, 2021.

SCHRÖDER, Peter (org.). *Os índios xipaya: cultura e língua. Textos de Curt Nimuendajú*. Trad. Peter Schröder. Campinas, Curt Nimuendajú, 2019.

SCHWARCZ, Lilia Moritz. *O espetáculo das raças: cientistas, instituições e questão racial no Brasil, 1870-1930*. São Paulo, Companhia das Letras, 1993.

_____. *As barbas do Imperador: D. Pedro II, um monarca nos trópicos*. São Paulo, Companhia das Letras, 1998.

SCURLA, Herbert. *Wilhelm von Humboldt: Werden und Wirken*. Berlin, Verlag der Nation, 1970.

SEEGER, Anthony & TRONCARELLI, Maria Cristina. "Kisêdjê". *Povos Indígenas do Brasil. Instituto Socioambiental*. São Paulo, abr. 2003. Disponível em <https://pib.socioambiental.org/pt/Povo:Kis%C3%AAdj%C3%AA>. Acesso em 26/4/2019.

ASCENSÃO E DECLÍNIO DA ETNOLOGIA ALEMÃ (1884-1950)

SENRA, Klinton. "Kaiabi". *Povos Indígenas do Brasil. Instituto Socioambiental.* São Paulo, mar. 1999. Disponível em <https://pib.socioambiental.org/pt/Povo:Kaiabi>. Acesso em 2/5/2019.

SHEPARD JR., Glenn H. *et al.* "Objeto, sujeito, inimigo, vovô: um estudo em etnomusicologia comparada entre os Mebêngôkre-Kayapó e Baniwa do Brasil". *Boletim do Museu Paraense Emílio Goeldi. Ciências Humanas.* Belém, vol. 12, n. 3, set.-dez. 2017, pp. 765-787.

SMITH, Jonathan Z. *Map is not territory: studies in the History of Religion.* Leiden, E. J. Brill, 1978.

SMITH, Woodruff D. *Politics and the Science of Culture in Germany, 1840-1920.* New York/Oxford, Oxford University Press, 1991.

SPIRANDELLI, Claudinei Carlos. *Trajetórias intelectuais: professoras do curso de Ciências Sociais da FFCL-USP (1934-1969).* São Paulo, Universidade de São Paulo, 2008 (Tese de doutorado).

STAATLICHE MUSEEN ZU BERLIN – PREUßISCHER KULTURBESITZ/ETHNOLOGISCHES MUSEUM (ed.). *Deutsche am Amazonas: Forscher oder Abenteurer? Expeditionen in Brasilien, 1800 bis 1914.* Berlin/Münster/Hamburg/London, Staatliche Museen zu Berlin/ Preußischer Kulturbesitz/LIT Verlag, 2002.

STENGERS, Isabelle. *A invenção das ciências modernas.* São Paulo, Ed. 34, 2002.

STOCKING JR., George. "On the limits of 'presentism' and 'historicism' in the historiography of the behavioral sciences". *Journal of the History of Behavioral Sciences.* New York, vol. 1, n. 3, 1965, pp. 211-218.

____. *Race, Culture, Evolution. Essays in the history of anthropology.* Chicago/London, The University of Chicago Press, 1968.

____. "The Ethnographer's Magic: Fieldwork in British Anthropology from Tylor to Malinowski". *Observers observed. Essays on Ethnographic Fieldwork.* Madison, The University of Wisconsin Press, 1983.

____. *Victorian Anthropology.* New York, The Free Press, 1987.

____. "Maclay, Kubari, Malinowski: Archetypes from the Dreamtime of Anthropology". *Colonial Situations: Essays on the Contextualization of Ethnographic Knowledge.* Madison, The University of Wisconsin Press, 1991.

____ (ed.). *History of Anthropology Newsletter*, vol. 19, n. 2, dez. 1992.

____ (ed.). *Volksgeist as Method and Ethic. Essays on Boasian Ethnography and the German Anthropological Tradition.* Madison, The University of Wisconsin Press, 1996.

STRATHERN, Marilyn. "Fora de contexto: as ficções persuasivas da antropologia". *O efeito etnográfico e outros ensaios.* São Paulo, Cosac Naify, 2014a [1986].

____. *O efeito etnográfico e outros ensaios.* São Paulo, Cosac Naify, 2014b.

TAUSCHE, Gerhard & EBERMEIER, Werner. *Geschichte Landshuts.* München, C. H. Beck, 2013.

THIEME, Inge. "Karl von den Steinen: vida e obra". *In:* COELHO, Vera Penteado (org.). *Karl von den Steinen: um século de antropologia no Xingu.* São Paulo, Edusp, 1993.

TIEDEMANN, R. & SCHWEPPENHÄUSER, H. *Walter Benjamin. Gesammelte Schriften*, vol. 2. Frankfurt am Main, Suhrkamp, 1999.

TRONCARELLI, Maria Cristina & VIVEIROS DE CASTRO, Eduardo. "Yawalapiti". *Povos Indígenas do Brasil. Instituto Socioambiental.* São Paulo, abr. 2003. Disponível em <https://pib.socioambiental.org/pt/Povo:Yawalapiti>. Acesso em 29/4/2019.

UHLIG, Ludwig. *Georg Forster. Lebensabenteuer eines gelehrten Weltbürgers (1754-1794).* Göttingen, Vandenhoeck & Ruprecht, 2004.

VALENTIN, Andreas. *Os "Indianer" na fotografia amazônica de George Huebner (1885-1910).* Rio de Janeiro, Universidade Federal do Rio de Janeiro, 2009 (Tese de doutorado).

VAN GENNEP, Arnold. *Os Ritos de Passagem.* Rio de Janeiro, Vozes, 2014 [1909].

REFERÊNCIAS

VERMEULEN, Han. "The Emergence of 'Ethnography' ca. 1770 in Göttingen". *In*: STOCKING JR., George (ed.). *History of Anthropology Newsletter*, vol. 19, n. 2, dez. 1992, pp. 6-10.

_____. "Frühe Geschichte der Völkerkunde oder Ethnographie in Deutschland 1771-1791". *In*: LAUBSCHER, Matthias S. & TURNER, Betram. *Völkerkunde-Tagung 1991*. München, Akademischer Verlag, 1994.

_____. "Origins and institutionalization of ethnography and ethnology in Europe and the USA, 1771--1845". *In*: VERMEULEN, Han & ROLDÁN, Arturo Alvarez (ed.). *Fieldwork and Footnotes: studies in the history of European Anthropology*. London/New York, Routledge, 1995.

_____. "The German Invention of *Völkerkunde*. Ethnological Discourse in Europe in Asia, 1740-1798". *In*: EIGEN, Sara & LARRIMORE, Mark (ed.). *The German Invention of Race*. Albany, NY, State University of New York Press, 2006.

_____. "Göttingen und die Völkerkunde. Ethnologie und Ethnographie in der deutschen Aufklärung, 1710-1815". *In*: BÖDEKER, Hans Erich & BÜTTGEN, Michael Espagne (ed.). *Veröffentlichungen des Max-Planck-Instituts für Geschichte*, vol. 237: *Die Wissenschaft vom Menschen in Göttingen um 1800*. Göttingen, Vandenhoeck & Ruprecht, 2008.

_____. "Von der Empirie zur Theorie: deutschsprachige Ethnographie und Ethnologie von Gerhard Friedrich Müller bis Adolf Bastian (1740-1881)". *Zeitschrift für Ethnologie*. Berlin, vol. 134, n. 2, 2009, pp. 253-267.

_____. "Peter Simon Pallas und die Ethnographie Sibiriens im 18. Jahrhundert". *In*: KASTEN, Erich (ed.). *Reisen an den Rand des russischen Reiches: Die wissenschaftliche Erschließerung der nordpazifischen Küstengebiete im 18. und 19. Jahrhundert*. Fürstenberg/Havel, Kulturstiftung Sibirien, 2013.

_____. *Before Boas: The Genesis of Ethnography and Ethnology in the German Enlightenment*. Lincoln/London, University of Nebraska Press, 2015.

VERMEULEN, Han & ROLDÁN, Arturo Alvarez (ed.). *Fieldwork and Footnotes: studies in the history of European Anthropology*. London/New York, Routledge, 1995.

VIEIRA, Marina Cavalcanti. *Figurações primitivistas: trânsitos do exótico entre museus, cinema e zoológicos humanos*. Rio de Janeiro, Universidade Estadual do Rio de Janeiro, 2019 (Tese de doutorado).

VIERTLER, Renate. "Karl von den Steinen o estudo antropológico dos Bororos". *In*: COELHO, Vera Penteado (org.). *Karl von den Steinen: um século de antropologia no Xingu*. São Paulo, Edusp, 1993.

VIESENTEINER, Jorge Luiz. "O conceito de vivência (*Erlebnis*) em Nietzsche: gênese, significado e recepção". *Kriterion*. Belo Horizonte, n. 127, jun. 2013, pp. 141-155.

VIVEIROS DE CASTRO, Eduardo. "Etnologia brasileira". *In*: MICELLI, Sérgio (org.). *O que ler na ciência social brasileira, 1970-1995*. São Paulo/Sumaré, 1999.

_____. *A inconstância da alma selvagem*. São Paulo, Cosac Naify, 2002.

VOELL, Stéphane (ed.). *"...ohne Museum geht es nicht: Die völkerkundliche Sammlung der Philipps--Universität Marburg*. Marburg, Curupira Verlag, 2001.

VON DEN STEINEN, Ulrich. *Expeditionsreisen am Amazonas. Der Ethnologe Karl von den Steinen (1855-1929)*. Köln/Weimar/Wien, Böhlau Verlag, 2010.

WELPER, Elena Monteiro. *Curt Nimuendajú: um capítulo alemão na tradução etnográfica brasileira*. Rio de Janeiro, Museu Nacional/Universidade Federal do Rio de Janeiro, 2002 (Dissertação de mestrado).

_____. "A aventura etnográfica de Curt Nimuendajú". *Tellus*, ano 13, n. 24, jan.-jun. 2013, pp. 99-120.

_____. "Etnografia e ficção nos relatos de viagens para a América do Sul publicados na revista *Globus* (1862-1910)". *Indiana*. Berlim, vol. 34, n. 1, 2018, pp. 191-204.

WELTER, Tânia & MARTINS, Pedro. "A atualidade da obra de Egon Schaden no centenário de seu nascimento". *Plural*. São Paulo, vol. 20, n. 2, 2013, pp. 173-176.

WHITE, Leslie. "'Diffusion vs. Evolution': an anti-evolucionist fallacy". *American Anthropologist*, vol. 47, n. 3, Jul.-Sept. 1945, pp. 339-356.

WOLFF, Gregor (ed.). *Forscher und Unternehmer mit Kamera. Geschichten von Bildern und Fotografen aus der Fotothek des Ibero-Amerikanischen Instituts*. Berlin, Ibero-Amerikanisches Institut, 2014.

____. *Explorers and Entrepreneurs behind the Camera. The Stories behind the Pictures and Photographs from the Image Archive of the Ibero-American Institute*. Berlin, Ibero-Amerikanisches Institut, 2015.

WRIGHT, Robin M. *História indígena e do indigenismo no Alto Rio Negro*. Campinas/São Paulo, Mercado das Letras/Instituto Socioambiental – ISA, 2005.

WULF, Andrea. *A invenção da natureza: as aventuras de Alexander von Humboldt*. São Paulo, Planeta, 2016.

WUTHENOW, Ralph-Rainer. "Annex: Alexander von Humboldt". GLASER, Albert & VAJDA, György M. (ed.). *Die Wende von der Aufklärung zur Romantik 1760-1820: Epoche im Überblick*. Amsterdam/Philadelphia, John Benjamins, 2001.

ZAMMITO, John H. *Kant, Herder and the Birth of Anthropology*. Chicago/London, The University of Chicago Press, 2002.

ZIMMERMAN, Andrew. *Anthropology and Antihumanism in Imperial Germany*. Chicago/London, The University of Chicago Press, 2001.

Título	Ascensão e declínio da etnologia alemã (1884-1950)
Autor	Erik Petschelies
Coordenador editorial	Ricardo Lima
Secretário gráfico	Ednilson Tristão
Preparação dos originais	Vinícius Emanuel Russi Vieira
Revisão	Laís Souza Toledo Pereira
Editoração eletrônica	Selene Camargo
Design de capa	Estúdio Bogari
Formato	16 x 23 cm
Papel	Offset 90 g/m^2 – miolo
	Cartão supremo 250 g/m^2 – capa
Tipologia	Minion Pro / Garamond Premier Pro
Número de páginas	624

ESTA OBRA FOI IMPRESSA NA GRÁFICA CS
PARA A EDITORA DA UNICAMP EM DEZEMBRO DE 2022.